BECK'SCHE SONDERAUSGABEN

HERMANN BENGTSON

Römische Geschichte

Republik und Kaiserzeit bis 284 n. Chr.

VERLAG C. H. BECK MÜNCHEN

Sonderausgabe
(Vollständiger Text ohne Anmerkungen und Literaturverzeichnis)

Die Originalausgabe liegt vor unter dem Titel:
«Grundriß der römischen Geschichte mit Quellenkunde
Erster Band: Republik und Kaiserzeit bis 284 n. Chr.» im
«Handbuch der Altertumswissenschaft»
(Dritte Abteilung, Fünfter Teil, Erster Band)

ISBN 3 406 02505 6

Sechste, unveränderte Auflage. 1988
© C. H. Beck'sche Verlagsbuchhandlung (Oscar Beck) München 1973
Satz: Passavia Druckerei GmbH Passau
Druck und Bindung: May & Co, Darmstadt
Printed in Germany

Vorwort

Die Römische Geschichte ist ein im wesentlichen unveränderter Abdruck des im «Handbuch der Altertumswissenschaft» erschienenen Werkes, das dort den Titel «Grundriß der römischen Geschichte mit Quellenkunde» führt. Der Verfasser hat jedoch zusätzlich einige Berichtigungen im Text vorgenommen, die in der Zwischenzeit notwendig geworden waren.

Auf das Kapitel über die neueren Forschungen zur römischen Geschichte, auf die Zwischenabschnitte über die Quellen und die moderne Forschung sowie auf den gesamten Anmerkungsapparat wurde jedoch in dieser Ausgabe verzichtet.

In der vorliegenden Form stellt das Buch einen kurzgefaßten Überblick über die Geschichte der römischen Republik und der römischen Kaiserzeit bis 284 n. Chr. dar; er wird, wie ich hoffe, den Lesern zur Information über die Ereignisse der römischen Geschichte sowie über den Stand der Forschung willkommen sein. Ist doch die Geschichte des alten Rom ein hervorragendes Beispiel für den Aufstieg eines Volkes, das sich viele Nationen in West und Ost unterworfen und sie mit römischer Kultur und Gesittung durchdrungen hat. Auf dem, was einst die Römer geschaffen haben, beruht noch heute die Kultur des Abendlandes.

Meinem Schüler Dr. Wolfgang Orth bin ich für seine Hilfe bei der Druckvorbereitung und bei den Korrekturen zu Dank verpflichtet.

München, im Herbst 1972   Hermann Bengtson

Vorwort zur sechsten Auflage

Die sechste Auflage ist ein unveränderter Abdruck der vorigen.

München, im Frühjahr 1988   Der Verfasser

Inhalt

Zweiter Abschnitt
Die Kaiserzeit

Anhang

Italien, das Land und sein Name

«Italien ist nur ein geographischer Begriff»: dieses wenig schmeichelhafte Wort Metternichs hat für die mittelalterliche und neue Geschichte Italiens bis zu seiner Einigung unter der Krone Sardinien seine volle Berechtigung. Es paßt aber in gleicher Weise auch für das Altertum, und zwar bis zu dem Zeitpunkt, an dem es Rom gelungen ist, Italien unter seiner Hegemonie zusammenzuschließen. Dieser Vorgang hat sich im Altertum in einer Reihe von Etappen vollzogen. Wichtig ist das Jahr 338, in dem der Latinerkrieg mit einem Siege Roms beendet wurde, aber auch das Jahr 272, das den Sieg der Römer über Tarent und König Pyrrhos gesehen hat. Seit dem Ende des römischen Bundesgenossenkrieges (89 v. Chr.) reicht das römische Bürgerland (ager populi Romani) vom Arno und vom Aesis bis zur Straße von Messina. Erst unter dem zweiten Triumvirat (42 v. Chr.) ist auch Norditalien (Gallia Cisalpina) in das römische Bürgerland miteingeschlossen worden.

Roma caput mundi regit frena orbis rotundi: dieser Satz gilt nicht nur für das Mittelalter, sondern ebenso auch für das Altertum, er gilt aber auch für die römische Geschichtsschreibung. Die römischen Historiker haben nicht die Geschichte des alten Italiens, sondern die Geschichte Roms geschrieben, angefangen mit Fabius Pictor (um 200 v. Chr.) bis hin zu Tacitus († um 120 n. Chr.). Die ‹Origines› des M. Porcius Cato aus dem kleinen Latinerstädtchen Tusculum stehen hier ganz für sich.

Rom ist aber nicht Italien, und es wäre irrig, die Verhältnisse, die sich in Italien durch die römische Herrschaft seit dem 1. Punischen Kriege herausgebildet haben, für die Frühzeit vorauszusetzen. Das Gegenteil ist richtig. Die einzelnen Landschaften Italiens haben in der Frühzeit, teilweise auch noch in der Zeit der späten Republik und in der ersten Kaiserzeit, ein reges Eigenleben entfaltet, und Rom selbst, durch seine Lage keineswegs zur Hauptstadt der Halbinsel vorbestimmt, ist in diese Rolle erst allmählich hineingewachsen.

Der Name «Italia» ist von der äußersten Südspitze ausgegangen, er kommt von dem oinotrischen *viteliu,* «Rinderland». Vom Süden der Halbinsel, von Bruttium, ist der Name nach Norden gewandert; in der Zeit des Augustus bezeichnet er alles Land zwischen der Straße von Messina und den Alpen. Im frühen Mittelalter haftet der Name Italia vorzugsweise an dem heutigen Norditalien; so wird das Langobardenreich geradezu als Italia bezeichnet. Wegen seiner langen Küstenlinien ist Italien von jeher ein immer wieder von Einwanderern und Eroberern erstrebtes

Land gewesen. Die Küsten waren gegen Seeräuber nur sehr schwer zu verteidigen, außerdem besaß die Halbinsel, vor allem im Westen, eine Reihe vorzüglicher Hafenplätze. Aber auch der Gebirgswall der Alpen ist immer von neuem von fremden Völkern überschritten worden. Im 2. Jahrtausend haben die Indogermanen den Boden Italiens betreten, nach ihnen die Etrusker, die Kelten, die Griechen, vorübergehend die Punier unter Hannibal, später das Volk der Kimbern, am Ende des Altertums die West- und Ostgoten, die Byzantiner und endlich die Langobarden. Norditalien ist des öfteren Kriegsschauplatz gewesen, hier liegen die großen Schlachtfelder des Kimbernkrieges, hier wurde im Vierkaiserjahr gekämpft (Schlachten bei Bedriacum), und an der Stelle von Hannibal verzeichnet die neuere Kriegsgeschichte die Namen Napoleons I. und Napoleons III.

Die großen landschaftlichen Unterschiede zwischen dem Norden, der Mitte und dem Süden des Landes existieren schon im Altertum, und ganz verschieden sind auch die Einflüsse, die die einzelnen Landschaften von außen her erfahren haben: der Süden und die Insel Sizilien stehen unter dem Zeichen der griechischen Kultur, die sich in Campanien mit dem etruskischen Element überschneidet. Das Gesicht der Landschaft der Toscana ist wesentlich durch das Rätselvolk der Etrusker geprägt worden, während in Norditalien ligurische, keltische und etruskische Elemente miteinander verschmolzen sind. Von großer Bedeutung für die Prägung des sozialen, aber auch des staatlichen Lebens ist in Italien, insbesondere im Süden, das Klima gewesen. Dabei wird hier allerdings vorausgesetzt, daß größere Klimaschwankungen und Veränderungen gegenüber der Gegenwart im Altertum nicht anzunehmen sind. Das sog. Halbinselitalien, d. h. jener Teil des Landes, der auf seiner ganzen Länge vom Apennin durchzogen wird, hat heiße, trockene Sommer, aber milde und niederschlagsreiche Winter. Anders steht es dagegen um das sog. festländische Italien, das Land zwischen dem Apennin und den Alpen, wo ein kontinentales Klima vorherrscht. Die Möglichkeit, bei der privaten und öffentlichen Arbeit sich im Freien zu betätigen, fördert den Gemeinschaftssinn und trägt zur Überwindung des Individualismus bei.

Die Lage Italiens zwischen Iberien und der Balkanhalbinsel hat zum Teil auch seine Geschichte geprägt. Die Beziehungen zu Griechenland sind allerdings unvergleichlich zahlreicher als jene zur iberischen Halbinsel, die in erster Linie nur für die Inseln, Sardinien und Korsika, von Bedeutung gewesen sind, und auch für diese nur in der frühesten Geschichte.

Die langgestreckte Halbinsel, deren Breite sich kaum viel über 200 km erstreckt, erhält ihr Gesicht durch die Konfiguration der Küsten, die insbesondere im Süden eine ganze Fülle von brauchbaren Landeplätzen aufweist. Die Flüsse dagegen haben keine allzu große Bedeutung, nicht einmal der Tiber und der Arno, die besonders im Frühjahr Hochwasser mit sich führen. Der ständigen Gefahr von Überschwemmungen ist man im wesentlichen erst in moderner Zeit Herr geworden, mit Ausnahme des Mündungsgebietes des Po, der mit seinen reißenden Nebenflüssen riesige Wassermengen mit sich führt. Seit der frühesten geschichtlichen Vergangenheit streben die Flüsse danach, ihre Mündungen vorzuverlegen, so daß manche ehemalige Seestädte allmählich ins Binnenland gerückt sind: Aquileja, Atria, Pisa und andere.

Auch der eustatische Meeresanstieg hat an Italiens Küsten größere Veränderungen hervorgerufen. Städte, die früher an der Küste gelegen waren, mußten von ihren Bewohnern aufgegeben werden. Diese Vorgänge sind bisher im Zusammenhang noch nicht untersucht worden, obwohl sie für den historischen Ablauf der Geschichte Italiens von beträchtlicher Bedeutung gewesen sind.

Den Griechen erschien Italien als ein ausgesprochen nordisches Land, insbesondere als ein Waldland. Dieser Zustand hat sich heute stark verändert, obwohl man der Entwaldung und dem damit verbundenen Rückgang des Grundwassers durch Aufforstung zu begegnen sucht.

Erster Abschnitt

Die Frühzeit und die Republik

1. Altitalien bis zur Einwanderung der Nordvölker
(Späteres 3. Jahrtausend bis etwa 1200 v. Chr.)

Eine Darstellung der italischen Frühgeschichte, die hier in kurzem Umriß geboten wird, erscheint deshalb notwendig, weil erst hierdurch eine wirkliche historische Kontinuität von den ältesten Zeiten bis zum Ausgang des Altertums hergestellt werden kann. Wenn auch die Vor- und Frühgeschichte im allgemeinen nicht das Arbeitsfeld des Althistorikers bildet, so muß dieser doch versuchen, die Ergebnisse der Nachbarwissenschaften in das gesamte Bild einzuordnen, selbst auf die Gefahr hin, daß seine Schlüsse über kurz oder lang durch die Fachwissenschaft widerlegt oder überholt werden. Eine Geschichte Roms und Italiens, die dies unterläßt, setzt sich dem Vorwurf aus, Entwicklungen zu ignorieren, die zum mindesten für die Herausbildung des italischen Volkstumes und der altitalischen Kultur von grundlegender Bedeutung gewesen sind. Allerdings handelt es sich hier um eine vorliterarische Epoche, aber wir leben nicht mehr im Zeitalter Mommsens, für den nur jene Fakten von Bedeutung waren, die durch historische Quellen im engeren Sinne bezeugt werden, durch die Inschriften und die antiken Schriftsteller. Natürlich muß es klar gesagt werden, daß es die italische Frühgeschichte mit *Kulturen*, nicht mit Völkern oder Volksstämmen, zu tun hat. Aber diese Kulturen sind insofern nicht ganz ohne historische Beziehungen, als sie mit verwandten Kulturkreisen in Verbindung stehen; dabei läßt es sich jedoch nicht immer feststellen, wer hier der Gebende und wer der Nehmende gewesen ist. Inwieweit es überhaupt möglich ist, gewisse Kulturen mit bestimmten Völkern in Zusammenhang zu bringen, ist eine andere Frage, die sich in den meisten Fällen nur aufwerfen, nicht aber beantworten läßt.

Die Bevölkerungsverhältnisse Italiens in der Stein-Kupferzeit, d. h. vom späten 3. Jahrtausend bis gegen 1700 v. Chr., sind nahezu unbekannt. Welche völkischen Elemente für das Leben der Apenninhalbinsel bestimmend gewesen sind, ist ungeklärt. Anders steht es mit den gleichzeitigen Kulturen, die durch eine Reihe von Funden aus verschiedenen Teilen der Halbinsel und den Inseln Sizilien, Sardinien und Malta bekannt sind. Aus ihnen ergibt sich, daß die Apenninhalbinsel und die zu ihr gehörigen Inseln in der ausgehenden Jungsteinzeit (Neolithicum) und in der Stein-

Kupferzeit (Äneolithicum), d. h. bis etwa 1700 v. Chr., in allerengstem Zusammenhang mit der mittelmeerländischen Zivilisation gestanden haben. Verbindungen zu Nordafrika und zum Balkan, aber auch zur iberischen Halbinsel liegen auf der Hand. Besonders eigenartig sind die großen Monumental-Bauten auf Sardinien und Malta. Sie gehören zwar verschiedenen Kulturen an, stehen aber beide in schneidendem Gegensatz zu der Entwicklung der späteren Zeit. Eine historische Erklärung kann hierfür nicht gegeben werden, doch ist die Möglichkeit nicht ganz auszuschließen, daß Bauformen des Orients als Vorbilder in Betracht kommen.

Über die einzelnen Kulturen der Stein-Kupferzeit sei hier nur so viel gesagt, daß für Oberitalien die *Lagozza-Kultur* und die etwas jüngere *Remedello-Polada-Kultur,* die letztere im Raum südlich des Gardasees, charakteristisch sind. Die Remedello-Polada-Kultur weist gewisse Verbindungen mit der Glockenbecher-Kultur Südfrankreichs und Böhmens auf. Die von namhaften Prähistorikern (Gordon Childe, Castillo) angenommene Ausbreitung der iberischen Glockenbecher-Kultur nach Oberitalien ist jedoch wenig wahrscheinlich.

Auch für Apulien, und zwar für die Kultur der dörflichen Siedlungen bei Matera – die Funde werden jetzt in den Museen von Matera und Tarent aufbewahrt –, sind Beziehungen zu auswärtigen Zivilisationen angenommen worden, insbesondere existieren Ähnlichkeiten zwischen der Matera-Keramik und derjenigen der Sesklo-Kultur in Thessalien, ja sogar zu der Keramik von Tepe Mussian im Iran. Es muß sich hier jedoch wohl um Parallelentwicklungen handeln, auf jeden Fall ist die Annahme G. von Kaschnitz-Weinbergs, die Matera-Ware sei durch eingewanderte Töpfer hergestellt worden, ganz unwahrscheinlich. Wir befinden uns in der Mitte des 3. Jahrtausends, nicht im Zeitalter Solons.

Kretische Beziehungen verrät die etwa gleichzeitige Kultur Siziliens, die sog. *Stentinello-Kultur* vom Ende des 3. Jahrtausends, vor allem in der bemalten Keramik, aber auch die Doppelaxtsymbole, die man auf Sardinien gefunden hat, sind wohl kretischen Ursprungs.

Für Sardinien ist im übrigen die Zivilisation der Nuraghen charakteristisch, es sind Wehr- und Befestigungsanlagen, die teilweise zu richtigen Burgen erweitert und zu größeren Systemen zusammengeschlossen sind. Wenn es auch an ähnlichen, vergleichbaren Bauten im weiteren Raum der Mittelmeerländer nicht ganz fehlt – es sei hier nur an die Großbauten auf Malta und an die Wohnburgen in Palästina erinnert –, so sind diese Nuraghen doch eine sardische Eigentümlichkeit. Wir wissen nicht, wozu sie gedient haben. Man könnte daran denken, daß sie zum Schutz der metallreichen Insel errichtet worden sind.

Noch großartiger sind die Bauten auf Malta in der Jüngeren Steinzeit: es scheint sich um Tempel und Grabhöhlen, ausgestattet mit Malereien und Ornamenten, zu handeln. Woher die Insel die riesigen Mittel und die notwendige Zahl von Arbeitskräften für diese Monumentalbauten genommen hat, wird vorerst ein ungelöstes Rätsel bleiben.

Die Bronzezeit Italiens (etwa 1700–1200 v. Chr.). Mit der Bronzezeit tritt Italien in ein neues Zeitalter ein. In dieser Periode zeigen sich die ersten Spuren fremder Einwanderer, die wir als die Vorläufer der Italiker bezeichnen dürfen. Es ist wahrscheinlich, daß auf diese Einwanderer aus dem Norden die ersten Brandnekropolen zurückzuführen sind, die man in Norditalien nachweisen kann. In dem Land nördlich des Apennin kommt es zur Ausbildung der Zivilisation der Terremare-Siedlungen, sie stellen eine norditalische Eigentümlichkeit dar.

Auch in dem Bronzezeitalter sind die Kontakte mit der Umwelt nicht abgerissen, im Norden und im Süden machen sich die Einflüsse von jenseits der Adria bemerkbar, Einflüsse, die aus dem bosnischen Raum, aber auch aus Thessalien hervorgegangen sind. Sizilien weist dagegen schon Beziehungen zur mykenischen Welt auf, sie sind wahrscheinlich auf Handelsverbindungen zurückzuführen. Ganz für sich steht, auch in der Bronzezeit, Sardinien, ein Zustand, an dem sich auch in den folgenden Jahrhunderten nichts geändert hat. In der Bronzezeit haben wir es mit zwei Kulturkreisen zu tun, dem padanischen Kreis, der sich vor allem auf die Po-Ebene und auf die ligurische Küste erstreckt, und mit dem Apenninkreis. Für den padanischen Kulturkreis sind drei Siedlungsformen bezeichnend, die sog. Pfahlbauten *(palafitte)* in der Zone der alpinen Seen im Norden, die Moordörfer *(torbiere,* «Torfgruben»), z. B. bei Vicenza, und an dritter Stelle, aber erst viel später, die Terremare-Siedlungen, am Nordabhang des Apenningebirges und in der heutigen Provinz Emilia.

Es kann als sicher gelten, daß diese drei verschiedenen Siedlungsformen nicht auf verschiedene völkische Elemente zurückzuführen sind, sie haben sich vielmehr auf Grund örtlicher Verschiedenheiten herausgebildet. Über die Bewohner läßt sich nur soviel sagen, daß sie der alpinen Rasse angehören. Von den drei Siedlungsarten sind die beiden ersten, die Pfahlbauten und die Moordörfer, auch im übrigen Europa verbreitet, allein die Terremare-Siedlungen sind eine Besonderheit Norditaliens. Der Begriff Terremare leitet sich her von *terra marna,* einem Dialektausdruck, der «fette Erde», «Komposterde» bedeutet; im übrigen nennen die italienischen Forscher diese Siedlungen auch «umwallte Pfahlbauten» *(palafitte arginate).*

Bezeichnend für die Terremare-Hütten ist ihre Anlage auf einer Plattform, die ihrerseits auf Pfählen ruht. Es ist das Wahrscheinlichste, daß diese Siedlungen wegen der alljährlich wiederkehrenden Überschwemmungen angelegt worden sind, sie wurden von Wall und Graben umschlossen. Wohl das berühmteste Beispiel einer Terremare-Siedlung ist Castellazzo di Fontanellato, östlich von Piacenza, ferner Rovere di Caorso. Auf dem äußeren Bild der Terremare-Siedlung beruht die Hypothese, die manche Nachfolge gefunden hat, daß nämlich diese Siedlungen als Vorläufer des römischen Legionslagers anzusehen seien. Alles, was aus dem römischen Lager bekannt war, glaubte man in diesen Terremaren wiederzufinden, die Orientierung, den *sulcus primigenius, cardo* und *decumanus*. Es ist keine Frage, daß diese ingeniöse Verbindung reine Phantasie ist. Ein überzeugender Grund für die Entstehung und Herausbildung dieser eigentümlichen Siedlungen ist bisher nicht gefunden. Auch die von Leopold, von G. von Kaschnitz-Weinberg und anderen vorgetragene Vermutung, sie stünden mit der allmählichen Klimaverschlechterung in Italien in Zusammenhang, die sich insbesondere bei der Abholzung der Wälder am nördlichen Apennin bemerkbar gemacht habe, ist wenig wahrscheinlich.

Bemerkenswert ist die Veränderung der Bestattungssitten in der Po-Ebene in der Bronzezeit: anstatt des Begräbnisses findet sich jetzt die Verbrennung der Leichen. Eine derartige Änderung kann zwei Ursachen haben: sie kann auf einen scharfen inneren geistigen Bruch zurückzuführen sein, sie kann aber auch mit dem Kommen neuer Völker in Verbindung stehen, welche die neue Sitte mitgebracht haben. Friedhöfe mit Brandgräbern sind nun gerade in der Nähe von Terremare-Siedlungen gefunden worden; wenn die moderne Forschung ihre Zugehörigkeit zu diesen Siedlungen nicht für erwiesen hält, so scheint das Mißtrauen zu weit getrieben. Gehören aber diese Brandgräber zu den Terremaren, so würde man sie doch wohl auf transalpine Einwanderer zurückführen müssen (Pigorini). Die Frage, woher sie gekommen sind, bleibt offen, denkbar wäre als Heimat der Einwanderer etwa die Bodenseegegend oder die Ostschweiz. Gewisse Verbindungen mit Mitteleuropa sind auch sonst vorhanden, so kennt die Zivilisation der Terremaren bereits das Pferd, und zwar das gezähmte Pferd, das im altmediterranen Kulturkreise sonst unbekannt ist. Das zahme Pferd ist vielmehr im Donauraum und in Mitteleuropa zu Hause. Im übrigen erstrecken sich die Beziehungen über noch größere Entfernungen: auch Bernstein ist in den Terremaren gefunden worden, er stammt aus dem Samlande und ist auf dem Handelswege eingeführt worden, ebenso wie der Bernstein in den Gräbern der mykenischen Zeit in Griechenland.

Die Kultur des sog. Apenninkreises – der Name stammt von Ugo Rellini –, früher unter dem Namen der Extraterramaricoli bekannt, ist mit der mittelitalischen und süditalischen Grottenkultur gleichbedeutend. Ihre Fundplätze reichen von Tarent bis Bologna, sie sind zumeist in der Nähe der Adria gelegen. Verbindungen zwischen dem Apenninkreis und dem Gebiet jenseits der Adria sind sehr wahrscheinlich, vor allem mit Thessalien und Mittelgriechenland. Demgegenüber betrachtet Rellini diese Kultur als eine einheimische, sie sei ohne wesentliche auswärtige Einflüsse aus der äneolithischen Kultur Italiens abzuleiten. Andere Forscher, unter ihnen G. von Kaschnitz-Weinberg, halten eine Einsickerung balkanischer Bevölkerungsteile von jenseits der Adria für wahrscheinlich. Wie dem nun auch sein mag – daß damals bereits Verbindungen, und zwar gerade auch Handelsverbindungen, zwischen der Ostküste Italiens und dem gegenüberliegenden Ufer der Adria existiert haben, darüber kann es kaum einen Zweifel geben. Auch Sizilien tritt in der sog. 2. sikulischen Periode in Beziehungen zur Außenwelt; von nordischen Einflüssen ist hier indes keine Rede, dafür finden sich aber Berührungen mit der ägäischen Zivilisation, insbesondere mit dem mykenischen Kreise. Eine Reihe von Metallsachen wie Dolche, Schwerter, Lanzenspitzen haben mykenische Formen, anderseits findet sich Obsidian von den Liparischen Inseln auf Kreta, zu feinen Steinvasen verarbeitet. Etwas anders steht es mit Sardinien. Die Bronzezeit ist hier der Höhepunkt der Nuraghen-Kultur, mehrere Tausend dieser Wohntürme sind hier gefunden worden, dazu zahlreiche Schmelzöfen und Bronzedepots.

2. Italien im Zeitalter der Einwanderung der Italiker und Etrusker (etwa 1200–800 v. Chr.)

Die frühe Eisenzeit bringt für Italien ein neues Zeitalter, es ist die Zeit der Einwanderungen nicht nur der Italiker, sondern auch der Illyrer und der Etrusker. Das völkische Gesicht Italiens ist in dieser Periode entscheidend umgeprägt worden, ein Vorgang, der zu den entsprechenden Umschichtungen in Griechenland parallel verläuft: auch hier ist durch die Dorische Wanderung eine neue Welle indogermanischer Stämme nach Griechenland gekommen, die Dorer und die Nordwestgriechen, erst durch diese wurde die Indogermanisierung Griechenlands abgeschlossen.

Die Völkerbewegungen in Italien und in Hellas werden in der Forschung unter dem Begriff der Ägäischen Wanderung zusammengefaßt. In Wirklichkeit haben sie nicht nur die Ägäis, sondern einen viel größeren Raum in Mitleidenschaft gezogen; wahrscheinlich ist der Untergang des Hethiterreiches (kurz nach 1200 v. Chr.) diesen Völkerbewegungen zur Last zu legen, auf jeden Fall steht er mit ihnen in ursächlichem Zusammenhang. Die Wogen der Seevölker haben nicht nur Syrien und Palästina überflutet, auch Ägypten befand sich in tödlicher Gefahr, die aber durch die Siege des Pharao Ramses III. gebannt werden konnte. Über den Ursprung der Großen Wanderung sind heute nur Vermutungen möglich. Die Illyrer als diejenigen zu betrachten, die sie ausgelöst haben, empfiehlt sich nicht, wohl aber scheint der Raum nördlich der Balkanhalbinsel, möglicherweise die ungarische Tiefebene, das Erregungszentrum gewesen zu sein.

In der Apenninhalbinsel haben die Einwanderungen starke, tiefgreifende Veränderungen im Gefolge gehabt. In diesem Zeitalter sind hier die historischen Volks- und Stammesgruppen geformt worden, welche die weitere Geschichte Italiens bestimmen. Ohne die Annahme stärkerer Einwanderungen, auch von ganzen Volksteilen und Stämmen, wird man in der frühen Eisenzeit in Italien ebenso wenig auskommen wie im gleichzeitigen Griechenland. Es ist allerdings richtig, daß die einheimischen Volkselemente in der Apenninhalbinsel keineswegs verdrängt worden sind, aber die Leugnung jeglicher Zuwanderung größeren Umfanges von Norden her durch einen Teil der italienischen Forschung scheint nicht begründet. Auf jeden Fall sind die Jahrhunderte von 1200 bis 800 v. Chr. eine typische Übergangszeit; in ihr hat sich die Umschmelzung der italischen Bevölkerung durch das Hinzukommen transalpiner Einwanderer vollzogen. Der italische Kulturkreis ist in diesem Zeitalter aus dem mediterranen Kreise herausgelöst und an den nordischen angeschlossen worden – ein Ereignis von weittragenden historischen Folgen. Es ist zuzugeben, daß manche Indizien, die man durch die Zuwanderung der Nordstämme zu erklären versuchte, auch anders gedeutet werden können. Dies betrifft insbesondere die Leichenverbrennung, die seit der frühen Eisenzeit auf der Apenninhalbinsel nachzuweisen ist. Es ließe sich hier allenfalls an einen scharfen geistigen Bruch denken, der sich in der Veränderung der Bestattung zum Ausdruck brächte. Aber in Verbindung mit anderen Merkmalen ist die Erklärung durch Zuwanderung in diesem Fall wohl die richtige; das Nebeneinander verschiedener Zivilisationselemente hat an sich nichts Überraschendes.

Das Bild der Zivilisation der einzelnen Landschaften Italiens ist in der frühen Eisenzeit sehr bunt und verschiedenartig. Von Bologna bis Calabrien reicht die Zone der Villanova-Kultur, in Venetien blühen die Kulturen Este I–III, in Picenum existiert die Kultur der früheisenzeitlichen Grabfelder, in Apulien gibt es die Hügelgräber, in Sizilien befinden wir uns in der 3. und 4. sikulischen Periode, von denen die letztere bereits durch griechische Ware charakterisiert wird.

Die Uneinheitlichkeit des zivilisatorischen Bildes ist sehr wahrscheinlich auf Einwanderungen oder zum mindesten auf das Einsickern größerer Volksgruppen zurückzuführen, und zwar aus dem Gebiet nördlich der Alpen und aus dem Lande jenseits der Adria.

Im Norden Italiens bezeichnet man die Übergangsperiode als die Proto-Villanova-Zeit (Villanova ist ein Dorf bei Bologna). Neben dem Proto-Villanova-Kreis steht der sog. latinisch-sabinisch-campanische Kulturkreis, vor allem südlich des Tibers, aber mit Ausläufern bis in die äußersten Süden, bis hin nach Calabrien und Apulien. Charakteristisch für diesen Kreis sind die Brandgräber-Gruppen, wie sie auf dem Forum Romanum, in den Albanerbergen und im Faliskerlande erscheinen. Wir wissen nicht, wie sich diese Kulturen zu den Völkern von Latium und Campanien verhalten. Beziehungen zur Außenwelt sind wahrscheinlich, so gehören nach Ansicht namhafter Prähistoriker (G. v. Merhart) die Antennenschwerter in den nordbalkanischen Kreis, vielleicht sind sie auf dem Seeweg eingeführt worden. Beziehungen zu der mitteleuropäischen Bronzezeit zeigen Funde aus den ältesten Schichten von Cumae und Locri. Während sich diese Kulturelemente transalpinen Ursprungs in Mittelitalien organisch weiterentwickeln, sterben sie im Süden bald ab, ein Grund hierfür ist sicherlich das Auftreten der überlegenen griechischen Kultur im 8. Jh. v. Chr.

Die Villanova-Kultur und ihre Perioden: Die Villanova-Kultur, die für die zivilisatorische Entwicklung von Nord- und Mittelitalien eine große Bedeutung besitzt, wird in vier Perioden eingeteilt: 1. San Vitale–Savena (etwa 925–850), 2. Benacci I (850–750), 3. Benacci II (750–675), 4. Arnoaldi (675–525). Die Namen sind die von modernen Latifundienbesitzern. Alle Kulturen liegen nördlich des Apennin, sie stehen in enger Verbindung mit der Hallstatt-Kultur Mitteleuropas. An der Villanova-Kultur sind sicherlich mehrere völkische Elemente beteiligt, in erster Linie die Umbrer, aber auch die Etrusker. Die Kultur ist uns vor allem auf Grund von Grabfunden bekannt geworden. Leichenverbrennung und -bestattung existieren hier nebeneinander, das Zeichen einer typischen Übergangszeit. Die Verbrennung der Leichen findet sich vor allem in Bologna, in der Landschaft Toscana und in Latium; dabei werden die Aschenurnen in Erdlöchern geborgen, in sog. *pozzi*. Zu den tönernen und bronzenen Gefäßen, die als Aschenurnen dienen, kommen noch die Hausurnen. Die Leichenbestattung trifft man in der Toscana, in Umbrien, Latium, Campanien und Calabrien – es ist kein Zweifel, der Schwerpunkt liegt südlicher als bei den *pozzo*-Gräbern. In der Forumsnekropole von Rom liegen beide Arten der Bestattung nebeneinander, sie sind nahezu gleichzeitig. Bezeichnend für die Villanova-Kultur sind die reichen Funde von Metallsachen und von Keramik. Neben der Verwendung des Eisens bleibt die Verarbeitung von Bronze bestehen. In der Eisenbearbeitung und -verarbeitung sind später die Etrusker führend gewesen; das Eisen wurde in Toscana und auf der Insel Elba gewonnen. In den Gräbern finden sich gelegentlich auch zweirädrige Wagen, es sind Streit- oder Rennwagen, wie sie zur gleichen Zeit aus Griechenland und aus Thrakien bekannt sind.

Die historische Auswertung der Funde der Villanova-Kultur ist nicht einfach. Sicher ist, daß sich ihr Verbreitungsgebiet mehr oder weniger mit jenen Teilen Italiens deckt, die sich im Besitz der Italiker, d. h. der Latino-Falisker und der Umbro-Sabeller, befinden. Die Latino-Falisker bewohnen in historischer Zeit Latium und das sich nördlich daran anschließende kleine Faliskerland, die Umbro-Sabeller nicht nur Umbrien, sondern auch die Toscana (aus der sie später teilweise von den Etruskern verdrängt worden sind), das Sabinerland, Campanien bis hin nach Süditalien. Es ist

jedoch nicht zulässig, die Italiker auf die beiden verschiedenen Gruppen
der Villanova-Kultur in der Weise zu verteilen, daß man die Fossa-Grä-
ber (Bestattung) den Umbro-Sabellern, die Pozzo-Gräber (Verbrennung)
den Latino-Faliskern zuweist. Diese Rechnung geht nicht auf, es gibt nämlich Pozzo-Gräber z. B. in der Toscana und in Bologna, von Latino-Faliskern ist hier aber nichts bekannt. Die Kulturen der frühen Eisenzeit Italiens, die Villanova-Kultur, die venetischen Kulturen Este I–III, die früheisenzeitlichen Grabfelder in Picenum und die Hügelgrabkultur in Apulien, sind früher in der Regel als die archäologische Hinterlassenschaft
von Völkern gedeutet worden, die um 1000 v. Chr. den Boden Italiens
betreten haben: der Italiker, der Illyrer und der Etrusker. Wie die Etrusker auf italischem Boden eine Verbindung mit der Vorbevölkerung, vor
allem mit den Umbrern, eingegangen sind, so ist dies auch für die anderen
zugewanderten Völker anzunehmen. Fremde und einheimische Volkselemente haben sich in Italien miteinander verbunden, wobei das Erbe der
fremden Völker, insbesondere in der Sprache und in den Ortsnamen,
sichtbar wird.

Von den Fremden haben zuerst die *Italiker* den Boden der Apenninhalbinsel erreicht, sehr wahrscheinlich von Norden her. Nach V. Pisani
ginge das Lateinische teilweise mit dem Gälischen zusammen, das Osko-
Umbrische mit dem Äolischen, daher müsse die zweite Gruppe der Italiker aus dem Osten eingewandert sein. Diese Auffassung bleibt jedoch
vorerst nur eine Hypothese. Die tiefgreifenden Verschiedenheiten zwischen den Dialekten der beiden Gruppen der Italiker, den Latino-Faliskern und den Osko-Umbrern, zwingen zu der Annahme, daß die Teilung
der Italiker sich bereits außerhalb der Apenninhalbinsel vollzogen haben
muß. Den beiden Gruppen der Italiker sind die illyrischen Stämme (im
Süden der Halbinsel) und die Veneter (im Nordosten Italiens) gefolgt.

Auf Grund der antiken Überlieferung und der Ergebnisse der modernen Vergleichenden Sprachwissenschaft ist die Verwandtschaft der Völker auf der sallentinischen Halbinsel, d. h. in Calabrien, mit den Illyrern
jenseits der Adria einwandfrei nachgewiesen. Als illyrisch haben zu gelten
die Messapier, Sallentiner, Japyger, Pödikuler und Peuketier. Zu der antiken Überlieferung paßt das Ortsnamenmaterial, das diesseits und jenseits
der Adria gleichartige Bildungen aufweist. Ein Teil der modernen Forschung tritt jedoch für eine sehr viel weitere Verbreitung des illyrischen
Elements in Italien ein. Man glaubte Illyrer nicht nur im Bereich der
Umbro-Sabeller, sondern auch in Latium, in Ligurien, in Gallia Cisalpina
zu finden. Auch die Veneter galten als Illyrer, eine Ansicht, die Krahe inzwischen allerdings längst revidiert hat. Dieser Panillyrismus, der auch in
der griechischen Geschichte sein Spiel getrieben hat, kann heute wohl als
überwunden gelten, wir brauchen uns im einzelnen mit ihm nicht mehr
zu befassen.

Zu den eingewanderten Völkern gehören wohl auch die *Veneter*. Die Sprachdenkmäler dieses Volkes, die mit dem 6. Jh. v. Chr. oder etwas früher beginnen, stammen vor allem aus dem alten Ateste (heute Este), ferner aus Padua, Vicenza, aus dem Piave-Tal, aus Triest und aus Kärnten. Eigenartig ist die in den venetischen Inschriften vorkommende Punktierung; sie hat vielleicht dazu gedient, anzugeben, daß der Konsonant in der ursprünglich syllabischen Schrift für sich allein steht und nicht mit dem folgenden Vokal desselben Zeichens zusammengehört. Über die Einwanderung der Veneter berichtet Livius (I, 1, 2–3), sie hätten die Euganeer aus ihren Wohnsitzen verdrängt, die einst das ganze Land zwischen den Alpen und dem Meere bewohnten. An dieser aus der lokalen Überlieferung stammenden Nachricht mag etwas Wahres sein.

Von sehr viel größerer Bedeutung für die altitalische Zivilisation waren jedoch die *Etrusker*, die außerdem im 6. Jh. v. Chr., insbesondere seit der Mitte dieses Jh., eine achtunggebietende Macht in Italien darstellten.

Anders als in der modernen Forschung hat für die Etrusker selbst ein Herkunftsproblem niemals existiert, in der Kaiserzeit glaubten die Etrusker durchaus an ihre Herkunft aus Kleinasien, aus Mysien oder Lydien. Das Problem der Herkunft der Etrusker ist jedoch viel älter. Wie es scheint, ist es zuerst im 5. Jh. v. Chr. bei den Lydern erörtert worden. Nach Herodot (I 94) stammten Lydos, der sagenhafte Stammvater der Lyder, und Tyrsenos, der Stammvater der Etrusker, von Atys ab. Dazu steht die Angabe des Xanthos (bei Dion. Hal. I 28, 2) im Widerspruch. Hier erscheint nämlich an Stelle des Tyrsenos der Name Torebos. Der griechische Rhetor Dionysios von Halikarnass (I 27ff.) bezeichnet dagegen die Etrusker als ein einheimisches Volk Altitaliens. Zwischen diesen beiden Ansichten, der des Herodot und der des Dionysios von Halikarnass, hat die Forschung der letzten Jahrzehnte in der Regel ihre Entscheidung getroffen. Dazu kommt schließlich noch die Hypothese, daß die Etrusker von Norden nach Italien eingewandert seien (Fréret 1741, Niebuhr u. a.). Für die Einwanderung der Etrusker aus Übersee sind A. Furtwängler, C.F. Lehmann-Haupt, G.Herbig, Ed.Meyer, F. Schachermeyr und viele andere eingetreten. Vertreter der Autochthonen-Theorie (bzw. einer frühen prähistorischen Einwanderung vom Norden her) sind C. Schuchhardt, U. Kahrstedt, F. W. von Bissing, L. Pareti, J. Sundwall u. a. Gegenüber diesen weit auseinandergehenden Hypothesen tritt die allerneueste Forschung dafür ein, daß sich das Volk der Etrusker als solches auf italischem Boden herausgebildet habe, und zwar durch die Verbindung und Vermischung mit anderen Völkern und Zivilisationen, vor allem mit den Umbrern.

Die Frage nach der Herkunft der Etrusker, die seinerzeit Mommsen als ebenso überflüssig bezeichnete wie die Frage nach der Mutter der Hecuba, ist in der Tat von großer historischer Bedeutung. Wenn die Etrusker wirklich vom Osten her nach Italien eingewandert sind, so wäre auch die etruskische Zivilisation ein fremdes Gewächs, das in keinem inneren Zusammenhang mit der Kultur Altitaliens stände. Die andere Frage wäre die, ob es gelingt, die Entstehung der etruskischen Nation auf italischem Boden in ihrer historischen Entwicklung zu verfolgen.

Für die Herkunft der Etrusker aus dem Osten können mehrere Momente angeführt werden, die, zusammengenommen, erheblich ins Gewicht fallen. Unbestreitbar ist zunächst die Tatsache, daß seit dem 13.Jh. v. Chr. größere Völkerbewegungen im Bereich des östlichen Mittelmeeres stattgefunden haben. Im Verlauf dieser Wanderungen sind die Philister nach jenem Lande gekommen, das nach ihnen den Namen trägt (Palästina = Philisterland). Die Philister stammen wohl aus der Welt der Ägäis *(Krethi* und *Plethi).* In den hieroglyphischen Aufzeichnungen über die Große Wanderung erscheinen die Völker Schekelscha, Scherdana, Danuna, Aqaiwascha, Turscha, die letzteren im Heere des libyschen Königs *Mrɜjwjw,* der von dem ägyptischen Pharao Merneptah um 1220 im Delta völlig geschlagen worden ist. F. Schachermeyr sieht in den Turscha etruskische Söldner, neben Achäern, Sikelern und Sarden. Diese Auffassung ist aber nicht gesichert; man wird die Seevölkernamen auf sich beruhen lassen müssen. Sehr viel wichtiger ist aber der von Schachermeyr geführte Nachweis, daß das Gräbermaterial Kleinasiens unverkennbare Ähnlichkeiten mit demjenigen von Etrurien aufweist, und zwar ist die innere Entwicklung der Grabformen in der Zeit von etwa 1000 bis 650 v. Chr. in Kleinasien die gleiche wie in Etrurien. An die Stelle der früheren Brandgräber treten nun die Kuppelgräber, die vorher in Etrurien unbekannt waren. Mit den Kuppelgräbern hält eine neue Bautechnik ihren Einzug; die Gräber zeigen die sog. Vorkragung, sie enthalten eine Grabkammer, in der mehrere Tote beigesetzt werden können. Man bestattet die Toten, so z. B. in Populonia, unverbrannt, im Gegensatz zu dem früheren Brauch. Außerdem zeigen die Beigaben in den Grabkammern und deren Ausstattung einen großen Reichtum der Grabbesitzer, es ist eine reiche soziale Schicht, die hier ihre neuen Grabstätten erbaut hat.

Noch mehr spricht aber für die fremde Herkunft die *Sprache* der Etrusker. Da die gesamte etruskische Literatur des Altertums untergegangen ist, mit ihr auch das Werk des gelehrten Kaisers Claudius, die «Tyrrhenika» in 20 Büchern, sind wir auf die Glossen angewiesen und auf die inschriftlichen Denkmäler, etwa 9000 an der Zahl. Die große Masse der Inschriften stammt aus Etrurien, daneben gibt es aber auch solche aus Campanien und Norditalien. Das Material ist in ständiger Vermehrung begriffen. Die Hoffnungen auf eine etruskisch-lateinische Bilingue sind bisher nicht in Erfüllung gegangen. Dem Inhalt nach handelt es sich vor allem um Grabinschriften, dazu um Inschriften auf Spiegeln, Vasen und anderen Gegenständen. Sie beginnen im 7. Jh. v. Chr. Das

Ergebnis ist weithin enttäuschend, da es sich bei den Inschriften meistens um stereotype Formeln und um Eigennamen handelt. Längere Texte sind Ausnahmen, wie die Mumienbinde von Agram und die Bronzetafel von Piacenza; aber auch sie helfen nicht viel, denn sie erklären sich nicht gegenseitig. Das Urteil des Dionysios von Halikarnass (I, 30), das etruskische Volk sei in seiner Sprache mit keinem anderen Volke verwandt, ist durch die moderne Forschung nur bestätigt worden. Gewisse Verbindungen zur Sprache der Inschriften von Lemnos, zum Rätischen und zu einigen kleinasiatischen Sprachen, insbesondere zum Lydischen, sind nicht zu übersehen. Was wir von der Sprache wissen, widerspricht nicht der Annahme, daß die Etrusker aus Kleinasien gekommen sind.

Die etruskische Kunst weist eine ganze Reihe von Komponenten auf: die etruskisch-kleinasiatische, die italische, die phönikische und die griechische, die letztere seit mindestens 700 v. Chr., wahrscheinlich aber schon früher einsetzend. Angeblich soll es ein Korinther namens Demaratos gewesen sein, der die Etrusker das Handwerk gelehrt habe. Die Kunst der Metallbearbeitung weist indes nach dem Osten, auch die häufige Verwendung von Elektron ist kleinasiatisch. Überraschend sind jedoch die Übereinstimmungen in der Religion zwischen den Etruskern und dem Glaubensgut des Ostens. Das charakteristische Merkmal ist die *disciplina Etrusca*; sie bezeichnet das Bündel von Vorschriften und Riten, welche die Beziehungen zwischen den Göttern und Menschen regeln. Besonders wichtig ist die Opferschau *(haruspicina)*, die an der Leber des Opfertiers ausgeübt wird. Als Modell hierfür ist die Bronzeleber von Piacenza erhalten, ihre Einteilung in eine Reihe von Feldern findet sich wieder auf Lebern aus Babylon und Boghazköi. Auch die Vogelschau hat Parallelen in Kleinasien, bei den Mysern, Phrygern und Karern. Die Sitte der *evocatio*, welche die Römer von den Etruskern übernommen haben, ist auch bei den Hethitern nachgewiesen, hier werden allerdings die Götter *vor* der Einnahme der Stadt aufgefordert, sie zu verlassen.

Im Kultleben der Etrusker spielen Flöte und Trompete eine große Rolle, auch sie sind kleinasiatisches Erbgut *(salpinx* ist ein ägäisches Lehnwort im Griechischen). Es gab eine große Zahl von religiös-superstitiösen Schriften, die *libri haruspicini, fulgurales* und *rituales,* die letzteren enthielten die *libri fatales,* sie brachten Angaben über die den Menschen und Völkern von den Göttern gesetzten äußersten Grenzen. Dazu kommen endlich die *libri Acheruntici,* sie beschäftigten sich mit dem Leben nach dem Tode, nachdem der Verstorbene den Grenzfluß Acheron überschritten hatte. Sehr eigenartig ist die Zeremonie der Stadtgründung, dabei wird der *sulcus primigenius* gezogen, die Lage der künftigen Stadttore wird dadurch angedeutet, daß die Furche unterbrochen und der Pflug in die Höhe gehoben wird. Die Zeremonie ist von Cato und Varro beschrieben worden, die Römer haben sie von den Etruskern übernommen.

Wenn Seneca (dial. XII 7, 2) sagt: *Tuscos Asia sibi vindicat,* so hat er wahrscheinlich recht. Um die Annahme einer Einwanderung zur See, vom Osten her, wird man nicht herumkommen. Das ist von grundlegender Bedeutung, und so manches, was an dem Rätselvolk der Etrusker merkwürdig erscheint, findet hierdurch eine Erklärung.

Die Hypothese von der Nord-Einwanderung der Etrusker wird heute kaum noch ernsthafte Anhänger finden. In der Tat gibt es entscheidende Gegengründe, so vor allem den, daß die etruskischen Inschriften und Gräber in den Alpentälern erst aus späterer Zeit (3. und 2. Jh. v. Chr.) stammen, sie legen eine Ausbreitung der Etrusker von Süden nach Norden, nicht in umgekehrter Richtung, nahe.

Bei der Entstehung des etruskischen Volkes verhält es sich wie bei so vielen anderen Völkern: es sind sehr verschiedenartige Elemente gewesen, die zur Bildung der etruskischen Nation beigetragen haben, zu ihnen gehören vor allem die Umbrer, die Ligurer, die Latiner, die Griechen und andere.

Schon um 800 v. Chr. ist das völkische Bild Altitaliens nahezu vollendet. Nach diesem Zeitpunkt sind lediglich die Griechen und die Kelten noch hinzugetreten, die ersten vor allem im Süden und in Sizilien, die zweiten in Oberitalien, in der Landschaft, die später Gallia Cisalpina heißt.

Es ist klar, daß sich aus der völkischen Vielgestaltigkeit Italiens eine Fülle von zivilisatorischen und politischen Möglichkeiten ergibt. Die Beziehungen der einzelnen Völker zueinander sind von einer großen Buntheit, im ganzen ist das völkische Bild aber sehr viel uneinheitlicher als in dem gleichzeitigen Griechenland.

Von den Völkern Altitaliens sind im Norden die *Ligurer* die wichtigsten. In historischer Zeit erscheinen sie auf das Küstengebiet zwischen Arno und Rhône zusammengedrängt, sie bewohnten aber vor der etruskischen und keltischen Expansion einen sehr viel größeren Raum, das Gebiet der heutigen Landschaften Piemont und den Kanton Tessin in der Schweiz. Auch beträchtliche Teile Südfrankreichs und Spaniens hatten eine ligurische Bevölkerung. Anthropologisch waren die Ligurer von kleiner Statur, Jäger, Holzfäller, Bauern und gute Krieger, sie dienen seit dem 5. Jh. v. Chr. immer wieder als Söldner in den Heeren der Karthager. Ihre sprachliche Hinterlassenschaft in Oberitalien besteht in den lepontischen Inschriften, die sich, etwa 80 an der Zahl, im Bereich der großen oberitalienischen Seen, des Comer Sees, des Luganer Sees, des Lago Maggiore und im Val d'Ossola (Ornavasso) gefunden haben. In der Sprache der Ligurer, die auch aus den Ortsnamen bekannt ist, lassen sich zwei verschiedene Schichten, eine nichtindogermanische und eine indogermanische, unterscheiden. Es ist immerhin möglich, daß sich hierin die Übernahme einer indogermanischen Sprache durch ein nichtindogermanisches Volk widerspiegelt. Dies müßte in der ersten Hälfte des 1. Jahr-

tausends v. Chr. geschehen sein. Reste einer vorindogermanischen Bevölkerung finden sich in Nordpicenum, um Pesaro und Novilara (nördlich von Ancona). Wir kennen sie aus den Novilara-Stelen. Auf ihnen ist
das tägliche Leben der Bevölkerung abgebildet, außerdem aber auch
Kämpfe zu Wasser und zu Lande. Die Sprache der Novilara-Inschriften
ist unbekannt, das Volk wird auch die ‹Asiler› genannt, Silius Italicus
rechnet es zu den Pelasgern. Die Schrift, linksläufig, ist griechisch.
Nichtindogermanisch sind auch die alten *Sarden.* Bei ihnen hat die
Frau eine überragende Stellung inne (Matriarchat); auch das sog.
Männerkindbett (Couvade), ein apotropäischer Brauch, hat sich, sogar
noch in historischer Zeit, und zwar bei den Korsen, erhalten.

Auch Sizilien hatte in der Frühzeit nichtindogermanische Bewohner,
die *Proto-Sikuler* (später durch die indogermanischen Sikuler überlagert),
dazu die *Sikaner* im Westen und die *Elymer* um den Berg Eryx, die wohl
aus dem Osten (Ägäis) stammen, wenngleich dies von einem Teil der
Forschung (U. Kahrstedt u. a.) bestritten wird. Eine scharfe ethnische
Trennungslinie zwischen Indogermanen und Nichtindogermanen hat es
in Italien nicht gegeben. Aber die *Italiker,* wie sie in der modernen Forschung genannt werden, sind durch die Römer zu der führenden Nation
in Italien aufgestiegen – allerdings erst nach schweren inneren Kämpfen,
von denen die Samnitenkriege und der Bundesgenossenkrieg die bedeutendsten gewesen sind.

Auf Grund der Sprache lassen sich zwei Gruppen von Italikern unterscheiden, die *Latino-Falisker* und die *Osko-Umbrer.* Natürlich existieren
zwischen beiden zahlreiche Überschneidungen, die sich in den verschiedenen Dialekten widerspiegeln.

Die *latino-faliskische Gruppe* hat nur einen sehr kleinen Raum inne, es
ist das nördliche Latium, dazu ein kleines Gebiet nördlich des Tibers am
Mons Soracte. Die von *Altheim* in der Val Camonica entdeckten faliski-
schen Sprachreste (er nennt sie euganeisch) wird man besser beiseite
lassen, da ihre Zuweisung zur latino-faliskischen Gruppe sprachlich nicht
gesichert ist.

Die wichtigsten Latinergemeinden sind Rom, Praeneste, Tibur, Norba,
Signia, Bovillae, Lavinium, Ardea, Gabii, Cora, Lanuvium; sie werden
mit dem Begriff der *prisci Latini,* ihr Land, das sich vom unteren Tiber
bis nach Circei erstreckt, als *Latium vetus* bezeichnet. Der latinische
Stamm gliedert sich in eine Reihe von Volksgemeinden *(populi),* die in
der Regel nach dem Vorort benannt worden sind. Gelegentlich finden
sich auch Doppelnamen, so die *Laurentes Lavinates* und der *populus
Ardeatis Rutulus,* sie müssen wohl historisch erklärt werden. Lavinium
und Ardea sind wohl später für die alten *populi* der Laurenter und Rutu-
ler eingetreten.

Der Hauptort der Falisker ist die Stadt Falerii im äußersten Süden von

Etrurien. Ihr Gebiet war räumlich sehr beschränkt, es war von mächtigen Nachbarn, den Etruskern, Umbrern, Sabinern und Latinern, umgeben. An städtischen Siedlungen sind allein Falerii und Fescennia zu nennen, doch gehörte wohl auch das Gebiet von Capena in sprachlicher Hinsicht zum Stamm der Falisker.

Ganz anders die osko-umbrischen Dialekte. Sie werden von zahlreichen Stämmen und Völkerschaften Mittelitaliens gesprochen in einem Gebiet, das sich von Bruttium und Lukanien im Süden bis nach Umbrien im Norden erstreckt. Den Kern bilden die zahlreichen samnitischen Stämme im Bergland Mittelitaliens. Auch die Marser, Aequer, Herniker und Sabiner gehören zu der osko-umbrischen Gruppe, sie sind aber schon früh unter römischen Einfluß gekommen und dadurch weitgehend latinisiert worden. Auf Grund der tiefgreifenden strukturellen Unterschiede zwischen den osko-umbrischen Dialekten einerseits, dem Latino-Faliskischen anderseits ist es das Wahrscheinlichste, daß ihre Träger einst voneinander getrennt die Apenninhalbinsel betreten haben (G. Devoto), dies wäre eine Parallele zu der Einwanderung der Ioner, Äoler und Dorer in Griechenland. Das bekannteste Sprachdenkmal des Osko-Umbrischen sind die Iguvinischen Tafeln, sieben an der Zahl, die 1444 in Gubbio (Iguvium) gefunden worden sind. Sie stellen Opfervorschriften dar, es sind die wichtigsten und bedeutendsten, die überhaupt aus dem alten Italien erhalten sind, wahrscheinlich aus der republikanischen Zeit. Sie zeigen die religiöse Vorstellungswelt und die Götter der Umbrer, unter ihnen Juppiter Grabovius, dessen Name nach dem Osten, wahrscheinlich nach Makedonien, weist. Es ist ‹Juppiter in der Eiche›, in die er als Blitzstrahl eintritt.

Das Schicksal Altitaliens ist aber zunächst durch zwei andere Völker bestimmt worden: durch die Griechen (seit etwa 750) und dann durch die Etrusker, die von etwa 550 v. Chr. an eine führende Stellung in Italien gewonnen haben.

3. Altitalien im Zeitalter der griechischen Kolonisation
(etwa 750–550 v. Chr.)

Die große griechische Kolonisation, die um 750 v. Chr. einsetzt, gehört zu den merkwürdigsten und interessantesten Phänomenen der ganzen Alten Geschichte. Ihre Gründe, wahrscheinlich Landnot und relative Überbevölkerung des Mutterlandes, vermögen wir nur zu ahnen, ihre Wirkungen aber sind im ganzen Mittelmeergebiet und noch weit darüber hinaus erkennbar. Von allem Anfang an hat diese Kolonisationsbewegung auch gerade den Westen des Mittelmeerraumes erfaßt, insbesondere Unteritalien und Sizilien. Die Gründung zahlreicher griechischer Niederlassungen im Westen hat zu einem lebhaften Austausch sowohl im Handel wie im geistigen Leben zwischen den Griechen und den italischen Völkerschaften, aber auch mit den Etruskern und den Iberern, geführt, und es ist nicht übertrieben, wenn man sagt, daß die Griechen zum ersten Male den Mittelmeerraum zu einer Einheit gemacht haben. Entscheidend ist, daß die Griechen im fremden Lande eigene neue Gemeinwesen, neue Poleis, begründet haben, sie haben damit ein Stück griechischen Wesens auf staatlichem, wirtschaftlichem und religiösem Gebiet in die Ferne verpflanzt. Das griechische Vorbild hat eine große Anziehungskraft auf die Einheimischen ausgestrahlt, mit den Erzeugnissen der griechischen Handwerkskunst, die überall im Westen, bis hinauf nach Gallien und sogar in Germanien zu finden sind, erschließt sich auch der griechische Geist neue Wege. Es ist wahrscheinlich, daß die Völker Italiens die Kunst des Städtebaues den Griechen abgesehen haben, gerade auch die Etrusker sind bei den griechischen Handwerkern und Baumeistern in die Schule gegangen. Die Griechen kamen zu einem Zeitpunkt in den Westen, als ihr geistiges Leben an einem entscheidenden Wendepunkt stand: sie brachten die griechische Alphabetschrift mit, die schriftlose Zeit ist damit auch hier zu Ende, große Möglichkeiten des geistigen Lebens eröffnen sich, und zwar auch gerade für jene Völker, die mit den Griechen in Berührung gekommen sind.

Die griechischen Kolonisten kamen nicht aufs Geratewohl. Den Ansiedlern ist der Seefahrer und der Kaufmann vorangegangen, und die Bodenfunde in Italien erweisen, daß seit dem Ende der mykenischen Zeit (um 1000 v. Chr.) die Verbindungen zwischen Italien und Griechenland nicht mehr abgerissen sind. In Griechenland bildete sich allmählich eine gewisse Kenntnis der geographischen Zustände des Westens aus, sie hat ihren sagenhaften Niederschlag in der ‹Odyssee› gefunden.

Die erste griechische Kolonie in Unteritalien, und zwar in Campanien, ist Kyme (Cumae), gegründet von den euböischen Chalkidiern, 754 v. Chr. Vorher hatten sich die Griechen einen Stützpunkt auf der Insel Ischia geschaffen, auf Pithekussai. Von hier stammt eine frühe griechische Inschrift Italiens, die Inschrift vom ‹Becher des Nestor›. Neben Campanien ist die Gegend um den Golf von Tarent ein bevorzugtes Ziel griechischer Ansiedlungen gewesen; schon seit der mykenischen Zeit hatte dieses Gebiet, wie die Bodenfunde in Coppa Nevigata (bei Manfredonia) und von Punta del Tonno (bei Tarent) erweisen, in Handelsbeziehungen zu Griechenland gestanden. Es waren Kolonisten aus den Landschaften Lokris in Mittelgriechenland und aus Achaia in der nördlichen Peloponnesos, die hier eine Anzahl bedeutender Niederlassungen geschaffen haben. Kroton, Sybaris und Metapont sind durch Achäer, Lokroi Epizephyrioi ist durch Lokrer gegründet worden. Tarent verdankt seine Entstehung den sagenhaften spartanischen Partheniern.

In Bruttium haben die Griechen die schmale Halbinsel vom Osten nach dem Westen überquert, am Tyrrhenischen Meere erhoben sich als hellenische Pflanzstädte Medma, Hipponion, Elea (lat. Velia), Poseidonia (Paestum), während Parthenope (später Neapolis genannt) von Kyme (Cumae) aus gegründet worden ist.

Aus der Lage der Kolonien ergaben sich von vornherein die mannigfaltigsten Beziehungen zum Hinterland, alle Stämme Unteritaliens sind mit den Hellenen in Kontakt getreten, und diese Verbindungen haben sich keineswegs auf den wirtschaftlichen Austausch beschränkt. Es ist eine immerhin wahrscheinliche Hypothese der modernen Forschung (Fr. Altheim), daß die Griechenstadt Kyme für Rom – und sicherlich auch für andere italische Gemeinwesen – die Vermittlerin der hellenischen Götterwelt gewesen ist. Die Metopen des Tempels von Paestum mit der Darstellung der Taten des Herakles (aus dem späteren 6. Jh. v. Chr.) sind ein bedeutendes Monument, sicherlich aber nur ein einziges von unzähligen, das die Gestalten der griechischen Sage in einer ganz neuen Umwelt zur Schau stellt.

Wie tief und wie dauerhaft sich das Griechentum hier durchgesetzt hat, geht daraus hervor, daß sich im äußersten Süden Bruttiums noch heute in einigen Dörfern ein griechischer Dialekt mit Spuren der alten dorischen (nicht der byzantinischen) Gräzität erhalten hat. Von einem bestimmenden Einfluß der Italiker auf die eingewanderten Griechen (Ciaceri) kann dagegen nicht die Rede sein. Die Griechen waren bald nicht nur kulturell, sondern auch politisch in Süditalien *(Magna Graecia)* führend. So hat sich Sybaris ein weites Gebiet unterworfen, es soll über vier italische Völkerschaften, über 25 Städte und 300 000 Bewaffnete geboten haben (Strabon VI 263), Zahlen, die allerdings wohl übertrieben sind. Der erste Vorstoß der Griechen führte übrigens zugleich am weitesten nach dem Westen, neben Kyme ist auch Pyrgoi, die Hafenstadt des etruskischen Caere, schon in früher Zeit (8. Jh.?) als griechische Faktorei begründet worden. Von hier aus haben sich wichtige Kontakte mit dem Etruskertum ergeben. Nicht weniger bedeutend unter welthistorischem Gesichtspunkt ist die Festsetzung der Griechen auf der Insel *Sizilien*. Auch hier waren die Chalkidier den übrigen Hellenen vorangegangen, ein Zeichen für die Bedeutung des euböischen Chalkis im 8. Jh. v. Chr. Am Fuße des Ätna, in einem fruchtbaren Landstrich, gründeten sie die Stadt Naxos (735), nicht weit davon mit Hilfe der Naxier auch Katana. Ob die Ortygia, die Urzelle des späteren Syrakus, chalkidische Siedler erhalten hat, ist umstritten. Die Festsetzung der Chalkidier an der Meerenge, in Zankle (später Messana genannt), und auf italischem Boden, in Rhegion, ist zweifellos durch handelspolitische Rücksichten bedingt. An der Südküste Siziliens findet sich dagegen eine Reihe dorischer Siedlungen: Akrai, Kasmenai und Kamarina sind syrakusanische Pflanzstädte. Syrakus selbst ist eine Gründung

Korinths (736), sie sollte später, bald nach 500 v. Chr., einen glänzenden Aufstieg unter dem Zepter der Deinomeniden erleben. Auf Sizilien sind die Griechen nicht allein mit den einheimischen Sikulern und den Sikanern in Verbindung getreten, sondern auch mit den Karthagern, die sich im Westen der Insel, vor allem in Panormos (Palermo), in Motye und Solus, wichtige Handelsstützpunkte errichtet hatten.

Die griechischen Kolonien im Osten und Westen waren unter der maßgebenden Führung des hellenischen Adels gegründet worden. Die Adelsherrschaft ist auch weiterhin ein Kennzeichen des gesamten Westgriechentums, bis zum Aufkommen der Tyrannen, die in Sizilien (Leontinoi, Akragas) etwa um 600 v. Chr. die Zügel der Regierung in die Hand genommen haben. Die Hochblüte der Tyrannis aber fällt erst in die Zeit bald nach 500 v. Chr. Damals regierten Tyrannen wie Anaxilaos von Rhegion, Hippokrates von Gela, Gelon und Hieron von Syrakus.

Von den Städten des griechischen Mutterlandes ist es vor allem Korinth gewesen, das sich im Westen hervorragend zur Geltung gebracht hat. Durch die Insel Korkyra im Ionischen Meere hatte sich die mächtige Seestadt am Isthmus eine wichtige Zwischenstation nach Italien gesichert, überall im Westen finden sich korinthische Waren und korinthische Münzen, bis tief hinein in das 4. Jh. v. Chr.

Von großer Bedeutung ist auch die Gründung Massalias unweit der Rhônemündung durch die Phokaier aus Kleinasien (um 600). Massalia verfügte über ein unvergleichlich reiches Hinterland, die Stadt wurde dazu die Metropole zahlreicher Kolonien an der Küste der Seealpen (Nikaia/Nizza, Monoikos/Monaco, Antipolis/Antibes), sie konnte ihre Einflußsphäre entlang der südfranzösischen Küste sogar bis nach Iberien vorschieben. Hier sind vor allem Emporiai (Ampurias) und Rhode Kolonien Massalias. Bei den Ligurern und Kelten ist der Einfluß der aufblühenden Griechenstadt kaum zu überschätzen (Verwendung der griechischen Schrift durch die Helvetier), aber auch zu den italischen Völkerschaften unterhielt sie gute Beziehungen.

Bei ihrem Vordringen in den Westen fanden die Hellenen als Rivalen die Etrusker und die Karthager vor. Insbesondere der Vorstoß der Phokaier in das Westmeer rief die Gegenwirkung auf den Plan, um die Vorherrschaft auf Korsika kam es zu einer großen Seeschlacht bei Alalia (nach 540). Zwar behielten die Griechen die Oberhand über die vereinigten Flotten der Karthager und Etrusker, aber ihre Verluste waren so schwer, daß sie ihre Stützpunkte auf der Insel Korsika räumen mußten. So ist diese Schlacht ein Zeichen für die große Wende, die sich bald nach der Mitte des 6. Jh. anbahnt: das Griechentum, bisher in ständigem Ausgreifen, sieht sich in die Verteidigung gedrängt. Auch im Osten zeigt sich das gleiche Bild: im Jahre 547 war Sardes gefallen, die Hauptstadt des Lyderreiches; der Sieger, der Perserkönig Kyros II., war zur Annexion

Ioniens geschritten, das von nun an einen Teil des persischen Weltreiches bildete.

Jedoch hatten zwei Jahrhunderte genügt, um Italien und den weiteren Westen an den Segnungen der griechischen Kultur reichen Anteil nehmen zu lassen. Durch die griechischen Kolonien in Unteritalien und Sizilien ist den Italikern ein erster und bleibender Einblick in das Leben des griechischen Geistes geschenkt worden, überall erhoben sich Stätten des griechischen Heroenkultes, an vielen Orten Unteritaliens wurden die Gräber der homerischen Helden gezeigt. Auch das Orakelwesen erfuhr seine Ausprägung durch das Griechentum, wie das Orakel der cumäischen Sibylle, dieses ursprünglich wohl von den Oskern begründet. Für die *libri Sibyllini*, die unter den Tarquiniern nach Rom gelangten, gibt es Vorbilder in den griechischen Orakelsammlungen (Onomakritos unter den Peisistratiden in Athen). Auch ein Heraorakel hat in Cumae existiert. Übrigens standen die Tarquinier, wie so viele fremde Herrscher, in enger Verbindung mit dem delphischen Orakel in Griechenland. Die Griechen sind auf religiösem Gebiet vielfach die Lehrer der italischen Völker gewesen, und aus der Symbiose von Griechentum, Etruskertum und Italikertum hat sich die im einzelnen vielfach differenzierte Zivilisation des Alten Italien gebildet. Diese erste langdauernde Berührung zwischen Hellenentum und Italikertum ist auf keinem Gebiet spurlos untergegangen, sie hat reiche Frucht getragen und in gewisser Weise die Grundlagen zu einer einheitlichen Zivilisation der Apenninhalbinsel geschaffen.

4. Der Höhepunkt der Etruskerherrschaft
(etwa 550–500 v. Chr.)

Ein Teil der Forschung (F. Schachermeyr) rechnet mit zwei etruskischen Einwanderungswellen, von denen die erste um 1000, die zweite, bedeutendere, um 800 v. Chr. angesetzt wird. Wenn neuerdings diese Zahlen sehr viel weiter herabgerückt werden, so ist dies ebensowenig zu billigen wie die Ansicht A. Piganiols, wonach die Etrusker gar erst *nach* den Griechen in Italien erschienen wären.

Fragt man nach den Gründen, welche die Etrusker in den Westen geführt haben, so ist es immer noch das Wahrscheinlichste, daß es die Erzlagerstätten auf Elba und in der Toscana gewesen sind. Die Besetzung der Landschaft hat sich übrigens erst allmählich vollzogen. Zuerst setzten sich die Einwanderer an der Küste, in Populonia, und auf Elba fest, ebenso aber auch im Süden, in Tarquinii. Von hier aus drangen sie nach und nach in das Innere der Landschaft vor, nach Vetulonia, Volaterrae, Arretium, Clusium und Volsinii am Bolsenersee. Schon am Ende des 7. Jh. kann die Etruskisierung der Landschaft in dem Sinne als abge-

schlossen gelten, daß von nun an in allen wichtigen Gemeinden die
führende Schicht durch die Fremden gestellt wird, die sich im übrigen
vielfach mit den Umbrern und anderen verbunden haben. Die große
Masse der etruskischen Inschriften stammt aus dem Binnenlande, aus
Clusium (Chiusi) und aus Perusia (Perugia). Nach der Besetzung Tos-
canas setzte sich die Expansion nach Norden und nach Süden hin weiter
fort. Der Apennin wurde überschritten, um 525 Felsina (in der Nähe
Bolognas) gegründet. Eine wichtige etruskische Metropole befand sich in
der Nähe von Marzabotto, die vor allem durch die schachbrettartige Anlage der Straßen bekannt geworden ist. In der weiten fruchtbaren Ebene
des Po fanden die Eroberer offenbar nur geringen Widerstand, sie sollen
hier angeblich 12 Städte gegründet haben, von denen aber nur Mantua
und Melpum in den Quellen genannt werden. Wenn Livius (V 33, 10)
behauptet, die Etrusker hätten die ganze Po-Ebene bis hin zu den Alpen
unter ihre Kontrolle gebracht (mit Ausnahme Venetiens), so ist dies
sicherlich übertrieben. Im Westen ist wohl der Ticinus die äußerste
Grenze gewesen (L. Banti); Funde in Piemont, in Nizza und an anderen
Stellen erklären sich wohl besser durch Handelsbeziehungen. Etrusker
wohnten auch in den Hafenstädten Adria und Spina an der Po-Mündung,
aber sie waren hier nur *ein* Bevölkerungsteil neben anderen. Spina ist
durch die großartigen Funde in seiner Nekropole in den immer noch andauernden Ausgrabungen (seit 1922 und dann wieder seit 1953) als eine
Vermittlerin zwischen dem griechischen und dem italischen Markt bekannt geworden.

Der Ausdehnung nach Norden entspricht die Expansion der Etrusker
nach dem Süden. Hier haben sich etruskische Herren in Latium festgesetzt, der Name der Stadt Rom stammt von dem etruskischen Geschlecht
der *Ruma*; auch Pompeji ist von ihnen erreicht worden, so fand sich unter
den Stabianer Thermen ein typisch etruskisches Kammergrab, unter dem
Tempel des Apollon auf dem Forum wurden etruskische Inschriften gefunden. Neben Pompeji gehörten auch Capua, Acerrae, Nola, Nocera,
Surrentum und andere Städte zur Einflußzone der Etrusker, die gerade in
Campanien (wie z. B. in Cumae) mit dem Griechentum in freundliche
und feindliche Berührung gekommen sind.

Die Herrschaft der Etrusker ist jedoch alles andere als ein einheitliches
Reich *(regnum)* gewesen, es war im Gegenteil eine große Zahl etruskischer
Herrengeschlechter mit ihren Klienten, untereinander vielfach verwandt,
verschwägert und miteinander verbündet, gelegentlich auch verfeindet.
Es war, wie die Ereignisse in Rom zeigten, eine sehr dünne Oberschicht,
die im allgemeinen in der Bevölkerung keinen starken Rückhalt fand. Es
ist von vornherein klar, daß insbesondere der Gebrauch der etruskischen
Sprache trennend wirken mußte. Wenn der Alte Cato behauptete: *In
Tuscorum iure paene omnis Italia erat* (Serv. ad Aen. XI 567), so ist das

nur cum grano salis zu verstehen. Viel weiter war allerdings die Zone des etruskischen Fernhandels, der sich gerade auch in den transalpinen Gebieten neue Märkte erschließen konnte.

Eine derartige Ausbreitung der etruskischen Herrenschicht ist nur denkbar und möglich, wenn neben ihr eine breite Masse italischer Völker unter etruskischer Führung mitbeteiligt gewesen ist. In der Tat sind z. B. in Mantua neben den Etruskern auch Veneter und Umbrer, in Adria Veneter, in Spina Griechen als Mitbewohner bezeugt. In Felsina gab es ein starkes umbrisches Element. Nicht anders stand es mit Pompeji, in dem man nicht nur mit den Oskern, sondern auch, wenn auch in geringerem Umfange, mit Griechen rechnen muß. Selbst in der Toscana liegen die Dinge nicht viel anders. So ist etwa für das südetrurische Caere nicht nur ein etruskischer und griechischer Bevölkerungsteil, sondern auch eine lateinisch sprechende Bevölkerung bezeugt; waren doch gerade die Caeriten von den Römern als vortreffliche Dolmetscher des Etruskischen sehr geschätzt (Liv. X 4, 9).

Für die staatliche Organisation der Etrusker ist der 12-Städtebund charakteristisch *(XII populi Etruriae)*, er findet sich nicht nur in der Stammlandschaft, sondern auch in der Po-Ebene und in Campanien wieder. Nicht unwahrscheinlich ist die Vermutung F. Altheims, daß dieser 12-Städtebund dem Ionischen Bunde der Hellenen in Kleinasien nachgebildet sei. Wie in Ionien, so haben auch bei den Etruskern mehr als 12 Städte – angeblich nicht weniger als 17 – Anspruch auf die Zugehörigkeit zur Bundesorganisation erhoben, vielleicht sind sie nacheinander Mitglieder gewesen. Diese *XII populi Etruriae* sind eine Art von Amphiktyonie, wie sie bei den Griechen, aber auch bei anderen Völkern (z. B. bei den Israeliten) bezeugt ist. Die Bundesversammlungen fanden alljährlich im Frühling beim Heiligtum der Voltumna *(ad fanum Voltumnae)* statt; mit ihnen war ein Markt, ein Nationalfest *(panḗgyris)*, mit sportlichen Spielen und Wettkämpfen verbunden. Die Parallele zu den griechischen Festen in Olympia oder Delphi liegt hier auf der Hand. An dem Heiligtum der Voltumna gab es einen Oberpriester für den gesamten Bund. An der Spitze der einzelnen Städte standen *lucumones*, angeblich gleichfalls 12 an der Zahl, das Wort wird mit ‹reges› erklärt (Serv. ad Aen. II 278; VIII 65, 475), von diesen stand einer dem gesamten Bunde vor. Dieser *lucumo* war also das, was bei den Ionern der «König der Ioner» *(basileús tṓn Iṓnōn)* gewesen ist. Wie man den *praetor duodecim populorum Etruriae* der römischen Kaiserzeit erklären soll, ist ungewiß. Von den übrigen Beamten und Funktionären der Etrusker läßt sich wenig aussagen, da die etruskischen Titel *(zilaϑ, maru, purϑ)* nur vermutungsweise mit römischen oder griechischen Bezeichnungen *(purϑ = prýtanis?)* zur Deckung gebracht werden können. Eine überragende Stellung hatte der Adel inne, ihm unterstanden Scharen von Hörigen, aus denen sich das

Heer rekrutierte. Waren die Eroberungen im Norden und Süden in Wahrheit Raubzüge mächtiger Adelsherren mit ihrem Anhang? Den Kern des Heeres stellten die schwerbewaffneten Hopliten; die Hoplitentaktik, den Kampf in der geschlossenen Phalanx, hatten die Etrusker den Griechen abgesehen – wahrscheinlich auf italischem Boden. Die Reiterei spielte keine Rolle, das Pferd diente, wie in archaischer Zeit bei den Griechen, als Bespannung für den Wagen, die etruskischen Streitwagen aber waren berühmt, sie finden sich gelegentlich in den Gräbern wie in Perugia und in Norcia.

Das erste historische Ereignis der römischen Geschichte ist die Etruskerherrschaft. Über die gesamte frühere Entwicklung ist nur wenig bekannt, die spätere historische Überlieferung, beginnend mit Fabius Pictor, vor allem aber dargestellt durch die Annalistik, ist durch mehr als vier oder gar fünf Jahrhunderte von dem Ereignis der Vertreibung der römischen Könige getrennt, sie hat die Vorgänge überdies im einzelnen ausgeschmückt, so daß sie nicht als zuverlässig gelten kann. Viel wichtiger sind die Ergebnisse der modernen vor- und frühgeschichtlichen Forschung, aber diese erbringen für Rom nicht viel, und auch dies wenige ist noch in seiner Interpretation umstritten. Schon im 10. Jh. wird man aber mit Ansiedlungen auf dem Palatin rechnen können, auf dem Kapitol mag sich eine Kultstätte des Juppiter, auf dem Forum eine solche der Vesta befunden haben, auch die Verehrung des urrömischen Janus geht wohl in die früheste Zeit zurück. Schon im 10. Jh. sind in Rom griechische, vor allem kretische Fundstücke nachgewiesen, sie ordnen sich in die Beziehungen zwischen der mykenischen und der italischen Welt ein, die nie abgerissen sind.

Das Bild vom ältesten Rom hat die frühere Forschung außerordentlich vereinfacht, sie rechnete mit zwei voneinander getrennten Siedlungen, einer auf dem *Palatin* (nebst der Forumsnekropole), und einer zweiten, davon unabhängigen, auf dem Hügel des *Quirinal*. Die Bewohner der ersten Siedlung wurden mit den Latinern, die der zweiten mit dem oskischen Element, den Sabinern, in Verbindung gebracht; den ersteren wurden die Brandgräber auf dem Forum, den zweiten die Bestattungsgräber zugewiesen. Diese Auffassung, die im wesentlichen auf F. v. Duhn zurückzuführen ist, kann heute als überholt gelten, zumal wir wissen, daß Leichenverbrennung und Leichenbestattung in den verschiedenen Zivilisationen auch sonst nebeneinander existieren.

Die neuere Forschung rechnet dagegen nur mit *einer* Siedlung, derjenigen auf dem Palatin als Urzelle, sie geht bis ins 10. Jh. v. Chr. zurück (H. Müller-Karpe). Bei dieser frühen Siedlung handelt es sich um primitive Hütten; erst im Laufe des 8. Jh. (nach Müller-Karpe) nimmt die Siedlung im Zuge ihrer Ausdehnung zum Esquilin und zum Quirinal hin gewisse städtische Züge an, sicherlich bedingt durch Einflüsse von außen her, vielleicht von den Griechen Campaniens, von Cumae.

Über die innere und äußere Geschichte Roms in der ältesten Zeit (vor der Herrschaft etruskischer Könige) gibt es keine Überlieferung. Auf Grund der äußeren Entwicklung der Stadt, der sakralen Überlieferung und aus Rückschlüssen aus den in der Zeit der Republik vorhandenen Institutionen lassen sich jedoch gewisse Vermutungen anstellen. Sie sind natürlich im einzelnen von verschiedener Tragfähigkeit. Zunächst die äußere Entwicklung! An die Urzelle der Stadt, die sog. Palatinsstadt, schließen sich Erweiterungen des Stadtbildes an, die erste ist das *Septimontium,* die zweite ist die Vierregionenstadt. Die Überlieferung über das Septimontium ist im einzelnen unsicher, fest steht jedoch, daß der Quirinal *nicht* miteingeschlossen war. Die große Wahrscheinlichkeit ist jedoch, daß dieses Septimontium eher eine *religiöse* als eine politische Gemeinschaft gewesen ist. Anders die Vierregionenstadt der städtischen Tribus der Suburaner, Palatiner, Esquiliner und Colliner. Um diese Vierregionenstadt war das Pomerium gezogen, das in seiner ursprünglichen Ausdehnung bis in die sullanische Zeit existiert hat. Es bezeichnete die Grenze für die stadtrömischen Magistrate, in späterer Zeit war es die Scheidelinie zwischen der Gewalt der Magistrate und der Promagistrate. Zu der Vierregionenstadt gehörten aber weder das Capitol noch der Aventinus, der vielmehr erst im 5. Jh. zur Stadt geschlagen worden ist. Erst durch die Errichtung der servianischen Mauer im Jahre 378/77, nach dem Keltenbrand, ist die Stadt Rom wesentlich vergrößert worden.

Rom in der Frühzeit war also die Vierregionenstadt, d. h. jenes Stadtgebiet, das in späterer Zeit durch den Umzug der Argeerprozession berührt wurde.

Neben dem latinischen Element hat es in Rom schon seit früher Zeit offenbar auch ein *sabinisches* gegeben. Es wird mit der Ansiedlung auf dem Quirinal in Verbindung gebracht (hier auch der sabinische Gott Semosancus). Bereits unter den ältesten römischen Geschlechtern erscheinen solche sabinischer Herkunft wie die Claudier, Fabier und Aurelier. Ferner sprechen die doppelten Collegien der Salier (Salii Palatini, Salii Collini) und der Lupercales für die Existenz zweier Bevölkerungsteile im alten Rom. Nimmt man dazu die Bezeichnung Quirites, die doch wohl (mit Madvig) als eine alte Volksbezeichnung zu betrachten und mit dem Quirinal in Verbindung zu bringen ist, so scheint auch dies das Vorhandensein eines anderen völkischen Elements neben dem römischen zu bestätigen. Es ist jedoch zu betonen, daß in dieser Frage Sicherheit nicht zu erlangen ist, weshalb alle modernen Theorien kaum mehr als Vermutungen sind.

Geht man davon aus, daß die Vereinigung Roms zur Vierregionenstadt, wahrscheinlich im 7. Jh. v. Chr., auf friedliche Weise erfolgt ist, so muß man fragen, welche Institutionen dieses Gemeinwesen besessen haben kann. An der Spitze stand sicherlich ein König, denn das Wort *rex* weist in die indogermanische Vorzeit zurück. Wie im alten Hellas war der König zugleich der oberste Feldherr, Richter und Priester, seine sakrale Würde lebt in republikanischer Zeit in dem *rex sacrorum (rex sacrificulus)* weiter, ebenso die besondere Stellung seiner Frau, der *regina sacrorum.* Neben dem König stand der Rat der Alten, der Senat, seine Mitglieder waren die Häupter der großen Familien, die *patres.* Neben diesen Familien, die in *gentes* gegliedert waren, gab es aber auch noch zahlreiche Einwohner der Stadt, die nicht zu diesen *gentes* und *familiae* gehörten, es war dies die große Masse der Bevölkerung, *plebs* genannt, unter denen sich auch viele Auswärtige und Zugewanderte befunden haben. Manche von den Plebejern waren den patres durch das Band der *clientela* in einem gegenseitigen Treueverhältnis verbunden.

In der Frühzeit gehört schließlich noch die Einteilung des Volkes in *tribus,* drei an der Zahl, sie entsprechen den Phylen der Griechen und hatten vor allem sakrale Bedeutung. Die Namen dieser Tribus – *Ramnes, Tities, Luceres* – aber sind zweifellos etruskisch, ebenso gehört wohl auch die schematische Einteilung jeder der drei tribus in je zehn *curiae* (‹Häuser›) in die Etruskerzeit (Ernst Meyer). Curiae hat es dagegen sicher auch schon in der voretruskischen Periode gegeben, ebenso auch die *comitia curiata,* zu denen die Mitglieder der curiae zusammentraten. In historischer Zeit hatte diese Curienversammlung zwar keine große Bedeutung mehr, sie besaß aber immer noch gewisse Rechte, wie z. B. bei der Adoption, und politisch wesentlich war die *lex curiata de imperio,* durch die sich die consules nach ihrem Amtsantritt das Imperium bestätigen lassen mußten, nachdem ihre Wahl durch die *comitia centuriata* erfolgt war.

In der römischen Geschichtsschreibung, bei den Annalisten, ebenso aber auch bei Livius und Dionysios von Halikarnassos, die sich auf die Annalistik stützen, ist die Tradition über die römische Königszeit vollkommen ausgebildet. In einem Zeitraum von etwa 240 (genau: 244) Jahren herrschen in Rom sieben Könige: Romulus, Numa Pompilius, Tullus Hostilius, Ancus Marcius, L. Tarquinius Priscus, Servius Tullius, L. Tarquinius Superbus. Ihre Namen und ihre Taten sind in der römischen Tradition fest verankert. Trotzdem können die Königsgeschichten als solche schwerlich als historisch gelten. Auch die Dauer der sieben Königsherrschaften mit insgesamt ungefähr 240 Jahren widerspricht jeder menschlichen Erfahrung, sie ist viel zu lang. Außerdem erscheinen die römischen Könige geradezu als die Verkörperung der römischen Kardinaltugenden, ihre Gestalten sind Menschen ohne Fleisch und Blut, sie sind konstruiert, sie gehören nicht der Geschichte, sondern der Legende an.

In Verbindung mit der sagenhaften Gründungsgeschichte Roms hat die Geschichte der römischen Könige schon im Altertum überall den lebhaftesten Widerhall gefunden. Die Gestalten des Aeneas, der römischen Könige und Helden, sind durch die Medien der römischen Dichtung (Vergil) und Geschichtsschreibung (Livius) zu einem gemeinsamen Besitz der ganzen Kulturwelt geworden, sie haben immer wieder die Phantasie der Dichter und Maler beflügelt und sind auf diese Weise unsterblich geworden. Trotzdem kann darüber kein Zweifel bestehen, daß sie samt und sonders ihr Leben einer poetischen Erfindung verdanken, die im Laufe der Jahrhunderte immer weiter ausgesponnen worden ist. So werden dem Stadtgründer *Romulus*, neben dem sein Bruder Remus nur ein Schatten ist, die maßgebenden politischen Einrichtungen des alten Rom zugeschrieben. Senat und Bürgerschaft, das älteste römische Heer, sogar der Gegensatz zwischen *patres* und *plebs* werden in die Zeit des Romulus heraufgerückt. Gegenbild des ersten Königs ist *Numa Pompilius,* er ist der Schöpfer des römischen Sakralwesens und der Priesterkollegien. Mit *Tullus Hostilius* beginnt die kriegerische Expansion des alten Rom, Alba Longa wird erobert und zerstört. Dieses Werk wird durch *Ancus Marcius* fortgesetzt, er soll die Stadt Rom durch die Hereinnahme des Janiculus erweitert und den Stützpunkt Ostia an der Tibermündung angelegt haben. *L. Tarquinius* werden eine Reihe von Bauten in der Stadt, vor allem aber die Trokkenlegung des Forum durch die *cloaca maxima* zugeschrieben. Sein Nachfolger *Servius Tullius* gilt als der eigentliche Schöpfer der Einteilung der römischen Bürgerschaft mit den *centuriae* und *tribus,* er soll ferner den Mauerbau der Stadt zu Ende geführt haben (*agger* des Servius Tullius). *Tarquinius Superbus,* der Letzte in der Reihe, ist der Typus des Tyrannen. Unter seiner Herrschaft erhoben sich die Römer unter der Führung des L. Junius Brutus, der angebliche Grund war die Ehrenkränkung, die einer der Königssöhne der vornehmen Lucretia, der Gattin des L. Tarquinius Collatinus, zugefügt haben soll. Die Familie des letzten Königs mußte Rom verlassen und in Caere, später in Cumae, das Brot der Verbannung essen.

Es ist vor allem A. Schwegler gewesen, der die traditionelle römische Königslegende als reine Konstruktion erwiesen hat. Versuche der Neueren, wesentliche Züge oder sogar einige von den Gestalten der Könige als historisch zu verteidigen, können demgegenüber nicht ernsthaft in Betracht kommen.

Die immer noch nicht mit Sicherheit gelöste historische Frage besteht vielmehr darin, in welcher Epoche und unter welchen besonderen Umständen diese Königslegende ausgebildet worden ist. Übrigens kann darüber kein Zweifel bestehen, daß die Überlieferung über die Einwanderung des sagenhaften Urvaters der Römer, des Aeneas, in Latium in eine beachtlich frühe Zeit, ins 6. Jh., zurückreichen muß, sie ist auf jeden Fall viel früher als 300 v. Chr. Auch das Standbild der capitolinischen Wölfin ist sicherlich schon viel früher, vielleicht sogar schon in das 6. oder 5. Jh. v. Chr. zu setzen. Bei dem Beginn der römischen Geschichtsschreibung, ja sogar schon um 300 v. Chr., war die Gründungs- und Königslegende längst fest ausgebildet, sie ist dann von der Annalistik übernommen und weitergeführt worden. Übrigens kann das von der Annalistik errechnete Gründungsdatum Roms, 753, nicht als historisch gelten. Anders steht es dagegen mit der Herrschaft eines etruskischen Königsgeschlechts über Rom. Sie gehört in ursächlichen Zusammenhang mit der politischen Expansion der Etrusker nach Campanien. *Wann* die Herrschaft der Etrusker in Rom beginnt, ist unbekannt. E. Kornemann rechnete mit drei Generationen etruskischer Könige in Rom, von etwa 590 bis 490 v. Chr., was sicherlich zu lange ist. E. Gjerstad kommt auf die Zeit von etwa 575 bis 450. Auch dieser Ansatz erscheint noch zu hoch, außerdem ist das Schlußdatum viel zu spät. Im Zusammenhang mit der etruskischen Expansion nach Campanien wird man kaum über 550 v. Chr. zurückgehen dürfen. Natürlich hatte Rom auch schon vorher in engem Kontakt mit den Etruskern gestanden, dies hat sich etwa in den etruskischen Namen römischer Geschlechter *(Romulus, Romilia)* niedergeschlagen. Unter dem Hause der Tarquinier (etruskisch *tarchu*) hat Rom einen bedeutenden wirtschaftlichen, künstlerischen und wohl auch politischen Aufschwung genommen, eine Entwicklung, die aber, wenigstens zunächst, durch die Vertreibung der etruskischen Herrscherfamilie jäh abgebrochen worden ist. Die Tarquinier – wir wissen nicht, wieviel etruskische Könige in Rom regiert haben – haben in etwa einem halben Jahrhundert (?) zahlreiche Bauten in Rom aufgeführt, darunter den Tempel des Juppiter Capitolinus mit der Trias Juppiter, Juno, Minerva. Auch die Regia, das Haus der Könige auf dem Capitol, ebenso das Tullianum, dessen Zweckbestimmung noch nicht geklärt ist, gehören der Königszeit an. Auch der Einfluß des etruskischen Sakralwesens ist nicht gering; von den Etruskern übernahmen die Römer Tempel und Götter, die ihrerseits dem griechischen Pantheon entstammten. Etruskisch sind wohl auch die Leichenspiele, die seit dem 3. Jh. v. Chr. unter Hinzuziehung von Gladiatoren gefeiert worden sind. Derartige Leichenspiele sind übrigens aus dem Bereich zahlreicher antiken Kulturen, nicht zuletzt auch aus der griechischen, bekannt.

Etruskischen Ursprungs sind endlich auf dem Gebiete des staatlichen Lebens der Triumph und die Fasces. Nimmt man noch die vielfachen Anregungen der etruskischen Malerei und Plastik (Apollo von Veji) hinzu, so wird klar, daß die Entwicklung Roms nur im Rahmen der etruskisch-italischen Kultur verstanden werden kann. An etruskischen Inschriften sind bisher lediglich zwei, eingeritzt auf Buccherogefäßen in Rom, und zwar bei den Ausgrabungen am Fuße des Capitols, gefunden worden, sie gehören ins 6. Jh. v. Chr., sind also älter als die älteste lateinische Inschrift, die vom Lapis Niger auf dem Forum Romanum.

Während die Etrusker ihre Macht über weite Teile Italiens ausbreiteten, standen die Griechen des Landes in harten Abwehrkämpfen. So konnte eine so bedeutende Gemeinde wie Kyme (Cumae) nur dank der

Tüchtigkeit ihres Tyrannen, des Aristodemos mit dem Beinamen *ho Malakós,* die äußere Freiheit behaupten. Kurz nach dem Regifugium scheint Rom noch einmal unter die Herrschaft eines etruskischen Königs, des Porsenna von Clusium, gekommen zu sein. Die legendäre Ausschmückung des Ereignisses durch die spätere römische Geschichtsschreibung (Livius) ist unhistorisch; dies gilt vor allem für die Tat des Horatius Cocles, der gegen Porsenna den *pons sublicius* mit wenigen Gefährten verteidigt haben soll. Unhistorisch ist aber auch der Attentatsversuch des Mucius Scaevola auf den Etruskerherrscher. Porsenna hat, wie es scheint, Rom eingenommen, sein Sieg ist so vollständig gewesen, daß er den Römern den Gebrauch des Eisens – außer für die Herstellung von Pflugscharen – verbieten konnte. Nach einer Nachricht, wahrscheinlich aus kymeischer Quelle, soll um 505 eine Gesandtschaft von Aricia nach Kyme gekommen sein, um die Stadt um Hilfe gegen den Angriff eines Sohnes des Porsenna zu bitten. Ist dies historisch, so wäre damit nicht nur die Porsenna-Episode, sondern auch der ungefähre Ansatz des Regifugiums in Rom auf kurz vor 505 als geschichtlich erwiesen.

Die überragende politische Stellung der Etrusker erklärt sich teilweise aus ihrer wirtschaftlichen Überlegenheit. Die Etrusker verfügten über eine Fülle wertvoller Rohstoffquellen, nicht nur über das toskanische Eisenerz von Populonia und Elba, sondern auch über Kupfer-, Blei- und Silbergruben. Die Landschaft Toscana war dazu außerordentlich fruchtbar, es gab 15fältige Weizenernten, die Wälder erbrachten Holz und Pech die Fülle; das Tyrrhenische Meer war so reich an Fischen, daß man an der Küste Wachttürme errichtete, um die Züge der Thunfische vom Lande aus beobachten zu können. Als P. Cornelius Scipio sich im Jahre 205 zum Zuge nach Sizilien gegen die Karthager rüstete, da haben ihm die reichen Etruskerstädte freiwillig ihre Erzeugnisse zur Verfügung gestellt: Caere Getreide und Proviant, Populonia Eisen, Tarquinii Segelleinwand, Volaterrae Wachs und Getreide, Arretium die verschiedensten Arten von Waffen, dazu noch Weizen, andere Gemeinden wie Perusia, Clusium und Rusellae Tannenholz und Getreidespenden.

Mit dem Wohlstand war auch eine Verfeinerung der Lebensführung eingetreten, sie spiegelt sich in der Grabmalerei. In ihr werden vor allem sportliche Wettkämpfe und Trinkgelage abgebildet, wie denn das Essen und Trinken bei den Etruskern überhaupt hoch im Kurse gestanden hat. Wir wundern uns nicht, wenn die nachbarliche Abneigung der Römer den Begriff des *pinguis et obesus Etruscus* geprägt hat; der Grieche Theopomp hat ihnen sogar sexuelle Zügellosigkeit vorgeworfen. Doch trifft dies nur die eine Seite des Etruskertums, und die positiven Seiten des etruskischen Volkscharakters sind nicht zu übersehen: im Handel, im Kunstgewerbe und vor allem in der Baukunst haben die Etrusker Großes und Bleibendes geleistet, sie haben als gelehrige Schüler der Griechen

zahlreiche Monumente errichtet, von denen die Stadttore wie jenes von
Perugia ganz besonders charakteristisch sind. Sehr eindrucksvoll sind
auch die von den Etruskern errichteten Gräberstädte, in denen die Grabstätten zu regelrechten Totenstädten vereinigt sind, wie z. B. in Caere
(Cerveteri). Von den etruskischen Monumenten hat Plinius n. h. XXXVI
91–93 auf Grund von Varro das sog. Grabmal des Porsenna beschrieben,
des Königs von Clusium (Chiusi); es ist bisher nicht aufgefunden worden,
an seiner Rekonstruktion haben sich immer wieder die Archäologen versucht (Duc de Luynes, 1830, zuletzt F. Messerschmidt).

Besonders begabt waren die Etrusker auf dem Gebiet der Terrakotta-
technik; der Apollo von Veji aus der Zeit um 500 v. Chr. ist ein besonders
eindrucksvolles Giebelstandbild (Akroterion). Einzigartig sind die zahlreichen Gemälde der Grabkammern, neben vielen Szenen des täglichen
Lebens findet sich gelegentlich auch Historienmalerei. Auf dem Wandge-
mälde aus dem Françoisgrabe zu Vulci ist dargestellt, wie ein Macstrna
und ein Avle Vipinas mit mehreren anderen den Caile Vipinas aus der
Gewalt von Männern befreien, unter denen sich auch ein Cneve Tarchu
Rumach befindet. Der Kaiser Claudius hat in seiner Rede, erhalten auf
der Lyoner Bronzetafel, behauptet, Macstrna sei mit Servius Tullius iden-
tisch – wir wissen aber nicht, woher der gelehrte Kaiser diese Kunde hatte.

Der Einfluß der etruskischen Zivilisation auf das frühe Rom und auf
das übrige Italien, insbesondere auf die zentralen und nördlichen Landschaften, kann kaum überschätzt werden. Er wäre noch weit größer gewesen, hätten sich die Etrusker nicht einer Sprache bedient, die in der
westlichen Kulturwelt völlig isoliert gewesen ist. Trotzdem war die Herrschaft der Etrusker in Rom und in Italien viel mehr als nur eine Episode:
auf zahlreichen Gebieten der Zivilisation haben die Etrusker ihre Spuren
hinterlassen, auch die römische Religion ist durch das Etruskertum maßgebend geprägt worden. Aber mit dem Sturz der Tarquinier in Rom beginnt eine neue Epoche, die Geschichte der römischen Republik. Sie ist
Jahrhunderte lang durch die mächtigen Adelsfamilien bestimmt worden.

5. Italien und Rom im 5. und 4. Jahrhundert v. Chr.

Der Sturz des etruskischen Herrschergeschlechts in Rom gegen 500 v. Chr.
ist historisch von weitreichender Bedeutung: die Landverbindung zwischen
Rom und Campanien geht damit den Etruskern verloren, zwischen die
Stammlandschaft Toscana und die von Etruskern beherrschten Städte
Campaniens schiebt sich ein eigenes Staatsgebilde, das bald auch außen-
politisch in Erscheinung treten sollte.

Die Vertreibung des etruskischen Königsgeschlechts aus Rom ist im
übrigen ein Teil der altitalischen Sozialgeschichte. Sie wäre nicht mög-

lich gewesen, hätte nicht das römische Patriziat jene Kräfte entwickelt, die sich dem Königtum überlegen gezeigt haben. Das Ende des Königtums in Rom gehört in den großen Zusammenhang der Emanzipation des freien Bürgertums, wie dies etwas später auch in den Griechenstädten Siziliens offenbar geworden ist (Sturz der älteren Tyrannis, 461). Auch in Athen war das Ende der Peisistratidenherrschaft im Jahre 510 der Beginn der Herrschaft des durch Kleisthenes politisch mündig gewordenen Bürgertums.

In der Schlacht bei Alalia (auf Korsika) hatten die vereinigten Kräfte der Karthager und Etrusker gegen die Flotte der Griechen im Westmeer gestanden (nach 540 v. Chr.). Karthago war schon damals eine achtunggebietende Macht, die niemand im westlichen Mittelmeer ignorieren konnte, auch nicht die Römer, die sich der etruskischen Königsherrschaft entledigt hatten. Mit dem *1. römisch-karthagischen* Vertrag beginnt die äußere Geschichte der jungen römischen Republik. Der Vertrag ist ohne Datierung überliefert, Polybios hat ihn jedoch in das Jahr 508/07 v. Chr., nach Polybios das erste Jahr des römischen Freistaats, gesetzt. In diesem Vertrag erkennen die Römer und ihre Bundesgenossen eine Fahrtgrenze im Mittelmeer an, sie verpflichten sich, nicht über das «Schöne Vorgebirge» hinauszufahren, es sei denn im Falle höherer Gewalt. Wenn die Römer in Libyen, Sardinien und im karthagischen Teil Siziliens Handel trieben, so war die Anwesenheit eines Herolds *(kḗryx)* oder eines Urkundsbeamten *(grammateús)* erforderlich. Daß der Vertrag kurz vor 500 v. Chr. angesetzt werden muß, zeigt die Erwähnung der latinischen Küstenstädte: Ardea, Antium, die Stadt der Laurenter (Lavinium), Circei, Terracina (das noch seinen alten Namen besitzt und noch nicht Anxur heißt, wie es nach der Eroberung durch die Volsker genannt wurde). Diese alle und diejenigen unter den Latinern, die als Roms Untertanen gelten, bleiben vor dem Zugriff der Karthager geschützt, nicht aber die übrigen Latiner, die vielmehr nur einen eingeschränkten Schutz erhalten. Falls die Karthager eine Stadt der letzteren einnehmen, so soll diese den Römern unversehrt übergeben werden. Befestigte Stützpunkte in Latium zu errichten wird den Karthagern untersagt; wenn sie latinischen Boden betreten, so dürfen sie auf ihm nicht übernachten. – Der Vertrag zeigt, daß Rom zwar noch eine gewisse Oberhoheit über Latium beansprucht, daß es diese aber nicht mehr in vollem Umfange besitzt. Zwar steht die Küste von der Tibermündung bis hin nach Terracina unter römischer Herrschaft, aber es gibt Latinerstädte, die Roms Herrschaft nicht anerkennen. Eben dies aber ist der Zustand nach der Vertreibung der Tarquinier. Anderseits ist Karthago zweifellos die überlegene Macht, es steht noch ganz unerschüttert da; dies trifft viel eher auf die Zeit um 500 als um 470 zu. So konnten die Karthager ohne weiteres die Anerkennung von Sperrzonen für den römischen Handel durchsetzen. Das Gebiet östlich des Schönen Vorgebirges (wahrscheinlich = Kap Farina), d. h. die Häfen und die Gebiete an der Großen Syrte, blieben den Römern verschlossen. Hatte hier der Kolonisationsversuch des Dorieus für die Karthager abschreckend gewirkt?

An der Authentizität der Vertragsurkunde kann kein Zweifel bestehen. Das beweisen auch die Bemerkungen des Polybios (III 22, 3) über die Sprache des Vertragsinstruments: sie weiche von der späteren so stark ab, daß auch die sprachkundigsten Gelehrten einige Stellen nur mit Mühe nach eingehender Erwägung hätten verstehen können – eine Bemerkung, die nur dann ihren Sinn erhält, wenn es sich um eine in stark archaischem Latein geschriebene Urkunde handelt, die um 500 v. Chr., in der Zeit des Lapis Niger, und nicht erst um 400 v. Chr., abgefaßt worden war. Für die Karthager aber war Rom eine der zahlreichen Gemeinden Italiens, zu denen man Beziehungen unterhielt, allerdings eine wichtige, da sie unter den etruskischen Herrschern eine Hegemoniestellung in Latium behauptet hatte.

Aber Rom hatte in Latium Rivalen. So hat ein gewisser Egerius Baebius aus Tusculum als *dictator Latinus* einen heiligen Hain *(lucus)* der Diana von Aricia geweiht. Nach Cato gehörten zu diesem Latinerbunde die Gemeinden Aricia, Tusculum, Lanuvium, der populus Laurens, Cora, Tibur, Pometia und Ardea. Es fehlen also, abgesehen von Rom, noch die wichtigen Orte Praeneste, Fidenae, Labicum, um nur einige zu nennen. Was war in der Zwischenzeit geschehen? Unzweifelhaft hatte Rom seine Hegemonie über Latium eingebüßt, es hatte sich ein Städtebund gebildet, dem auch Aricia und der *populus Laurens*, die Rom noch in dem ersten Vertrag mit Karthago als seine Untertanen bezeichnet hatte, angehörten. Diese Entwicklung ist nur in einer Schwächeperiode Roms denkbar, die etwa um 500 v. Chr., bald nach dem Abschluß des ersten Karthagervertrags, anzusetzen ist. War es dieser Latinerbund, der bei Aricia den Sieg über Aruns, den Sohn des Porsenna, davongetragen hatte? Wir wissen es nicht, aber der Sturz der Tarquinier hatte in Latium Kräfte freigemacht, die sich nun betätigen konnten, ohne noch länger an Rom gebunden zu sein.

Auch in der früheren Zeit war das Verhältnis zwischen Rom und Latium nicht immer friedlich gewesen. Wie man die späte Überlieferung auch beurteilen mag – daß die Stadt Alba Longa einst eine bedeutende Rivalin Roms gewesen war, bis sie den römischen Waffen zum Opfer gefallen war (wahrscheinlich im 7. oder spätestens in der ersten Hälfte des 6. Jh. v. Chr.), ist sicherlich eine historische Tatsache.

Neben Rom hat in Latium auch Praeneste eine wichtige Rolle gespielt, es verfügte über 8 untertänige Gemeinden, auch Tibur nannte einige kleinere Orte sein eigen. Es liegt auf der Hand, daß diese sich vielfach kreuzenden hegemonialen Bestrebungen zu Zusammenstößen führen mußten, an denen natürlich auch Rom beteiligt gewesen ist. In der Tat berichtet die Annalistik von einem kriegerischen Zusammenstoß zwischen den La-

tinern *(omne Latium)* und Rom, und zwar in der Zeit bald nach 500
v. Chr. Angeblich soll der Krieg mit einem Siege der Römer am See Regillus geendet haben, jedoch ist die Geschichtlichkeit dieser Schlacht nicht
über alle Zweifel erhaben. So viel ist jedoch sicher: der Krieg wurde durch
einen Bündnisvertrag beendet, die Bedingungen sprechen übrigens dagegen, daß Rom einen durchschlagenden Sieg über die Latiner errungen
hatte, obwohl dies in der annalistischen Tradition behauptet wird. Die
Vertragsurkunde stand noch zu Ciceros Zeiten auf einem Bronzepfeiler
hinter den Rostra auf dem Forum Romanum. Rom und die Latiner
schlossen einen ewigen Frieden, sie verpflichteten sich, keine Feinde gegeneinander heranzuführen, sondern sich gegenseitig beizustehen, falls
sie angegriffen würden. Die Beute sollte geteilt werden, private Streitigkeiten waren dort zu schlichten, wo das Rechtsgeschäft abgeschlossen
worden war, und zwar binnen 10 Tagen. Außerdem wurde das Pfändernehmen gegenüber einem privaten Schuldner zum Zwecke der Selbsthilfe
anerkannt.

Man vermißt in der Überlieferung eine Angabe darüber, wie der Oberbefehl in künftigen gemeinsamen Kriegen geregelt werden sollte. Er dürfte
zwischen den beiden Partnern, Rom und den Latinern, gewechselt haben,
eine Vermutung, die durch eine Angabe des Antiquars L. Cincius gestützt
wird. Das Bündnis ist ein solches zu gleichem Recht *(foedus aequum)*, die
spätere Entwicklung zeigt allerdings schon sehr bald ein deutliches Übergewicht der Römer, um die Mitte des 5. Jh. hat Rom die Leitung des
Latinerfestes *(feriae Latinae)* an sich gerissen, und die spätere Annalistik
kennt nur den Oberbefehl Roms.

In der Überlieferung ist dieses wichtige Bündnis mit dem Namen des
praetor maximus Spurius Cassius (493) verbunden. Dies dürfte historisch
sein, ebenso wie der Abschluß eines Bündnisses zwischen Rom und den
Hernikern, gleichfalls durch Spurius Cassius, angeblich im Jahre 486. Aus
dem römisch-latinischen Zweibund war damit ein Dreibund geworden, in
dem alle Partner gleiche Rechte besaßen: so sollte die Beute gedrittelt
werden (Plin. n. h. XXXIV 20). Die Herniker waren eine Art Eidgenossenschaft, sie saßen im Tal des Trerus (Sacco); ihre Hauptorte waren
Anagnia, Aletrium, Ferentinum und Verulae, sie standen, ebenso wie die
Römer und Latiner, in entschiedenem Gegensatz zu den Aequern und
Volskern, was den Abschluß des Bundesvertrages hinreichend erklärt.

Die Geschichte des ersten Jahrhunderts der römischen Republik verzeichnet eine große Zahl von Kriegen der Römer mit den sabellischen
Völkern der Aequer und Volsker, die sich damals in fortschreitender Ausbreitung gegenüber Latium und Campanien befunden haben. Ihr Ziel war
die Küste, die sie auch an einigen Stellen zu erreichen vermochten. Damit
tauchte aber für die Römer ein gefährlicher Rivale auf. So gewannen die
Volsker vorübergehend Tusculum als Bundesgenossen, sie eroberten Ve-

litrae und vor allem Pometia, dessen Fall nicht weniger als viermal in den Quellen erzählt wird. Auf dem Hintergrund der volskischen Expansion spielt die Coriolan-Sage, in die griechische Motive hineinverwoben sind: so flieht Coriolan zu dem Landesfeind, den Volskern, ähnlich wie Themistokles zum Perserkönig.

Die Aequer haben sich bis hinein ins 4. Jh. v. Chr. in Latium, und zwar im Gebiet des Mons Algidus, halten können.

Im Zwielicht der Sage liegen dagegen die frühen Auseinandersetzungen zwischen Rom und Veji, doch ist die berühmte Episode vom Untergang der 306 Fabier an der Cremera, wo sie in einen Hinterhalt gefallen sind (477), im Kern historisch, galt doch dieser Tag hinfort als ein *dies ater* der römischen Geschichte. Das gleiche gilt aber nicht von dem angeblichen 40jährigen Frieden zwischen Rom und Veji vom Jahre 474. Er scheint lediglich erfunden, da man von Kämpfen in den nächsten Jahrzehnten zwischen Rom und Veji nichts zu berichten wußte.

Innere Geschichte Roms bis zur Mitte des 5. Jahrhunderts v. Chr. Die ersten Jahrzehnte nach der Befreiung Roms von der Herrschaft der Tarquinier sind für das sakrale Leben der Stadt und ihrer Bewohner epochemachend gewesen. Kaum jemals gibt es innerhalb von wenigen Jahrzehnten eine so große Zahl von Tempelgründungen wie in dieser Zeit: im Jahre 507 weihte man den Tempel des Juppiter Capitolinus, 497 den Tempel des Saturnus ad forum, 495 erhielt Mercurius ad Circum Maximum sein Haus, 493 die Göttertrias Ceres, Liber und Libera, das Jahr 484 sah die Weihung der Aedes Castoris ad forum, das Jahr 466 endlich die der Aedes Dii Fidii in Colle. Man wird hierin keinen Zufall sehen dürfen, der neue Freistaat errichtete sich nunmehr ein Pantheon, dabei haben vor allem griechische Göttergestalten, wenn auch unter lateinischem Namen, in Rom ihre Heimstatt gefunden. So ist Dius Fidius sicherlich eine römische Erscheinungsform des Zeus Pistios, der über die Einhaltung der feierlich abgeschlossenen Verträge wacht.

Nicht weniger grundlegend aber waren die Umwälzungen, die im römischen Heerwesen in der gleichen Zeit stattgefunden haben. Es ist dies vor allem die Einführung der neuen Kampfestaktik der Schwerbewaffneten, der Hopliten, die Römer haben sie angeblich von den Etruskern übernommen. In Griechenland hatte sich diese umwälzende Neuerung schon viel früher vollzogen, der erste griechische Staat, der sie eingeführt hatte, war der spartanische, und zwar schon im 7. Jh. v. Chr., im 6. Jh. aber war die Hoplitentaktik in der griechischen Welt allgemein verbreitet. Der Zeitpunkt der Einführung in Rom ist umstritten, es fehlt nicht an Stimmen, die sich für die Königszeit ausgesprochen haben, aber dies scheint zu früh zu sein. Aufschlußreich ist die Erzählung von dem gestrengen Diktator A. Postumius Tubertus, der, angeblich im Jahr 432, seinen Sohn zum

Tode führen ließ, weil er, dem gegebenen Befehl zuwider, sich in einen Einzelkampf eingelassen hatte. Dies ist ein Zeichen dafür, daß damals die Kampfestaktik der geschlossenen Hoplitenphalanx bereits für die Römer verbindlich gewesen sein muß, wenn sie auch immer noch gelegentlich durchbrochen wurde. Derartig grundlegende Veränderungen setzen sich eben erst allmählich durch, man wird daher die Zeit zwischen 500 und 450 v. Chr. als eine Übergangszeit ansehen müssen.

Untrennbar verbunden mit der Umgestaltung der äußeren Kampfestaktik ist in Rom das Problem der servianischen Centurienordnung. Ihre Struktur ist allerdings erst in den späteren Quellen (Livius, Dionysios von Halikarnassos) erkennbar, doch lassen sich bei vorsichtiger Auswertung gewisse Schlüsse auf die früheren Zustände anstellen.

So, wie sie uns überliefert ist, besitzt die servianische Centurienordnung 193 Centurien, in 5 Klassen eingeteilt, und zwar nach dem Vermögen (Zensus), wie in Athen zur Zeit des Solon. Grundsätzlich wird zwischen den Reitern *(equites)* und dem Fußvolk *(pedites)* unterschieden, das letztere eingeteilt in Bewaffnete *(armati)* und Unbewaffnete *(velites)*. Im ganzen gibt es 18 Centurien Reiter und 175 Centurien Fußvolk, eine so hohe Zahl, daß sie einen Ansatz der Institution in die Königszeit von vornherein ausschließt. Die Reitercenturien setzen sich zusammen aus 6 *suffragia*, den *Ramnes, Tities, Luceres priores et posteriores*, dazu aus 12 *centuriae equitum*, die Centurien des Fußvolks sind eingeteilt in 5 Klassen, davon 80 der I. Klasse, je 20 der Klasse II–IV und 30 Centurien der Klasse V. Dazu kommen schließlich noch 5 weitere Centurien, und zwar 2 der *fabri*, 2 der *cornicines et tubicines*, 1 der *proletarii*, diese 5 Centurien unter dem Begriff der *accensi velati* zusammengefaßt. Bewaffnung und Zensus der einzelnen Klassen sind verschieden, dazu teilt sich jede Klasse des Fußvolks in die *seniores* und *iuniores*, die Grenze ist das 46. Jahr, zu den ersteren gehören die Jahrgänge vom 47. bis zum 60., zu den letzteren die vom 17. bis zum 46. Jahr.

Da in den Comitien *(comitiatus maxumus,* XII-Tafel-Gesetz) auf jede Centurie nur eine einzige Stimme entfiel, so war dies mit dem Übergewicht der 1. Klasse gleichbedeutend, denn die 18 Centurien der Reiter und die 80 der 1. Klasse hatten zusammen für sich die Mehrheit (98 Stimmen gegenüber 95 der anderen). Waren sie sich einig, so gelangten die übrigen gar nicht mehr zur Abstimmung. Dazu kam noch ein Vorstimmrecht der älteren Jahrgänge *(seniores)* vor den jüngeren *(iuniores)* in den einzelnen Klassen. Es ist dies ein ganz extremes Klassenwahlrecht, wie es in der Geschichte in dieser Form wohl ohne Beispiel ist.

Wenn die römische Überlieferung diese komplizierte Centurienordnung mit dem Namen des Königs Servius Tullius verbindet, so ist dies historisch unmöglich, was allein schon durch die überlieferten Zensussätze erwiesen wird. In dieser merkwürdigen Centurienordnung spiegelt sich im Gegenteil eine längere historische Entwicklung wider, sie beginnt in der Königszeit und zieht sich durch die ganze Geschichte der frühen römischen Republik hindurch.

Für die Frühzeit, d. h. für die Königszeit, wird man eine einfache Dreiteilung annehmen dürfen, und zwar in Reiter, Aufgebot des Fußvolks *(classis)* und Leute *infra classem.* Dies entspräche der sozialen Schichtung in Adel, Vollbauern und Minderbemittelte, ähnlich der timokratischen Einteilung der attischen Bürgerschaft durch Solon. Diese einfache Einteilung des römischen Heeres muß aber um die Mitte des 5. Jh. eine Reform erfahren haben, und zwar in Verbindung mit der Einführung der Hoplitentaktik. Vielleicht sind an die Stelle von ursprünglich 30 Centurien des Fußvolks nunmehr deren 40 getreten, doch muß dies, wie überhaupt alles einzelne, Vermutung bleiben. Auf jeden Fall zeigt aber auch die Schaffung der Censur (443) und die Einführung des Consulartribunats, daß um die Mitte des 5. Jh. wichtige Veränderungen stattgefunden haben.

Mit der Einführung der Hoplitenphalanx verbindet sich, wie in Griechenland im 7. und 6. Jh. v. Chr., der Aufstieg der breiten Masse des Bürgertums, dem jetzt die vollen Rechte nicht mehr verweigert werden konnten, nachdem der Staat ihre Wehrkraft voll in Anspruch genommen hatte. Neben die Angehörigen der großen Familien, der gentes, trat nunmehr auch die große Masse der *clientes,* die in der Phalanx ihren Platz erhielten. Vor Jahren hat K. J. Neumann die Auffassung vertreten, die Klienten seien in der Frühzeit *servi,* an die Scholle gebundene leibeigene Bauern gewesen; in der 1. Hälfte des 5. Jh. habe eine große Bauernbefreiung stattgefunden, mit ihr stehe die Errichtung der ersten 16 römischen Landtribus *(tribus rusticae)* in Zusammenhang. Neumanns Theorie, die sich vor allem auf Ideen des Straßburger Nationalökonomen Knapp stützt, hat in der Forschung zwar Beachtung, aber wenig Glauben gefunden, und dies mit Recht. Denn für die weitreichenden Hypothesen gibt es keine Anhaltspunkte in der Überlieferung, vor allem aber hat Neumann die Beziehungen zwischen den *patres* und den Klienten zu sehr unter wirtschaftlichem Aspekt gesehen und dabei die ideellen Bande ignoriert, die beide miteinander verknüpfen.

In der Urzeit zerfiel das römische Volk in drei Tribus, die Namen sind etruskisch: Ramnes, Tities, Luceres. Es sind dies gentilizische Phylen wie die vorkleisthenischen Phylen in Athen. Eine Tribuseinteilung gibt es auch sonst in Italien, z. B. bei den Umbrern *(trifu = tribus).* An die Stelle dieser gentilizischen Tribus sind später lokale getreten, im Jahre 241 sind es insgesamt 35 an der Zahl. Bis weit hinein in das 5. Jh. haben jedoch nur 20 solcher lokalen Tribus existiert, 4 *tribus urbanae* (s. o. S. 22) und 16 *tribus rusticae,* die 21., die *tribus Clustumina,* ist erst gegen Ende des 5. Jh. gegründet worden (S. 37). Die Namen der ältesten 16 ländlichen Tribus sind sehr aufschlußreich. Es finden sich die Namen einer Anzahl berühm-

ter *gentes* unter ihnen wieder, die Aemilia, Claudia, Cornelia, Fabia, Galeria, Horatia, Menenia, Papiria, Sergia, Veturia. Daneben existieren aber
auch solche Namen, die wahrscheinlich geographischer Natur sind wie
die Camilia, Lemonia, Pupinia, Pollia, Voltinia und wahrscheinlich auch
die Romilia. Diese letzteren sind ohne Ausnahme Tribus, die in die unmittelbare Nähe Roms gehören, sie sind zweifellos als die ältesten *tribus
rusticae* zu betrachten, ihre Entstehung gehört schon in die Königszeit.
Von den übrigen läßt sich nur sagen, daß sie sicherlich vor dem Jahrhun-
dertende eingerichtet worden sind, vielleicht in der Mitte des 5. Jh. Jeder
römische Bürger gehörte einer lokalen Tribus an, im Rahmen der Tribus
wurde sein Zensus ermittelt, und mit der Institution der Tribus hängt die
Erhebung des *tributum* zusammen.

In die erste Hälfte des 5. Jh. fällt noch ein anderes für die römische Geschichte epochemachendes Ereignis. Es ist dies die Abschließung und For-
mierung des Patriziats und der Plebs als eigene Stände *(ordines)* und die
Bildung der plebejischen Sondergemeinde in Rom. Dies ist der Beginn des
römischen Ständekampfes, der sich durch volle zwei Jahrhunderte der römischen Geschichte hindurchzieht, bis er seinen Abschluß in der Lex Hor-
tensia (287) gefunden hat.

In der römischen Königszeit hatten allein die Häupter der großen Familien, die *patres*, am politischen Leben der Gemeinde ihren Anteil, sie
saßen im Rat der Alten (senatus), sie pflegten das Andenken ihrer Ahnen
(maiores) im Kult, zu dem allein die Angehörigen der Großfamilie (gens)
zugelassen waren. Sie hatten das Vorrecht, als Reiter im Heere zu dienen,
sie allein verfügten über die Priesterstellen, sie waren allein berechtigt, die
Auspizien einzuholen. Zwischen ihnen und der Masse des Volks, der
plebs, klaffte eine tiefe Kluft. Die Plebejer galten vielfach als unehrbar und
unfrei, als ein zusammengewürfelter Haufe ohne Ahnen und ohne Rechte.
Dennoch waren die Plebejer sicherlich nicht Abkömmlinge der unterworfenen Bevölkerung, den Heloten in Sparta vergleichbar, im Gegenteil, sie
stellten die Masse des römischen Ackerbürgertums. Unter ihnen müssen
sich auch so manche zugewanderten Elemente nichtrömischer Abstammung befunden haben, Latiner, Sabiner, überhaupt Italiker, aber auch
Etrusker und sogar einzelne Griechen aus den Hellenenstädten Italiens.
Der große soziale Abstand zwischen dem Patriziat und der Plebs ist nichts
Überraschendes, ähnliche Verhältnisse gab es auch in der griechischen
Welt (Gegensatz der Gamoren und Kyllyrier in Syrakus, der Geomoren
und des Demos in Samos).

In den XII-Tafeln findet sich das Verbot des *conubium* zwischen den
Patriziern und den Plebejern, die Abschließung der Stände muß also vorher erfolgt sein, vielleicht um 485. Der grundlegende soziale Gegensatz
zwischen Patriziern und Plebejern zeigt sich in Kampfmaßnahmen, von
denen der «Wehrstreik» *(secessio)* der Plebs die wichtigste gewesen ist.

Die Plebejer gehen außerdem dazu über, sich eine eigene Kampforganisation zu schaffen, sie bestellen Sonderbeamte, die *tribuni plebis* und die *aediles plebis*. Der Zeitpunkt der Einsetzung der Volkstribunen und ihre ursprüngliche Zahl sind umstritten. Angeblich sollen im Jahre 494 zwei, im Jahre 471 vier und erst im Jahre 449 zehn Volkstribunen eingesetzt worden sein. Livius gibt dagegen schon für das Jahr 494 die Fünfzahl an. In den *tribuni plebis* hat Eduard Meyer die ehemaligen Vorsteher der städtischen Tribus gesehen, nach Varro sind dagegen die Volkstribunen das Gegenbild der *tribuni militum* gewesen, d. h. sie waren zu Anfang militärische Beamte, die Führer der *plebs* im Kampfe gegen das beherrschende Patriziat. Ihre Unverletzlichkeit *(sacrosanctitas)* war durch einen heiligen Eid *(lex sacra)* aller Plebejer, geschworen beim Tempel der Ceres, gesichert. Ähnliche Schwurgenossenschaften hat es auch sonst im alten Italien gegeben, jedoch mit dem Unterschied, daß sich diese in der Regel auflösten, wenn sie ihr Ziel erreicht hatten. Zu den Volkstribunen traten noch zwei plebejische Ädilen hinzu, es waren die Verwalter des plebejischen Heiligtums der Ceres auf dem Aventin. Damit hatte sich die plebejische Sondergemeinde konstituiert, sie tagte in eigenen Versammlungen, den *concilia plebis*. Um die Mitte des 5. Jh. ist diese Entwicklung bereits als abgeschlossen zu betrachten.

Nahezu gleichzeitig ist die erste große römische Rechtsaufzeichnung, das *Zwölftafelgesetz*. Es war durch eine eigens zu diesem Zweck eingesetzte Kommission von zehn Männern *(decemviri legibus scribundis)* vorbereitet worden, die an die Stelle der amtierenden Oberbeamten getreten waren (451). Das Zwölftafelgesetz, das erste zuverlässig überlieferte Normengesetz der römischen Rechtsgeschichte, ist zweifellos ein bedeutender Schritt zur römischen Volksgemeinschaft. Der Inhalt besteht vor allem aus privatrechtlichen Bestimmungen, daneben finden sich solche über das Gerichtsverfahren, außerdem polizeiliche Vorschriften – alles noch ohne jede Systematik, ähnlich der griechischen Gesetzgebung der gleichen Zeit (Recht von Gortyn von etwa 480 v. Chr.). Erhalten sind von den XII-Tafeln nur Bruchstücke bei späteren Literaten und Juristen, vor allem bei Cicero, Plinius dem Älteren, Gellius, bei Gaius, Pomponius, Ulpian und anderen. Die rechtsstaatliche und kulturgeschichtliche Bedeutung des XII-Tafelgesetzes ist schwerlich zu überschätzen. So steht z. B. auf der 10. Tafel das Verbot, einen Menschen in der Stadt zu begraben oder zu verbrennen. Der griechische Einfluß wird nicht nur in dem Lehnwort *poena* (griech. *poinē*) sichtbar, er zeigt sich auch in der Bestimmung der 7. Tafel, wonach bei der Anlage von Mauern und Gräben ein gewisser Abstand von der Grenze des Grundstücks eingehalten werden muß: hierfür findet sich das Vorbild in Solons Gesetzen.

Als das Haupt der Kommission erscheint Ap. Claudius. Die Namen der zweiten Kommission, derjenigen des Jahres 450, sind dagegen nicht über jeden Zweifel erhaben. Das XII-Tafelgesetz ist ein entschiedener Fortschritt des Staatsgedankens, die Idee der Gleichheit aller Bürger vor dem Gesetz ist in ihm wenigstens angedeutet, wenn auch noch nicht in allen Punkten durchgeführt. Die Kluft zwischen Patriziat und Plebs ist keineswegs beseitigt, alle Ämter und Priestertümer sind den *patres* vorbehalten, das *conubium* zwischen den beiden Ständen ist erst im Jahre 445 durch die *lex Canuleia* gestatten worden. In dem Gesetzwerk spiegelt sich der vorwiegend agrarische Charakter des römischen Staates und Volkes wider, unter diesem Gesichtspunkt werden so manche Bestimmungen, wie die über die Grenze der Äcker und das Verbot, das Land des Nachbarn zu schädigen, erst ganz verständlich. Natürlich hat es auch damals schon Handwerker und Künstler, auch solche griechischer Herkunft, in Rom gegeben, aber sie treten hinter den Ackerbauern zurück, und das Vermögen der großen Familien besteht vor allem in Landbesitz und in den Viehherden, die die ausgedehnten Weiden und Triften bevölkern.

Seit dem Sturz des Königtums befand sich die Leitung des römischen Staates in den Händen von zwei Oberbeamten *(magistratus)*, die in der späteren Überlieferung als *consules* bezeichnet werden. Ursprünglich hießen sie *praetores*, und als solche waren sie vielleicht die Hilfsbeamten der römischen Könige gewesen. Die Oberbeamten verfügten seit dem Regifugium über das uneingeschränkte Imperium, über die *volle* militärische und zivile Gewalt. Die gegenteilige Ansicht, die ihnen zunächst nur ein militärisches Imperium zubilligen möchte, ist nicht begründet. Die Vollgewalt der beiden Amtsträger wurde dadurch gemildert, daß die Bürger die Möglichkeit hatten, gegen die über sie verhängten Kapitalstrafen Berufung beim Volke einzulegen; hier tritt also das souveräne Volk (in der Gestalt der *comitia centuriata*) gegen das uneingeschränkte Imperium der Oberbeamten in die Schranken. Es besteht kein Grund, die frühen römischen *leges de provocatione*, d. h. die *lex Valeria* (angeblich sogleich nach der Beseitigung des Königtums) und die *lex Valeria Horatia* (449), als unecht zu verdächtigen, zumal die Provokation bereits im XII-Tafelgesetz verankert ist.

Aus dem umfassenden Imperium der Oberbeamten sind die Ämter des Censors, des (späteren) Praetors und des Quästors gewissermaßen ausgegliedert worden (Th. Mommsen).

Rom und Italien von 450 bis 280 v. Chr. Außenpolitisch bezeichnet die Zeit bald nach 450 v. Chr. den Beginn einer stärkeren römischen Expansion. Am folgenreichsten waren die Kämpfe der Römer mit Veji, das in Fidenae, wenige Kilometer von Rom entfernt, diesseits des Tibers einen Brückenkopf besaß. Das gesamte rechte Tiberufer muß bis weit hinein in das 5. Jh. für Rom feindliches Ausland gewesen sein. In der Überlieferung erscheint die Eroberung Fidenaes durch die Römer zweimal, zuerst 437

und dann wieder im Jahre 426, beide Ereignisse können durchaus historisch gewesen sein. Bei den Kämpfen des Jahres 426 zeichnete sich auf
römischer Seite A. Cornelius Cossus aus, er erschlug mit eigener Hand
den Vejenterkönig Lars Tolumnius. Dessen Panzer wurde als *spolia opima*
im Tempel des Juppiter Feretrius in Rom aufgehängt, wo ihn noch Augustus gesehen hat.

Nach einer 20jährigen Waffenruhe brach der Krieg zwischen Rom und
Veji im Jahre 405 erneut aus. Nachdem sie Crustumerium erobert hatten,
schufen die Römer die *tribus Clustumina*, die letzte der alten Landtribus.
Etwa um die gleiche Zeit errichteten sie an der Tibermündung in Ostia
ein Kastell, und zwar mit Tuffsteinen aus Fidenae. Der Überlieferung zufolge soll Veji nach einem zehnjährigen Kriege im Jahre 396 in die Hände
der Römer gefallen sein. Aus der Beute weihten die Römer einen Misch-
krug, der im Schatzhause der Massalioten in Delphi aufgestellt wurde;
im 3. Heiligen Kriege ist er, wie so manche anderen Weihegaben, von den
Phokern eingeschmolzen worden. Mit der Errichtung von vier neuen
Landtribus in Südetrurien (Arnensis, Tromentina, Stellatina, Sabatina)
fand die Expansion (im Jahre 389 oder 387) ihren vorläufigen Abschluß.

Die Fortschritte der Römer bis in den Anfang des 4. Jh. hinein sind von
großer historischer Bedeutung. Rom hat den Tiber überschritten, in Ostia
besitzt es einen befestigten Stützpunkt am Tyrrhenischen Meere. Durch
seine Bündnisse mit Latinern und Hernikern ist Rom die bedeutendste
Macht in Mittelitalien, neben ihm verharren die anderen Völkerschaften
des zentralen Apennin im Zustande weitgehender Zersplitterung. Auch
außerhalb Italiens hat sich Rom Freunde erworben, dies gilt vor allem für
Massalia, aber auch für den syrakusanischen Tyrannen Dionysios I. Bereits in dieser frühen Zeit sind die Grundzüge des römischen Wesens klar
erkennbar. Roms Haltung wird gekennzeichnet durch einen kriegerischen
Geist, durch die Wehrhaftigkeit seiner Bevölkerung, dazu durch staats-
männische Klugheit, die sich im Abschluß von Verträgen dokumentiert.
In den Kriegen mit Aequern, Volskern und Etruskern (Veji) verrät das römische Bauernvolk einen hohen Grad von Disziplin und Tapferkeit, die
zielbewußte Leitung durch den römischen Senat ist unverkennbar, auch
an führenden Persönlichkeiten wird es nicht gefehlt haben, mögen sie
auch für uns durch den Schleier der Sage verhüllt werden.

Die aufsteigende Entwicklung Roms wird jäh unterbrochen durch die
gallische Katastrophe des Jahres 387 v. Chr. Die Wanderungen der Kelten vom 5. bis zum 3. Jh. v. Chr. sind ein wichtiger, aber immer noch sehr
dunkler Abschnitt in der Geschichte Mitteleuropas. Sie umspannen den
weltweiten Raum von Südspanien bis Inneranatolien und Südrußland.
Das Kerngebiet der Kelten ist das mittlere und westliche Frankreich, das
im Laufe des 5. und 4. Jh. v. Chr. durch die Kelten in Besitz genommen
worden ist. Der Anlaß zu den keltischen Wanderungen ist unbekannt; es

ist immerhin möglich, daß die Bewegungen durch den Druck der germanischen Völker ausgelöst worden sind. Jegliche zentrale Lenkung fehlt, die Wanderungen werden getragen von den einzelnen Stämmen. Im 4. und 3. Jh. (?) werden auch England und sogar Schottland in den Bereich der keltischen Expansion miteinbezogen; das gleiche gilt für die Pyrenäenhalbinsel; hier bildet sich bald eine typische Mischkultur kelto-iberischen Charakters, die insbesondere durch die karthagische Zivilisation beeinflußt worden ist.

Die Kelten hatten vielfache Beziehungen zu den Kulturen des Mittelmeerraumes, in keltischen Gräbern finden sich attische Vasen wie z. B. auf der Heuneburg (bei Hundersingen, Krs. Saulgau); in dem Grab einer keltischen Fürstin in Vix (bei Châtillon an der Seine) hat sich ein prachtvoller griechischer Bronzekrater gefunden, der ein Vermögen gekostet haben dürfte. Die Kelten verfügten über die besondere Fähigkeit, sich die Elemente der fremden Zivilisation anzueignen und diese mit ihrer eigenen zu verschmelzen. Wichtige Ziele der keltischen Wanderungen waren die Gebiete an der mittleren Donau, insbesondere der Raum zwischen der Donau und der Save, hier haben sich die Kelten in harten Auseinandersetzungen mit den Illyrern durchgesetzt. Kurz nach 400 v. Chr. erschienen die ersten keltischen Stämme auf dem Boden Norditaliens, es waren die Völker der Insubrer, Cenomanen, Bojer, Lingonen und Senonen. In Oberitalien stießen sie vor allem auf die Etrusker und Umbrer, diese wurden allmählich bis an den Nordabhang des Apennin zurückgedrängt, manche Siedlungen der Etrusker wie Mantua vermochten sich jedoch gegen die Kelten zu behaupten. Als letzte erschienen die Senonen, sie breiteten sich im nördlichen Picenum bis an den Aesis aus, nach ihnen hieß das Land später der *Ager Gallicus*. Einzelne Streifzüge der Kelten gelangten bis in den äußersten Süden der Apenninhalbinsel, andere sogar bis nach Sizilien, wo sie als Söldner von Dionysios I. in den Dienst genommen worden sind. Nach der Überlieferung soll ein Keltenhaufe, der das etruskische Clusium belagerte, gegen Rom aufgebrochen sein. Die Römer, die zum Schutze ihres Landgebiets sich den Kelten zum Kampfe gestellt hatten, wurden in der Schlacht an der Allia (18. Juli 387) vernichtend geschlagen, nur wenigen gelang es, nach Veji zu entkommen. Die Schlacht hat aller Wahrscheinlichkeit nach am *linken* Ufer der Allia *(fossa di Bettina)* stattgefunden (anders Diodor). Rom selbst, das keine Befestigung besaß, mußte vor den anrückenden Kelten geräumt werden, die Bevölkerung wurde über den *pons sublicius* auf das andere Ufer des Tiber herübergeführt, die Brücke danach abgebrochen, allein auf dem Kapitol blieb eine Besatzung zurück, die Kelten aber zogen nach einer kürzeren Belagerung des Kapitols wieder ab. Die Keltenkatastrophe war der Grund dafür, daß Rom zum ersten Male in seiner Geschichte eine vollständige Ringmauer erhalten hat (sog. servianische Mauer), und zwar wurden in diese auch das Kapitol und sogar der Aventin miteinbezogen. Es ist wahrscheinlich, daß für den römischen Mauerbau das Beispiel von Syrakus das Vorbild gewesen ist.

Überhaupt steht die Geschichte Italiens in den ersten Jahrzehnten des 4. Jh. eindeutig unter dem Zeichen der Hegemonie des Dionysios I. von Syrakus. Der Tyrann hatte im Jahre 392 den Krieg mit den Karthagern durch einen Friedensschluß beendet. Dionysios war dadurch praktisch der Herr von fast ganz Sizilien (mit der Ausnahme des äußersten Nordwestens der Insel) geworden. Es war verlockend für ihn, nun, da er den Rücken frei hatte, den Fuß auf italischen Boden zu setzen: verbündet mit dem bedeutenden Lokroi Epizephyrioi und mit den Lukanern, hatte er eine Vereinigung süditalischer Griechenstädte als Gegner. Zu ihnen gehörten Kroton, Kaulonia, Sybaris am Traeis, Thurii, Hipponion und sogar Tarent. Dem Tyrannen aber waren sie nicht gewachsen, sie wurden am Elleporosflusse geschlagen (388), nach einer längeren Belagerung fiel Rhegion (Reggio di Calabria) in die Hände des Dionysios (387).

Auch aus dem Zusammenbruch der Etruskerherrschaft in der Po-Ebene hat Dionysios Nutzen gezogen, er hat die Häfen Ankon (Ancona) und Adria an der Po-Mündung anlegen lassen, auf der Adria-Insel Issa (Lissa) gründete er eine syrakusanische Kolonie und eine Flottenstation. Die Schwäche der Etrusker, die damals von den Kelten bedrängt wurden, zeigt auch der Flottenvorstoß des Dionysios gegen die Küste Etruriens, dabei wurde das Heiligtum der Leukothea von Pyrgoi (Hafen von Caere) geplündert. Auch an der Südspitze der Insel Korsika setzten sich die Syrakusaner fest (Porto Vecchio?).

Das halbe Jahrhundert zwischen 387 und 338 ist eine Periode der inneren Festigung Roms. Von größter Fernwirkung waren die *licinisch-sextischen Gesetze*, die im Jahre 367 von den Volkstribunen C. Licinius Stolo und L. Sextius Lateranus beantragt worden sind. Die wichtigste politische Bestimmung ist die, daß an die Stelle des mehrköpfigen Consulartribunats nun wieder zwei Consuln treten sollten, der eine von ihnen sollte aus der Plebs gewählt werden. Außerdem wurde die Rechtssprechung den Consuln entzogen und dafür ein eigener Praetor *(praetor urbanus)* eingesetzt. Für die Abhaltung der Großen Spiele *(ludi maximi)* aber wurden die Stellen von zwei kurulischen Ädilen neu geschaffen, die damit den plebejischen Ädilen zur Seite traten.

Mit der Reform, wie sie durch die leges Liciniae Sextiae gegeben ist, war der römische Beamtenapparat fertig, in der neuen Form hat er bis tief hinein in die römische Kaiserzeit bestanden, mögen auch einzelne Magistrate später in der Zahl ihrer Amtsträger vermehrt worden sein. Noch wichtiger aber ist die Tatsache, daß mit den leges Liciniae Sextiae die allgemeine Vormachtstellung der patres abgebaut worden ist. Mit dem Ausgleich zwischen den Ständen der Patrizier und Plebejer ist hier Ernst gemacht worden, von nun an beginnt die Herausbildung des römischen Amtsadels, der *Nobilität*. Zu ihr gehören die gewesenen Consuln und deren Nachkommen (nicht aber die Träger aller kurulischen Ämter, wie Sigonius und sogar noch Mommsen glaubten).

Wie es heißt, sollen die beiden Volkstribunen C. Licinius Stolo und L. Sextius Lateranus noch zwei weitere Gesetzesanträge gestellt haben, einer davon bezog sich auf die Schuldenregelung, der zweite Antrag aber bestimmte, daß niemand unter den Bürgern mehr als 500 *iugera* (etwa 125 Hektar) Staatsland *(ager publicus)* besitzen durfte. Der erste Antrag mag historisch sein, die Bestimmung über den limitierten Besitz von Staatsland kann jedoch unmöglich in das 4. Jh. gehören, sie kann daher auch nicht Gegenstand der leges Liciniae Sextiae gewesen sein.

Die Annalen der römischen Geschichte verzeichnen in den Jahren von 361 bis 349 immer wieder Kämpfe mit den Kelten (361, 360, 349), gelegentlich auch mit latinischen Städten wie Tibur (360) und Praeneste, mit dem ein längerer Krieg (von 368 bis 354) geführt werden mußte. Wichtiger als diese überwiegend lokalen Auseinandersetzungen, die ein wachsendes römisches Übergewicht erkennen lassen, sind die von Rom abgeschlossenen Verträge, im Jahre 354 der hundertjährige Friede zwischen Rom und Caere und im Jahre 348 der 2. römisch-karthagische Vertrag. Caere galt zunächst als Bundesgenosse (socius) der Römer, später war es Halbbürgergemeinde (civitas sine suffragio), und zwar geradezu das Muster einer solchen, denn die Liste der Bürger ohne Stimmrecht wurde später die «Liste der Caeriten» *(tabula Caeritum)* genannt. Während über einen weiteren Vertrag, den zwischen Rom und den Samniten (gleichfalls aus dem Jahre 354), nichts bekannt ist, sind die Bestimmungen des 2. Karthagervertrages (348) ausführlich überliefert. In dem Vertrag findet sich eine neue Abgrenzung des beiderseitigen Hoheitsgebiets: Rom beansprucht für sich die Herrschaft in ganz Latium, doch ist dies nur ein Anspruch, da in der Urkunde zwischen zwei Kategorien von Städten unterschieden wird: zwischen solchen, die Rom nicht untertänig sind, und solchen, die gleichfalls unabhängig, aber durch ein Vertragsverhältnis mit Rom verbunden sind. Die Karthager sind berechtigt, sich der von Rom unabhängigen Städte zu bemächtigen, sie dürfen sogar aus ihnen Einwohner und Beute fortschleppen (Recht des *sylân),* jedoch müssen die Städte danach Rom übergeben werden. Während es den Römern verboten ist, in Sardinien und Libyen Handel zu treiben, ist es ihnen in Sizilien und Karthago selbst gestattet. Für die römischen Kauffahrer ist eine Fahrtgrenze festgesetzt, sie wird durch das ‹Schöne Vorgebirge› (Kap Farina) einerseits und durch Mastia (in Spanien) markiert: in dieser Zone durften die Römer sich nicht als Seeräuber betätigen, auch ist ihnen die Gründung von Städten in diesem Raum (ebenso auch in Sizilien und Sardinien) untersagt. Dem Vertrag zufolge war Rom also schon damals keine reine

Landmacht mehr, es muß fähig gewesen sein, gewisse maritime Expeditionen durchzuführen.

Nicht gut begründet ist dagegen die angebliche Dedition der Campaner an Rom vom Jahre 343 v. Chr. und der diesem Ereignis unmittelbar folgende 1. Samnitenkrieg (343–341). Beide Ereignisse sind historisch äußerst zweifelhaft; es ist ganz und gar nicht wahrscheinlich, daß die Römer die Sidiciner den Samniten überantwortet haben, wie in den Friedensbedingungen zu lesen steht; vielmehr dürften Römer und Samniten gegen die Sidiciner gemeinsame Sache gemacht haben.

Von großer geschichtlicher Bedeutung ist dagegen der *Aufstand der Latiner gegen Rom* im Jahre 340. Es ist dies eine Bewegung, die nicht nur die altlatinischen Gemeinden, sondern auch die latinischen Kolonien erfaßt hat. Nur wenige Orte sind in der Not den Römern treu geblieben, unter ihnen Ardea, Lavinium, dazu die Kolonien Sutrium und Nepet. Angeblich haben die Latiner die Forderung an die Römer gerichtet, hinfort den einen Consul und die Hälfte der Senatoren stellen zu dürfen. Während sich die Latiner der Hilfe der Volsker, Aurunker und Sidiciner zu versichern wußten, hatten die Römer in den Samniten Bundesgenossen. Wo die entscheidende Feldschlacht geschlagen worden ist, bleibt ungewiß, vielleicht bei Sinuessa am Mons Massicus. Roms Sieg brachte die Auflösung des politischen Latinerbundes, der von nun an nur noch als sakrale Vereinigung weiterbestanden hat. Rom aber ging dazu über, sein Verhältnis zu den einzelnen latinischen Gemeinden auf Grund ihres Verhaltens in der vorausgegangenen Auseinandersetzung zu regeln: die einzelnen Gemeinden wurden zunächst isoliert, *commercium* und *conubium*, ebenso gemeinsame Landtage zwischen ihnen (*concilia*) untersagt. Die Latinerstädte erscheinen in drei verschiedene Kategorien eingeteilt, die erste von ihnen ist die kleine Gruppe der autonomen Städte wie Tibur, Praeneste, Lavinium und Cora. Die Bürger der zweiten Gruppe wie die von Aricia, Lanuvium, Nomentum, Pedum u. a. fanden Aufnahme in das römische Bürgerrecht, Tusculum erhielt als Gemeinde Verzeihung, seine Bürger behielten die *civitas Romana*. Schlechter gestellt waren dagegen Gemeinden wie Fundi und Formiae, dazu die campanischen Städte Capua, Cumae und Suessula: all diese sind nur in den Besitz des römischen Halbbürgerrechts (*civitas sine suffragio*) gelangt; Fundi und Formiae entbehrten dazu der Selbstverwaltung, die vielmehr in die Hände römischer Magistrate gelegt wurde.

Der politischen Neuordnung des Jahres 338 liegt zweifellos eine großangelegte politische Konzeption zugrunde: es ist das *Divide et impera*, das, hier zum ersten Male in der römischen Politik, seine Triumphe feiert. Die Devise als solche stammt allerdings, wie J. Vogt gezeigt hat, erst aus der Zeit Ludwigs XI. von Frankreich (1461–1483), die Sache aber ist altrömisch. Unter sparsamer Verwendung des römischen Bürgerrechts hatte die römische Staatsführung ihr Ziel vollauf erreicht: Rom und die lateinischen Gemeinden aber sind auf dem besten Wege, zu einer Einheit zusammenzuwachsen, es ist hier eine römisch-latinische Wehrgemeinschaft im Entstehen, diese ist der politische Kern des römischen Italien geworden. Ein Blick auf das gleichzeitige Griechenland enthüllt die Bedeutung des klugen römischen Vorgehens: während auf dem Schlachtfeld bei Chäronea die Totenglocke für die Welt der griechischen Poleis geläutet wird, ist Rom dabei, seine machtmäßigen Grundlagen unter Heranziehung des stammverwandten latinischen Elements beträchtlich zu erweitern und sie für die Folgezeit auf festem Boden zu verankern. Die Römer haben hier in einzigartiger Weise vorausschauende Arbeit geleistet, bei der sich Großzügigkeit mit Zielstrebigkeit verbindet.

In die Zeit unmittelbar nach der Neuordnung des Verhältnisses zwischen Rom und den Latinern fällt die erste Berührung zwischen Rom und der griechischen Welt. Es ist die Expedition Alexanders des Molossers, des Oheims und Schwagers Alexanders des Großen, der auf den Hilferuf Tarents von Albanien nach Süditalien übersetzte (334). Alexander von Epirus war nicht der erste Herrscher, der, vom Osten kommend, seinen Fuß auf italischen Boden gesetzt hat: wenige Jahre zuvor (338) hatte der spartanische König Archidamos III., gleichfalls als Bundesgenosse Tarents, im Kampfe gegen die Messapier sein Leben verloren. Unter den Gegnern des Molosserkönigs Alexander aber befanden sich vor allem die Samniten, und diese Gegnerschaft war es, die zu einem förmlichen Abkommen zwischen ihm und den Römern geführt hat (um 333–331). Die politische Verbindung ist jedoch bald wieder gelöst worden, denn Alexander der Molosser wurde schon im Jahre 331/30 v. Chr. bei Pandosia durch den Dolch eines tarentinischen Verbannten hinweggerafft.

Mit seinem Ausgreifen nach Campanien hatte Rom in einer Landschaft Fuß gefaßt, die bisher vor allem von dem oskisch-samnitischen Element als Einflußsphäre betrachtet worden war. Seit 338 aber stand Rom im Bunde mit Capua, einer Griechenstadt, die aber seit einem vollen Jahrhundert durch Samniten regiert wurde. Auch Cumae war Bundesgenosse der Römer. In diese erste Periode römisch-campanischer Beziehungen wurde früher die erste Prägung des römisch-campanischen Silbergeldes gesetzt (sog. 1. römisch-campanische Serie), doch hat sich diese Theorie nicht aufrechterhalten lassen.

Der römisch-samnitische Gegensatz entlud sich schließlich in dem großen 2. Samnitenkriege (328–304). Der Krieg hat an die Römer besonders hohe Anforderungen militärischer Art gestellt. Bisher gewohnt, in festgeschlossener Phalanx zu kämpfen, hatten die Römer es dieses Mal mit einem Gegner zu tun, der sich auf den Kleinkrieg in den Bergen des Apennin aufs beste verstand. Außerdem war Samnium alles andere als ein zentral gelenkter Staat, es war ein buntes Konglomerat von Bergkantonen; hier gab es keinen politischen Mittelpunkt, gegen den der Gegner den zusammengefaßten Einsatz seiner Waffen hätte richten können. So war der Krieg eine Folge von zahlreichen Eroberungs- und Beutezügen, die an Führung und Mannschaft der Römer besonders hohe Anforderungen stellten. Anlaß zum Kriege soll angeblich das Bündnis zwischen Rom und Neapel (326/25 nach der Chronologie der Annalisten) gewesen sein, aber die Vorgänge, die zu dem *foedus aequum* zwischen Rom und Neapel führten, sind durch die Annalistik gefärbt. Ob es wahr ist, daß Neapel einen Angriff auf das mit den Römern verbündete Capua gewagt hat, ist immerhin zweifelhaft, denn in der Vorgeschichte spielt die römische Propaganda bei den Annalisten eine große Rolle, auch die Hilfesendung der Tarentiner für Neapel ist verdächtig. Neapel aber blieb als mit Rom verbündete Stadt im Besitz seiner Autonomie, die griechischen Beamten der Stadt amtierten weiter, auch der Rat *(būlē)*, der hier *sýnklētos* hieß, was von den Römern als griechisches Äquivalent für *senatus* übernommen worden ist. Der Krieg zwischen Rom und den Samniten brachte den römischen Waffen eine schwere Niederlage: das in Samnium eingedrungene römische Heer wurde in den Caudinischen Pässen eingeschlossen, zur Kapitulation gezwungen und unter das Joch geschickt (321). Sieger war der samnitische Feldherr Gavius Pontius, er behielt 600 römische Ritter als Geiseln für die Einhaltung des Kapitulationsvertrages zurück. Erst drei Jahre später (318) gingen die Kriegshandlungen weiter: die Römer verlegten den Kriegsschauplatz nach Apulien (Gründung der latinischen Kolonie Luceria 315), aber erst seit 314 waren sie eindeutig im Vorteil, Fregellae, die wichtige Sperrfeste im Tal des Liris, wurde von den Römern zurückerobert (313), Calatia und Nola unterworfen.

Ernst Kornemann hat hinter den Operationen der Römer als treibende Kraft die große Gestalt des Ap. Claudius vermutet, was jedoch nicht zu beweisen ist. Auch das Bündnis zwischen den Samniten und Etruskern vermochte die Erfolge der römischen Waffen nicht aufzuhalten: zum ersten Male hat ein römisches Heer das ciminische Waldgebirge nach Norden überschritten, der vierzigjährige Friede zwischen Rom und der Etruskerstadt Tarquinii wurde erneuert. Seit dem Jahre 306 beginnt Rom mit einem erbarmungslosen Vernichtungs- und Ausrottungsfeldzug in Samnium, worauf die Samniten (im Jahre 304) Frieden schließen. Dieser Friede festigte die römische Vorherrschaft in Mittelitalien, die Samniten sahen sich vom Meere abgedrängt, eine Anzahl mittelitalischer Stämme, unter ihnen die Marser, Marruciner, Päligner und Frentaner, traten zu Rom in ein Bundesverhältnis. Ja sogar zu den Lukanern hat Rom damals friedliche Beziehungen anknüpfen können. Im Bunde mit den Lukanern wandte sich Rom gegen Tarent. Die große Griechenstadt aber erhielt Hilfe durch den spartanischen Prinzen Kleonymos, er trieb die Lukaner zu Paaren, die schließlich auf die Seite der Samniten überwechselten. Rom sah sich von einer größeren Koalition bedroht (3. Samnitenkrieg, 299/98–290), zu der sich nicht allein die Umbrer und Lukaner, sondern auch die Kelten und Etrusker zusammengeschlossen hatten. So standen alle Völker Italiens (mit Ausnahme der Griechen) gegen Rom im Felde. Eröffnet wurde der Krieg von den Römern, und zwar durch einen Feldzug des Consuls L. Cornelius Scipio Barbatus gegen Samniten und Lukaner. Die Entscheidung aber fiel in der Schlacht bei Sentinum (295), die Römer behielten hier über die Heere der Kelten, Etrusker und Samniten in einem verlustreichen Kampf die Oberhand. Wie ernst die Lage in der Schlacht gewesen war, zeigt die Devotion des Consuls P. Decius Mus, die zweifellos historisch ist.

Im Süden befestigte Rom seine Position durch die Entsendung einer starken latinischen Kolonie nach Venusia (angeblich nicht weniger als 20 000 Ansiedler) im Jahre 291 und durch die Unterwerfung der benachbarten Sabiner, und zwar durch M'. Curius Dentatus (290), sie fanden als *cives sine suffragio* Aufnahme in das römische Bündnissystem; mit der Gründung der Kolonie Hadria an der Küste Picenums ist das Meer erreicht: wie ein breiter Gürtel legt sich die römische Macht mit ihren Kolonien quer durch Mittelitalien, der nördlichste Stützpunkt, abgesehen von Hadria, ist Narnia (gegründet 299), der südlichste Venusia. Schon in dieser frühen Zeit haben es die Römer hervorragend verstanden, den Raum zu durchdringen und für politische und militärische Zwecke dienstbar zu machen. Aber noch in ganz anderer Hinsicht sind die Kämpfe in den 90er Jahren des 3. Jh. v. Chr. von großer historischer Bedeutung; schon damals ist die Entscheidung über die Hegemonie in Italien praktisch gefallen. Rom mit seinen Bundesgenossen kontrollierte ein Gebiet von etwa 54000 qkm, während das gesamte übrige nicht von Rom abhängige Italien auf etwa 72000 qkm zu veranschlagen ist. Vor allem aber beherrschte Rom die Küste im Westen von Caere bis Lukanien, im Osten von Picenum bis Canusium. Der Bund der Samniten, als solcher ein Mitglied der römischen Wehrgemeinschaft, erscheint rings von römischem Gebiet umklammert, während das übrige freie Italien in eine Unzahl von selbständigen, z. T. miteinander verbündeten, z. T. aber auch verfeindeten Staaten aufgesplittert ist. Hatten die freien Italiker damals überhaupt noch eine Möglichkeit, sich der drohenden Herrschaft Roms zu entziehen? Da eine führende einheimische Macht als Gegengewicht gegen Rom nicht vorhanden war, so blieb nur die Hoffnung auf Hilfe von außen. Wo aber gab es in der Welt des Mittelmeeres einen Staat, der es mit Rom hätte aufnehmen können? Das Alexanderreich existierte nicht mehr, die hellenistische Staatenwelt aber war in eine Anzahl von rivalisierenden Staaten aufgespalten; für die Entwicklung in Italien haben sie wenig Interesse gezeigt, mit der Ausnahme von Makedonien und Epirus.

Im Jahre 285 hatte Rom noch einmal einen Einfall der Kelten aus Norditalien abzuwehren. Nach dem für sie unglücklichen Kampf bei Arretium (Arezzo) siegten die Römer unter M'. Curius Dentatus über die keltischen Senonen; an dem Gestade der Adria wurde die römische Bürgerkolonie Sena Gallica gegründet, der Ager Gallicus aber ward römisches Bürgerland. Die vereinigte Kraft der Bojer und Etrusker wurde endlich in der Schlacht am Vadimonischen See (283) gebrochen, worauf die Etruskerstädte Einzelverträge mit Rom abschlossen. Ganz neue Perspektiven aber eröffnete das Bündnis Roms mit der Griechenstadt Thurii, das letztlich der Anlaß des Krieges zwischen Rom und Tarent gewesen ist (s. S. 46).

Von den führenden Persönlichkeiten der römischen Politik ist in dieser Zeit so gut wie nichts bekannt, mit der einzigen Ausnahme des Ap. Claudius Caecus (Censor 312). Dieser Mann hat nicht nur die Via Appia erbauen lassen, die wichtigste Verkehrsader zwischen Rom und Campanien, auch die erste große Wasserleitung (Aqua Appia) ist sein Werk gewesen. Als Censor revidierte er die Senatsliste; wie es heißt, soll er Söhnen von Freigelassenen erstmals den Zugang zum Senat geöffnet haben. Unter diesen Männern war auch der kurulische Ädil Cn. Flavius; er hat ein Verzeichnis der *dies fasti* verfaßt und die *legis actiones* (Klageformeln) veröffentlicht, eine Tat, die zweifellos gegen das Rechtsmonopol der *patres* gerichtet war. Alle weitergehenden Hypothesen, so insbesondere die, daß Cn. Flavius die ersten Annalen veröffentlicht oder die älteste Redaktion der Consulliste vorgenommen habe, sind dagegen reine Vermutungen. Mögen auch einzelne Vorgänge wie z. B. die Einschreibung der niederen städtischen Bevölkerung in alle Tribus (nicht nur in die städtischen) auf Veranlassung des Ap. Claudius historisch umstritten sein, – es kann darüber kein Zweifel bestehen, daß sich hier das Wehen eines demokratischen Geistes offenbart, der kühn über die altgeheiligten Traditionen hinweggeschritten ist.

Auch außenpolitisch ergeben sich am Ende des 4. Jh. v. Chr. für Rom neue Perspektiven: um das Jahr 306/05 v. Chr. hat Rom einen Vertrag mit der Seestadt Rhodos geschlossen, er mag die gemeinsame Bekämpfung der Seeräuber zum Ziel gehabt haben.

Etwa um die gleiche Zeit bereiteten sich innenpolitisch große Wandlungen in Rom vor. Die lex Ogulnia (300 v. Chr.) erschloß den Plebejern den Zugang zu den Kollegien der Pontifices und Auguren, und zwar dadurch, daß die Zahl ihrer Mitglieder verdoppelt wurde. Im Jahre 287 ist die Plebs wieder einmal in den Wehrstreik getreten *(secessio in montem Ianiculum)*, es war das letzte Mal in der jahrhundertealten Auseinandersetzung. Der Diktator Q. Hortensius – über seine Person ist sonst nichts bekannt – brachte die endgültige Aussöhnung zustande. Es wurde bestimmt, daß von nun an die Beschlüsse der Plebs auch für die Gesamtgemeinde bindend sein sollten. Dies bedeutet die rechtliche Gleichstellung der *concilia plebis*, der *comitia tributa* und der *comitia centuriata*. Während die letzteren immer noch die oberen Magistrate zu wählen und über Krieg und Frieden zu entscheiden haben, liegt die Wahl der unteren Magistrate in den Händen der Tributkomitien, sie besitzen aber auch das wichtige Recht, Gesetze zu beschließen. Hierdurch hat sich die Stellung der *tribuni plebis* stark gehoben, denn diesen Sonderbeamten der Plebs ist jetzt in weitem Umfang das Recht der Gesetzesinitiative zugefallen. Es wäre jedoch verfehlt, wenn man von nun an von einer ‹Allmacht des Tribunats› (Beloch) sprechen würde, im Gegenteil, das Volkstribunat ist mehr oder weniger in die Abhängigkeit des Senats oder seiner Faktionen geraten, es hat die Senatspolitik unterstützt und dadurch zum Aufbau des römischen Weltreiches Wesentliches beigetragen, eine Periode, die allerdings mit den Gracchen ihr Ende gefunden hat.

6. Rom im Kampf mit Tarent und König Pyrrhos. Die römisch-italische Wehrgemeinschaft (280–264 v. Chr.)

Die Griechenstadt Tarent, eine Gründung der spartanischen Parthenier, war im Herbst des Jahres 282 v. Chr. in einen Konflikt mit Rom geraten, und zwar dadurch, daß sich die Tarentiner an römischen Schiffen vergriffen hatten, die in ihrem Hafen vor Anker lagen. Die Schiffe kamen von Thurii; die Stadt war gerade durch die Römer unter C. Fabricius von einer Belagerung durch die Samniten befreit und mit einer römischen Garnison belegt worden. Angeblich existierte ein Vertrag mit Tarent, der es den Römern untersagte, über das Vorgebirge am Lakinion hinauszufahren. Möglicherweise haben die Tarentiner eine Einmischung der Römer in ihre inneren Angelegenheiten befürchtet, die Abneigung der Griechen gegen Rom ist so weit gegangen, daß auch eine römische Gesandtschaft, die wegen der Übergriffe intervenierte, von den Tarentinern insultiert worden sein soll. Rom aber konnte sich dies nicht bieten lassen (es besteht kein Grund zu der Annahme, daß Rom die Vorgänge bewußt provoziert hätte), es entsandte den Consul des Jahres 281, L. Aemilius Barbula, er brachte in Tarent die Römerfreunde ans Ruder. Inzwischen aber war ein Hilfegesuch der Stadt an den König Pyrrhos ergangen (Herbst 281). Was aber hat Pyrrhos, den König der Molosser in Epirus, bewogen, dem Hilfegesuch Folge zu leisten? Pyrrhos' Pläne richteten sich auf das makedonische Königtum, das seit dem Tode Alexanders eine geradezu unwiderstehliche Anziehungskraft auf die Diadochen ausstrahlte. In Makedonien aber herrschte damals Ptolemaios Keraunos, aber auch Antigonos Gonatas, der Sohn des Demetrios Poliorketes, und Antiochos, der Sohn des Seleukos, hatten die Hoffnung auf das makedonische Königtum keineswegs aufgegeben. Außerdem hatte Pyrrhos im eigenen Hause zu wenig Freiheit, seine Stellung war durch die Bundesversammlung der Molosser gewissen Beschränkungen unterworfen. Wenn man dazu dem Plutarch Glauben schenken darf, so hätte Pyrrhos von Anfang an sehr weitreichende Eroberungspläne gehegt: er hätte nicht allein von einer Unterwerfung Siziliens, sondern auch von einer Eroberung Afrikas (Libyens) und Karthagos geträumt. Mag dies nun auf Wahrheit beruhen oder nicht – Pyrrhos ließ die Burg von Tarent durch eine Vorausabteilung besetzen, im Frühjahr 280 landete er selbst mit einem großen Heere an der messapischen Küste. In Tarent zeigte Pyrrhos bald sein wahres Gesicht: er fühlte sich hier als Herr, nicht als Bundesgenosse, die Jugend der Stadt wurde zum Waffendienst herangezogen, auch auf den Emblemen der tarentinischen Münzen spiegelt sich die Vorherrschaft des Königs Pyrrhos wider.

In Rom herrschte zunächst Bestürzung und Furcht, man rief sogar die *proletarii* unter die Waffen und übertrug dem Consul P. Valerius Laevinus das Kommando gegen Pyrrhos, der die Römer im Gebiet von Herakleia am Siris erwartete. Trotz der unbestreitbaren Tapferkeit der Römer endete das Treffen für sie mit einer Niederlage (Juli 280). Pyrrhos verdankte seinen Sieg vor allem den Elefanten, die in den Reihen der Römer Furcht und Schrecken verbreitet hatten. Doch waren die Verluste des Epiroten so groß gewesen, daß Pyrrhos angeblich gesagt haben soll: «Noch ein solcher Sieg, und wir sind verloren!» Die Folge war, daß eine Reihe von italischen Völkerschaften, insbesondere die Lukaner, Samniten und Bruttier, auf die Seite des Pyrrhos übergingen, auch die Griechenstädte Locri Epizephyrii und Croton öffneten ihm ihre Tore. Pyrrhos machte nun einen überraschenden Vorstoß gegen Rom, gelangte aber nur bis Anagnia (oder bis Praeneste) und mußte wieder umkehren, da der andere römische Consul, Ti. Coruncanius, nach Beendigung der Kämpfe gegen die Etrusker herbeieilte. Die nun einsetzende Kampfesruhe bot beiden Gegnern Gelegenheit zu diplomatischen Verhandlungen: ihr Ablauf im einzelnen ist umstritten, insbesondere die Frage, ob der Thessaler Kineas, der Vertraute des Pyrrhos, *zweimal*, nach der Schlacht bei Herakleia und nach Ausculum, in Rom gewesen ist. Wenn die Überlieferung auch im einzelnen legendär sein mag, so wird man doch daran festhalten können, daß der Widerstand in Rom von dem bejahrten Ap. Claudius Caecus und seinen politischen Freunden ausgegangen ist. Im übrigen sahen sich die Römer außerstande, die weitgehenden Forderungen des Pyrrhos, die nicht nur die Befreiung der Griechenstädte Italiens von römischer Herrschaft, sondern auch die Entlassung der italischen Völker aus dem römischen Bündnis vorsahen, zu erfüllen. So mußten noch einmal die Waffen entscheiden. In Apulien, auf den weiten Feldern bei Ausculum, wurde zwei Tage lang erbittert gerungen, wieder behielt

Pyrrhos die Oberhand, die Verluste auf beiden Seiten waren aber beträchtlich, so daß die Operationen zum Stillstand kamen (279). Die Römer erneuerten bald danach (im Jahre 279/78) das Bündnis mit Karthago, es liegt im Wortlaut bei Polybios (III 25,3–5) vor, ist aber in seiner Interpretation immer noch umstritten. Soviel scheint jedoch sicher, daß der Vertrag einen eventuellen Sonderfrieden mit Pyrrhos untersagte. Im übrigen erklärten sich die beiden Vertragspartner zu gegenseitiger uneingeschränkter Unterstützung bereit, die Karthager erboten sich, für den Transport der Truppen die notwendigen Schiffe zu stellen. Pyrrhos sollte offenbar in Italien festgehalten und daran gehindert werden, in Sizilien einzugreifen. Aber Pyrrhos hatte inzwischen durch Kineas Verbindungen mit den sizilischen Griechenstädten angeknüpft; als Schwiegersohn des Agathokles hielt er sich nicht nur für berechtigt, sondern sogar für verpflichtet, den Sikelioten zu Hilfe zu kommen. Dabei hat ihm zweifellos die Errichtung einer eigenen Herrschaft in Sizilien vor Augen gestanden. So entsprach es ganz seinen Absichten, wenn er nach dem Übergang nach Sizilien als *rex Siciliae sicut Epiri* proklamiert worden ist, und zwar soll Pyrrhos seinem Sohn von der Lanassa, Alexander, die Insel Sizilien, dem anderen Sohn, Helenos, Italien als Königreich bestimmt haben.

In Sizilien wurde der Molosser enthusiastisch begrüßt, zahlreiche Griechengemeinden traten auf seine Seite, unter ihnen Syrakus, Leontinoi, Akragas und Henna, im ganzen sollen sich ihm mehr als 30 Städte unterstellt haben. Der Feind war hier Karthago, das sich im Westen der Insel, vor allem in den Festungen Panormos, Lilybaeum und auf dem Berge Eryx, eine starke Position aufgebaut hatte, die es mit allen Mitteln zu behaupten versuchte. Die Bergfeste Eryx wurde von Pyrrhos im Sturm genommen, vor dem starken Lilybaeum aber scheiterten all' seine Anstrengungen, die Belagerung mußte nach einer Dauer von zwei Monaten wieder aufgegeben werden. Dieser Rückschlag, verbunden mit einer Reihe wenig populärer Maßnahmen des Königs – hierzu ist vor allem die Einziehung zahlreicher Güter zu rechnen, die vorher dem Agathokles gehört hatten, inzwischen aber längst in andere Hände übergegangen waren –, machte Pyrrhos sehr unbeliebt, zahlreiche Städte wechselten auf die karthagische Seite über. Da die Römer auch in Bruttium Erfolge zu verzeichnen hatten und die Mamertiner, campanische Söldner, in Messina ihre Feindschaft gegen Pyrrhos nach wie vor aufrechterhielten, kehrte der König mit einer immer noch sehr stattlichen Flotte nach Italien zurück (Sommer 276). Die Karthager aber stellten die Flotte bei Rhegion zum Kampf und fügten ihr schwere Verluste zu. Obwohl Pyrrhos aus einem Treffen gegen die Mamertiner als Sieger hervorgegangen war, hatte sich seine Lage in Italien doch so schwierig gestaltet, daß er den König Antigonos Gonatas bitten mußte, ihm Truppen nach Italien zu schicken, ein Ansinnen, das dieser jedoch von sich gewiesen hat. Die römischen

Triumphalfasten verzeichnen in den Jahren 278, 277 und 276 Triumphe der Consuln C. Fabricius, C. Junius Brutus und Q. Fabius Maximus Gurges über eine Reihe von italischen Völkerschaften, darunter die Lukaner, Bruttier, Samniten. Im Jahre 276 waren aber die römischen Operationen durch den Ausbruch einer Pest behindert. Die Entscheidung fiel im folgenden Jahre, 275, bei Benevent (vorher Maleventum genannt). Die Römer hatten es inzwischen gelernt, mit den Elefanten fertig zu werden, sie konnten sich sogar in den Besitz des gegnerischen Lagers setzen. Ob außerdem noch ein zweites Treffen stattgefunden hat, und zwar auf den *Campi Arusini,* ist in der Forschung umstritten. Von einem großen Teil seiner früheren Bundesgenossen in Italien im Stich gelassen, ohne den nötigen Nachschub an Mannschaften aus der Heimat, sah sich Pyrrhos gezwungen, wieder nach Epirus zurückzukehren (Herbst 275), doch blieb Tarent von einer epirotischen Besatzung unter seinem Sohn Helenos und unter Milon gesichert. Italien hat Pyrrhos nicht mehr wiedergesehen, nach wechselvollen Kämpfen in Griechenland ist er im Jahre 272 in dem peloponnesischen Argos umgekommen. Schon vorher, im Jahre 274, hatte er seine Besatzung aus Tarent zurückziehen müssen, seine wenigen ihm noch verbliebenen italischen Bundesgenossen waren damit auf Gnade und Ungnade den Römern ausgeliefert.

Mit dem Sieg über Pyrrhos war Rom in die Reihe der großen Mächte eingetreten. Es ist hierfür kennzeichnend, daß es schon im Jahre 273 zum Abschluß eines Freundschaftsvertrages *(amicitia)* mit Ptolemaios II. gekommen ist. Von den Italikern unterwarfen sich die Lukaner und Samniten zuerst. Sie mußten einen Teil ihres Gebietes an die Römer abtreten, die Befriedung Lukaniens aber wurde mit der Entsendung einer latinischen Kolonie nach Paestum (Poseidonia) zu Ende geführt. Croton und Locri, dies einer der wichtigsten Stützpunkte des Pyrrhos in Italien, fanden Eingang in die römische Bundesgenossenschaft. Sie wurden *socii navales* und haben als solche in den Kämpfen mit den Karthagern eine wichtige Aufgabe wahrgenommen. *Tarent* fiel dagegen erst im Jahre 272, und zwar nach dem Tode des Pyrrhos, den Römern anheim. Die Tradition über die Behandlung der Stadt ist nicht ohne Widersprüche. Angeblich soll vor dem Fall der Stadt eine karthagische Flotte erschienen sein, was in späterer Zeit von den Römern als feindseliger Akt betrachtet worden ist. Die Tarentiner müssen den Römern Geiseln für ihr Wohlverhalten gestellt haben, und unter diesen Gefangenen ist wohl auch der spätere Dichter Livius Andronicus nach Rom gekommen. Sehr viel härter aber war das Schicksal von *Rhegium.* Die Stadt wurde im Jahre 270 von den Römern mit stürmender Hand genommen, die campanischen Mamertiner, die sich hier zu Herren aufgeworfen hatten, nach Rom fortgeführt, auf dem Forum mit Ruten gepeitscht und enthauptet. Die Eroberung von Mittel- und Süditalien war damit praktisch abgeschlossen. Die

Kämpfe gegen die Picenter, die Beilegung des Konflikts mit Caere und endlich die Unterwerfung des etruskischen Volsinii waren für die Römer keine Probleme mehr. Wieder wurden die neuen Eroberungen durch die Anlage von Kolonien gesichert, es waren dies Benevent, Ariminum (beide im Jahre 268 gegründet), Firmum Picenum (264) und Aesernia (263).

Wie aber sah es in Italien am Vorabend des 1. Punischen Krieges aus? Völkisch und sprachlich war die Apenninhalbinsel alles andere als eine Einheit. Neben dem Lateinischen wurden noch zahlreiche andere Sprachen gesprochen, von ihnen waren das Etruskische, Oskische, Umbrische, Messapische, Griechische und Keltische die wichtigsten. Die Verständigung zwischen den verschiedenen Völkern und Stämmen war keineswegs einfach, wenngleich das Vordringen des Lateinischen, vor allem über die römischen Bürgerkolonien und die latinischen Kolonien, eine gewisse uniformierende Wirkung hatte. Aber es hat den Römern im 3. Jh. ganz fern gelegen, eine bewußte Sprachenpolitik zu betreiben, sie begnügten sich, ihre Hegemonie auf politischem Gebiet zu festigen.

Das Bild der politischen Landkarte Italiens war noch viel bunter, die Zahl der verschiedenen Städte und Territorien war unübersehbar, sie alle waren selbständig, aber der größte Teil von ihnen gehörte der römisch-italischen Wehrgemeinschaft an, die Rom in zielbewußter Arbeit in Mittel- und Süditalien errichtet hatte. Im ganzen gesehen war diese Wehrgemeinschaft ein dreigegliedertes Gebilde, bestehend aus den Römern, den Latinern *(nomen Latinum)* und den Bundesgenossen *(socii Italici)*. Die Territorien der drei Kategorien, das römische Bürgerland *(ager populi Romani)*, die latinischen Kolonien und die Gebiete der Bundesgenossen lagen bunt durcheinander, sie alle aber fanden in Rom ihren Mittelpunkt, sie alle hatten Interesse daran, daß dieser Zustand auch erhalten blieb. Die politischen Bindungen an die Hegemonialmacht waren ganz verschieden: neben den römischen Vollbürgergemeinden, gegründet auf erobertem Territorium *(coloniae civium Romanorum)*, deren Bewohner alle Pflichten und Rechte *(munera ac honores)* der römischen Bürger besaßen, standen die sog. Halbbürgergemeinden *(municipia)*; ihre Bürger waren zwar zum Wehrdienst und zur Entrichtung der Abgaben verpflichtet, besaßen aber nicht das Wahlrecht *(cives sine suffragio)*. Wieder eine andere Kategorie bildeten die latinischen Kolonien, deren Bürger bei ihrer Übersiedelung nach Rom dort das Bürgerrecht erhielten. Eine Ausnahme hiervon bildeten jedoch die Kolonien vom Typ Ariminum. Die große Masse der Bundesgenossen aber war in Verträgen verschiedensten Inhalts mit Rom verbunden, sie waren zwar eigene souveräne Staaten, mußten aber auf die Militärhoheit und auf eigene Außenpolitik großen Stiles verzichten. Auch untereinander bestand in der Regel kein *commercium* und *conubium*.

Die Durchdringung Italiens mit römischem Geist und mit römischer

Kultur ist ein Vorgang, der sich erst allmählich vollzogen hat, seinen
vorläufigen Abschluß fand er mit dem Ende des Bundesgenossenkrieges
(89 v. Chr.). Interessant sind die Wandlungen, die der Begriff Italia im
Laufe der römischen Expansion durchgemacht hat. Vom Süden aus hat
der Name Italia seinen Siegeszug nach dem Norden angetreten, unter dem
Begriff der *Italici* werden die Angehörigen der Wehrgemeinschaft unter
Roms Führung zusammengefaßt. Die Verbindung Roms mit den volk-
reichen Stämmen Italiens einerseits und mit den Griechenstädten des
Südens anderseits ist ein Vorgang von weiter historischer Fernwirkung.
In der römisch-italischen Wehrgemeinschaft ist ein Staatenbund entstanden, der, was die Zahl seiner Einwohner und die Ausdehnung des von
ihm kontrollierten Gebietes betrifft, im Westen des Mittelmeerraumes
ohne jede Konkurrenz ist. Rom aber und seine führende Schicht haben
hier einen glänzenden Beweis ihrer staatsmännischen Einsicht erbracht:
eine Minderheit hat einer vielfachen Mehrheit ihren Willen aufgezwungen und die Kräfte von ganz Mittel- und Süditalien zu einem planvollen
Einsatz unter römischer Führung gebracht.

7. Der 1. Punische Krieg (264–241 v. Chr.)

Als Pyrrhos Sizilien verließ, soll er gesagt haben: «Welchen Kampfplatz
überlassen wir den Römern und Karthagern!» Der Ausspruch ist schwerlich historisch, er ist wahrscheinlich ein *vaticinium ex eventu*. Aber die
Frage bleibt, ob der Zusammenstoß zwischen den Römern und Karthagern auf Sizilien ein unvermeidliches Ereignis gewesen ist. Ernst Kornemann spricht geradezu von der «schicksalshaften Verflochtenheit der
Dinge, die weit über Menschenwitz und Menschenkunst den Agrarstaat
vorwärts getrieben habe, vermöge des in ihm innewohnenden Macht-
und Ausbreitungstriebes für die nach Brot und Betätigung schreienden
Massen». Andere Forscher betonen dagegen, daß zwar eine weitere Expansion Roms kaum aufzuhalten, daß aber ein Übergreifen der Römer
auf Sizilien bereits im Jahre 264 in keiner Weise unausweichlich gewesen
sei, zumal es schwierig sein mußte, die Insel in das römische Hegemonial-
system einzubeziehen. Aber Rom konnte es sich auf die Dauer einfach
nicht leisten, die Entwicklung in Sizilien zu ignorieren, und zwar um so
weniger, als die Griechengemeinden der Insel durch vielfache Bande mit
den Hellenenstädten Unteritaliens, den *socii navales* der Römer, verbunden waren.

Rom und Karthago, die auf Sizilien gegeneinander in die Schranken
getreten sind, waren die bei weitem mächtigsten Staaten der westlichen
Mittelmeerwelt. Beide hatten sich aus einer Stadt als Urzelle entwickelt,
doch hatten sie ganz verschiedene Wege eingeschlagen, Rom hatte die

mächtige Wehrgemeinschaft in Italien aufgebaut, Karthago dagegen war zum Mittelpunkt eines großen Handelsreiches geworden, das sich von den Küsten Iberiens über die Balearen bis nach Sardinien und Sizilien, an der afrikanischen Küste von Marokko bis an die Grenze der Cyrenaica erstreckte.

Die Karthager waren ihrer Herkunft nach Phöniker, die Römer nannten sie deshalb *Poeni*; ihre Stadt (Karthago bedeutet «Neustadt») war eine Kolonie der Tyrier, die Gründung gehört in die Zeit um 800 v. Chr. Am Schnittpunkt zahlreicher Verkehrslinien gelegen, hat Karthago einen steilen Aufstieg erlebt, im westlichen Mittelmeer war es die bedeutendste Handelsmetropole, vor allem seitdem es den Karthagern im Bunde mit den Etruskern gelungen war, die griechische Konkurrenz in den westlichen Gewässern zu überwältigen (Seeschlacht bei Alalia auf Korsika, nach 540 v. Chr.). Kühne Seefahrer der Karthager drangen um 500 v. Chr. an der Westküste Afrikas entlangfahrend bis nach Kamerun vor (Hanno), andere erkundeten den Seeweg von Spanien nach den «Zinnländern», der Bretagne und Cornwall (Himilko). Dazu hatte Karthago seine Stützpunkte in Sizilien (Panormos, Solus und Motye) seit dem Jahre 409 v. Chr. zu einer regelrechten Provinz *(epikráteia)* erweitert, gegen alle Angriffe der Griechen (Dionysios I., Timoleon, Agathokles und Pyrrhos) hatten die Karthager ihre Positionen in Westsizilien behauptet. Abgesehen von der sizilischen Epikratie kann von einer wirklichen Organisation des karthagischen Herrschaftsgebietes kaum die Rede sein. Es ist im wesentlichen ein System von Stützpunkten und Handelsfaktoreien, einem weiten Netz über dem westlichen Mittelmeerraum vergleichbar. Mit den Nachbarn schlossen die Karthager Verträge, bei denen sie nach Möglichkeit Sperrzonen festlegten, die den Schiffen der Vertragspartner verschlossen blieben. Von einem politischen Imperialismus waren die Karthager zunächst noch weit entfernt; bezeichnend hierfür ist die Tatsache, daß man den Libyern im Hinterland von Karthago Tribut entrichtete, erst im Verlaufe des 5. Jh. wurden die libyschen Stämme unterworfen; ebenso wie die Berber und Numider finden sie sich von nun an im karthagischen Heere, das sich vor allem aus Söldnern verschiedenster Nationalität (Kelten, Iberer, Ligurer, Griechen) rekrutiert.

Die Leitung des karthagischen Staates liegt in den Händen einer zahlenmäßig beschränkten Aristokratie. Die Spitze bilden die beiden Sufeten («Richter»), die eigentlich regierende Körperschaft aber ist der «Rat der Dreihundert», aus dessen Mitte ein Ausschuß der «Dreißig» gebildet wird. Dazu kommt noch der Staatsgerichtshof der «Hundertvier», er hat über die Verfassung zu wachen, seine Mitglieder bleiben längere Zeit, wenn nicht lebenslänglich, im Amt. Die Verfassung ist aristokratisch-timokratisch, ganz nach dem Vorbild der großen phönikischen Metropolen. Von einer Übernahme spartanischer oder westgriechischer Elemente kann nicht die Rede sein, wohl aber haben sich die Karthager in späterer Zeit hellenistische Verwaltungsprinzipien zunutze gemacht. Bemerkenswert ist der Gegensatz, der sich zwischen dem Heer und dem Staatswesen in Karthago herausgebildet hat. Der Befehlshaber – oft genug ein Ausländer – ist zwar von der Regierung abhängig, aber immer wieder gibt es Zwistigkeiten, und nicht selten ist es vorgekommen, daß die Strategen den Weg des bewaffneten Aufstands gegen die Stadt beschritten haben.

Das Epochenjahr in den Beziehungen zwischen Rom und Karthago ist das Jahr 270. Damals hatte Rom sich in den Besitz von Rhegion gesetzt (s. S. 49). Jenseits der Meerenge aber, in Messana, existierte immer noch die Republik der campanischen Mamertiner, die sich nicht nur gegenüber Pyrrhos, sondern auch gegenüber Hieron II., dem Herrscher von Syrakus, behauptet hatte. Allerdings war ihre Lage schwieriger geworden, seitdem es Hieron gelungen war, die Mamertiner am Longanosfluß (unweit von Mylai) aufs Haupt zu schlagen (269). In ihrer Bedrängnis wandte sich ein Teil der Mamertiner an die Karthager mit der Bitte, eine Besatzung in die Burg von Messana zu legen. Als die karthagische Besatzung ihren Einzug in die Stadt gehalten hatte, standen sich Römer und Karthager, nur durch die Straße von Messina getrennt, gewissermaßen Stirn an Stirn, gegenüber. Ein anderer Teil der Mamertiner aber richtete an Rom ein Hilfegesuch. Der Senat konnte sich jedoch zu einer Entscheidung nicht durchringen, die Consuln brachten die Sache vor die Volksversammlung (comitia centuriata). Diese aber stimmte dem Hilfegesuch der Mamertiner zu, angeblich wegen des reichen Gewinns, den man sich von einem sizilischen Feldzug erhoffte. Messana aber erhielt eine römische Besatzung, die karthagische Truppe wurde aus der Stadt vertrieben. Da erschien Hieron II. vor Messana, er hatte überraschenderweise mit den Karthagern ein Bündnis geschlossen und wollte nun die Römer zum Abzug veranlassen. Der römische Consul Ap. Claudius Caudex brachte die Entscheidung, er hatte in Rhegion Verhandlungen mit dem Karthager Hanno geführt, sie waren ohne Ergebnis geblieben. Für Claudius aber war die Tatsache des *bellum iustum* gegeben, und zwar zur Verteidigung römischer Bundesgenossen, so erklärte denn der Consul den Karthagern den Krieg (264).

Es kann als sicher gelten, daß keine der beiden Großmächte den Krieg gesucht hat. Ein ausgesprochener Eroberungswille war weder in Rom noch in Karthago vorhanden. Wer aber trägt dann die Schuld am Kriege? Nach Philinos von Akragas hatte es einen Vertrag zwischen Rom und Karthago gegeben des Inhalts, daß sich die Römer verpflichtet hätten, nicht in Sizilien, die Karthager, nicht in Italien einzugreifen. Aber dieser sog. Vertrag des Philinos ist nicht nur in seiner Datierung, sondern sogar in seiner Existenz umstritten, so daß man nicht auf ihn bauen kann. Maßgebend ist allein die Darstellung des Polybios (I 10–II, 3), die wahrscheinlich auf Fabius Pictor zurückgeht. Danach wären sich die Römer dessen bewußt gewesen, daß sich die Unterstützung der Mamertiner in Messana moralisch kaum rechtfertigen ließe, die Ausdehnung der karthagischen Macht schien ihnen aber keine andere Wahl zu lassen.

Jede Darstellung der Auseinandersetzung zwischen Rom und Karthago muß darauf Rücksicht nehmen, daß punische Quellen von irgendwelchem Gewicht nicht vorhanden sind. Dazu kommt noch, daß den Römern jegliches Verständnis für die Eigenart der Karthager gefehlt hat, und nicht durch Zufall wollen die Klagen über die *perfidia Punica* niemals verstummen. Doch ist anderseits nicht zu übersehen, daß auch die Römer zu Mitteln gegriffen haben, die nicht gerade wählerisch gewesen sind. Daß im übrigen der Rassengegensatz im Kriege keine Rolle gespielt hat, ist längst erwiesen.

Schon im folgenden Jahre (263) hatte Rom in Sizilien einen großen Gewinn zu verzeichnen. Hieron II. von Syrakus wechselte auf die römische Seite über, die Römer garantierten ihm das Gebiet seines Reiches, während sich der König verpflichtete, eine Kriegsentschädigung von 100 Talenten zu entrichten. Größere Kämpfe sind offenbar nicht vorgekommen, jedoch hat der römische Konsul dieses Jahres, M'. Valerius, bei der Curia Hostilia in Rom ein Gemälde aufstellen lassen, das seinen Sieg über die Punier und Hieron II. verherrlichte. M'. Valerius hat außerdem den Beinamen Messalla erhalten und einen Triumph über die Punier und den König von Sizilien, Hieron, *(de Poenis et rege Siculorum Hierone)* feiern dürfen.

Im Jahre 262 erweiterte sich der Krieg um Messina zu einem sizilischen Kriege: die Römer gingen an die Belagerung von Akragas, das von den Karthagern zu einer starken Heeres- und Flottenbasis ausgebaut worden war. Die Stadt fiel nach einer Belagerung von sechs Monaten in die Hände der Römer, die von Hieron tatkräftig unterstützt worden waren. Ein ganz neues Aussehen gewann der Krieg durch den Entschluß der Römer, den Karthagern von nun an auf ihrem eigentlichen Element, der See, entgegenzutreten. Die Römer legten im dritten Kriegsjahr (262) eine große Flotte auf Kiel, wobei die Hauptlasten von den *socii navales* getragen werden mußten. Es sollen 100 Fünfreiher und 20 Dreireiher gewesen sein, mehr als 30 000 Ruderer mußten eingeübt und für die taktischen Manöver geschult werden. Neu war die Verwendung von Enterhaken und Enterbrücken *(corvi)*; man wollte den römischen Legionären mit ihrer Hilfe die Möglichkeit geben, die Technik des Landkampfes auch auf hoher See fortzusetzen. Dieser kühne Entschluß brachte den Römern unter Führung des Consuls C. Duilius im Jahre 260 einen glänzenden Seesieg in den Gewässern bei Mylae an der Nordküste Siziliens. Es war der erste Seesieg der römischen Geschichte, er wurde durch die Errichtung einer Siegessäule mit den Schiffsschnäbeln der genommenen karthagischen Schiffe (*columna rostrata*) auf dem Forum Romanum gefeiert.

In der Eroberung der Insel Korsika durch den Consul L. Cornelius Scipio, und zwar im Jahre 259, kündet sich eine Erweiterung des Krieges auf neue Schauplätze an, der Kampf wird von nun an nicht mehr allein um Sizilien, sondern um die Herrschaft in dem gesamten westlichen Becken des Mittelmeeres geführt. Da die Römer ihre Gegner nicht aus den festen Positionen auf Sizilien verdrängen konnten, faßten sie im Jahre 256 den Entschluß, die Karthager in ihrem eigenen Lande anzugreifen. In der großen Seeschlacht bei Eknomos (an der Südküste Siziliens) erzwangen die Römer den Übergang nach Afrika (256), die Landung vollzog sich, unbehindert von den Karthagern, in Aspis-Clupea. Aber die römische Führung scheute sich, aufs Ganze zu gehen, man beorderte einen großen Teil der Truppen und der Flotte nach Sizilien zurück. Allein der Consul M. Atilius Regulus blieb mit 15 000 Mann Infanterie, 500 Reitern und 40 Schiffen in Afrika zurück. Die Erfolge waren zunächst sehr beachtlich, die Karthager wurden bei Adys (unbekannter Lage) geschlagen, die Römer nahmen Tunes ein, unter den Libyern und Numidern machte sich der Abfall von Karthago breit, so daß die Stadt um die Übermittlung von Friedensbedingungen nachsuchen mußte. Hier beging nun Regulus einen schwerwiegenden Fehler: die Bedingungen, die er den Karthagern übermittelte, waren so hoch geschraubt, daß sie Karthago den Verlust der Souveränität gekostet hätten – es war kein Wunder, wenn sich die Punier wieder zum Kampfe vorbereiteten. Der Tüchtigkeit eines griechischen Söldnerführers im Dienste der Karthager, des Spartaners Xanthippos, gelang es, das Blatt zugunsten der Punier zu wenden: unter geschicktem Einsatz von Kriegselefanten wurden die Römer völlig geschlagen. Regulus selbst geriet in Gefangenschaft, nur wenige Römer konnten sich nach Aspis-Clupea retten. Afrika aber wurde bereits im Jahre 255 von den Römern geräumt, der Feldzug war ebenso gescheitert wie mehr als 50 Jahre vorher, im Jahre 307, das ähnliche Unternehmen des Agathokles.

In Afrika war der Krieg damit beendet, das Ringen um Sizilien aber wurde fortgesetzt. Obwohl die Römer Panormos, Solus und einige andere Plätze an der Nordküste der Insel erobern konnten, so behaupteten dennoch die Karthager in Lilybäum und in Drepanon ihre Positionen, und zwar dadurch, daß sie eine ausgesprochene Ermattungsstrategie anwandten. Es war kein Wunder, wenn die Römer in den folgenden Jahren, von 254 bis 248, nichts Rechtes erreichen konnten. Aber sie richteten sich in Sizilien häuslich ein; so wurde bei dem Orte Zuccarone in Westsizilien ein Meilenstein des Consuls Aurelius Cotta gefunden, er gehört zu der Straße Agrigent-Palermo: wer aber im Kriege eine so wichtige Verbindungsstraße errichtet, der hat nicht die Absicht, das Land so bald wieder zu verlassen.

Schwer waren auch die Verluste der Römer zur See. Sie beherrschten vor allem die Kunst des Navigierens noch nicht genügend, so daß sie im Kampfe mit den Elementen mehrfach den kürzeren zogen. Eine entscheidende Wende aber brachte das Jahr 247. Damals hat auf Seiten der Karthager Hamilkar Barkas (der «Blitz») das Kommando übernommen. Er reorganisierte das Landheer und besetzte einen strategisch sehr wichtigen Punkt in Westsizilien, den Berg Heirkte, etwa 12 km nordwestlich von Palermo (246). Von dieser überragenden Position aus beherrschte Hamilkar Barkas die römischen Verbindungslinien von Palermo nach Drepanon, seine Schiffe erschienen an den italischen Küsten bis herauf nach Campanien und brandschatzten die Einwohner. Für die Römer aber war die Stellung Hamilkars ein Pfahl im Fleisch, so wie einst für die Athener das von den Lakedämoniern besetzte Kastell Dekeleia in Attika. Nach dreijährigem Kleinkrieg von dem Berge Heirkte aus verlegte Hamilkar Barkas seine Tätigkeit nach dem Berge Eryx, östlich von Drepanon. Der Tempel der Venus Erycina auf der Höhe des Berges wurde von keltischen Söldnern in römischen Diensten gehalten, Hamilkars Stellungen selbst aber waren von den Gegenbefestigungen der Römer umschlossen. Lilybäum aber und Drepanon wurden weiter von der See her verproviantiert und trotzten allen römischen Anstrengungen.

Noch einmal wurde in Rom der Versuch unternommen, dem Kriege eine neue Wendung zu geben: wieder wurde eine große Flotte auf Kiel gelegt. Da der Staatsschatz leer war, brachte man die notwendigen Gelder durch eine außerordentliche Vermögenssteuer, eine Art von Kriegsanleihe, auf. Der römische Staat verpflichtete sich, die Summen nach dem Kriegsende zurückzuerstatten. Während man in Rom die entscheidenden Vorbereitungen traf, während in den Hafenstädten der *socii navales* die Werften und Arsenale vom Arbeitslärm widerhallten, bereisten koische Festgesandte Unteritalien und Sizilien (etwa im Herbst 242). Von ihrem Besuch künden einige Dekrete griechischer Städte, von Neapel, Kamarina und von Phintias, das sich damals im Besitz der exilierten Geloer befunden hat. Man war nicht nur im Gebiet des westlichen Mittelmeeres, sondern auch in den griechischen Landen gespannt, wie die große Auseinandersetzung enden würde.

Wieder erschien eine römische Flotte von 200 Fünfreihern (Penteren) in den sizilischen Gewässern. Sie stand unter dem Befehl des Consuls C. Lutatius; er nutzte das Überraschungsmoment voll aus und legte sich vor Lilybäum und Drepanon auf die Lauer. Die beiden letzten wichtigen Stützpunkte der Karthager auf Sizilien waren nunmehr von der Zufuhr über See abgeschnitten. Angesichts der schwierigen Lage hat die karthagische Regierung versagt. Als endlich eine punische Flotte vor Sizilien aufkreuzte, da war sie ungenügend ausgerüstet, es fehlte vor allem an dem notwendigen seemännischen Personal, an Matrosen. Endlich ließen die

Karthager eine zweite Flotte (unter dem Befehl des Hanno) in See gehen, sie sollte die Blockade von Lilybäum aufheben und dem abgeschnittenen Hamilkar Barkas wieder Luft schaffen. Hanno aber wurde mit seinen Schiffen bei dem Versuch, von den Ägatischen Inseln nach Drepanon zu fahren, von den Römern angegriffen, die Seeschlacht endete mit einer vernichtenden Niederlage für die Karthager, sie verloren nicht weniger als 120 Schiffe, von denen allein 70 von den Römern genommen worden waren (Frühjahr 241). Da Karthago nicht mehr imstande war, eine neue Flotte aufzustellen und da anderseits die Besatzungen der Festung Lilybäum und des Berges Eryx dem sicheren Hungertode ausgeliefert waren, erhielt Hamilkar Barkas Vollmachten für den Abschluß eines Friedens mit Rom.

Hamilkar und Lutatius einigten sich auf folgende Bedingungen, die sie dem römischen Volk unterbreiteten: die Karthager sollten Sizilien evakuieren, dazu alle Kriegsgefangenen ohne Lösegeld ausliefern, sie sollten 2200 Talente als Kriegskosten zahlen, und zwar in 20 Jahresraten, die römischen Bundesgenossen sollten Schutz genießen, die Anwerbung von Söldnern in dem Hoheitsgebiet der anderen Macht sollte untersagt sein. Die *comitia centuriata* in Rom haben diese Bedingungen nicht geradezu verworfen, aber doch im ganzen erheblich verschärft: die karthagische Kriegsentschädigung wurde auf 3200 Talente heraufgesetzt, die Zahlungsfrist jedoch um 10 Jahre verkürzt. Der römische Staat hatte das Geld bitter nötig, vor allem um seine Gläubiger, die römischen Finanzleute, zu befriedigen. Außerdem wurden dem Vertrag einige Klauseln hinzugefügt, eine von diesen sollte eine geradezu verhängnisvolle Bedeutung gewinnen: daß nämlich alle zwischen Sizilien und Italien gelegenen Inseln – gemeint waren hiermit unzweifelhaft die Liparischen Inseln – den Römern gehören sollten. Eine bewußte Zweideutigkeit scheint aber nicht vorzuliegen. Die Liparischen Inseln befanden sich übrigens schon seit einiger Zeit in den Händen der Römer, es wurde also nur der bestehende Zustand sanktioniert.

Da die Karthager die Bedingungen annahmen, hatte der große Krieg nach 24jährigem wechselvollem Kampf im Hochsommer 241 sein Ende gefunden, C. Lutatius Catulus aber, der den entscheidenden Sieg bei den Ägatischen Inseln errungen hatte, feierte am 4. Oktober (des unrevidierten römischen Kalenders) einen wohlverdienten Triumph.

Der hauptsächliche Gewinn der Römer war die Insel Sizilien, jedoch ohne das Gebiet Hierons II. Die einzelnen sizilischen Gemeinden hatten während des Krieges mit Rom Verträge abgeschlossen, ein großer Teil von ihnen war zu Abgaben verpflichtet worden, die von einem römischen Quästor eingezogen wurden. Dieses Abgabesystem machte eine regelrechte Verwaltung in Sizilien notwendig, die das römische Herrschaftssystem vorher nicht gekannt hatte.

In Italien wurden die beiden letzten Bürgertribus, die Velina und die

Quirina, eingerichtet, es waren die 34. und die 35., damit war der Abschluß der Tribusorganisation erreicht. Die neuen Tribus lagen in Picenum und im Sabinerland.

Der Sieg in dem überaus langen Kriege war den Römern nicht unverdient und nicht ohne schwere Opfer an Gut und Blut zuteil geworden. Hatte die Zahl der römischen Bürger im Jahre 265/64 etwa 292 000 betragen, so war sie im Jahre 247/46 auf etwa 241 000 gesunken, ein Zeichen für die schweren Menschenverluste, die das Kriegsgeschehen mit sich gebracht hatte. Am Ende des Krieges war jedoch wieder eine Zahl von rund 260 000 Bürgern erreicht. Groß waren die Schäden in Italien, obwohl das Land, von einigen Einfällen und Plünderungen der karthagischen Flotte abgesehen, außerhalb des eigentlichen Kriegsgeschehens geblieben war. Regulus soll sich bei seinem Feldzug in Afrika beklagt haben, er müsse sein Landgut unbestellt liegen lassen. Aber diese Schäden betrafen weniger die Großgrundbesitzer, die immerhin von der Möglichkeit, Sklaven oder Kriegsgefangene für die Landarbeit heranzuziehen, Gebrauch gemacht haben dürften, als vielmehr die kleinen Bauern, die jahrzehntelang der Scholle fernbleiben mußten. Hier sind Verluste eingetreten, die durch den Gewinn des Krieges in keiner Weise aufgewogen worden sind.

Die Erwerbung des größten Teiles von Sizilien ist noch in anderer Hinsicht für die Gestaltung des römischen Staates epochemachend gewesen. Zunächst hatte man einen Quästor mit der Einziehung der Steuern und Abgaben mit Sitz in Lilybäum beauftragt, im Jahre 227 aber fand eine folgenschwere Veränderung in der inneren Verwaltung der Insel statt: nachdem die Römer auch Sardinien und Korsika hinzugewonnen hatten, sind sie dazu übergegangen, für diese beiden Inseln und für Sizilien je einen Prätor als Statthalter zu ernennen. Das ist der Anfang der römischen Provinzialverwaltung. Seit dieser Zeit beginnt man, die überseeischen römischen Besitzungen als «provinciae» zu bezeichnen, während früher dieser Begriff ganz allgemein den Amtsbezirk des römischen Magistrats zu bezeichnen pflegte, ein Brauch, der übrigens auch jetzt noch beibehalten worden ist. Die Einsetzung von Prätoren als Repräsentanten des populus Romanus in Übersee ist in ihrer historischen und allgemeinen Tragweite kaum zu überschätzen: der Prätor als Statthalter ist gelöst von den Fesseln der Kollegialität, aber auch von dem tribunizischen Vetorecht. Er war während seiner Amtszeit unumschränkter Herr in dem ihm anvertrauten Territorium. Es erscheint keineswegs ausgeschlossen, daß bei der Einrichtung der beiden ersten Provinzialpräturen von Sardinien und Korsika sowie von Sizilien im Jahre 227 v. Chr. die Römer sich irgendwie die Organisation der hellenistischen Staaten zum Vorbild genommen haben: auch bei den Seleukiden und bei den Ptolemäern hatte der Statthalter (Stratege) des Königs die unumschränkte Gewalt in dem ihm anvertrauten Territorium. Übrigens ist auch das Reich des Hieron II. in Ostsizilien ganz nach hellenistischen Grundsätzen regiert worden.

Der 1. Punische Krieg ist der erste große Krieg gewesen, den Rom zusammen mit seiner italischen Wehrgemeinschaft durchgefochten hat. Allein schon dadurch erhält er eine Bedeutung, die weit über die der früheren italischen Kriege hinausreicht. Gewiß hatte es gelegentlich Spannungen zwischen den Römern und den Bundesgenossen gegeben, so hatten im Jahre 259 Samniten in Verbindung mit römischen Sklaven einen Aufstand vorbereitet, der jedoch vorher entdeckt werden konnte. Gelegentlich haben sich auch die Römer und die Bundesgenossen im Felde entzweit, wenn es um die Verteilung der Beute ging. Und ganz am Ende des Krieges, im Jahre 241, empörte sich die Stadt Falerii. Aber all diese Ereignisse sind gewissermaßen nur das Negativ zu der sonst ganz vorzüglichen Zusammenarbeit der großen römisch-italischen Wehrgemeinschaft, die hier eine schwere Belastungsprobe bestanden hat. Schlimmer war es, daß sich Rom mit seinem Eintreten für die Mamertiner von Messana die Zuneigung der Griechen Siziliens restlos verscherzt hatte. Die Römer haben es auch nicht verstanden, sich diese Sympathien im Laufe des Krieges zurückzugewinnen, im Gegenteil, die Einstellung der sizilischen Griechenstädte blieb stets ganz von der Zweckmäßigkeit her bestimmt, und es ist immer wieder vorgekommen, daß die Römer Griechenstädte zweimal erobern mußten, nachdem sie in der Zwischenzeit wieder zu den Karthagern übergegangen waren. Zu einem Teil hängt dies damit zusammen, daß die Römer in Sizilien die ganze Strenge des Kriegsrechts gerade auch gegen die Griechen angewandt haben: die Einwohner eroberter Städte wurden in die Sklaverei verkauft, gelegentlich einfach hingerichtet. Diese harte unerbittliche Einstellung konnte für die Römer unmöglich Sympathien erwecken, und es war kein Wunder, wenn die öffentliche Meinung der Hellenen auf der Seite der Karthager stand.

Erst sehr viel später haben es die Römer gelernt, daß Kriege nicht allein mit den Waffen, sondern auch mit psychologischen Mitteln geführt werden müssen, damals fehlte den Römern noch jegliche Erfahrung, sie führten den Krieg mit jener bedingungslosen Härte, die sie einst gegenüber den Samniten und anderen italischen Völkerschaften angewandt hatten.

Während des langen Krieges hatten die Römer auf dem Gebiete der militärischen Organisation Großes geleistet; allein die jahrelange Versorgung eines Heeres von ungefähr 40 000–50 000 Mann auf Sizilien stellte eine Reihe von schwierigen technischen Problemen, die aber von den Römern ohne weiteres gemeistert worden sind. Anders stand es mit dem Seekrieg: immer wieder hatten sich die römischen Schiffe dem Kampf mit den Elementen als nicht gewachsen gezeigt, und in der kurzen Frist von fünf Jahren (von 253 bis 249) hatten die Römer nicht weniger als viermal ihre Flotte eingebüßt. Wenn sie dennoch in den Kämpfen zur See in der

Regel die Oberhand über ihre Gegner behalten haben, so lag dies vor
allem an der neuartigen Taktik der Enterbrücken *(corvi)*, mit denen sie
den Kampf auf See zu einem Landkampf gestalteten, eine Taktik, der die
Karthager ratlos gegenüberstanden.

Mit dem Frieden des Lutatius ist Rom in die Reihe der großen Mächte
eingetreten, es stand nunmehr ebenbürtig neben den großen hellenistischen Staaten, dem Ptolemäer- und dem Seleukidenreich. Allerdings hatten sich diese Staaten in den 1. Punischen Krieg nicht eingemischt. Aber
es besteht kein Zweifel daran, daß Verbindungen zwischen Rom und der
hellenistischen Welt vorhanden waren. Und Karthago hat sogar den Versuch unternommen, während des Krieges bei Ptolemaios II. eine Anleihe
aufzunehmen, was dieser jedoch verweigert hat. Nicht viel besser erging
es den Römern, die an den König Seleukos II. (246–225) das Ansinnen
richteten, ihren Stammverwandten in Ilion Steuerfreiheit zu gewähren.
Und wenige Jahre später wandten sich die Akarnanen an Rom mit der
Bitte, sich bei den Ätolern für sie einzusetzen, denn sie seien die einzigen
unter allen Griechen, die am Kriege gegen Troja nicht teilgenommen hätten. Mit Recht hat man darauf aufmerksam gemacht, daß die Äneaslegen-
de in jenen Tagen schon längst ein Instrument der römischen Ostpolitik
geworden war.

Übrigens hat man auch in der Münzprägung die Angleichung an grie-
chisch-hellenistische Typen vollzogen, und zwar schon sehr bald nach
dem Siege über Pyrrhos und die große Handelsstadt Tarent. Es ist das
Symbol der Rhome, das immer wieder auf den Münzen dargestellt worden ist, es tritt gewissermaßen der Figur der Dido auf den karthagischen
Münzen gegenüber. Diese Münzen mit den Rhome-Typen sind wahrscheinlich im 1. Punischen Kriege in großer Zahl geprägt worden, sie zeigen das römische Selbstbewußtsein, das an die mythische Vergangenheit
anknüpft. Was Rom damals noch fehlte, das war ein Herold seines neu
errungenen Ruhmes. Dies konnte jedoch nur ein Grieche sein, denn allein
die griechische Sprache wurde überall verstanden. So mußte es eine der
wichtigsten Aufgaben der kommenden Generation sein, die Verbindung
mit dem Griechentum zu festigen. Daher kommt der ersten Aufführung
eines griechischen Dramas und einer griechischen Komödie in Rom durch
Livius Andronicus im Jahre 240 große Bedeutung zu. Lateinisch geschrieben haben sie bei den späteren Römern wenig Beifall gefunden, so meint
Cicero (Brutus 18, 71), sie verdienten es nicht, wieder gelesen zu werden.
Aber dennoch bleibt die Leistung des Livius Andronicus sehr beachtlich:
er hat die griechische Bühnenkunst nach Rom verpflanzt, und diese fand
hier einen überaus günstigen Boden vor. Zahlreiche Römer waren bei
ihrem Kriegsdienst in Sizilien mit der griechischen Zivilisation, auch mit
dem griechischen Theater, in Berührung gekommen, die Komödien des
Plautus zeigen zur Genüge, wieviele griechische Worte aus der Sphäre des

Kriegswesens, des Theaters und des alltäglichen Lebens Aufnahme in den Sprachschatz der Römer gefunden haben. Allerdings war die Berührung zwischen Römertum und Griechentum vielfach ganz oberflächlich, aber sie hat dennoch den Grund gelegt zu einem besseren Verständnis der beiden Nationen und darüberhinaus zu einer tiefdringenden Hellenisierung des Römertums.

8. Die römische Expansion im Tyrrhenischen Meer, in der Adria und in Norditalien (241–219 v. Chr.)

Das Ende des Krieges stellte die Karthager vor schwierige Probleme. Insbesondere war es notwendig, die großen Söldnermassen, die man in Dienst genommen hatte, zu entlohnen, die Kassen des karthagischen Staates aber waren leer, und dazu war Hamilkar Barkas von seinem Kommando zurückgetreten. Den Oberbefehl übernahm jetzt Gisgo, der die auf Sizilien stehenden Truppen nach Afrika herüberschaffen ließ. Man dirigierte sie nach Sicca (El Kef), wo Hanno sie durch Versprechungen hinzuhalten versuchte. Es war eine bunt zusammengewürfelte Söldnerschar, Iberer, Kelten, Ligurer, Griechen, vor allem auch zahlreiche Libyer. Fast wäre es dem aus Sizilien herbeigeeilten Gisgo gelungen, die Söldner wieder unter Kontrolle zu bringen, hätte sich nicht die Masse durch die Agitation von zwei besonders radikalen Söldnern, von dem ehemaligen campanischen Sklaven Spendios und dem Libyer Mathos, zum offenen Aufstand fortreißen lassen. Wer den beiden in der Versammlung entgegenzutreten wagte, erlitt den sofortigen Tod durch Steinigung. Für Karthago wurde der Söldnertumult zu einer ganz großen Gefahr, als sich auch die Bewohner der libyschen Terra ferma der Bewegung anschlossen, nur Utica und Hippo Diarrhytos hielten zunächst Karthago die Treue. Erst als Hanno vor den Mauern des von den Söldnern belagerten Utica eine schwere Niederlage hatte hinnehmen müssen, erinnerte man sich wieder des Hamilkar Barkas, und dieser konnte die Aufständischen in einer bergreichen Gegend (sie wird von Polybios die «Säge» genannt) einschließen. Als es dem Hamilkar überdies gelungen war, durch eine nicht sehr vornehme Kriegslist die 10 Haupträdelsführer festzunehmen, hatte der Aufstand seinen Höhepunkt überschritten. Die zu den Söldnern übergegangenen Städte Utica und Hippo Diarrhytos wurden zurückerobert, der Militäraufstand, in dessen Verlauf auf beiden Seiten geradezu unvorstellbare Grausamkeiten begangen worden waren, ging nach einer Dauer von drei Jahren und vier Monaten zu Ende.

Rom hatte sich übrigens zunächst sehr korrekt verhalten. Als die Karthager nicht weniger als 500 italische Kaufleute gefangengesetzt hatten, weil sie die Söldner mit Lieferungen aller Art unterstützt hatten, da forderte Rom ihre Freilassung, was von den Karthagern ohne weiteres bewilligt wurde. Als Gegengabe erhielten die Punier ihre Kriegsgefangenen ohne Lösegeld zurück. Außerdem wurde den Karthagern die Einfuhr italischen Getreides gestattet, dazu die Bestimmung des Lutatius-Vertrages, daß sie in Italien keine Söldner anwerben durften, außer Kraft gesetzt.

Anders wurde die Lage, als die Karthager Anstalten machten, in Sardinien die Ordnung wiederherzustellen. Auch hier hatten sich nämlich die Söldner empört und die Karthager hingeschlachtet. Das Militär geriet aber durch die Inselbevölkerung in Bedrängnis, so daß sich die Söldner an Rom um Hilfe wenden mußten. Rom aber lehnte zunächst das Ansinnen ab; als jedoch die Söldner im Jahre 237 ihr Hilfegesuch erneuerten, griffen die Römer zu: sie entsandten eine Flotte nach Sardinien und nahmen die Insel in Besitz. Karthago aber machte Miene, die Insel wieder zurückzuerobern. Da zeigte Rom sein wahres Gesicht. Die Comitien erklärten Karthago in aller Form den Krieg. Da aber die Punier ganz und gar nicht imstande waren, es auf eine neue Auseinandersetzung mit den Waffen ankommen zu lassen, erklärten sich die Römer bereit, gegen eine Zahlung von 1200 Talenten und gegen die Abtretung Sardiniens den Puniern den Frieden zu gewähren. So hatte Rom ohne Krieg ein glänzendes Geschäft gemacht (Ed. Meyer). Auch Korsika wird damals in den Besitz der Römer übergegangen sein.

Es wäre in der Tat verfehlt, in den Vorgängen des Jahres 237 etwas anderes zu sehen als nackten römischen Imperialismus. In rücksichtslosester Weise hat Rom die momentane Schwäche seines Kontrahenten ausgenutzt, es hat sich territoriale Vorteile gesichert, die bei künftigen Auseinandersetzungen schwer zu seinen Gunsten in die Waagschale fallen mußten. Die öffentliche Meinung brauchte Rom nicht zu fürchten, es war soeben als Sieger aus dem großen Ringen hervorgegangen, und es stand schwerlich zu erwarten, daß sich auch nur *eine* Stimme zugunsten der Karthager erheben würde, vor allem nicht unter den westlichen Griechen außerhalb Siziliens. Im Gegenteil, eine Stadt wie Massilia dürfte die Vertreibung der Karthager aus dem Tyrrhenischen Meere sogar mit großer Freude begrüßt haben. Die Römer aber haben die Erwerbung der beiden Inseln noch teuer bezahlen müssen; zahlreiche, oft blutige Kriege mußten mit den Einheimischen geführt werden, und in der Kaiserzeit waren die Inseln hauptsächlich dadurch bekannt, daß sie den Verbannten als Aufenthaltsort zugewiesen wurden.

Um die Verluste wieder wettzumachen, ging Hamilkar Barkas, dem Karthago die Niederwerfung des Söldneraufstandes zu verdanken hatte, im Jahre 237 mit einem Heere von Afrika nach Spanien hinüber. In jahrelangen Kämpfen hat er hier den Karthagern ein neues Reich erobert. Dabei ist zu beachten, daß zwischen der iberischen Halbinsel und Karthago von jeher enge Beziehungen bestanden hatten; so ist die keltiberische Kultur ganz wesentlich durch punische Elemente mitgeprägt worden. Außerdem war die wichtige Hafenstadt Gades im Besitz der Punier, anderseits waren zahlreiche iberische Söldner in den Heeren der Karthager zu finden.

Die Vorgänge, die zur Annexion von Sardinien und Korsika geführt haben, beweisen, daß Rom längst kein Bauernstaat mehr gewesen ist. Im Gegenteil, nur unter der Voraussetzung von ausgesprochen maritimen Interessen ist das Ausgreifen Roms im Tyrrhenischen Meere zu verstehen. Die Politik Roms erhält ein neues Gesicht, sie wird geprägt durch einen wagemutigen Geist, der zu dem alten methodischen Vorgehen in schärfstem Widerspruch steht.

Im Zusammenhang mit seiner Darstellung des 1. Illyrischen Krieges berichtet Polybios, die Römer seien damals zum ersten Male durch eine Gesandtschaft mit Griechenland in Verbindung getreten. Es ist jene Gesandtschaft, die sich nach Korinth und Athen begeben hat (s. S. 65). Dem Buchstaben nach mag Polybios recht haben – aber es kann schwerlich geleugnet werden, daß auch schon in früherer Zeit Beziehungen zwischen den Römern und einzelnen griechischen Staaten bestanden haben.

Allerdings ist das Jahr 229, wie dies schon Polybios gesehen hat, ein Wendepunkt der römischen Außenpolitik. Auch jetzt haben sich die Römer erst nach längerem Schwanken zum Eingreifen, dieses Mal in die Verhältnisse jenseits der Adria, entschließen können. Erst nachdem man im Senat in der grundsätzlichen Frage zu einer positiven Entscheidung gekommen war, haben die Römer rasch und zielbewußt gehandelt. Man wird darin das Vorhandensein einer politischen Gruppe im Senat sehen können, die durch kühnes Zupacken die anderen mit sich fortgerissen hat.

Jenseits der Adria, in Illyrien, hatte sich unter dem Könige Agron, dem Sohne des Pleuratos, ein großes Reich gebildet. Agron war mit dem Könige der Makedonen, Demetrios II., befreundet, und es geschah in Übereinstimmung mit den Wünschen seines Verbündeten, daß sich Agron in den Kampf gegen die Ätoler einmischte. Diese belagerten im Jahre 230 die Stadt Medeon. Von jeher waren die Illyrer zu Wasser und zu Lande tapfere Krieger gewesen, oft hatten sie mit ihren Nachbarn, insbesondere mit den Makedonen, die Klingen gekreuzt, ihre Phalanx war gefürchtet, und nicht minder ihre kleinen wendigen Schiffe, die Lemboi, mit denen sie die Küstengewässer der Adria unsicher machten. Das Reich hatte wahrscheinlich in dem etwas landeinwärts gelegenen Scodra (heute Skutari), vielleicht auch in dem weiter nördlich gelegenen Rhizon, seinen Mittelpunkt. Unter Teuta, der Witwe und Nachfolgerin des Agron (230), befand sich der Illyrerstaat in ständigem Ausgreifen: so konnte Phönike erobert werden, es wurde allerdings den Epiroten nach Zahlung eines Lösegeldes zurückgegeben, auch die Atintanen brachte man zum Anschluß, so daß sich das von den Illyrern kontrollierte Küstengebiet etwa von dem heutigen Split im Norden bis hin nach Phönike im Süden erstreckte. Dazu kamen eine Reihe von Inseln, die mit ihren Buchten und Häfen für die illyrischen Schiffe geradezu ideale Schlupfwinkel darboten.

Über die Vorgänge in Illyrien muß man in Rom gut unterrichtet gewesen sein, und zwar vor allem durch die italischen Händler, die über vielfache Beziehungen zu den Illyrern verfügten. Als außerordentlich lästig erwies sich der Seeraub der Illyrer, die hierbei keinen Unterschied zwischen Griechen und Italikern zu machen pflegten. So sollen im Jahre 230 zahlreiche italische Kaufleute durch die Illyrer beraubt, andere getötet und nicht wenige in Gefangenschaft geraten sein. Während sich die Römer früher (nach Polybios) um die Klagen über die illyrische Seeräuberei nicht gekümmert hätten, entsandte der Senat jetzt eine Gesandtschaft unter C. und L. Coruncanius nach Illyrien. Sie trafen die Königin Teuta bei der Belagerung von Issa. Die Herrscherin versprach, dafür zu sorgen, daß den Römern kein weiteres Unrecht von den Illyrern zugefügt würde, den Seeraub könne sie jedoch nicht abstellen. Bei der Rückfahrt aber wurde die römische Gesandtschaft überfallen, dabei fand einer der Gesandten den Tod, angeblich derjenige, der gegenüber der Königin den römischen Standpunkt mit besonderem Freimut vertreten hatte. Man vermutete, der Überfall sei auf Betreiben der Königin inszeniert worden. In Rom rüstete man ohne weiteres zum Kriege. Bevor noch die Römer auf dem Schauplatz erscheinen konnten, hatte sich Teuta gegen den Widerstand der Ätoler und Achäer in den Besitz der reichen Insel Korkyra gesetzt, auch Epidamnos (Durazzo) stand unter ihrer Bedrohung. Jetzt handelten die Römer blitzschnell: unter dem Befehl des Consuls Cn. Fulvius Centumalus näherte sich eine römische Flotte der Insel Korkyra, es erhob sich kein Widerstand, denn der griechische Dynast Demetrios von Pharos, der hier im Auftrage der Teuta das Kommando führte, übergab die Insel den Römern. Auch Apollonia trat auf die römische Seite über, und unterstützt von einem beträchtlichen Heere, das man von Brundisium herübergeschafft hatte, rückten die Römer unter dem Befehl des A. Postumius Albinus vor Epidamnos. Die Illyrer wagten keinen Kampf, sie verschwanden unter dem Schutze der Nacht, die benachbarten Stämme der Atintanen und Parthiner aber traten auf die römische Seite über. Wo immer sich die Römer zeigten, da wichen die Illyrer dem Kampfe aus, so wurde die illyrische Belagerung von Issa ohne Mühe gesprengt, auch einige Küstenplätze erobert. Als sich die Königin Teuta im folgenden Jahre (228) zum Frieden bereit erklärte, da war das illyrische Reich als solches von den Römern noch kaum angetastet. Dennoch hatte Rom im ganzen einen bedeutenden Erfolg jenseits der Adria zu verzeichnen. Denn Teuta verpflichtete sich nicht nur zur Zahlung einer Kriegsentschädigung, sie erklärte sich auch .amit einverstanden, daß von nun an die Stadt Lissos die südliche Fahrtgrenze für ihre Schiffe sein sollte, diese Demarkationslinie durfte jeweils nur von zwei Lemboi, und zwar unbewaffneten, überschritten werden. Noch wichtiger war es, daß die Insel Korkyra, die korinthische Kolonie Epidamnos, dazu die Völker der Atintanen und Parthiner unter die römische Schutzherrschaft traten. Das gleiche gilt für Demetrios von Pharos, der nunmehr als römischer Klientelfürst zu betrachten ist. Rom hatte damit einen breiten Einbruch in die Küstengebiete der Balkanhalbinsel erzielt, mit der Errichtung eines römischen Protektorats jenseits der Adria war Rom der griechischen Welt um ein großes Stück näher gerückt.

Als eine römische Gesandtschaft in Korinth und Athen erschien (228 v. Chr.), da wurde sie mit Freuden aufgenommen, und die Korinther haben die Römer sogar zu den Isthmischen Spielen zugelassen. Damit waren die Römer zwar noch nicht als Hellenen anerkannt – von einer Aufnahme in die griechische Staatengemeinschaft (Beloch) kann überhaupt keine Rede sein –, aber sie galten doch nicht mehr als Barbaren, sondern als Stammesverwandte der Griechen. Es besteht kaum ein Zweifel, daß hierbei die Sage von der trojanischen Abstammung der Römer von Bedeutung gewesen ist.

Die Erfolge Roms waren nur möglich gewesen, weil Makedonien untätig zusehen mußte. Hier hatte Antigonos Doson (230?–222/21), der Nachfolger Demetrios' II., zunächst alle Hände voll zu tun gehabt, um dem von kriegerischen Nachbarn, insbesondere von den Dardanern, bedrängten Lande Luft zu verschaffen. Dennoch war die Nichteinmischung Makedoniens ein schweres Versäumnis, das sich später nicht nur an den Makedonen, sondern auch an den Griechen sehr gerächt hat. Roms Position an der illyrischen Küste aber hatte ein schwaches Makedonien zur Voraussetzung. Eben dies sollte sich aber durch die Erfolge des Antigonos Doson in Griechenland in den folgenden Jahren grundlegend ändern. Seit der Schlacht bei Sellasia (222 v. Chr.), die mit einem glänzenden Siege der makedonischen Waffen über den König Kleomenes von Sparta endete, geriet der Achäische Bund ganz in das makedonische Fahrwasser, der makedonische König aber hatte den Gipfel seines Ansehens erklommen, weite Teile Griechenlands waren von ihm abhängig. Auch der Dynast Demetrios von Pharos begann seine Segel nach dem Winde zu drehen, er warf sich den Makedonen in die Arme und machte in kühnen Fahrten Jagd auf die italischen Handelsschiffe. Für Rom kam diese Entwicklung sehr wenig gelegen, stand man doch unmittelbar vor dem Ausbruch des Konflikts mit den Puniern wegen Sagunt. Zum Glück für Rom war Antigonos Doson im Jahre 222/21 v. Chr. verstorben, sein Nachfolger, Philipp V., der Sohn des Demetrios II., sah sich in einen allgemeinen griechischen Krieg verwickelt (sog. Bundesgenossenkrieg), der jahrelang (220–217) in Griechenland Handel und Wandel lahmlegte und die Kräfte Makedoniens in Anspruch nahm.

Zehn Jahre nach dem Beginn des 1. Illyrischen Krieges, im Jahre 219, entsandte Rom die beiden Consuln L. Aemilius Paullus und M. Livius Salinator nach Illyrien. Sie standen an der Spitze eines größeren Heeres, das sich wahrscheinlich auf etwa 20 000 Mann belief. Unmittelbar vor der Entsendung der Expedition hatte Hannibal mit der Belagerung Sagunts in Spanien begonnen (s. S. 71). Die Römer hatten es sehr eilig, in kürzester Frist waren die beiden Hauptstützpunkte des Demetrios, Dimale auf dem Festlande und die Insel Pharos, genommen, Demetrios selbst aber war bei Nacht und Nebel zu Philipp V. geflohen. Der Feldzug hatte nur wenige Monate gedauert, die Römer hatten ihren Einfluß in Illyrien neu zur Geltung gebracht.

Die römische Expansion in Oberitalien: Seit dem Einfall der Kelten, der zur Schlacht an der Allia (387) geführt hatte, schwebte über den Römern stets die keltische Gefahr aus Oberitalien. Allerdings bedeutete die Schlacht bei Sentinum (295) einen gewissen Ruhepunkt, und die Gründung der Kolonien Sena Gallica auf dem Gebiet der Senonen (285) und besonders von Ariminum (268) hatte die Lage an der Nordgrenze weitgehend gefestigt. Übrigens hatten sich die Kelten längst in der fruchtbaren oberitalienischen Tiefebene an ein seßhaftes Leben gewöhnt, sie waren nicht mehr die unruhigen, sich ewig auf der Wanderung befindenden Barbaren, als die man sie im 4. Jh. in Italien und später in Griechenland und Kleinasien (seit 278) kennengelernt hatte. Aber immer noch waren die keltischen Wanderungen nicht beendet, von jenseits der Alpen stießen immer wieder neue keltische Wogen nach Italien vor und rissen die hier wohnenden Volksgenossen mit sich fort.

Der äußere Anlaß für die keltischen Unruhen in Oberitalien war angeblich die Verteilung des Ager Gallicus in kleinen Landlosen an die römischen Bürger im Jahre 232 auf Antrag des Volkstribunen C. Flaminius. Durch diese Maßnahme sahen sich die angrenzenden Bojer in ihrer Existenz bedroht, sie dürften einen Feldzug der Römer in ihr Land befürchtet haben, sie trauten ihnen nicht über den Weg. Bojer und Insubrer schlossen sich zusammen, sie richteten einen Hilferuf an die jenseits der Alpen und im Gebiet der Rhône wohnenden Stammesgenossen, dazu wurden von ihnen die Gäsaten in Sold genommen. Auch die Römer trafen ihre Vorbereitungen, sie legten Vorräte an und führten die Truppen an die Nordgrenze, um gegen Überraschungen gewappnet zu sein. In der Zeit der beiderseitigen Vorbereitungen auf den entscheidenden Waffengang fällt der Ebro-Vertrag der Römer mit Hasdrubal im Jahre 226 (s. S. 70). Zur Abwehr der keltischen Bedrohung schlossen die Römer Freundschaftsverträge mit den Venetern und sogar mit den Cenomanen, einem keltischen Volk zwischen der Etsch und der Adda. Wie hoch man jedoch die Gefahr aus dem Norden einschätzte, zeigt die Aufstellung des «Verzeichnisses der Wehrmänner» *(formula togatorum).* Alle römischen Bundesgenossen wurden angewiesen, die Listen ihrer waffenfähigen Bevölkerung zur Überprüfung nach Rom zu senden. Der Census des Jahres 225, wahrscheinlich der allererste, der in Italien abgehalten worden ist, liefert eines der wertvollsten Dokumente, die überhaupt aus der Geschichte der römischen Republik erhalten geblieben sind. Die Gesamtzahl der Wehrfähigen (*togati* bedeutet «Männer im Kriegsgewand») belief sich auf 700 000 Mann zu Fuß und 70 000 Reiter, eine ganz beträchtliche Streitmacht, die im gesamten Mittelmeerraum ihresgleichen nicht hatte. Man hat auf Grund dieser Zahlen die Gesamtbevölkerung des damals unter römischer Hegemonie stehenden Italiens zu errechnen versucht und ist dabei auf etwa 2 1/2 Millionen Seelen gekommen.

Mit dem Anmarsch der Gäsaten aus der Rhônegegend kommt die keltische Woge in Bewegung. Die Gäsaten standen unter dem Befehl der beiden Könige Aneroëstos und Konkolitanos, sie wurden durch Zuzüge der Taurisker, der Bojer und der Lingonen beträchtlich verstärkt. Die Römer stellten den Kelten zwei konsularische Heere entgegen, die aus je vier Legionen bestanden, mit einer Stärke von insgesamt 40 000 Mann. In Rom erwartete man einen keltischen Vorstoß gegen das am meisten gefährdete Ariminum, die Kelten aber überschritten den Apennin (in der Gegend von Bologna?) und drangen in Etrurien ein. Bei Clusium, etwa 160 km vor Rom, stellte sich ihnen ein prätorisches römisches Heer entgegen, das aber von den Kelten geschlagen wurde. Die römische Niederlage blieb ohne Rückwirkung auf das Kriegsgeschehen, da die Kelten von Strategie zu wenig verstanden. Die Römer aber beorderten aus Sardinien den Consul C. Atilius Regulus herbei, er ging in Pisa an Land und nahm zusammen mit dem anderen Consul, L. Aemilius Papus, die Kelten in die Zange. Sie wurden bei Telamon (nördlich von Cosa) zum Kampfe gestellt und fast vollständig aufgerieben, nur der Reiterei war es gelungen, zu entkommen (225). Der eine König, Konkolitanos, geriet in römische Gefangenschaft, der andere, Aneroëstos, verübte zusammen mit seinem Gefolge Selbstmord. Im ganzen sollen von den Kelten nicht weniger als 40 000 Mann gefallen, weitere 10 000 in römische Gefangenschaft geraten sein. Von den Römern war der Consul C. Atilius Regulus auf dem Schlachtfeld geblieben.

Hatten sich die Römer bisher auf die Abwehr der Kelteninvasion beschränkt, so gingen sie nunmehr zur Offensive über. Sie unterwarfen zunächst die Bojer, die in ein Vertragsverhältnis zu den Römern getreten sind. Im Jahre 223 erschien ein römisches Heer im Gebiet der Insubrer, dabei leisteten die Cenomanen den Römern Hilfe. Den Oberbefehl hatte der Consul C. Flaminius inne. Fabius Pictor (bei Polybios) hat ihn übrigens in sehr ungerechter Weise beurteilt; man darf dabei nicht vergessen, daß Flaminius wegen seiner späteren Niederlage am Trasimenischen See in Rom als Sündenbock gegolten hat. Erst das Jahr 222 brachte die Entscheidung. Unter den Consuln M. Claudius Marcellus und Cn. Cornelius Scipio fiel wieder ein römisches Heer in das Land der Insubrer ein. Diese aber hatten Gäsaten in ihren Dienst genommen, angeblich 30 000 Mann. Die entscheidenden Kämpfe spielten sich im Raum nördlich und westlich von Piacenza ab, bei Acerrae (Pizzighettone) und Clastidium (Casteggio). Die Römer unter C. Flaminius hatten Clastidium befestigt, es wurde aber von den Kelten belagert. In der Schlacht bei Clastidium tötete der römische Consul M. Claudius Marcellus im Zweikampf den keltischen Häuptling Virdumarus, wodurch er die *spolia opima* (für die Tötung des feindlichen Anführers mit eigener Hand) errungen hat. Viele von den Kelten sollen in einem reißenden Fluß auf der Flucht ums Leben gekommen sein. Der Feldzug wurde mit der Erstürmung Mediolanums abgeschlossen (222).

Die Befriedung des Gebiets zwischen dem Po und den Alpen war damit praktisch vollendet. Der Erfolg der Römer hat sich aber nicht als dauerhaft erwiesen, denn nach dem Einfall Hannibals in Oberitalien (s. S. 75) haben zahlreiche keltische Völker des Landes im Dienst der Punier wieder zu den Waffen gegriffen. Um die Eroberung zu sichern, legten die Römer Straßen und strategisch wichtige Kolonien (Placentia und Cremona, 218) an; so erbaute C. Flaminius als Censor die nach ihm benannte Via Flaminia von Rom über den Apennin bis nach Ariminum; sie ist eine der wichtigsten Verkehrsadern Italiens geworden. Das Gebiet nördlich des Po stand auch jetzt noch nicht unter direkter römischer Herrschaft, aber die Römer hatten das Land vom Apennin bis zum Po unter ihre unmittelbare Herrschaft gebracht. Im übrigen aber waren die mit der Nordgrenze verknüpften Probleme durch die römischen Erfolge im Keltenkriege (225–222) keineswegs gelöst, wenn hier auch zunächst wieder Ruhe eingetreten ist.

9. Rom und Karthago im 2. Punischen Kriege (218–201 v. Chr.)

Der große Krieg zwischen Rom und Karthago hat seinen Ausgang von der iberischen Halbinsel genommen, die bisher ganz an der Peripherie des Mittelmeeres und seiner Geschichte gelegen hatte. Seit dem Übergang des Hamilkar Barkas nach Spanien (237) tritt Iberien in den Mittelpunkt des Geschehens, zu einer Zeit, in der im Osten der Niedergang der hellenistischen Staatenwelt, eingeleitet durch den Tod des makedonischen Königs Antigonos Gonatas (239), beginnt. Hamilkar Barkas hatte in Spanien an die noch vorhandenen Stützpunkte des karthagischen Kolonialbesitzes anknüpfen können. Dazu bestanden zahlreiche Beziehungen der Karthager zu den einheimischen iberischen Stämmen, die immer wieder ihre Angehörigen in den Dienst der punischen Waffen gestellt hatten. Schon das

Altertum hat mit dem Übergang des karthagischen Feldherrn nach Südspanien die widersprechendsten Auffassungen verbunden. Durchgesetzt
aber hat sich die bei Polybios vorliegende Tradition, sie entstammt dem
Scipionenkreise und muß deshalb eine Generation nach den Ereignissen
als die in Rom herrschende betrachtet werden. Sie sieht in dem Unternehmen die bewußte Absicht Hamilkars, den Rachekrieg großen Stils gegen
Rom von langer Hand vorzubereiten, und zwar von dem Augenblick an,
in dem sich Rom in den Besitz Sardiniens gesetzt hatte (s. S. 62). Eine
große Bedeutung wird bei dieser Interpretation dem Schwur des Hannibal
beigemessen, den dieser in früher Jugend seinem Vater geleistet hatte; er
hatte geschworen, «niemals mehr den Römern wohlgesinnt zu sein». An
der Realität des Knabenschwurs ist um so weniger zu zweifeln, als Hannibal selbst, viele Jahre später, dem Seleukidenkönig Antiochos III. davon
berichtet hat (195 v. Chr.). Doch bedeutet der Schwur nicht ganz das, was
aus ihm herausgelesen zu werden pflegt: «niemals den Römern freundlich
gesinnt zu sein» ist nicht ganz das gleiche wie «stets den Römern ein
Feind zu sein». Als Beweisstück für eine Revanchepolitik der Barkiden
um jeden Preis wird man daher auch den Schwur nicht anführen können.
Hamilkar ist mit Zustimmung der karthagischen Regierung nach Spanien gekommen. Er bekleidete das Amt des Strategen von Libyen und
durfte diesen Posten nur mit Zustimmung der Regierung verlassen. Die
Strategie von Libyen, die Hamilkar mit derjenigen von Iberien verbunden
hat, ist ein Amt, das sich an entsprechende hellenistische Vorbilder an-
lehnt: auch die Territorien der hellenistischen Könige wurden von Strategen verwaltet, welche die Militär- und Zivilgewalt in ihren Händen vereinigten.
Die karthagische Regierung hat diese Institution übernommen, wie es
scheint, von dem benachbarten Ptolemäerreich. Ist aber Hamilkar als
Stratege Repräsentant der karthagischen Regierung in Iberien gewesen,
so hat er auch die Eroberungen in diesem Lande im Auftrage des karthagischen Staates vorgenommen. Daß sich bei der weiten Entfernung von
Karthago immer wieder Schwierigkeiten ergaben und daß insbesondere
der iberische Stratege, je länger desto mehr, Selbständigkeit erlangte, ist
nicht nur in der historischen Entwicklung, sondern auch in der Person
des Hamilkar und seiner Nachfolger begründet.
Hamilkar hat mit der Eroberung der Pyrenäenhalbinsel im äußersten
Süden begonnen, das erste Ziel war die Sicherung der Verbindungen zwischen Africa und Iberien, vor allem der Straße von Gibraltar. Die einheimischen Völkerschaften setzten sich energisch zur Wehr, insbesondere
die Turdetanier, aber auch die Iberer der Ostküste und die Kelten, die
ihnen Hilfe leisteten. Der Wert der Eroberungen aber war kaum zu überschätzen, Spanien war reich an Bodenschätzen, vor allem an Silber, es war
außerdem eine wichtige Zwischenstation für den Handel mit Gallien und

Britannien. Machtpolitische und handelspolitische Gesichtspunkte verflochten sich miteinander, und das große Ziel, das Hamilkar vor Augen
schwebte, war die Errichtung eines ausgedehnten Kolonialreiches, weit
entfernt von Rom, das zunächst an den Vorgängen auf der Pyrenäenhalbinsel ganz uninteressiert gewesen ist. Anders stand es mit Massilia, das
nicht allein eine Reihe von Kolonien an der spanischen Ostküste besaß,
sondern das immer noch in einem gewissen Gegensatz zu der karthagischen Handelsmacht stand. Beide rivalisierten in Spanien, und Massilia
war mit Rom eng befreundet. Als im Jahre 231 die erste römische Gesandtschaft auf iberischem Boden erschien, geschah dies sicher in stillem
Einvernehmen mit Massilia. Den Römern gegenüber soll Hamilkar Barkas
seine Eroberungen in Spanien damit begründet haben, daß Karthago Geld
nötig hätte, um die festgesetzten Raten der Kriegsentschädigung zu entrichten, eine Antwort, die die Römer offenbar befriedigt hat. Hamilkar
aber fand den Tod im Gebiet der Oretaner, er ist angesichts des Feindes
im Fluß ertrunken (Winter 229/28 v. Chr.). Im iberischen Kommando
folgte ihm sein Schwiegersohn Hasdrubal nach; auf spanischem Boden
bildete sich unter ihm eine Art Hausmacht der Barkiden, die Hasdrubal
vor allem mit den Mitteln der Diplomatie zu erweitern wußte. Er vermählte sich mit einer vornehmen Ibererin und gab dem punischen Kolo-
nialreich in Carthago Nova (Cartagena) eine neue Hauptstadt. Sie war
vortrefflich gewählt, auch im Hinblick auf die Verbindung mit der punischen Heimat. Mit der Eroberung weiter Gebiete des Südens und des
Ostens der Pyrenäenhalbinsel aber war der Verlust von Sardinien und
Korsika längst mehr als wettgemacht, außerdem standen die Barkiden in
Spanien keineswegs am Ende ihrer voraussichtlichen Erfolge.

Rom, vor dem Ausbruch des großen Keltenkrieges stehend, hat im
Jahre 226 zum zweiten Male in Spanien interveniert. Es kam zum Abschluß des Ebro-Vertrages mit Hasdrubal. Dieser hat sich verpflichtet,
den Ebro in kriegerischer Absicht nicht zu überschreiten, weitere Bestimmungen habe der Vertrag (nach Polybios) nicht enthalten. Ob dies nun
zutrifft oder nicht – die Römer müssen stillschweigend das Gebiet südlich
des Ebro als karthagische Interessenssphäre anerkannt haben. Dies aber
war ein bedeutender Erfolg für Hasdrubal, der noch fern vom Ebro stand.
Auch der Expansion des karthagischen Handels setzte der Vertrag keine
Schranke. Rom aber hatte dem Zusammengehen zwischen Hasdrubal und
den Kelten in Gallien einen Riegel vorgeschoben. Möglicherweise haben
beide Vertragschließende in dem Pakt eine nur vorläufige Regelung gesehen, für den Augenblick aber hatten beide ihre Ziele erreicht. Übrigens
hatte der punische Stratege in Spanien sich längst eine nahezu königliche
Stellung errungen: er prägte Münzen, die seinen Kopf, umkränzt vom
Diadem, zeigen, das Vorbild hierfür waren die Münzen von Syrakus. Hasdrubal hat sich damit den hellenistischen Königen an die Seite gestellt.

Mit Hasdrubals Tod (221) beginnt eine neue Periode der punischen Expansion, sie wird durch die Person des damals 25jährigen Hannibal, des Sohnes des Hamilkar Barkas, bestimmt, den das Heer zum Strategen gewählt hatte. Die Regierung in Karthago mußte sich nach anfänglichem Widerstand mit der vollzogenen Tatsache abfinden. Hannibal warf zunächst einen Aufstand der Olkaden nieder und zerstörte deren Stadt Althaia (Cartala), dann aber stieß er von Andalusien über das heutige Merida in die Gegend von Salamanca vor, in das Land der Vaccäer, vielleicht sogar bis an den Duero bei Zamora, Landschaften, die bisher noch nie von einem karthagischen Heere betreten worden waren. Das karthagische Einflußgebiet wurde nunmehr auch auf das Binnenland zwischen dem Guadiana und dem Ebro ausgedehnt. Die Eroberungen hat Rom sicherlich nicht ignoriert, es hat sie geduldet. Zu einem Konflikt aber kam es zwischen den beiden Großmächten wegen *Sagunt*.

Sagunt, nördlich von Valencia an der Küstenstraße zwischen Carthago Nova und dem Ebro auf einer engen Hochfläche gelegen, war eine Stadt der Iberer, was durch die dort gefundenen Münzen mit iberischen Legenden bestätigt wird. Die Stadt stand in einem Freundschaftsverhältnis zu Rom, das nach Polybios einige Jahre vor der Zeit Hannibals geschlossen worden war, vielleicht schon im Jahre 231 v. Chr., als sich eine römische Gesandtschaft in Spanien befunden hatte (s. S. 70). Der Konflikt wurde hervorgerufen durch saguntinische Verbannte, die mit Hilfe des Stammes der Torboleten und mit Unterstützung Hannibals ihre Rückführung zu erzwingen versuchten. Wieder hat Rom interveniert: gegen Ende des Jahres 220 forderte eine römische Gesandtschaft von Hannibal, die Hände von Sagunt zu lassen, was aber von dem punischen Strategen in schroffer Form zurückgewiesen wurde. Die Römer reisten weiter nach Karthago, wo sie offenbar mit beruhigenden Zusicherungen abgespeist worden sind. Im Frühjahr 219 eröffnete Hannibal die Belagerung der widerspenstigen Stadt, nach acht Monaten fiel sie in seine Hand (Oktober/November 219). Rom hatte sich während dieser Zeit vollständig passiv verhalten. Erst als Hannibal im Frühjahr 218 mit einem großen Heere von 90 000 Mann zu Fuß und 12 000 Reitern von Carthago Nova aufbrach und Ende Mai den Ebro überschritt, um die Eroberung der nordspanischen Gebiete zwischen dem Ebro und den Pyrenäen in Angriff zu nehmen, schaltete sich Rom wieder ein: eine Gesandtschaft forderte in Karthago die Auslieferung Hannibals. Als dies verweigert wurde, ließ der römische Gesandte die Karthager wählen zwischen Krieg und Frieden, die Karthager überließen dem Römer die Wahl, dieser gab ihnen den Krieg.

Die dramatische Szene in Karthago ist der Schlußpunkt in dem großen diplomatischen Ringen, dem Vorspiel des 2. Punischen Krieges. Die Karthager hatten es verstanden, die Römer das entscheidende Wort «Krieg» aussprechen zu lassen; vor der Welt stand Rom als Kriegstreiber da. Der

diplomatische Erfolg hat aber den Karthagern nichts genützt, da der
Krieg verlorenging und überdies die gesamte Überlieferung einseitig in
romfreundlichem Sinne geprägt ist.

Mit den Vorgängen in Spanien, in Rom und in Karthago untrennbar
verbunden ist die «Schuldfrage», die immer wieder im Mittelpunkt der
historischen Forschung gestanden hat. Natürlich kann von einer morali-
schen Schuld weder auf der einen noch auf der anderen Seite die Rede
sein. Keine der beiden Großmächte hat mit Absicht auf den Krieg hinge-
arbeitet. Was diesen letzten Endes hervorgerufen hat, ist die Unvereinbarkeit der beiderseitigen Interessen, ein Problem, das auf friedlichem Wege
kaum befriedigend gelöst werden konnte: Karthago mußte es darum zu
tun sein, nach den schweren territorialen und wirtschaftlichen Verlusten
des 1. Punischen Krieges eine neue Machtstellung aufzubauen. Rom aber
konnte den Wiederaufstieg Karthagos nicht dulden, als dieser ihm gefähr-
lich zu werden begann. Es hat versucht, die Expansion Karthagos einzu-
dämmen, es hat auch durch Gesandtschaften auf die Barkiden mäßigend
eingewirkt. Wenn Rom trotz des Vorgehens des Hannibal gegen Sagunt
lange Zeit untätig geblieben ist, so liegt der Grund zweifellos darin, daß
im römischen Senat keine einhellige Auffassung über die gegen Hannibal
und die Karthager einzuschlagende Methode bestanden hat. Erst als die
Nachricht vom Ebroübergang Hannibals nach Rom gelangte, vermochte
sich die Kriegspartei durchzusetzen. Verbunden mit dem Vorgehen Hannibals gegen Sagunt hatte der flagrante Vertragsbruch des Barkiden auch
jenen unter den römischen Senatoren die Augen geöffnet, die immer noch
auf eine friedliche Lösung hoffen mochten.

Der Ausbruch des großen Krieges ist aufs engste verknüpft mit der Person des punischen Feldherrn *Hannibal*. Seine strategische Leistung in
Spanien und in dem späteren Kriegsgeschehen steht hierbei völlig außer
Frage. Neben Alexander und Caesar ist er zweifellos der bedeutendste
Feldherr des Altertums gewesen. In der Beurteilung des Politikers aber
trennen sich die Geister. So hat ihm K. J. Beloch alle hervorragenden Fähigkeiten abgesprochen, ein Urteil, das ganz unberechtigt ist, ebenso wie
das von A. Rosenberg, der in Hannibal einen Abenteurer gesehen hat,
dem jedes Augenmaß für das politisch Erreichbare gefehlt habe. Im ganzen überwiegen heute aber die positiven Urteile, und E. Groag hat sogar
den ethischen Gehalt seiner Persönlichkeit durchaus anerkannt: der Bar-
kide habe einen tragischen Kampf gegen das Schicksal auf sich genommen und diesen ungebeugt bis zum Ende durchgefochten. Unzweifelhaft
war Hannibal eine Persönlichkeit, die von starker Aktivität beseelt und
von hervorragendem Selbstbewußtsein durchdrungen war. Dies zeigt sein
Verhältnis zu der griechischen Geschichtsschreibung, nicht zuletzt aber
auch sein ‹Leistungsbericht›, den er im Jahre 205 am Tempel der Hera
am lakinischen Vorgebirge bei Locri Epizephyrii hat aufzeichnen lassen.

Nicht zu übersehen ist jedoch, daß Hannibal einen ganz entscheidenden Fehler begangen hat: im Vertrauen auf die eigene Kraft unterschätzte er die Widerstandskraft Roms und der römisch-italischen Wehrgemeinschaft, er hatte kein Gefühl für die inneren Werte des Römertums, für den Opfermut, die Vaterlandsliebe und die Widerstandskraft, welche die Römer auch in ihren dunkelsten Stunden niemals verlassen haben. Im Grunde genommen ist er noch am ehesten mit den hellenistischen Fürsten zu vergleichen, die wie Pyrrhos mit hohem Selbstbewußtsein in den Krieg gegen Rom eintraten und erfahren mußten, daß sie den Gegner bei weitem unterschätzt hatten.

Auch bei den Römern steht zum erstenmal in ihrer Geschichte eine Persönlichkeit im Mittelpunkt, *P. Cornelius Scipio.* Bezeichnenderweise sind die Urteile über ihn ähnlich schwankend wie die über seinen großen Gegner Hannibal. Während noch Mommsen Scipios Religiosität als bloße Heuchelei betrachtete, ist die neuere Forschung geneigt, diese ernst zu nehmen und sie für die Erklärung seiner Erfolge mitheranzuziehen. Auch in der Strategie bedeutet das Erscheinen Scipios eine Zeitenwende: er hat dem alten methodischen Vorgehen abgeschworen und eine durchaus revolutionäre Strategie inauguriert, die sich die Überwindung großer Räume und den Einsatz der militärischen Machtmittel gegen das Zentrum des feindlichen Widerstandes zum Ziel gesetzt hatte. Nur durch die neue Strategie, die, auf sorgfältige Vorbereitung gegründet, mit unerhörter Kühnheit ausgeführt wurde, ist es Scipio gelungen, den großen Gegner Hannibal niederzuwerfen.

Die Kriegspläne der Karthager und der Römer sind grundverschieden. Sie werden verständlich, wenn man bedenkt, daß die Römer ihren Gegnern an Menschen und materiellen Hilfsmitteln um ein Vielfaches überlegen gewesen sind. Dies gilt insbesondere auch für den Seekrieg, denn die Barkiden hatten den Ausbau einer leistungsfähigen Flotte (aus unbekannten Gründen) vernachlässigt. Hannibal aber setzte seine Hoffnung auf die norditalischen Kelten; ihr Beistand war ihm unentbehrlich, wenn er seinen Plan, in Italien von Norden her einzudringen, durchführen wollte.

Die Römer aber beabsichtigten, an zwei verschiedenen Stellen offensiv vorzugehen. Es wurden zwei konsularische Heere aufgestellt; das erste, unter dem Befehl des Ti. Sempronius Longus, wurde, zusammen mit 160 Fünfruderern, nach Sizilien gesandt, das andere, unter P. Cornelius Scipio, dem Vater des Africanus, mit 20 Schiffen nach Massilia, um von hier nach Spanien vorzurücken. Die Tatsache, daß Rom im ersten Kriegsjahr nur fünf oder höchstens sechs Legionen mobilisiert hat, zeigt, daß noch niemand ahnte, daß Rom in einen Kampf eingetreten war, in dem seine Existenz auf dem Spiele stand. Auf punischer Seite war der Winter 219/18 mit Truppenbewegungen angefüllt: Afrika wurde durch 16 000 Mann spanischer Miliz, Karthago selbst durch 4000 Libyer geschützt. Um die

iberische Halbinsel zu decken und um die abgebrochenen Operationen
im Gebiet zwischen Ebro und Pyrenäen weiterzuführen, wurden 15 000
Mann aus Afrika unter dem Befehl des Hasdrubal, des Bruders des Hannibal, in Spanien stationiert. Dazu kam noch eine Flotte von 57 Schiffen,
die aber nicht voll einsatzfähig war.

Seinen eigenen Feldzug hatte Hannibal dadurch vorbereitet, daß er
durch Kundschafter Verbindungen mit den Kelten aufnahm. Auch die
Entfernungen ließ er feststellen. Trotzdem ging der Aufbruch verhältnismäßig spät vonstatten. Erst zu Anfang August 218 machte sich Hannibal
mit einem Heere von etwa 50 000 Mann zu Fuß und 9000 Reitern auf den
Weg durch das südliche Gallien. Die meisten Völker zwischen Ebro und
Pyrenäen ließ er unbefriedet zurück, aber er hatte keine Zeit mehr zu verlieren, wenn er gegenüber den Römern das Überraschungsmoment, auf
das bei seiner zahlenmäßigen Unterlegenheit alles ankam, ausnutzen wollte. Der Weg durch Südgallien bis an die Rhône konnte ohne große Schwierigkeiten zurückgelegt werden, allerdings hatte das Heer unverhältnis-
mäßig große Marschverluste zu beklagen. Die Rhône wurde südlich des
heutigen Orange, etwas oberhalb der Durance-Mündung, überschritten,
wobei die Kelten vergeblich Widerstand zu leisten versuchten. Der römische Consul P. Cornelius Scipio, der inzwischen von Pisa auf dem Seewege an der Rhônemündung angekommen war, hatte durch seine Reiterei
Fühlung mit der punischen Kavallerie aufgenommen. Da aber die Masse
des punischen Heeres die Rhône bereits passiert hatte, verzichtete Scipio
darauf, dem Hannibal zu folgen; er schickte sein Heer nach Spanien und
begab sich selbst mit seinem militärischen Stabe wieder nach Oberitalien.
In Spanien sollte sein Bruder Cn. Cornelius Scipio das Kommando führen,
die römischen Truppen sollten vor allem gegen die rückwärtigen Verbindungen Hannibals, aber auch gegen das Heer des Hasdrubal in Nordspanien eingesetzt werden.

Dem punischen Heere aber stand der schwierigste Teil des Weges noch
bevor: der Übergang über die Alpen, die nur auf engen Saumpfaden in
schwindelnder Höhe zu passieren waren. Die Frage, auf welchem Wege
Hannibal mit seinem Heere die Alpen überschritten hat, kann heute als
gelöst betrachtet werden: Hannibal ist die Flußtäler der Isère und des
Arc aufwärts über den Col du Clapier (2482 m), einen heute kaum noch
begangenen Paß südlich des Mt. Cenis, gezogen. Diese Auffassung ist
wohl zum erstenmal durch den Artillerieobersten J. B. Perrin (1887) vertreten worden, sie hat mit Recht den Beifall namhafter Forscher gefunden.
In der Tat wird sie den Quellen und der Sachkritik am ehesten gerecht.
Hannibal, der seine Soldaten, allen Schwierigkeiten zum Trotz, rücksichtslos vorwärtstrieb, mußte schwere Verluste in Kauf nehmen: um des strategischen Zieles willen hat er einen großen Teil seines Heeres geopfert,
insgesamt etwa 20 000 Mann, dazu den ganzen Troß. Als er im Gebiet

der Tauriner die Poebene erreichte, war sein Heer auf 26 000 Mann zu
Fuß und 6000 Reiter zusammengeschmolzen.

Mit dem Erscheinen Hannibals sahen sich die Römer in Oberitalien in
die Verteidigung gedrängt. In Eile wurde das Heer des Sempronius Longus von Sizilien (Lilybaeum) nach Italien zurückbeordert, die beabsichtigte Offensive gegen Karthago abgeblasen. In einem gewaltigen Land-
marsch von der äußersten Südspitze Italiens erreichten die Legionen des
Sempronius in insgesamt 40 Tagen den römischen Stützpunkt Ariminum.
Die größte Sorge der Römer aber bestand darin, Hannibal am weiteren
Vordringen nach Mittelitalien zu hindern. Die ersten Gefechte verliefen
jedoch für die Römer unglücklich. Am *Ticinus* kam es zu einem Reitertreffen. Die punische Kavallerie zeigte sich der römischen Bürgerreiterei
überlegen, Scipio selbst wurde verwundet. Die Römer zogen sich auf ihren
befestigten Stützpunkt Placentia zurück, sie gaben das Land nördlich des
Po dem Hannibal preis. Auch in der Winterschlacht an der *Trebia* hatten
die Römer kein Glück. Hannibal hatte es verstanden, die Römer auf das
Westufer des Flusses herüberzulocken. Wieder gab die punische Reiterei,
diesmal durch einen Flankenstoß unter Mago, den Ausschlag: die Römer
erlitten schwere Verluste, nur etwa 10 000 Mann konnten sich nach Placentia in Sicherheit bringen (Dezember 218). Der kommandierende Consul, Sempronius Longus, hat in seinem Bericht an den Senat das Wetter,
insbesondere das Schneegestöber und den Nebel, für die Niederlage verantwortlich gemacht.

Im Frühjahr 217 konnten die Römer endlich ihre großen materiellen
Hilfsquellen voll einsetzen. Sie stellten nicht weniger als 11 Legionen auf,
insgesamt etwa 100 000 Mann. Von diesen standen zwei Legionen in Spanien, vier in Oberitalien, zwei als Hauptreserve in der Nähe von Rom,
zwei auf Sizilien und eine auf Sardinien. Auf weitere Kämpfe in der Po-
Ebene, die für die Reitermassen Hannibals ein ideales Gelände war, wollten sich die Römer nicht mehr einlassen. Infolge des Übertritts der Kelten-
stämme auf die Seite der Punier war Norditalien für Rom verloren. Was
der römischen Heerführung fehlte, war das Gefühl für eine echte Schwer-
punktbildung, wie sie die Strategie Hannibals in so eindrucksvoller Weise
demonstriert. Die Römer hatten ihre Nordarmee geteilt, zwei Legionen
standen bei Ariminum unter Servilius, die beiden anderen bei Arretium
unter dem Befehl des C. Flaminius. Der Apennin war für Hannibal kein
Hindernis. Schon im Frühjahr 217 (etwa im März-April) überschritten
die Punier, und zwar in der Gegend von Bologna, wahrscheinlich auf dem
Collina-Paß, das Apenningebirge, um in die reiche toskanische Ebene einzufallen. Bei Pistoja gerieten die Punier in das Gebiet des Arno. Der Fluß
führte Hochwasser und hatte weite Teile des Landes überschwemmt. In
einem Marsch von vier Tagen und drei Nächten wurde das überflutete
Gebiet passiert, dabei verlor Hannibal, der auf dem einzigen ihm noch

verbliebenen Elefanten saß, durch Entzündung ein Auge. Die Absicht der Römer, Hannibal zwischen ihren beiden Heeren in die Zange zu nehmen, wie einst die Kelten bei Telamon (s. S. 67), erwies sich als eine Fehlrechnung. In dem etwa 9 km langen Defilé am Trasimenischen See (zwischen Cortona und Perugia) geriet C. Flaminius mit seinen Legionen in einen von Hannibal meisterhaft gelegten Hinterhalt; 15 000 Mann deckten das Schlachtfeld, eine ebenso große Zahl geriet in punische Gefangenschaft. Auch C. Flaminius, dessen unvorsichtige Strategie das Unglück heraufbeschworen hatte, gehörte zu den Gefallenen, er soll angeblich von der Hand eines Kelten den Tod gefunden haben (Frühjahr 217). Um das Unglück der Römer vollzumachen, wurde die Reiterei des anderen Korps in der Nähe von Assisium von der punischen Kavallerie unter Maharbal gestellt und größtenteils gezwungen, die Waffen zu strecken.

Schon in Oberitalien hatte Hannibal die Mittel der Propaganda gegen die Römer spielen lassen, er gab sich besonders leutselig gegenüber den gefangenen Italikern, sie wurden ohne Lösegeld in ihre Heimatorte entlassen. Überhaupt verfolgte er anscheinend den Plan, die Römer allmählich in Italien zu isolieren und die Bundesgenossen von ihnen abspenstig zu machen. Für einen Angriff auf Rom fühlte er sich jedoch nicht stark genug. Er wandte sich vielmehr über Picenum nach Apulien. Dies waren die reichsten Landschaften Unteritaliens, mit Ausnahme der befestigten Kolonien Luceria und Venusia lagen sie dem Zugriff Hannibals offen.

In Rom herrschte tiefe Niedergeschlagenheit. Die Comitien wählten den alten Q. Fabius Maximus zum Diktator, M. Minucius Rufus zum *magister equitum*, der Senat hatte in dieser entscheidenden Stunde auf seine Prärogative verzichtet. Mit der Person des Q. Fabius Maximus verbindet sich eine grundsätzliche Änderung der römischen Strategie. Da man die Legionen nicht noch einmal einer Niederlage durch Hannibal aussetzen wollte, beschränkten sich die Römer auf eine abwartende Kampfestaktik, sie brachte dem Q. Fabius Maximus den (zunächst ironisch gemeinten) Beinamen *Cunctator* ein, stieß aber je länger desto mehr auf den Widerstand einflußreicher Gruppen im römischen Senat. Diese setzten es durch, daß der *magister equitum* Minucius zum Mitdiktator des Fabius ernannt wurde, ein staatsrechtliches Novum, das aber inschriftlich gesichert ist. Gegen Ende des Jahres 217 aber war die sechsmonatige Amtszeit der beiden Diktatoren abgelaufen, die Consuln Servilius und Atilius Regulus übernahmen das Kommando. Am 15. März des Jahres 216 traten neue Consuln ihr Amt an, L. Aemilius Paullus und C. Terentius Varro. Senat und Volk, längst des Abwartens müde geworden, forderten eine Entscheidungsschlacht. Nicht weniger als acht Legionen wurden ins Feld geführt, zusammen mit den Bundesgenossen etwa 80 000 Mann zu Fuß und 6000 Reiter, es war das größte Heer, das jemals unter römischen Feldzeichen gestanden hatte. Die Überlegenheit an

schwerbewaffnetem Fußvolk gegenüber dem Aufgebot Hannibals (etwa
40 000 Mann) war geradezu erdrückend, während die punische Reiterei
nicht nur an Qualität, sondern auch an Zahl (10 000 Mann) die Römer
wesentlich überragte.

Die Schlacht bei *Cannae* (am 2. Sextilis = August 216 nach dem unrevidierten römischen Kalender) ist in ihren wesentlichen Phasen von Polybios (III 107–117) geschildert, sie ist eine typische Vernichtungsschlacht,
die in der Geschichte oft geplant, aber nur selten erreicht worden ist. Entscheidenden Anteil am Sieg der Karthager hatte die glänzend geführte
punische Kavallerie. Die römische Führung unter C. Terentius Varro hatte
zwar keine kardinalen Fehler begangen, aber sie hatte wiederum Hannibal unterschätzt, insbesondere sein geniales Einfühlungsvermögen in die
Absichten des Gegners. Nur 14 500 Mann haben sich von den Römern
retten können.

Am Abend der Schlacht von Cannae gab es auf dem Boden Italiens kein
römisches Heer mehr, die meisten der höheren militärischen Führer waren gefallen oder in punischer Kriegsgefangenschaft. Hannibal aber war
weit entfernt davon, den Sieg zu überschätzen. Angeblich hat er sogar den
Versuch gemacht, ähnlich wie seinerzeit Pyrrhos, mit den Römern Verhandlungen anzuknüpfen. Dies aber habe der Senat in schroffer Form zurückgewiesen, die Abgesandten Hannibals seien nicht einmal in die Stadt
Rom hereingelassen worden. Das flache Land in Unteritalien lag jetzt dem
Zugriff der Punier offen, aber selbst in diesen dunkelsten Stunden der römischen Geschichte hielten die meisten Bundesgenossen den Römern die
Treue. Von einigen unbedeutenden Gemeinden in Apulien abgesehen,
trat nur das wichtige Capua auf die Seite Hannibals über, aber auch dies
nur unter dem Druck der karthagischen Partei in seinen Mauern.

Das Kriegsgeschehen aber zeigt von nun an neue Aspekte: die Neben-
kriegsschauplätze gewinnen an Bedeutung, dazu weitet sich der Krieg aus,
vor allem durch die Bemühungen Hannibals. In Nordspanien hatten die
Römer seit 218 mit wechselndem Erfolge gekämpft. Im Bunde mit den
Massilioten hatten sie einen Sieg über die karthagische Flotte an der Ebro-
mündung davongetragen, ein Ereignis, das von Sosylos beschrieben worden ist (217). Im Jahre 214 war Sagunt in die Hände der Römer gefallen.
Nachdem aber Hasdrubal, der Bruder Hannibals, aus Afrika zurückgekehrt war, wo er einen Aufstand des Numiderkönigs Syphax niedergeschlagen hatte, da wandte sich das Blatt. Beide Scipionen, zuerst Publius,
dann auch Gnaeus, fielen im Kampfe (211), die römischen Eroberungen
südlich des Ebro gingen wieder verloren. Dennoch war das Werk der
Scipionen in Spanien nicht umsonst gewesen, sie hatten starke punische
Truppenverbände auf dem iberischen Kriegsschauplatz gebunden und
dadurch zur Entlastung Italiens beigetragen.

Eine Folge von Cannae war der Vertrag, den Hannibal im Sommer 215 mit Philipp V., dem König der Makedonen, geschlossen hat. Hannibal hatte dadurch nicht nur einen der großen hellenistischen Staaten in den Krieg hineingezogen, der Kriegseintritt Makedoniens ließ darüber hinaus für die Karthager eine gewisse Entlastung erhoffen, da die Römer einen Teil ihrer Flotte zum Schutze ihrer Verbündeten jenseits der Adria aufbieten mußten. Gleichzeitig ging es auch auf Sizilien mit dem römischen Einfluß bergab. Als im Jahre 215 Hieron II., der treue Bundesgenosse der Römer, gestorben war, geriet sein Enkel, Hieronymos, sogleich ins karthagische Fahrwasser; er schloß mit Hannibal einen Vertrag, jedoch konnte sich dieses Abkommen nicht auswirken, da Hieronymos schon nach einer Regierung von nur 13 Monaten in Leontinoi ermordet wurde (214). Die Parteigänger der Punier, vor allem die beiden Griechen Hippokrates und Epikydes, sorgten jedoch dafür, daß Syrakus nach anfänglichem Schwanken wieder in das Lager der Punier zurückkehrte. Seit dem Jahre 214 war auch Sizilien Kriegsschauplatz, eine weitere Belastung der Römer. Sie gewannen jedoch bald die Oberhand, da die Karthager nicht imstande waren, ihren sizilischen Verbündeten ausreichende Hilfe zu leisten. Syrakus fiel im Jahre 212 in die Hände der Römer, Claudius Marcellus, der hier den Befehl führte, ließ die reiche Griechenstadt nach dem Kriegsrecht plündern. Dabei fand der berühmte Mathematiker Archimedes, der seine Erfindungen in den Dienst der Verteidigung seiner Heimatstadt gestellt hatte, den Tod. Der sizilische Krieg hatte damit seinen Höhepunkt überschritten, zwei Jahre später (210) fiel auch Akragas, und zwar durch den Verrat eines karthagischen Offiziers, des Libyphönikers Myttones, die Römer haben ihn dafür mit dem Bürgerrecht belohnt.

Die militärischen Operationen der folgenden Jahre in Italien sind deswegen so schwer zu überblicken, weil Polybios mit dem Jahre 216 abbricht. Zunächst hat jedoch Hannibal weitere Erfolge errungen, er setzte sich durch Überfall in den Besitz Tarents (213/12 v. Chr.), auch Metapont, Herakleia und Thurii wechselten auf die Seite der Punier über. Gewaltigen Schrecken verbreitete Hannibal durch seinen Vorstoß gegen Rom (211). Diese Aktion war als eine Entlastung Capuas gedacht, das von einem römischen Belagerungsheere eingeschlossen worden war. Der eigentliche Zweck, die Aufhebung der Belagerung Capuas, wurde aber nicht erreicht. Im ganzen hielten sich Römer und Punier in Unteritalien die Waage, entscheidende Erfolge blieben auf beiden Seiten aus. Als im Jahre 210 in Italien eine Hungersnot ausbrach, die zweifellos auf die Verwüstungen des Krieges zurückzuführen ist, da hatten die Römer das Glück, eine reiche Getreidesendung von Ptolemaios IV., dem Könige von Ägypten, zu erhalten. Die Flotte gelangte unbehelligt nach Italien – dies ein Zeichen dafür, daß die Römer über die uneingeschränkte Seeherrschaft verfügten.

Eine Wendung des Kriegsgeschehens bahnte sich auf dem spanischen

Kriegsschauplatz an. Hier hatte nach dem Tode des Oheims und des Vaters der junge, nur 26jährige P. Cornelius Scipio ein prokonsularisches
Imperium übertragen erhalten. Scipio war übrigens der Schwiegersohn
des Aemilius Paullus, der in der Schlacht bei Cannae geblieben war. Spanien wurde damit zu einer Domäne der Scipionen, die hier mit den punischen Barkiden um die Siegespalme rangen. Schon im Jahre 209 fiel Neukarthago (*Carthago Nova*, heute Cartagena), die Hauptstadt des punischen Spaniens. Man erzählte, daß der Meeresgott Neptun dem jungen
römischen Feldherrn den Weg in die starke Land- und Seefestung gewiesen habe. Überhaupt ist Scipio nicht zu verstehen ohne seine tiefe Religiosität: er fühlte sich als Schützling des Juppiter Optimus Maximus, das
Vertrauen zur Hilfe des Juppiter hat ihn bei all seinen Taten geführt. In
seiner Religiosität trifft Scipio zusammen mit vielen anderen Römern, die
durch die Not des Krieges wieder beten gelernt hatten. Die vornehme Behandlung der Iberer hatte Scipio die Herzen der Einheimischen im Fluge
gewinnen lassen, so daß im Lande ein grundlegender Stimmungsum-
schwung zu verzeichnen war. Aber es gab auch Mißerfolge: trotz seines
Sieges bei Baecula (208) konnte Scipio den Abzug Hasdrubals, des Bruders des Hannibal, aus Spanien nicht verhindern. Mit dem Sieg bei Ilipa
(206) erschloß sich den Römern das südliche Spanien, als letzte bedeutende Gemeinde fiel Gades (Cadix) den Römern in die Hand. Als Scipio
im Jahre 206 nach Rom zurückkehren konnte, da existierte die Herrschaft
der Punier auf der Pyrenäenhalbinsel nicht mehr, 30 Jahre karthagischer
Anstrengungen waren umsonst gewesen, vor allem fielen die spanischen
Stämme für die punische Kriegführung vollkommen aus.

Hannibal hatte seine Positionen in Italien im wesentlichen behaupten
können, nur das wichtige Tarent war im Jahre 209 durch Verrat wieder
auf römische Seite zurückgeführt worden. Aber im offenen Felde zeigte
Hannibal sich nach wie vor überlegen; das beweisen seine Siege über Cn.
Fulvius Centumalus bei Herdonia (210) und über M. Claudius Marcellus
(208). Aber es war vorauszusehen, daß seine Position ständig schwächer
werden mußte, da er von den Kelten in Oberitalien abgeschnitten war
und über keine nennenswerte Flotte verfügte.

Da erschien im Jahre 207 Hasdrubal mit seinem Heere auf dem Boden
Italiens. Er hatte die Alpen überstiegen und durch keltische Stämme in
Oberitalien reißenden Zulauf gefunden. In Rom setzte man alles auf eine
Karte: die beiden Consuln des Jahres 207, M. Livius Salinator und C.
Claudius Nero, vereinigten ihre Heere in Oberitalien ohne Rücksicht auf
Hannibal. In der Schlacht am Metaurus verlor Hasdrubal das Leben, die
Entscheidung in Italien war damit gefallen, Hannibal mußte es genügen,
wenn er sich im äußersten Süden der Halbinsel, in Bruttium, im Stellungs-
krieg gegen die Römer zu behaupten vermochte.

Bald nach dem spanischen ging auch der makedonische Krieg zu Ende.

Für Hannibal war der makedonische Bundesgenosse eine einzige Enttäuschung gewesen. Denn der Eintritt Makedoniens in den Krieg im Jahre
215 hatte keine wesentliche Entlastung für Karthago gebracht, im Gegenteil, die Römer hatten es verstanden, die Ätoler, die geschworenen Feinde
der Makedonen, auf ihre Seite herüberzuziehen (212). Der römisch-ätoli-
sche Bündnisvertrag ist auf einer Inschriftenstele zu Thyrreion ans Licht
gekommen. Die Vertragsbestimmungen zeigen ein sehr weitgehendes Entgegenkommen der Römer gegenüber ihren neuen griechischen Freunden.
So hatten die Römer versprochen, alle etwa von ihnen eingenommenen
Städte mitsamt ihrer Habe den Ätolern zu übergeben. Der Vertrag ist vom
römischen Senat übrigens erst im Jahre 210 ratifiziert worden, hierfür sind
jedoch kaum moralische Bedenken der Römer maßgebend gewesen, sondern vielmehr die Tatsache, daß der Senat nur mit Mühe zu einer einhelli-
gen Auffassung über die Ostpolitik gelangen konnte. Die Ätoler aber
trennten sich im Jahre 206 wieder von Rom; sie fühlten sich mehr oder
weniger im Stich gelassen und schlossen einen Sonderfrieden mit Philipp V. von Makedonien (206). Der *Friede von Phoinike* vollends, der den
1. römisch-makedonischen Krieg beendete (205), kam durch die Vermittlung der Epiroten zustande, Rom zeigte sich gegenüber seinem ehemaligen Gegner mehr als großzügig; es beschränkte sich darauf, eine Anzahl
von illyrischen Küstenplätzen zu behaupten, das gesamte Hinterland wurde den Makedonen überlassen.

Inzwischen war in Rom der Streit über die weitere Kriegsführung gegen
Karthago mit voller Macht entbrannt. Es ist das Verdienst Scipios, einer
neuen strategischen Idee zum Siege verholfen zu haben: ohne Rücksicht
auf Hannibal sollte der entscheidende Schlag gegen das karthagische Zentrum in Afrika gerichtet werden. Es erscheint nicht verwunderlich, wenn
diese ungemein kühne Konzeption auf starken Widerstand innerhalb des
Senats gestoßen ist. Wortführer war Q. Fabius Maximus Cunctator. Als
Scipio im Jahre 205 das Consulat und die Provinz Sizilien übertragen
ward, da war die Entscheidung zu seinen Gunsten gefallen, im Sommer
204 setzten die Römer von Lilybaeum nach Afrika über. Hier trat der numidische Prätendent Massinissa auf ihre Seite; da sich aber sein Widersacher, Syphax, nach anfänglicher Entfremdung wieder den Karthagern
zur Verfügung stellte, war das Gleichgewicht mehr oder weniger wiederhergestellt. Mit dem Endkampf zwischen den beiden Großmächten Rom
und Karthago verbindet sich ein erbittertes Ringen um die Herrschaft in
Numidien. Aus diesem Streit ist Massinissa als Sieger hervorgegangen, der
sich in den Besitz der Hauptstadt Cirta zu setzen vermochte. Als Scipio
die Karthager auf den Großen Feldern besiegt hatte, da waren diese frie-
densbereit. Scipio gewährte ihnen einen Waffenstillstand, die Punier verpflichteten sich, Hannibal aus Bruttium und Mago aus Ligurien zurückzurufen. Nach der polybianischen Überlieferung hätten die Karthager den

Waffenstillstand in dem Augenblick wieder gebrochen, als Hannibal, aus Italien zurückgekehrt, den Boden seines Vaterlandes betreten hätte. Ferner soll Scipio die punische Gesandtschaft großmütig entlassen haben, obwohl die Karthager völkerrechtswidrig römische Transportschiffe gekapert und außerdem ein Attentat auf eine römische Gesandtschaft unternommen hätten. Die Überlieferung des Polybios beruht wahrscheinlich auf der Erzählung des Älteren Laelius, der sich im Gefolge Scipios befunden hat. Sie ist als glaubwürdig zu betrachten.

In Scipio war dem Hannibal in Afrika ein ebenbürtiger Gegner entstanden, beide Feldherrn hatten außergewöhnliche Leistungen vollbracht, Scipio standen jedoch die größeren Hilfsmittel zur Verfügung, Karthago befand sich dagegen am Ende seiner Kräfte. Die Entscheidungsschlacht wurde im Jahre 202 bei *Zama Regia*, etwa fünf Tagemärsche von Karthago entfernt, geschlagen. Vor der Schlacht hatten sich die beiden Feldherrn zu einer Unterredung getroffen, sie war völlig ergebnislos verlaufen. Scipio verfügte über eine überlegene Reiterei, die vor allem durch die Numider unter Massinissa gebildet wurde. Beide Heere, das römische und das punische, waren in drei Treffen aufgestellt, die Veteranen Hannibals standen im letzten Glied. Im übrigen aber nahm die Schlacht einen Verlauf, der weder von Scipio noch von Hannibal vorauszusehen war, sie zeigt, daß Strategie nichts anderes ist als ein System von Aushilfen (Moltke). Im punischen Heere entstanden Spannungen zwischen den einzelnen Treffen, sie führten sogar zu Auseinandersetzungen mit den Waffen. Entschieden aber wurde die Schlacht durch die Kavallerie, wobei die Numider auf Seiten Scipios eine ausschlaggebende Rolle spielten.

Der Friede des Jahres 201 zog den Schlußstrich unter die nahezu 20-jährige Auseinandersetzung. Karthago wurde auf die *terra ferma* in Afrika beschränkt, auf alle überseeischen Besitzungen mußte es verzichten. An seiner Westgrenze wurde Numidien als ein eigenes Reich unter Massinissa begründet, sein Herrscher übernahm das Amt des Wächters und wurde dafür von Rom in jeder Weise bevorzugt. Karthago hatte außerdem 10 000 Talente Kriegsentschädigung zu zahlen, es mußte seine Elefanten und Kriegsschiffe (mit Ausnahme von 10 Einheiten) ausliefern. Es wurde den Karthagern untersagt, außerhalb Afrikas Kriege zu führen, innerhalb Afrikas durfte dies nur unter Zustimmung der Römer geschehen.

Mit dem Sieg über Karthago stieg Rom zur ersten Macht im Mittelmeergebiet empor. Es hatte seine Waffen siegreich von Spanien nach Afrika getragen, und es besaß in Scipio einen Feldherrn, wie ihn die Welt außer Hannibal noch nicht gesehen hatte. Der Sieg Roms mußte zurückstrahlen auf seine Stellung zu anderen Mittelmeermächten: mit dem Ptolemäerreich standen die Römer in besten Beziehungen, und auch zu den Seleukiden hatte man wegen Ilion Verbindungen angeknüpft. Offen war immer noch die makedonische Frage, sie war durch den Frieden von

Phoinike (205) nur vertagt worden. Aber auch im Inneren Roms hatte der Krieg grundlegende Veränderungen hervorgerufen: der römische Senat hatte endgültig Abschied nehmen müssen von seiner vorsichtigen und bedächtigen Politik. Sie war einst in den italischen Auseinandersetzungen angebracht gewesen, jetzt aber zeigten sich am Horizont neue welthistorische Perspektiven, von denen man sich nichts hatte träumen lassen. Im Kriege war es offenbar geworden, daß man mit den alljährlich wechselnden Oberbeamten nicht durchkommen konnte. So mußte man dazu übergehen, einzelnen Persönlichkeiten mehrfach das Consulat zu übertragen. Q. Fabius Maximus ist denn auch während des Krieges dreimal (215, 214, 209), M. Claudius Marcellus sogar viermal (215, 214, 210, 208) Consul gewesen. Noch wichtiger aber war die steigende Bedeutung der Promagistraturen, so haben die beiden Scipionen Publius und Gnaeus von 218 bis 211 das Kommando geführt, während P. Cornelius Scipio zehn Jahre lang, von 210 bis 201, gewissermaßen der erste Feldherr Roms gewesen ist. Hatte vorher der Senat alle Entscheidungen von irgendwelchem politischen Gewicht gefällt, so fiel nun der Wille des einzelnen mit in die Waagschale; aus der großen Zahl der Nobiles traten einzelne Führergestalten *(principes)* heraus, die sich mit Hilfe ihrer Klientelen in Rom, in Italien und in den Provinzen einen ungeahnten Einfluß verschafften.

Die römisch-italische Wehrgemeinschaft hatte die großen Belastungen des Krieges ohne größere Erschütterungen ertragen. Wohl waren einzelne Abfälle zu verzeichnen gewesen, aber wo Verbündete abgefallen waren, wie etwa in Campanien und Apulien, da hatten die Italiker zumeist keine andere Wahl gehabt. Viel schlimmer war es, daß weite Gebiete Süditaliens vom Kriege schwer betroffen waren und weithin unbebaut blieben. Dies gilt auch für die Gebiete der unteritalischen Griechenstädte, die ihre alte Geltung zumeist nicht zu behaupten vermochten. Auch ihre kulturelle Bedeutung hatten sie vielfach verloren. Womöglich noch schwerwiegender aber waren die strukturellen Veränderungen, die sich in Mittel- und Süditalien vollzogen hatten. Infolge der überlangen Dauer des Krieges waren zahlreiche mittlere und kleinere Bauernhöfe verödet, an die Stelle des Kleinbauerntums aber war der Großgrundbesitz, an die Stelle der intensiven Landwirtschaft die Weidewirtschaft getreten. Anderseits vermehrte sich die großstädtische Bevölkerung in Rom durch ständigen Zustrom vom Lande. Diesen durch den Krieg heraufbeschworenen Problemen war die römische Staatsführung in keiner Weise gewachsen. Wenn auch in den Jahren nach dem Kriege immer wieder neue Kolonien gegründet worden sind, so reichten diese Maßnahmen doch bei weitem nicht aus. Man versuchte, die Symptome zu heilen, ohne das Übel mit der Wurzel auszumerzen. Mit dem römischen Legionär aber war auch der römische und italische Händler in fremde Länder gekommen, das Heer und die Flotte hatten einen ungeheuren Bedarf an Nachschub, er mußte durch die Heereslieferanten gedeckt werden. Da den Senatoren Geldgeschäfte verboten waren, haben sich vor allem die *römischen Ritter* in die Kriegswirtschaft eingeschaltet und hierdurch riesige Vermögen erworben. Dies aber veränderte das Gleichgewicht der beiden obersten Stände, das Geld wurde eine Macht in der Politik, vor allem auch in Rom selbst, wo die Beamtenwahlen stattfanden. Auch im Heerwesen gab es grundlegende Veränderungen. Das Heer bestand nicht aus Berufssoldaten, sondern aus den ausgehobenen Bürgern *(cives Romani)*, dabei stellten die Bauern die große Masse, außerdem gab es zahlreiche Aufgebote der Bundesgenossen *(socii)*. Auch die Offiziere, selbst die in den höchsten Kommandostellen, waren keine Berufsoffiziere. Der jährliche Wechsel im Oberbefehl hatte in den Anfangsjahren des Krieges, vor allem im Kampf mit Hannibal, zu großen Schwierigkeiten geführt. Folgerichtigerweise schritt man zur Verlängerung (Prorogierung) der Heereskommanden. Damit war jedoch ein wichtiger Grundsatz des altrömischen Gewohnheitsrechts preisgegeben; die Bahn für große, machtvolle Persönlichkeiten, die sich auf dem Wege über das militärische Kommando die Macht im Staate erringen konnten, war vorgezeichnet, wenn er auch erst in viel späterer Zeit, von Marius, Sulla, Pompejus und Caesar, beschritten worden ist.

Wenn der große Scipio, dem nach dem Siege über Hannibal mit Recht der Beiname ‹Africanus› gegeben wurde, in seinem Leben als ein durch und durch religiöser Mensch erscheint, so teilt er diese Eigenschaft mit vielen, sehr vielen seiner Landsleute. Die große Not des hannibalischen Krieges führt eine Zeit der religiösen Besinnung herauf, eine Strömung, die von Staats wegen stark gefördert worden ist. Die Auffassung, die römischen Niederlagen gegen Hannibal seien auf die Nichtbeachtung der göttlichen Vorschriften zurückzuführen, war in Rom allgemein verbreitet. So gelobte der Senat im Jahre 217 einen Tempel der *Mens* (der «Vernunft»), da man glaubte, die Niederlage am Trasimenischen See sei durch die Unvernunft *(dementia)* verursacht worden. Ja sogar auf die alte Sitte des *Ver sacrum* wurde in dem gleichen Jahre zurückgegriffen: es wurde ein *Ver sacrum* gelobt, falls der Staat die nächsten fünf Jahre erhalten bliebe. Nicht wenige Tempel sind in der Kriegszeit den Göttern gelobt worden, und selbst die sibyllinischen Bücher hat Q. Fabius Maximus als Augur hervorgeholt, um aus ihnen den Willen der Götter zu erforschen. Neben die einheimischen Gottheiten traten die fremden: der gleiche Fabius Maximus hat im Jahre 217 der Venus Erycina einen Tempel auf dem Kapitol gelobt, im Jahre 215 wurde dieser dann eingeweiht, zu einer Zeit, als Hannibal auf dem Höhepunkt seiner Macht in Italien stand. Im Jahre 204 überführte man den heiligen Meteorstein der Magna Mater aus dem Megalesion bei Pergamon nach Rom. Bezeichnenderweise ist der Stein zunächst im Tempel der Victoria in Rom untergebracht worden – was man von der Magna Mater erwartete, geht aus dieser Tatsache klar her-

vor. In der Not des Krieges hat man auch zu grausigen Riten seine Zuflucht genommen: im Jahre 216 wurden in Rom auf dem Forum Boarium
ein Gallier und eine Gallierin, dazu ein Grieche und eine Griechin lebendig begraben. Die Gründe, weswegen die Römer gerade Gallier und Griechen wählten, sind dunkel, es mag sein, daß es sich hier um einen in seinem Ursprung nicht geklärten etruskischen Ritus handelt.

Welthistorisch gesehen bedeutet der römische Sieg über Karthago eine
ganz folgenschwere Verschiebung des politischen Gleichgewichts im Mittelmeergebiet. Roms Herrschaft reicht nunmehr von Gades in Spanien
bis Dyrrhachium in Epirus, von Mediolanum bis zum Numidischen Reich
des Massinissa. Rom hält das Westbecken des Mittelmeeres wie mit eiser-
nen Klammern fest, der karthagische Reststaat ist auf die Gnade Roms
angewiesen. Daß Karthago in dieser schwierigen Lage versucht hat, seinem Handel neue Märkte zu erschließen, scheint eine Inschrift aus Istros
(Histria) in der Dobrudscha zu zeigen, in der einem Karthager das Bürgerrecht verliehen wird. Aber die großen Zeiten der karthagischen Handelsmacht waren unwiederbringlich dahin; wo seine Kaufleute auch auftraten, da stießen sie auf die römische und italische Konkurrenz, insbesondere in Afrika, wo sich das Reich des Massinissa dem römischen Einfluß voll erschlossen hat. Auch in Kleinasien hatte Rom in dem pergamenischen Herrscher Attalos I. (241–197) einen Bundesgenossen, mit der
Stadt Ilion war Rom befreundet, und in Griechenland besaß es zum mindesten bei jenen Staaten Sympathien, die als Gegner der Makedonen bekannt waren. Der Waffengang zwischen Rom und Makedonien im 1. Makedonischen Kriege hatte ohne Entscheidung geendet, und es war nicht
wahrscheinlich, daß Rom mit dem Frieden von Phoinike (205) die makedonische Angelegenheit als erledigt betrachtete. Sollte Rom die Herrschaft
auf der Adria mit Makedonien teilen, nachdem man Karthago im westlichen Mittelmeer praktisch zu einer Macht zweiten Grades degradiert
hatte? Die Zeiten waren vorüber, in denen man sich von den illyrischen
Seeräubern wiederholte Übergriffe gegen italische Kaufleute gefallen lassen mußte. Zu Ende war aber auch die Periode einer ausschließlich auf
Italien gerichteten Politik. Selbst wenn es der Wille des römischen Senats
gewesen wäre, so hätte man sich in Zukunft an der Entwicklung in Griechenland und im hellenistischen Osten nicht für uninteressiert erklären
können. Mit dem Siege über Karthago ergaben sich zwangsläufig ganz
neue Verpflichtungen, und die nächsten Jahre mußten erweisen, ob Rom
imstande war, seiner Führungsrolle gerecht zu werden.

10. Rom im Kampf mit Philipp V. und Antiochos III. (200–188 v. Chr.)

Das Eingreifen Roms in Griechenland im 2. Makedonischen Krieg (200–197) bezeichnet eine entscheidende Wende der römischen Außenpolitik. Hatten sich die Römer bisher nur sehr zurückhaltend in die Angelegenheiten Griechenlands und Makedoniens eingeschaltet, so verändert sich das Bild nunmehr grundlegend. Es ist keine Frage, daß hier der Sieg über Karthago auch zu einer Neuorientierung der römischen Politik gegenüber Griechenland und Makedonien geführt hat.

Begünstigt wurde die Einmischung Roms durch den Zustand der hellenistischen Staaten am Ende des 3. Jh. v. Chr. Während das Seleukidenreich dank der Tatkraft des Königs Antiochos III. einen neuen Aufstieg genommen hatte, war die Lage des Ptolemäerreiches alles andere als hoffnungsvoll. Der Tod des Ptolemaios IV. Philopator, wahrscheinlich im Jahre 204 v. Chr., bezeichnet den Beginn großer Schwierigkeiten, die Regierung ging in die Hände ehrgeiziger Höflinge, des Agathokles und des Sosibios, über, die mit den inneren Problemen nicht fertig werden konnten. Dazu tobte im Süden des Landes, in der Thebaïs, ein Eingeborenenaufstand, durch den die Landschaft nahezu ein volles Vierteljahrhundert dem Reich verloren gegangen ist (210–186). Viel schlimmer aber war es, daß die Nachbarn, Philipp V. von Makedonien (222/21– 179) und Antiochos III. (223–187), die Schwäche des Ptolemäerreiches dadurch auszunutzen versuchten, daß sie einen Vertrag über die Aufteilung des führerlosen Reiches abschlossen, und zwar war offenbar zunächst an eine Aufteilung der Außenbesitzungen, später auch an eine Teilung des Kernlandes gedacht. Die modernen Zweifel an der Existenz dieses Teilungsvertrages (wahrscheinlich vom Jahre 203/02 v. Chr.) sind ganz unbegründet. Philipp V., der wohl als der intellektuelle Urheber des Raubvertrages anzusehen ist, eröffnete die Operationen durch einen Vorstoß an die Propontis, wo er sich der Städte Lysimacheia, Perinth, Kalchedon und Kios bemächtige (Frühjahr oder Frühsommer 202 v. Chr.). Wenige Monate später besetzte Philipp V. auch Thasos, und im Frühjahr 201 wurde die ptolemäische Besatzung aus Samos gewaltsam vertrieben. Die Regierung in Alexandrien mußte den Übergriffen des Makedonenkönigs hilflos zusehen. Auch gegenüber dem Einmarsch des Antiochos III. in das südliche Syrien (Koilesyrien) war sie mehr oder weniger machtlos. Da trat ein Ereignis ein, das Philipp V. nicht vorausgesehen hatte: die Rhodier sahen ihre Interessen an den Meerengen bedroht, sie verbündeten sich mit dem König Attalos I. von Pergamon und traten der Expansion Philipps entgegen, es kam zu einem regelrechten Kriege (Frühjahr 201), in dem mit wechselndem Erfolg auf beiden Seiten gekämpft wurde. Aber es war klar, daß sich Rhodos und das kleine Pergamon auf die Dauer nicht gegen das übermächtige Makedonien behaupten konnten. Im Herbst 201 erschien eine rhodisch-pergamenische Gesandtschaft in Rom, sie sollte die Römer um Hilfe gegen Philipp V. bitten, wobei sie wahrscheinlich auf den Raubvertrag zwischen Philipp V. und Antiochos III. hinwies. Wenn sich auch die Koalition der beiden Herrscher nicht gegen Rom, sondern gegen das Ptolemäerreich richtete, so war doch das Gleichgewicht im hellenistischen Osten schwer bedroht, eine Tatsache, die auch von Rom nicht auf die leichte Schulter genommen werden konnte. Zwar hatte der römische Senat im Jahre 202 ein Hilfegesuch der Ätoler, die am Hellespont untertanige Städte besaßen, abschlägig beschieden, aber damals stand Rom noch im Kriege mit Karthago, es wäre politisch verkehrt gewesen, eine Auseinandersetzung mit Makedonien vom Zaune zu brechen. Diese Hindernisse waren nun nicht mehr vorhanden, Rom hat den Gesandten aus dem Osten seine Hilfe in Aussicht gestellt. Dabei hatte man in Rom kein besonders gutes Gewissen. Hat doch die jüngere Annalistik die ganz bodenlose Behauptung aufgestellt, Philipp habe dem Hannibal makedonische Truppen nach Afrika zu Hilfe geschickt, außerdem habe er römische Bundesgenossen angegriffen. Aber weder Rhodos noch Athen, das mit Philipp V. im Kriege lag, konnten als römische Bundesgenossen betrachtet werden, und auch Attalos I. von Pergamon, der unter den *adscripti* des Friedens von Phoinike erscheint – ob mit Recht, ist fraglich –, hatte zwar Beziehungen zu Rom, in den Krieg aber war er erst auf das Drängen der Rhodier eingetreten. Warum also war der römische Senat für eine Einmischung, die unabsehbare Folgen haben mußte? Das Volk in den Centuriatcomitien war darüber, daß ein neuer Krieg bevorstand, geradezu bestürzt, nur mit Mühe hat man hier die Zustimmung zur Kriegserklärung gegen König Philipp V. erlangen können. Damit waren die Würfel gefallen, die folgenden Verhandlungen mit dem Makedonen waren mehr oder weniger nur Formsache. Eine römische Gesandtschaft mit C. Claudius Nero, P. Sempronius Tuditanus und M. Aemilius Lepidus suchte Philipp auf. Vor dem von ihm belagerten Abydos am Hellespont übergab man dem König die Forderungen des Senats: Philipp sollte nicht nur den Krieg gegen Athen einstellen, er sollte auch alle seine Eroberungen in Kleinasien wieder herausgeben, der Streit mit Rhodos und Attalos I. aber einem Schiedsgericht unterbreitet werden. Als der stolze Makedone dies rundweg ablehnte, da überreichten ihm die Gesandten die Kriegserklärung (August 200 v. Chr.).

Gegen Überraschungen von seiten der anderen hellenistischen Großmächte wußte sich Rom zu sichern. Dem Seleukiden Antiochos III. wurde freie Hand in Südsyrien gegeben, seine Sache stand im übrigen gut, denn er hatte (im Sommer des gleichen Jahres) einen entscheidenden Sieg über die Truppen des Ptolemäers beim Panion an den Jordanquellen errungen. Die Gesandtschaft sah auch in Alexandrien nach dem Rechten. Daß M. Aemilius Lepidus bei dieser Gelegenheit die Vormundschaft über den jungen Ptolemaios V. Epiphanes übernommen habe, ist allerdings eine Legende, und zwar aus der Zeit der späten römischen Republik. Die Römer hatten bei der Kriegserklärung an Philipp V. sorgfältig die Formen eingehalten, die ihnen das *ius fetiale* vorschrieb. Sie waren überzeugt davon, zur Verteidigung römischer Bundesgenossen das Schwert zu ziehen, der Fall des *bellum iustum* war für sie gegeben. Sie befanden sich nach ihrer Auffassung eindeutig im Recht, Philipp V. war im Unrecht. Aber so einfach liegen die Dinge nicht, und auch die These vom defensiven römischen Imperialismus, die auf Mommsen zurückgeht, kann für das römische Verhalten schwerlich eine befriedigende Erklärung bieten. Rom war bis an die Zähne gerüstet; von den Legionen, die man gegen Karthago aufgeboten hatte, war nur ein Bruchteil nach Hause entlassen, die Kriegsflotte hatte im Mittelmeer nicht ihresgleichen, so schien die Stunde günstig, auch mit Makedonien abzurechnen, das so unvorsichtig gewesen war, ein Jahrzehnt lang an der Seite Karthagos zu kämpfen. Die Senatoren waren äußerst kühle Rechner. Wenn man schon mit Makedonien die Klingen kreuzen mußte, so wollte man selbst den Zeitpunkt bestimmen. Man kann den Krieg einen Präventivkrieg nennen, das aber ändert nichts an der Tatsache, daß er von Rom entfacht und als typischer Angriffskrieg geführt worden ist.

Mitte September 200 v. Chr. landete P. Sulpicius Galba mit zwei Legionen, alles in allem etwa 20 000–25 000 Mann, in Apollonia (südlich Fieri) in Illyrien. Der Krieg begann mit der Zerstörung der makedonischen Stadt Antipatreia, die männliche Bevölkerung wurde von den Römern niedergemacht. Philipp dagegen unternahm einen überraschenden Vorstoß gegen Athen, die Stadt selbst vermochte er nicht einzunehmen, anstatt dessen tobten sich die Makedonen in der Verwüstung des attischen Fruchtlandes aus. Die Römer erhielten bald weiteren Zuzug: Pleuratus von Scodra, Bato, der Herrscher der Dardaner, und Amyntas, der König der Athamanen, schlossen sich ihnen an. Obwohl Philipp inzwischen eine beachtliche Armee (20 000 Mann zu Fuß und 2000 Reiter) mobilisiert hatte, so fühlte er sich dennoch den Römern im Felde nicht gewachsen. Er beschränkte sich auf den Kleinkrieg. Erst im Mai 199 stießen die Römer das Tal des Genusus (Skumbi) aufwärts in die Lynkestis vor. Da Philipp jedoch auch hier einer entscheidenden Schlacht auswich, mußten die Römer wieder umkehren. Da veränderte der Übertritt der Ätoler auf die Seite der Römer die Lage beträchtlich. Es ist eine offene Frage, ob damals ein neuer Vertrag zwischen ihnen und den Römern abgeschlossen worden ist oder ob man sich damit begnügte, den alten Vertrag des Jahres 212 zu erneuern. Da Philipp den Ätolern bei Pharkadon eine Niederlage beibrachte, endete das Jahr 199 für die Römer wenig günstig. In Apollonia war es sogar zu einer Meuterei römischer Soldaten gekommen, sie konnte jedoch von P. Villius (Tappulus), dem Nachfolger des P. Sulpicius Galba, beigelegt werden. Im Frühjahr 198 besetzte Philipp eine starke Stellung im Aoos-Tal in der Nähe von Antigoneia, er wollte auf diese Weise die Römer daran hindern, nach Thessalien vorzustoßen. P. Villius blieb jedoch untätig, die Angabe der annalistischen Tradition, er habe einen Sieg im Paß von Antigoneia davongetragen, ist eine Fälschung. Im Mai 198 trat eine entscheidende Veränderung ein, an Stelle des P. Villius übernahm T. Quinctius Flamininus das griechische Kommando. Nachdem ein Zusammentreffen des neuen römischen Feldherrn mit König Philipp V. ergebnislos geblieben war, ging der Krieg weiter. In dem Verhalten des T. Quinctius Flamininus kommt deutlich zum Ausdruck, daß sich die Römer gegenüber dem Makedonenkönig als die Beschützer der griechischen Freiheit betrachteten, sie besaßen damit ein zündendes Schlagwort, dem die Makedonen nichts Vergleichbares entgegenzustellen hatten. Als Feldherr verfügte Flamininus über beachtliche Qualitäten. Was seinem Vorgänger P. Villius nicht gelungen war, das brachte Flamininus zustande: er verdrängte Philipp aus seiner Riegelstellung am Aoos und setzte sich sogar in den Besitz des makedonischen Lagers. Bei der Umgehung der makedonischen Stellung hatte der Epirote Charops den Römern wertvolle Dienste geleistet. Philipp ging auf Thessalien zurück. Hier ließ er eine Reihe von kleineren Orten, unter ihnen Palaipharsalos, in Flammen aufgehen, die Einwohner führte er mit sich fort. Auch zur See hatten die Römer Erfolge, sie eroberten die Stadt Eretria auf Euböa, auch Karystos kapitulierte, bis auf Chalkis war die Insel für Philipp verloren. In Thessalien entsprachen die Erfolge nicht ganz den römischen Erwartungen, Flamininus mußte schließlich wieder abziehen und in Phokis die Winterquartiere aufschlagen. Im Winter 198/97 entschloß sich der Achäische Bund, seine Neutralität aufzugeben und an der Seite der Römer, des Attalos I. und der Rhodier in den Krieg gegen Philipp V. einzutreten. Doch waren die ersten Unternehmungen, an denen die Truppen der Achäer Anteil hatten, wenig erfolgreich: ein Anschlag auf das makedonische Korinth mißlang, und in Argos gab es sogar einen Rückschlag, da sich der makedonische Stratege Philokles in den Besitz der Burg zu setzen vermochte. Nachdem die militärischen Operationen wegen des Winters zum Stillstand gekommen waren, traten die Gegner in Nikaia in Lokris zu einer Konferenz zusammen (Ende November 198). Auch die hellenischen Bundesgenossen der Römer waren hier durch Abgesandte vertreten. Philipp zeigte größtes Entgegenkommen, wollte er doch, wenn irgend möglich, aus dem Kriege herauskommen. Außerdem glaubte er, in Flamininus einen wohlwollenden Fürsprecher gefunden zu haben. So schlug der Makedonenkönig vor, man möge die Entscheidung des Senats anrufen, was von Flamininus gebilligt wurde. Außerdem wurde ein Waffenstillstand von zwei Monaten vereinbart. Als Preis hierfür mußte Philipp seine Truppen aus Phokis abziehen, womit ganz Mittelgriechenland den Römern überlassen wurde. Das Verhalten des T. Quinctius Flamininus ist schwer zu durchschauen. Hatte er die Absicht, den Makedonenkönig zu täuschen? Oder wollte er ein ehrlicher Vermittler sein? Daß Flamininus vor allem die römischen Interessen im Auge hatte, versteht sich von selbst. Daß diese jedoch mit den makedonischen unvereinbar waren, muß er gewußt haben. Der Senat verlangte, Philipp solle auf die drei ‹Fußfesseln› Griechenlands, die Festungen Korinth, Chalkis und Demetrias, verzichten. Als die makedonischen Gesandten hierauf keine klare Antwort erteilten, beschloß der Senat, den Krieg fortzuführen. Der Oberbefehl des Flamininus wurde im Frühjahr 197 verlängert, dazu wurden Verstärkungen nach Griechenland beordert, die beiden Vorgänger im Kommando wurden dem römischen Feldherrn für seinen Stab zur Verfügung gestellt. Auf weitere Gespräche mit Philipp V. ließ sich Flamininus nun nicht mehr ein, auf der Peloponnesos gewann er in Nabis von Sparta einen neuen Bundesgenossen, den makedonischen Kommandanten von Korinth konnte er jedoch nicht zur Übergabe bewegen. Die Festung hielt sich bis zum Ende des Krieges. Mehr Glück hatte der Römer in Theben, wo sich der Böotische Bund der Koalition gegen Philipp anschloß. Damit stand fast ganz Griechenland – mit Ausnahme der Akarnanen und der Thessaler – im Kriege gegen Philipp.

Aus den Winterquartieren um Elateia rückte das römische Heer, insgesamt etwa 27 000 Mann, gegen die Thermopylen vor (die griechischen Kontingente machten nur etwa 1/10 des Heeres aus). Es war klar, daß Flamininus nunmehr die Entscheidung herbeiführen wollte. In der weiten thessalischen Ebene südlich von Pherai hatten die Spitzen der beiden Heere zum ersten Male Berührung miteinander, aber erst am vierten Tage danach und nach zwei weiteren Tagen, in denen die Heere parallel nach Westen gezogen waren, entwickelte sich die Entscheidungsschlacht. Sie wurde bei *Kynoskephalai* (Kara Dagh) Ende Mai/Anfang Juni 197 v. Chr. geschlagen, als das Getreide reif auf den Feldern stand.

Mit seinem rechten Flügel errang Flamininus schnell Vorteile, während der linke zurückgedrängt wurde, so daß die Schlacht wieder zum Stehen kam. Erst der Stoß von 20 Manipeln des rechten römischen Flügels in den Rücken der Makedonen brachte die Entscheidung. Von den Griechen hatten die Ätoler tapfer mitgekämpft, sie drangen auf der Verfolgung in das Lager Philipps vor und plünderten es aus. Der Makedonenkönig, der 8000 Tote und 5000 Gefangene verloren hatte, entkam mit dem Rest seines Heeres. Aber nur drei Tage später erschienen seine Gesandten vor Flamininus in Larisa, Philipp erhielt den erbetenen Waffenstillstand von 15 Tagen zugestanden, eine Entscheidung des römischen Oberfeldherrn, die von den griechischen Bundesgenossen, insbesondere von den Ätolern, sehr mißfällig aufgenommen wurde. Überhaupt hatte Flamininus mit den Hellenen alle möglichen Schwierigkeiten, und als Philipp selbst zu Verhandlungen eintraf, da mußte jener den Ätolern noch einmal mit groben Worten entgegentreten. Die Frage, ob Flamininus in der Angelegenheit der den Ätolern zu übergebenden Städte die Wahrheit oder die Unwahrheit gesagt hat, ist in der modernen Forschung umstritten. Die Überlieferung kann aber nur so gedeutet werden, daß sich Flamininus hier eines juristischen Kunstgriffs bediente, indem er den Vertrag zwischen Rom und Ätolien vom Jahre 212 nicht mehr anerkannte, da dieser durch den Sonderfrieden der Ätoler mit König Philipp V. im Jahre 206 gelöst worden sei. Die Ätoler aber waren ganz anderer Ansicht, sonst hätten sie sich ja nicht auf den ursprünglichen Vertrag von 212 berufen!

In Rom beschloß der Senat ein fünftägiges Dankfest *(supplicatio)*. Senat und Volk stimmten dem Frieden mit Philipp V. zu, eine Zehnerkommission begab sich nach Griechenland, um die Ausführung des Senatsbeschlusses zu überwachen. Nach dem Willen der Römer sollten die Griechen in Kleinasien und Europa frei und autonom sein, die von Philipp besetzt gehaltenen Städte den Römern übergeben werden, und zwar noch vor dem Olympischen Fest. Mit Namen wurden Euromos, Pedasa, Bargylia und Iasos aufgeführt, sie alle in Karien gelegen, dazu sollten Abydos, Thasos, Myrina und Perinth frei und ohne Besatzung sein, über den Status von Kios sollte Flamininus dem König Prusias von Bithynien schreiben, alle Kriegsgefangenen und Überläufer waren den Römern zu übergeben, ferner alle Kriegsschiffe mit Ausnahme von fünf kleineren Einheiten und einem großen Kriegsschiff. Dazu kam noch eine Kriegsentschädigung von 1000 Talenten, von der die Hälfte sofort, der Rest in zehn Jahresraten zu entrichten war.

Dem Frieden mit dem Makedonenkönig folgte ein sehr eindrucksvolles Nachspiel. Bei der Feier der Isthmien im Frühsommer 196 ließ T. Quinctius Flamininus in Gegenwart einer gewaltigen Volksmenge die berühmte Freiheitserklärung verlesen. Sie verlieh den Griechen, soweit sie bisher von den Makedonen abhängig gewesen waren, die Freiheit und Selbstregierung. Namentlich genannt wurden die Korinther, Phoker, Lokrer, Euböer, die phthiotischen Achäer, die Magneten, die Thessaler und die Perrhäber. Es kann kaum ein Zweifel darüber bestehen, daß die Freiheitserklärung in der äußeren Form, aber auch in der Sache wesentlich von dem römischen Feldherrn geprägt worden war. Die Proklamation wurde in Griechenland mit größter Begeisterung aufgenommen. Sie gewann den Römern viele neue Freunde, und auch außerhalb des griechischen Mutterlandes, vor allem in Kleinasien, tat sie ihre Wirkung. Die Griechen in aller Welt setzten ihre Hoffnungen auf die große *domina Roma*, im Jahre 195 errichtete man ihr in Smyrna den ersten Tempel auf kleinasiatischem Boden. Zu keinem Zeitpunkt aber besaß Rom größere Sympathien bei den Griechen als im Jahre 196. Dem Sieg über König Philipp und die Makedonen war damit ein zweiter, nicht minder wich-

tiger Sieg in der Diplomatie gefolgt. Für die Griechen aber waren die
Römer von nun an die «gemeinsamen Wohltäter», T. Quinctius Flamininus wurde als »Retter» *(sōtér)* gefeiert, man stellte ihn den Göttern an die
Seite, stiftete ihm Opfer und sang ihm Paiane, nie vorher war ein Römer
in ähnlicher Weise von den Griechen gefeiert worden. Sogar Goldmünzen
mit seinem Porträt und mit der Legende *T. Quincti* sind in Griechenland
geschlagen worden. Nur ein einziger unter den Griechen machte Schwierigkeiten, Nabis, der König von Sparta. Er weigerte sich, die Stadt Argos
freizugeben. Mit Ausnahme der Ätoler zogen alle Griechen zusammen
mit den Römern in den peloponnesischen Völkerkrieg, auch die Pergame-
ner und selbst die Makedonen hatten Hilfstruppen gestellt. Nabis ließ
sich nicht einschüchtern, seine Söldner waren tapfere Soldaten, die Römer
standen mehr als einmal am Rande einer Niederlage. Nachdem Nabis
zunächst jedes Paktieren mit Flamininus abgelehnt hatte, gab er schließlich nach, er kam mit recht glimpflichen Bedingungen davon, da es im
Interesse des Flamininus lag, den Krieg möglichst bald zu beenden. Nabis
mußte auf Argos und die meisten lakonischen Seestädte verzichten, die
sich nunmehr den Achäern anschlossen. Auf eine Rückführung der Verbannten und des rechtmäßigen Königs Agesipolis verzichtete Flamininus,
ein Entschluß, der bei den Griechen lebhaften Unmut hervorrief. Mit der
Befreiung von Argos und der Niederwerfung des Nabis war die Mission
des Flamininus in Griechenland beendet. Im Frühjahr 194 verabschiedete
er sich von den Griechen in Korinth, die Festungen Akrokorinth, Chalkis
und Demetrias wurden von den römischen Besatzungen geräumt, das
Heer zog ab, in Hellas blieb kein römischer Soldat zurück. Die Griechen
aber hatten für ihre Freiheit einen hohen Preis zahlen müssen. Weite
Strecken des Landes, insbesondere in Thessalien und in Lakonien, lagen
wüste, die Römer hatten gewaltige Kontributionen herausgepreßt, im
Triumph des Flamininus zeigte man ungeheure Mengen Goldes und Sil-
bers, die von Griechenland nach Italien verbracht worden waren. Die
Verluste trafen die Griechen um so härter, als der Höhepunkt der wirtschaftlichen Entwicklung des Landes längst überschritten war.

In Vorderasien hatten sich in der Zwischenzeit grundlegende Veränderungen vollzogen. Antiochos III. hatte in den Jahren von 212 bis 205/4
seine ‹Anabasis› unternommen, die ihn durch das ganze Obere Asien bis
zu den Grenzen Indiens geführt hatte. Nie zuvor hatte das Seleukidenreich ein so hohes Ansehen in der Welt besessen, vor allem die Griechen
sahen in Antiochos einen neuen Alexander. Einer kurzen Periode der
Aktivität des Königs in Kleinasien (204–203) folgte der 5. syrische Krieg.
Er wurde im Herbst des Jahres 198 beendet, und zwar mit einem beachtlichen Erfolg des Seleukiden. Koilesyrien, seit hundert Jahren der Zank-
apfel zwischen den Ptolemäern und Seleukiden, war für das Reich des
Antiochos III. gewonnen. Im Jahre 198 war der Seleukide in das perga-

menische Territorium des Attalos I. eingefallen. Die Nachricht stammt
zwar aus annalistischer Quelle, sie braucht aber keine Fälschung zu sein.
Auch in den beiden darauf folgenden Jahren (197 und 196) war Antiochos III. in Kleinasien tätig. Es gelang ihm, weite Teile der anatolischen
Küste von Kilikien bis zum Hellespont wieder seiner Herrschaft untertan
zu machen. Im Anschluß daran setzte er nach Thrakien über, zum ersten
Male seit mehreren Jahrzehnten brachte er hier die Herrschaft der Seleukiden wieder zur Geltung. Auf der thrakischen Chersonesos ließ er die
Stadt Lysimacheia, die alte verfallene Gründung des Lysimachos, wieder
aufbauen, sie war als Residenz für seinen Sohn und Nachfolger bestimmt.
Im Jahre 195 kehrte Antiochos III. noch einmal auf die Chersonesos zurück und begann damit, sich die griechischen Städte am Pontos untertan
zu machen. Die Römer hatten seine Fortschritte argwöhnisch beobachtet
und sich durch Gesandtschaften auf dem laufenden gehalten. Im Jahre
195 fand eine Konferenz zwischen dem König und einer römischen
Mission statt, an deren Spitze L. Cornelius Scipio stand. Da sich jedoch
der stolze Seleukide auf das Siegerrecht berief und sich jede Einmischung
der Römer verbat, verliefen die Verhandlungen völlig ergebnislos. In dem
gleichen Jahre hatte Antiochos in Ephesos den flüchtigen Hannibal
empfangen, der ihn zum Kriege gegen Rom zu überreden versuchte. In
der Tat hatte sich das Verhältnis des Königs zu den Römern stark abge-
kühlt. Flamininus hatte schon im Jahre 196 das Ansinnen an Antiochos
gestellt, nicht allein die neuen Eroberungen, sondern auch die autonomen
Griechenstädte Kleinasiens freizugeben. Dies wäre freilich einer förmlichen
Auflösung des Seleukidenreiches in seinen westlichen Teilen gleich-
gekommen. Doch wollten weder Rom noch der Seleukide den Krieg, die
Römer aber glaubten, zu ihren Versprechungen, die sie den Griechen gegeben hatten, stehen zu müssen, der König Antiochos aber konnte es
nicht zulassen, daß Rom subversive Kräfte in Kleinasien begünstigte. Die
Entstehung des Syrischen Krieges *(bellum Antiochicum)* ist ein Beispiel
für die Unvereinbarkeit der Interessen zweier Großmächte, die beide
letzten Endes um die Anerkennung ihres Standpunktes in der griechischen
Welt mit den Mitteln der politischen Propaganda gerungen haben. Sie
tauschten Gesandtschaften aus, übermittelten diplomatische Noten und
versuchten vor allem, den Gegner vor der Welt ins Unrecht zu setzen. Da
sie den Rivalen nicht einzuschüchtern vermochten, rüsteten sie schließlich zum Kriege, Roms Verhalten ist zweifellos folgerichtig, wenn auch
der Seleukidenkönig hierin nur eine höchst unangebrachte Einmischung
in die Angelegenheiten seines Reiches sehen konnte, das er mit so großem
Erfolg zu neuer Blüte und zu neuem Ansehen geführt hatte. Seit dem
Jahre 193 stand Antiochos III. in Verbindung mit den Ätolern, die, durch
die politische Entwicklung in Hellas enttäuscht, den König zum Kriege
gegen Rom zu bewegen versuchten. Im Winter 192 setzte der Seleukide

nach Griechenland über, er hatte das Schlagwort der Römer von der Befreiung der Griechen übernommen und hoffte, in den Hellenen willfährige
Bundesgenossen für seinen Krieg zu finden. Hierin sah er sich jedoch
getäuscht; außer den Ätolern, die ihn zu ihrem bevollmächtigten Strategen *(stratēgós autokrátōr)* ernannten, traten nur die Euböer, Böoter und
Eleer auf seine Seite. Noch schlimmer aber war es, daß Philipp V. sich
dem Seleukiden versagte; der Antigonide hatte es ihm nicht vergessen,
daß Antiochos III. ihn seinerzeit im Kriege gegen die Römer im Stich gelassen hatte. Dazu kam, daß beide Herrscher Interessen in Thrakien
hatten, das Antiochos für sich beanspruchte. Die Römer dagegen haben
sich die Hilfe Philipps V. etwas kosten lassen, sie verzichteten auf den
Rest der makedonischen Kriegsentschädigung, gaben dem König die
Geiseln zurück und versprachen ihm territoriale Vorteile.

Über den Kriegsplan des Antiochos war man sich in Rom nicht im
klaren. Man schickte daher noch im Winter des Jahres 192 den Prätor
M. Baebius mit einem kleinen Kontingent nach Apollonia, um die Maßnahmen des Antiochos in Griechenland zu beobachten. M. Baebius aber
hat seine Aufgabe vortrefflich gelöst, er vereinigte sich mit Philipp V. in
Thessalien und zeigte den Griechen, daß Rom sie nicht aufgegeben hatte.
Antiochos III. dagegen, der sich, für alle Welt überraschend, im Winter
192 in Chalkis mit einer Bürgerstochter verheiratet hatte, unternahm zunächst (im Frühjahr 191) einen wenig erfolgreichen Feldzug nach Akar-
nanien. Inzwischen aber war ein größeres römisches Heer unter dem
Consul M'. Acilius Glabrio in Apollonia gelandet, dieser wandte sich unverzüglich nach Thessalien und brachte die Landschaft ohne große
Mühe zum Anschluß. Antiochos sah sich mit seinem kleinen Heere von
10 000 Mann zu Fuß und 500 Reitern einer doppelt so großen Heeresmacht gegenüber. Und doch hatten die Römer nur ein einziges konsularisches Heer (etwa 20 000 Mann zu Fuß, 2000 Reiter, dazu 15 Elefanten) eingesetzt. Die Entscheidung fiel an den Thermopylen. Hier hatte der
Seleukide zusammen mit den Ätolern eine feste Stellung bezogen, er
wurde jedoch von den Römern vollständig geschlagen. Der Kriegstribun
M. Porcius Cato hatte nämlich die Stellung des Gegners umgangen und
die Ätoler von der Höhe des Kallidromos hinabgetrieben. Im Heere des
Seleukiden entstand eine Panik, in ungeordneter Flucht eilten die geringen
Reste des Heeres (angeblich nur 500 Mann) nach Elateia und von hier
über den Euripos nach Chalkis (Mai 191). Griechenland war damit für
Antiochos verloren, der Herrscher begab sich zu Schiff nach Ephesos. Die
Ätoler, allein gelassen, wären zu einem vernünftigen Frieden bereit gewesen, hätte nicht der römische Oberfeldherr M'. Acilius Glabrio ihre
völlige Unterwerfung verlangt. Dies aber lehnten die Ätoler ab, die Römer begannen mit der Belagerung von Naupaktos. Die Ätoler hatten jedoch das Glück, in T. Quinctius Flamininus einen Vermittler zu finden,

auf dessen Anregung ein für beide Parteien erwünschter Waffenstillstand zustande kam. Der Krieg in Griechenland war damit zunächst beendet. Die Römer trafen nun Anstalten, Kleinasien anzugreifen. Die römische Flotte unter dem Befehl des C. Livius vereinigte sich mit den Schiffen des Attaliden Eumenes II., beide trugen bei Korykos an der kleinasiatischen Küste einen Sieg über den seleukidischen Admiral Polyxenidas davon. Die Römer überwinterten mit ihrer Flottenmannschaft zum ersten Mal auf pergamenischem Boden, Antiochos aber sah sich in Kleinasien selbst bedroht. Die Entscheidung konnte jedoch nur durch ein großes römisches Landheer herbeigeführt werden. Unter dem Befehl des Consuls L. Cornelius Scipio, des Bruders des Africanus, machte es sich auf den weiten, beschwerlichen Weg von Apollonia in Illyrien nach dem Hellespont. Im Consilium des Oberfeldherrn, der mehr durch seinen Namen als durch seine Fähigkeiten zu diesem verantwortungsvollen Posten aufgestiegen war, befand sich sein berühmter Bruder P. Cornelius Scipio Africanus, ohne übrigens irgendwie besonders bevollmächtigt zu sein. Es war indes jedermann klar, daß Publius die eigentliche Führung in den Händen hatte. Die Expedition der Scipionen war nicht ganz ungefährlich. Hatten doch in Griechenland die Ätoler, enttäuscht durch die harten Bedingungen der Römer, den Krieg wieder aufgenommen, sie ließen sich jedoch von M'. Acilius Glabrio zu einer erneuten Waffenruhe überreden. Der eigentliche Verlierer aber war nun Antiochos III., der sich der zusammengefaßten Kraft der Römer gegenübersah. Verschlechtert wurde seine Lage noch dadurch, daß eine syrische Flotte unter dem Befehl des Hannibal in der Nähe von Side eine Niederlage erlitt. Als die Römer schließlich auch noch bei Myonnesos, vor allem dank der Tapferkeit ihrer rhodischen Bundesgenossen unter Eudamidas, einen weiteren Sieg zur See davontrugen (September 190), da befanden sie sich in uneingeschränktem Besitz der Seeherrschaft auf der Ägäis, dem Vormarsch des römischen Landheeres stand kein Hindernis mehr im Wege. Die Festung Lysimacheia ergab sich ohne Schwertstreich, sie war von Antiochos vorsorglich geräumt worden. Der Übergang über die Meerenge des Hellesponts vollzog sich ohne jede Schwierigkeit. Alsbald zeigte sich eine syrische Gesandtschaft: Antiochos sei gewillt, den Römern große Zugeständnisse zu machen, falls sie ihm den Frieden gewährten. Der König war nicht nur bereit, auf seine Besitzungen in Europa, sondern auch auf eine Reihe von Städten in Kleinasien, darunter Smyrna und Lampsakos, zu verzichten. L. Cornelius Scipio aber forderte schon jetzt die Räumung von ganz Kleinasien bis zum Taurus! Da Antiochos hierzu nicht zu bewegen war, mußten die Waffen entscheiden. Das Heer der Scipionen, insgesamt etwa 30 000 Mann stark, traf auf eine mehr als doppelt so große Übermacht. Der Seleukide hatte Zeit gehabt, die Kontingente seines Riesenreiches zu mobilisieren, alles in allem etwa 70 000 Mann, jedoch von sehr unterschiedlichem Kampfwert und ganz verschiedener Bewaffnung. Mit den römischen Legionen und Auxilien hielten sie nicht im entferntesten einen Vergleich aus. Auf dem Kyrosfeld, nicht weit von Magnesia am Berge Sipylos, stellte sich Antiochos III. zur Schlacht (Ende Dezember 190 oder Anfang Januar 189). Die Entscheidung fiel durch eine Reiterattacke des Eumenes II., die ganz im Stil der Alexanderschlachten geführt wurde. Sie zertrümmerte nicht nur den linken Flügel des syrischen Heeres, sondern auch die im Zentrum stehende Phalanx der Makedonen, den Kern der seleukidischen Kampftruppen, die zu gleicher Zeit durch einen Frontalangriff der römischen Legionäre in größte Unordnung gestürzt worden waren. Das Lager des Königs wurde eine Beute der Römer, der Herrscher selbst floh über Sardes nach Apameia in Phrygien, er besaß kein Heer mehr, seine Länder in Kleinasien standen den Römern offen, Antiochos aber ließ um Frieden nachsuchen. Für die Römer war dies ein besonderer Glücksfall, denn nichts hätte den Römern weniger erwünscht sein können, als daß der Seleukide den Widerstand in den östlichen Satrapien seines Reiches fortgesetzt hätte.

Im Jahre 189 flammte der Krieg in Griechenland wieder auf. Schon ein Jahr vorher hatten die alten Gegensätze zwischen den Ätolern und dem Makedonenkönig Philipp V. die kriegerischen Auseinandersetzungen wieder aufleben lassen. Dieses Mal machte Rom ernst. Unter dem Consul M. Fulvius Nobilior wurde in Ätolien eine starke Armee eingesetzt, der Consul begann mit der Belagerung Ambrakias, doch ließen die Römer nach der Übergabe der alten Hauptstadt des Pyrrhos große Milde walten, die Ätoler erhielten ein *foedus iniquum* zugebilligt, das sie zur Waffenhilfe gegenüber den Römern verpflichtete. Die Landverluste der Ätoler waren allerdings beträchtlich, so gingen die ätolischen Besitzungen in Thessalien, Phokis und Malis verloren, aber sie behielten dennoch eine Reihe von griechischen Gebieten, darunter das Land der Änianen und der Ötäer, auch das westliche und östliche Lokris, Aperantien und Amphilochien, da die Römer sie auf Kosten des Makedonenkönigs begünstigten. Mit einer Flottenexpedition nach Kephallenia und einer erfolgreichen Belagerung der Stadt Same durch Fulvius Nobilior fand der griechische Krieg im Frühjahr 188 sein Ende.

In Kleinasien hatte inzwischen der Consul Cn. Manlius Volso als Nachfolger des L. Scipio das Kommando übernommen (189). Manlius Volso trug zum ersten Male die Waffen der Römer in das Innere Anatoliens. Das Ziel seines Feldzugs war das Land der streitbaren Galater. Diese aber waren der römischen Kriegskunst in keiner Weise gewachsen, sie wurden in zwei Treffen, beim Berge Olymp (Ala Dagh) und bei Magabe (Karg Dagh?) geschlagen, allein von dem Stamm der Tektosagen sollen 40 000 Menschen in römische Gefangenschaft geraten sein. Durch die Züchtigung der Kelten verdiente sich Manlius Volso den besonderen Dank der griechischen Städte Kleinasiens, die immer noch in der Furcht vor den Galatern gestanden hatten. Da es den Römern ganz fern gelegen hat, kleinasiatische Gebiete zu annektieren, fällt es schwer, die Expedition des Manlius Volso anders als einen Raubzug großen Stils zu bezeichnen. Er hat den Römern eine gewaltige Beute eingebracht.

Da sich Antiochos III. bereit erklärt hatte, die römischen Friedensbedingungen anzunehmen, war der Abschluß eines regelrechten Vertrages nur noch eine Formsache. Das Friedensinstrument wurde in Apameia (Phrygien) von der römischen Zehnerkommission unter dem Vorsitz des Manlius Volso aufgesetzt (Frühjahr 188). Der Seleukidenkönig mußte nicht nur auf alle seine Besitzungen diesseits des Taurus verzichten, er verpflichtete sich auch, eine enorme Kriegsentschädigung zu entrichten (15 000 euböische Talente). Die Römer begünstigten vor allem ihren treuen Trabanten Eumenes II. von Pergamon. Er erhielt den Löwenanteil der ehemals seleukidischen Gebiete im mittleren und südlichen Anatolien, dazu als Brückenkopf die thrakische Chersonesos. Ebenso wertvoll war die Erwerbung von Telmessos in Lykien, womit Eumenes einen wichtigen Hafen in Südanatolien sein eigen nannte. Telmessos war ganz von rhodischem Gebiet umgeben, denn Lykien und Karien bis zum Mäander gingen in den Besitz der Rhodier über als Lohn für ihre Bundesgenossenschaft. Besondere Schwierigkeiten machte die Neuordnung der rechtlichen Stellung der kleinasiatischen Griechenstädte. Während eine besonders bevorzugte Gruppe unter ihnen zu *civitates liberae et immunes* erklärt wurde, d. h. die volle völkerrechtliche Freiheit erlangte, wurden andere an Eumenes gegeben, und zwar vor allem jene, die bisher Antiochos III. untertänig gewesen waren. Einige Griechenstädte erhielten durch die Gnade der Römer besondere Vergünstigungen wie Ilion, Smyrna und Milet. Im ganzen aber verfuhren die Römer keineswegs nach Willkür, sondern nach dem Verhalten der Gemeinden in dem vorangegangenen Konflikt mit König Antiochos. Im Herbst des Jahres 188 räumte das römische Heer Kleinasien, in Europa wurde es in heftige Kämpfe mit den unzivilisierten Völkern Thrakiens verwickelt, im Frühjahr 187 standen die Legionäre wieder auf italischem Boden.

Es ist nicht zu leugnen, daß sich die römische Politik – ähnlich wie ein Jahrzehnt früher in Griechenland – eine gewisse Zurückhaltung auferlegt hatte. In Griechenland wie in Kleinasien hatte man die Gegner zwar niedergeworfen, sie aber keineswegs völlig vernichtet. Dazu hatten sich die Römer bemüht, die Sympathien der griechischen Städte zu erwerben, soweit dies in Kleinasien die Rücksicht auf die Bundesgenossen Eumenes II. und Rhodos zuließ. Im ganzen eine maßvolle und kluge Politik, die Rom, gestützt auf seine überragende Stellung in der Mittelmeerwelt, im Osten an den Tag gelegt hatte. Rom war hier als Beschützer der griechischen Freiheit aufgetreten, seine Freunde, Eumenes II. und Rhodos, waren für ihre Treue reich belohnt worden. Außerdem hatte Rom seine Siege in Hellas und Kleinasien mit einem Minimum an Kräften erreicht; der Aufwand an Menschen und Mitteln stand in keinem Verhältnis zu den enormen Anstrengungen im 2. Punischen Kriege. Jeweils ein einziges konsularisches Heer hatte genügt, um Philipp V. und Antiochos III. niederzuwerfen. Es war kein Wunder, wenn in Rom ein unerschütterliches Selbstbewußtsein im Entstehen war, dem die hellenistische Welt nichts Vergleichbares gegenüberzustellen hatte. Rom hatte das politische Gleichgewicht unter Aufbietung sehr sparsamer Mittel in folgenschwerer Weise verändert. Und dennoch ist die Politik des römischen Senats nicht in allem glücklich gewesen. Zuerst hatte man auf Drängen der Bundesgenossen, vielleicht auch aus dem Gefühl heraus, sich gegen eine aufsteigende Gefahr im Osten wenden zu müssen, zu den Waffen gegriffen, dann aber, nach dem Siege, hatten die Römer die Länder wieder geräumt, die sie eben erobert hatten. Dies aber war ein ganz verhängnisvoller Fehler, den die Römer teuer bezahlen mußten.

Während sich die Römer im Osten über Gebühr zurückhielten, vermochten sie in *Spanien* nach dem 2. Punischen Kriege größere Fortschritte zu erzielen. Überhaupt erscheint die Westpolitik Roms viel glücklicher und folgerichtiger. Im Anschluß an die Eroberung des Landes waren hier zwei Provinzen geschaffen worden (197), *Hispania Citerior* und *Hispania Ulterior,* die Grenze zwischen ihnen bildete der *Saltus Castulonensis* (Sierra Morena). In der Kolonie Italica (Santiponce) am Baetis erhielt die südliche Provinz ein neues Zentrum. Die Bewohner des Landes waren zu Abgaben an Rom verpflichtet. Im übrigen war Spanien durch seinen Reichtum an Bodenschätzen, vor allem an wertvollen Metallen, aber auch durch seine Getreidefelder und Weingärten, berühmt. Manche Städte wie Sagunt, Emporium und Ilerda prägten eigene Münzen mit iberischen Legenden, in der Form des Münzbildes ahmten sie die Prägungen des Königs Hieron II. von Syrakus nach. Die römische Administration hatte nicht überall eine glückliche Hand, sie mißachtete die Privilegien wie im Falle von Gades, das einem römischen Gouverneur unterstellt wurde. Die freiheitsliebenden Spanier waren nicht gewillt, dies hinzunehmen. Als sich im Jahre 197 ein Aufstand in Turdetanien erhob, da griff dieser auch auf *Hispania Citerior* über. In der Person des Consuls M. Porcius Cato hatte der römische Senat jedoch den rechten Mann gefunden. Er kam im Jahre 195 nach Spanien und schuf in kurzer Zeit im ganzen Lande wieder Ordnung. Doch lebten die Kämpfe bald wieder auf. Im Jahre 190 stand L. Aemilius Paullus, der spätere Sieger in der Schlacht bei Pydna (s. S. 105), in Spanien, und seit dem Jahre 181 befanden sich auf dem Hochland zwischen dem Ebro und Sucro die Völker der Lusoner, Beller und Tittier im Aufstand. Die Lusoner aber schlossen nach dem Verlust ihrer Hauptstadt einen Vertrag mit Ti. Sempronius Gracchus, dem Vater der Gracchen

(179). Das noble und großzügige Vorgehen dieses Mannes bescherte Spanien eine 25jährige Ruhezeit, die erst im Jahre 154 durch den Aufstand der Keltiberer beendet worden ist.

Die Römer haben in Spanien in der ersten Hälfte des 2. Jh. v. Chr. trotz einzelner Fehlgriffe eine wertvolle Aufbauarbeit geleistet, und es waren nicht die schlechtesten römischen Feldherren, die sich hier in Krieg und Frieden bewährt haben. Anders als in Griechenland verbreiteten sich hier in steigendem Umfang römisches Wesen und römische Gesittung.

In *Oberitalien* (Gallia Cisalpina) hatten sich zahlreiche keltische Stämme Hannibal angeschlossen, sie mußten nach dem Ende des 2. Punischen Krieges von den Römern wieder unterworfen werden. Seit dem Jahre 197 sind Kämpfe mit den Insubrern, später auch mit den Boiern überliefert. Die Hauptarbeit leisteten die Römer seit dem Jahre 189 v. Chr. (s. S. 108).

Die römische Außenpolitik hatte seit dem Beginn des 2. Makedonischen Krieges im Jahre 200 v. Chr. Großes erreicht. Während man sich in Spanien für die direkte Form der Herrschaft entschieden hatte, wählte man in Afrika und Kleinasien das System der indirekten Beherrschung, wobei den römischen Freunden und Bundesgenossen, insbesondere dem Numiderkönig Massinissa und Eumenes II., dem König von Pergamon, besondere Bedeutung zukam. Der Senat konnte auf die Treue der beiden Herrscher bauen, trotzdem sah er ängstlich darauf, daß sie nicht zu mächtig wurden. Seit dem Sieg über den Seleukiden Antiochos III. hatte Rom in der gesamten Oikumene keinen ebenbürtigen Gegner mehr, es war kein Wunder, wenn sich die römischen Nobiles den hellenistischen Herrschern weit überlegen dünkten und dies auch wiederholt zum Ausdruck brachten. Im großen und ganzen hat der Senat bei der Auswahl der Feldherrn eine glückliche Hand bewiesen; dies läßt sich nur dadurch erklären, daß eine zahlenmäßig große Oberschicht vorhanden war, die durch den Aufstieg neuer Kräfte immer von neuem ergänzt wurde. Die Begründung der römischen Weltherrschaft ist ein Vorgang, der mit der Bildung einer Elite in Rom aufs engste verknüpft ist. Aber es gab auch Widerstände. Die Prozesse, die gegen P. Cornelius Scipio und seinen Bruder Lucius im Jahre 187 angestrengt worden sind, sind ein Symptom dafür, daß es in Rom Kreise gab, die sich mit der absoluten Führerstellung des Africanus nicht abfinden wollten. Der berühmte Feldherr, dem Rom wie keinem andern seinen Aufstieg verdankte, ist im Jahre 183 einsam und verbittert *(sine desiderio urbis)* auf seinem Landgut Liternum in Campanien gestorben.

In das Jahr 180 fällt die von dem Volkstribunen L. Villius beantragte *Lex Villia annalis.* Sie regelte von nun an die Ämterfolge der höheren Magistrate, indem sie, wie es scheint, für die Bekleidung der curulischen Ädilität 36 Jahre, für die Prätur 39 Jahre und für das Consulat 42 Jahre als Mindestalter festsetzte und dazwischen jeweils ein amtsfreies Intervall von zwei Jahren vorschrieb. Das Gesetz war ein Schlag gegen die Alleinherrschaft der Nobilität, es schloß die jungen Bewerber von vornherein aus, womit den Patriziern der Zugang zu den Magistraten erschwert wurde.

Vor den großen Aufgaben der Außenpolitik hatte die Lösung der inneren Probleme zurückstehen müssen, insbesondere die Agrarfrage, aber auch das Verhältnis Roms zu seinen italischen Bundesgenossen bedurfte einer grundlegenden Revision. Rom hatte ihre Wehrkraft ohne weiteres in Anspruch genommen, ihnen aber entsprechende Rechte vorenthalten. Auch die Art der Beherrschung der Untertanen hatte sich nicht geändert: immer noch arbeitete man mit der Aussendung von Kolonien, deren Bevölkerung durch römische Bürger oder Latiner gestellt wurde. Sie wurden an strategisch wichtigen Punkten angelegt und sicherten das System der römischen Herrschaft, vor allem in Oberitalien. Für wirtschaftliche Probleme interessierte sich der römische Senat wenig, die Geldgeschäfte blieben den Rittern überlassen. Römische und italische Kaufleute ließen sich im Osten und im Westen nieder, sie waren in Spanien und Afrika ebenso zu finden wie im griechischen Raum, wo sie mit den Kaufleuten der großen östlichen Handelsmetropolen Rhodos, Tyros und Alexandrien in Wettbewerb traten. Der Ausbreitung der römischen Herrschaft, auch der indirekten, folgte die Expansion des römisch-italischen Handels, so hatte er längst die Alpen überstiegen und Kontakte mit Gallien und den Donau-Ländern aufgenommen. An Umfang hatte der italische Handel den karthagischen erreicht und sogar übertroffen, im Osten stellte er eine ernsthafte Konkurrenz für den hellenistischen Handel dar, vor allem seitdem sich das Ptolemäerreich im Niedergang befand (seit etwa 200 v. Chr.) und seitdem die Seleukiden aus Kleinasien verdrängt worden waren (188). In der Insel Kephallenia und in dem Hafen Apollonia in Illyrien besaß Rom zwei wichtige Stützpunkte, die für den Handel mit Griechenland und den nördlich angrenzenden Gebieten der Balkanhalbinsel außerordentlich günstig gelegen waren. Wie weit der Einfluß Roms reichte, zeigen die Beziehungen, die sich zwischen Rom und der Stadt Herakleia am fernen Pontos angesponnen hatten. Auch finanziell ging es in Rom aufwärts. Die Kriegskosten wurden im wesentlichen durch die Kriegsentschädigungen und durch die Beute gedeckt; was übrig blieb, floß in den römischen Staatsschatz, der außerdem durch das *tributum* der Provinzen vermehrt wurde.

Eine wesentliche Veränderung und Bereicherung erfuhr das römische Leben durch die Kontakte mit Griechenland und seiner Kultur. Der Dichter Ennius aus Rudiae in Calabrien (239–169), der von sich behauptete, drei Herzen, ein römisches, ein griechisches und ein messapisches zu besitzen, hat in seiner Dichtung auch so manche hellenistischen Themen behandelt. Die Siege seines Gönners M. Fulvius Nobilior, den er auf seinem griechischen Feldzug begleitete, hat er in der *fabula praetexta* «Ambracia» gefeiert. Die Komödien des Plautus († 184) sind nach griechischen Vorlagen gearbeitet, daneben steht ganz unvermittelt das Römische, das sich in der Umwelt und in den Charakteren widerspiegelt. Auch die Handlung erscheint vielfach verändert und dadurch dem römischen Geschmack besser angepaßt. Der große Erfolg seiner Dichtungen ist jedoch nur durch das Interesse seiner römischen Zeitgenossen für die Griechen und das griechische Wesen zu erklären, das die nüchternen Römer geradezu faszinierte. Die Behandlung rein menschlicher Probleme, wie sie für die Dichter der griechischen Neuen Komödie, vor allem für ihren größten, Menander, charakteristisch ist, kontrastierte seltsam mit der römischen Geisteshaltung, in welcher die Idee der *res publica* alles andere in den Schatten stellte. Dazu ist Plautus ein Meister der Sprache. Es ist das Latein seiner Zeit, das die Personen seiner Komödien sprechen, eine ungeschminkte und oft sehr derbe Sprache, jedoch nicht ohne eine gewisse Würde und Urbanität. Plautus hat ein neues Blatt des römischen Wesens aufgeschlagen, er zeichnet das Bild des römischen Menschen seiner Tage, wenn auch in griechischem Gewande. Wie die Redenfragmente des Älteren Cato, so sind die plautinischen Komödien die wertvollsten Quellen für das römische Menschentum in einer Zeit, in der Rom seine Herrschaft über viele Völker und Staaten errichtet hat.

11. Rom und der hellenistische Osten (188–168 v. Chr.)

Die auf den Frieden von Apameia (188) folgenden Jahre sind in Rom eine wirkliche Zeitenwende. Die Generation, die den Hannibalischen Krieg in führenden Stellungen erlebt hatte, geht zur Rüste. Allein M. Porcius Cato (Consul 195) erlangte im Jahre 184 die Censur. Er war ein eifersüchtiger Hüter der altrömischen Traditionen, dabei hat er es zeitlebens verstanden, seine eigenen unbezweifelbaren Verdienste in das rechte Licht zu rücken. Im Jahre 183 starben nicht nur Hannibal und der achäische Stratege Philopoimen, sondern auch P. Cornelius Scipio (s. o. S. 98). Hannibal hatte seit 195 im Dienste des Antiochos III. gestanden, mit seinem Kriegsplan aber hatte er bei dem Seleukiden kein Gehör gefunden. Da die Römer seine Auslieferung verlangten, mußte er wieder fliehen. Er veröffentlichte eine Flugschrift über die Untaten des Cn. Manlius Volso, die er den Rhodiern widmete. Irgendwelchen Widerhall hat sie, wie es scheint, nicht gefunden. Rhodos war viel zu eng mit Rom verbündet, als daß die Schrift eines geschworenen Romfeindes hier Eindruck hätte machen können. Wahrscheinlich über Armenien und über Kreta kam Hannibal nach Bithynien zu dem König Prusias I. Dieser lag wegen der Landschaft Phrygia Epiktetos im Kriege mit seinem Nachbarn Eumenes II. von Pergamon. Der Krieg brach bereits im Jahre 188 (?) aus; erst 184/83 wurde er durch einen Frieden beendet, der auf römische Vermittlung zustande kam. Die römische Gesandtschaft mit T. Quinctius Flamininus an der Spitze verlangte von Prusias die Auslieferung Hannibals. In die Enge getrieben, nahm sich der Punier selbst das Leben. Wenn uns auch an seinem Wesen so manches rätselhaft bleibt, so besteht doch kein Zweifel, daß Hannibal als Feldherr zu den größten zu zählen ist, die das Altertum gekannt hat. Wenn er als Politiker seine Ziele nicht erreicht hat, so liegt dies einmal an der geringen Unterstützung, die ihm von seinen Landsleuten zuteil wurde, zum andern aber auch an der gewaltigen Übermacht Roms, der gegenüber der Kampf eines einzelnen, wenn auch noch so genialen Gegners von vornherein aussichtslos war. In Anatolien gab es auch sonst noch Schwierigkeiten. So lag Eumenes II. wegen Galatien im Streit mit dem König Pharnakes von Pontos, wobei der Attalide in dem Herrscher von Kappadokien, Ariarathes, einen Verbündeten fand. Der Krieg dauerte bis 179 v. Chr. Die Balkanisierung Kleinasiens, von den Römern durch den Frieden von Apameia entscheidend gefördert, erwies sich als ein großer Nachteil für den Frieden und den Wohlstand der verschiedenen Völker und Staaten Anatoliens. Rom hatte aus Kleinasien die seleukidische Großmacht verdrängt, an ihre Stelle war ein Konglomerat von Mittel- und Kleinstaaten getreten, die alle mehr oder weniger Befehlsempfänger der Römer waren. Die Servilität der hellenistischen Fürsten kannte vielfach keine Grenzen, sie alle buhlten geradezu um die Gunst der Römer und versuchten, sich gegenseitig bei diesen anzuschwärzen.

Nicht viel besser stand es mit dem *ptolemäischen Ägypten.* Das Reich sah sich durch den Ausbruch eines Eingeborenenaufstandes in der Thebaïs für ein volles Vierteljahrhundert (210–186) in eine schwere innere Krise gestürzt, die schwachen Herrscher waren nicht imstande, hiergegen ein wirksames Gegenmittel zu finden. Seit dem Tode des Ptolemaios IV. Philopator im Jahre 204 war es zunächst überhaupt mit einer geordneten Reichsverwaltung zu Ende, der Nachfolger, Ptolemaios V. Epiphanes (204–180), war bei der Thronbesteigung ein kleines Kind, die überragende Figur aber war die Königin Kleopatra I., die Tochter Antiochos' III., seit dem Jahre 194/93 v. Chr. die Gemahlin des 5. Ptolemäers, im Volk als die «Syrerin» bezeichnet. Von der früheren Großmachtstellung des Ptolemäerreiches war nicht viel übriggeblieben, insbesondere sahen sich die Ptolemäer aus der Ägäis vollständig verdrängt. Doch hat der 5. Ptolemäer wenigstens den Versuch gemacht, die von den Vätern ererbten freundschaftlichen Beziehungen zu den Griechen des Mutterlandes wieder aufleben zu lassen. Dies gilt insbesondere für seine Beziehungen zu dem Achäischen Bund. Noch schlimmer wurde es unter

der Regierung des zunächst gleichfalls unmündigen Ptolemaios VI. Philometor (180–145). Als seine Mutter Kleopatra I. im Jahre 176 gestorben
war, geriet die Regierung in die Hände eines nichtsnutzigen ehemaligen
syrischen Sklaven Lenaios und seines würdigen Spießgesellen, des Eunuchen Eulaios. Die Vormundschaftsregierung beschwor sehr zur Unzeit
einen Konflikt mit dem Seleukiden Antiochos IV. Epiphanes wegen
Koilesyrien herauf (170?–168), einen Krieg, der wenigstens teilweise mit
dem 3. Makedonischen Kriege zeitlich zusammenfällt.

Gegenüber *Makedonien* war die römische Politik in hohem Maße von
der Zweckmäßigkeit bestimmt. Die Römer hatten in Philipp V. einen
wertvollen Bundesgenossen gegen Antiochos III. besessen, sie hatten sich
dafür erkenntlich gezeigt und dem Makedonenkönig beträchtliche Zugeständnisse, auch territorialer Art, gemacht. Natürlich waren diese Rück-
erstattungen, die vor allem auf Kosten der Ätoler gingen, kein Ersatz für
die Verluste, die Makedonien nach Kynoskephalai hatte hinnehmen
müssen. Die Römer *wollten* kein starkes Makedonien, so blieb z. B. die
Peloponnesos hinfort jedem makedonischen Einfluß entzogen. Anstatt
dessen aber hatte der Makedonenkönig nicht nur in Eumenes II., mit dem
er wegen der Städte Ainos und Maroneia in Thrakien in Streit geraten
war, sondern auch in Thessalien erbitterte Feinde, die um die Hilfe der
Römer nachsuchten (186/85). Der Senat entsandte eine Dreimänner-
Kommission, der auch Ti. Sempronius Gracchus angehörte, nach Griechenland, sie sollte an Ort und Stelle die Klagen gegen Philipp entgegennehmen und von ihm Rechenschaft verlangen. Diese Gesandtschaft ist es
gewesen, der Philipp in Tempe in Thessalien, anknüpfend an einen Vers
des Theokrit (I 102), die Worte zugerufen haben soll, daß noch nicht
aller Tage Abend sei. Was sollten die Römer tun? Sie konnten nicht zu
gleicher Zeit den Griechen und dem Makedonenkönig zu Willen sein, die
Interessen der beiden Parteien waren unvereinbar, und die makedonische
Herrschaft über griechische Untertanen, wie immer, durchaus unbeliebt.
So nahmen die Römer die Partei der Griechen, indem sie sich der griechischen Freiheit erinnerten, die Flamininus an den Isthmien des Jahres
196 verkündet hatte. Als Philipp im Jahre 184 zum Feldzug nach Thra-
kien rüstete, ging in Rom das Gerücht, der König plane einen Einfall in
Italien auf dem Landwege, eine Version, die übrigens sogar Polybios ge-
glaubt hat. Doch trotz seiner Verbindungen zu den wehrhaften Balkan-
völkern, vor allem zu den Odrysen, aber auch zu den germanischen
Bastarnen, trotz der fortschreitenden Konsolidierung seines Reiches war
Philipp alles andere als ein ebenbürtiger Gegner Roms. Im königlichen
Hause herrschten Zwistigkeiten, außerdem hatte sich der jüngere Sohn
Demetrios von den Römern, und zwar von T. Quinctius Flamininus, als
Werkzeug gegen seinen eigenen Vater benutzen lassen, worauf ihn dieser
kurzerhand aus dem Wege räumen ließ (180 v. Chr.). Ein Jahr später, im

Sommer 179, starb Philipp V., 58 Jahre alt. Sein Nachfolger war der älteste Sohn Perseus. Er erneuerte die Freundschaft mit Rom, der Senat erkannte ihn als legitimen Herrscher in Makedonien an. Perseus stammte von einer griechischen Mutter (Polykrateia aus Argos). Es nimmt daher nicht wunder, wenn er bei den Hellenen von Anfang an über große Sympathien verfügte. Insbesondere in der delphischen Amphiktyonie spielten die makedonischen Repräsentanten eine hervorragende Rolle, der makedonische Einfluß in Griechenland nahm immer mehr zu. Außerdem knüpfte Perseus verwandtschaftliche Bande zu dem Herrscherhause Bithyniens und zur Familie der Seleukiden: Perseus' Schwester heiratete den König Prusias II., während sich der Makedonenkönig mit Laodike, einer Tochter des Seleukos IV., vermählte. Dies alles mußte den Römern zu denken geben, und nicht weniger den römischen Vasallen im Osten, sie alle sahen sich durch den Wiederaufstieg Makedoniens bedroht. Dies gilt insbesondere für den König von Pergamon, Eumenes II.; ihm bereitete vor allem die Aufnahme makedonisch-rhodischer Beziehungen große Sorgen. Der Attalide reiste im Jahre 172 nach Rom, um hier seine Beschwerden dem Senat vorzutragen. Auf der Rückreise wäre er um ein Haar in Delphi das Opfer eines Attentats geworden, das im übrigen niemals aufgeklärt worden ist. Die Makedonenfeinde hielten Perseus für den Urheber. Schon in diesem Jahre zeichnete sich die kommende kriegerische Auseinandersetzung zwischen Rom und Makedonien klar am Horizont ab. Die Römer machten große Anstrengungen, die Griechen für sich zu gewinnen, römische Gesandtschaften führten die Schwankenden unter ihnen durch Drohungen und Versprechungen wieder in das römische Lager. Am Ende war das Übergewicht der Römer so groß, daß Perseus sich fast ganz isoliert sah, auch seine Verbindungen zu den anderen hellenistischen Herrscherhäusern nützten ihm nichts. Prusias II. war zu aktiver Hilfe nicht zu bewegen, und auch die Rhodier schreckten vor den letzten Konsequenzen zurück. Sie haben ihre vorübergehend makedonenfreundliche Politik nach dem Siege Roms teuer bezahlen müssen. So war das diplomatische Vorspiel des Krieges bereits für Perseus verloren, als der römische Sondergesandte Q. Marcius Philippus um eine Unterredung ersuchte (Herbst 172). Sie fand am Peneiosflusse statt und endete ergebnislos. Die Römer hatten um diese Konferenz gebeten, um Zeit zu gewinnen. Marcius Philippus erteilte dem König den Rat, eine Gesandtschaft nach Rom zu entsenden, obwohl ihm genau bekannt sein mußte, daß die Würfel längst gefallen waren. Die Mehrheit des Senats aber fand an dem Verhalten ihres Gesandten nichts auszusetzen. An dem Vorwurf des Machiavellismus, der den Römern in neuerer Zeit gemacht worden ist, ist zweifellos etwas Wahres. Der römische Senat hat seine Vorteile rücksichtslos ausgenützt, dabei ist ihm die Uneinigkeit der hellenistischen Staaten entschieden zustatten gekommen. Und was Perseus betraf, so sahen die Römer in ihm einen treulosen Verbündeten, der, den gegebenen Versprechungen zuwider, zum Kriege rüstete, um den Römern den Dolch in den Rücken zu stoßen. So entschieden sich die Comitien ohne weiteres für den Krieg, das römische Heer in Stärke von zwei Legionen war zu diesem Zeitpunkt bereits um Brindisi zusammengezogen, es waren insgesamt 28 000 Mann zu Fuß. Zu ihnen stießen auf griechischem Boden noch Hilfstruppen, auch der König Massinissa von Numidien hatte ein Reiterkontingent gesandt. Das Oberkommando übernahm der Consul P. Licinius Crassus. Das makedonische Heer war dem römischen zahlenmäßig beträchtlich überlegen, es waren insgesamt 43 000 Mann, davon 4 000 Reiter, ein Heer mit einheitlicher Bewaffnung, größer als jenes, das Alexander einst über den Hellespont gegen den Perserkönig geführt hatte. Die Römer aber waren nichts weniger als kriegsgewohnt, ihre Führer kannten den Krieg nur noch vom Hörensagen, die Generation des Hannibalischen Krieges war nicht mehr am Leben oder nicht mehr dienstfähig.

Die Operationen des ersten Kriegsjahres (171) brachten keine Entscheidung. Perseus sah sich rings von Feinden umgeben, er mußte nicht nur gegen die von Apollonia heranrückenden Römer, sondern auch gegen ihren Trabanten Eumenes II. in Thrakien und gegen die Dardaner an der Nordgrenze kämpfen. Trotzdem versuchte Perseus den Krieg offensiv zu führen, er stieß nach Thessalien vor, um von hier aus Verbindungen mit seinen griechischen Parteigängern aufzunehmen. Die Haltung der Hellenen war nicht einheitlich, in vielen Städten spielten sich erbitterte Kämpfe zwischen den Freunden der Makedonen und den Anhängern der Römer ab. Das Erscheinen des römischen Heeres aber gab vielerorts den Ausschlag. Nicht nur die Ätoler, auch die Thessaler stellten sich den Römern zur Verfügung. Bereits nach dem ersten Zusammenstoß mit den Römern, bei Kallikinos in Thessalien, bot Perseus den Römern den Frieden an und dies, obwohl die Makedonen Sieger geblieben waren. Die Römer aber forderten schon jetzt die bedingungslose Kapitulation, worauf Perseus nicht eingehen konnte. Nur zur See waren die Römer zusammen mit ihren Bundesgenossen den Makedonen überlegen, ein römisches Geschwader legte sich vor Chalkis auf Euböa vor Anker, ihre Mannschaften wurden gegen die benachbarten böotischen Gemeinden eingesetzt. Haliartos fiel in römische Hand, die alten Leute und die Kinder wurden niedergemacht, die Waffenfähigen in die Sklaverei verkauft, nicht viel besser erging es den Einwohnern von Thisbe und Koroneia. In ähnlicher Weise hausten die römischen Parteigänger in Achaia und Epirus. Auch im Jahre 170 vermochten die Römer keine kriegsentscheidenden Vorteile zu erzielen. Zweimal versuchte der Consul A. Hostilius, den Zugang nach Makedonien zu erzwingen, beide Male mußte er wieder umkehren. Andererseits traten die epirotischen Molosser auf die Seite

des Perseus über, mit dem Illyrerfürsten Genthios wurden Verhandlungen
über ein Waffenbündnis eingeleitet. Die römische Flotte aber nahm mit
der Hilfe eines Verräters die Stadt Abdera (170), gegen die Einwohner
wurde das Kriegsrecht in seiner ganzen Härte angewandt, der Senat mißbilligte dies und versuchte den Schaden wieder gutzumachen. Erst nachdem der Consul Q. Marcius Philippus im Jahre 169 den Oberbefehl gegen
Perseus übernommen hatte, kam ein frischer Wind in die römische
Kriegsführung. Das Landheer stieß über das Massiv des Olymps nach
Makedonien vor; an diesem Unternehmen, das in der ganzen Welt Aufsehen erregte, hat auch Polybios als Abgesandter des Achäerbundes teilgenommen. Doch verlief der Vorstoß ebenso im Sande wie die Unter-
nehmungen der römischen Flotte gegen Kassandreia, Thessalonike und
Demetrias. Perseus dagegen sicherte sich die Waffenhilfe des Genthios
und trat in Unterhandlungen mit den Bastarnen jenseits der unteren
Donau. Da er aber ihren Sold herunterzuhandeln versuchte, blieb ihre
Hilfe aus. Livius nennt den König, nicht ganz mit Unrecht, *pecuniae
quam regni melior custos*. Friedensvermittlungen, an denen sich der
Seleukide Antiochos IV., die ptolemäische Regierung und vor allem die
Rhodier beteiligten, führten wiederum nicht zum Ziel. Auch Eumenes II.
soll versucht haben, durch direkte Verhandlungen mit Perseus zu einem
Sonderfrieden zu gelangen. Im römischen Oberkommando trat nun ein
Wechsel ein: L. Aemilius Paullus, der Sohn des bei Cannae gefallenen
Consuls, rückte an die Stelle des Q. Marcius Philippus. Damit hatte der
römische Senat den rechten Mann an den rechten Platz gestellt. Aemilius
Paullus manövrierte die Makedonen aus ihrer festen Stellung am Elpeios
(Mavrolongo) heraus, die Makedonen zogen sich nach Pydna zurück.
Hier kam es am 21. Juni 168 zur Entscheidungsschlacht. In ihr zeigte
sich die Überlegenheit der römischen Legionen über die makedonische
Phalanx. Den Römern gelang es sehr schnell, die Schlacht in eine Reihe
von Einzelgefechten aufzulösen, in denen die Makedonen, gewohnt in
geschlossener Phalanx zu kämpfen, den kürzeren zogen. Wie es heißt,
soll in einer einzigen Stunde alles entschieden gewesen sein. Die Verluste
der Makedonen waren groß, sie beliefen sich auf 20 000 Gefallene und
5 000 Gefangene. Die Römer sollen dagegen nur 100 Mann verloren
haben. Der König Perseus aber flüchtete über Pella und Amphipolis in
den Tempel der Kabiren auf Samothrake, hier ergab er sich dem römischen Flottenführer Cn. Octavius. Auf den Herrscher wartete ein trauriges Schicksal. Nachdem er im Triumphzuge des Aemilius Paullus gezeigt worden war, internierten ihn die Römer in Alba Fucens. Seine
Wächter sollen ihn durch Entziehung des Schlafes zu Tode gequält haben
(wahrscheinlich im Jahre 165 v. Chr.).
  Der Sturz Makedoniens ist zugleich das Ende der Monarchie der Anti-
goniden, die mehr als 100 Jahre, seit 276 v. Chr., über das Land geherrscht

hatte. Mit der makedonischen Monarchie aber ging auch der monarchische Gedanke zugrunde. Die Römer erklärten die Makedonen für ‹frei›, sie teilten das Land in vier ‹Zonen›, zwischen denen jeglicher Verkehr verboten war – ein drastisches Beispiel für die Devise «Divide et impera». Außerdem verhängten sie eine Anzahl von wirtschaftlichen Sanktionen, die, wie z. B. die Stillegung der makedonischen Bergwerke, reine Willkür waren. Im übrigen aber begnügten sich die Römer mit der Hälfte des Tributs, den die Makedonen bisher an die königliche Kasse hatten entrichten müssen. Politisch und wirtschaftlich war Makedonien tot, die Römer überwachten es streng, überall kamen Römerfreunde ans Ruder.

Ähnliche Prinzipien der Befriedung wandten die Römer auch in Illyrien an. Wer sich vor der Kapitulation des Genthios (Frühjahr 168) den Römern angeschlossen hatte, erhielt die Freiheit, die anderen Stämme wurden in drei Gruppen zusammengefaßt; sie waren von nun an den Römern tributpflichtig.

Die lange Dauer des Krieges (171–168) war für das Ansehen der Römer im Osten alles andere als günstig gewesen. Außerdem behandelten die Römer die hellenistischen Fürsten mit einer Willkür, die ihresgleichen suchte. Als Eumenes II. von Pergamon im Jahre 167 in Brundisium an Land ging, untersagte ihm der Senat die Weiterreise nach Rom. Seine Verhandlungen mit Perseus hatten ihn den Römern verdächtig gemacht. Im Jahre 164 nahm ein römischer Gesandter, C. Sulpicius Galus, in Sardes, einer Stadt des pergamenischen Reiches, sogar Anklagen gegen den König entgegen! Eher noch schlimmer erging es den Rhodiern. Als ihre Gesandten in Rom erschienen, um die Glückwünsche zum Siege über Perseus darzubringen, mußten sie hören, daß der Senat beschlossen habe, Lykien und Karien die Freiheit zu geben. Der Prätor M'. Juventius Thalna beantragte in den Comitien, Rhodos den Krieg zu erklären, er scheiterte aber an dem tribunizischen Veto, und M. Porcius Cato nahm sich in einer Rede der Rhodier an. Trotzdem vergingen mehrere Jahre, bis Rhodos endlich (im Jahre 164) die Anerkennung als eine mit Rom verbündete und befreundete Stadt erreichte. Inzwischen hatten die Römer die Insel Delos zum Freihafen erklärt; dies aber war ein schwerer Schlag für den rhodischen Handel, dessen Blüte ein für allemal vernichtet war.

Nur wenige Wochen nach dem Siege bei Pydna hatte sich eine römische Gesandtschaft unter dem Consular C. Popillius Laenas nach Ägypten begeben. Hier hatte der Seleukide Antiochos IV. Epiphanes in dem Kriege, den er gegen die unfähige ägyptische Vormundschaftsregierung führte, einen entscheidenden Sieg bei Pelusium davongetragen. Nachdem Antiochos zunächst vorgegeben hatte, für seinen jungen Neffen Ptolemaios VI. Philometor die Regierung zu führen, hatte sich der Seleukide schließlich in der alten ägyptischen Hauptstadt Memphis die Doppelkrone aufs

Haupt setzen lassen: das Seleukidenreich und das Ptolemäerreich waren unter *einem* Zepter vereinigt. Nun stand Antiochos IV. mit Heeresmacht vor den Toren Alexandriens, in Eleusis, als ihn der Römer Popillius Laenas aufforderte, die militärischen Operationen einzustellen und Ägypten unverzüglich zu räumen. Als Antiochos zögerte, da zog der Consular mit seinem Rebstock einen Kreis um den König im Sand und ersuchte ihn, sich zu entscheiden, bevor er den Kreis verlasse. Der König gab nach und versprach, den römischen Forderungen zu genügen. Rom hatte damit einen zweiten, unblutigen Sieg errungen, er fiel nicht weniger schwer in die Waagschale als der Sieg bei Pydna. Nichts anderes macht die überragende Stellung Roms deutlicher als diese Szene von Eleusis: sie zeigt Rom als die große Weltenschiedsrichterin, die nun auch dem Seleukiden ihren Willen aufzwingt. Hatte Rom überhaupt in Ägypten lebenswichtige Interessen zu verteidigen? Nein, Rom hatte sich viele Jahre nicht um Ägypten gekümmert, es griff erst ein, als sich die Gefahr einer politischen Verbindung der beiden östlichen hellenistischen Großmächte am Horizont abzeichnete. Diese Veränderung wollte der römische Senat nicht hinnehmen, Rom hatte nicht soeben den makedonischen Staat zu Boden geworfen, um dafür einer anderen hellenistischen Großmacht, dem Seleukidenreich, den Weg zum Aufstieg freizugeben. Zweifellos hat Rom, wie so oft, die Gefahr im Osten bei weitem überschätzt, es hat blitzschnell gehandelt, und einen in aller Welt bewunderten Erfolg errungen. Wo aber Macht ist, wird Macht hinzugetragen: als der König Prusias II. von Bithynien im Jahre 167 in Rom erschien, betrat er den Sitzungssaal des Senats mit dem Hut der römischen Freigelassenen, dem *pilleus,* auf dem Kopf und redete die Senatoren als die ‹rettenden Götter› *(theoi sōtéres)*an! Die hellenistischen Könige erstarben geradezu in Ehrfurcht vor Rom, es war kein Wunder, wenn die römischen *nobiles* die hellenistischen Fürsten vielfach wie Menschen zweiter Klasse behandelten.

Der Sieg der Römer bedeutete für die Griechen den Beginn des endgültigen politischen Niedergangs. Hatten sich die Römer vor dem Siege über Perseus immer wieder darum bemüht, die Griechen von der Rechtmäßigkeit des römischen Vorgehens zu überzeugen, so ließ man jetzt alle Rücksichten fallen. Aemilius Paullus, der römische Feldherr, entschied im Verein mit einer Zehnerkommission des Senats über das Schicksal der einzelnen griechischen Staaten. Manche von ihnen hatten beträchtliche Gebietsverluste hinzunehmen, wie die Ätoler und die Akarnanen. Für die ehemaligen Gegner der Römer zogen schlimme Zeiten herauf: sie sahen sich in ihrem Besitz und Leben bedroht, überall gab es Denunzianten, besonders hart mußten die Epiroten, und unter ihnen die Molosser, für ihre Romfeindschaft büßen. Hier sollen nicht weniger als 70 Ortschaften zerstört, 150 000 Menschen in die Sklaverei verkauft worden sein. Auch die Achäer mußten ihre unentschlossene Haltung im Perseuskriege teuer

bezahlen, 1 000 der Vornehmsten, unter ihnen der spätere Geschichtsschreiber Polybios, damals Hipparch des Achäerbundes, wanderten als
Geiseln nach Italien; nur ein Bruchteil von ihnen hat, 17 Jahre später, die
Heimat wiedergesehen. Unter den Besten der Römer haben diese Methoden Kritik und gelegentlich auch Widerstand gefunden, aber diese Männer vermochten sich nicht durchzusetzen. Für die offizielle römische Politik ist vielmehr eine rücksichtslose Härte charakteristisch. Hier zeigen
sich die Schattenseiten eines übertriebenen Sicherheitsbedürfnisses, das
über die Interessen der unterworfenen und abhängigen Völker kühl hinwegschreitet. Wie groß die Furcht vor Rom geworden war, offenbart das
traurige Schicksal des rhodischen Politikers Polyaratos: keine einzige
kleinasiatische Griechenstadt, weder Phaselis noch Kaunos noch Kibyra,
wagte es, sich des Mannes anzunehmen, der bei Rom in Ungnade gefallen
war! Auf Befehl des Aemilius Paullus wurde er schließlich nach Rom
geschickt, wo er wahrscheinlich den Tod von Henkershand gefunden hat.
Die schwere Kunst, im Glück maßzuhalten, hatten die Römer noch nicht
gelernt: anstatt zu versöhnen, traten sie die einstigen Gegner in den Staub,
weit entfernt davon, sich um ihr Vertrauen zu bemühen.

Sehr viel glücklicher aber war die römische Politik in *Oberitalien.* Um
die römische Herrschaft auf feste Grundlagen zu stellen, kam es hier zur
Gründung der latinischen Kolonie Bononia (189) und der Bürgerkolonien
Parma und Mutina (183). Sie gaben von nun an der römischen Herrschaft
in Oberitalien einen festen Rückhalt. Einen gewissen Abschluß aber stellt
die Begründung der Kolonie Aquileja dar (181). Die Stadt blühte bald
kräftig auf und zog einen bedeutenden Teil des Handels zwischen Italien
und den Ländern bis zur mittleren Donau an sich. Im übrigen war Aquileja auch der Stützpunkt, von dem aus die Römer ihre militärischen Expeditionen gegen die Istrier richteten. Zwar mißglückte der erste Feldzug
des Jahres 178, im folgenden Jahre aber konnte der Consul C. Claudius
Pulcher die Stadt Nesactium (in der Nähe von Pola) und einige andere
Orte erobern und eine überraschend große Beute einbringen.

Auch an der Küste des ligurischen Meeres wurde die römische Herrschaft fest verankert. Das kleine Bergvolk der Apuaner verlor seine Selbständigkeit, es wurde zum Teil nach Mittelitalien (Samnium) umgesiedelt.
Mit der Begründung der Kolonien Luca (180) und Luna (177) wurde hier
ein Abschluß erreicht.

Die großen, in aller Welt bewunderten Erfolge der Römer werden nur
verständlich, wenn man eine zielbewußte zentrale Lenkung voraussetzt.
Diese aber liegt in den Händen des Senats, dessen Mitglieder die ehemaligen kurulischen Magistrate sind. Neben den Häuptern der großen
patrizischen Familien finden sich im Senat auch so manche neuen Männer *(novi homines),* die durch eigene Tüchtigkeit die Ämterlaufbahn
emporgestiegen waren und der römischen Politik frisches Blut zuführten.

Zu ihnen gehörte M. Porcius Cato, Sohn eines römischen Ritters aus dem Municipium Tusculum. Es ist nicht verwunderlich, wenn Cato wegen seiner Herkunft immer ein Außenseiter der römischen Nobilität geblieben ist.

Die unendlich vielen Kreuz- und Querverbindungen zwischen den einzelnen Familien schufen ein für den Fernerstehenden schwer durchschaubares Netz von Freundschaften und Feindschaften (*amicitiae inimicitiaeque*), Konstellationen, die oft auch für politische Entscheidungen in die Waagschale fielen. Mit Stolz rühmen sich die einzelnen Familien der Oberämter, der Consulate, Präturen und Censuren, die ihre Mitglieder errungen haben. Die großen Taten der Vorfahren leben weiter in den Inschriften auf den Ahnenbildern, die man beim Tode eines Familienmitglieds dem Leichenzuge voranzutragen pflegt. Stolz auf die *res publica* und Ahnenstolz stehen im Mittelpunkt des Denkens der römischen Nobiles. Nicht wenige unter ihnen haben sich als hervorragende Politiker erwiesen. Ganz besonders gilt dies von den *principes civitatis*, die oft starke Gruppen des Senats um sich versammeln; diese Männer haben entscheidend zum Aufbau des römischen Weltreichs beigetragen.

Die neuere Forschung hat immer wieder versucht, die römische Politik im Großen als ein Spiegelbild der Familiengeschichte der bedeutendsten römischen *gentes* zu sehen. Sowenig es zu leugnen ist, daß die zwischen den einzelnen einflußreichen Familien hin- und herlaufenden Verbindungen auf dem Gebiet der großen Politik virulent geworden sind, so wenig ist es wahrscheinlich, daß die römische Außen- und Innenpolitik primär aus den Daten der Familiengeschichten und aus ihren gegenseitigen Verflechtungen zu erklären ist. Man muß dazu noch wissen, daß das erhaltene Material weithin auf reinem Zufall beruht. Die Ergebnisse der Prosopographie der römischen Republik, so erhellend sie in einzelnen Fällen auch sein mögen, dürfen eben nicht überfordert werden, sie haben nicht als Tummelplatz weitgespannter Kombinationen zu dienen, die oft nur auf reiner Vermutung beruhen. Da das urkundliche Material für die Zeit der römischen Republik bei aller scheinbaren Reichhaltigkeit relativ gering ist, müssen für das 3. Jh. und das erste Drittel des 2. Jh. v. Chr. vor allem Polybios und die Partien des Livius die Grundlage liefern, die, soweit sie auf der Annalistik beruhen, stets einer strengen Nachprüfung bedürfen.

Das Vermögen der führenden Schicht, der Nobilität, bestand vor allem im Grundbesitz, oft von recht beträchtlicher Ausdehnung. Der Grundbesitz verlieh den Nobiles, und insbesondere den Senatoren unter ihnen, die wirtschaftliche Unabhängigkeit, so daß sie sich, oft jahrelang, dem Staatsdienst widmen konnten. Da gelegentlich sämtliche männliche Mitglieder einer Familie im Dienst des Staates standen, mußten abhängige Pächter die Landgüter verwalten, dazu wurden in steigendem Umfang

Sklaven notwendig, die seit dem 2. Punischen Kriege überall für billiges Geld zu haben waren. Zu dem Senatorenstand aber kam der *Ritterstand (ordo equester)*, seine Anfänge reichen in das 3. Jh. v. Chr. zurück. Die Ritter sind eine vermögende Mittelschicht, sie hatten sich durch Handelsgeschäfte und vor allem durch die lukrativen Kriegslieferungen großen Reichtum erworben. Bei den Rittern, insbesondere aber im Besitz der *societates publicanorum,* floß ein bedeutender Teil des privaten Kapitals zusammen, das in der Wirtschaft wie auch in der Steuerpacht eingesetzt wurde und wiederum hohen Gewinn abwarf. Die im Jahre 218 erlassene *lex Claudia* untersagte den Senatoren die Beteiligung an Handelsgeschäften. Wenn dieses Verbot auch nicht immer streng eingehalten worden ist, so konzentrierte sich dennoch das Vermögen und die Wirtschaftskraft von nun an immer stärker in den Händen des Ritterstandes. Da sich die Zahl der Senatoren nicht nur durch die verlustreichen Kriege, sondern auch durch das Aussterben so mancher Familie ständig verringerte, sind immer wieder einzelne Ritter zu den höchsten Ämtern des römischen Staates aufgestiegen; M'.Acilius Glabrio und M. Porcius Cato sind hierfür zwei besonders bekannte Beispiele. Wie groß der Einfluß der Ritter schon vor der Mitte des 2. Jh. geworden war, zeigen die Vorgänge der Censur des Jahres 169. Die Censoren C. Claudius Pulcher und Ti. Sempronius Gracchus haben damals zahlreichen Rittern das Staatspferd genommen, sie wurden aus der Liste der *equites equo publico* gestrichen. Außerdem wurden durch ein censorisches Edikt gewisse Erschwerungen für die Versteigerung öffentlicher Einnahmen und Ausgaben angeordnet, eine Bestimmung, die natürlich gleichfalls vor allem die Ritter treffen mußte. Die Ritter aber gewannen den Volkstribunen P. Rutilius für sich, worauf der Censor C. Claudius Pulcher nur mit Mühe der Verurteilung durch das Volk entgangen sein soll. Das Geld war zu einer Großmacht im römischen Staate geworden, in der Verbindung von Rittern und Volkstribunat ist bereits die künftige Entwicklung vorgezeichnet.

Auch auf geistigem Gebiet hat sich im beginnenden 2. Jh. eine bedeutende Umwälzung vollzogen, sie ist auf den steigenden Einfluß der griechischen Kultur und der hellenistischen Religiosität zurückzuführen. Bereits wenige Jahre nach dem Antiochoskriege mußte der römische Senat gegen die Ausbreitung des Dionysoskults in Italien einschreiten (186). Unter Androhung schärfster Strafen versuchte der Senat Kontrolle über den Dionysoskult zu erlangen – nicht wenigen Römern wird die Ausbreitung der orgiastischen Riten als ein Abfall von der Religion der Väter erschienen sein. Überhaupt waren alle Geheimlehren der römischen Staatsführung durchaus zuwider: so wurde im Jahre 181 die Verbrennung der pythagoräischen Schriften, der angeblichen Bücher des Numa, durch den Prätor Q. Petilius angeordnet.

Cato war sicherlich nicht der einzige, der sich der Überfremdung Roms und Italiens durch die griechische Zivilisation entschlossen entgegenstellte. Von dem humanistischen Wert des Hellenentums wollte Cato gar nichts wissen, bezeichnend ist sein geradezu vernichtendes Urteil über Sokrates. Die griechischen Fachwissenschaften hielt er dagegen für wertvoll. Dies zeigen vor allem seine *Libri ad filium*, eine Enzyklopädie, in die Cato so manches griechische Wissen eingearbeitet hat. Aber auch hier stand nicht die von den Griechen so hoch geschätzte Theorie, sondern die Praxis im Vordergrund. Ganz ablehnend hat sich Cato über die griechische Schulmedizin geäußert, vielleicht ist sein Urteil durch das wenig erfolgreiche Wirken des griechischen Arztes Archagathos in Rom (man gab ihm den Spitznamen *carnifex*, «Henker») mitbestimmt worden. Die historischen Schriften Catos sind dagegen, obwohl in lateinischer Sprache verfaßt, ohne die griechischen Vorbilder nicht denkbar. Dies gilt insbesondere von den «*Origines*», die schon in ihrem Titel (griechisch *ktíseis*) die Abhängigkeit von der entsprechenden griechischen Literaturgattung offenbaren. Cato aber war ein origineller Kopf, er wußte, was Rom den Latinern und den anderen Italikern verdankte, daher sein Interesse für die italischen Völker und Städte. Auch in Spanien hat er sich im Lande und unter den Menschen umgesehen. Der zu seiner Zeit üblichen römischen Geschichtsschreibung hat Cato eine schroffe Absage erteilt: er habe kein Interesse daran, sagte er, zu schreiben, was alles auf der Tafel der Pontifices stände, wie oft eine Teuerung und wie oft eine Mond- oder Sonnenfinsternis stattgefunden habe. Ganz besonders verhaßt aber waren ihm, dem *homo novus*, die Lobreden auf die großen Männer, er konnte sie nicht mehr hören. In seinem Geschichtswerk stellte er die Kriege des römischen Volkes dar, ohne auch nur einen einzigen der Feldherrn, weder einen Römer noch einen Punier, mit Namen zu nennen. Der römische Staat sei das Ergebnis einer langen Reihe von Generationen, seine Größe verdanke er nicht der Einzelpersönlichkeit, sondern dem Heldengeist des römischen Volkes *(ingenium populi Romani)*. Seine Reden zeigen Cato als einen Mann mit hoher Zivilcourage, der nirgends ein Blatt vor den Mund nimmt. Daß er seine eigenen Verdienste nicht unter den Scheffel stellt, wird niemand einem echten Römer verargen, seine Zeitgenossen haben allerdings sein Selbstlob vielfach getadelt. Übrigens zeigen auch seine Reden, daß er in der rhetorischen Kunst bei den Griechen in die Schule gegangen ist.

Der Einfluß des griechischen Vorbilds zeigt sich schon bei Q. *Fabius Pictor*. Dieser Mann, den der Senat nach der Niederlage bei Cannae nach Griechenland gesandt hat, um das delphische Orakel um Rat zu fragen, wie dem römischen Staat geholfen werden könne, hatte, wahrscheinlich bald nach 200 v. Chr., eine Römische Geschichte veröffentlicht, und zwar in griechischer Sprache. Fabius begann mit der Gründung der Stadt (von ihm ins Jahr 747 gesetzt) und führte die Darstellung bis in die eigene

Zeit herab. Auch sein jüngerer Zeitgenosse, *L. Cincius Alimentus* (Prätor 210 v. Chr.), hat eine Römische Geschichte in Griechisch verfaßt. Wer sich in der griechischen Welt Gehör verschaffen wollte, der mußte sich auch der Sprache der Griechen bedienen. Auch Roms Gegner trieben Propaganda: Cato sagte von Antiochos III., er führe Krieg mit Tinte und Feder *(calamo et atramento militat)*. Und Hannibal hat eine Flugschrift an die Rhodier gerichtet (s. o. S. 100).

Wie die Griechen die Lehrer in der Literatur, so waren die Etrusker im Städtebau vorbildlich. Die alte Etruskerstadt *Perusia* (Perugia), die im Hannibalischen Kriege als Bundesgenosse treu zu Rom gestanden hatte, schmückte sich im 2. Jh. v. Chr. mit zwei prächtigen Stadttoren, von denen das Nordtor mit zwei gewaltigen Türmen bewehrt ist. Die Tore zeugen von dem Wohlstand des blühenden Municipiums. Die Römer selbst haben auf den Spuren der Etrusker als Baumeister Bedeutendes geleistet. So verdankt die kleine Kolonie *Cosa* in Südetrurien an der Küste des Tyrrhenischen Meeres ihre Ausgestaltung als maritimer Stützpunkt einer zielbewußten römischen Italienpolitik, die auch das Kleinste nicht vernachlässigte. Die Anlage von zwei voneinander unabhängigen Befestigungen im Süden und Südosten des Stadtgebiets zeigt, daß man auch die von der See her drohenden Gefahren richtig einzuschätzen wußte. Auch der Ausbau des italischen Straßennetzes machte bedeutende Fortschritte. Im Jahre 187 wurde die neuangelegte Kolonie Bononia durch eine Straße über den Apennin mit Arretium (Arezzo) verbunden, in das gleiche Jahr fällt der Bau der *Via Aemilia* von Ariminum über Bononia nach Placentia, auch der Außenposten Aquileja erhielt wenig später eine Straßenverbindung, die über Padua und Hostilia an den Po führte. Sie ist wahrscheinlich 175 v. Chr. unter dem Consul Aemilius Lepidus gebaut worden.

Auch die Stadt Rom begann sich mit neuen Bauten zu schmücken. So hat M. Porcius Cato in seiner Censur (184) die *Basilica Porcia* erbauen lassen, zu ihr kam bald auch die *Basilica Aemilia* (179), beide wohl nach griechischen Vorbildern errichtet. Vieles, was in republikanischer Zeit in Rom gebaut worden ist, mußte unter Augustus und seinen Nachfolgern abgetragen werden, um neuen Gebäuden Platz zu machen.

12. Die Zerstörung Korinths und Karthagos

In Makedonien war nach Pydna das in der ganzen Welt geachtete Königreich in vier machtlose Republiken verwandelt worden, es waren Zufallsstaaten ohne jede Tradition. Außerdem war das makedonische Volk für die republikanische Freiheit nicht erzogen, so daß die neuen Staaten zu einem Schattendasein verurteilt waren. Die Römer hatten zwar die Lasten des makedonischen Volks vermindert, aber es lag keineswegs in ihrem Interesse, im Lande eine neue Staatsgesinnung wachsen zu lassen. Die Römer ließen sich als die Wohltäter *(euergétai)* feiern, aber man liebte sie nicht. Vielerorts herrschte die Willkür. So ließ ein gewisser Damasippos in Phakos die Synhedroi einfach umbringen (163), er mußte daraufhin fliehen und gelangte nach Kyrene an den Hof Ptolemaios' des Jüngeren, des späteren Ptolemaios VIII. Euergetes II. Auch in den darauf folgenden Jahren gab es in Makedonien keine rechte Ruhe. Im Jahre 152 erbaten sich die Bürger des Landes den Sohn des Aemilius Paullus, Scipio Aemilianus, vom römischen Senat, damit dieser die Ordnung wiederherstelle. Hierzu ist es jedoch nicht gekommen, da Scipio es vorzog, sich auf den spanischen Kriegsschauplatz zu begeben. Im Jahre 151 tauchte ein Abenteurer namens Andriskos auf, er stammte aus Adramyttion in Mysien und soll der Sohn eines Färbers gewesen sein. Die Ähnlichkeit mit dem letzten König der Makedonen, Perseus, verschaffte ihm großen Zulauf, auch zu den hellenistischen Königen des Ostens nahm er Verbindungen auf. Der Seleukide Demetrios I. ließ Andriskos in Syrien festnehmen und an die Römer ausliefern. Andriskos aber konnte aus der Haft entkommen und erschien wieder in Makedonien, wo er die Unterstützung thrakischer Fürsten gewinnen konnte. Nach einem Sieg über das makedonische Aufgebot am Strymon fiel ihm fast das ganze Land zu, sogar die Zitadelle der alten Hauptstadt Pella geriet in seine Hand (149?). Als er auch die Truppen des römischen Prätors Juventius überwunden hatte, wurde seine Existenz zu einer Gefahr für die Sicherheit der römischen Herrschaft. Der Aufstand kam den Römern im übrigen sehr ungelegen, da sie nicht allein in Spanien, sondern vor allem auch in Afrika alle Hände voll zu tun hatten. Unter dem Befehl des Prätors Q. Caecilius Metellus stellten die Römer eine Legion gegen Andriskos ins Feld (er nannte sich Philipp, Sohn des Perseus), die Römer behielten die Oberhand, wobei auf seiten des Pseudophilipp der Verrat des Telestes, eines Strategen, entscheidend in die Waagschale fiel. Der Prätendent geriet in römische Gefangenschaft, Metellus ließ ihn in seinem Triumphzug mitziehen, dann wurde er umgebracht.

Aus den ehemaligen vier Zonen Makedoniens bildeten die Römer zusammen mit Epirus und Illyrien eine neue Provinz, ihre Ära beginnt im Jahre 148 v. Chr. Jetzt wurde hier ganze Arbeit geleistet. Durch großzügige Straßenbauten verbanden die Römer das Land Makedonien mit der Ostküste der Adria; insbesondere die *Via Egnatia,* die von Dyrrhachium über Pella nach Thessalonike und von hier nach Kypsela am Hebros verlief, hat sich als eine Verkehrsader ersten Ranges erwiesen. Im übrigen aber waren die Unruhen noch nicht ganz zu Ende, noch zweimal traten Prätendenten auf, der letzte von ihnen, ebenfalls Philipp mit Namen, stand an der Spitze eines Sklavenheeres, das aber im Kampfe gegen die Truppen des römischen Quästors L. Tremellius zugrunde ging (143 v. Chr).

Auch in *Griechenland* hatten sich die Römer seit dem Sieg über Perseus wenig Sympathien erworben. Obwohl sich der römische Senat durch zahlreiche Gesandtschaften auf dem laufenden hielt, war das Verhältnis zwischen den römischen Siegern und den befreiten Griechen alles andere als harmonisch. Den Römern fehlte es an Verständnis für die Griechen, die sich im Schatten der römischen Herrschaft vielfach um winzige Gebietsteile stritten. Die Römer verstanden es nicht, warum man die Griechen anders behandeln sollte als die übrigen Provinzialen, deren Schicksal von den Senatusconsulta und den Edikten der Magistrate abhing. In Hellas aber war nahezu jeder mit jedem verfeindet, dazu gerieten die Achäer immer mehr in ein romfeindliches Fahrwasser. Ihre leitenden Politiker Diaios und Kritolaos führten auf der Bundesversammlung zu Korinth den endgültigen Bruch mit Rom herbei (Frühjahr 146). Sie fanden in den untersten Schichten der griechischen Bevölkerung lebhaften Widerhall. Der Zeitpunkt war freilich nicht günstig gewählt, der Aufstand des Andriskos in Makedonien war längst niedergeschlagen, und in Afrika war es nur noch eine Frage der Zeit, wie lange Karthago noch der römischen Belagerung standhalten konnte. Es waren nicht sehr viele griechische Staaten, die mit den Achäern gemeinsame Sache machten: die wichtigsten waren die Phoker, Euböer und Thebaner. Die Römer, zunächst unter dem Kommando des Proprätors Q. Caecilius Metellus, gewannen rasch Vorteile, die Achäer unterlagen bei Skarpheia (Sommer 146). Die von Metellus angeregten Friedensverhandlungen zerschlugen sich, so daß der Krieg seinen Fortgang nahm. Da machten die Römer endlich ernst, sie setzten ein consularisches Heer von zwei Legionen unter L. Mummius ein, das mit leichter Mühe die Achäer bei Leukopetra (am Isthmos) zu Boden warf. Damit war der Krieg für die Achäer und ihre Bundesgenossen verloren, es folgte als trauriges Nachspiel die Plünderung und Zerstörung der reichen Handelsstadt Korinth. Mummius ließ Tausende von Kunstwerken auf Schiffe verladen und nach Italien schaffen, vieles war vorher von seinen Soldaten in sinnloser Weise zerstört worden, darunter wertvolle Gemälde. Bei der Zerstörung der Isthmosstadt konnte sich Mummius auf einen ausdrücklichen Befehl des Senats berufen, von einer völligen Vernichtung kann jedoch, nach den archäologischen Untersuchungen, keine Rede sein. Aber der Schaden war groß genug, die Tat des Mummius hinterließ in der gesamten griechischen Welt einen tiefen Eindruck. Nach Mommsen wäre es der Handelsneid der römischen Kapitalisten gewesen, der die Vernichtung Korinths gefordert habe. Wie dem nun auch sein mag – der *einzige* Grund kann dieses Motiv nicht gewesen sein: die Römer wollten in Hellas ein Exempel statuieren, ihre Geduld, die auch durch den Karthagischen Krieg auf eine harte Probe gestellt wurde, war am Ende. Der Achäische Bund wurde aufgelöst, die Feinde Roms verfolgt, ihr Vermögen eingezogen. Athen, Sparta und Delphi empfingen für ihre Treue aus der Hand der Römer ihren Lohn, sie galten als Freistädte *(civitates liberae)*, während das übrige Griechenland dem römischen Statthalter von Makedonien unterstellt wurde. Unter dem Patronat der Römer übernahmen in den Städten die vermögenden Schichten die Regierung, an die Stelle politischer Auseinandersetzungen trat vielerorts die soziale Frage, Reiche und Arme standen sich vielfach in unversöhnlichem Haß gegenüber.

Im Frühjahr 146 war auch *Karthago* nach einer langen Belagerung in die Hände der Römer gefallen, auch diese Stadt ein Opfer des römischen Sicherheitsstrebens. Die Geschichte Karthagos in den letzten 55 Jahren vor seinem Untergang (201–146) ist, in politischer Hinsicht, eine Leidensgeschichte, jeder Ansatz zu einer Rekonvaleszenz ist durch Rom und seinen Trabanten, den König Massinissa von Numidien, verhindert worden. Auch nach dem Frieden von 201 v. Chr. verfügte Karthago immer noch über weitreichende Handelsverbindungen. Für den Verlust der spanischen Gebiete versuchten die Karthager, sich durch neue Handelsbeziehungen mit der griechischen Welt, sogar mit den Städten des Westpontos (Istros), schadlos zu halten. Sie gingen den Römern aus dem Wege und taten im übrigen alles, um die Bedingungen des Friedensvertrages zu erfüllen. Sie zahlten pünktlich die Raten der Kriegsentschädigung, schon nach zehn Jahren hatten sie ihre Schulden restlos abgetragen (191). Dies war allerdings nur möglich gewesen, weil Hannibal, im Jahre 196 zum Sufeten gewählt, eine Reform des karthagischen Staates an Haupt und Gliedern in Angriff genommen hatte, die insbesondere den Rat der Einhundertvier betraf. Seine Mitglieder sollten nicht mehr eine lange Zeit oder gar lebenslänglich fungieren, sondern von nun an alljährlich neu gewählt werden, eine grundlegende Veränderung, die man mit dem Sturz des Areopags in Athen durch Ephialtes im Jahre 462 verglichen hat (U. Kahrstedt). Aber im Grunde genommen war es für Reformen längst zu spät. Was der karthagische Staat in der Zeit seiner Blüte versäumt hatte, das vermochte selbst ein Mann wie Hannibal nicht mehr einzuholen, und zwar um so weniger, als er auf das Drängen der Römer schon im Jahre 195 seine Heimat auf Nimmerwiedersehen verlassen mußte (s. S. 92).

Karthagos großer Gegenspieler in Afrika aber war der König der Numider, Massinissa. Am Ende des Hannibalischen Krieges stand er, 37jährig, auf der Höhe seines Lebens, er sollte ein Alter von mehr als 90 Jahren erreichen. Der ungewöhnlich begabte und zielbewußte König hat aus Numidien einen wirklichen Kulturstaat gemacht; dabei hat er sich nicht nur der Hilfe der Römer, sondern auch der Griechen bedient, zu denen er die besten Beziehungen, auch auf dem Gebiet des Handels, unterhielt.

Unter seiner Fürsorge verwandelten sich weite Gebiete Numidiens in blühendes Gartenland. Der Reichtum des Landes an Getreide war ein wichtiger Aktivposten der königlichen Handelspolitik. Massinissa aber hatte seine Ziele hoch gesteckt: er strebte nach einem numidischen Großreich, das vom Gestade des Atlantischen Ozeans bis zu den Grenzen Ägyptens reichen sollte. Den Anfang dazu hatte er im Hannibalischen Kriege mit der Annexion des Reiches des Syphax (im Westen Numidiens, zwischen Siga und Cirta) gemacht. Jetzt aber richtete er seine Augen auf die karthagischen Besitzungen an der Großen Syrte, die *Emporia* in Libyen. Massinissa hat sie den Karthagern mitten im Frieden weggenommen (161). Immer wieder reisten römische Gesandtschaften nach Afrika, im Jahre 153 auch der hochbetagte Cato. Seit dieser Zeit hegte er einen unauslöschlichen Haß gegen alles Punische, er wurde im Senat der heftigste Befürworter der Zerstörung Karthagos. Doch war die Meinung der Römer nicht einhellig, Scipio Nasica und andere vertraten die Auffassung, Karthago müsse aus Vernunftsgründen erhalten bleiben, Rom brauche gewissermaßen einen Wetzstein, damit es sich nicht der Hybris hingebe. War Karthago wirklich noch eine Gefahr für Rom? Die antiken Quellen sind einmütig dieser Ansicht, nicht aber die moderne Forschung. So sah Mommsen in dem Motiv der merkantilen Eifersucht die treibende Kraft, aber auch hierfür gibt es keine antiken Belege, wie überhaupt die Handelsinteressen in der römischen Außenpolitik nur eine erstaunlich geringe Rolle gespielt haben. Daß Rom es nicht zulassen wollte, daß sich Massinissa in Karthago festsetzte (U. Kahrstedt), ist eine ganz bodenlose Hypothese, die nicht die geringste Wahrscheinlichkeit für sich hat. Nein, es gab eine Richtung in Rom, die Karthago immer noch als die ernste Gefahr betrachtete, man wollte sie durch einen Präventivkrieg beseitigen. Die römischen Politiker waren eiskalte Rechner, sie haben den Konflikt mit Karthago mit voller Absicht heraufgeführt, um die punische Frage ein für allemal aus der Welt zu schaffen.

Einen geeigneten Vorwand bot der Krieg zwischen Karthago und Massinissa; er war im Jahre 151/50 ausgebrochen und brachte den Puniern eine Niederlage. Rom mobilisierte vier Legionen: nach den Bestimmungen des Friedens von 201 war es den Karthagern untersagt, ohne Erlaubnis der Römer Krieg zu führen. Die Karthager waren zu jedem Entgegenkommen bereit. Als im Jahre 149 Utica von den Puniern abfiel, war der Zeitpunkt für Rom gekommen: Rom erklärte den Karthagern in aller Form den Krieg, die amtierenden Consuln, M'.Manilius und L. Marcius Censorinus, setzten mit dem Heere von Sizilien nach Utica über. Als bevollmächtigte Gesandte der Karthager nach Rom eilten, mußten sie hören, daß der Krieg bereits erklärt worden sei, die Römer forderten für die Zurücknahme der Kriegserklärung die bedingungslose Kapitulation, sie waren zwar bereit, den Karthagern einige Zugeständnisse über den Besitz des

Territoriums und über das private und öffentliche Eigentum zu machen, sie verlangten aber die Gestellung von 300 Geiseln, und als sie diese in Utica in Empfang genommen hatten, zusätzlich die Übergabe des gesamten Kriegsmaterials. Erst als sich auch dieses in den Händen der Römer befand – angeblich hatten die Punier nicht weniger als 200 000 Rüstungen und 2 000 Katapulte abgeliefert –, sprachen die Römer das Todesurteil über die unglückliche Stadt: sie sollte zerstört werden, ihre Einwohner sollten sich zehn Meilen vom Meer entfernt wieder ansiedeln.

Als die Karthager erkannten, daß die Römer geradezu die Vernichtung der Stadt beabsichtigten, da rüsteten sie sich zu einem Verzweiflungskampf, die Stadt verwandelte sich in ein einziges Arsenal, die Befestigungen wurden instandgesetzt, von außen her nahm Hasdrubal Verbindung mit den Einwohnern auf. Wie Tyros, die Mutterstadt Karthagos, seinerzeit nur durch äußerste Anstrengungen Alexanders hatte bezwungen werden können, so war auch die Belagerung Karthagos, selbst für einen überlegenen und vorzüglich ausgerüsteten Gegner, wie es die Römer waren, außerordentlich schwierig. Vom Lande her war die Stadt nur über den schmalen Isthmus zugänglich, dieser war jedoch für den vordringenden Gegner durch eine dreifache Mauer versperrt, und für eine Operation von der Seeseite her kamen nur die Häfen der Stadt als Landungsstellen in Betracht, sie waren aber in jeder Weise, auch durch ihre natürliche Lage, gesichert. Dementsprechend hielten sich die Erfolge der Römer im ersten Jahre der Belagerung (149) in bescheidenen Grenzen. Im Winter 149/48 starb Massinissa, der Freund und Bundesgenosse der Römer. Die Nachfolge des Numiderkönigs wurde durch eine römische Kommission, der auch der Jüngere Scipio angehörte, in der Weise geregelt, daß Numidien unter seine drei Söhne, Micipsa, Gulussa und Mastanabal, geteilt wurde. Von ihnen nahm jedoch nur Gulussa auf römischer Seite am Kriege gegen Karthago teil. Die Römer erhielten aber Zuzug durch Phameas, den Führer der libyschen Reiterei des Hasdrubal. Auch der neue Consul L. Calpurnius Piso und sein Legat L. Hostilius Mancinus (148) vermochten außer der Einnahme der Stadt Neapolis (in der Nähe von Clupea) nur wenig Fortschritte zu erzielen, doch auch den Karthagern machten innere Zwistigkeiten zu schaffen. Sie nahmen aber Verbindungen mit den Mauri in Afrika und mit dem makedonischen Prätendenten Andriskos (s. S. 113) auf. In Rom richteten sich aller Augen auf P. Cornelius Scipio Aemilianus, den Sohn des Aemilius Paullus; die Comitien wählten ihn zum Consul, obwohl er erst 38 Jahre alt war und nur für das Amt des kurulischen Aedilen kandidiert hatte. Ein besonderer Volksbeschluß übertrug ihm dazu das Oberkommando in Afrika. Schon seine ersten Taten waren vom Glück begünstigt. Unmittelbar nach seiner Ankunft auf afrikanischem Boden befreite er L. Hostilius Mancinus aus einer prekären Lage, in die er durch einen Handstreich auf Karthago gekom-

men war. Im Frühjahr 147 begann der Endkampf. Die Römer brachen in
die Vorstadt Megara ein, kamen aber wegen Geländeschwierigkeiten
nicht vorwärts. Es zeigte sich, daß eine planmäßige Belagerung der Stadt
vonnöten war. Der Isthmus wurde durch ein riesiges System von Befestigungswerken gesperrt, außerdem wurde quer zur Hafenmündung
eine Mole errichtet. Ein Versuch der Belagerten, mittels einer Flotte die
Zernierung zu durchbrechen, wurde von den Römern vereitelt. Im Winter 147/46 unterwarfen sich die libyschen Stämme den Römern, Karthago war von nun an vollständig isoliert. Als die Römer (im Frühjahr
146) in zwei Kolonnen unter Scipio und Laelius zum Angriff antraten,
kämpften die Karthager einen letzten Verzweiflungskampf, besonders erbittert wurde um die Byrsa, die Burg, gerungen, erst am siebenten Tage
ergab sich die Zitadelle, 900 römische Überläufer kamen in den Flammen des Eschmun-Tempels ums Leben, Hasdrubal aber wurde verschont.
50 000 Einwohner, Männer, Frauen und Kinder, gerieten in römische
Gefangenschaft, sie wurden als Sklaven verkauft. Die erbeuteten karthagischen Waffen ließ Scipio verbrennen, die Mauern der Stadt wurden
geschleift, über die tote Stadt sprach man einen Fluch aus: sie sollte für
alle Zukunft unbewohnt bleiben. Das ehemals karthagische Gebiet wurde
als Provinz *Africa* einem römischen Prätor unterstellt, er nahm seinen
Amtssitz in der Stadt Utica.

Der Untergang Karthagos ist ein Ereignis von ungeheurer Tragweite in
der Geschichte des Mittelmeerraumes. Die Stadt war auf dem Altar des
römischen Sicherheitsbedürfnisses geopfert worden. Dennoch war mit
der Vernichtung Karthagos keine eigentliche Lücke entstanden. Ist doch
der Beitrag der Punier zur Geschichte der menschlichen Zivilisation mehr
als bescheiden, die punische Kunst ist sogar von einer abstoßenden Häß-
lichkeit, für die es im Altertum schwerlich Parallelen gibt. Den karthagischen Künstlern mangelt es nicht nur an Originalität, sondern auch an
jeglicher Grazie. Und die punischen Inschriften, mehrere Tausend an der
Zahl, sind zumeist Grabinschriften oder Weihungen von ermüdender
Einförmigkeit. Allerdings hat es so etwas wie eine karthagische Literatur
gegeben, Juba von Mauretanien erwähnt *libri Punici,* auch eine *Punica
historia,* erwähnt von Servius in seinem Vergilkommentar (I 343), hat
existiert, jedoch ist ihr Inhalt unbekannt, und von einer Schönen Literatur
fehlt, sicher nicht durch Zufall, jede Spur. Es gab aber einen Traktat über
die Landwirtschaft, ein Fachbuch, das einem Karthager namens Mago
zugeschrieben wurde, und ein anderer Punier, Kleitomachos, hat es als
Schulhaupt der Neuen Akademie zu Athen, als Nachfolger des Karneades,
zu hohem Ansehen und zu literarischer Berühmtheit gebracht, er soll
über 400 Bände geschrieben haben. Im ganzen ist jedoch die Hinwendung
der Punier zu ausschließlich kommerziellen Interessen für die karthagische Zivilisation kein Segen gewesen. Besonders abstoßend waren die

Menschenopfer, die in Karthago dem Baal und der Tanit, der Himmels-
göttin, dargebracht wurden, eine grausige Sitte, die durch Funde von
Tausenden von Urnen mit Kinderknochen in einem Heiligtum unweit
vom Kothon, dem Handelshafen, bestätigt wird. In der Welt des Mittelmeeres waren die Karthager Fremdlinge, sie hatten sich nicht den anderen
Völkern angeglichen, sondern ihre Eigenart bewahrt, ein Volk mit einer
höchst einseitigen Begabung, das in seinem Todeskampf wenig Sympathien und keine Bundesgenossen gefunden hat.

13. Die römische Gesellschaft in der Mitte des 2. Jahrhunderts v. Chr.

Im 2. Jh. v. Chr. hat sich eine weitgehende Umschichtung der römischen
und italischen Gesellschaft vollzogen, sie ist eine Folge der großen Kriege
in Ost und West. Mit dem Niedergang des freien Bauerntums verbindet
sich eine umfassende Kommerzialisierung: das Geld wird zu einer Großmacht, es hat auch auf die Politik maßgebenden Einfluß gewonnen. Doch
nicht das Geld und das Streben nach Gewinn allein hat die Menschen in
Italien geprägt, viel wesentlicher ist die Annäherung zwischen der römischen und der hellenistischen Kultur, insbesondere die Rezeption der
griechischen Philosophie, die von größter Bedeutung für die Entwicklung des römischen Geisteslebens geworden ist. Es ist der Grieche
Panaitios von Rhodos (etwa 180–100 v. Chr.) gewesen, der den Römern
den Zugang zu einer Philosophie mit neuen Perspektiven, auch für das
politische Leben, erschlossen hat. Panaitios, aus vornehmer rhodischer
Familie stammend, ist in Verbindung mit dem Jüngeren Scipio getreten.
Auf der Gesandtschaft, die den Römer, wahrscheinlich im Jahre 140/39,
in den Vorderen Orient führte, war Panaitios sein Begleiter. Später
nach dem Tode Scipios, war er das Haupt der Mittleren Stoa in Athen.
Vor allem durch seine im Scipionenkreis entstandene Schrift «Vom Staat»
hat Panaitios das Denken der führenden römischen Männer entscheidend
beeinflußt. Zwar ist diese wichtige Schrift als solche verloren – wir besitzen im übrigen kein einziges Fragment des Panaitios in griechischer
Sprache –, aber sie läßt sich mit Hilfe einiger Schriften Ciceros, vor allem
der Bücher *De re publica* und *De officiis*, in den Umrissen wiederherstellen. In diesem Werk hat der Grieche zwei Grundsätze propagiert: die
Idee der «gemischten Verfassung» *(res publica mixta),* einen Gedanken,
für den sich auch Polybios (Buch VI) erwärmt hat, dazu den Grundsatz,
daß es die vornehmste Pflicht eines jeden Staates sei, seine Bürger zur
Sittlichkeit zu erziehen. Hinzukommt noch die Idee vom antiken Führer-
tum. Der Führer müsse von allen geachtet und verehrt werden, seine
Kardinaltugend sei die Gerechtigkeit. Doch hat sich der Rhodier vor Übertreibungen wohl in acht genommen: auch die größten Feldherrn, meinte

er, hätten ohne die Masse nichts erreichen können. Ganz besonders wertvoll und fruchtbar aber waren die Gedanken des Panaitios zum antiken Völkerrecht. Nach den Grundsätzen des griechischen Philosophen hätten allerhöchstens die Verteidigungskriege eine gewisse Berechtigung; vor allem aber seien nach errungenem Siege die Feinde zu schonen, soweit sich diese keine Verbrechen zuschulden kommen ließen: «Wenn aber der Sieg errungen ist, dann sind diejenigen Feinde zu schonen, die sich im Kriege nicht grausam, nicht wie wilde Tiere benommen haben... Ich halte dafür, daß man stets nach einem Friedensvertrag streben muß, der keinerlei Tücken in sich birgt... Auch für diejenigen, die man durch Gewalt niedergeworfen hat, muß man sorgen. Und insbesondere sind die, die erst nach der Niederlegung der Waffen sich dem Schutze des feindlichen Feldherrn anvertraut haben, auch wenn schon die Sturmböcke die Mauern erschüttert haben, zu schonen.» Hatten die Römer diese Pflichten gegenüber den unglücklichen Bewohnern von Karthago, Korinth und Numantia erfüllt? – Von Panaitios stammt die theoretische Rechtfertigung des römischen Imperialismus. Hierin hat er die Herrschaft der Römer als vereinbar mit der Gerechtigkeit erklärt. Die römische Herrschaft beruhe nicht auf dem Recht des Stärkeren, sondern des sittlich Besseren, das Endziel, dem sie zustrebe, sei die Wohlfahrt aller Untertanen. Panaitios war zutiefst davon durchdrungen, daß das römische Volk nicht nur zur Herrschaft berufen sei, sondern daß es diese auch im besten Sinne auszuüben imstande sei. Um die große von der Stoa den Römern gestellte Aufgabe, die unterworfenen Völker zu wahrer Humanität zu erziehen, haben sich vor allem die Besten unter den Römern bemüht, und es ist wahrlich kein Zufall, wenn sich gerade die sittlich am höchsten stehenden Männer der späteren römischen Republik zur Lehre der Stoa bekannt haben. Sie hatten ihre Prägung durch die Pflichtenlehre des rhodischen Philosophen empfangen, und dieser selbst sah das Ideal des stoischen Weisen, ausgezeichnet durch die Kardinaltugend der Megalopsychia *(magnitudo animi)*, der Großherzigkeit, in Scipio Aemilianus verkörpert. Den inneren Halt aber fanden Scipio und seine Gesinnungsgenossen in der stoischen Idee der *prónoia,* der Vorsehung, die über das Schicksal des Weltganzen und der einzelnen Menschen wacht. Doch kannte Panaitios auch die Schattenseiten der menschlichen Natur zur Genüge. Es gäbe kein Verbrechen, was so verabscheuenswert wäre, daß es nicht dem Menschen vom Menschen angetan werde.

Bereits die athenische Philosophengesandtschaft des Jahres 155 hatte das Interesse für philosophische Fragen unter der gebildeten Jugend der Römer geweckt. Auch ein Mann wie der Arkader Polybios hat durch seine Freundschaft mit dem Jüngeren Scipio den Boden für die griechische Wissenschaft in Rom bereitet. Panaitios, der wahrscheinlich kurz nach dem Ende des 3. Punischen Krieges nach Rom gekommen ist, fand

hier Zugang zum Herzen des Scipio Aemilianus, mit dem er eine lange
Zeit, bis gegen 130, eng verbunden blieb. Die Symbiose griechischer
Ethik und römischen Staatsdenkens ist ein neues Element in der abend-
ländischen Geistesgeschichte. In Scipio Aemilianus glaubte Panaitios das
Vorbild für seine Führergestalt gefunden zu haben. Für beide, für den
Griechen wie für den Römer, war der Gedanke selbstverständlich, daß
sich der Bürger dem Dienst am Staate zu widmen habe, und ferner, daß
dieser Staat durch das aristokratische Lebensideal geprägt werden müsse.
Nicht wenige Römer, die in der Politik der späteren Republik eine hervorragende Rolle spielen, haben dem scipionischen Kreise angehört. Unter ihnen finden sich Männer wie Q. Aelius Tubero, der auch ein astro-
nomisch-meteorologisches Werk verfaßte, im übrigen ein Jurist und Politiker, Enkel des Aemilius Paullus, ferner C. Laelius mit seinen Schwiegersöhnen C. Fannius (cos 122) und Q. Mucius Scaevola, der Letztgenannte
ein vortrefflicher Redner und ein ebenso vorzüglicher Jurist, dazu vor
allem aber eine Figur wie die des Rutilius Rufus, ein Mann, der später als
Legat in Asia sein Amt ganz nach den strengen Grundsätzen der stoischen
Ethik geführt hat, einer der wenigen, der dem erpresserischen Treiben
der Publicani ohne Rücksicht auf seine eigene Person entschlossen entgegengetreten ist. Dazu kommen noch Sp. Mummius, der Bruder des L.
Mummius, des Zerstörers von Korinth, ein hochgebildeter Mann, dessen
Reisebriefe aus Griechenland noch von Cicero gelesen worden sind, end-
lich L. Furius Philus, der es bis zum Consulat und bis zum Proconsul in
Spanien gebracht hat, ein treuer politischer Gesinnungsgenosse des Scipio
Aemilianus. Die Wirkung des Scipionenkreises aber erstreckt sich bis tief
hinein in die Geschichte der späteren Republik, Cicero, dem einzelne
Männer noch persönlich bekannt waren, hat vor allem in seiner Schrift
De re publica dem Jüngeren Scipio und seinen Freunden ein unvergäng-
liches Denkmal gesetzt. Und durch Cicero ist das Gedankengut der
Mittleren Stoa in die Ideologie des Prinzipats eingegangen. Polybios, der
Freund des Scipio Aemilianus, hat in dem 6. Buch seiner Historien das
Lob der römischen Verfassung damit begründet, daß sie Elemente der
Monarchie, der Aristokratie und der Demokratie in sich vereinige und
dadurch das Ideal der Gemischten Verfassung verwirkliche. Der griechische Historiker hat diese Kapitel wohl um 150 v. Chr. niedergeschrieben. Gewisse pessimistische Betrachtungen dürften gleichfalls schon aus
dieser Zeit stammen, wenn es auch nicht unmöglich ist, daß sie erst
unter dem Eindruck der gracchischen Revolution Eingang in das Geschichtswerk gefunden haben. Da Polybios viele Jahre hindurch Augen-
zeuge des politischen Lebens und Treibens in Rom gewesen ist, so wird
es ihm nicht verborgen geblieben sein, daß sich die eigentliche Regierung
in den Händen einer zahlenmäßig begrenzten Oberschicht befunden hat.
Es war dies die *Nobilität,* der Amtsadel, der sich in jenen Familien ver-

körperte, von denen es ein Vorfahre zum höchsten Amt der Republik, zum Consulat, gebracht hatte. Theoretisch war allerdings der *populus Romanus* in den Comitien souverän, hier wurde über Krieg und Frieden abgestimmt, ebenso auch über die vom Senat vorgelegten Gesetze. Aber das Volk war zu einem beträchtlichen Teil mit den großen Adelsfamilien durch Bande der Klientel verbunden, es besaß ferner keine eigene Initiative, denn die Zeit der großen Demagogen sollte erst noch kommen. In Wahrheit war allein der Senat dominierend, er führte, um nur einige Einzelheiten zu nennen, die Aufsicht über die Staatsfinanzen, er bestellte aus seiner Mitte die Richterkommissionen, er wählte die Zehnmänner, denen die Ausführung der Friedensverträge übertragen ward. Von «Parteien» im modernen Sinne kann weder im Senat noch in den Comitien die Rede sein, wohl aber waren die *nobiles* in zahlreiche *factiones* mit stark wechselndem Charakter gespalten, die vielfach gegeneinander, gelegentlich aber auch miteinander den politischen Kurs bestimmten. Wer im Senat etwas erreichen wollte, tat gut daran, sich der Unterstützung Gleichgesinnter, insbesondere aber der Hilfe der Häupter der großen Familien, der *principes civitatis*, zu versichern. Hatte eine Familie eine überragende Führergestalt hervorgebracht wie die Cornelier den Älteren Scipio, so konnte dieser seine politischen und strategischen Ideen mit Hilfe seiner Freunde nicht nur im Senat, sondern auch in den Comitien durchsetzen. Ein im ganzen sicherlich zutreffendes Bild der herrschenden römischen Oligarchie enthalten die Consularfasten: von den 108 Consuln der Jahre von 200 bis 146 gehören nur acht solchen Familien an, die vorher dem Staat noch keine Consuln gestellt hatten, d. h. die *novi homines* sind an Zahl verschwindend gering. Zu den führenden Familien im 2. Jh. v. Chr. zählen außer den Corneliern noch die Valerier, Claudier, Servilier, Aemilier und Fabier, aber auch noch einige andere Familien haben kürzere Zeit in der römischen Nobilität dominiert wie etwa die Fulvier und die Postumier. Alles in allem sind es etwa 30 bis 40 Familien, denen das Schicksal des ganzen römischen Volks anvertraut ist. Trotz mancher Schwächen im einzelnen haben diese Männer die schwierigen Aufgaben vortrefflich gemeistert, im ganzen werden die politischen Entscheidungen des Senats der Wirklichkeit durchaus gerecht, wenn auch eine übertrieben konservative Haltung ganz unverkennbar ist.

Um die Mitte des 2. Jh. v. Chr. haben, soweit wir wissen, zum ersten Male auch Frauen eine Rolle in der römischen Politik gespielt, es sind dies Aemilia, die Gattin des Älteren Scipio, über deren Prachtentfaltung Polybios so manches zu berichten weiß, und vor allem Cornelia, ihre Tochter, die Gattin des Älteren Ti. Sempronius Gracchus, durch den sie die Mutter der beiden Gracchen, des Ti. und des C. Gracchus, geworden ist. Als sie verwitwet war, soll Cornelia die Hand des Ptolemaios VIII. Euergetes II. ausgeschlagen haben. Im übrigen führte sie ein großes Haus, sie war befreundet mit griechischen Gelehrten, ihre Söhne ließ sie durch Diophanes von Mytilene und Blossius von Cumae unterrichten. Ihre Tochter Sempronia wurde die Gemahlin des Scipio Aemilianus, während ihr ältester Sohn Tiberius eine Tochter des Ap. Claudius Pulcher heimführte. Ap. Claudius aber, der Schwiegervater, war ein geschworener Feind des Scipio Aemilianus. Auch der jüngere Sohn, C. Gracchus, der in die Familie der Sulpicier einheiratete, fand dadurch Anschluß an eine *gens*, die mit den Corneliern verfeindet war.

Um die Mitte des 2. Jh. v. Chr. beginnt in Rom die Macht des Kapitals zu wachsen. Es befindet sich in den Händen der Ritter *(equites)*, die sich vor allem auf dem Gebiet der Staatspacht betätigen. Für die Ausführung der öffentlichen Bauten haben sie die Voraussetzungen geschaffen, denn sie allein sind imstande, die für die Baukontrakte notwendigen Kapitalien vorzustrecken. Ob es sich um die Pflasterung von Straßen, um den Bau von Tempeln, Säulenhallen, Brücken und Aquädukten handelt – überall ist das Geld der Ritter mit im Spiel. Außerdem pachten sie die Hafenzölle *(portoria)* und die allgemeinen Abgaben *(vectigalia)*, dabei schließen sich die Pächter in der Regel zu Gesellschaften *(societates)* zusammen. Die zumeist recht zufälligen Angaben der Überlieferung zeigen zum mindesten soviel, daß das ritterliche Kapital bei vielen Gelegenheiten gewinnbringend eingesetzt wurde, insbesondere bei der Ausbeutung der Bergwerke. So waren beispielsweise die Goldminen von Victumulae (bei Placentia) ebenso in den Händen der Publikanen wie die berühmten Silberbergwerke von Neukarthago, die 40 000 Arbeiter beschäftigt haben sollen. Dem römischen Volk brachten sie alljährlich 9 Millionen Drachmen. Die Finanzgesellschaften haben zum Aufbau einer rationellen Wirtschaft zweifellos das ihre beigetragen, doch waren sie rücksichtslos auf ihren Profit bedacht, von sozialem Empfinden ist bei ihnen ebensowenig zu verspüren wie etwa in der Schrift des Älteren Cato über die Landwirtschaft. Der Senat aber hat diese Entwicklung sogar noch gefördert.

Der mittlere und kleinere Bauernstand hatte in Italien durch den 2. Punischen Krieg schwere Schläge erlitten, von denen er sich niemals mehr erholen sollte. Die Bauern litten insbesondere unter der Konkurrenz der Großbetriebe, die ganze Scharen von Sklaven beschäftigten. Die Latifundien ließen sich rationeller bearbeiten, und das aus Übersee eingeführte Getreide gelangte billiger auf den Markt. Allein in den gebirgigen Zentrallandschaften Mittelitaliens hielt sich das Kleinbauerntum, hier war kein Raum für größere Landgüter. Weite Strecken Süditaliens dagegen wurden zu ausgesprochenem Weideland. Noch bedenklicher aber war die Abwanderung der ländlichen Bevölkerung nach Rom, hier begann sich ein umfangreiches Proletariat zu bilden. Da man ihre Stimmen in den Comitien nicht entbehren konnte, mußte man sie durch Spenden und Getreidezuteilungen bei guter Laune halten. Das älteste Beispiel für ein *con-*

giarium stammt übrigens vom Älteren Scipio (213 v. Chr.). Besondere
Berühmtheit aber erlangten die Spenden des M'.Acilius Glabrio, als er
sich im Jahre 189 um die Zensur bewarb. Im ganzen wird die erste Hälfte
des 2. Jh. v. Chr. in Rom und weithin in Italien durch den Rückgang eines
leistungsfähigen Mittelstandes, in den Städten wie auf dem Lande, gekennzeichnet. Auch die zahlreichen, oft sehr blutigen Kriege haben die
Zahlen der römischen Bürger verringert, an die Stelle der freien Arbeit ist
die Arbeit der Sklaven getreten, der Substanzverlust der Mittelklassen hat
schwerwiegende soziale Verwicklungen hervorgerufen: der Zusammen-
ballung großer Kapitalien in den Händen der Reichen steht ein Absinken
weiter Schichten in die bitterste Armut gegenüber. Es ist das geschichtliche
Versäumnis der führenden Kreise in Rom, diese Entwicklung nicht nur
geduldet, sondern vielfach noch begünstigt zu haben, bis die Revolution
an die Tore klopfte.

14. Die spanischen Kriege der Römer (154–133 v. Chr.)

Die Geschichte der spanischen Kriege, beginnend mit dem Aufstand der
Beller, gipfelnd in der Erhebung des Viriatus und endend mit der Zerstörung von Numantia, ist kein Ruhmesblatt der römischen Geschichte.
Ganz davon abgesehen, daß hier zum erstenmal mehr römische Niederlagen als Siege zu verzeichnen sind, haben die spanischen Kriege auch die
innere Schwäche des römischen Heerwesens in schonungsloser Weise vor
aller Welt bloßgestellt. Dazu kommen sehr bedenkliche Erscheinungen
in Rom, insbesondere bei der Aushebung; die römischen Magistrate vermögen sich nicht mehr durchzusetzen, da ihnen von den Volkstribunen
Schwierigkeiten bereitet werden. In ihrem Verhalten gegenüber den Spa-
niern sind die Römer weder vor Hinterlist noch vor Treulosigkeit, ja nicht
einmal vor Meuchelmord zurückgeschreckt. Viele römische Heerführer
erscheinen als absolut unfähig, um so leuchtender steht ihnen die Helden-
figur des Lusitaniers Viriatus gegenüber, ein Mann, der seiner historischen
Bedeutung nach in die Reihe der großen Feinde Roms, des Mithradates
VI. Eupator, des Vercingetorix und des Arminius, gehört. Im übrigen aber
ist der über 20 Jahre andauernde spanische Krieg das außenpolitische
Vorspiel der gracchischen Revolution; die Mißstände in Rom, in Italien
und auf dem spanischen Kriegsschauplatz haben die Tätigkeit der Gracchen geradezu herausgefordert, die Vorgänge der Innenpolitik sind ohne
die außenpolitischen Ereignisse nicht zu verstehen. – Unter der Statthalterschaft des Ti. Sempronius Gracchus, des Vaters der beiden Gracchen,
war im diesseitigen Spanien im Jahre 179/78 v. Chr. wieder Ruhe eingetreten, die trotz aller Wechselfälle im einzelnen über ein Vierteljahrhundert Bestand gehabt haben. Für beide Teile, für die Römer ebenso wie

für die Spanier, war es ein Verhängnis, daß Gracchus keine ebenbürtigen Nachfolger finden sollte. Schon im Jahre 174 berichten die Quellen von ernsten Unruhen, die angeblich auf die Tätigkeit des Proconsuls Ap. Claudius zurückzuführen sind. Der Statthalter hat im übrigen dem römischen Staatsschatz eine gewaltige Summe Gold und Silber eingebracht. Die Lage in Spanien im Jahre 171 beleuchtet ein Senatsbeschluß, der die Hauptbeschwerden der Provinzialen, insbesondere die Bedrückungen bei der Besteuerung des Getreides, zu lindern versuchte. Mit dem Jahre 167 bricht der erhaltene Teil des livianischen Geschichtswerks ab, so daß die Entwicklung der nächsten 13 Jahre im Dunkel liegt.

Als im Jahre 154 gleichzeitig bei den Lusitaniern und bei den keltiberischen Stämmen der Beller und Arevaker ein Aufstand losbrach, da war man in Rom in keiner Weise auf die Ereignisse vorbereitet. Die Lusitanier fielen in die römische Provinz ein, ihr Führer mit dem bezeichnenden Namen Punicus brachte den beiden Prätoren eine empfindliche Niederlage bei. In dem gleichen Jahre 154 hatte der Stamm der Beller die Stadt Segida (10 km südöstlich von Calatayud im Tal des Perejil) durch einen großen Synoikismos erweitert und mit einem riesigen, 8 km langen Mauerring umgeben. Wahrscheinlich verdankt die Volksburg Segida ihre Entstehung hellenistischen Anregungen, die über die Griechenstadt Massilia nach Spanien gelangt sind. Der Wortführer der Beller war ein Mann namens Karos. Die Römer überreichten eine regelrechte Kriegserklärung, sie entsandten den Consul Q. Fulvius Nobilior nach Spanien. Bei dieser Gelegenheit wurde der Termin des Amtsantritts vom 15. März auf den 1. Januar vorverlegt. Fulvius Nobilior aber wurde im Spätsommer des Jahres 153 v. Chr. in der Nähe von Numantia überfallen, die Römer verloren eine ganze Legion, bevor die Reiterei die Lage einigermaßen wiederherstellen konnte. Dieser Tag – es war das Fest der Vulcanalien am 23. August – galt in Rom von da an als Unglückstag *(dies ater)*. Adolf Schulten hat das Lager des Fulvius Nobilior vor Numantia wiedergefunden, es ist das Lager III, auf dem Hügel Gran Atalaja. Die Überraschung bestand darin, daß in diesem Lager die römischen *socii* die gefährlicheren Plätze innehatten, dies beweist, daß man im Heere einen wesentlichen Unterschied zwischen den Bürgern und den Bundesgenossen machte. Die Römer, die sogar Elefanten zum Einsatz brachten, kämpften unter den Mauern von Numantia ziemlich unglücklich, auch hier waren ihre Verluste beträchtlich. Überhaupt war das Jahr 153 ein Unglücksjahr für die Römer, Niederlage folgte auf Niederlage. Es war kein Wunder, wenn die Mißerfolge des spanischen Krieges auch in Rom ernste Folgen zeitigten. So gab es im Jahre 151 zum erstenmal Schwierigkeiten bei den Aushebungen in Rom, die Volkstribunen mischten sich ein und ließen die Consuln kurzerhand ins Gefängnis führen, ein Ereignis, das mit Recht das größte Aufsehen erregt hat. Da hat Scipio Aemilianus der römischen Jugend ein leuchtendes Beispiel gegeben, indem er sich für den von allen gefürchteten spanischen Kriegsschauplatz zur Verfügung stellte. Der Consul L. Licinius führte einen eigenmächtigen Krieg gegen die Vakkäer, er besetzte die Stadt Kauka und ließ die wehrfähigen Männer einfach abschlachten. Selbst in Rom war die Empörung darüber groß, und dennoch scheint L. Licinius einer Anklage entgangen zu sein, anders als der Prätor Ser. Sulpicius Galba; dieser hatte sich immerhin gegen den Volkstribunen L. Scribonius Libo und gegen Cato zu wehren, nur mit Mühe und Not entging er der Verurteilung (149).

Noch größere Ausmaße nahm der spanische Krieg im Jahre 147 an. In diesem Jahr trat Viriatus an die Spitze der Lusitanier, ein Mann einfacher Herkunft, der sich aber in hervorragender Weise nicht nur auf die Kunst der Strategie, sondern auch auf die Menschenführung verstand. Acht volle Jahre hat Viriatus das Feld gegen die Römer behauptet, diese waren gezwungen, immer größere Heere auf die iberische Halbinsel zu werfen. Seit dem Jahre 143 erhielt regelmäßig einer der beiden Consuln das spanische Kommando, und im Jahre 140 sahen sich die Römer unter dem Proconsul Q. Fabius Maximus Servilianus so in die Enge getrieben, daß dieser froh war, einen für ihn annehmbaren Vertrag mit Viriatus schließen zu können, den später das römische Volk bestätigt hat. Doch der Bruder und Nachfolger des Servilianus, Q. Servilius Caepio, setzte sich über den Vertrag hinweg, dieser Mann ist es gewesen, der im Jahre 139 unter den Lusitaniern die Mörder gedungen hat, die Viriatus in seinem eigenen Feldherrnzelt bei Nacht und Nebel umbrachten. Die Unterwerfung der Lusitanier führte der Consul D. Iunius Brutus, Statthalter von Hispania Ulterior, in den Jahren von 138 bis 136 zu Ende. Brutus betrat als erster römischer Feldherr den Boden Galiciens, befestigte die Stadt Olysipo (heute Lissabon) und gründete die Kolonie Valentia, in der ehemalige Krieger des Viriatus angesiedelt wurden. In Hispania Citerior dagegen hielten sich immer noch die beiden festen Städte Termantia und Numantia. Vor Numantia aber vollzog sich die Katastrophe des Consuls C. Hostilius Mancinus. Er wurde in dem alten Lager des Fulvius Nobilior (s. S. 125) eingeschlossen und gezwungen, eine Kapitulation abzuschließen. Dadurch wurden übrigens 20 000 römische Bürger gerettet. Im römischen Senat aber herrschte helle Empörung, den Vertrag bezeichnete man als *foedus turpissimum*. Es kam soweit, daß ein vom Volk bestätigter Senatsbeschluß die Auslieferung des Mancinus an die Numantiner vorsah. Einen ganzen Tag lang stand Mancinus, die Hände auf dem Rücken gebunden, vor dem Stadttor von Numantia, die Numantiner aber weigerten sich, ihn anzunehmen und damit die Römer aus dem Vertrag zu entlassen (136). Dieser wohl kläglichsten Szene der römischen Geschichte folgten weitere römische Niederlagen. Sie kamen auf das Konto des Proconsuls M. Aemilius Lepidus Porcina. Er wurde bei der Belagerung von Palantia geschlagen und zum Rückzug genötigt. Seit der Katastrophe des Mancinus waren zwei Jahre verstrichen, in Rom richteten sich die Augen auf Scipio Aemilianus, den Sieger über die Karthager. Mit überwältigender Mehrheit wählten die Comitien ihn zum Consul (die an sich verbotene Iteration wurde durch eine *lex specialis* gestattet, diese aber nach vollzogener Wahl wieder aufgehoben). Da weigerte sich der Senat, die notwendigen Aushebungen zu gestatten. Doch es meldeten sich viele Freiwillige, angeblich nicht weniger als 40 000 Mann, zumeist wohl Veteranen des 3. Punischen Krieges. Aus den Freiwilligen bildete Scipio eine «Schar der Freunde» *(cohors amicorum),* sie ist gelegentlich als die Urzelle der Prätorianergarde der Kaiserzeit bezeichnet worden. Auch Kontingente befreundeter Fürsten machten sich auf den weiten Weg nach Spanien. So entsandte Micipsa von Numidien eine Truppe von Reitern, Bogenschützen und Schleuderern unter dem Kommando des Prinzen Jugurtha, auch Attalos III. von Pergamon und sogar Antiochos VII. Sidetes stellten Mannschaften und Geschenke zur Verfügung. In Scipios Gefolge befanden sich einige Männer, die nachmals als Feldherrn berühmt geworden sind: C. Marius und C. Memmius, die späteren Gegner des numidischen Königs Jugurtha. Auch der römische Dichter Lucilius und der griechische Historiker Polybios haben im Stabe Scipios den spanischen Feldzug mitgemacht. Anders als seine Vorgänger hatte Scipio erkannt, daß nur eine konsequente Belagerung Numantias zum Ziele führen konnte. In höchst mühseliger Arbeit wurde eine 9 km lange Zirkumvallationslinie mit Mauer, Graben und Türmen angelegt, dazu wurden sieben Lager (zwei Hauptlager und fünf Kastelle) geschaffen, sie sind sämtlich durch die Bodenforschungen Adolf Schultens wiedergefunden worden. An Truppen war Scipio den Numantinern um ein Vielfaches überlegen, der Belagerungsarmee von 60 000 Mann (davon allerdings nur 10 000 Mann italische Truppen) standen nur 4000 Numantiner gegenüber! Die Römer gingen mit größter Planmäßigkeit zu Werk, sie bedienten sich vor allem auch der Abschreckung. So hat Scipio nach einem Ausfall der Numantiner, der bis zur Stadt Lutia (heute Cantalucia, 55 km westlich von Numantia) führte, nicht weniger als 400 jungen wehrfähigen Männern des Ortes die Hände abhauen lassen, weil sie mit den Numantinern gemeinsame Sache gemacht hatten. In Numantia selbst aber stieg die Not auf den Gipfel, in der Stadt spielten sich furchtbare Szenen von Kannibalismus ab, bis die Numantiner endlich, nach einer Belagerung von neun Monaten, auf Gnade und Ungnade kapitulierten (Hochsommer 133). Die Römer verkauften die Überlebenden in die Sklaverei, einige wenige wurden für den Triumphzug Scipios aufgespart. Die Stadt selbst wurde auf Befehl Scipios dem Erdboden gleichgemacht. Damit war der letzte Herd der Unruhe ausgelöscht. Für die iberische Halbinsel aber brach ein neues Zeitalter an, das durch eine ständig fortschreitende Romanisierung gekennzeichnet wird.

Für Rom aber waren die mehr als 20 Jahre andauernden spanischen Kriege ein harter Prüfstein. Sowohl die römische Verwaltung wie auch das römische Heerwesen hatten schwerwiegende Unzulänglichkeiten an den Tag gelegt, wie sie niemand in Rom vermutet gehabt hätte. Dazu kamen immer wieder Eigenmächtigkeiten der römischen Statthalter, die vielfach, ohne Auftrag des Senats, Kriege gegen spanische Stämme vom Zaun brachen, allein in der Absicht, Beute zu machen und diese in die eigene Tasche zu stecken. Dies gilt etwa für L. Licinius Lucullus (Consul 151) ebenso wie für M. Aemilius Lepidus Porcina (Consul 137). Dabei hatte der letztere sogar die Warnungen der Senatsboten in den Wind geschlagen. Auch die Tatsache, daß die Römer wiederholt Treue und Glauben mit den Füßen getreten hatten, – ein berüchtigtes Beispiel ist Ser. Sulpicius Galba in seinem Verhalten gegenüber den Lusitaniern im Jahre 151 – spricht Bände. Anderseits hatten die Römer geradezu unvorstellbare Menschenverluste zu beklagen, so verloren sie in den ersten Jahren des spanischen Krieges, von 153–151, nahezu vier Legionen der in Italien ausgehobenen Jungmannschaft, Verluste, die in Rom und Italien Furcht und Entsetzen hervorriefen. Der Senat hatte dazu schreiten müssen, die Kriegsschauplätze den Ausgehobenen durch das Los zuzuteilen, schließlich hatte er den Zensus für die Dienstpflichtigen in den Legionen von 11 000 As auf nur 4000 herabgesetzt. Dadurch konnten sehr viel mehr Rekruten erfaßt werden, vor allem auch solche, die dem Bodensatz des städtischen Proletariats in Rom angehörten. Die Qualität der Truppen sank auf einen vorher nie dagewesenen Tiefpunkt. Fahnenflucht, Ungehorsam und sogar Meuterei waren bekannte Erscheinungen. Dies aber mußte vielen Römern zu denken geben. So hat Ti. Sempronius Gracchus als Quaestor des Mancinus (137 v. Chr.) in Spanien unauslöschliche Eindrücke empfangen, von denen er sich nie wieder lösen konnte. In Italien aber sind Tausende von Bauernstellen verwaist, ihre Besitzer sind in Spanien vor dem Feind gefallen oder durch Hunger und Seuchen umgekommen. Die Opfer, welche die spanischen Feldzüge kosteten, haben die Kräfte der römischen Republik in furchtbarster Weise dezimiert. «Die Kämpfe der Jahre 154–133 haben dem römischen Staat viel mehr Not gemacht und sind für ihn viel verhängnisvoller gewesen als die Jahre 200–168» (Ed. Meyer).

15. Die soziale Frage, die Gracchen und die Sklavenkriege. Der Jugurthinische Krieg. Die Züge der Kimbern und Teutonen

Die Vorgänge der gracchischen Revolution sind nur zu verstehen auf dem Hintergrund der äußeren und inneren Politik in Rom und Italien um die Mitte des 2. Jh. v. Chr. Einerseits ist die Bewegung eine Folge der spanischen Kriege, anderseits steht sie in Zusammenhang mit dem *Agrarpro-*

blem, das letzten Endes durch die strukturellen Veränderungen im 2. Punischen Krieg ausgelöst worden ist. Mit der Agrarfrage verbindet sich das *Sklavenproblem,* das zuerst auf den sizilianischen Latifundien zutage getreten ist. Es ist die Tragik der römischen Republik, daß sie keines der beiden lebenswichtigen Probleme einer wirklichen Lösung zuzuführen vermochte. Die Agrarfrage ist auch nach dem Untergang der beiden Gracchen immer wieder in Angriff genommen worden, durch Caesar, durch die Triumvirn und auch durch Augustus. Das Sklavenproblem begleitet die römische Geschichte sogar bis zum Ausgang des Altertums. Beide Probleme stehen miteinander in engstem Zusammenhang, denn die Sklaven stellen die Hauptmasse der Arbeitskräfte für die in Italien immer weiter um sich greifenden Latifundien.

Italien, in früherer Zeit ein Land der Kleinbauern, hatte seit dem 2. Punischen Krieg sein Gesicht verändert: an die Stelle des intensiven Ackerbaus ist auf weite Strecken hin die Weidewirtschaft getreten, eine ständige Zunahme der Mittel- und Großbetriebe ist im ganzen unverkennbar. Aber diese Entwicklung hat sich keineswegs gleichförmig in ganz Italien vollzogen. Inschriften aus Benevent und aus Norditalien (Veleia und Placentia) zeigen beispielsweise, daß sich in der Umgebung dieser Städte der bäuerliche Kleinbesitz gut zu behaupten vermochte. Außerdem hat der römische Staat nach dem Ende des verlustreichen Hannibalischen Krieges versucht, die akute Landnot durch Gründung von Kolonien zu lindern. Jedoch waren die Versuche zu wenig umfassend, die Gesamtlage haben sie nicht geändert. Nur zwei Maßnahmen hätten hier einen grundlegenden Wandel herbeiführen können: die Aufteilung des Großgrundbesitzes und die Heranziehung des *ager publicus.* Was aber versteht man unter dem *ager publicus?* Wenn die Römer einen Gegner unterworfen hatten, so pflegten sie ihm in der Regel einen Teil seines Territoriums abzunehmen. Dieses Land aber war an und für sich Staatseigentum, doch waren im Laufe der Zeit große Stücke davon in privates Eigentum übergegangen. Die Pächter des *ager publicus* hatten eine Rente *(vectigal)* zu entrichten. Sie ist aber anscheinend nicht immer eingefordert worden, denn nur so konnte sich bei manchen Pächtern die Auffassung bilden, daß das Land gewissermaßen Privateigentum sei. Angeblich im Jahre 367 sei das Höchstmaß des okkupierten *ager publicus* durch die licinisch-sextischen Gesetze auf 500 *iugera* (125 ha) beschränkt worden. Diese Bestimmung gehört jedoch höchstwahrscheinlich erst einer späteren Zeit, vielleicht dem Ausgang des 3. Jh. v. Chr., an (s. S. 40). Ob man sich im 2. Jh. v. Chr. noch daran gehalten hat, ist zweifelhaft. Wahrscheinlich war das Gesetz, wie so viele andere, einfach in Vergessenheit geraten. Außerdem gab es Mittel und Wege genug, es zu umgehen, z. B. durch die Afterpacht.

Der erste Versuch, die Agrarfrage zu lösen, ist aus dem Scipionenkreise hervorgegangen. Es war C. Laelius, der Freund des Scipio Aemilianus, der in seinem Consulatsjahr (140) einschneidende Reformen in den Agrarverhältnissen durchführen wollte. Seine Freunde haben ihn jedoch von seinem Vorhaben abgebracht. Das Problem selbst, längst überreif, sollte aber von nun an nicht mehr zur Ruhe kommen. Auf der Reise nach dem spanischen Kriegsschauplatz (137) soll dem Ti. Sempronius Gracchus, dem Sohn des Consulars gleichen Namens und der Cornelia, auf Grund der Agrarverhältnisse in Etrurien die Idee zu seinem Reformversuch gekommen sein. Es war vor allem die Sorge um die Wehrkraft der Römer, die Ti. Gracchus dazu bestimmt hat, seine Reformen einzuleiten. Und in der Tat beginnt mit seinem Volkstribunat am 10. Dezember 134 v. Chr. ein völlig neuer Abschnitt der römischen Geschichte. Als Volkstribun stellte Ti. Gracchus den Antrag, das alte Ackergesetz möge wieder in Kraft treten, wonach niemand mehr als 500 *iugera* des *ager publicus* in Nutznießung haben durfte. Dieser Antrag war zweifellos legal und ohne jede revolutionäre Tendenz, Ti. Gracchus schwächte ihn obendrein noch dadurch ab, daß er den Nutznießern gestattete, für erwachsene Söhne weitere 250 *iugera* zurückzubehalten, jedoch im ganzen nicht mehr als 1000 *iugera* (250 ha). Das freiwerdende Land sollte in kleinere Parzellen zerlegt und in Erbpacht, d. h. als unveräußerlicher Besitz, den landlosen römischen Bauern zugewiesen werden, die neuen Besitzer aber sollten zu minimalen Zahlungen (Rekognitionsgebühren) an die römische Staatskasse verpflichtet sein. Der in jeder Weise maßvolle Antrag des Volkstribunen hat jedoch die schärfste Opposition hervorgerufen. Verschiedene Motive kamen bei den Gegnern zusammen: ganz allgemein die Angst vor der Herrschaft der Masse, dann das Mißtrauen gegen die Aktivität des Volkstribunen und nicht zuletzt die begründete Furcht vor größeren Land- und Vermögensverlusten. Im übrigen war vielfach der Privatbesitz von dem okkupierten *ager publicus* nicht mehr zu trennen, und wenn der Gesetzesantrag des Tiberius durchging, so wußte mancher Besitzer nicht mehr, was ihm von seinem Land erhalten blieb. Nicht zutreffend ist jedoch die in der Forschung wiederholt vertretene Auffassung, Ti. Gracchus habe auch den Bundesgenossen *(socii)* Land aus dem *ager publicus* zuteilen wollen. Auch die Frage, ob man aus den steigenden Zensuszahlen Rückschlüsse über den Umfang der Ackerzuteilungen ziehen darf, ist umstritten. Der Widerstand der Gegner schlug sich in der Interzession des Volkstribunen M. Octavius nieder. Ti. Gracchus versuchte vergeblich, den Amtskollegen zu bewegen, den Einspruch wieder zurückzuziehen. Als alles nichts half, ließ er ihn durch das Volk seines Amtes entheben. An Octavius' Statt wurde ein anderer Volkstribun gewählt und das Ackergesetz angenommen. Die Absetzung des Volkstribunen M. Octavius ist der erste Fall einer *abrogatio* eines Magistrats im Alten Rom. Wenn Tiberius zu diesem Schritt seine Zuflucht genommen hat, so konnte er dies nur tun, weil er sich auf die Idee der Volkssouveränität stützte. Diese Idee ist aber alles andere als römisch, sie ist griechischem Denken entsprungen und zeigt den Einfluß des hellenischen Gedankenguts. Mit dem weiteren Antrag, das römische Volk möge über die Schätze des verstorbenen Königs Attalos III. von Pergamon verfügen, – die Gelder sollten zur Beschaffung des notwendigen Inventars der neuen Siedler verwandt werden – griff Gracchus auf die Befugnisse des Senats über. Schlechthin ungesetzlich aber war seine Bemühung, sich schon während seiner Amtszeit um das Volkstribunat des nächsten Jahres zu bewerben; zugleich stellte er eine Reihe neuer volksfreundlicher Gesetzesanträge. Sie bezogen sich unter anderem auf die Ausdehnung des Provokationsrechts, auf die Übertragung der Gerichte vom Senat auf die Ritter, vielleicht hat er sogar den Italikern das römische Bürgerrecht versprochen. Mit diesen Anträgen aber war Ti. Gracchus vom Reformator zum Sozialrevolutionär geworden, der an den Grundfesten der römischen Staatsordnung rüttelte. Gegen die Wiederwahl erhob sich in der Nobilität stärkster Widerstand, man bezichtigte Tiberius des Strebens nach der monarchischen Gewalt. Auf dem Forum kam es zu Tumulten, in ihnen ist Ti. Gracchus, noch nicht 30jährig, erschlagen worden (133).

Die Agrarfrage war zwar immer noch nicht gelöst, sie wurde aber nach dem Tode des Reformers weitergeführt. So rühmt sich der Consul P. Popillius Laenas, die Reform fortgeführt zu haben. Er war ein erbitterter Gegner des Ti. Gracchus und gehörte der Ackerkommission *(III viri agris dandis adsignandis iudicandis)* für das Jahr 132 an. Als die Ackerkommission des Jahres 131 die *lex agraria* auch auf das von den Bundesgenossen okkupierte Land ausdehnen wollte, ergaben sich neue Konflikte. Die Bundesgenossen fanden nun in Scipio Aemilianus einen Helfer. Scipio, im Jahre 132 aus Spanien zurückgekehrt, mißbilligte das Vorgehen des Ti. Gracchus, auch seine Ermordung soll er, wenn auch mit Vorbehalt, als gerechte Strafe bezeichnet haben. Ein von Scipio erwirkter Volksbeschluß entzog der Ackerkommission die richterlichen Vollmachten. Diese wurden vielmehr dem Consul des Jahres 129, C. Sempronius Tuditanus, übertragen. Das Jahr 129 ist zugleich das Todesjahr Scipios. Über sein Ableben waren die verschiedensten Gerüchte im Umlauf, die *laudatio* durch seinen besten Freund C. Laelius sprach jedoch von einem natürlichen Tode. Die Bewegung selbst war nun nicht mehr aufzuhalten. Fulvius Flaccus (Consul 125) machte den Vorschlag, Italikern, insbesondere den Latinern, das römische Bürgerrecht zu verleihen, er drang damit aber nicht durch. Bei den Italikern entstand zum ersten Male eine offene Rebellion und zwar in Asculum (Picenum) und in Fregellae, einer Latinerstadt. Fregellae wurde zerstört, an seiner Stelle die Stadt Fabrateria Nova gegründet.

Die Bewegung erhielt einen neuen Auftrieb, als im Jahre 124 der jüngere

Bruder des Tiberius, Gaius Gracchus (* 154) zum Volkstribunen gewählt wurde. Gaius hatte als Quästor im Jahre 126 unter dem Consul L. Aurelius Orestes in Sardinien gedient, sich aber mit seinen Vorgesetzten überworfen und war vorzeitig nach Rom zurückgekehrt. Seine Tätigkeit als Volkstribun begann er mit zwei Anträgen (123). Sie hatten den Zweck, die Ehre seines älteren Bruders Tiberius wiederherzustellen. Bei dem ersten Antrag handelt es sich um eine Art von Garantiegesetz (E. v. Stern), in ihm wurden die vom Senat eingesetzten außerordentlichen Gerichtskommissionen als ungesetzlich bezeichnet, und zwar mit rückwirkender Kraft. Gerichtet war der Antrag vor allem gegen den Consular P. Popillius Laenas. Dieser Mann hatte nämlich im Jahre 132 die Anhänger des Tiberius ohne förmliches Gerichtsverfahren zum Tode verurteilt. P. Popillius zog es vor, ins Exil zu gehen. Die *lex Sempronia de provocatione* ist auch noch später angewandt worden.

Der zweite Antrag des Gaius Gracchus bestimmte, daß ein vom Volk abgesetzter Magistrat (gemeint war der Volkstribun M. Octavius) auf immer des Rechts verlustig gehen sollte, wieder ein Amt zu bekleiden. Diesen Antrag soll Gaius jedoch auf Bitten seiner Mutter Cornelia zurückgezogen haben. Es folgt nun ein umfassendes Reformprogramm, über das er sich in seiner Rede «*De legibus promulgatis*» ausgesprochen hat. Im ganzen sind nicht weniger als 17 einzelne Gesetze bekannt, die sich aber wohl teilweise miteinander decken. An der Spitze steht nach ihrer Bedeutung die *lex agraria*, wahrscheinlich eine Neuredaktion des entsprechenden Gesetzes des älteren Bruders vom Jahre 133. Die *lex militaris* untersagte die Aushebung vor dem 17. Lebensjahr, sie bestimmte, daß der Staat für die Equipierung aufzukommen habe, die Kosten durften nicht mehr vom Sold abgezogen werden. Während diese beiden Gesetze hauptsächlich der bäuerlichen Bevölkerung zugute kamen, war die *lex frumentaria* vornehmlich auf die großstädtische Plebs zugeschnitten. Ihr wurde nach griechischem Vorbild billiges Getreide zugeschanzt, der Preis betrug 6 $^{1}/_{3}$ As für den Modius, d. h. wahrscheinlich soviel wie der Schleuderpreis in den günstigsten Getreidejahren. Dem Ausbau der Verkehrswege und der Errichtung großer Staatsspeicher nach dem Vorbild der hellenistischen Monarchien diente die *lex de viis muniendis*. Ganz verhängnisvolle Folgen aber hatte die *lex Sempronia de provincia Asiae*. Auf Grund dieses Gesetzes wurde nämlich das Steuerpachtsystem auch auf die neue reiche Provinz ausgedehnt. Es war ein furchtbarer Schlag für den Wohlstand ihrer Bewohner, die sich dadurch den Erpressungen der Publicani ausgeliefert sahen. Nicht einheitlich überliefert ist der Inhalt des Geschworenengesetzes *(lex iudiciaria)*. Es drängte den Einfluß der Senatoren in den Geschworenengerichten zurück, die Einzelheiten sind jedoch umstritten. Die *lex de provinciis consularibus* nahm zwar nicht dem Senat das Verfügungsrecht, wohl aber bestimmte sie, daß schon vor den Consulwahlen festzulegen sei, welche Provinz den künftigen Consuln zufallen sollte. Dieses Gesetz hat im übrigen eine weite Fernwirkung gehabt; im großen und ganzen hat es sich als segensreich erwiesen.

Dem 2. Tribunat des Gaius Gracchus (122) gehört das Koloniegesetz *(lex de coloniis deducendis)* an, und zwar waren als nächste Koloniegründungen Capua und Tarent vorgesehen. Außerdem nahm Gaius den Antrag des Fulvius Flaccus wieder auf, der den Italikern und unter ihnen insbesondere den Latinern das römische Bürgerrecht verleihen wollte. Der Volkstribun Rubrius, ein Amtskollege des C. Gracchus, beantragte die Aussendung einer Kolonie nach Übersee; das Los bestimmte Gaius mit ihrer Installierung, er aber wählte ausgerechnet Karthago als den Ort ihrer Gründung aus; die Stätte galt jedoch seit dem Jahre 146 als verfemt. Die Kolonie erhielt den Namen Junonia. Der Senat hatte sich in dem Volkstribunen Livius Drusus ein Werkzeug gegen C. Gracchus geschmiedet, Drusus versuchte mit einer Reihe demagogischer Anträge den Gracchen zu übertrumpfen. Als C. Gracchus im Sommer 122 aus Karthago zurückkehrte, stand in Rom der Antrag, die Bundesgenossen ins römische Bürgerrecht aufzunehmen, zur Debatte. Eine Abstimmung konnte jedoch nicht stattfinden, da das Veto des Livius Drusus sie verhinderte. Auch ein anderes Gesetzesprojekt, das eine Reform der Comitia centuriata, und zwar im besonderen die Beseitigung der Vorrechte der ersten Stimmklasse zum Gegenstand hatte, konnte nicht verwirklicht werden. Das Ende des zweiten Tribunatsjahres des C. Gracchus wurde dadurch verdüstert, daß ein geschworener Gegner der Reformen, L. Opimius, zum Consul für das Jahr 121 gewählt wurde. Er hatte gerade sein Amt angetreten, als der Volkstribun Minucius den Antrag stellte, die Gründung der Kolonie Karthago (Junonia) wegen ungünstiger Vorzeichen (angeblich hatten Wölfe die Grenzsteine herausgerissen) rückgängig zu machen. Man wollte C. Gracchus um seine Magistratseigenschaft bringen, die er als Mitglied der Ackerkommission besaß. Da es in Rom zu Unruhen gekommen war, erteilte der Senat dem Consul L. Opimius durch das *senatus consultum ultimum* außerordentliche Vollmachten. Auch die Ritter, um deren Gunst sich Gaius immer wieder bemüht hatte, stellten sich dem Consul zur Verfügung. Die Gracchaner hatten den Aventinus besetzt, der Consul ließ den Berg erstürmen, dabei wurden auch kretische Bogenschützen gegen die Anhänger des C. Gracchus eingesetzt. Gaius entkam zunächst auf das andere Tiberufer, ließ sich aber im Hain der Göttin Furrina von einem treuen Sklaven den Todesstoß geben, um nicht in die Hände seiner Gegner zu fallen (Sommer 121). Auch Fulvius Flaccus fand den Tod, die vom Senat eingesetzten Sondergerichte sollen 3000 Anhänger der Gracchen zum Tode verurteilt haben.

Keiner der beiden Gracchen hat etwas Dauerndes erreicht. Der Versuch, die aus griechischer Umwelt stammende Idee von der Volkssouveränität nach Rom zu verpflanzen, ist gänzlich fehlgeschlagen. Der wesentliche Grund für das Scheitern der gracchischen Bewegung aber liegt in dem ganz unnatürlichen Bündnis zwischen dem großstädtischen Proletariat und dem Großkapital, das sich im Ritterstand verkörperte. Die gesellschaftlichen Beziehungen wiesen den Ritterstand nach oben, an die Seite der Senatoren, nicht nach unten. Dazu kam der unüberwindliche Widerstand des ersten Standes, der Senatoren; sie konnten in den Bestrebungen der Gracchen nichts anderes als eine Auflösung der alten Staatsordnung sehen, und von ihrem Standpunkt aus hatten sie nicht einmal unrecht. Wie sein Bruder Tiberius, so ist schließlich auch C. Gracchus zum Revolutionär geworden, er hat Tausende mit ins Verderben gerissen.

Die weitere Entwicklung der römischen Agrargeschichte ist allerdings ohne die gracchischen Reformen nicht denkbar. Die Gesetze blieben in Geltung, doch wurden sie beträchtlichen Änderungen unterworfen. Auch die Ackerkommissionen haben ihre Tätigkeit bis zum Jahre 119 fortgesetzt. Die Unveräußerlichkeit der neuen Bauernstellen wurde jedoch bald aufgehoben, und die *Lex Thoria* verbot weitere Landanweisungen, die *possessores* erhielten ihren Anteil am *ager publicus* als volles Eigentum gegen Entrichtung einer geringen Abgabe. Den Schlußstrich aber zog ein Gesetz (vom Jahre 111?), das sowohl das okkupierte wie das assignierte Land des *ager publicus* zum Privateigentum erklärte. Die Kolonie Junonia wurde jedoch bald wieder aufgehoben, an ihrer Statt in Südgallien die Kolonie Narbo Martius (Narbonne) gegründet (118 oder 117 v. Chr.). Der Kampf der Gracchen war also nicht ganz umsonst gewesen, eine große Zahl von *capite censi* hatte Landzuweisungen erhalten, und selbst der Senat hatte sich der Notwendigkeit agrarischer Reformen nicht ganz verschließen können. Aber das Agrarproblem ist weiterhin in der Schwebe geblieben, es hat immer wieder sein Haupt erhoben, es ist in Rom niemals gelöst worden.

Die Sklavenkriege: Im Zeitalter der Gracchen ist zum ersten Male auch das Sklavenproblem für den römischen Staat zu einer Gefahr geworden. Die römischen Feldzüge im Osten, vor allem die Kriege gegen Makedonien und das Seleukidenreich, hatten die Zahl der Sklaven in Italien beträchtlich vermehrt. Das flache Land hatte einen großen Bedarf an Arbeitskräften, zumal die Zahl der freien Bauern zurückging. Zum Einsatz gelangten die Sklaven vor allem auf den großen Latifundien. Im übrigen ist aber die Sklavenfrage keineswegs nur ein Kennzeichen Roms und Italiens, sie gehört vielmehr in den Rahmen einer Gesamtgeschichte des Mittelmeerraums, mag die soziale Lage der Sklaven im Osten und in Griechenland auch anders gewesen sein als in Italien. Es existierten jedoch unzählige Kanäle, durch welche die Sklaven des Ostens und des Westens miteinander in Verbindung treten konnten, und in der Tat sind die Sklavenaufstände ohne diese Kommunikation historisch kaum zu verstehen.

Ganz verfehlt wäre es jedoch, in den Aufständen der Sklaven, der unfreien Arbeiter, den Beginn eines regelrechten Klassenkampfes zu sehen. Die Sklaven haben sich nie und nirgends erhoben, um die Sklaverei als Institution abzuschaffen. Vielmehr wandten sie sich gegen die teilweise unmenschliche Behandlung, sie erstrebten eine Verbesserung ihrer Lage, zum mindesten aber Verständnis für ihre soziale Situation. Von der Idee der Weltrevolution kann keine Rede sein, daher sind die immer wieder gezogenen Parallelen zur modernen Entwicklung nicht nur schief, sondern sogar ganz unhaltbar. Richtig ist allerdings, daß vielfach die Nichtbesitzenden, und unter ihnen vor allem weite Kreise der kleinen Handwerker, mit den Sklaven sympathisierten. Der Gegensatz ist vielfach nicht Sklaven und Nichtsklaven, sondern Besitzende und Habenichtse. Doch kann von irgendeiner gemeinsamen Ideologie nirgends die Rede sein. Ist es ein reiner Zufall, wenn die Sklavenbewegungen in der antiken Welt etwa um die Mitte des 2. Jh. v. Chr. einsetzen? Stehen die Sklavenaufstände in Zusammenhang mit den Erhebungen der einheimischen Völker in Palästina (Aufstand der Makkabäer, seit 166), in Ägypten, vielleicht sogar in Spanien (seit 154)? Haben sich Nationalismus und soziale Probleme miteinander verbunden? Auf jeden Fall treten die Sklaven gelegentlich in nationalen Gruppen auf. So haben sich auf Sizilien vor allem die syrischen Sklaven zusammengeschlossen.

Schon die Erhebung des Andriskos in Makedonien (149–147), aber auch die Umwälzungen im Achäischen Bund unmittelbar vor der letzten Auseinandersetzung mit den Römern zeigen gewisse Züge, die unverkennbare Ähnlichkeit mit Vorgängen der etwas späteren Sklavenaufstände aufweisen: das flache Land wird durch Banden von Abenteurern in Furcht und Schrecken versetzt, das Eigentum der Reichen wird geplündert, überall dringt der Bodensatz der Bevölkerung an die Oberfläche, die Besitzenden werden drangsaliert und von Haus und Hof vertrieben. Dazu sind im Achäischen Bunde unter der Führung des Strategen Kritolaos viele Tausende von Sklaven freigelassen worden (angeblich 12 000).

Der erste Sklavenstaat, von dem die Geschichte kündet, hat sich im Jahre 135 in Sizilien gebildet. Ein syrischer Sklave namens Eunus stellte sich an die Spitze seiner Genossen; er bemächtigte sich der Stadt Henna im Zentrum der Insel, ließ sich zum König ausrufen und nannte sich Antiochos. Sein Volk aber bezeichnete er als «Syrer». Was Eunus-Antiochos hier zu errichten versuchte, war offensichtlich ein hellenistisches Königtum und ein hellenistischer Staat nach dem Vorbild der Seleukiden. Gegen die sizilischen Sklaven konnten sich die Römer erst nach mehreren Jahren durchsetzen. P. Rupilius (Consul 132) zog den Schlußstrich, er eroberte die Stadt Tauromenion zurück, die von den Sklaven besetzt worden war. Die Römer ließen den Sklavenkönig Eunus-Antiochos am Leben, auch sonst verlautet nichts von Hinrichtungen. Offenbar wollte man die

Latifundien nicht ihrer besten Arbeitskräfte berauben. Die Gesamtzahl der am ersten sizilischen Sklavenaufstand Beteiligten soll nicht weniger als 70 000 betragen haben. Die Unruhen hatten übrigens auch auf Italien übergegriffen. In Rom, Sinuessa und Minturnae kam es zu Erhebungen, in Minturnae sollen 450 Sklaven den Kreuzestod erlitten haben. Auch die Unruhen in Athen und auf Delos stehen wahrscheinlich mit den Ereignissen in Sizilien in Zusammenhang.

Nahezu zur gleichen Zeit (133 v. Chr.) erhoben sich die Sklaven, zusammen mit dem freien Proletariat *(dûloi kaì áporoi)*, im westlichen Kleinasien. Attalos III., der letzte Herrscher des pergamenischen Reiches (138–133), hatte sein Reich bei seinem Ableben durch Testament den Römern vermacht. Ein illegitimer Sohn des Herrschers, Aristonikos (auf den Münzen nannte er sich Eumenes), gewann die Sklaven und die untersten Schichten des Bürgertums für sich. Er nannte seine Untertanen die «Heliopoliten», wohl im Hinblick darauf, daß die Sonne (Helios) als die Schirmherrin der Gerechtigkeit betrachtet wurde. Die Erhebung blieb aber im wesentlichen auf das flache Land beschränkt, von den Griechenstädten des pergamenischen Reiches hat sich aus freien Stücken einzig und allein Phokaia dem Aristonikos angeschlossen. Die Römer waren zunächst gegenüber dem Aufstand vollständig machtlos, erst nachdem die benachbarten Herrscher von Bithynien, Paphlagonien, Pontos und Kappadokien als römische Bundesgenossen in den Krieg eingriffen, wandte sich allmählich das Blatt. Aber noch im Jahre 130 erlitt P. Licinius Crassus Mucianus eine schwere Niederlage (bei Leukai), der Römer wurde auf der Flucht ereilt und von thrakischen Söldnern des Aristonikos getötet. Die Kämpfe wurden noch in dem gleichen Jahre durch M. Perperna, den Nachfolger des Crassus, entschieden, Aristonikos, der sich nach Stratonikeia geflüchtet hatte, mußte sich den Römern ergeben, er wurde nach Rom geschafft und hier im Gefängnis erdrosselt (129). In dem gleichen Jahre wurde der Krieg in Kleinasien durch M'.Aquillius beendet.

Auch nach den Aufständen in Sizilien und Westkleinasien ist die Zahl der Sklaven weiterhin angestiegen. Es ist vor allem die Seeräuberei im Mittelmeer gewesen, die den Märkten immer neue Sklavenmassen zugeführt hat. Als Marius im Jahre 104 den König von Bithynien aufforderte, Hilfstruppen für den Kimbernkrieg zu stellen, da mußte der Römer hören, die meisten Bithyner seien als Sklaven von den römischen Publicani verschleppt worden. Der Senat faßte darauf den Beschluß, die Statthalter sollten dafür sorgen, daß nicht die Angehörigen eines mit Rom verbündeten Staates in den Provinzen als Sklaven gehalten würden. In Sizilien sind daraufhin innerhalb weniger Tage 800 Sklaven in Freiheit gesetzt worden, mit dem Ergebnis, daß sich die Eigentümer beschwerten und die Aktion alsbald eingestellt wurde. Auch in Italien war man vor weiteren Erhebungen der Sklaven nicht sicher. Im Jahre 104, noch vor dem Ausbruch des zweiten großen sizilischen Sklavenaufstandes, zettelte ein römischer Ritter, T. Minucius Vettius, eine Erhebung von Sklaven in Nuceria und Capua an, 3000 Sklaven sollen daran teilgenommen haben. Zum Glück für die Römer konnte die Bewegung unterdrückt werden, bevor es in Sizilien wieder unruhig wurde.

An dem zweiten großen Sklavenaufstand in Sizilien (104–101 v. Chr.) sind viele Tausende von Unfreien beteiligt gewesen. Sie wählten aus ihrer Mitte Salvius zum König, andere dagegen scharten sich um einen kilikischen Sklaven namens Athenion. Beide Gruppen schlossen sich zusammen, Salvius nannte sich von nun an Tryphon, wahrscheinlich nach dem Vorbild des syrischen Usurpators aus den Jahren 142/41 v. Chr., Athenion figurierte als Tryphons Stratege. In Triokala schlug der Sklavenkönig seine Residenz auf. Im übrigen vereinigen sich in seinem Königtum hellenistische mit römischen Zügen. So hat Tryphon beispielsweise die Tracht des römischen Triumphators angenommen. Nach seinem Tode im Jahre 102 ging der Oberbefehl auf Athenion über. Er hat mit großer Tapferkeit gegen die Römer gekämpft. Erst als M'. Aquillius (Consul 101) das Kommando übernahm, ging es mit den Sklaven bergab, Athenion fiel im Zweikampf gegen den römischen Oberfeldherrn. Auch in Sizilien hatte die ärmere Bevölkerung *(hoi áporoi)* die Partei der Sklaven ergriffen.

Der letzte und größte italische Sklavenaufstand gehört erst der nachsullanischen Zeit an (73–71 v. Chr.). Er trägt seinen Namen nach dem thrakischen Sklaven Spartacus. Dieser war mit einer Anzahl Genossen aus einer Gladiatorenschule in Capua entflohen, er fand bald großen Anhang und vermochte sich gegen mehrere römische Heere durchzusetzen. An der Spitze von 7000 Sklaven gewann er die Städte Nola, Nuceria, Thurii und Metapont. Selbst gegenüber zwei consularischen Heeren von mindestens vier Legionen konnte er sich im Jahre 72 im Felde behaupten. Dies aber erhöhte sein Ansehen so sehr, daß er weiteren reißenden Zulauf fand; angeblich soll er 60 000 Menschen um sich versammelt haben. Das Zentrum seiner Macht lag in Lukanien. Von dort aus trat er in Verbindung mit den kilikischen Seeräubern, sie ließen ihn aber im Stich, als er ihre Hilfe in Anspruch nehmen wollte, um mit seinen Anhängern nach Sizilien überzusetzen. Der Proconsul M. Licinius Crassus, der spätere Triumvir, ließ in Bruttium von einem Meer zum andern einen Wall mit Graben errichten, von einer Länge von insgesamt 55 km (entweder bei Thurii oder in der Nähe von Scolacium). Aber Spartacus durchbrach das Befestigungswerk; in der Nähe der Silarusquelle, in Lukanien, wurde er jedoch gestellt, sein Heer geschlagen, er selbst fand den Soldatentod auf dem Schlachtfeld. 6000 gefangene Sklaven sollen an der Via Appia zwischen Rom und Capua gekreuzigt worden sein.

Unter den Sklavenführern ist Spartacus mit Abstand die bedeutendste Persönlichkeit. Er hat sich aus den bunt zusammengewürfelten Sklaven-

haufen ein Machtinstrument geschmiedet, mit dem er selbst den kampf-
geübten römischen Legionen die Spitze bieten konnte. Außerdem hielt er
auf Ordnung, Ausschreitungen versuchte er zu verhindern. Wenn dennoch
zahlreiche Greueltaten vorgekommen sind, so erklärt sich dies aus der
Situation der Sklaven, die im Falle einer Niederlage nicht mit Pardon
rechnen konnten. Übrigens hatte Spartacus seinen Untergebenen den
Besitz von Gold und Silber verboten. Vom Privateigentum hielt er offenbar nichts. Der von ihm ins Leben gerufene Sklavenstaat, ein interessantes
historisches Experiment, war auf Raub und Beute gegründet, mit den
Schätzen erkaufte er sich die Dienste der kilikischen Seeräuber. Das Ziel
seiner Bestrebungen war eine Besserung der sozialen und wirtschaftlichen
Lage der Sklaven, mit denen sich viele Entrechtete und Unterdrückte aus
dem Bürgerstand und dem Bauerntum vereinigt hatten. Die Mehrzahl der
Sklaven hatte allerdings keine andere Sehnsucht, als möglichst bald wieder
in die Heimat zurückzukehren, von woher man sie zwangsweise nach
Italien verschleppt hatte. Die Gründung eines eigenen Staates in Italien
oder in Sizilien interessierte sie nicht.

Wenige Jahre nach dem Tode des Spartacus zog Pompejus in den Seeräuberkrieg (67). Der Krieg war geradezu eine erlösende Tat, sie wurde
im gesamten Mittelmeerraum, nicht zuletzt auch in Italien, mit Freuden
begrüßt. Der Sieg des Pompejus beseitigte die Voraussetzungen für
weitere Sklavenerhebungen. Damit war ein gefährlicher Zündstoff aus
der Welt geschafft, in Italien und in Sizilien, aber auch in Griechenland
und Kleinasien, konnten die Bürger wieder ruhig schlafen, ohne den Ausbruch neuer Unruhen und Umwälzungen befürchten zu müssen. Nur
noch ein einziges Mal hat Italien die Erschütterungen einer sozialen
Revolution von ferne verspürt: es war die Verschwörung des L. Sergius
Catilina (63). Aber eine mit Spartacus zu vergleichende Gefahr war Catilina nicht, mochte Cicero auch anderer Ansicht sein (s. S. 179).

Die Sklavenaufstände erstreckten sich über einen Zeitraum von mehr
als 60 Jahren, von 135 bis 71 v. Chr. In dieser Zeit ist die römische Repu-
blik durch zwei auswärtige Kriege, den *Jugurthinischen Krieg* und den
Kimbernkrieg, auf eine harte Probe gestellt worden. Von ihnen gehört der
Jugurthinische Krieg (111–105), genauso wie die spanischen Kriege der
Römer (s. S. 124 ff.), in einen weiteren Zusammenhang. In Spanien und in
Afrika handelt es sich um nationale Erhebungen, ähnlich wie bei dem
Makkabäeraufstand des Jahres 166. Rom hat den Aufstand der Juden
gegen die Seleukidenherrschaft mit Genugtuung verfolgt, ohne zu ahnen,
daß auch im Westen ähnliche Bewegungen der einheimischen Völker vor
der Tür standen. Für die Ideen des Nationalismus gibt es keine Grenzen.
Dazu kommt, daß die griechische Sprache und der griechische Geist den
Ideen Flügel verliehen hatten, die sie zum Fluge von Vorderasien nach
Spanien und Afrika befähigten.

Auf die Befriedung der iberischen Halbinsel folgten zunächst kriegerische Aktionen der Römer in Südgallien. Hier ist endlich eine Landverbindung zwischen Italien und Spanien geschaffen worden. Da sich die römische Kriegskunst den Kelten als überlegen erwies, sind hier fast nur römische Siege zu verzeichnen: in den Jahren von 125–122 kämpften die Römer gegen die Alpenvölker der Salluvier und Vokontier, im Jahre 122 errichteten sie das Kastell Aquae Sextiae (Aix-en-Provence). Auch die Allobroger mußten die Überlegenheit der römischen Waffen anerkennen. Aus ihrem Gebiet und dem der Volker bildete Cn. Domitius Ahenobarbus im Jahre 121 eine neue Provinz, ihr Mittelpunkt war Tolosa (Toulouse). Mit der *Via Domitia* schuf er außerdem eine längst notwendige Landverbindung zwischen der unteren Rhône und den Pyrenäen (Perthus). Mit den Häduern hatten die Römer Freundschaft geschlossen, zu Massilia standen sie seit langem in besten Beziehungen. Der Durchdringung Galliens durch die römische Kultur waren damit Tür und Tor geöffnet. Die erste Phase der römischen Expansion in Südgallien fand mit der Gründung der Kolonie Narbo Martius (Narbonne), im Jahre 118 oder 117, ihren Abschluß (s. S. 134).

Wenige Jahre zuvor (123–122) hatte Q. Caecilius Metellus die Inseln der Balearen in den römischen Herrschaftsbereich miteinbezogen. Hier entstanden die Kolonien Palma und Pollentia, in denen sich Italiker aus den spanischen Provinzen niederließen. Vorher waren die Balearen Stützpunkte der Seeräuber im westlichen Mittelmeer gewesen. Von nun an dienten viele ihrer Einwohner als Schleuderer in den römischen Auxilien.

Der *Jugurthinische Krieg* (111–105) trägt seinen Namen nach dem Prinzen Jugurtha von Numidien. Neben dem Lusitanier Viriatus ist er einer der bedeutendsten Gegner Roms im 2. Jh. v. Chr. Infolge des Verlustes der Primärquellen ist der Jugurthinische Krieg in mancher Hinsicht schwer zu beurteilen. Dies gilt in erhöhtem Maße für die Motive der handelnden Personen, insbesondere für Jugurtha, an dem die römische Geschichtsschreibung kein gutes Haar gelassen hat. Für Sallust ist der Krieg das große Beispiel, an dem er den römischen Sittenverfall dargestellt hat. Die Strategie der römischen Nobiles, insbesondere das Verhalten des Q. Caecilius Metellus, hat Sallust nicht nur sehr einseitig, sondern vielfach geradezu ungerecht beurteilt. In Sallusts Werk hat zweifellos seine Abneigung gegen die Optimaten Spuren hinterlassen, es ist deswegen aber keineswegs wertlos, nur muß es mit Kritik benutzt werden. Auf die Chronologie Sallusts ist freilich nicht immer Verlaß. Nicht zu übersehen ist, daß Sallust Africa aus eigener Anschauung gekannt hat, er ist sogar Statthalter der Provinz Africa Nova gewesen.

Beim Tode des Massinissa (149/48) erstreckte sich das numidische

Reich im Osten bis an die *Arae Philaenorum,* die alte Landgrenze zwischen der Cyrenaica und Karthago, im Westen bis an den Fluß Mulucha. Aus dem karthagischen Restgebiet hatten die Römer im Jahre 146 die Provinz Africa gebildet. Wie Massinissa so hatte sich auch sein Sohn Micipsa bemüht, Griechen und Italiker ins Land zu ziehen, Micipsa war selbst ein halber Gelehrter. Als er im Jahre 118 verstarb, erbten seine Söhne Adherbal und Hiempsal, dazu der von Micipsa adoptierte Neffe Jugurtha das Reich. An geistiger Bedeutung und Regsamkeit war Jugurtha seinen beiden Vettern weit überlegen, durch seinen Kriegsdienst vor Numantia verfügte er über zahlreiche Verbindungen zur römischen Nobilität. Das Ziel des Jugurtha war die Alleinherrschaft in dem numidischen Königreich. Zuerst mußte sein Vetter Hiempsal sterben, dann kam es zu einer kriegerischen Auseinandersetzung mit Adherbal. Eine römische Senatskommission verfügte die Teilung des Königreiches (117 oder 116), Jugurtha aber zog durch seine Beziehungen zu dem Haupt der Zehnerkommission, L. Opimius, das bessere Los, ihm wurde der Westen, Adherbal der Osten zugesprochen. Die Eintracht dauerte aber nicht lange, Jugurtha griff erneut zu den Waffen, Adherbal wurde in Cirta belagert und nach vollzogener Kapitulation getötet, obwohl ihm Jugurtha das Wort gegeben hatte, ihn zu verschonen. Bei der Einnahme Cirtas war auch eine Anzahl italischer *negotiatores* ums Leben gekommen, sie hatten sich an der Verteidigung der Mauern gegen Jugurtha beteiligt. Aber erst nachdem Jugurtha zwei römische Gesandtschaften mit leeren Redensarten abgespeist hatte, erklärte Rom ihm den Krieg (Frühjahr 111). Die militärischen Führer, der Consul L. Calpurnius Bestia und sein Legat M. Aemilius Scaurus, ließen sich durch den Numider bestechen und schlossen mit ihm einen Vertrag, ehe der Krieg richtig begonnen hatte. In Rom war die Empörung groß, der Senat zitierte Jugurtha, ein Verhör fand jedoch nicht statt, anstattdessen ergriff der schlaue Afrikaner die Gelegenheit, einen Enkel des Massinissa, mit Namen Massiva, in Rom umbringen zu lassen, worauf Jugurtha aus Rom ausgewiesen wurde. Auch die Jahre 110 und 109 waren Unglücksjahre für Rom. Der Consul Sp. Postumius Albinus und sein Bruder Aulus erlitten im Felde eine Niederlage, darauf räumten sie Numidien, nachdem sie zuvor ein Bündnis mit Jugurtha abgeschlossen hatten. Erst mit dem neuen Oberkommandierenden, dem Consul Q. Caecilius Metellus, kam ein frischer Wind in die römische Kriegführung, Jugurtha zog in einem Treffen am Muthul (Nebenfluß des Bagradas) den kürzeren, auch die Stadt Thala fiel in römische Hand. Im übrigen ging aber der Numider größeren Kampfhandlungen aus dem Wege, er führte einen für die Römer aufreibenden Wüstenkrieg. Die Römer gingen dagegen zu einer rücksichtslosen Kriegführung über, mit der sie sich viele Sympathien in Afrika verscherzten. Außerdem kam es wiederholt zu Mißhelligkeiten zwischen dem adelsstolzen Metellus und seinem Legaten

C. Marius, der die Kriegführung seines Vorgesetzten offen zu kritisieren wagte. Erst im allerletzten Augenblick gewährte ihm Metellus den Urlaub, den Marius brauchte, um sich in Rom um das Consulat zu bewerben. Die Comitien wählten ihn zum Consul und übertrugen ihm den Oberbefehl im Kriege gegen Jugurtha. Wer aber war Marius? Als Sohn eines römischen Ritters in Arpinum geboren (im Jahre 157?), hatte er sich im Numantinischen Krieg die Sporen verdient, hier hatte er die Anerkennung des Scipio Aemilianus gefunden. Die Grundlage zu seinem Vermögen schuf er sich jedoch als Steuerpächter *(publicanus)*, der Einsatz seines großen Reichtums verhalf ihm, schon in vorgerücktem Alter, im Jahre 115, zur Prätur, darauf verwaltete er das Jenseitige Spanien. Hatte er vorher als Schützling der Metelli gegolten, so fand er durch seine Vermählung mit Julia, der Schwester von Caesars Vater, Zugang zu einer anderen vornehmen Familie der Nobilität. Marius war ein Soldat durch und durch, an sich selbst und an seine Untergebenen pflegte er die höchsten Anforderungen zu stellen, Treue und Diensteifer wußte er großzügig zu belohnen, so daß sich sein Ruhm bald in ganz Italien verbreitete und ihm zahlreiche Freiwillige zuführte. Indem er bei den Aushebungen zu den Ärmsten, den *capite censi*, herabstieg, veränderte er die Struktur des römischen Heeres von Grund auf, er schuf sich eine ihm auf Tod und Leben verschworene Mannschaft, die für ihn durchs Feuer ging. Dieser Mann übernahm (im Sommer 107) das Heer des Metellus in Utica. Mit einem geglückten Überfall auf die Stadt Capsa nahmen die Operationen ihren Anfang. Im folgenden Jahre (106) drangen die Römer bis zur Westgrenze Numidiens vor, doch erst im Jahre 105 konnte der Krieg mit Hilfe des Bocchus, des Königs von Mauretanien, beendet werden, er lockte seinen Schwiegersohn Jugurtha an seinen Hof und lieferte ihn an die Römer aus. Die entscheidenden Verhandlungen mit Bocchus hatte L. Cornelius Sulla, der Quästor des Marius, geführt. Die westlichen Gebiete Numidiens wurden dem Bocchus gegeben, den Rest des Königreichs erhielt Gauda, der Sohn des Mastanabal, Tripolitanien fiel an die römische Provinz Africa. Am 1. Januar 104 trat Marius in Rom sein zweites Consulat an, an dem gleichen Tage gingen Jugurtha und seine beiden Söhne vor dem Triumphwagen des Marius, wenige Tage später wurde der Numiderkönig im römischen Staatsgefängnis, dem Tullianum, erdrosselt.

Die Kennzeichen des Jugurthinischen Krieges sind Brutalität und Grausamkeit, und zwar auf beiden Seiten, die Römer sind dem Jugurtha nichts schuldig geblieben. Aber Rom durfte nicht nachgeben, es standen nicht allein wichtige kommerzielle Interessen auf dem Spiel, Rom mußte vor allem befürchten, daß sich hier, Seite an Seite mit der römischen Provinz, ein Staat bildete, der eines Tages die Führerschaft in Afrika an sich reißen und so eine späte Rache an den Römern für die Zerstörung Karthagos nehmen könnte. Anderseits hat Jugurtha in einer vorher nicht gekannten

Weise die Spannungen innerhalb der Nobilität für sich ausgenutzt, er besaß in Rom zahlreiche Vertrauensleute, die ihn über die geringsten Änderungen der öffentlichen Meinung sofort ins Benehmen setzten. Den Bestand des römischen Imperiums hatte der Krieg nicht berührt, er war aber je länger desto mehr zu einem Ärgernis geworden, das dem römischen Ansehen *(maiestas populi Romani)* in aller Welt großen Schaden zufügte. Der afrikanische Krieg hatte gezeigt, daß die Zeit des alten Volksheeres *ex classibus* vorüber war; siegreich zu Ende geführt wurde der Krieg vor allem durch Freiwillige unter den Fahnen des Marius. Diese Männer aber fühlten sich weniger der *res publica* als vielmehr dem Feldherrn persönlich verbunden.

Seit der Niederlage von Arausio (105) stand Rom unter dem Schrecken vor den Kimbern und Teutonen. Es war das erste Mal, daß germanische Völker in den Kreis des Mittelmeerraumes eingetreten sind, wenn die Römer sie auch noch nicht als Germanen erkannt haben. Dies gilt übrigens auch für Poseidonios, der sehr eindrucksvolle Schilderungen der Kimbern gegeben hat. Die Heimat der Kimbern ist Jütland, hier erinnern die Namen Himmerland (andere Form: Himbersyssael) in der Nähe von Aalborg noch heute an die Kimbern. Auch die Teutonen stammen aus dem Norden, und zwar wahrscheinlich aus Westholstein. Ihnen hatten sich die Völker der Ambronen und der Haruden (in Jütland) angeschlossen. Nach Poseidonios wären es Sturmfluten gewesen, welche die Kimbern aus ihrer Heimat vertrieben hätten. Über den Weg, den die Kimbern von der Nordseeküste bis an die mittlere Donau zurückgelegt haben, besteht im einzelnen keine Sicherheit. Wahrscheinlich sind sie die Elbe aufwärts und über den Kulmer Stieg nach Böhmen gezogen, von den Bojern verdrängt nach Schlesien ausgewichen und von hier durch die Mährische Pforte an die Donau gelangt. Vor 113 sind sie jedenfalls im Land der keltischen Skordisker, in Bosnien, nachweisbar. Auch von diesen zurückgewiesen, wandten sie sich nach Noricum zu den Tauriskern. Damit waren sie in die Nähe der römischen Nordostgrenze gekommen. Die Römer entsandten ein Heer unter dem Consul Cn. Papirius Carbo mit dem Auftrag, die Alpenpässe gegen die Nordvölker zu sichern. Papirius Carbo griff die Kimbern bei Noreia an (August/September 113), wurde jedoch vollständig geschlagen. Der Ort der Schlacht ist wie die Lokalisation Noreias bis heute umstritten. In Betracht kommt wohl vor allem das obere Savetal bei Krainburg, das Klagenfurter Becken scheint zu weit entfernt. Die Kimbern wandten sich daraufhin nicht nach Italien, sondern nach Süddeutschland zu den Helvetiern, die damals im Raum zwischen dem unteren Main und der Nordschweiz wohnten. Im Jahre 110 erschienen sie in Gallien; zwei helvetische Gaue, die Tougener und die Tiguriner, hatten sich ihnen angeschlossen. Sie erbaten von den Römern in Südgallien Land zur Ansiedlung. Die Römer ließen sich jedoch nicht auf Verhandlungen ein, der Consul M. Junius Silanus griff die Germanen an, wurde aber vollständig geschlagen (109). Auch in den folgenden Jahren setzten sich die römischen Niederlagen fort, und am 6. Oktober 105 kam es zu einer Katastrophe bei *Arausio* (Orange). Die Kimbern nahmen hier furchtbare Rache, Tausende von römischen Gefangenen wurden aufgehängt, die Rosse ertränkt, die Beutestücke zerstört oder ins Wasser geworfen. Die römische Niederlage war nicht zuletzt das Ergebnis der Uneinigkeit zwischen den römischen Befehlshabern, Q. Servilius Caepio und Cn. Mallius Maximus. Zum Glück für die Römer wandten sich die Kimbern nun nach Spanien, hier stießen sie jedoch auf harten Widerstand bei den wehrhaften keltiberischen Völkerschaften, so daß sie wieder umkehren mußten. Die Teutonen hatten sich vorher von den Kimbern getrennt und waren nach Nordgallien gezogen. Einer ihrer Stämme, die Atuatuker, siedelte sich im Raume von Tongern inmitten der Belger an.

In Rom aber richteten sich alle Hoffnungen auf *Marius*. In den Jahren von 104 bis 101 wurde er nicht weniger als viermal zum Consul gewählt, ein Ereignis ohne Beispiel in der römischen Geschichte. Aber Mars regierte die Stunde in Rom, und seine Verkörperung war Marius. Er schuf sich aus den Veteranen des Afrika-Krieges und aus neuen begeisterten Freiwilligen ein schlagkräftiges Heer, das in ständiger Übung gehalten wurde. Unter seinen Offizieren waren auch die später so berühmten Sulla und Sertorius. In den Jahren zwischen 104 und 101 ließ Marius die Rhône durch einen Kanal mit dem Meere verbinden *(fossa Mariana)*. Dieser umging die Sandbänke im Mündungsgebiet der Rhône, er hat sich für die Verproviantierung des Heeres als wichtig erwiesen. Die germanischen Völker aber zogen getrennt nach dem Süden, um in Italien einzufallen. So überschritten die Kimbern mit den Tigurinern im Frühjahr 102 den Rhein, mit dem Ziel, die Ostalpen zu übersteigen, während die Teutonen und Ambronen den Weg durch Südgallien über die Westalpen einschlagen wollten. Sie berannten sechs Tage lang vergeblich das Lager des Marius, dann zogen sie an ihm vorüber, sie wurden aber durch Marius eingeholt und geschlagen, zuerst die Ambronen, dann die Teutonen. Die Kämpfe spielten sich in der Nähe von Aquae Sextiae (Aix-en-Provence) ab und dauerten drei oder vier Tage an (Oktober/November 102). Der König der Teutonen, Teutobod, geriet in Gefangenschaft, die germanischen Frauen, 300 an der Zahl, gaben sich selbst den Tod. Wie es heißt, erreichten Marius auf dem Schlachtfeld Boten aus Rom, die seine Wahl zum fünften Konsulat verkündeten. Die Kimbern hatten inzwischen die Alpen (wahrscheinlich durch das Pustertal) überschritten, in der Nähe von Verona, vielleicht auf dem Plateau von Rivoli, erwartete sie ein römisches Heer unter Q. Lutatius Catulus. Aber die Kimbern erzwangen mit großem Elan den Übergang über die Etsch, Catulus mußte seine Stellung

räumen. Damit waren große Teile der Po-Ebene den Germanen preisgegeben. Im Frühjahr 101 vereinigte Marius sein Heer mit den Legionen
des Catulus, in einer Zusammenkunft mit dem König Boiorix wurde der
30. Quinctilis (Juli) als Tag der Schlacht, die *Campi Raudii* (wohl am
unteren Po, zwischen Rovigo und Ferrara) als Kampfplatz festgesetzt.
Wiederum erwies sich die römische Taktik als überlegen, die Germanen
standen gegen die Sonne und den Staub eines unendlich heißen Julitages.
Der endgültigen Niederlage der Kimbern gingen Schreckensszenen in der
Wagenburg voraus, die Todesverachtung der germanischen Frauen
machte selbst auf die Römer einen tiefen Eindruck. Angeblich sollen
60 000 Kimbern in Gefangenschaft geraten sein, insgesamt soll Marius
nach seinen Siegen bei Aquae Sextiae und auf den Raudischen Feldern
150 000 Germanen in die Sklaverei abgeführt haben.

Der Untergang der germanischen Völker hatte verschiedene Gründe.
Einmal waren sie der Strategie des Marius nicht gewachsen, außerdem
nahmen sie zu wenig Rücksicht aufeinander, so daß ihre Operationen zu
sehr auf den Zufall abgestellt waren. Wo sie auch immer auftraten, ließen
sie die schlimmsten Verheerungen zurück, ganz besonders in Gallien. Nir-
gendwo ist es den Germanen gelungen, sich die Gunst der Wirtsvölker zu
erringen, im Gegenteil, diese riefen ihrerseits wiederholt die Römer gegen
die Eindringlinge zur Hilfe. Zweifellos waren sie auch für Rom eine große
Gefahr, zumal die Kämpfe ungefähr mit dem Jugurthinischen Krieg und
mit dem zweiten Sklavenkrieg (104–101) zusammenfielen. Es ist vor
allem das Verdienst des Marius, wenn die Kimberngefahr gebannt werden
konnte. Wahrscheinlich ist Marius auch der Schöpfer einer neuen Taktik,
es ist die Kohortentaktik, die nun an die Stelle der Manipulartaktik getreten ist. Wie es scheint, hat Marius die Kohorte zur Gefechtseinheit gemacht; damit wurde eine beweglichere Kampfesführung angebahnt, auf
den Schlachtfeldern der Provence und Oberitaliens hat sie zum ersten
Male ihre Feuerprobe bestanden. In mancher Beziehung ist das Heer des
Marius ein Vorläufer des Heeres der Kaiserzeit, auch darin, daß Marius
den Legionen die Adler als Feldzeichen verliehen hat. Die kriegerischen
Erfolge der Römer spiegelten sich in den Triumphen der Jahre 101 und
100 v. Chr. Während Marius einen Triumph über die Numider, die Ambronen, Teutonen und Kimbern feierte, triumphierte sein Rivale Q. Lutatius Catulus gleichfalls über die Kimbern (101 v. Chr.). Das folgende Jahr
sah den Triumph des M. Antonius über die kilikischen Seeräuber, dazu
den kleinen Triumph *(ovatio)* des M'. Aquillius über die sizilischen Sklaven und die entsprechende Siegesfeier des T. Didius über die Skordisker.
Marius aber, der Rom vom Kimbernschrecken befreit hatte, überstrahlte
alle anderen. Es war kein Wunder, wenn die Römer ihn als den neuen
Gründer der Stadt begrüßten.

16. Die Unruhen der marianischen Zeit und der Bundesgenossenkrieg (103–89 v. Chr.)

Die Unruhen im Zeitalter des Marius stehen in Zusammenhang mit den Kämpfen der Optimaten und Popularen in Rom. Bei diesen Gruppen handelt es sich nicht um Parteien irgendwelcher Art, sondern um politische Gefolgschaften, die mit ihren Führern auf Gedeih und Verderb verbunden sind. Die römische Aristokratie hat in diesem Zeitalter versucht, ihre Privilegien gegen den Ansturm einer volksfreundlichen Richtung zu verteidigen. Die Kräfte, die man in der gracchischen Revolution noch einmal, wenn auch mit großer Mühe, gebändigt hatte, strebten trotz allem nach oben. Mit der popularen Bewegung verbindet sich das Bundesgenossenproblem. Die Gracchen hatten es zum ersten Mal als solches erkannt, sie hatten es aber wegen des Widerstands der Gegner nicht lösen können. Marius stand, wenigstens äußerlich, auf der Seite der Popularen. Er verfügte über ein ihm treu ergebenes Heer. Die Gegner hatten daher einen äußerst schweren Stand, um so mehr, als zu ihnen die Feldherrn gehörten, deren Namen mit den Niederlagen im Jugurthinischen Krieg und in den Kimbernkriegen belastet waren. So war der Verlierer in der Schlacht bei Arausio, der Consular Q. Servilius Caepio, in Rom wegen des verschwundenen *aurum Tolosanum* vor Gericht gestellt worden, er mußte in die Verbannung gehen und verlor obendrein noch sein Vermögen (103). Nicht anders erging es dem Cn. Mallius Maximus. Beide Prozesse sind nur aus der Kimbernpsychose verständlich. Marius aber war, vor allem im Hinblick auf die Versorgung seiner Soldaten, auf die Hilfe der Volkstribunen geradezu angewiesen. Es waren dies insbesondere L. Appulejus Saturninus und C. Servilius Glaucia, die ihm dazu die Hand reichten. Der erste von ihnen, L. Appulejus, stammte aus dem Kreise der Nobilität, er hatte aber in seiner Laufbahn Schiffbruch erlitten und sich ganz den Popularen zugewandt. C. Servilius war dagegen von unten aufgestiegen, er hatte die Ritter gegen die Senatoren ausgespielt, was ihm diese mit bitterem Haß vergolten haben. Seit dem Jahre 104 arbeiteten die beiden eng miteinander zusammen, im Jahre 103 setzten sie die Wahl des Marius zum vierten Consulat für das nächste Jahr durch. Saturninus' erstes Tribunat begann am 10. Dezember 104, sein zweites Tribunat drei Jahre später. Die Überlieferung läßt es nicht zu, seine verschiedenen Gesetzesanträge mit Sicherheit auf das eine oder das andere Tribunatsjahr zu verteilen. Es spricht jedoch manches dafür, daß die *rogatio frumentaria* in das erste Tribunat des Saturninus gehört. Der Antrag bestimmte die Verteilung von Korn an die stadtrömische Plebs zu dem erstaunlich niedrigen Preis von ⁵/₆ as für den Modius. Aber es gab heftigen Widerstand, ausgehend von dem Quästor Servilius Caepio. Dieser Mann verhinderte die Abstimmung, so daß die *rogatio* keine Gesetzeskraft erhielt. Auch die *lex de maiestate* gehört wohl in das gleiche Jahr (103). Mit ihrer Hilfe konnte jeder belangt werden, der sich einen Verstoß gegen die *maiestas populi Romani* zuschulden kommen ließ. Dieses Gesetz hat man wohl auch gegen den mutigen Quästor angewandt. Um die Veteranen des Marius in Afrika zu versorgen, wurde ein Ackergesetz erlassen; es bestimmte, daß jeder Soldat bei seiner Entlassung ein Landstück von 100 *iugera* erhalten sollte. Die Soldaten wurden südlich des Bagradas angesiedelt, die Städte aber nannten sich fortan mit Stolz *coloniae Marianae*.

Eine sehr viel umfangreichere Tätigkeit entfaltete Saturninus in seinem zweiten Tribunat (100 v. Chr.). In diesem Jahr war Marius zum sechsten Mal Consul, während Glaucia die Prätur bekleidete. Wieder stand die Frage der Veteranenversorgung im Vordergrund. In verschiedenen Provinzen des Imperiums wurden Kolonien geplant, in Gallien, Sizilien, Achaia und Makedonien. Dazu erhielt Marius das Recht, für jede der neuen Kolonien eine Anzahl römischer Bürger zu ernennen. Saturninus hatte dem Gesetz eine Klausel angefügt, danach war jeder Senator gehalten, sich binnen fünf Tagen auf das neue Gesetz zu verpflichten, bei Strafe der Verbannung und des Verlustes des Vermögens. Allein Q. Caecilius Metellus Numidicus verweigerte den Eid, er wurde ins Exil getrieben. Auf eine rogatio des Saturninus zu Beginn des Jahres 100 geht wahrscheinlich das Piratengesetz *(lex de piratis persequendis)* zurück, von dem ein Teil in griechischer Abschrift in Delphi gefunden worden ist. Die *lex* sieht die Bildung eines großen Kommandos im Orient vor. Zur Unterstützung werden auch die Könige von Ägypten, Cypern, Cyrene und Syrien aufgerufen. Es ist doch wohl am wahrscheinlichsten, daß für dieses Orientkommando nur Marius in Betracht kommen konnte.

Bei den Wahlen am Ende des Jahres 100 herrschte der nackte Terror. Saturninus würde wieder Volkstribun, Glaucia aber kandidierte gegen jedes Recht für das Consulat. In Rom ging alles drunter und drüber, ein Konkurrent des Glaucia, C. Memmius, wurde erschlagen. Der Senat verhängte auf Grund des *senatus consultum ultimum* den Belagerungszustand, Marius aber fiel die Aufgabe zu, den Senatsbeschluß gegen seine früheren Freunde auszuführen. Saturninus und Glaucia wurden auf dem Mons Capitolinus belagert; als man ihnen die Wasserzufuhr abgeschnitten hatte, mußten sie kapitulieren. Marius hätte sie gern vor dem Volkszorn gerettet, aber eine Schar junger Heißsporne deckte das Dach der Curie ab und tötete die Gefangenen mit wohlgezielten Steinwürfen. Aber auch der Sieger Marius hatte eine entscheidende Niederlage erlitten. Er hatte das Vertrauen seiner Parteigänger verspielt, der Senat traute ihm nicht über den Weg. So konnte ihm nichts erwünschter sein als eine *legatio libera* nach dem Osten zu übernehmen (99 v. Chr.). Er begab sich auf die Reise nach Galatien und Kappadokien, wo er auch mit Mithradates VI. Eupator zusammentraf.

Bei dem Kampf gegen Saturninus und Glaucia hatten sich Senatoren und Ritter zusammengefunden, wenn auch die Interessen der beiden Stände keineswegs miteinander übereinstimmten. Die *lex iudiciaria* des C. Gracchus (s. S. 132) hatte die Gerichte den Rittern ausgeliefert, die *publicani* brauchten von ihren Standesgenossen nichts zu befürchten. Die Provinzialstatthalter aber waren zumeist ganz machtlos, doch gab es immerhin eine Reihe von Ehrenmännern, die den *societates publicanorum* die Stirn zu bieten wagten. Zu ihnen gehörte P. Rutilius Rufus, der Legat des Q. Mucius Scaevola, des Statthalters von Asia. Die Publikanen verwickelten jedoch Rutilius Rufus in einen skandalösen Prozeß – es war eine Repetundenklage –, sie setzten sogar seine Verurteilung durch, worauf sich Rutilius Rufus in die Verbannung begab. Die Klassenjustiz war zu einem Krebsschaden im Staate geworden, sie untergrub Recht und Gesetz und schanzte den Rittern, der Finanzaristokratie, das Gerichtsmonopol zu.

Gegen die Vorherrschaft der Ritter in den Gerichten erhob sich der Neffe des Rutilius Rufus, M. *Livius Drusus*, Volkstribun im Jahre 91 v. Chr. Leider gestattet es die Überlieferung nicht, die einzelnen Gesetzesanträge des Livius Drusus in ihrer zeitlichen Reihenfolge festzulegen. Zweifellos am wichtigsten war sein Antrag, die Gerichte an den Senat zurückzugeben. Der Volkstribun strebte hier nach einer Kompromißlösung: der Senat sollte durch die Aufnahme von 300 Rittern auf die Zahl von 600 Mitgliedern ergänzt werden. Über diesen Antrag kam es jedoch zu schweren Auseinandersetzungen, selbst die Ritter waren mit dem Vorschlag keineswegs einverstanden. Außerdem brachte Livius Drusus noch ein Getreidegesetz, ein Ackergesetz und ein Koloniegesetz ein. Zum Revolutionär aber wurde der Tribun, als er mit den italischen Bundesgenossen Verbindung aufnahm, mit dem Ziel, ihnen das römische Bürgerrecht zu verschaffen. Livius Drusus und die Bundesgenossen verbanden sich in einer *coniuratio*, diese wurde durch einen feierlichen Eidschwur bekräftigt. Es liegt hier ein Gefolgschaftseid vor, wie er in den Auseinandersetzungen der späteren Republik, aber auch im Kaiserreich gelegentlich bezeugt ist. Im übrigen aber hatten die Bundesgenossen allen Grund, unzufrieden zu sein. Vier Jahre zuvor, 95 v. Chr., hatten die Consuln L. Licinius Crassus und Q. Mucius Scaevola ein Gesetz erlassen, das den Bundesgenossen große Schwierigkeiten bei der Aufnahme in das römische Bürgerrecht bereitete *(lex Licinia Mucia de civibus regundis)*. Gegen die Anträge des Livius Drusus erhob sich härtester Widerstand, über seine Anträge wurde gesetzeswidrig en bloc *(per saturam)* abgestimmt, sie wurden verworfen, Livius selbst wurde ermordet.

Dem Scheitern des Livius Drusus folgt der Bundesgenossenkrieg. Die Gründe liegen offen zutage: die Bundesgenossen hatten es satt, von den römischen Magistraten als Menschen zweiter Klasse behandelt zu werden, sie verlangten die rechtliche Gleichstellung mit den römischen Bürgern, und zwar um so dringender, als sie zu allen Lasten, insbesondere zur Aushebung und Besteuerung, herangezogen wurden. Der Krieg nahm seinen Anfang in Asculum (Picenum). Hier wurden alle Römer ermordet (91), spätere Verhandlungen der Italiker mit dem Senat blieben erfolglos. Nicht weniger als acht italische Völkerschaften schlossen sich zu einem gegen Rom gerichteten Bund zusammen: die Pikenter, Vestiner, Marser, Päligner, Marruciner, Samniten, Frentaner und Hirpiner, die bedeutendsten aber waren zweifellos die Marser und Samniten im mittelitalischen Apenningebirge. Darüberhinaus gewannen die Aufständischen auch in Lukanien, Apulien und Campanien Freunde; Etrurien und Umbrien hielten dagegen zu den Römern. Mittelpunkt der Conföderation war die Stadt Corfinium im Pälignerlande, sie hieß fortan Italia. Hier bildete sich nicht nur ein Gegensenat von 500 Mitgliedern, es existierten auch zwei Consuln und zwölf Prätoren als Jahresbeamte. Ob die Verfassung der Italiker der römischen nachgebildet ist, erscheint zweifelhaft. Zu Oberbefehlshabern wählten die Conföderierten Pompaedius Silo (für die Marser) und Papius Mutilus (für die Samniten). Die Römer hatten militärisch zunächst einen schweren Stand, aber sie besaßen in den römischen und latinischen Kolonien eine große Zahl wichtiger Stützpunkte in Feindesland, außerdem erhielten sie Hilfe aus Norditalien (Gallia Cisalpina) und sogar von Übersee. Selbst aus Spanien und Numidien kamen Hilfstruppen. Das Kriegsgeschehen spielte sich auf zwei getrennten Schauplätzen ab: im Norden stand P. Rutilius Lupus (Consul 90) gegen Pompaedius Silo im Felde, der andere Consul, L. Julius Caesar, kämpfte im Süden gegen Papius Mutilus. Im übrigen haben fast alle Römer, die in späterer Zeit zu bedeutenden Feldherrn aufgestiegen sind, an diesem Kriege teilgenommen: Cn. Pompejus Strabo (der Vater des Pompejus Magnus), C. Perperna, Licinius Crassus, L. Cornelius Sulla. Trotzdem verliefen die ersten Kämpfe für die Römer wenig glücklich. Beide Consuln mußten Niederlagen hinnehmen, Rutilius Lupus fand am 11. Juni 90 in einem Treffen am Liris (oder am Tolenus) den Tod, wahrscheinlich in der Nähe von Carsioli. Glücklicher war allein C. Marius; er trieb, unterstützt von Sulla, die Marser zu Paaren. Cn. Pompejus Strabo schloß die Aufständischen in der Stadt Asculum in Picenum ein. Durchschlagende Erfolge blieben den Römern im Jahre 90 v. Chr. versagt, um so größer aber waren die Opfer gewesen, und wenn auch noch die Etrusker und Umbrer zu den Conföderierten übergingen, so war es um Rom geschehen. Es wurde höchste Zeit, den Aufständischen entgegenzukommen, um so mehr, als es sich um einen italischen Bruderkrieg handelte und die Folgen für das Imperium nicht abzusehen waren, wenn die Gegner die Oberhand behielten. Es ist das bleibende Verdienst des Consuls L. Julius Caesar, am Ende seiner Amtszeit die Lex Julia beantragt und durchgesetzt zu haben.

Sie verlieh das römische Bürgerrecht an alle Latiner und Bundesgenossen, die den Römern treu geblieben waren. Das Werk wurde vollendet durch die lex Plautia Papiria, erlassen zu Beginn des Jahres 89. Sie gewährte allen Bundesgenossen südlich des Padus das römische Bürgerrecht, sofern sie sich binnen 60 Tagen in Rom meldeten (natürlich mußten sie vorher die Waffen niederlegen). Dazu kam noch ein Gesetz des Cn. Pompejus Strabo, das den Bewohnern der Gebiete jenseits des Padus das latinische Recht verlieh. Jedoch waren die Neubürger insofern schlechter gestellt als die alten *cives Romani*, als jene nur zur Einschreibung in acht der insgesamt 35 Tribus zugelassen wurden.

Im übrigen gingen die Kämpfe auch noch im Jahre 89 weiter, die Römer eroberten Asculum, in Campanien konnte Sulla Erfolge verzeichnen. Gegen Ende des Jahres 89 war der Aufstand in Mittelitalien erloschen, doch dauerten die Kämpfe in Samnium, Lukanien, Bruttium, auch vor Nola, weiter an. Die Conföderierten verlegten ihre Hauptstadt von Italia (Corfinium) nach Aesernia, außerdem nahmen sie Verbindung mit dem König Mithradates VI. von Pontos auf, er sagte ihnen (im Frühjahr 88) seine Hilfe zu. In diesem Jahr ging es mit den Italikern weiter abwärts. Pompejus Strabo warf die Marser zu Boden, bei den Kämpfen in Samnium fand Pompaedius Silo den Soldatentod, die Römer schritten zur Eroberung von Apulien, in Campanien lagerte Sulla mit einem Heere vor Nola. Das Ende des Bundesgenossenkrieges, das mit den Kämpfen zwischen den Marianern und Sullanern verflochten ist, ist an anderer Stelle erzählt (s. S. 158 f.).

In der politischen Entwicklung Roms und Italiens ist der Bundesgenossenkrieg ein tiefer Einschnitt. Zum ersten Mal hat es die römische Staatsführung gewagt, einen Schritt vom Stadtstaat hinweg zum Reichsstaat zu tun, und zwar dadurch, daß das römische Bürgerrecht allen Bewohnern Italiens (soweit sie sich den Römern unterworfen hatten) gegeben wurde. Allerdings vermochten viele der neuen Bürger ihr Stimmrecht in Rom, der Hauptstadt, in der Regel nicht auszuüben, denn die Reise nach Rom war weit und kostspielig. Dennoch ist der Fortschritt riesengroß. Italien, das Land von der Straße von Messina bis hin zum Arno und Aesis (später bis zum Rubico), ist nun ein Land der römischen Bürger (*ager populi Romani*); Latiner und *socii* gibt es hier nicht mehr. Die Verleihung des römischen Bürgerrechts an die Einwohner Italiens ist die wichtigste Voraussetzung für die Bildung eines italischen Gemeinschafts- und Nationalgefühls, das sich jedoch erst unter Augustus, von dem Prinzeps tatkräftig gefördert, voll ausgewirkt hat. Außerdem hatte Rom mit dem Ende des Bundesgenossenkrieges aufgehört, die einzige Stadt Italiens im staatsrechtlichen Sinne zu sein. Zu den coloniae civium Romanorum war eine fast unübersehbare Zahl von Munizipien, die Städte der ehemaligen Bundesgenossen, gekommen. Ihre Gemeindeverfassung wurde zwar von Rom aus geregelt, aber unter möglichster Schonung ihrer lokalen Eigenart. So hatte der Einwohner Italiens, der nicht in Rom zu Hause war, zwei Vaterländer *(duae patriae)*: seine eigene Heimatstadt und die Stadt Rom, die nunmehr zur Patronin Gesamtitaliens emporgestiegen war. Freilich hat es Jahrzehnte gedauert, bis sich die Bewohner Italiens zu einer großen Gemeinschaft zusammenlebten, an der Munizipalordnung haben Generationen gebaut, erst unter Caesar scheint sie ihren Abschluß gefunden zu haben.

Auch die Verleihung des latinischen Rechts an die Bewohner der Transpadana ist in ihrer Auswirkung schwerlich zu überschätzen: die städtische Aristokratie, welche die Magistrate in ihren Gemeinden bekleidete, hatte damit die Möglichkeit, in den Besitz des römischen Bürgerrechts zu gelangen. So war auch hier, fern von Rom, der Boden für eine Verschmelzung der Landschaft und ihrer Bewohner mit dem übrigen Italien in sinnvoller Weise vorbereitet. Die römische Staatsführung aber hat sich, umgeben von den Schrecken des Bürgerkrieges, großzügig und vorausschauend gezeigt, jedenfalls unvergleichlich großzügiger als die Griechen, denen es niemals gelungen war, die engen Schranken der einzelnen Polis zu überspringen. Im Bundesgenossenkrieg stand Rom am Scheideweg. Seine Führung aber hat sich für die Verschmelzung der *socii Italici* mit den *cives Romani* entschieden. Die Urheber der neuen Bürgerrechtsgesetze haben die Grundlagen zu einer welthistorischen Entwicklung geschaffen: ohne die Errungenschaften des Bundesgenossenkrieges ist die spätere Expansion des Römertums unter Pompejus, Caesar und Augustus nicht denkbar.

17. Der 1. Mithradatische Krieg, der Bürgerkrieg und die Diktatur Sullas (89–79 v. Chr.)

Mit dem Aufstieg des pontischen Königs Mithradates VI. Eupator (geb. 132/31, Regierungszeit von 121 bis 63 v. Chr.) beginnt eine neue Epoche in der Geschichte des Mittelmeerraumes. Mithradates, aus iranischem Fürstengeschlecht entsprossen, ist einer der großen Gegner Roms, vergleichbar dem Punier Hannibal. Nicht weniger als 25 Jahre lang hat Mithradates die Römer in Atem gehalten. Im Kriege wie in der Diplomatie hat er sich den Römern als ebenbürtig erwiesen. Um ihn niederzuringen, mußten die Römer die hervorragendsten Feldherrn gegen ihn einsetzen: Sulla, Lucullus und Pompejus; drei verlustreiche Kriege mußten gegen Mithradates geführt werden, bis es endlich Pompejus gelungen ist, die große Auseinandersetzung zwischen dem Westen und dem Osten siegreich für Rom zu beenden. Wie kaum ein anderer vor ihm hat sich der pontische König in souveräner Weise der Mittel der politischen Propaganda gegen

Rom bedient, vor allem aber verstand er es, aus dem unwürdigen Regiment der Publikanen in der Provinz Asia Kapital für seine Pläne zu schlagen. Die Sympathien der Griechen flogen ihm zu, diesseits und jenseits der Adria verfügte er über zahlreiche Parteigänger und Agenten, die ihn über alle Vorgänge der inneren und äußeren Politik auf dem laufenden hielten. Seine Verbindungen reichten bis nach Italien. Hier unterhielt er Beziehungen zu den aufständischen Italikern; mit Sertorius in Spanien, dem hostis populi Romani, tauschte er Gesandtschaften aus. Unter den wohlvorbereiteten Schlägen des Mithradates brach Roms Herrschaft in Westkleinasien in den Jahren 89–88 v. Chr. wie ein Kartenhaus zusammen, und erst die Siege Sullas vermochten hier ein gewisses Gleichgewicht wiederherzustellen.

Das Haus des Mithradates hatte seit 302 v. Chr. in der Landschaft Pontos am Schwarzen Meer die Herrschaft inne. Die bedeutendsten Städte waren Amaseia, Gaziura und Komana. Jedoch erst nach der Vertreibung der Seleukiden aus Kleinasien konnte sich auch das pontische Reich wesentlich erweitern; Pharnakes I. (c. 185–c.170) gewann die Griechenstadt Sinope, die spätere Residenz der pontischen Könige. Polybios hat Pharnakes den treulosesten aller Könige genannt, die damals gelebt haben. Sein Nachfolger, Mithradates IV. Philopator Philadelphos (c. 170–c. 150), war bereits Freund und Bundesgenosse der Römer, und Mithradates V. Euergetes (c. 150–121) verfügte, wie seine Weihgeschenke in Delos zeigen, über gute Beziehungen zur griechischen Welt. Charakteristisch für das pontische Reich ist das Nebeneinander griechischer und iranischer Elemente in Bevölkerung und Zivilisation. Alle Herrscher fühlten sich der hellenischen Kultur verbunden, sie sprachen und schrieben griechisch, andererseits rühmten sie sich mit Stolz ihrer iranischen Abkunft. Lebendig war auch das Vorbild des großen Alexander. So hat sich Mithradates VI. Eupator als neuer Alexander, mit Diadem und flatternden Haaren, auf den Münzen porträtieren lassen. Das Reich erhält durch die Existenz griechischer Poleis, vor allem an der Küste des Schwarzen Meeres (Amastris, Sinope, Amisos und Trapezus), und des vorwiegend von Iraniern besiedelten flachen Landes sein Gepräge. Nach dem Tode des Mithradates V. regierte zunächst die Witwe des Verstorbenen für ihre zwei Söhne, Mithradates VI. Eupator aber ließ seine Mutter (um 115 v. Chr.) gefangensetzen, sein jüngerer Bruder mußte sterben, während er selbst sich mit seiner Schwester Laodike nach dem Vorbild der Achämeniden ehelich verband. Bereits in den ersten Jahren seiner Alleinregierung hat Mithradates VI. auf der Krim eingegriffen, der Herrscher ist hier als Beschützer des Griechentums gegen die Sarmaten aufgetreten. In einem anderen Feldzug eroberte der König das bosporanische Reich an der Straße von Pantikapaion (Kertsch), einen Aufstand eines Einheimischen namens Saumakos warf er nieder. Mit der Unterwerfung von Kolchis, dem Hinterland der Griechenstädte Phasis und Dioskurias, und von Klein-armenien hatte sich der Kreis seiner Länder um das Schwarze Meer im Süden, Osten und Norden geschlossen, der König gebot nunmehr über die gesamte Küste von Amastris bis Dioskurias, dazu über die Gegenküste auf der Halbinsel Krim. Es war zum ersten Male in der Geschichte des Altertums ein fast vollständiges *dominium Ponti Euxini* entstanden. Die neuerworbenen Gebiete, insbesondere das Vizekönigtum auf der Krim, brachten dem Mithradates reiche Einkünfte, dazu konnte er auf die Tribute abhängiger sarmatischer und skythischer Könige zählen. Fast noch wich-tiger war es, daß der Herrscher die Kontrolle über die Ausfuhr des süd-russischen Getreides in den Händen hatte, das für Kleinasien und mehr noch für Griechenland von größter Bedeutung war. In seinem Heere dienten Skythen, Sarmaten, Mäotier, Thraker und Kelten neben den An-gehörigen zahlreicher anatolischer Völkerschaften.

Einer Expansion des pontischen Reiches in Kleinasien standen weniger die anatolischen Fürstentümer als die Römer im Wege. Die nominell selbständigen Staaten an den Grenzen des pontischen Reiches – Kappa-dokien, Galatien, Paphlagonien und Bithynien – bildeten für die Aspira-tionen des Mithradates keine großen Hindernisse. Am bedeutendsten war noch Bithynien, es war ein aufstrebender Staat mit reichen natür-lichen Hilfsquellen, vor allem das Holz seiner Wälder war in aller Welt sehr begehrt. Mithradates war so klug, mit dem König von Bithynien, Nikomedes III. Euergetes, eine Übereinkunft zu schließen, und zwar auf Kosten Paphlagoniens, das zwischen den beiden Herrschern geteilt wurde. Die Römer, mit den Kimbern und Teutonen beschäftigt, begnügten sich mit einem lahmen Protest, der von niemandem ernst genommen wurde. Nachdem die beiden aggressiven Könige auch zur Teilung von Galatien geschritten waren, kam es jedoch zwischen ihnen wegen Kappadokien zu Zwistigkeiten, Mithradates aber setzte als der Rücksichtslosere mit Mord und Verrat seinen Willen durch. Einer seiner Söhne, ein Knabe von acht Jahren, der fortan den Namen Ariarathes führte, wurde als König in Kappadokien eingesetzt, er hat hier etwa fünf oder sechs Jahre lang re-giert, und zwar unter der Vormundschaft eines Kappadokers, des Gor-dios, der das besondere Vertrauen des Königs Mithradates genoß. Seine Regierung fällt wahrscheinlich in die Zeit von 100 bis 95 oder 94 v. Chr. Der bithynische König Nikomedes III. aber appellierte an die Römer. Diese verfügten, daß beide Herrscher, Mithradates ebenso wie Niko-medes, ihre Eroberungen in Kleinasien wieder herausgeben sollten. Kap-padokien erhielt in Ariobarzanes einen neuen König (95 oder 94).

Mithradates war nun an einem Wendepunkt seiner Politik angelangt. Hatte er sich bisher bemüht, mit Hilfe seines bithynischen Bundes-genossen ein Reich in Zentralanatolien aufzubauen, so wandte er jetzt seinen Blick nach dem Osten. Er brauchte Hilfe, denn es war ihm klar geworden, daß Rom einer weiteren Expansion nicht tatenlos zusehen würde. Wollte jedoch Mithradates den Römern mit einiger Aussicht auf Erfolg entgegentreten, so brauchte er Bundesgenossen, und hier bot sich ihm sein Schwiegersohn, der König Tigranes von Armenien, an. Das Land Armenien lag weit außerhalb der römischen Einflußsphäre, es war eng verbunden mit dem Partherreich. Mithradates und Tigranes waren, wenn sie zusammenstanden, allen anderen Mächten in Kleinasien überlegen. Der armenische Herrscher eröffnete die Offensive, er fiel in Kappadokien ein und vertrieb den König Ariobarzanes, worauf Gordios wiederum als Regent des Königreichs eingesetzt wurde. Ariobarzanes aber eilte schnurstracks nach Rom, sein Gold trug entscheidend dazu bei, daß sich die Römer endlich aus ihrer Lethargie aufrafften: sie beauftragten L. Cornelius Sulla, den Proprätor von Kilikien, Ariobarzanes in sein Reich zurückzuführen. Sulla hat diese Aufgabe vorzüglich gelöst, die Scharen der Kappadoker und Armenier wichen vor ihm bis an den Euphrat zurück. Hier empfing ihn ein Abgesandter des Partherkönigs mit Namen Orobazos. Er verkündete dem Römer, daß der Euphratstrom fortan die Westgrenze des Partherreiches sein solle. Bei der Zusammenkunft hat Sulla die Würde des römischen Imperiums in eindrucksvoller Weise zur Geltung gebracht. Auf hohem Thronsessel sitzend, erteilte er dem parthischen Bevollmächtigten Audienz; dem Orobazos und dem Kappadokerkönig Ariobarzanes waren niedrigere Sitze zugewiesen worden (92).

In Italien waren die Jahre von 89 bis 85 eine Zeit schwerster innerer Kriege. Mit dem Bundesgenossenkrieg (s. S. 147 ff.) verquickte sich die blutige Auseinandersetzung zwischen den Optimaten und Popularen. Hervorgegangen waren die Zwistigkeiten aus dem Streit zwischen dem Senat und den Rittern wegen der Besetzung der Gerichte. Und zwar hatte der Volkstribun M. Plautius Silvanus ein Gesetz eingebracht, wonach die Richter aus dem Volk, je 15 aus jeder Tribus, gewählt werden sollten. Außerdem gab es Unruhen zwischen Gläubigern und Schuldnern, bei denen der Prätor A. Sempronius Asellio sein Leben verlor. Rom machte eine wirtschaftliche Krise durch, die durch den Bürgerkrieg noch verschärft wurde. Am verderblichsten aber war der Antagonismus zwischen Sulla und Marius. Zuerst stritten sie sich um das Kommando im Kriege gegen Mithradates, der Senat übertrug es im Jahre 88 dem Sulla. Marius verband sich daraufhin mit dem Volkstribunen P. Sulpicius Rufus, einem begabten Redner, der von der Hocharistokratie zu den Popularen übergewechselt war. Die beiden setzten nicht nur die Aufnahme der Bundesgenossen in alle Tribus durch, sie erreichten es auch, daß das lukrative Kommando im mithradatischen Kriege dem Marius zugesprochen wurde, und zwar auf Volksbeschluß. Sulla, der mit seinen Legionen vor Nola stand, ließ sich dies nicht bieten, er zog gegen Rom und überrumpelte die Stadt. Eine Anzahl von Gegnern Sullas wurde zu *hostes publici* erklärt. Sulpicius Rufus fand den Tod, seine Gesetze wurden wieder gestrichen. Marius konnte nach Afrika entkommen. Obwohl Sulla darauf brannte, den Krieg gegen Mithradates aufzunehmen, fand er doch noch die Zeit, eine Anzahl reaktionärer Maßnahmen in Rom durchzuführen. So beschnitt er die Rechte der Volkstribunen, die Beschlüsse der Comitien wurden von der Genehmigung des Senats *(patrum auctoritas)* abhängig gemacht. Außerdem ernannte er 300 neue Senatoren aus der Nobilität. Dies waren die ersten sullanischen Gesetze, ihre Dauer aber war nur sehr kurz, denn zu Beginn des Jahres 87 verließ Sulla Italien, seine Gegner haben die von ihm getroffenen Anordnungen bald wieder rückgängig gemacht.

Der 1. Mithradatische Krieg (89–85) hat sich an der Nachfolgefrage in Bithynien entzündet. Hier hatte Mithradates versucht, nach dem Ableben des Nikomedes III. Euergetes, eines grausamen und haltlosen Tyrannen, dessen Halbbruder Sokrates Chrestos auf den Thron zu bringen. Dieses Mal handelten die Römer; sie nahmen sich der beiden Fürsten, des Ariobarzanes von Kappadokien und des Nikomedes IV., an und ließen sie durch den Consular M'.Aquillius wieder in ihre angestammten Reiche zurückführen (90–89). Ihre Dienste wollten sie sich jedoch von den beiden Fürsten bezahlen lassen, sie verlangten von ihnen die Erstattung der Kosten, die ihnen durch die Bereitstellung von Ausrüstung und Bewaffnung entstanden waren. Da aber in den königlichen Kassen Ebbe herrschte, gaben die Römer den Königen den Rat, sich an Mithradates schadlos zu halten! Und wirklich ließ sich Nikomedes IV. zu einem Einfall in das Reich des pontischen Königs hinreißen, Mithradates hielt sich klugerweise zurück, verlangte aber von M'.Aquillius Genugtuung, die ihm jedoch verweigert wurde. Die Römer mußten ihr Intrigenspiel teuer bezahlen, Mithradates stand auf dem Höhepunkt seiner Macht, Heer und Flotte waren für den Kampf aufs beste gerüstet, mit einer Reihe von benachbarten Fürsten und Königen hatte er Verträge geschlossen; insbesondere mit dem Herrscher von Armenien und dem parthischen Großkönig war er eng verbunden, so daß er für seine Ostgrenze nichts zu befürchten hatte. In Italien aber brannte immer noch die Fackel des Bürgerkrieges. Die Schuld, Rom in einen Krieg mit ganz unabsehbaren Folgen gestürzt zu haben, fällt eindeutig dem M'.Aquillius und seinen Ratgebern zur Last. Gegenüber dem buntscheckigen Heere, bestehend aus Bithynern, den Kontingenten anderer kleinasiatischer Dynasten und wenigen römischen Soldaten, konnte sich denn auch Mithradates ohne große Mühe durchsetzen. In einem Blitzfeldzug unterwarf er fast das ganze westliche Kleinasien, nur wenige Griechenstädte leisteten erfolgreichen Widerstand, unter ihnen Stratonikeia und Tabai in Karien sowie Magnesia am Sipylosberge. Auch Rhodos und die lykischen Gemeinden hielten auf römischer Seite aus. Mithradates aber erließ im Jahre 88 von Ephesos den berüch-

tigten Blutbefehl, der die Ermordung sämtlicher Italiker (nicht nur der
Römer unter ihnen) in der Provinz Asia anordnete. In dieser Provinz
hatte sich in den 40 Jahren römischer Herrschaft ein ungeheurer Haß
gegen die Römer, insbesondere gegen die Steuerpächter, die Publikanen,
angesammelt, der sich in geradezu furchtbarer Weise Luft machte. Angeblich sind 80 000 Menschen ums Leben gekommen. In vielen Städten,
vor allem aber in den großen Heiligtümern der Provinz, spielten sich er-
schütternde Schreckensszenen ab, zahlreiche Römer, unter ihnen auch
M'.Aquillius, wurden den Schergen des Mithradates überliefert. Wenn
auch die Kämpfe in Italien zwischen den Römern und den Italikern sowie
der Bürgerkrieg zwischen den Marianern und den Anhängern Sullas in
der rücksichtslosesten Weise geführt worden sind, so ist doch ein der-
artiger Massenmord in der gesamten Geschichte des Altertums ohne Beispiel. Mithradates zerschnitt damit das Band zwischen sich und den Römern, um des Terrors willen trat er das ungeschriebene Völkerrecht
(ius gentium) mit Füßen und bedeckte seinen Namen mit einer ungeheuren Blutschuld.

In dem gleichen Jahre (88) erschien Archelaos, der Feldherr des pontischen Königs, mit einer Flotte in der Ägäis. Er nahm die Insel Delos,
die dort wohnenden Italiker wurden gnadenlos niedergemetzelt. In Athen
hatte Aristion, ein epikuräischer Philosoph, ein geschworener Römer-
feind, die Zügel in der Hand. Obwohl sich Bruttius Sura, der Legat des
römischen Statthalters von Makedonien, durch eine sehr besonnene Strategie auszeichnete, so gingen doch nicht nur Makedonien, sondern auch
fast ganz Griechenland (mit Ausnahme Thessaliens und Ätoliens) für die
Römer im Jahre 88 verloren. Mit der Landung Sullas in Epirus im Frühjahr 87 begann sich jedoch das Blatt wieder zu wenden. In Sullas Gefolge
befanden sich zahlreiche Angehörige der Nobilität, die der Terror der in
Rom herrschenden Marianer vertrieben hatte. Am 1. März 86 fiel Athen
in die Hände Sullas, um den wichtigen Piräus aber mußte noch einige Zeit
erbittert gekämpft werden. Bei den Kämpfen gingen zahlreiche historische Bauten in Flammen auf, auch die Langen Mauern wurden zerstört,
besonders schwer waren die Verheerungen auf der athenischen Akropo-
lis. Die Entscheidung in dem griechischen Feldzug brachten aber erst die
Schlachten bei Chaironeia und Orchomenos (86 v. Chr.). Sullas Stellung
war trotz seiner Siege außerordentlich schwierig, der Senat in Rom hatte
ihn zum *hostis* erklärt, was natürlich von Sulla ignoriert worden ist. Er
betrachtete sich vielmehr auch weiterhin als legitimer Proconsul, wobei
er in der Regel den Titel *imperator* zu führen pflegte. Der Senat aber
wollte ihn verdrängen, indem er dem L. Valerius Flaccus die Provinz
Asia und das Kommando im Kriege gegen Mithradates übertrug. Doch
scheint es der diplomatischen Gewandtheit Sullas gelungen zu sein, diesen
Schlag zu parieren, indem er mit Flaccus eine Vereinbarung zustande

brachte. Auf jeden Fall zog der Rivale mit seinen Truppen nach Thessalien ab. Die Erfolge des neuen Feldherrn waren ganz beträchtlich:
Flaccus eroberte nicht nur die Provinz Makedonien zurück, er besetzte
auch die Städte Byzanz und Kalchedon, dies ein wichtiger Brückenkopf
in Kleinasien. Es erhoben sich indes zwischen Flaccus und seinem Legaten (oder *praefectus equitum*) C. Flavius Fimbria ernste Streitigkeiten,
in ihrem Verlauf fand Flaccus in Nikomedia den Tod durch Mörderhand.
Fimbria setzte den Krieg energisch fort, er eroberte Pergamon und Ilion,
dazu errangen die Römer auch zur See unter L. Licinius Lucullus, dem
Proquästor Sullas, beachtliche Erfolge.

Bereits nach der Schlacht bei Orchomenos waren zwischen Sulla und
Archelaos in Delion (oder in Aulis) Verhandlungen aufgenommen worden, sie wurden zwischen Sulla und dem König Mithradates in Dardanos
auf kleinasiatischem Boden zu Ende geführt (85). Der König mußte sich
verpflichten, alle Eroberungen in Vorderasien wieder herauszugeben,
dazu mußte er eine hohe Kriegsentschädigung (2000 Talente nach Plutarch, 3000 nach Memnon) zahlen und dem Sulla Schiffe zur Rückführung seines Heeres nach Italien zur Verfügung stellen. Mithradates aber
wurde als Freund und Bundesgenosse des römischen Volkes anerkannt.
Sulla verpflichtete sich, allen Städten Amnestie zu gewähren, die sich auf
die Seite des Mithradates gestellt hatten – ein Versprechen, das der
Römer nicht gehalten hat. Dem Frieden von Dardanos folgte die Ab-
rechnung Sullas mit Fimbria, sein Heer wechselte auf die Seite Sullas
über, worauf sich Fimbria im Heiligtum des Asklepios zu Pergamon das
Leben nahm. Sulla legte der Provinz Asia eine ungeheure Kontribution
auf, sie mußte außerdem Steuernachzahlungen für fünf volle Jahre leisten, auch die großen Heiligtümer wurden von Sulla zur Ader gelassen.
Überhaupt hat Sulla seinen Soldaten große Freiheit gewährt, unter seiner
Ägide haben sie in Griechenland und in Kleinasien geraubt und geplündert, wie dies bisher undenkbar gewesen war. Irgendwelche Rücksicht
auf die Gegner und auf die griechische Bevölkerung kannte Sulla nicht,
er fühlte sich mit seinem Heere auf Tod und Leben verbunden und bekannte sich zu dem Grundsatz, daß der Krieg den Krieg ernährt.

Mithradates, der König von Pontos, hatte mit dem Frieden von Dardanos (85) einen erheblichen Rückschlag erlitten. Aber er verfügte immer
noch über ein großes Reich, das größte und mächtigste, das neben dem
Partherreich im hellenistischen Osten existierte. Seine Hofhaltung zeigte
das Abbild eines hellenistischen Königshofes. Mithradates umgab sich mit
«Freunden» *(phíloi, amici)*, die wohl eine Art von Staatsrat bildeten. In
der Verwaltung bestand ein grundlegender Unterschied zwischen dem
pontischen Reich in Anatolien und den Besitzungen jenseits des Schwarzen Meeres. Die letzteren, hauptsächlich aus der Halbinsel Krim, aber
auch aus einigen angrenzenden Gebieten der Taman-Halbinsel bestehend,

bildeten ein Vizekönigtum, das in der Regel einem Sohne des Mithradates unterstellt war. In den anatolischen Gebieten schalteten Satrapen, sicherlich nach dem Vorbild des Achämenidenreiches. An der Spitze der Städte standen vom Könige ernannte Statthalter. Mithradates verfügte immer über einen wohlgefüllten Staatsschatz, von dessen Mitteln er, auch zu politischen Zwecken wie z. B. für Bestechungen, freigebig Gebrauch machte. Die größten Erträge brachten, abgesehen von der enormen Kriegsbeute, die zahlreichen Staatsgüter und die Zolleinnahmen. Das pontische Kappadokien, das Strabo beschrieben hat, war ein blühendes Land, allerdings fehlte es unter Mithradates an einer genügenden Anzahl von städtischen Zentren, die erst durch Pompejus geschaffen worden sind. Die Einkünfte erlaubten es dem Mithradates, ein großes Heer zu unterhalten: nahezu alle Völker, die am Gestade des Schwarzen Meeres wohnten, finden sich im Heere des pontischen Königs wieder, Skythen und Sarmaten ebenso wie Bastarnen, Thraker und Kelten. Auch zahlreiche Römer, denen aus politischen Gründen die Rückkehr nach Italien verschlossen war, dienten unter seinen Fahnen; in späterer Zeit bildeten sie ein eigenes Elitekorps. Besonders gefürchtet waren die Geschwader der pontischen Sichelwagen, auch sie ein iranisches Erbteil. Die Heerführer waren zum Teil griechische Abenteurer aus den Küstenstädten des Reiches. Mithradates selbst aber war eine überragende Erscheinung in der vorderasiatischen Welt, er war von hoher Intelligenz und hatte es gelernt, alle Sprachen der Völker seines Reiches zu sprechen. Als Krieger und Feldherr in gleicher Weise bewährt, fand er noch die Zeit, sich Kunstsammlungen anzulegen und mit griechischen Freunden philosophische Gespräche zu führen. Die bekanntesten Griechen in seiner Umgebung waren der Philosoph Diodor von Adramyttion, ein Akademiker, und Metrodor von Skepsis. Dieser war Philosoph, Rhetor, Historiker und Geograph in einer Person, er genoß das volle Vertrauen des Königs und hat es bis zum höchsten Richter im pontischen Reich gebracht, auch er war ein geschworener Feind der Römer *(misorōmaíos)*. An dem pontischen Hof in Sinope wimmelte es von Priestern, Sekretären, Ärzten, Traumdeutern und Eunuchen, dazu kamen noch, wie einst am Hofe des persischen Großkönigs, zahlreiche Frauen und Konkubinen des Herrschers, unter ihnen Monime, griechischer Abstammung aus Stratonikeia in Karien, die Mithradates zu seiner legitimen Gemahlin erhoben hatte. Mit ihrer Mischung von griechischer Zivilisation und orientalischer Barbarei war die Hofhaltung ein Spiegelbild des Herrschers und seines aus iranischen und hellenistischen Elementen zusammengesetzten Reiches, das durch die Person des Königs zu einer Einheit zusammengefaßt wurde.

Rom und Italien waren nach Sullas Fortgang den Popularen preisgegeben. Von den beiden Consuln des Jahres 87, Cn. Octavius und L. Cornelius Cinna, war der letztere ein Anhänger des Marius, er erneuerte die Gesetze des Sulpicius, wurde dann aber gezwungen, Rom zu verlassen, an seiner Statt wurde L. Cornelius Merula zum Consul gewählt. Cinna aber rief Marius zurück; dieser ging in Etrurien an Land und gewann die Hilfe der immer noch aufständischen Samniten. Der Senat, der seinen führenden Mann, Cn. Pompejus Strabo, im Verlauf einer schweren Seuche (angeblich durch Blitzschlag) verloren hatte, war mehr oder weniger hilflos. Marius zog gegen Rom, die Stadt mußte kapitulieren, Cinna wurde als Consul wieder eingesetzt, die Gesetze des Sulla für ungültig erklärt. Die Marianer übten blutige Rache: zahlreiche führende Mitglieder der Optimaten wurden getötet, unter ihnen auch die beiden Consuln des Jahres 87, Cn. Octavius und L. Cornelius Merula. Auch der Kimbernsieger Q. Lutatius Catulus und der Redner M. Antonius fanden den Tod. Am 1. Januar 86 trat Marius sein siebentes Consulat an, er starb aber schon am 13. Januar. Zum Nachfolger bestellte Cinna den L. Valerius Flaccus, ihm wurde auch das Kommando gegen Mithradates übertragen. Im übrigen ist die Zeit vom Ausgang des Jahres 87 bis 84 gekennzeichnet durch die Herrschaft der Popularen in Rom, in Italien und in den westlichen Provinzen. Der Senat war nicht Herr seiner Entschlüsse. Als Sulla nach dem Abschluß des Friedens von Dardanos (85) seine bevorstehende Rückkehr nach Italien ankündigte, war der Senat zu einem Übereinkommen mit ihm bereit, aber die eingefleischten Marianer waren dagegen, Cinna wollte sogar nach Griechenland übersetzen und dem Sulla das Kommando streitig machen, er wurde aber von meuternden Truppen erschlagen (84). Eine ernsthafte Opposition war, solange Cinna lebte, nicht vorhanden gewesen, und auch sein Tod ist auf ein ganz unpolitisches Ereignis zurückzuführen. Nach Cinnas Ende blieb Cn. Papirius Carbo allein Consul – Sulla hatte jedoch in Rom und in Italien zahlreiche Anhänger. So stellte der junge Cn. Pompejus in Picenum auf seine eigenen Kosten ein Heer von zwei Legionen auf, das er später dem Sulla zugeführt hat.

Mit der Rückkehr Sullas nach Italien (im Frühjahr 83) beginnt ein neuer Abschnitt der römischen Geschichte. Sulla landete mit 1600 Schiffen und mit 40 000 Mann kampfgeübter Soldaten bei Brundisium. Er fand sogleich reißenden Zulauf, Q. Caecilius Metellus (der Jüngere) und Cn. Pompejus schlossen sich ihm unter den ersten an. Pompejus war ein Besitzer großer Latifundien in Picenum, erst 23 Jahre alt, von brennendem Ehrgeiz beflügelt; Metellus Pius war dagegen ein bereits bewährter Heerführer, der sich im Kampfe gegen die Marser ausgezeichnet hatte. Für Sulla war der Übergang der beiden Männer mit ihren Gefolgschaften in sein Lager ein großer Gewinn, seine Anhänger wagten sich nun wieder offen hervor. In politisch kluger Weise erkannte Sulla die Aufnahme der Bundesgenossen in das römische Bürgerrecht an und akzeptierte auch ihre Einschreibung in alle römischen Tribus, womit ein gefährlicher Zündstoff aus der Welt geschafft war. Den Gegnern fehlte es an einer einheitlichen Führung, die beiden Consuln des Jahres 83, L. Cornelius Scipio Asiaticus und C. Norbanus, waren dem Sulla als Feldherrn beträchtlich unterlegen. An nicht weniger als drei Kriegsschauplätzen mußte zu gleicher Zeit gekämpft werden: in Campanien (wo Sulla am Berge Tifata einen Sieg über C. Norbanus davontrug), in Norditalien und in den adriatischen Küstenlandschaften. Auch in Latium behielt Sulla die Oberhand, der Jüngere Marius wurde in Praeneste eingeschlossen und belagert. In Rom herrschte der nackte Terror, eine besonders unrühmliche Rolle spielte der Prätor urbanus Iunius Brutus Damasippus. Erst im Frühjahr 82, nach einem Siege bei Sacriportus, erzwang Sulla den Eintritt in die Stadt. Versuche der Marianer, Rom zurückzugewinnen, endeten mit ihrer Niederlage am Collinischen Tore (1. November 82), nachdem sie am Tage zuvor noch siegreich gewesen waren. An den Kämpfen vor Rom und bei Praeneste nahmen auf seiten der Marianer auch zahlreiche Samniten teil, die einen hohen Blutzoll entrichten mußten. Als letzte Stützpunkte der Marianer hielten sich übrigens Nola bis in das Jahr 80, Volaterrae sogar bis 79 v. Chr. Der blutige Bürgerkrieg zwischen Sulla und den Anhängern des Marius war die hohe Schule der Kriegskunst für so manche jungen Römer. Während Sertorius auf seiten der Marianer in Campanien kämpfte und im Jahre 83 nach Spanien gesandt wurde, haben sich unter Sullas Feldzeichen Crassus und Pompejus ausgezeichnet, der erste in der Schlacht am Collinischen Tore. Den glänzendsten Aufstieg aber nahm der noch sehr jugendliche Cn. Pompejus (*106), der Sohn des Pompejus Strabo. Er stammte aus einer Familie der plebejischen Nobilität, von den Altadligen wurde Pompejus immer als Emporkömmling betrachtet, was seine spätere Zusammenarbeit mit dem Senat erschwert und vielfach sogar belastet hat. Sulla hatte den jungen Mann als Imperator begrüßt. Wo er auch das Kommando führte, überall heftete sich der Sieg an seine Fahnen: er gewann Sizilien für Sulla, unterwarf in 40 Tagen die Provinz Africa, worauf ihn Sulla (im Jahre 81?) zum Triumph zuließ. Überhaupt ist es seine Begabung als Feldherr gewesen, die Pompejus nach oben geführt hat. Auf dem politischen Parkett hat er sich Zeit seines Lebens nicht besonders wohlgefühlt.

Mit dem Siege Sullas aber kamen die *Proskriptionen*. Die Namen der Geächteten wurden auf eine Liste gesetzt und diese öffentlich ausgehängt. Die erste Liste enthielt 80 Namen, darunter vier Consulare. Jeder Römer, der nach Mitte Mai 83 ein Amt unter den Marianern bekleidet hatte, wurde automatisch proskribiert. Im übrigen aber hatten die Proskriptionen keine gesetzliche Grundlage, sie waren reine Willkür, Sulla versuchte mit ihnen, seinen Rachedurst gegenüber seinen ehemaligen Gegnern zu befriedigen. Rund 40 Senatoren, 1600 Ritter und zahlreiche andere Bürger haben dabei den Tod gefunden. Nicht wenige unter ihnen sind wegen ihres großen Vermögens auf die Liste gekommen, sie waren das Opfer von Denunzianten und Henkern, die sich an dem Gut der Proskribierten bereicherten. Manche Römer haben in dieser Zeit die Grundlage zu ihrem großen Vermögen gelegt, dies gilt insbesondere von M. Licinius Crassus, aber auch für einige Freigelassene Sullas. So hat Chrysogonus mit leichter Mühe Güter im Werte von sechs Millionen Sesterzen erworben, und zwar für den Spottpreis von nur 6 000 Sesterzen! Insbesondere unter den Rittern, der Geldaristokratie, waren die Verluste an Menschenleben und Vermögen erschreckend. Empörend und in der ganzen römischen Geschichte ohne Vorbild war die von Sulla verordnete Sippenhaftung: selbst die Söhne und sogar die Enkel der Proskribierten sollten in Zukunft von allen Ämtern ausgeschlossen sein! Auch die Italiker, vor allem die Samniten und Etrusker, wurden dezimiert, sie hatten außerdem riesige Kontributionen zu entrichten.

Seine Macht verankerte Sulla vor allem durch die Ansiedlung von Veteranen. Sie wurden in verschiedenen Gegenden Italiens, in Campanien, Etrurien und Samnium, konzentriert. Mit den Veteranen kam ein starkes römisches und latinisches Element in diese Landschaften. So wurde in Campanien das Oskische zurückgedrängt, ein Vorgang, der sich in den Inschriften von Pompeji widerspiegelt. Dies ist vielleicht die wichtigste Folge der sullanischen Ansiedlungspolitik. Nicht gelöst wurde freilich die Agrarfrage, zumal da die ehemaligen Soldaten wenig Lust und Liebe für die Landwirtschaft mitbrachten. Aber Sulla wollte, anders als die Gracchen, gar nicht das Agrarproblem lösen, er wollte seine Herrschaft befestigen, und dies ist ihm auch gelungen. Als die Welle der Proskriptionen vorüber war, am Ende des Jahres 82, konnte er sich als der Herr im Staate fühlen. Rom hatte zu diesem Zeitpunkt keine Oberbeamten mehr, die beiden Consuln (Papirius Carbo und der Jüngere Marius) waren tot. L. Valerius Flaccus brachte als Interrex in den Comitien den Antrag ein, man möge alle bisherigen Verfügungen Sullas für rechtmäßig erklären. Außerdem wurde Sulla auf Grund der lex Valeria eine amtliche Eigenschaft für die Zukunft übertragen. Die Comitien aber ermächtigten den Interrex, Sulla zum *dictator legibus scribundis et rei publicae constituendae* zu ernennen. Während Mommsen die sullanische Diktatur gänzlich von den altrömischen Diktaturen getrennt und zu den außerordentlichen konstituierenden Gewalten gestellt hat, welche, wie sich Mommsen ausdrückte, die Verfassung nicht handhaben, sondern umgestalten sollen, hat Wilcken dies mit dem Hinweis bestritten, daß die wesentlichen Züge der älteren Diktatur, wie z. B. die *dictio* und die *abdicatio,* auch bei Sulla zu erkennen seien. Was die Diktatur Sullas über die älteren ihrer Art heraushebt, ist der spezielle Auftrag für die Abfassung der Gesetze und die Neuordnung des Staates. Dieser Auftrag ist ein umfassendes Ermächtigungsgesetz, das ihm das Volk in die Hand gegeben hat. Im übrigen vereinigte der Diktator Sulla in seiner Person eine Machtfülle, wie sie vor ihm kein Römer jemals besessen hatte. Von seinen Veteranen wurde er geradezu vergöttert, dazu verfügte er über eine persönliche Leibgarde, die 10 000 Cornelier, Freigelassene, die sich mit ihrem Patronus auf Tod und Leben verbunden fühlten. Seit dem Tode des Jüngeren Marius führte Sulla den Beinamen Felix (griech. Epaphroditos), er fühlte sich als Schützling der Göttin Fortuna-Aphrodite. In der Tat hatte er allen Grund dazu: er war im Jahre 82 der bei weitem mächtigste Mann nicht nur in Rom und in Italien, sondern in der ganzen Oikumene.

In das Jahr 81 fällt wahrscheinlich die Mehrzahl der sullanischen Gesetze *(leges Corneliae)*. Aus reaktionärem Geiste geboren, sollten sie die Senatsherrschaft in Rom wiederherstellen und für alle Zukunft verankern, der Ritterstand wurde dagegen zur völligen Bedeutungslosigkeit verurteilt, die politischen Rechte der Volkstribunen stark beschnitten, und zwar mit vollem Recht, da die Volkstribunen längst nicht mehr die Anwälte der Plebs waren, sondern vielfach die populare Politik in einseitiger Weise begünstigt hatten. Das *ius intercedendi* der Volkstribunen wurde eingeschränkt, der weitere Aufstieg in der Ämterlaufbahn untersagt. Die Gerichte aber wurden ganz in die Hände des Senatorenstandes gegeben. Die staatlichen Getreideverteilungen *(frumentationes)*, eine große Belastung der Staatsfinanzen, wurden abgeschafft. Auf Grund einer *lex de sacerdotiis* sollten die Mitglieder der vier *amplissima collegia* der Priesterschaft fortan wieder kooptiert werden, die seit dem Jahre 103 bestehende Wahl durch das Volk wurde wieder abgeschafft. Auch der *pontifex maximus* wurde von nun an nicht mehr gewählt, sondern durch das Kollegium der Pontifices bestellt. Der Senat wurde durch 300 neue Mitglieder ergänzt, die den vornehmsten Familien des Ritterstandes, den *equites illustres*, zum Teil aber auch den Centurionen, entnommen wurden. Die Söhne der Senatoren figurierten in dieser ihrer Eigenschaft als Ritter mit Staatspferd *(equites equo publico)*, es sei denn, daß sie bereits ein Staatsamt bekleidet hatten. Diese Maßnahme führte zu einer Annäherung und darüberhinaus zu einer gewissen Verschmelzung der beiden ersten Stände, doch behielten die Senatoren die uneingeschränkte Führerschaft. Die neuen Senatoren ließ Sulla durch Volkswahl bestellen, ein Vorgang ohne Beispiel in der römischen Geschichte, der nur verständlich wird, wenn man weiß, daß die Comitien in jeder Weise dem Diktator gefügig waren. Wer zum Quästor gewählt wurde, gehörte ohne weiteres dem Senat an. Auf eine Überprüfung seiner Mitglieder *(lectio senatus)* seitens des Censors verzichtete man; die Censur selbst verschwand in der Versenkung, erst im Jahre 70 ist sie neu erstanden.

Womöglich noch einschneidender waren die sullanischen Reformen auf dem Gebiete des Gerichtswesens. Die Volksgerichte, denen der Diktator nicht traute, wurden ausgeschaltet, an ihrer Stelle die Quästionen zu ständigen Gerichtshöfen umgebildet *(quaestiones perpetuae)*. Zu der schon seit dem Jahre 149 bestehenden *quaestio repetundarum* kamen noch die Gerichtshöfe über Amtserschleichung, Unterschleif im Amt und Majestätsbeleidigung *(quaestiones ambitus, peculatus, maiestatis)*. Neu eingerichtet wurde zur Ahndung von Verbrechen ein Gerichtshof für Mörder und Giftmischer *(quaestio inter sicarios et veneficii)*, dazu ein anderer, der insbesondere für Testamentsfälschungen *(quaestio de falsis)* zuständig war. Nimmt man noch den Gerichtshof gegen Ehrverletzungen *(quaestio iniuriarum)* hinzu, so steht man hier vor einer grundlegenden Neuordnung des römischen Gerichtswesens, der eine bedeutende Fernwirkung bis tief hinein in die römische Kaiserzeit beschieden gewesen ist. Gewisse Ansätze der früheren Zeit hat Sulla in genialer Weise benutzt, um einen völligen Neubau zu errichten.

Nicht weniger grundlegend aber waren die sullanischen Reformen auf dem Gebiete der allgemeinen Staatsverwaltung. Durch die Vermehrung der Stellen der hohen Beamten wurde einem dringenden Bedürfnis der Staatsverwaltung abgeholfen. So wurde die Zahl der Prätoren von sechs auf acht, die Zahl der Quästoren von zehn auf zwanzig heraufgesetzt. Von den Prätoren übten zwei, der *praetor urbanus* und der *praetor peregrinus*, die Zivilgerichtsbarkeit aus, die übrigen leiteten die *quaestiones perpetuae*. Nach dem Ablauf ihres Amtsjahrs gingen sie als Statthalter in die Provinzen, deren Zahl sich durch die Einbeziehung der Gallia Cisalpina auf zehn erhöht hatte. Während ihres Amtsjahres blieben die Oberbeamten (die Consuln und Prätoren) in Rom. Sulla trennte damit die Magistraturen von den Promagistraturen, eine folgenschwere Neuerung, sie ist in der gesamten Zeit der späteren Republik ebenso wie in der Kaiserzeit in Geltung geblieben. Für die Bekleidung der Prätur hat Sulla anscheinend das 40. Lebensjahr, für das Konsulat das 43. festgesetzt. Iteration des Konsulats war erst nach Ablauf von zehn Jahren gestattet.

Niemand wird die Größe und die Konsequenz der sullanischen Gesetzgebung verkennen. Der Diktator hat den ihm verliehenen Auftrag, neue Gesetze zu geben, in umfassender Weise erfüllt. Aber die Neuordnung als Ganzes war zu sehr auf die Herrschaft des Senatorenstandes zugeschnitten. Dieser war nämlich längst nicht mehr intakt, er wies im Gegenteil bedenkliche Zersetzungserscheinungen auf, die keinem Zeitgenossen verborgen geblieben sein können. Sulla selbst hatte durch seine rücksichtslosen Proskriptionen hierzu wesentlich beigetragen. Unter Sulla aber ist der Senat noch einmal der eigentliche Träger der Reichsregierung geworden. Für das Volk dagegen legte der Diktator eine souveräne Mißachtung an den Tag, die Comitien waren zu leeren Abstimmungskörpern geworden, in denen sich niemand dem Gebot des allmächtigen Herrschers zu widersetzen wagte. Die Neuordnung des Staates, vor allem aber die Ansiedlung der vielen Veteranen, kostete teueres Geld. Da hierfür selbst die Raubgelder der Proskriptionen nicht ausreichten, wurden die befreundeten Könige zu den Kosten mitherangezogen. Es gab einen Thronwechsel in Alexandrien im Jahre 80: in diesem Jahre starb Ptolemaios IX. Soter II.; nach einer kurzen Zwischenregierung von wenigen Tagen des Ptolemaios XI. Alexander II. bestieg der zwölfte Ptolemäer (Neos Dionysos, im Volksmund Auletes, der ‹Oboenspieler›, genannt) den Thron, während die Insel Cypern seinem Bruder zufiel, der unter dem dynastischen Namen Ptolemaios in die Geschichte eingegangen ist. In Ägypten aber war Rom Trumpf. So mußte der 12. Ptolemäer jahrzehntelang um die Anerkennung seitens der Römer zittern. Zudem schwebte über seinem Haupte wie ein Damoklesschwert das Testament des 11. Ptolemäers, das, wie es hieß, die Römer zu Erben einsetzte.

Im Jahre 79 legte Sulla die Diktatur freiwillig nieder. Er kam damit der Abdikationspflicht nach. Dies ist ihm von Späteren oft verdacht worden; so hat ihn Caesar geradezu als einen politischen Analphabeten bezeichnet. Das Rätsel, das dieser Vorgang aufgibt, liegt in Sullas Persönlichkeit: einmal im Vollbesitz der Macht, und zwar in einer Fülle, wie sie vor ihm kein Römer je besessen hatte, hat sie ihn nicht mehr interessiert. Für seinen persönlichen Schutz brauchte er sie nicht, dafür hatte er seine Veteranen und die Cornelier. Schon ein Jahr später (78. v. Chr.) starb er an einem Blutsturz. Am Ausgang seines Lebens hatte er sich, wie so mancher Staatsmann vor und nach ihm, mit der Niederschrift seiner Memoiren *(Res gestae)* beschäftigt, ihre Rekonstruktion ist noch heute eine wichtige, wenn auch schwer lösbare Aufgabe der Wissenschaft. Zweifellos war Sulla ein genialer Einspänner unter seinen Zeitgenossen. In seiner Brust verband sich kühle Berechnung mit ganz unergründlichen emotionellen Regungen; wie in der Liebe, so war er auch im Haß ein Übermensch. War er aber wirklich ein entwurzelter Nobilis vom Schlage eines Cinna oder eines Catilina (Piganiol)? Oder war er ein übersteigertes Abbild eines echten Aristokraten (Berve)? Seine hohe Intelligenz ist ganz unverkennbar, sie zeigt sich nicht nur in seiner Diplomatie, sondern auch in seiner Kriegführung. Zu einem großen Staatsmann aber fehlte ihm vieles: so sehr man die Größe seines Reformwerkes anerkennen muß, so entbehrten seine Bemühungen doch einer in die Zukunft weisenden Linie. Und was am schwersten ins Gewicht fällt: er kannte in der Politik keine Versöhnung. Dadurch hat Sulla den Tod vieler Tausende seiner Gegner verursacht, die allein das Unglück hatten, im Dienst für eine verlorene Sache gestanden zu haben.

In den letzten Jahren seines Lebens war Sulla in *Sertorius*, einem Anhänger Cinnas und der Popularen, ein Gegner erstanden. Als Prätor im Jahre 83 nach Hispania Citerior gesandt, hatte Sertorius sich hier zunächst nicht behaupten können, er mußte in Mauretanien Zuflucht suchen, erst im Jahre 80 war er nach Spanien zurückgekehrt. Sullas Beauftragte in Spanien und Südgallien vermochten gegen ihn militärisch wenig auszurichten, Sertorius beherrschte einen großen Teil der diesseitigen Provinz bis zum Fuß der Pyrenäen. Sein Hauptquartier wurde zur Zufluchtsstätte zahlreicher alter Freunde des Marius. Aus ihnen bildete Sertorius einen regelrechten Gegensenat. Mit den Einheimischen wußte sich Sertorius aufs beste zu stellen, in Osca (heute Huesca) gründete er für die vornehmen jungen Spanier eine Ritterakademie, hier wurden sie ganz wie die Söhne der Römer erzogen. Sertorius überlebte zwar den Tod des Diktators, aber schon im Jahre 77/76 begann der Endkampf gegen Pompejus, dem Sertorius nicht gewachsen war (s. S. 166 f.). Wenn die Herrschaft des Sertorius in Spanien auch nur von kurzer Dauer war, so hat sie dennoch eine gewisse geschichtliche Bedeutung: war doch hier auf dem Boden einer Provinz, fern von Rom, zum ersten Male ein Gegenbild der Hauptstadt im Werden. So steht Sertorius ganz am Anfang einer Entwicklung, die in der Kaiserzeit in den Erhebungen des Galba, Vitellius und Vespasian in den Provinzen ihr Ziel findet.

Den Ereignissen im Osten hat Sulla nach seiner Rückkehr nach Italien kaum noch Beachtung geschenkt. Hier hatte der Statthalter *(propraetor)* der Provinz Asia, L. Licinius Murena, den 2. Mithradatischen Krieg (83–82) vom Zaun gebrochen. Die Römer waren in das pontische Reich eingefallen, ein Zeichen dafür, daß die Kriege immer mehr den Charakter von organisierten Raubzügen anzunehmen begannen. Für seine Erfolge war Murena sogar als Imperator ausgerufen worden, auch einen Triumph hatte man ihm bewilligt – ein charakteristisches Zeichen für die zunehmende Entwertung alter hoher Ruhmestitel. Mithradates hatte sich militärisch sehr zurückgehalten, er hatte sich aber über den Bruch des Friedens von Dardanos förmlich beschwert und es schließlich auch erreicht, daß Murena den Krieg auf einen Machtspruch Sullas hin einstellen mußte.

Bei Sullas Tod war der einzige ernsthafte Gegner Roms der pontische König Mithradates VI. Eupator. Die Uhr der hellenistischen Staaten zeigte die letzten Stunden an. Das Ptolemäerreich war von Rom abhängig, es gab zwei Könige, einen in Alexandrien und einen in Cypern; die Cyrenaica war dagegen schon im Jahre 96 v. Chr. durch das Testament des Ptolemaios Apion, eines illegitimen Sohnes des 8. Ptolemäers, an Rom gefallen, aber erst im Jahre 74 haben die Römer die Landschaft in eine Provinz umgewandelt, die später zusammen mit Kreta verwaltet worden ist. Das Seleukidenreich hatte seine Großmachtstellung im Jahre 129 v. Chr. infolge der Niederlage des Antiochos VII. Sidetes gegen die Parther für alle Zeiten verloren. Die folgenden Jahrzehnte seiner Geschichte sind angefüllt mit nahezu unaufhörlichen Prätendentenkämpfen, in die auch die Ptolemäer eingegriffen haben. In der Zeit zwischen 83 und 69 v. Chr. war der Rest, Syrien und Kilikien, eine Provinz des Königreiches Armenien unter Tigranes I., dem Schwiegersohn des Mithradates.

Die Römer haben diese Veränderungen geduldet, da sie die vitalen Interessen des Imperiums nicht berührten. Die geringe Aufmerksamkeit, die Sulla in den letzten Jahren seiner Herrschaft den Provinzen zugewandt hat, führte in ihnen zu wenig erfreulichen Zuständen: es war kein Wunder, wenn sich die römischen Statthalter als die Herren der Welt fühlten und dies auch die Untertanen verspüren ließen! Die Provinzen und die Länder der verbündeten und befreundeten Könige waren für die herrschende Klasse unter den Römern nur *praedia populi Romani*, die Untertanen nur Lastenträger im Dienste einer Gesellschaft, die sich skrupellos am Vermögen der Untertanen bereicherte, ohne sich auch nur im geringsten ihrer Pflichten gegenüber den unterworfenen Völkern bewußt zu werden. Die römische Provinzialverwaltung war, wenn es auch an Gegenbeispielen nicht fehlt, im großen und ganzen ein öffentliches Ärgernis. Insbesondere die Bewohner des römischen Kleinasien hatten allen Grund, sich nach der patriarchalischen Administration der hellenistischen Könige zurückzusehnen, unter denen es ihnen unvergleichlich besser ergangen war. Die Zeit eines systematischen Aufbaus durch die neuen Herren, die Römer, war noch nicht gekommen, es fehlte hierzu weniger an Mitteln als an der rechten Gesinnung; denn trotz vielfacher Berührung mit dem Griechentum, mit griechischer Philosophie und Literatur, war es zu einer entscheidenden Umprägung des Römertums durch den griechischen Geist noch nicht gekommen. Dagegen schuf die Verleihung des römischen Bürgerrechts an die Italiker eine sehr viel breitere Grundlage für die Romanisierung weiter Bezirke des Westens. So wurde nicht nur die Durchdringung Oberitaliens (Gallia Cisalpina), sondern auch Südgalliens (Gallia Narbonensis) und des diesseitigen Spaniens (Hispania Citerior), das letztere vor allem durch das Werk des Sertorius, stark gefördert. Der kriegerischen Expansion Roms im Osten trat die friedliche Romanisierung des Westens gleichwertig an die Seite, ein Vorgang, der für die Entwicklung der Zivilisation Westeuropas von unabsehbarer Bedeutung gewesen ist.

18. Das Zeitalter des Gnaeus Pompejus (78–60 v. Chr.)

Die überragende Persönlichkeit in dem Zeitalter zwischen dem Tode Sullas und dem 1. Consulat Caesars (59 v. Chr.) ist ohne Zweifel *Cn. Pompejus* (*106, †48 v. Chr.). Schon seine Zeitgenossen haben ihn Pompejus Magnus genannt. Pompejus ist der erste Römer, dem diese außergewöhnliche Ehrung zuteil geworden ist. Der Beiname Magnus stellte ihn an die Seite des Makedonen Alexander. In der Tat hat Pompejus wie kaum ein anderer Römer zur Mehrung des römischen Ansehens in aller Welt beigetragen. Er hat die großen Feinde des römischen Volkes niedergeworfen: Sertorius, die Seeräuber, Mithradates VI. Eupator. Pompejus hat das Mittelmeer befriedet und von den Piraten gesäubert. Er hat die Grenzen des Imperiums weit nach dem Osten vorgetragen und nach Errichtung der Provinz *Syria* den Euphrat zur Grenze zwischen Rom und dem Partherreich gemacht. Wie einst Cornelius Scipio Africanus, so ist auch Pompejus einer der großen Baumeister des Imperium Romanum gewesen. Seine Leistung ist um so beachtlicher, weil sie gegen den offenen und geheimen Widerstand eines großen Teils seiner Standesgenossen errungen werden mußte.

Innenpolitisch stehen die ersten Jahre nach Sullas Tod im Zeichen eines erneuten Ringens um die Verfassung des res publica. Außenpolitisch werden sie bestimmt durch den Krieg gegen Sertorius in Spanien. An beiden Ereignissen ist Pompejus maßgebend beteiligt. Als M. Aemilius Lepidus (Consul 78 v. Chr.), ein alter Anhänger des Marius, den Versuch unternahm, nicht nur ein neues Getreidegesetz durchzubringen, sondern auch die Verbannten zurückzurufen und die durch die sullanischen Veteranen um ihr Land gebrachten Italiker zu restituieren, da erklärte ihn der Senat zum *hostis publicus,* Q. Lutatius Catulus und Pompejus aber wurden auf Grund des *senatus consultum ultimum* mit der Kriegführung gegen Lepidus beauftragt (77 v.Chr.). Die Bewegung konnte mit leichter Mühe niedergeworfen werden, Lepidus entwich nach Sardinien und starb hier. Seine Soldaten aber übernahm M. Perperna und führte sie dem Sertorius zu.

In *Spanien* stand Sertorius im Jahre 77 auf dem Höhepunkt seiner Macht. Er hatte das gesamte diesseitige Spanien *(Hispania Citerior)* seiner Herrschaft unterworfen, sein Machtbereich erstreckte sich vom Guadiana bis an den Fuß der Pyrenäen, er verfügte über ein schlagkräftiges Heer, das sich dem Q. Caecilius Metellus Pius, dem Beauftragten Sullas und des Senates, durchaus gewachsen, wenn nicht überlegen gezeigt hatte. Aber das Bild veränderte sich, als Pompejus in Katalonien erschien (Ende 77 oder Anfang 76). Nach einem mühevollen Marsch über die Alpen, durch Südgallien und über die Pyrenäen hatte er, wahrscheinlich bei Emporiae, den Boden der iberischen Halbinsel betreten. Pompejus war im Besitz eines *imperium proconsulare,* für einen noch nicht Dreißigjährigen eine hohe Auszeichnung. Aber auch Pompejus mußte Lehrgeld zahlen, er unterlag dem Sertorius bei Lauro (südlich von Sagunt) und sah sich gezwungen, sein Heer wieder bis an die Pyrenäen zurückzunehmen. Im Jahre 75 aber begann sich das Blatt zu wenden, Metellus und Pompejus gewannen mehr und mehr die Oberhand, in einer zweiten Schlacht bei Lauro siegte Metellus über Perperna, während Pompejus noch einmal gegen Sertorius den kürzeren zog. Die Schwierigkeiten, denen sich Pompejus gegenübergestellt sah, schildert ein Brief, den Pompejus an den römischen Senat gerichtet hat. Im gleichen Jahre hatte Sertorius Verhandlungen mit Mithradates aufgenommen, der pontische König hatte zwei römische Offiziere (L. Magius und L. Fannius) mit einem Bündnisangebot nach Spanien gesandt. Das Ergebnis war ein Abkommen, Mithradates verpflichtete sich, 40 Schiffe zu stellen und 3 000 Talente zu zahlen. Sertorius aber versprach seinerseits, gewisse Gebiete Kleinasiens abzutreten und eine Militärmission an den Hof des Mithradates zu entsenden. Bei den kleinasiatischen Ländern handelt es sich um Bithynien, Kappadokien, Paphlagonien und Galatien – sämtlich Klientelfürstentümer, die sich nicht in unmittelbarem römischen Besitz befanden. Die Frage, ob Sertorius auch die römische Provinz Asia abgetreten hat, bleibt weiter umstritten. Die Konzessionen aber werfen dunkle Schatten auf den Charakter des Sertorius. Läßt sich sein Verhalten damit erklären, daß er, um sich selbst zu erhalten, sich dazu gezwungen glaubte? Oder hielt Sertorius einen wirklichen Ausgleich zwischen Rom und dem pontischen König für möglich? Wir wissen es nicht. Auf jeden Fall ging es mit Sertorius im Jahre 74 bergab. Seine Gegner, Metellus und Pompejus, die in den früheren Jahren vorwiegend an der Küste operiert hatten, wagten sich jetzt in das Binnenland vor; das von Sertorius kontrollierte Gebiet schrumpfte auf einige wenige Stützpunkte bei den Keltiberern und an der Ostküste (Tarraco, Valentia, Dianium) zusammen. Es bildete sich unter seinen Anhängern eine Opposition unter M. Perperna. Als ihr Opfer ist Sertorius gefallen (72 v. Chr.). Pompejus aber ließ nach seiner Rückkehr nach Italien auf der Höhe des Pyrenäenpasses des Col Perthus ein Siegesdenkmal errichten. Die Inschrift verkündete, er habe im Krieg gegen Sertorius von den Alpen bis an die Grenze der Hispania Ulterior nicht weniger als 876 Städte erobert. In Rom aber gab es Stimmen, welche die Ruhmsucht des Pompejus heftig kritisierten. Auf der Rückkehr nach Italien, im Frühjahr 71, konnte Pompejus eine Schar von 5 000 Sklaven vernichten, sie waren durch die Einschließungslinien des Crassus hindurchgebrochen und hatten Oberitalien unsicher gemacht. Pompejus galt nun als der eigentliche Sieger des Sklavenkrieges, sein Ruhm verdunkelte den des Crassus, obwohl dies den historischen Tatsachen nicht gerecht wurde.

Am 1. Januar 70 v. Chr. trat Pompejus sein erstes Consulat an, zusammen mit M. Licinius Crassus. Bei der Person des Pompejus sctzte man sich über die sullanische Ämterordnung hinweg, denn er war noch nicht einmal 36 Jahre alt. Das Consulat war das Ergebnis einer Absprache mit seinem Kollegen, der Senat war durch die Heere der beiden Machthaber eingeschüchtert worden. Zu den Gefolgschaften der beiden Consuln gehörten zahlreiche ehemalige Marianer, die Stunden der sullanischen Reaktion waren gezählt. In der Tat hat das Jahr 70 v. Chr. eine Reihe wichtiger Reformen gesehen, insbesondere wurden alle Beschränkungen, welche die Volkstribunen in ihrer weiteren Ämterlaufbahn behinderten, wieder aufgehoben. Außerdem erhielten sie die Initiative zu den Gesetzesanträgen zurück, eine Befugnis, die im Zeitalter der Bürgerkriege zwischen Cäsar und Pompejus eine wichtige Rolle gespielt hat. Auch die *lex iudiciaria* des Sulla kam zu Fall. Von nun an setzten sich die Gerichtshöfe zu je einem Drittel aus Senatoren, Rittern und Ärartribunen zusammen *(lex Aurelia)*. Den Rittern wurde außerdem die Provinz Asia wieder überantwortet, damit hatten die Steuerpächtergesellschaften *(societates publicanorum)* ein neues einträgliches Betätigungsfeld gefunden. Mit der Erneuerung der Censur verband sich eine *lectio senatus*, sie kostete 64 Mitgliedern des Senats, zumeist Kreaturen Sullas, den Senatssessel und die senatorischen Standesabzeichen. In das gleiche Jahr (70) fällt der Prozeß des Verres, des ehemaligen Proprätors von Sizilien, wegen Repetunden. Ankläger war Cicero, Altersgenosse des Pompejus, Verteidiger war der berühmte Redner Q. Hortensius. Da seine Verurteilung so gut wie sicher war, entzog sich Verres dem Urteil und ging freiwillig in die Verbannung. Es war das erste Mal, daß in Rom die Sache griechischer Provinzialen mit durchschlagendem Erfolg vertreten worden war.

Der 3. Mithradatische Krieg (74–67): Nicht zuletzt durch die Schuld Sullas, der auf eine schriftliche Ausfertigung des Friedens von Dardanos (85) verzichtet hatte, war die Lage in Kleinasien auch in den darauf folgenden Jahren weithin ungeklärt geblieben. Der 2. Mithradatische Krieg des L. Licinius Murena (s. S. 164) hatte daran nichts geändert. Eine bemerkenswerte Verlagerung des östlichen Gleichgewichts aber brachte der Aufstieg des Königreichs Armenien unter Tigranes I., der sich in Tigranokerta (Maijafariqin in Nordmesopotamien) eine neue Hauptstadt errichtet hatte. In ihr hatten zahlreiche Griechen, die aus Kilikien und Kappadokien zwangsweise umgesiedelt worden waren, unter dem Patronat des Tigranes, des «Königs der Könige», eine neue Heimat gefunden. Sehr viel näher aber lag den Römern das westkleinasiatische Königreich *Bithynien*. In ihm gab es im Jahre 75 oder 74 v. Chr. eine wichtige Veränderung: der König Nikomedes IV. Philopator, ein treuer Vasall der Römer, starb und vermachte sein Reich den Römern. Diese aber hatten in Mithradates VI. einen entschlossenen Rivalen; er war nicht gewillt, den Römern Bithynien zu überlassen, und zwar um so weniger, als er einen Rechtstitel auf das Königreich zu besitzen glaubte, den ihm Sertorius in die Hand gegeben hatte (s. S. 167). Mithradates war vorzüglich gerüstet, er konnte sich dazu auf die Hilfe der Seeräuber verlassen, auch aus Thrakien kam ihm Zuzug. In Rom entschied man sich für den Krieg, den Consuln des Jahres 74 wurde das Kommando gegen Mithradates anvertraut, und zwar erhielt L. Licinius Lucullus die Provinzen Kilikien und Asien, dazu den Oberbefehl gegen den pontischen König, M. Aurelius Cotta dagegen Bithynien und den Oberbefehl über die Flotte, eine wenig glückliche Anordnung, die in der Tat zu Schwierigkeiten geführt hat. Dem Lucullus stellte man fünf Legionen zur Verfügung, darunter allerdings zwei ehemalige des Fimbria, mit deren Disziplin es nicht zum besten stand. Lucullus war ein Feldherr und Diplomat von hohem Rang, aber er vermochte es nicht, die Herzen seiner Soldaten zu gewinnen, dazu stand er mit den mächtigen Publikanen auf gespanntem Fuß, ein Umstand, der zu seinem späteren Sturz entscheidend beigetragen hat. Mithradates machte sich an die Belagerung der reichen Stadt Kyzikos, mußte sie jedoch, von Lucullus bedrängt, wieder aufgeben (Winter 74/73 v. Chr.). Im Jahre 73 betrat zum ersten Mal ein römisches Heer das Königreich Pontos. Mithradates, in einem Treffen bei Kabeira am Lykos geschlagen, wich nach Armenien aus (72). Die Römer machten sich an die Belagerung der festen Städte Kabeira, Amisos, Herakleia, Amastris und Tios. Es war dies keine leichte Aufgabe, die Städte waren stark befestigt, außerdem erhielten sie, durch die Piraten, Hilfe von außen und widerstanden den Römern zum Teil viele Monate. Sinope, die Residenz des Königs, fiel erst im Jahre 70, als letzte Gemeinde Amaseia, die Heimat des Geographen und Historikers Strabon. Der Vizekönig des bosporanischen Reiches, Mithradates' Sohn Machares, aber schloß sich den Römern an. Zum Ruhm des Lucullus muß es gesagt werden, daß er sich in nachdrücklicher Weise für die unglücklichen Bewohner der Provinz Asia eingesetzt hat, die von der Schuldenlast des ersten Mithradatischen Krieges geradezu erdrückt wurden. Auf Befehl des Lucullus wurden die Zinsen, die eine schwindelnde Höhe erreicht hatten, auf 12½% herabgesetzt, diejenigen Zinsen aber, welche die ursprünglich geliehenen Kapitalien überstiegen, wurden überhaupt gestrichen – eine wohltätige Anordnung, die ihm die Zuneigung der Provinzialen, aber auch den Haß der römischen Kapitalisten eingetragen hat.

Mit der Offensive des Lucullus gegen Armenien im Frühjahr 69 trat der Krieg im Osten in eine neue Phase. Der römische Oberfeldherr hatte von Tigranes, dem armenischen König, die Auslieferung des Mithradates, seines Schwiegervaters, verlangt, ein Ansinnen, das jener jedoch verweigert hatte. Mit einem Heere von etwa 20 000 Mann überschritt Lucullus bei Melitene den Euphrat und wandte sich gegen die neue Hauptstadt des Reiches, Tigranokerta. Im übrigen lag der entscheidende Grund zum Feldzug in der gesteigerten Beutegier der Römer. In der Schlacht bei Tigranokerta (6. Oktober 69) triumphierte die römische Kriegskunst über ein an Zahl weit überlegenes Heer des Tigranes. Die Hauptstadt aber öffnete dem römischen Feldherrn ihre Tore. Die Beute der Römer war unermeßlich, Lucullus zog die in der Stadt weilenden Dionysischen Techniten zu seinen Siegesfeiern heran, um sich als Protektor der Hellenen feiern zu lassen. Die Einnahme Tigranokertas machte in der ganzen Welt einen tiefen Eindruck. Die Armenier aber räumten die von ihnen besetzten Gebiete des ehemaligen Seleukidenreiches, worauf in Syrien Antiochos XIII. Asiatikos mit Zustimmung des Lucullus auf den Thron

gelangte (69 v. Chr.). Der römische Oberfeldherr hatte damit den Höhepunkt seiner Erfolge im Osten erreicht, von nun an begannen die Schwierigkeiten. Die im Pontos als Besatzung zurückgelassenen Truppen verweigerten seinen Befehlen den Gehorsam, auch die in der Gordyene
stehenden Legionen wurden unbotmäßig (Frühjahr 68). Lucullus hatte
sich mit den Kapitalisten in Rom überworfen, er mußte es jetzt büßen,
daß er ihnen in Vorderasien das Geschäft verdorben hatte. Zwar konnte
er im Sommer 68 noch einmal eine großangelegte Offensive gegen die
Stadt Artaxata in Hocharmenien einleiten, es war aber die letzte, denn die
Soldaten waren überfordert und zwangen Lucullus, wieder umzukehren.
Das Heer bezog im Raum von Nisibis in Nordmesopotamien (Mygdo-
nien) Winterquartiere, Lucullus aber ging die Kontrolle über seine Soldaten immer mehr verloren. Vor allem gehorchten ihm die ehemaligen
Truppen des Fimbria nicht mehr; sie wurden von P. Clodius, dem Schwa-
ger des Lucullus, aufgehetzt. Sie standen übrigens teilweise schon an die
20 Jahre unter den Waffen und glaubten, endlich ein Recht auf Entlassung zu haben (67). Im übrigen taten Lucullus' Gegner in Rom alles, um
seine Tätigkeit zu erschweren. Nachdem er die Provinz Asia bereits im
Jahre 69 verloren hatte, wurde ihm im folgenden Jahre auch Kilikien
genommen, im Jahre 67 endlich bestellte der Senat den Consul M'.Acilius
Glabrio zu seinem Nachfolger. Ihm wurden als Provinzen Bithynien und
Pontus zugewiesen. Es war dies das Werk des Volkstribunen A. Gabinius, der in Rom die Comitien gegen Lucullus unter Verwendung primi-
tiver psychologischer Mittel einzunehmen wußte. Die Katastrophe des
Lucullus brachte das Jahr 67. Mithradates war nach dem Pontos zurückgekehrt, der Legat des Lucullus, Triarius, mußte eine schwere Niederlage
hinnehmen (bei Zela), die Soldaten des Lucullus verweigerten ihrem
Feldherrn den Gehorsam, die Reste des Heeres hat Pompejus im Jahre 66
übernommen.

Unter den Nobiles der ausgehenden römischen Republik ist *Lucullus*
eine einzigartige Erscheinung. Er war nicht nur ein talentierter Feldherr,
sondern auch ein Mann von regen geistigen Interessen. So hat er beispielsweise eine Geschichte des Bundesgenossenkrieges in griechischer Sprache
verfaßt, angeblich mit vielen Latinismen durchsetzt. Er war befreundet
mit Antiochos von Askalon, dem Haupt der athenischen Akademie, und
mit Cicero, dem er wiederholt seinen politischen Rat, wenn auch zumeist
vergeblich, geliehen hat. Sein großes Vermögen gestattete es ihm, ganz
seinen privaten Neigungen in Rom zu leben, die *horti Luculliani* auf dem
Monte Pincio sind sein Werk. Seine vielen Villen schmückte er mit großartigen Kunstgegenständen, die er sogar bezahlt haben soll, und wenn
auch ein anderer nach ihm den Gewinn des Mithradatischen Krieges ein-
geheimst hat, so bleibt doch dem Lucullus der Ruhm, die Kirsche von Ke-
rasus am Pontos nach Rom gebracht zu haben. Inmitten einer Welt, in

der allein das Geld und die politische Berechnung regierten, war Lucullus ein Mann mit Verstand und mit Herz, jedoch fehlte es ihm an der notwendigen Härte, auf die weder der Politiker noch der Feldherr verzichten kann.

Mit dem 3. Mithradatischen Krieg verbindet sich teilweise der *Seeräuberkrieg* (74–67 v. Chr.). Die Piraten waren, begünstigt durch den Niedergang der hellenistischen Oststaaten, insbesondere des Seleukidenreiches, schon seit dem Ende des 2. Jh. v. Chr. eine kriegführende Macht geworden, ihre Hauptstützpunkte bildeten die unübersichtlichen Küsten Kilikiens und die zentral gelegene Insel Kreta, von wo aus sie auch den Westen des Mittelmeeres, die Küsten Siziliens und Italiens, in Schrecken setzten. Seereisen wurden, zumal im Orient, zu einem gefährlichen Wagnis; bekanntlich ist Caesar in seiner Jugend in die Hände der Seeräuber gefallen. Die Piraten verfügten über weitreichende Verbindungen, sie verhandelten nicht nur mit Sertorius, sondern auch mit Spartacus und mit Mithradates. Die ersten Versuche der Römer, dem Seeräuberunwesen entgegenzutreten, verliefen enttäuschend. Dies gilt für den Zug des M. Antonius, des bekannten Redners, gegen die kilikischen Piraten im Jahre 102, obwohl eine rühmende lateinische Inschrift aus Korinth das Gegenteil versichert. Auch der Versuch, ein großes umfassendes Ostkommando zu errichten und mit Hilfe der hellenistischen Könige die Seeräuber in die Enge zu treiben, hat offenbar nicht zum Ziel geführt. Im Jahre 74 wußte sich der römische Senat nicht mehr anders zu helfen, als daß er dem M. Antonius (dem Sohn des Älteren M. Antonius und Vater des Triumvirn, später bekannt unter dem Beinamen *Creticus)* ein *infinitum imperium* übertrug. Im ersten Jahre seines außerordentlichen Kommandos operierte er im Westen, an den Küsten Liguriens, Spaniens und Siziliens, danach wandte er sich gegen Kreta, mußte aber eine Niederlage gegen die Piraten hinnehmen und mit ihnen einen ungünstigen Frieden schließen, der vom Senat verworfen worden ist. Mehr Erfolg war im Jahre 68 dem Q. Caecilius Metellus beschieden: er blieb in den Gewässern bei Kydonia siegreich und eroberte mehrere kretische Seestädte. Aber das Unwesen der Piraten war damit keineswegs gebannt, sie drangen sogar in die Gewässer vor Ostia ein und behinderten die Getreidezufuhr nach der Hauptstadt.

Im Januar des Jahres 67 stellte der Volkstribun A. Gabinius den Antrag, das Kommando gegen die Seeräuber einem einzelnen auf eine Zeit von drei Jahren zu übertragen *(lex Gabinia)*; jedermann in Rom wußte, daß hiermit niemand anders als Pompejus gemeint sein konnte, er war seit seinem Consulat (70) in Rom geblieben und hatte auf eine Provinz verzichtet. Es sollte ein unbegrenztes Imperium über das gesamte Mittelmeer und die Küsten bis zum 50. Meilenstein (75 km) landeinwärts sein. Im Senat erhob sich Widerstand, daß aus einem so umfassenden Kommando die Diktatur hervorgehen könne, aber die Parteigänger des Pompejus, unter ihnen auch Caesar, traten mit großer Wärme für ihn ein. Dem Pompejus wurde ein riesiges Aufgebot bewilligt, es waren nicht weniger als 20 Legionen und 500 Schiffe. In dem Kriege gegen die Seeräuber hat Pompejus ein strategisches Meisterstück vollbracht. Er teilte das gesamte Mittelmeer in 13 Bezirke ein und bestellte für jeden einen verantwortlichen Legaten. Unter ihnen finden sich Männer wie Q. Caecilius Metellus Nepos (Consul 57) und L. Cornelius Sisenna. Pompejus veranstaltete ein gigantisches Kesseltreiben vom Westen nach dem Osten, in 40 Tagen war das Mittelmeer von den Piraten reingefegt, sie sahen sich an der Küste Kilikiens zusammengedrängt und unterlagen in der Seeschlacht bei Korakesion. Pompejus aber ließ nach gewonnenem Siege Milde walten. Die ehemaligen Piraten wurden in Soloi (Pompejopolis), in Dyme in Achaia und an einigen anderen Orten neu angesiedelt. Im übrigen hatte der Krieg noch ein wenig rühmliches Nachspiel. Pompejus versuchte, sich in die kretischen Verhältnisse einzumischen, obwohl die Insel dem Kommando des Q. Caecilius Metellus unterstellt war. Es hätte wenig gefehlt, und es wäre zu einem regelrechten Krieg zwischen beiden römischen Imperiumsträgern gekommen. Kreta aber wurde im Jahre 66 in eine römische Provinz umgewandelt, sie wurde zusammen mit der Cyrenaica verwaltet (s. S. 164).

Zu Anfang des Jahres 66 beantragte der Volkstribun C. Manilius, die Führung des Krieges gegen Mithradates und Tigranes, dazu die Provinzen Bithynien, Pontus und Kilikien dem Pompejus zu übertragen. Dem Treuhänder des römischen Volks sollten alle östlich von Italien stehenden Truppen unterstellt werden, außerdem wurde ihm ein *imperium maius* gegenüber den Statthaltern der Provinzen zuerkannt. Endlich wurde es dem Pompejus anheimgestellt, nach seinem eigenen Ermessen Krieg zu führen und Frieden zu schließen. Die Vollmachten des Pompejus waren um so größer, wenn man in Betracht zieht, daß die ihm auf eine Zeit von drei Jahren verliehenen Befugnisse auf Grund der lex Gabinia noch keineswegs erloschen waren! So ist das Jahr 66 der ganz unbestreitbare Gipfelpunkt im Leben des Cn. Pompejus, er war noch nicht ganz 40 Jahre alt und konnte sich mit Recht als der erste Feldherr des Staates betrachten. Übrigens hat sich gerade Cicero in seiner Rede «De imperio Cn. Pompei» für die *lex Manilia* eingesetzt, Gegner aber waren Catulus und Q. Hortensius.

Mit der Verleihung der großen Imperien an Pompejus ist der römische Freistaat an einer Zeitenwende angelangt. Da es nicht mehr möglich schien, die großen Probleme des Reiches mit den üblichen Prorogationen der Obermagistrate in ihrem Amt zu bewältigen, beschritt man den gefährlichen Weg, befristete außerordentliche Imperien zu bilden und sie dem führenden Feldherrn zu übertragen. Der Senat entäußerte sich damit

eines wichtigen Teils seiner Vollmachten, er gab bedeutende Befugnisse
der Reichsverwaltung aus der Hand und veränderte hierdurch in sehr folgenschwerer Weise das innere Gleichgewicht des Staates. Im Grunde waren die Anträge des A. Gabinius und des C. Manilius, ebenso aber auch ihre
Unterstützung durch Cicero, eine öffentliche Bankrotterklärung des bisherigen Systems: an die Spitze des römischen Heeres trat, ein Jahrzehnt
nach dem Tode des Tyrannen, Pompejus, der als Parteigänger Sullas
emporgekommen war. Das Volk aber war von dem Antrag des C. Manilius geradezu fasziniert – alle 35 Tribus stimmten ihm geschlossen zu. Die
Übertragung des Imperiums geschah auf Kosten des Lucullus, der seit
Jahren ohne Unterstützung gelassen worden war. Pompejus traf mit ihm
in Galatien zusammen, dabei kam es zwischen beiden zu einem völligen
Bruch. Jedoch blieb auch für Pompejus noch so manches zu tun übrig.
Mithradates war wieder zurückgekehrt und hatte sich in den Besitz seines
Reiches gesetzt. In diplomatischer Weise knüpfte Pompejus sowohl mit
Mithradates wie mit dem neuen Partherkönig Phraates Verhandlungen an,
die auch zu dem gewünschten Ziel führten. Der König von Pontos konnte
sich auf die von ihm geforderte bedingungslose Kapitulation nicht einlassen, der parthische Großkönig aber schloß mit Pompejus ein Bündnis
ab, er versprach, die Kräfte des Tigranes I. in Armenien zu binden. Im
übrigen war Pompejus seinem Gegner an Truppen weit überlegen. Mithradates hat nur Rückzugsgefechte führen können. In der Nähe des Euphrats, bei Nikopolis, wurde sein Heer vollständig zersprengt, der König
mußte in Kolchis Zuflucht suchen, später begab er sich auf den kimmerischen Bosporus. Der Krieg war entschieden, die Gebiete des Königreichs
Pontos lagen dem Pompejus zu Füßen. In Armenien setzte er Tigranes I.
wieder zum Herrscher ein mit der Auflage, seinem Sohn gleichen Namens
die Landschaften Sophene und Gordyene (südlich des Vansees) als Son-
derkönigtum zu überlassen. Die westlichen Provinzen seines Reiches von
Syrien bis Galatien und Kappadokien mußte er definitiv an Rom abtreten (66 v. Chr). Später erlangte der ältere Tigranes den Rang eines Freundes und Bundesgenossen des römischen Volkes. Armenien aber war ein
römischer Klientelstaat geworden, gewissermaßen ein Vorposten gegenüber der wachsenden Macht des Partherreiches. Den Rest des Jahres 66
und das folgende Jahr verwandte Pompejus auf einen Vorstoß in das Massiv des Kaukasus. Gegen den Widerstand der Iberer und Albaner gelangten die Römer bis in die Gegend des Kaspischen Meeres. Von hier aus soll
Pompejus Erkundigungen über den Weg nach Indien eingezogen haben,
er fühlte sich als ein neuer Alexander. Im übrigen ist es kein Zufall gewesen, wenn später, im Jahre 62, eine indische Gesandtschaft in Italien erschienen ist. Im Winter des Jahres 65/64 versammelte sich auf Befehl des
Pompejus in Amisos ein glanzvoller Fürstenkongreß, auf dem neben zahlreichen anderen Potentaten des Ostens auch zwölf Könige anwesend wa-

ren. Von Amisos aus befahl Pompejus, ohne die Ankunft der üblichen Senatskommission abzuwarten, die Konstituierung der Doppelprovinz *Bithynia et Pontus* (64). Schon vorher hatte er mit dem Partherkönig abgerechnet. Dieser hatte sich nämlich in den Besitz der Landschaft Gordyene gesetzt, war aber von Afranius, dem Legaten des Pompejus, gezwungen worden, sie wieder zu räumen. Gordyene kam nun endgültig an den Jüngeren Tigranes. Die parthischen Vasallenkönige in Medien und in der Elymaïs begrüßten Pompejus und erhielten von ihm Dankesschreiben, während er dem Partherkönig den ihm zustehenden Titel «König der Könige» verweigerte. Es blieb noch die Ordnung Syriens übrig. Schon im Jahre 66 hatte Pompejus einen seiner Vertrauten, den Freigelassenen Demetrios aus Gadara, nach Syrien gesandt. Hier herrschte ein großes Durcheinander. Der letzte Seleukide, der von Lucullus eingesetzte Antiochos XIII. Asiatikos, hatte niemals die Autorität über die gesamte Landschaft erringen können, zahlreiche Städte waren selbständig, die Bewohner des flachen Landes aber litten unter den unaufhörlichen Einfällen der Beduinen. Pompejus hatte Damaskus durch eine Vorausabteilung besetzen lassen, dann erschien er selbst, schob die Erbansprüche des Seleukiden kurzerhand beiseite und erklärte Syrien zu einer römischen Provinz (64). Doch ließ er eine Anzahl einheimischer Fürstentümer bestehen, sie dienten der neuen Provinz als Vorfeld, ebenso wie das Königreich Osrhoene unter Abgaros. Gegenüber den makedonischen Gründungen Seleukeia und Antiocheia am Orontes zeigte sich Pompejus sehr großzügig, wie er sich überhaupt um die Gunst der Griechen und Makedonen bemühte. Ganz gegen seine Absicht aber wurde er in den Streit der beiden Hasmonäer, Hyrkanos II. und Aristobul II., der Söhne des Alexander Jannaios (103–76), hineingezogen. Es ging um die Herrschaft in Judäa und in Jerusalem. In den Streit mischten sich auch andere Fürsten ein wie der Idumäer Antipatros, der Vater des späteren Königs Herodes, und die Nabatäer. Da Aristobul die Römer mehrfach herausgefordert hatte, mußte er auf dem Tempelberg von Jerusalem belagert werden. Der Berg aber wurde unter Ausnutzung der Sabbatruhe der Juden nach einer Belagerung von drei Monaten von den Römern erstürmt. Faustus Sulla, der Sohn des Diktators, war der erste, der in den Tempel Salomos eingedrungen ist. Auch Pompejus betrat mit seinem Gefolge das Allerheiligste, dies ist ihm von den gesetzestreuen Juden sehr verdacht worden, sie waren es, die am lautesten jubelten, als Pompejus im Jahre 48 den Tod durch Mörderhand gefunden hatte. Das Reich Juda wurde beträchtlich verkleinert, zehn griechische Städte mit ihrem Landgebiet wurden aus seinem Verband herausgenommen. Pompejus knüpfte damit an die Städtepolitik der Seleukiden an; eine Reihe anderer Gemeinden wurde auf seinen Befehl wieder aufgebaut, unter ihnen Gaza, Joppe, Dora, Stratonsturm (später Cäsarea genannt) und Gadara. Als Herrscher über Judäa wurde der Hohepriester

Hyrkanos bestätigt, der Königstitel wurde ihm jedoch vorenthalten. Aristobul und seine Kinder aber wanderten in römische Gefangenschaft. Es ist der Ruhm des Pompejus, hier wie auch sonst in Vorderasien als Protektor des Hellenismus gegen die einheimischen Völker, Araber, Ituräer, Juden und die anderen, aufgetreten zu sein, eine Einstellung, die für die hellenistische Zivilisation im Osten von weiter Fernwirkung gewesen ist.

Auf dem Wege nach Jerusalem hatte Pompejus die Nachricht vom Tode des Mithradates empfangen (63). Mithradates hatte im bosporanischen Reich nicht recht Fuß fassen können, da sich ihm die Städte und auch sein eigener Sohn Pharnakes versagten. In seiner Verzweiflung hatte er sich den Tod durch einen keltischen Offizier geben lassen. Das bosporanische Reich aber blieb als römischer Vasallenstaat bestehen, die Nachkommen des Pharnakes herrschten hier bis in das 4. Jh. n. Chr. Die Stadt Phanagoreia wurde durch die Gnade des Pompejus als frei und autonom anerkannt. Den Winter des Jahres 63/62 widmete sich Pompejus der Ordnung der Provinz *Bithynia et Pontus*. Ihr Statut bildete eine *lex Pompeia*, sie ist bis tief in die Kaiserzeit hinein in Geltung geblieben. Auch hier wurde eine weitgehende Urbanisierung durchgeführt: die Provinz wurde in elf Städtegebiete eingeteilt, denen nach römischem Vorbild das übrige Land attribuiert wurde, eine Neuordnung, die dem alten Kulturlande eine hohe Blüte gesichert hat. Zu den Helfern des Pompejus zählte der Grieche Theophanes von Mytilene, ein Gelehrter und Historiker. Durch die Gnade des Pompejus erhielt er das römische Bürgerrecht, worauf er sich Cn. Pompejus Theophanes nannte. Der Philhellenismus des Pompejus brauchte freilich nicht erst von Theophanes geweckt zu werden, Pompejus' Liebe zum Griechentum war echt und ehrlich. Mit den zahlreichen Städtegründungen aber eiferte Pompejus dem Makedonen Alexander nach, mit dem er sich gern vergleichen ließ. Gegenüber seinen Mitkämpfern, Offizieren und Soldaten, zeigte sich Pompejus bemerkenswert großzügig, sie haben aus seiner Hand geradezu fürstliche Belohnungen erhalten, die ihnen in Ephesos ausgehändigt worden sind. Die Rückreise ging über Lesbos und Rhodos vonstatten, in Rhodos versäumte es Pompejus nicht, dem Poseidonios einen sehr ehrenvollen Besuch abzustatten. Im übrigen war der ruhmgekrönte römische Feldherr geradezu entzückt, als der große Universalgelehrte versprach, ein Kapitel aus der Geschichte seiner Taten zu schreiben. Das Hauptwerk hat jedoch Theophanes, nicht Poseidonios, verfaßt, es muß in großer Eile niedergeschrieben worden sein, denn es lag schon im Jahre 62 fertig vor. Den Athenern machte Pompejus ein Geschenk von 50 Talenten, es sollte zur Wiederherstellung der im Mithradatischen Kriege zerstörten Monumente dienen. Im Dezember 62 landete Pompejus mit seinem Heere in Brundisium. Sechs Jahre lang war er von Italien ferngeblieben, die Welt aber hatte, nicht zuletzt dank seiner Siege im Osten, ein neues Gesicht erhalten. Mithradates, der große und furchtbare Feind der Römer, lebte nicht mehr, die römischen Waffen waren siegreich bis nach Armenien und Mesopotamien getragen worden, neue Provinzen waren geschaffen, zahlreiche Klientelstaaten mit dem römischen Imperium verbunden worden. Pompejus selbst aber verfügte über eine riesige Gefolgschaft, die sich von Spanien über Südgallien und Italien bis in die fernen Gebiete jenseits des Euphrats erstreckte. Mit der Entlassung seines Heeres in Brundisium zeigte er vor aller Welt, daß er, anders als Sulla, sein großer Protektor, keinen Zwang auf seine innenpolitischen Gegner in Rom ausüben wollte. Waren aber die Hoffnungen seiner Anhänger berechtigt, die von ihm eine Lösung der verwickelten inneren Probleme Roms erwarteten?

Die catilinarische Verschwörung und das sog. 1. Triumvirat des Pompejus, Crassus und Caesar. Über die Verschwörung des Catilina hat sich vor allem Cicero, der Consul des Jahres 63, immer wieder geäußert, allerdings sind Briefe Ciceros aus diesem Jahre (durch Zufall?) nicht erhalten. Aber Cicero hat selbst eine Darstellung seines Consulats in griechischer Sprache gegeben, eine Broschüre, die später wohl auch ins Lateinische übersetzt worden ist *(commentariolus consulatus)*. Wenig Vertrauen verdienen im übrigen die ciceronischen Reden aus diesem Krisenjahr, 13 an der Zahl, von denen die vier catilinarischen Reden tendenziöse Umarbeitungen darstellen. Sehr viel wertvoller sind dagegen die Fragmente der Rede ‹In toga candida› und der Kommentar des trefflichen Asconius aus neronischer Zeit. Sallusts ‹Coniuratio Catilinae› ist dagegen mit großer Vorsicht aufzunehmen, ist doch in dieser Schrift z. B. die Chronologie der Verschwörung in das Jahr 64 verschoben! Überhaupt ist Sallusts Schrift durch und durch parteiisch, sie sollte vor allem Caesar von dem Vorwurf, an der Verschwörung teilgenommen zu haben, reinwaschen. Angesichts des weithin trümmerhaften Zustands der antiken Überlieferung ist es nicht verwunderlich, wenn auch die Meinungen der modernen Forscher beträchtlich auseinandergehen. Aber die Äußerungen Ciceros müssen kritisch betrachtet werden, haben doch beispielsweise seine catilinarischen Reden erst im Jahre 60 jene Form gefunden, unter der sie in die Welt hinausgegangen sind.

Das Jahrzehnt vom 1. Consulat des Pompejus (70) bis zur Bildung des ersten Triumvirats im Jahre 60 v. Chr. ist erfüllt von zahlreichen inneren Kämpfen in Rom, von denen aber nur für die catilinarische Verschwörung ein umfangreiches Material vorhanden ist. Wichtiger als Catilina und seine Umtriebe ist jedoch der Aufstieg Caesars, den Pompejus weithin begünstigt hat. Caesar, geboren am 13. Quinctilis des Jahres 100 v. Chr., entstammte einer alten, aber nicht sehr begüterten Familie, die ihren Ursprung auf den mythischen Ahnherrn Julus, den Sohn des Aeneas und den Enkel der Venus, zurückführte. Caesars Vater († 85) hatte es zwar zur Prätur, nicht aber zum Consulat gebracht. Als Neffe des Marius verfiel Caesar der Proskription, wurde aber schließlich begnadigt. Schon früh wandte er sich dem aufgehenden Gestirn des Pompejus zu. Im Jahre 65 ist er als kurulischer Aedil mit der Abhaltung großartiger Spiele in den Mittelpunkt öffentlichen Interesses getreten, vorher, im Jahre 69, war er Quästor in Hispania Ulterior gewesen. Seine Schulden zwangen ihn dazu, sich auf die Seite des Kapitalisten Crassus zu schlagen, der ihm wiederholt seine finanzielle Hilfe geliehen hat.

In Rom herrschte in den sechziger Jahren Krisenstimmung, es gab immer wieder wirtschaftliche Schwierigkeiten, die zum Teil durch außenpolitische Einflüsse verstärkt wurden. Insbesondere das Seeräuberunwesen verursachte eine allgemeine Unsicherheit und ließ die Preise hochschnellen, was zu Unruhen unter der städtischen Plebs geführt hat. Auf diesem Hintergrund ist die sog. 1. catilinarische Verschwörung zu sehen (66/65 v. Chr.). Für das Jahr 65 waren P. Autronius Paetus und P. Cornelius Sulla zu Consuln gewählt worden, sie durften jedoch das Amt nicht antreten, da sie des Wahlbetrugs überführt wurden. An ihrer Statt gelangten L. Manlius Torquatus und L. Aurelius Cotta zum Consulat. Die Abgewiesenen aber verbanden sich mit Cn. Calpurnius Piso und L. Sergius Catilina, mit dem Ziel, die Consuln zu ermorden. Beweise gibt es allerdings für diese sog. 1. catilinarische Verschwörung nicht, sie beruht weithin auf Gerüchten, auch wurde gegen die angeblichen Verschwörer nicht eingeschritten; Cn. Calpurnius Piso wurde sogar als Quästor nach dem diesseitigen Spanien geschickt, wobei er in Crassus einen Helfer fand. Vermutlich ist es Cicero gewesen, der zum erstenmal in seiner Geheimschrift ‹De consiliis suis› von dieser Verschwörung gesprochen hat.

L. Sergius Catilina war ein Parteigänger Sullas, er hatte sich, wie so viele andere, bei den Proskriptionen in schamloser Weise bereichert. In Rom verfügte er über zahlreiche Verbindungen, im Jahre 68 war er Prätor, in dem darauffolgenden Jahr Statthalter in Africa gewesen. Da gab es für ihn im Jahre 64 einen ärgerlichen Zwischenfall: Catilina wurde in einen Repetundenprozeß verwickelt, entging aber der Verurteilung. Zusammen mit C. Antonius bewarb sich Catilina im gleichen Jahre um das Consulat, Crassus und Caesar unterstützten ihn in einem Wahlkartell. Auch Cicero, der gleichfalls das Consulat erstrebte, hätte sich gern mit der mächtigen Gruppe arrangiert, Catilina aber hatte ihm die kalte Schulter gezeigt. Das jedoch war Ciceros Glück, denn die maßgebenden Männer der Nobilität setzten sich nun für den *homo novus* Cicero ein, mit dem Erfolg, daß dieser und C. Antonius als Sieger aus den Wahlen hervorgingen, Catilina aber und vier andere Bewerber waren durchgefallen. Dem gewiegten Taktiker Cicero gelang es bald, seinen Kollegen C. Antonius auf seine Seite herüberzuziehen, und zwar dadurch, daß er ihm nach Ablauf der Amtszeit die Provinz Makedonien zu überlassen versprach; an dem zu erwartenden finanziellen Gewinn ließ er sich jedoch beteiligen.

Cicero hatte den Gipfel seiner Laufbahn erklommen, und zwar *suo anno*, 43 Jahre alt (* 106 in Arpinum). Er stammte aus dem Munizipaladel und konnte auf eine erfolgreiche Laufbahn als Redner und Anwalt zurückblicken. Über die Quästur (75), die ihn nach Sizilien geführt hatte, und die kurulische Ädilität (69) war er im Jahre 66 zur Prätur gelangt, und zwar, wie es für einen *homo novus* das gegebene war, als Anhänger der ‹Popularen›, von denen er erst im Jahre 64 auf die Seite der ‹Optimaten› überwechselte. Doch darf man sich den Gegensatz der beiden Richtungen nicht nach dem Vorbild der modernen politischen Parteien vorstellen, wie denn auch in der antiken Überlieferung die Begriffe *populares* und *optimates* immer nur für einzelne Persönlichkeiten, niemals für irgendwelche «Parteien», gebraucht werden. Cicero aber war ein ehrgeiziger Mann, er ist niemals müde geworden, seinen Ruhm in der Öffentlichkeit selbst zu verkünden. Sein Consulat war mit einer schweren Hypothek belastet, mit der Feindschaft des L. Sergius Catilina, die sich noch steigerte, als dieser auch bei den Wahlen für das Consulat des Jahres 62 (etwa im Juli 63) nicht zum Zuge kam. Belastet war Ciceros Consulat außerdem mit dem Problem der Versorgung der Veteranen des Pompejus. Das Consulat begann mit dem Kampf um die von dem Volkstribunen P. Servilius Rullus eingebrachte *lex agraria*. Der Antrag sah die Einsetzung einer 10-Männer-Kommission mit großen Vollmachten auf die Zeit von fünf Jahren vor, ihr sollte der gesamte *ager publicus* innerhalb und außerhalb Italiens zur Verfügung gestellt werden. Cicero war ein entschlossener Gegner und hielt nicht weniger als drei sehr scharfe Reden gegen Rullus, der Antrag kam zu Fall, Rullus aber war nur ein Strohmann, die eigentlichen Urheber waren vielmehr Crassus und Caesar, die sogar das Ptolemäerreich einziehen wollten. Ein schwerer Schlag für Cicero war die Wahl Caesars zum *pontifex maximus*. Zwei angesehene Gegenkandidaten der Nobilität, Catulus und Servilius Isauricus, hatten sich nicht durchsetzen können.

Der doppelte Mißerfolg führte Catilina auf den Weg der Revolution. Zu seinen Mitverschworenen zählten neben anderen P. Cornelius Lentulus Sura und C. Cornelius Cethegus. Im übrigen war Catilina alles andere als ein Vorkämpfer des römischen Proletariats oder der arbeitenden Schichten des Volkes, er war vielmehr ein vornehmer Nichtstuer, ebenso wie seine Spießgesellen. Er war tief verschuldet, eine Schuldentilgung *(tabellae novae)* wäre für ihn und die anderen verkrachten Existenzen ein Erfolg gewesen. Als im Oktober 63 aus verschiedenen Gegenden Italiens, aus Apulien, Umbrien und Etrurien, Zusammenrottungen unzufriedener Elemente gemeldet wurden, erließ der Senat am 21. Oktober das *senatus consultum ultimum*. Am 7. oder am 8. November berichtete Cicero vor dem Senat, es war die erste catilinarische Rede, in der darauffolgenden Nacht verließ Catilina die Hauptstadt, er ging nach Etrurien, nachdem er sich die consularischen Insignien angelegt hatte – dies war der erste ungesetzliche Akt, den er sich zuschulden kommen ließ. Der Zufall spielte Cicero weiteres Material in die Hand, es kam von Gesandten der gallischen Allobroger, die von den Catilinariern in ihre Absichten eingeweiht worden waren. Jetzt griff Cicero zu: er ließ einige Parteigänger Catilinas verhaften, sie wurden im Senat verhört (3. Dezember 63) und schon zwei Tage später nach einer heftigen, wechselvollen Senatsdebatte zum Tode verurteilt. Das Urteil wurde alsbald vollstreckt. Cicero war nicht wohl dabei, das *senatus consultum ultimum* hätte ihn ohne weiteres berechtigt, ohne Befragen des Senats die Todesstrafe vollziehen zu lassen. Er wollte sich jedoch eine Rückversicherung schaffen und befragte, was nicht korrekt war, noch ausdrücklich den Senat. Dieser aber ließ sich zu einer ungesetzlichen Handlung fortreißen, indem er das Provokationsrecht der Angeklagten einfach unter den Tisch fallen ließ. Bereits am 10. Dezember 63 sprach sich der Volkstribun Metellus Nepos gegen Cicero aus: er habe römische Bürger ohne Hinzuziehung eines ordentlichen Gerichts zum Tode verurteilen lassen. Als Cicero seine Schlußrede halten wollte, interzedierte der gleiche Metellus Nepos. Das war ein trüber Abschluß eines mit so vielen Hoffnungen begonnenen Consulats!

Die ersten Wochen des neuen Jahres (62) sahen den Untergang Catilinas. Tapfer kämpfend fiel er bei Pistoria, die Bewegung hatte ihren Führer verloren, das Problem aber, insbesondere die Schuldentilgung, war nicht gelöst. Im übrigen ist die catilinarische Verschwörung kein Ereignis ersten Ranges in der römischen Geschichte, erst Cicero hat sie durch seine Reden und Schriften dazu gemacht, und nicht ganz zu Unrecht spottete man in Rom über den übereifrigen Consul, dessen zweites Wort das ominöse «*Omnia comperi*» («Ich bin über alles im Bilde») gewesen war.

Im übrigen wurde das Jahr 62 überschattet von der bevorstehenden Rückkehr des Pompejus. Der Feldherr hatte sich durch seine Vertrauensmänner über die Vorgänge in Rom auf dem laufenden halten lassen. In Rom angelangt (Januar 61), hielt er sich zurück, am 28. und 29. September (der zweite Tag war sein 45. Geburtstag) feierte er seinen Triumph über Mithradates und die anderen Könige des Ostens. Die Soldaten nahmen daran nicht teil, Pompejus aber trug den angeblich von Alexander stammenden Mantel, den man unter den Schätzen des Mithradates gefunden hatte, ein Symbol für den Übergang der Weltherrschaft von den Makedonen auf die Römer. Vor seinem Triumphwagen schritten die vornehmen Gefangenen, wie es heißt, 324 an der Zahl, sie wurden bis auf einige wenige (Tigranes der Jüngere, Aristobul) wieder entlassen, nicht, wie es in Rom üblich war, getötet. Die Schwierigkeiten aber waren nach wie vor ungelöst; der Senat hatte immer noch nicht die Neuordnung Vorderasiens durch Pompejus bestätigt, ebensowenig war die Frage der Unterbringung und Versorgung der Veteranen beantwortet. Pompejus hatte

in Rom eine Anzahl entschlossener Gegner, zu ihnen gehörten nicht allein
der Jüngere Cato und Metellus Celer, sondern auch Lucullus und Metellus Creticus, die er sich beide zu persönlichen Feinden gemacht hatte. Mit
Cicero hatte er dagegen eine *amicitia* geschlossen (Sommer 61). Die erste
Kraftprobe, ein von dem Volkstribunen L. Flavius beantragtes Ackergesetz, scheiterte am Widerstand des Senats (60). Es kam zu einem peinli-
chen Auftritt zwischen dem Tribunen Flavius und dem Consul Metellus
Celer, der sich in keiner Weise einschüchtern ließ und den Senat sogar in
das Gefängnis berief, in das ihn der Volkstribun hatte einliefern lassen.
Wie sollte es weitergehen? Im Juli des Jahres 60 kehrte Caesar aus Spanien zurück, er war seine Schulden los und strebte nach dem Consulat
für das nächste Jahr. Mit Unterstützung des Crassus und Pompejus wurde
er auch gewählt, aber die Optimaten hatten gleichfalls einen der Ihren,
M. Calpurnius Bibulus, bei den Consulwahlen durchgedrückt. Das Bündnis zwischen den drei Machthabern Roms, abgeschlossen etwa in der
Mitte des Jahres 60 (eine *coitio*), hat M. Porcius Cato (der Jüngere) als
das Ende der *res publica libera* bezeichnet. In der Tat waren die drei
Männer, zusammen mit ihren Klientelen in aller Welt, imstande, den
Staat aus den Angeln zu heben. Der Leidtragende war zunächst der Senat, der von nun an, insbesondere durch gekaufte Volkstribunen, terrori-
siert wurde. An dieser verhängnisvollen Entwicklung waren die maßgebenden Männer unter den Optimaten, auch Cicero, nicht schuldlos. Sie
hatten alles getan, um Pompejus in das Lager der Gegner zu treiben, wenn
er nicht völlig isoliert sein wollte.

19. Caesars Consulat (59 v. Chr.) und die Eroberung Galliens (58–51 v. Chr.)

Mit dem 1. Januar 59 v. Chr., dem Beginn von Caesars Consulat, nimmt
in Rom ein neues Zeitalter seinen Anfang, und zwar nicht nur, weil der
neue Consul eine Tätigkeit entfaltete, die sein Amtsjahr weit über das
Maß des Üblichen hinausgehoben hat, sondern vor allem, weil sich der
Senat mehr und mehr zur Kapitulation gezwungen sah. Gewiß gab es
immer noch aufrechte Männer, welche die Idee des Freistaats mit allen
Mitteln zu verteidigen versuchten wie der Jüngere Cato, aber zahlreiche
Senatoren begannen zu resignieren, und die *plebs urbana* war sogar von
Caesar begeistert, und zwar um so mehr, als der Ruhm des Feldherrn
Pompejus allmählich verblaßte. Von allem Anfang an hat sich Caesar um
die Sitte der Vorfahren *(mos maiorum)* nur wenig gekümmert, er hat
autoritär regiert, soweit ihm dies bei dem Widerstand des Senats möglich
war. Wer sich ihm in den Weg stellte, wurde durch Terror gefügig gemacht. Etwa im März 59 ging die *rogatio* seines ersten Ackergesetzes

durch, der Senat hatte zwar seine Zustimmung verweigert, die Comitien aber nahmen das Gesetz an. Sehr viel wichtiger aber war eine zweite *lex agraria*, welche die Aufteilung der campanischen Domänen vorsah, hat dieses Gesetz doch dem Consul eine bedeutende Gefolgschaft gesichert (Mai 59). Auch die Anordnungen des Pompejus in Vorderasien fanden endlich die Billigung des Senats. Dem Pompejus war Caesar auch sonst zu Willen: er schaffte ihm nicht nur den Vettius vom Halse, der angeblich einen Mordplan gegen Pompejus geschmiedet hatte, er vermählte ihm auch seine einzige Tochter Iulia. Eine Leistung ersten Ranges aber war die *lex Iulia de repetundis*, ein Gesetz, das die römische Provinzialverwaltung auf eine neue Grundlage gestellt hat. Die lex trat an die Stelle des sullanischen Gesetzes, noch in der Kaiserzeit war sie die Magna Charta der römischen Administration. Caesar sorgte dafür, daß die Protokolle des Senats und der Comitien veröffentlicht wurden *(acta senatus et populi Romani)*. Von weittragender Bedeutung aber war der Antrag des Volkstribunen P. Vatinius (Juni 59?), der Caesar nach Ablauf seines Amtsjahres das Diesseitige Gallien und Illyricum mit drei Legionen verlieh, und zwar auf die Zeit von fünf Jahren, was ungewöhnlich war. Der Senat aber fügte sogar noch das Jenseitige Gallien (Gallia Ulterior) mit einer weiteren Legion hinzu. Consuln für das Jahr 58 wurden A. Gabinius, der Günstling des Pompejus, und L. Calpurnius Piso, der Schwiegervater Caesars. Nach Ablauf seines Consulats blieb Caesar zunächst noch drei Monate, und zwar mit einem Heer, in der Nähe der Hauptstadt. Es galt, zwei Gegner des Triumvirats unschädlich zu machen: Cicero und M. Porcius Cato. Auf Cicero wurde der Volkstribun P. Clodius, ein skrupelloser Demagoge, losgelassen, der im übrigen mit dem Redner bitter verfeindet war. Clodius stellte den Antrag, daß diejenigen geächtet werden sollten, die römische Bürger in einem ungesetzlichen Verfahren hätten hinrichten lassen. Das aber ging auf Cicero. Als dieser bei Pompejus keine Hilfe fand, begab er sich freiwillig in die Verbannung, sein Vermögen wurde konfisziert. Der Jüngere Cato aber erhielt den Auftrag, das Königreich Cypern in eine römische Provinz umzuwandeln, eine Aufgabe, die Cato mit dem ihm eigenen rigorosen Pflichtgefühl erfüllt hat. Der letzte König von Cypern, Ptolemaios, wollte jedoch das Ende seiner Herrschaft nicht überleben und gab sich selbst den Tod (58).

Wie sah es im freien Gallien aus, als Caesar sich zur Intervention entschlossen hat? Hier hatten sich in der spätrepublikanischen Zeit wichtige politische Wandlungen vollzogen, am folgenreichsten war die Zerstörung des großen Arvernerreichs, woran die Römer, insbesondere aber Cn. Domitius Ahenobarbus (Consul 122), entscheidenden Anteil gehabt hatten. Anderseits waren nach der Episode des Kimbern- und Teutoneneinfalls die Germanen, insbesondere die große Völkergemeinschaft der Sueben, bis an den Rhein vorgedrungen. Abgesehen von der germanischen Gefahr wurden die Gallier auch noch durch die Iberer und Ligurer bedrängt. Von einer zentralen Lenkung im Lande selbst konnte nach dem Untergang der Königsherrschaft keine Rede mehr sein, überall dominierte der gallische Adel, dem die große Masse des Volks in der Eigenschaft von hörigen Bauern untertan war. Die Gallier standen im übrigen auf beachtlicher Kulturstufe (Spät-la-Tène-Zeit), sie hatten willig die Einflüsse der Zivilisation der Mittelmeerländer aufgenommen, in der Münzprägung und im Städtebau waren sie hellenistischen Anregungen gefolgt. Das Land wies eine dichte Besiedlung auf und war vorzüglich kultiviert. Um die politische Herrschaft im Lande stritten sich die mächtigen Stammesverbände der *Haeduer* (zwischen Loire und Saône) und der *Sequaner* (zwischen der Saône und dem Schweizer Jura). Das Land nördlich der Seine und Marne aber war die Heimat der Belger. Sie hatten germanische Volkselemente bei sich aufgenommen und galten als die Tapfersten der Gallier. Im Jahre 71(?) waren suebische Scharen unter ihrem Heerkönig Ariovist den Sequanern zur Hilfe gekommen, sie hatten gemeinsam die Haeduer bei Admagetobriga besiegt (61 v. Chr.) und sich danach im Elsaß niedergelassen. Die Haeduer wandten sich nun an Rom, das ihnen aber keine direkte Hilfe gewährte. Ariovist dagegen wurde als «König und als Freund des römischen Volkes» *(rex atque amicus)* anerkannt und in das Verzeichnis der befreundeten Könige *(formula amicorum)* aufgenommen. Neue Unruhe erregten die Helvetier, die im Raum der heutigen Schweiz ihre Wohnsitze hatten. Sie wollten ihre Heimat aufgeben und sich fernab in Gallien, an der Küste des Atlantischen Ozeans, im Lande der Santonen (nördlich der Garonne), wieder ansiedeln. Vielleicht steht die Absicht der Helvetier im Zusammenhang mit der Katastrophe der Bojer in Böhmen und Mähren und der Taurisker. Es sind dies keltische Völker, die in den Sog der Expansion des Dakerreiches des Königs Byrebistas gekommen waren. Zu einem Teil wurden sie vernichtet, Teile der Bojer aber hatten sich bis zu den Helvetiern durchgeschlagen. Diese Völkerbewegungen waren auch für die römische Provinz in Südgallien nicht ohne Rückwirkungen, die Erinnerung an die Raubzüge der Kimbern und Teutonen mag die Gefahr noch vergrößert haben. Seitdem der Senat auch die Provinz Gallia Ulterior (Narbonensis) an Caesar gegeben hatte, war die Entscheidung für eine römische Intervention praktisch gefallen, fraglich war nur noch, in welcher Weise und in welchem Umfang das Vorhaben vonstatten gehen sollte. Caesar war kein Imperialist um jeden Preis, wie dies noch Mommsen und Ferrero behauptet haben. Er brannte aber darauf, sich als Feldherr neben Pompejus einen Namen zu machen, außerdem war ihm als Statthalter der Schutz der römischen Provinz anvertraut. Dazu haben die Nachbarn der Helvetier, die Ambarrer, Allobroger und Haeduer, sich mit offiziellen Hilfegesuchen an Caesar gewandt. Die Anfangserfolge über die Helvetier haben Caesar dann auf der Bahn der Eroberung fortgerissen. Dies bestätigt ein Blick auf die ständig steigende Zahl seiner Legionen: mit vier Legionen ist er in Gallien einmarschiert, im Jahre 58 erhöhte sich die Zahl auf sechs, im Jahre 51 aber standen schließlich elf Legionen unter seinem Kommando. Die Helvetier baten Caesar, den Weg durch die Provinz in Südgallien nehmen zu dürfen, was Caesar jedoch abgelehnt hat. Als sich die Helvetier in Bewegung setzten, um durch das Gebiet der Sequaner und Haeduer zu ziehen, war dies für Caesar das Signal zum Einmarsch in das freie Gallien. Ob er damit seine Befugnisse als Statthalter überschritten hat, ist schwer zu entscheiden. Mit den Helvetiern wurde Caesar mit leichter Mühe fertig. Der helvetische Gau der Tiguriner wurde beim Übergang über den Arar (Saône) von T. Labienus, dem Legaten Caesars, eingeholt und geschlagen, die Hauptmasse der Helvetier aber erlitt in der weiteren Umgebung von Bibracte (Mt. Beuvray bei Autun) durch Caesar eine Niederlage, sie mußten in ihre alten Wohnsitze zurückkehren. Sehr viel gefährlicher als die Bewegung der Helvetier war jedoch die Gefahr, die Gallien von den Germanen unter ihrem Heerkönig Ariovist drohte. In dem Sueben Ariovist mußte Caesar einen gefährlichen Rivalen im Kampf um die Vorherrschaft in Gallien erblicken, und dies um so mehr, als sich die Germanen den Kelten an kriegerischer Kraft überlegen gezeigt hatten. Angeblich auf die Bitte des Haeduers Diviciacus hat sich Caesar zur Abwehr der germanischen Gefahr entschlossen. Im Oberelsaß (wahrscheinlich in der Nähe von Rappoltsweiler) trug Caesar einen entscheidenden Sieg über Ariovist davon, die Sueben wurden zersprengt, ein Teil von ihnen konnte sich, ebenso wie ihr Heerkönig, auf das rechte Rheinufer in Sicherheit bringen (September 58). Von den germanischen Stämmen blieben nur die Triboker, Nemeter und Vangionen in den Räumen um Straßburg, Worms und Mainz am linken Rheinufer wohnen, sie haben den germanischen Charakter des Gebiets auch für die Folgezeit festgelegt.

Seit dem Sieg über Ariovist beanspruchte Caesar die Hegemonie über das ganze mittlere Gallien, die Stämme zwischen der Seine und der Mosel waren bereits mit ihm verbündet. Zu den härtesten Gegnern der Römer gehörten die im Norden wohnenden Belger, doch hatte Caesar bereits die Unterwerfung eines ihrer Teilstämme, der Remer (Reims), entgegengenommen (57). Die riesige Streitmacht der anderen Belger aber löste sich nach einem mißlungenen Angriff auf die römischen Stellungen an der Axona (Aisne) wieder auf, da sie in Schwierigkeiten mit ihrer Verpflegung geraten waren. Caesar konnte nun einen Stamm nach dem anderen unterwerfen: die Suessionen (Soissons), die Ambianer (Amiens) und, nach einer Schlacht an der Sambre, auch die Nervier, die im Hennegau und in Brabant wohnten. Auch die Hauptstadt der Atuatuker (Huy an der Maas?) konnte von den Römern genommen werden. Anderseits wurden die Küstengebiete am Atlantischen Ozean, insbesondere das Land der

Aremoriker in der Bretagne, aber auch Teile Aquitaniens, vom Kriege erfaßt, das Kommando führte hier Caesars Legat P. Crassus, der Sohn des
Triumvirn. Das Jahr 56 sah die erste Seeschlacht zwischen Römern und
Kelten auf dem Ozean in der Nähe der Loire-Mündung. Dabei ging die
gesamte Flotte der Veneter verloren, das Volk selbst wurde vollständig
ausgerottet. Nach einem nicht sehr erfolgreichen Vorstoß Caesars gegen
die Moriner und Menapier (im Gebiet der Schelde und am Niederrhein)
gingen die römischen Legionen im Raum zwischen Seine und Loire in die
Winterquartiere. Großes hatte Caesar erreicht: die Unterwerfung von fast
ganz Gallien, von der Maas bis zur Garonne, schien so gut wie beendet.
In Rom bestimmte man bereits die Mitglieder der Zehnmännerkommis-
sion des Senats, die Gallien in eine römische Provinz umwandeln sollten!
Caesar selbst hatte sich, wie jeden Winter, nach Oberitalien begeben, um
den Ereignissen in Rom näher zu sein. Nach einer Vorbesprechung zwischen Caesar und Crassus in Ravenna traf sich Caesar mit Pompejus in
Luca, sie erneuerten ihren Bund (April 56) und beschlossen, daß Crassus
und Pompejus im Jahre 55 Consuln sein sollten. Nach Ablauf ihres Amtsjahres aber war ihnen ein großes Kommando zugedacht, das bis zum
1. März 50 dauern sollte. Bis zu diesem Zeitpunkt wollte man im Senat
nicht über ihre Nachfolge beraten. Diese Bestimmung galt übrigens auf
Grund einer Klausel auch für Caesar. Er konnte nun damit rechnen, daß
ihm die beiden gallischen Provinzen (Gallia Cisalpina und Ulterior) auch
noch in den Jahren 50 und 49 erhalten blieben. Für das Jahr 48 aber war
ein zweites Consulat Caesars vorgesehen. Ging alles nach Wunsch, so war
Caesar auf eine Zeit von mehr als acht Jahren gesichert und für seine
Feinde in Rom unangreifbar!

In Rom war im Jahre 57 Cicero, nicht zuletzt dank den Bemühungen
seiner Freunde und des Pompejus, aus der Verbannung zurückgekehrt
(4. September). Seine Versuche, den großen Feldherrn auf die Seite der
Optimaten herüberzuführen, verliefen jedoch im Sande. In Rom spielte
immer noch P. Clodius eine führende Rolle, mit seinen bewaffneten Banden terrorisierte er Senat und Comitien; mit Pompejus hatte er sich zu
Luca versöhnt, selbst die drei Machthaber konnten den skrupellosen Demagogen nicht entbehren. Erst zu Beginn des Jahres 55 konnten die längst
fälligen Wahlen wieder abgehalten werden, Pompejus und Crassus wurden Consuln, ihren Mitbewerber L. Domitius Ahenobarbus schlug man
durch Terror aus dem Felde. Auf Antrag des Volkstribunen C. Trebonius
übertrug man den beiden Consuln die spanischen Provinzen (Hispania
Citerior und Ulterior) und Syrien, dazu das Recht, nach eigenem Ermessen Krieg zu beginnen und Frieden zu schließen! Der Jüngere Cato be-
kämpfte den Antrag, drang aber mit seinem Widerspruch nicht durch, die
Unruhen forderten mehrere Todesopfer. Caesars Kommando in Gallien
wurde um fünf Jahre verlängert (lex Licinia Pompeia). Während Pom-

pejus in der Nähe Roms blieb und seine beiden spanischen Provinzen durch Legaten verwalten ließ, womit er eine Institution der römischen Kaiserzeit vorwegnahm, begab sich Crassus Mitte November 55 nach Syrien, um den Partherkrieg aufzunehmen.

Die große Fülle der Vollmachten, welche die drei Machthaber im Jahre 55 in ihren Händen hatten, ließ sich mit den Grundsätzen des römischen Freistaats nicht mehr vereinbaren. Die Comitien hatten den Triumvirn gewissermaßen einen Blankoscheck überreicht und sie außerhalb der Kontrolle durch Senat und Volk gestellt; dies aber war nicht mehr und nicht weniger als ein Ermächtigungsgesetz, von einer republikanischen Verfassung konnte beim besten Willen nicht mehr die Rede sein. Rom war auf dem Wege, ein autoritär regierter Staat zu werden, wobei die Spitze nicht durch *einen*, sondern durch drei Machthaber gebildet wurde. Das war ein Zustand, der einen gewaltigen Zündstoff in sich barg, da Frieden, Freiheit und Sicherheit allein von der Einigkeit der drei Machthaber abhingen.

Im Winter des Jahres 56 auf 55 war wieder eine germanische Völkerwoge über den Rhein nach Gallien geflutet. Gedrängt von den Sueben, erschienen die Völker der Usipeter und Tenkterer in den Gebieten westlich des unteren Rheins. Caesar nahm durch treulose Hinterlist die Häuptlinge der beiden Völker gefangen und besiegte die führerlosen Germanen in der Nähe von Koblenz. In Rom aber stellte Cato im Senat den Antrag, man möge Caesar für seinen Verrat den Germanen ausliefern (Herbst 55). Caesar hatte nördlich von Koblenz (bei Neuwied) zum ersten Male den Rhein überschritten, der Rheinübergang war eine militärische Demonstration gegenüber den Sugambrern, welche die Reste der geschlagenen germanischen Völkerschaften in ihre Mitte aufgenommen hatten. Nur 18 Tage dauerte der erste Aufenthalt Caesars auf dem Boden des freien Germanien. Auch dem Übergang auf die britannische Insel im gleichen Jahr lag noch keine Eroberungsabsicht zugrunde. Ganz anders jedoch der zweite Britannien-Feldzug im folgenden Jahre (54): fünf Legionen führte Caesar über den Kanal und stieß in das Gebiet nördlich der Themse vor, jedoch hatte Caesar in dem britannischen König Cassiovellaunus einen unverächtlichen Gegner, so daß die Römer, dieses Mal ohne große Beute gemacht zu haben, nach Gallien zurückkehren mußten.

Noch vor dem Ende des Jahres 54 hatte sich in Gallien ein Umschwung angebahnt. Von den Treverern an der Mosel sprang der Funke der Empörung zu den Stämmen des zentralen Gallien über, während die römischen Legionen, über fast ganz Gallien verstreut, in den Winterquartieren lagen. Die größten Verluste erlitten die Römer durch die Eburonen (im Gebiet der Maas nördlich von Lüttich), hier wurden nicht weniger als 15 Kohorten vollständig aufgerieben. Auch Q. Tullius Cicero, der Bruder des großen Redners, geriet als Legat Caesars durch die Nervier (zwischen

Schelde und Sambre) in höchste Bedrängnis, konnte aber von Caesar gerettet werden. Das Jahr 53 war von Vorbereitungen auf beiden Seiten angefüllt. Caesar verstärkte sein Heer durch drei Legionen – eine davon
hatte er sich von Pompejus ausgeliehen –, Labienus warf die Nervier nieder und Caesar selbst überschritt, zum zweiten Male, den Rhein (zwischen
Weißenturm und Urmitz?); am jenseitigen Ufer errichtete er einen befestigten Brückenkopf, der von einer römischen Besatzung gehalten wurde. Die
Eburonen fielen der römischen Rache anheim und wurden vollständig
ausgetilgt.

Der große Aufstand der gallischen Stämme begann im Jahre 52, das
führende Volk waren die Arverner (Auvergne) unter *Vercingetorix*, dem
Sohn des Celtillus. Vercingetorix ist eine Persönlichkeit von weltgeschichtlicher Bedeutung, er ist der allererste gewesen, der den Gedanken einer
keltischen Nation, vereinigt in einem großen keltischen Reich in Gallien,
propagiert hat. Auch als Feldherr hatte er neue Ideen: sein Kriegsplan
bestand darin, den Römern jede Schlacht zu verweigern und das Land vor
ihnen zu einer Wüste zu machen. Außerdem versuchte Vercingetorix, die
Römer von ihrer Basis, Oberitalien und Südgallien, abzuschneiden. Die
ersten Operationen verliefen für die Gallier nicht ungünstig. Caesar, der
vom Plateau von Langres nach dem Westen vorstieß, konnte zwar
Cenabum (Orléans) erobern und schließlich, nach einer längeren Belagerung, auch Avaricum (Bourges) im Lande der Biturigen – vor Gergovia
jedoch (hart nördlich von Clermont-Ferrand) holte er sich von Vercingetorix eine regelrechte Niederlage. Die Folge davon war der Abfall zahlreicher gallischer Stämme, ihre Beauftragten traten in Bibracte zu einem
Nationalkongreß zusammen, auch die Haeduer hatten sich den Aufständischen angeschlossen. Vercingetorix ging jetzt seinerseits zur Offensive
über, mußte aber (in der Nähe von Dijon?) eine Niederlage von Caesar
hinnehmen, als er diesem den Rückzug abzuschneiden versuchte. Vercingetorix verschanzte sich daraufhin in Alesia (Alise Ste. Reine im Dé-
partement Côte d'Or), wo er von Caesar eingeschlossen und belagert
wurde. Caesar ließ den Ort durch zwei riesige Zirkumvallationslinien von
der Außenwelt abschließen, wehrte den Ansturm des gallischen Entsatz-
heeres ab und zwang Vercingetorix schließlich durch Hunger zur Übergabe (52). Der keltische Nationalheld blieb sechs Jahre in römischer Haft,
wurde dann im Jahre 46 in Caesars Triumphzug aufgeführt und danach
erdrosselt. In den Sommer des Jahres 51 fällt endlich die Belagerung von
Uxellodunum (Puy d'Issolu). Nach dem Fall der Stadt hielt Caesar im
Gebiet der Treverer eine große Truppenschau ab. Gallien aber wurde als
neue römische Provinz organisiert, die Stammesverfassung blieb bestehen,
die Gallier waren zu Abgaben *(stipendia)* an Rom verpflichtet, jedoch
war die Summe verhältnismäßig niedrig (40 Millionen Sesterzen), dies
aber findet durch die Verwüstung und Ausplünderung des Landes eine

hinreichende Erklärung. Die Verluste der Gallier waren enorm, die Bevölkerung war geradezu dezimiert, ungezählte Tausende waren in die Sklaverei gewandert. Caesar selbst und seine Günstlinge hatten, ebenso wie einst Pompejus im Osten, ungeheure Reichtümer zusammengerafft, Caesar hat sie für seine Bauten in Rom *(Forum Iulium)*, aber auch zu politischen Zwecken, und hier in ganz skrupelloser Weise, eingesetzt.

Die Eroberung des freien Galliens *(Gallia Comata)* ist eine Tat von weltgeschichtlicher Bedeutung. Sie ist ganz das Werk Caesars, der im Gallischen Krieg eine glänzende Probe seines politischen und strategischen Könnens abgelegt hat, die ihn ohne weiteres an die Seite des Pompejus stellte. In seinen Mitteln war Caesar freilich alles andere als wählerisch, die Liste der von ihm und seinen Soldaten unter seiner stillschweigenden Duldung verübten Grausamkeiten würde manche Seiten füllen, mit militärischen Gründen waren sie weder zu entschuldigen noch gar zu rechtfertigen. Das gallische Volk ist jedoch trotz aller bitteren Verluste nicht untergegangen, unter dem Schutz der römischen Waffen hat es in der Kaiserzeit eine neue große zivilisatorische Renaissance erlebt. An der römischen Herrschaft haben die Kelten in der Folgezeit nur noch selten gerüttelt, die wenigen Aufstände, wie die Erhebung der Bellovaker im Jahre 46 v. Chr., hatten zumeist nur lokale Bedeutung. Als zu Beginn des 5. Jh. n. Chr. die Westgoten und später die Franken in Gallien einfielen, da war das Land längst eine Hochburg der römischen Kultur geworden, und seinen römischen Charakter hat es auch unter den Franken bewahrt.

Im Jahre 50 v. Chr. hatte sich die Weltlage grundlegend verändert. Von den drei großen Machthabern Roms waren nur noch zwei übriggeblieben, Caesar und Pompejus. Der dritte, Crassus, war drei Jahre zuvor in dem fernen Mesopotamien auf dem Partherfeldzug umgekommen. Und dabei hatte Crassus für seine Intervention im Partherreich sich nicht einmal einen ungünstigen Zeitpunkt ausgesucht. Im Jahre 57 war nämlich der Partherkönig Phraates III. ermordet worden. Von den Verschwörern hatte sich Mithradates nach Syrien zu A. Gabinius geflüchtet, dieser aber hatte sich anerboten, ihn nach Parthien zurückzuführen. Crassus selbst aber handelte wie so manche Machthaber in alter und neuerer Zeit: er begann den Krieg gegen die Parther ohne Kriegserklärung (54 v. Chr.). Dabei existierten zwischen Rom und Parthien kaum irgendwelche Differenzen, Crassus' Beweggründe waren rein persönlicher Natur: er wollte auf den Spuren Alexanders d. Gr. die Macht der Römer möglichst weit nach dem Osten vorschieben und sich hier eine Hausmacht gründen nach dem Vorbild seiner Genossen im Triumvirat. Mit den Königen von Armenien, Artavasdes, und von Osrhoene, Abgaros, hatte sich Crassus verbündet. Nach einem ersten Einfall in parthisches Gebiet zog er sich noch im gleichen Jahr (54) wieder in die syrische Provinz zurück. Im Jahre 53 aber machte er Ernst, sein Ziel war die große Stadt Seleukeia am Tigris. Der Kampfestaktik der schwerbewaffneten parthischen Panzerreiterei aber waren die Römer nicht gewachsen, dazu hatte Crassus in dem Reichsfeldherrn der Parther, dem Surenas, einen überlegenen Gegenspieler. Die Römer unterlagen bei dem alten Carrhae (Harran) im nordwestlichen Zweistromland, Crassus hatte als Feldherr vollkommen versagt; er wurde von den Parthern, als er Verhandlungen mit ihnen aufgenommen hatte, niedergemacht, nur der vierte Teil seines großen Heeres (es hatte 40 000 Mann gezählt) konnte sich nach Syrien über den Euphrat in Sicherheit bringen. Crassus' Untergang rief in Rom einen tiefen Eindruck hervor. Von seiner Persönlichkeit ist wenig Gutes zu berichten: Crassus war ein Kapitalist und Ausbeuter reinsten Wassers, eine brutale Wolfsfigur und insofern ein echter Repräsentant dieser an Idealen so armen, an Machtgier aber so reichen Epoche der späteren Republik.

In Rom aber waren die Jahre von 54 bis 50 v. Chr. eine Periode der schlimmsten Anarchie, ein Zustand, für den nicht zum wenigsten Pompejus die Verantwortung trägt. Im Jahre 54 war Julia, Caesars Tochter und Pompejus' Gattin, im Kindbett gestorben, von beiden zutiefst betrauert. Damit war das Band zwischen Caesar und Pompejus zerrissen, denn Julia hatte den beiden Männern immer wieder zum Guten geraten. In den Jahren 54 und 53 hatte es in Rom keine regulären Beamtenwahlen mehr gegeben, in der Hauptstadt herrschte der Terror, der sich in den Banden des P. Clodius und Milo verkörperte. Ihnen mußte sich mehrfach sogar Pompejus beugen. Am 18. Januar 52 fand Clodius in einem Tumult auf der Via Appia den Tod, man verbrannte seine Leiche in der *Curia Hostilia,* wobei das Gebäude in Flammen aufging. Jetzt endlich raffte sich der Senat zum Handeln auf: er bestellte (im Schaltmonat des Jahres 52) Pompejus zum *consul sine collega.* Das war ein staatsrechtliches Novum, Pompejus hatte sich jedoch geweigert, die Diktatur zu übernehmen. Der Bruch zwischen dem Senat und dem neuen Consul war damit zwar geheilt, das Interregnum des Pompejus aber wurde dadurch beendet, daß dieser seinen neuen Schwiegervater, Q. Caecilius Metellus Scipio, zu seinem Kollegen im Consulat wählen ließ (August 52). Gerade Metellus Scipio hat zur Verschärfung des Gegensatzes zwischen Pompejus und Caesar wesentlich beigetragen. Eine *lex Pompeia* vom Jahre 52 bestimmte, daß die Magistrate nicht mehr unmittelbar nach Ablauf der Amtszeit, sondern erst nach einem Intervall von fünf Jahren in die Provinzen hinausgesandt werden sollten, eine Anordnung, die für Caesar deswegen bedrohlichen Charakter hatte, weil ihm nunmehr aus der Zahl der Consulare ohne weiteres ein Nachfolger bestellt werden konnte. Noch schlimmer aber war eine neue Wahlordnung. Sie untersagte die Bewerbung um das Consulat in Abwesenheit. Wenn Pompejus sich herbeiließ, auf dringende Vorstellungen Caesars dem Gesetz nachträglich eine Klausel beizufügen, wonach Caesar von der neuen Vorschrift ausgenommen werden sollte, so war dies rechtlich ohne Bedeutung. Pompejus hat sich im übrigen sehr schwankend gezeigt, auf einen vollen Bruch mit Caesar wollte er es jedoch nicht ankommen lassen. Sechsmal konnte im Jahre 51 das Zustandekommen eines Beschlusses über Gallien im Senat verhindert werden, aber Caesars Schicksal hing an einem seidenen Faden, er mußte damit rechnen, im Jahre 49 einen Nachfolger in Gallien zu erhalten. Es war klar, daß seine Feinde in Rom ihn dann zur Rechenschaft ziehen würden. Wie lange konnte er das alte Spiel fortsetzen, durch gekaufte Volkstribunen die Beschlüsse des Senats zu verhindern? Im Jahre 50 hatten sich die Gegensätze bis aufs äußerste zugespitzt, als Caesars Trabant, der Volkstribun Scribonius Curio im Senat beantragte, Caesar und Pompejus sollten beide ihre Heere entlassen und auf ihre Provinzen verzichten. Die Abstimmung am 1. Dezember 50 brachte einen überwältigenden Sieg für Curio: sein Antrag wurde mit 370 Stimmen bei nur 22 Gegenstimmen angenommen. Die Mehrheit des Senats war für den Frieden und gegen den Bürgerkrieg, der sich bereits am Horizont abzeichnete – es existierte jedoch eine kleine, aber sehr tatkräftige Gruppe von Feinden Caesars, die ihn um jeden Preis demütigen und sogar vernichten wollte. Zu diesen Unversöhnlichen gehörten M. Porcius Cato, C. Claudius Marcellus (einer der Consuln des Jahres 50), Metellus Scipio und auch Pompejus, der ganz in das Fahrwasser dieser Ultras geraten war. Es war eine ganz und gar ungesetzliche Handlung, wenn der Consul Marcellus wenige Tage später den Staatsnotstand erklärte und Pompejus ein Schwert überreichte, damit dieser das Vaterland beschütze. Mit Recht hat Caesar diese Handlung später als den Beginn des Bürgerkrieges *(initium tumultus)* bezeichnet. Die Versuche moderner Historiker, den Consul Claudius Marcellus in Schutz zu nehmen, gehen ganz in die Irre. Pompejus begab sich zu seinen Legionen nach Campanien, Curio versuchte den Aushebungsbefehl der Consuln zu sabotieren, jedoch ohne Erfolg. Caesar war immer noch bereit, das Imperium niederzulegen, wenn auch Pompejus dazu bereit sei. Er wollte sich mit dem unbedeutenden Illyricum und einer einzigen Legion, die offenbar für seinen persönlichen Schutz gedacht war, begnügen. Darauf ließ sich aber der Senat nicht ein. In der Senatssitzung vom 7. Januar 49 wurde beschlossen, Caesar in aller Form abzuberufen und L. Domitius Ahenobarbus zu seinem Nachfolger im Jenseitigen Gallien zu bestellen. Wenn Caesar sich um das Consulat bewerben wolle, so möge er sich in Rom einfinden. Als die tribunizische Interzession ausgesprochen wurde, faßte der Senat das *senatus consultum ultimum*. Pompejus gab sich sehr zuversichtlich, während Caesars Position durch den Übergang seines Legaten T. Labienus zu den Optimaten (jedenfalls noch vor Mitte Januar) geschwächt erschien. Der Bürgerkrieg, den eigentlich niemand gewollt hatte, stand vor der Tür, er ist in der Nacht vom 10. zum

11. Januar 49 ausgebrochen, nachdem Caesar den Befehl zum Übergang über den Rubico, den Grenzfluß zwischen der Provinz Gallia Cisalpina und dem römischen Bürgerland, erteilt hatte.

Es erscheint wenig sinnvoll, nach dem Schuldigen für den Ausbruch des Bürgerkrieges zu suchen. Es handelt sich hier nicht in erster Linie um eine Rechtsfrage, sondern um eine Machtfrage. Zwischen Pompejus und seinen Gesinnungsgenossen im Senat einerseits und Caesar anderseits bestand ein unüberbrückbarer Gegensatz. Nachdem Crassus den Tod gefunden hatte, mußte sich der Kampf um die Führung im Staat mit Notwendigkeit zu einem Duell zwischen den beiden Übriggebliebenen entwickeln, beide, Pompejus ebenso wie Caesar, haben sich hierbei von machtpolitischen Erwägungen leiten lassen, die sie allerdings, und zwar Pompejus mehr als sein Gegner, da jenem der Senat zur Verfügung stand, mit dem Mantel der Legitimität zu verhüllen versuchten. Für denjenigen, der die Zusammenhänge durchschaute, waren aber die politischen Schachzüge der beiden Gegner nichts anderes als Hilfsmittel, die öffentliche Meinung zu beeindrucken. Caesar, das ist wahr, hat jedoch den Gordischen Knoten zerhauen, aber er mußte vor der Öffentlichkeit das Odium des Rechtsbrechers auf sich nehmen, eine Tatsache, welche die Handlungen seiner nächsten Jahre schwer belastet hat.

Wie aber sah es in der Welt bei Beginn des Bürgerkrieges aus? Trotz seines Erfolgs bei Carrhae (53 v. Chr.) hatte das *Partherreich* eine Schwächeperiode durchzumachen, in Italien hatte man im Jahre 51 zwei Legionen für den Partherkrieg bereitgestellt, die jedoch nicht zum Einsatz gekommen sind. Im übrigen war es das Verdienst des C. Cassius, als Proquästor den Einfall der parthischen Reiterheere abgewehrt zu haben (51). Nachfolger des M. Licinius Crassus als Statthalter von Syrien war M. Calpurnius Bibulus, Caesars einstiger Amtsgenosse im Consulat. Bibulus verstand es, Pacorus, den Sohn des Partherkönigs Orodes (57–37), gegen den Vater auszuspielen und damit der Provinz eine Ruhepause zu verschaffen. Von den großen hellenistischen Staaten existierte nur noch das *ptolemäische Ägypten*. Aber der König Ptolemaios XII. Neos Dionysos, im Volksmund Auletes genannt, hatte vor den Alexandrinern fliehen müssen (58 v. Chr.); über Cypern, wo er mit Cato zusammengetroffen war, hatte er sich nach Rom begeben. Erst im Jahre 55 war er nach einem ausgedehnten Intrigenspiel durch A. Gabinius, den Trabanten des Pompejus, in sein angestammtes Reich zurückgeführt worden. Seit dieser Zeit lag in Ägypten eine römische Besatzung, die Administration der Finanzen stand unter römischer Kontrolle, sie wurde von dem römischen Ritter C. Rabirius Postumus überwacht, der die Gelegenheit wahrgenommen hat, sich enorm zu bereichern. Ihm wurde im Jahre 54/53 in Rom der Prozeß gemacht, dabei hielt es Cicero nicht unter seiner Würde, den dunklen Ehrenmann zu verteidigen.

Im Raum zwischen der unteren Donau und den Karpaten hatte sich um das Jahr 60 v. Chr. das Dakerreich unter dem König Byrebistas gebildet. Die Griechenstädte am Pontos von Apollonia bis Olbia waren ebenso in seinen Machtbereich gekommen wie die Völkerschaften in Rumänien, in Siebenbürgen, im östlichen und im zentralen Ungarn. Die Hauptstadt des Reiches war Argidava, im Banat östlich von Werschetz (?) gelegen. Dieses Reich war ein gefährlicher Nachbar der römischen Provinzen *Illyricum* und *Macedonia*. Der dakische König hat im Jahre 48 Verbindungen mit Pompejus aufgenommen, und zwar durch einen Griechen namens Akornion, der von dem römischen Feldherrn in der Nähe von Monastir empfangen worden ist. In den Bürgerkrieg hat sich Byrebistas jedoch nicht eingemischt, sein Leben endete im Jahre 45 oder 44 v. Chr. Das dakische Großreich ist danach in eine Anzahl von Teilreichen zerfallen.

20. Der Bürgerkrieg und Caesars Diktatur (49–44 v. Chr.)

Mit dem Übergang Caesars über den Rubico in der Nacht vom 10. auf den 11. Januar 49 v. Chr. beginnt der Bürgerkrieg. Caesar handelte mit großer Kühnheit, hatte er doch zunächst nur eine einzige Legion zu seiner Verfügung. Dadurch hat er seinen Gegnern das Gesetz des Handelns aufgezwungen. Im übrigen ist Caesars Wort «Hoch fliege der Würfel!» das er zu den Offizieren seines Stabes, und zwar in griechischer Sprache, geäußert hat, aller Wahrscheinlichkeit nach historisch. In *einem* Zuge brachte Caesar die Städte an der Ostküste von Ariminum bis Ancona in seine Gewalt, dazu besetzte er Arretium in dem angrenzenden Etrurien. Über die Schnelligkeit Caesars herrschte in Rom Furcht und Entsetzen, niemand dachte an eine ernsthafte Verteidigung, bereits am 17./18. Januar verließen Pompejus und die Magistrate die Hauptstadt, in der allgemeinen Kopflosigkeit wurde sogar versäumt, die Staatskasse mitzunehmen. Cicero, zu Anfang des Jahres 49 aus dem fernen Kilikien zurückgekehrt, sah sich mitten in einen atemberaubenden Trubel versetzt, er hatte zunächst versucht, zwischen den Gegnern zu vermitteln, sich aber schließlich für Pompejus entschieden.

In Italien verfügte Pompejus nicht über genügend Truppen, daher mußte er sich, nicht eben leichten Herzens, dazu entschließen, die Apenninhalbinsel zu räumen, in der Hoffnung, sie später durch einen konzentrischen Angriff vom Westen und Osten her zurückerobern zu können. Das aber war keineswegs nach dem Sinn der meisten Senatoren, die sich weder von Rom noch von ihren Besitzungen trennen wollten. Während die Gegenseite zauderte, handelte Caesar. Nach der Besetzung Umbriens und Picenums fand er den ersten Widerstand in Corfinium, etwa 100 km östlich von der Hauptstadt, in Samnium. Aber die Truppen des dort kommandierenden L. Domitius Ahenobarbus gingen zu ihm über. Caesar legte eine bemerkenswerte Milde an den Tag; von allem Anfang an propagierte er seine *clementia*, die ihm zahlreiche neue Anhänger zuführte. Pompejus aber hielt nur noch Brundisium, mit dem letzten Truppentransport nach Illyrien verließ er am 17. März 49 den Boden Italiens. In der Zwischenzeit hatte es an Vermittlungsversuchen nicht gefehlt, sie waren aber sämtlich gescheitert, da sie kaum ernst gemeint gewesen waren. Cicero hat übrigens erst zu Beginn des Juni 49 Italien verlassen, er begab sich nach Thessalonike, wo sich ein Gegensenat gebildet hatte. Die Standesgenossen bereiteten ihm einen kühlen Empfang, man hielt in diesen Kreisen Cicero für einen Opportunisten. Caesar hatte inzwischen weitere Erfolge zu verzeichnen: die Inseln Sardinien und Sizilien waren ihm zugefallen, in Sizilien hatte sich sein Gegner M. Porcius Cato nicht behaupten können. In Rom verweilte Caesar nur wenige Tage, er hatte Schwierigkeiten mit dem Volkstribunen L. Metellus. Dieser versperrte ihm den Zugang zum Aerarium, worauf ihn Caesar mit Gewalt entfernen ließ. Die einzige Senatssitzung, die in seiner Gegenwart abgehalten wurde (am 1. April 49), verlief für Caesar offenbar gleichfalls enttäuschend.

Die größere Gefahr für Caesar drohte vom Westen her. Die spanischen Provinzen und Africa waren fest in den Händen der Pompejaner, in Spanien standen nicht weniger als sieben Legionen unter den Befehlen des Afranius, Petrejus und des M. Terentius Varro. Und dennoch setzte Caesars Entschluß, zuerst die Pompejaner auf der iberischen Halbinsel niederzuringen, wie so oft in seinem Leben, alles auf eine Karte. Wenn diese nicht stach, war das ganze Spiel verloren. Mit dem spanischen Feldzug des Jahres 49 verbindet sich der Konflikt Caesars mit der alten Griechenstadt *Massilia*. Die Stadt versuchte sich aus der machtpolitischen Auseinandersetzung zwischen Caesar und Pompejus herauszuhalten, Caesar aber wollte sich mit Massilias Neutralität nicht zufriedengeben, drei Legionen wurden für die Belagerung eingesetzt, doch Massilia hielt stand, so daß Caesar, um nicht noch mehr Zeit zu verlieren, den Befehl über das Belagerungsheer seinem Legaten C. Trebonius übergeben mußte. Auch in Spanien ging nicht alles nach Caesars Wunsch. In der Nähe von Ilerda geriet er am Flusse Sicoris (Segre) vorübergehend in eine verzweifelte Lage, doch vermochte er durch seine überlegene Strategie das Blatt wieder zu wenden und das Heer der Gegner, insgesamt fünf Legionen, zur Kapitulation zu zwingen (2. August 49 = 10. Juli jul.). Leichteres Spiel hatte Caesar in *Hispania Ulterior*. In dieser Provinz, in der Caesar große Sympathien besaß, ergab sich M. Terentius Varro mit zwei Legionen in Corduba. In nur 40 Tagen war der spanische Feldzug beendet, ein bedeutender Erfolg, den Caesar nicht nur seiner Feldherrnkunst, sondern auch seiner überlegenen Menschenführung verdankte. Auf dem Rückmarsch nach Italien konnte Caesar die Kapitulation Massilias entgegennehmen, die Belagerung hatte sechs Monate gedauert. Die Stadt verlor ihre Freiheit und Autonomie, es ist dies der Endpunkt der 550jährigen ruhmvollen Geschichte eines freien Massilia; die Stadt ist aber auch weiterhin ein Hort der griechischen Kultur in Südgallien geblieben.

In der Provinz Africa waren die Caesarianer weniger glücklich. C. Scribonius Curio unterlag im August 49 den Pompejanern unter der Führung des P. Attius Varus und dem König Juba von Numidien in einer Schlacht am Bagradas. Die Niederlage kostete Curio das Leben, nur wenige seiner Begleiter, darunter C. Asinius Pollio, der spätere Geschichtsschreiber, hatten sich retten können. Auch in Illyrien gab es für Caesar Mißerfolge. Die Seeherrschaft auf der Adria lag ganz eindeutig in den Händen des Pompejus. Gegen die Übermacht kamen Caesars Legaten, P. Cornelius Dolabella und C. Antonius, nicht auf, der letztere wurde auf der Insel Schwarzkorkyra (Korčula) eingeschlossen und zur Kapitulation gezwungen. Damit hatte Caesar nicht nur 1½ Legionen, sondern auch einen der letzten Stützpunkte jenseits der Adria verloren.

Noch in Massilia erreichte Caesar die Nachricht, daß er in Rom zum Diktator ernannt worden sei. Der Praetor M. Aemilius Lepidus hatte sich auf Grund eines Volksbeschlusses dazu ermächtigen lassen, die Ernennung vorzunehmen. Angetreten hat Caesar die Diktatur erst gegen Ende des Jahres 49, nach nur elftägiger Amtsführung hat er sie wieder niedergelegt. Als *dictator comitiorum habendorum causa* hielt er Wahlen in Rom ab, dabei wurde Caesar selbst, zusammen mit P. Servilius Isauricus, für das Jahr 48 zum Consul (zum zweiten Mal) gewählt. Auch das Latinerfest auf dem Mons Albanus hat er als Diktator geleitet, der Gedanke an eine Monarchie aber hat Caesar damals noch ganz fern gelegen. Wenn er, und zwar schon am 1. April 49, zu den Senatoren gesagt hat, sie möchten mit ihm zusammen den Staat verwalten; falls sie sich aber dieser Aufgabe durch die Flucht entzögen, so werde er die Verwaltung allein in die Hand nehmen, so wird man diese Worte schwerlich als einen Ausdruck monarchischen Strebens auffassen können.

Gegen Ende des Jahres 49 hatte Caesar im ganzen zwölf Legionen, die jedoch keine vollen Gefechtsstärken aufwiesen, um Brundisium versammelt. Am 5. Januar 48 (im November 49 jul.) landete er mit sieben Legionen (20 000 Mann) an dem jenseitigen Ufer der Adria bei Palaiste, südlich von Valona. Den Übergang und die Landung hatte ihm der sträfliche Leichtsinn des dort kommandierenden M. Calpurnius Bibulus ermöglicht. Mit der Besetzung von Apollonia (in der Nähe des heutigen Fieri, nordöstlich der Aoos-Mündung) und von Orikon schuf er sich den notwendigen Brückenkopf, konnte aber nicht verhindern, daß ihm Pompejus in der Okkupation des viel wichtigeren Dyrrhachium (Durazzo) zuvorkam. Im übrigen war ihm Pompejus, dem die Hilfstruppen des gesamten römischen Orients zur Verfügung standen, zahlenmäßig ganz beträchtlich überlegen. Pompejus, übrigens erst gegen Ende des Jahres 49 zum Oberbefehlshaber bestellt, sah sich durch die Anwesenheit zahlreicher Senatoren in seinem Hauptquartier behindert. Erst gegen Ende März konnte M. Antonius vier weitere Legionen aus Italien nach Epirus herüberbringen, sie landeten im Raum von Nymphaion und vereinigten sich wenige Tage später (3. April 48) bei Belik an der Via Egnatia mit Caesar. Von April bis Juli 48 lagen sich die Heere der beiden großen Führer südlich von Dyrrhachium in einem hartnäckigen Stellungskampf gegenüber, Caesar hatte Pompejus zu Lande eingeschlossen, aber ein erfolgreicher Durchbruchsversuch der Pompejaner kostete Caesar den Verlust von 32 Feldzeichen und 1000 Mann. Daraufhin zog Caesar mit seinem Heere nach Thessalien, der Widerstand der kleinen Stadt Gomphoi wurde mit nackter Gewalt gebrochen. Auf dem Schlachtfelde bei *Pharsalos* (9. August = 7. Juni 48 jul.) stand Caesar mit 22 000 Mann und einer geringen Zahl von Reitern (angeblich nur 1000) dem doppelt so starken Heere des Pompejus gegenüber. Gegen die überlegene Kavallerie des Pompejus (7000 Mann) hatte Caesar eine Spezialreserve bereitgehalten, an ihrer Standhaftigkeit sind die Attacken der Reitergeschwader des Pompejus zerschellt. Pompejus selbst hatte in der Schlacht versagt, er floh zu Schiff nach Mytilene auf Lesbos. Seine Parteigänger hielten Kriegsrat auf Korkyra ab, sie bestellten den Consular Metellus Scipio, Pompejus' Schwiegervater, zum Oberfeldherrn, Cicero hatte abgelehnt, er gab die Sache des Pompejus bereits verloren und schiffte sich nach Italien ein. Auch eine Reihe von Verbündeten verließen das Lager der Pompejaner, insbesondere die Flotten der Rhodier und der Ägypter, den Rest der Schiffe führte M. Porcius Cato nach Africa. Auf seiner Flucht mußte Pompejus die ganze Bitterkeit der Niederlage auskosten, manche Städte wie Rhodos und Antiocheia verschlossen ihm die Tore, so daß er den unheilvollen Entschluß faßte, sich nach Ägypten zu wenden. Dem früheren König des Landes, Ptolemaios XII. Neos Dionysos (Auletes), hatte er so manche Gefälligkeit erwiesen, so daß er auf die Dankbarkeit seiner Kinder, der Kleopatra VII. und ihres Bruders, des Ptolemaios XIII., Anspruch zu besitzen vermeinte. Aber die Geschwister waren miteinander verfeindet, Ptolemaios, ein Knabe von 13 Jahren, stand gegen seine ältere Schwester. In den Händen der Ratgeber des jungen Königs, des Eunuchen Potheinos, des Strategen Achillas und des aus Chios gebürtigen Rhetors Theodotos, lag das Schicksal des geschlagenen römischen Feldherrn. Theodotos riet dazu, Pompejus aus Gründen der Staatsraison zu beseitigen, man dürfe es mit Caesar nicht verderben. Als Pompejus ägyptischen Boden betrat, wurde er durch einen Römer namens L. Septimius niedergemacht. Der Todestag war der 28. September 48; am folgenden Tage wäre Pompejus 58 Jahre alt geworden.

Pompejus ist alles andere als ein Genie, sein Gesicht zeigt jene charakte-

ristische Mischung von Hochmut und Verschlagenheit, die schon seinen
Zeitgenossen auf die Nerven gegangen ist. So hat er es nie verstanden,
sich die Sympathien der Senatsoligarchie zu erwerben. Die Nobiles haben
ihm immer wieder die kalte Schulter gezeigt, da sie sich nicht für einen
Mann erwärmen konnten, der auf Grund seiner bedeutenden Leistungen
als Feldherr immer und überall mit dem Anspruch auftrat, der Erste der
Bürger *(princeps civium)* zu sein. Womöglich noch schlimmer aber war
es, daß Pompejus im Grunde über keine politische Konzeption verfügte,
er vermied es, sich klar zu äußern, was ihm wiederum als Hinterhältigkeit
verdacht wurde. Auch die Nobilität ist alles andere als schuldlos: sie
fürchtete, sehr mit Unrecht, eine Alleinherrschaft des Pompejus; das ge-
genseitige Mißtrauen hat die Front gegen Caesar entscheidend geschwächt
und diesem den Sieg wesentlich erleichtert.

Caesar hatte sich nach dem Siege bei Pharsalus zunächst nach der Provinz Asia begeben. Am 1. Oktober 48 erreichte er Alexandrien. Hier warf
er sich zum Schiedsrichter der streitenden Ptolemäer auf. Er proklamierte
eine Samtherrschaft des Ptolemaios XIII. und der Kleopatra VII. Der
jüngere Bruder, Ptolemaios XIV., und seine Schwester Arsinoe wurden
mit Cypern abgefunden. Mit gutem Grund hat Caesar dies im *Bellum
civile* verschwiegen. Caesars Verbindung mit der ‹pikanten Levantinerin›
Kleopatra führte zum Alexandrinischen Krieg, Caesar sah sich im Stadt-
teil Brucheion eingeschlossen. Bei den Kämpfen gegen Achillas, den Feldherrn des 13. Ptolemäers, ging ein Teil der alexandrinischen Bücher in
Flammen auf. Der Krieg in der Stadt dauerte mehrere Monate an, vom
Herbst des Jahres 48 bis ins Frühjahr 47. Erst ein Entsatzheer unter
Mithradates von Pergamon, einem galatischen Fürstensohn, befreite die
Römer aus ihrer verzweifelten Lage, der junge Ptolemaios XIII. ertrank
auf der Flucht im Nil. Auf Caesars Wunsch schloß Kleopatra eine Schein-
ehe mit ihrem Bruder Ptolemaios XIV., beide herrschten gemeinsam über
Ägypten und die Insel Cypern. Der Prinzgemahl aber war Caesar; ihm
gebar Kleopatra einen Sohn, den die Alexandriner Kaisarion, d. h. den
‹kleinen Caesar›, nannten.

Der ausgedehnte Aufenthalt Caesars in Ägypten hatte den Pompejanern
wieder Luft verschafft. Zwar waren Illyrien und Griechenland ihnen ver-
lorengegangen, aber anstatt dessen hatte sich die Provinz Africa in eine
Hochburg der Pompejaner verwandelt. Sie beherrschten damit ein Gebiet,
von dem aus sie die Verbindungen Caesars mit Italien und Spanien empfindlich stören konnten. Trotzdem hat sich Caesar zunächst nach dem
Osten, nach Kleinasien gewandt. Hier hatte sich der Sohn des großen
Mithradates, Pharnakes, ein ausgedehntes Reich geschaffen. Außer dem
bosporanischen Reich auf der Krim herrschte er über die Landschaften
Pontos und Kleinarmenien, auch auf Bithynien und Kappadokien hatte er
übergegriffen. Die Römer unter Cn. Domitius Calvinus hatten in Klein-

armenien, bei Nikopolis, von Pharnakes eine Niederlage hinnehmen müssen. In Palästina fand Caesar noch Zeit, die Verhältnisse des jüdischen Staates zu ordnen, und zwar bestätigte er Hyrkanos als Ethnarchen und Hohenpriester, die eigentliche Regierung aber legte er in die Hände des Idumäers Antipatros, des Vaters des Herodes I. Gegen Pharnakes hatte Caesar ein leichtes Spiel, er siegte bei Zela im Pontos (am 2. August 47 = 21. Mai jul.), Pharnakes rettete sich zunächst nach Sinope, dann zu Schiff ins Bosporanische Reich, wo er durch seinen Rivalen Asandros den Untergang fand.

Für Rom und Italien war Caesars lange Abwesenheit ein Unglück. Infolge des Bürgerkrieges standen Handel und Wandel still, die Wirtschaft litt unter einer schweren Depression, zahlreiche Bürger waren tief verschuldet und erwarteten von Caesar durchgreifende Maßnahmen. Gegenüber den Unruhen waren die Magistrate in Rom machtlos, der Consul P. Servilius Isauricus, ein erprobter Freund Caesars, hatte einen harten Stand. Im Herbst des Jahres 48 wurde Caesar übrigens zum zweiten Mal Diktator, es war dies eine Jahresdiktatur, die bis zum Herbst 47 gedauert hat. Die Ernennung hatte P. Servilius Isauricus als Consul ausgesprochen. Im Jahre 47 hatte es in Rom keine Wahlen gegeben. Als einziger Obermagistrat fungierte M. Antonius in seiner Eigenschaft als *magister equitum* Caesars. In Rom herrschte die Straße, es gab erbitterte Kämpfe zwischen den Banden, die in P. Cornelius Dolabella, dem Schwiegersohn Ciceros, und in L. Trebellius, einem anderen Volkstribunen, ihre Anführer hatten. Erst im Oktober 47 traf Caesar auf dem Wege über Mytilene, Athen und Korinth wieder in der Hauptstadt ein. In der Nähe Brundisiums war er mit Cicero zusammengetroffen, der von Caesars Liebenswürdigkeit des Lobes voll war. M. Antonius wurde wegen Unfähigkeit auf zwei Jahre kaltgestellt, das Consulat übernahmen Fufius Calenus und P. Vatinius, während für das folgende Jahr (46) Caesar selbst, zusammen mit M. Aemilius Lepidus, zu Consuln gewählt wurden. Die Zahl der Prätoren erhöhte Caesar von acht auf zehn, den stark dezimierten Senat füllte er durch Angehörige des Ritterstandes wieder auf.

Der afrikanische Feldzug des Jahres 47/46 zeigt Caesar noch einmal auf der vollen Höhe seiner Feldherrnkunst. In Africa verfügten die Pompejaner über nicht weniger als zehn Legionen, in Utica hatte sich eine Art von Gegensenat gebildet. Fast alle namhaften Gegner Caesars hatten sich hier zusammengefunden: Metellus Scipio, der Oberbefehlshaber, M. Petrejus, T. Labienus, Cn. und Sex. Pompejus, die Söhne des Pompejus Magnus, auch M. Porcius Cato, der die Provinz Africa auf dem beschwerlichen Landwege über Kyrene erreicht hatte. Mit ihnen im Bunde war der König Juba von Numidien, während die Herrscher von Mauretanien, Bogud und Bocchus, es mit Caesar hielten, ebenso wie der römische Freibeuter P. Sittius, ein ehemaliger Catilinarier, der sich eine unabhängige

Stellung in Mauretanien errichtet hatte. Caesar landete am 28. Dezember 47 (= 12. Oktober 47 jul.), zunächst mit nur 3000 Mann, in Hadrumetum, er bemächtigte sich der Stadt Leptis Minor und wandte sich vom Plateau von Ruspina gegen die Seefestung Thapsus. Wenn er zunächst auch eine Niederlage von seinem ehemaligen Legaten T. Labienus hinnehmen mußte, so verfehlte doch seine Propaganda bei den Pompejanern ihre Wirkung nicht: zu Hunderten wechselten die Pompejaner auf seine Seite über. In der Entscheidungsschlacht bei Thapsus (6. April 46 = 7. Februar jul.) wurde auf beiden Seiten mit großer Erbitterung gekämpft, die Pompejaner wurden vernichtend geschlagen. Übrigens hatte sich der Zorn der cäsarischen Soldaten teilweise gegen die Offiziere in den eigenen Reihen gerichtet. Als Caesar vor Utica erschien, gab sich Cato in der Stadt selbst den Tod; er wollte, wie er sagte, nicht dem Tyrannen verpflichtet sein, der Menschen begnadige, über die ihm kein Recht zustehe. Mit seinem Tod hatte Cato vor aller Welt gezeigt, daß die Ideale der *res publica libera* nicht erloschen waren. Mag auch das Leben Catos manche weniger sympathischen Züge aufweisen – so haben schon die Zeitgenossen seinen mit Selbstgefälligkeit zur Schau getragenen Doktrinarismus vielfach getadelt –, sein Tod versöhnt mit seinen Schwächen: er hat für seine Überzeugung sein Leben eingesetzt, und die Erinnerung an seinen Tod in Utica hat sein Erdenleben um viele Generationen überdauert. Auch die meisten führenden Pompejaner sind damals umgekommen, nur die beiden Söhne des Pompejus Magnus retteten sich nach Spanien, und mit ihnen T. Labienus und Attius Varus. Das Königreich Numidien, dessen Herrscher Juba gleichfalls unter den Toten war, wurde als eine neue Provinz unter dem Namen *Africa Nova* konstituiert, der erste Statthalter war C. Sallustius Crispus, er hat die Einwohner in einer geradezu schamlosen Weise ausgebeutet, so daß er sich in einem Repetundenprozeß dafür verantworten mußte. Die westlichen Bezirke Numidiens fielen an P. Sittius, ihr Mittelpunkt war Cirta, das als colonia Sittianorum neu begründet wurde.

In Rom feierte Caesar einen vierfachen Triumph, über Gallien, Ägypten, Pharnakes und Juba. Sein großer keltischer Gegner, Vercingetorix, wurde danach im Tullianum umgebracht, eine ganz unnötige Grausamkeit. Aus Ägypten kommend erschien Kleopatra mit ihrem Bruder Ptolemaios XIV. und mit ihrem Sohn von Caesar, Kaisarion, in Rom, sie bezog eine Villa jenseits des Tiber; ihre Anwesenheit in der Hauptstadt erregte viel böses Blut, und Cicero ließ so manche bissige Bemerkung in seine Korrespondenz über sie einfließen. Im übrigen gab sich der große Redner jetzt nach außen hin ganz als Caesarianer, wie dies etwa seine Dankrede für die Begnadigung des M. Marcellus *(Pro Marcello)* erkennen läßt. In ihr beschwor er den großen Mann, sich mehr um seine eigene Sicherheit zu kümmern, dazu bat er ihn in aller Form, dem Staat eine neue Verfassung zu verleihen, erst dann werde sein Werk vollendet sein und sein irdisches Leben überdauern. Auch sonst fand Caesar so manche Ratgeber; auch die unter dem Namen des Sallust überlieferten Briefe an Caesar *(Epistulae ad Caesarem senem)*, für deren Echtheit vieles spricht, gehören in diese Kategorie. Den Zeitgenossen war es klargeworden, daß der Staat und die Gesellschaft einer grundlegenden Reform bedurften, und sie setzten ihre Hoffnung auf Caesar. Daß ihm anderseits so manche seiner Mitbürger ganz ablehnend gegenüberstanden, wird niemanden verwundern, der ähnliche Zeiten einer entstehenden Diktatur selbst erlebt hat.

Bei der Beurteilung der cäsarischen Reformen ist nicht zu übersehen, daß vieles durch seinen unerwartet frühen Tod Stückwerk geblieben ist. Trotzdem aber verraten seine Maßnahmen, mögen sie nun ausgeführt oder nur geplant gewesen sein, die Kraft seines Genius, der hier teilweise ganz neue Wege beschritten hat. Am wenigsten durchgreifend waren die von ihm für die Versorgung der römischen Plebs getroffenen Anordnungen. Er hat die Zahl der Getreideempfänger von 320 000 auf 150 000 herabgesetzt, zahlreiche Proletarier, insgesamt 80 000, in überseeischen Kolonien untergebracht. Damit aber war das Problem des großstädtischen Proletariats nicht aus der Welt geschafft. Auch die cäsarischen Luxusgesetze erwiesen sich als ein Schlag ins Wasser, zumal ihr Urheber, Caesar, selbst nicht mit dem besten Beispiel vorangegangen ist. Anders steht es mit den Reformen auf dem Gebiet des Rechtswesens und der Verwaltung: die Geschworenen wurden nunmehr allein von den Senatoren und Rittern gestellt, von den Ärartribunen verlautet nichts mehr. Die Statthalterschaften in den Provinzen wurden neu geregelt. Und zwar war für die Consuln nach dem Ablauf ihres stadtrömischen Amtsjahres ein zweijähriges, für die Prätoren ein einjähriges Imperium in den Provinzen vorgesehen. Verlängerungen wurden untersagt. Von größter Fernwirkung aber war die cäsarische *Kalenderreform.* An die Stelle des Mondjahres trat am 1. Januar 45 das Sonnenjahr von 365¼ Tagen. Zur Überleitung ließ Caesar im Jahre 46 im ganzen 67 Tage einschalten (intercalieren), so daß dieses Jahr nicht weniger als 445 Tage zählte *(annus confusionis)*, da man nach dem 23. Februar bereits den üblichen Schaltmonat von 23 Tagen eingeschaltet hatte. Das julianische Jahr war ein Ableger des ägyptischen Sonnenjahres, die notwendigen Berechnungen hatte ein Grieche namens Sosigenes angestellt. Übrigens wurde die Einschaltung eines zusätzlichen Tages alle vier Jahre zunächst nicht richtig gehandhabt, so daß Augustus das Jahr wieder in Ordnung bringen mußte.

Außer anderen Ehren erhielt Caesar nach dem Siege bei Thapsus auch die Jahresdiktatur auf zehn Jahre. Sie sollte unter Anrechnung der beiden früheren Diktaturen als III bis XII gezählt werden, und vom April 46 bis zum April 36 dauern. Aber auch dieses Mal wurde die altrömische Sitte der Abdikation am Ende einer jeden Jahresdiktatur beibehalten. Doch war es nunmehr klar ersichtlich, daß Caesar nicht die Absicht hatte, seine Macht wieder aus der Hand zu geben.

Am Ende des Jahres 46 begann der spanische Feldzug. Gestützt auf ihre vielfachen Verbindungen und Klientelen, hatten die Söhne des Pompejus Magnus die Oberhand über Caesars Statthalter, C. Trebonius, und über seine Legaten gewonnen. Der Sieg Caesars bei Munda (nördlich von Gibraltar) am 17. März 45 brachte die Entscheidung, sie fiel trotz beträchtlicher Überlegenheit der Pompejaner (13 Legionen gegenüber 8 cäsarischen) wieder zugunsten Caesars, und zwar vor allem durch eine Reiterattacke des Königs Bogud von Mauretanien. Von den Führern der Gegenpartei vermochte sich nur Sex. Pompejus in das nördliche Spanien zu retten. Er hat auch noch Caesars Erben so manche Schwierigkeiten bereitet. Der Sieg bei Munda zog gewissermaßen einen Schlußstrich: alle Gegner waren jetzt niedergeworfen, nur in Syrien, in Apamea, behauptete sich Q. Caecilius Bassus, er wurde aber von den Caesarianern Q. Marcius Crispus und L. Staius Murcus belagert und bedeutete keine Gefahr mehr.

Auf Caesar ging eine ganze Fülle von Ehrungen nieder, die ihm der Senat und das Volk beschlossen hatten (20. April 45): ihm wurde der Titel Imperator als vererbbarer Name verliehen, es wurde ihm gestattet, bei allen öffentlichen Anlässen im Triumphalgewand und mit dem Lorbeerkranz zu erscheinen. Wegen seines Sieges über Pompejus erhielt er den Ehrentitel «liberator», dazu wurde die Errichtung eines Tempels und eines Palastes für Caesar auf dem Quirinal beschlossen. Endlich verlieh man ihm zu der zehnjährigen Diktatur noch ein zehnjähriges Consulat! Nur wenige Wochen später, im Mai 45, kamen weitere Ehrenbeschlüsse hinzu; der wichtigste davon war, daß eine Statue mit der Inschrift Deo invicto im Tempel des Quirinus, eine andere im Kreise der Könige und des L. Brutus aufgestellt werden sollte. Gewiß hat sich Caesar selbst um diese Ehrungen nicht bemüht, er hat sie aber auch nicht zurückgewiesen. Insbesondere der Senat überschlug sich in Ergebenheit, Caesars Anhänger hatten längst jedes Augenmaß verloren, der Weg zur Monarchie war klar ersichtlich. Von der alten Republik hielt Caesar nicht viel, die republikanischen Ämter bedeuteten ihm wenig, nicht einmal das Consulat war ihm heilig. Im Jahre 44 waren Caesar und der wieder zu Gnaden angenommene Antonius Consuln. In diesem Jahre gab es eine beträchtliche Vermehrung der Magistrate: die Zahl der Quästoren wurde auf 40 heraufgesetzt, die der plebejischen Ädilen auf 4, Prätoren gab es jetzt 14, schließlich sogar 16 (anstatt bisher 10). Außerdem besaß Caesar seit dem Ende 45 das Recht, die Hälfte der Magistrate (mit Ausnahme der Consuln) zu ernennen, natürlich waren aber auch die anderen, nicht von ihm ernannten von ihm abhängig. Im übrigen verfügte Caesar über eine ganze Reihe treuer Helfer. Zu ihnen gehörten A. Hirtius, C. Oppius, die beiden

Balbi aus Gades in Spanien und andere. Doch ist Caesar selbst niemals in Abhängigkeit von seinen Mitarbeitern geraten, anders als die späteren Principes Tiberius und Claudius.

Wer die Leistung Caesars unbefangen würdigen will, darf sich durch die überwiegend negativen Stimmen der cäsarischen Zeitgenossen ebensowenig beeindrucken lassen wie durch die modernen Lobredner. Caesars bedeutendste Leistung ist zweifellos der Aufbau und die Führung seines *Heeres*. Seine Soldaten gingen für ihn durchs Feuer, und Caesar selbst hat alles getan, um sich die Sympathien seiner Mitkämpfer zu erhalten. Überraschend groß war seine Fähigkeit, auch gerade die früheren Gegner, die Soldaten des Pompejus, an sich heranzuziehen. Das Heer zählte 38 oder 39 Legionen (insgesamt etwa 250 000 Mann), dazu kamen noch die Auxilia, die Flotte und der Troß. Die Angehörigen der neun Veteranenlegionen des Gallischen Krieges schieden nach dem Bürgerkrieg aus dem aktiven Dienst, sie wurden in Italien angesiedelt. Viele von ihnen aber stellten sich später Caesar wieder zur Verfügung. Aus diesen Veteranen hat Octavian im Jahre 44 sein Heer gegen Antonius gebildet. Da Italien nicht imstande war, die notwendige Zahl von Soldaten für die Legionen aufzubringen, mußte bereits Caesar zahlreiche Nichtbürger in sein Heer einstellen; sie erhielten natürlich beim Eintritt in die Legionen das römische Bürgerrecht. Auch sonst verfuhr Caesar hiermit nicht kleinlich. Zahlreiche Männer der Wissenschaft, unter ihnen vor allem griechische Ärzte, haben es verliehen bekommen. In den Provinzen wurde die Romanisierung weitergeführt, insbesondere in Spanien und in Gallia Narbonensis. In Caesars Nachlaß fand sich ein Entwurf zu einem Gesetz, auf Grund dessen ganz Sizilien das latinische Recht erhalten sollte. Antonius hat dieses Geschenk sogar in die Bewilligung des vollen römischen Bürgerrechts umgewandelt. In Africa gab es sieben oder acht römische Kolonien, die ihren Ursprung auf Caesar zurückführten, auch die Neugründung Karthagos als römische Bürgerkolonie *(Colonia Iulia Concordia)* war von Caesar beabsichtigt, sie ist aber erst von Octavian ausgeführt worden. Der Osten des Reiches bietet allerdings ein ganz anderes Bild. In Hellas brachte es nur Korinth *(laus Iulia Corinthiensis)* zu größerer Blüte. Andere cäsarische Kolonien waren Dyme in Achaia, Buthrotum in Epirus, auf kleinasiatischem Boden Lampsakos, Apameia (Myrleia) in Bithynien *(Colonia Iulia Concordia)*, Herakleia Pontica und Sinope *(Colonia Iulia Felix)*. Doch hat Caesar in nur zwei bis drei Jahren mehr Kolonien gegründet oder zum mindesten geplant als die gesamten Kaiser von Claudius bis Trajan zusammengenommen. Die Zeitgenossen haben dieses Werk in keiner Weise gewürdigt, auch Cicero hat ihm hierfür kein Wort der Anerkennung gezollt. In Italien ließ Caesar große Meliorationen in Angriff nehmen, so sollte nicht nur der *lacus Fucinus*, es sollten auch die pontinischen Sümpfe trockengelegt und in Kulturland umgewandelt werden. Diese Arbeiten waren bei seinem Tode in den ersten Anfängen, erst in moderner Zeit wurden sie wieder aufgenommen und auch zu Ende geführt. Rom aber schmückte Caesars Munifizenz mit zahlreichen Bauten. In dem *Forum Iulium* mit der *Curia Iulia* gab er der Hauptstadt einen neuen Mittelpunkt. Die *Curia Iulia* ist erst durch Augustus vollendet worden. Zu der Bebauung des *Campus Martius* kam die Errichtung einer großen öffentlichen Bibliothek, deren Leitung dem M. Terentius Varro anvertraut wurde.

Die ersten Monate des Jahres 44 sahen wiederum eine große Zahl von Ehrungen für den Diktator: seine Statue sollte in allen Tempeln Roms und des ganzen Reiches aufgestellt werden; Caesars Geburtsmonat, der *Quinctilis,* erhielt den Namen *Iulius* (der ihm bis heute geblieben ist), in die staatliche Eidesformel sollte der Schwur beim Genius Caesars aufgenommen werden, den *Ludi Romani* sollte ein fünfter Tag zu Ehren Caesars eingefügt werden. Sehr wichtig war das ihm verliehene Recht, sein Porträt auf die Münzen setzen zu können. Der Kranz, den Caesar auf den Münzen trägt, ist als der goldene Kranz der etruskischen Könige erwiesen worden, es ist nicht der Lorbeerkranz des Triumphators. Die Ehrungen hatten letzten Endes das Ziel, das Gottkönigtum Caesars vorzubereiten. Die tribunizische Gewalt auf Lebenszeit hat Caesar dagegen nicht besessen, vielleicht ist ihm aber die Unverletzlichkeit *(sacrosanctitas)* zuteil geworden. Sehr wichtig aber war die Verleihung der lebenslänglichen Diktatur gegen Ende des Jahres 45, die Caesar aber erst wenige Wochen vor seinem Tode (im Frühjahr 44) angetreten hat. Mit diesem verhängnisvollen Griff nach der lebenslänglichen Diktatur hat Caesar die Abdikationspflicht ignoriert, der Monarch war fertig, es fehlte nur noch der Name. Nicht durch Zufall fallen in die ersten Monate des Jahres 44 immer wieder Versuche, Caesar zum Monarchen zu erheben: so schmückte man seine Statue an den Rostra mit dem Diadem, am Lupercalienfest hat Antonius seinem Herrn und Meister das Diadem angeboten. Als Caesar Widerstand verspürte, betonte er ostentativ seine Stellung als *pater patriae,* als *imperator* und *pontifex maximus.* Die Gerüchte jedoch, daß die Parther nur durch einen König besiegt werden könnten, hat Caesar mit Absicht genährt. Für den Aufbruch zum Partherkrieg war der 18. März 44 in Aussicht genommen. Dazu ist es jedoch nicht mehr gekommen. Vor Beginn der Senatssitzung, an den Iden des März, trafen ihn im Theater des Pompejus, zu Füßen der Statue seines großen Rivalen, die Dolche der Verschwörer und setzten seinem Leben ein Ende. Nicht weniger als 60 Senatoren waren eingeweiht, die Führer waren C. Cassius Longinus und M. Junius Brutus. Die Verschworenen waren durch die verschiedensten Motive zusammengeführt worden; während manche den Untergang der republikanischen Freiheit nicht ertragen konnten, hatten sich andere durch persönlichen Haß gegen Caesar bestimmen lassen.

Die Tat hat sich als gänzlich sinnlos erwiesen, denn sie stieß, wie Caesar dies vorausgesagt hatte, das Reich in den Strudel der Bürgerkriege, und an ihrem Ende steht nicht die erneuerte *res publica*, sondern das Prinzipat des Augustus.

Das Urteil über Caesar hängt davon ab, was er erstrebt und was er erreicht hat. Es ist keine Frage: Caesar war nicht gewillt, die Macht, die er sich zugelegt hatte, freiwillig wieder aus der Hand zu geben. Dies zeigt seine Bemerkung über das politische Analphabetentum Sullas. Ob Caesar das altrömische Königtum oder die Monarchie in der hellenistischen Form erstrebt hat, dieses Geheimnis hat Caesar mit ins Grab genommen. Das gleiche gilt von der Zwischenlösung, die ein außeritalisches Königtum über die Provinzen vorsah, wie es ihm in den letzten Monaten seines Lebens durch ein Orakel der sibyllinischen Bücher nahegelegt worden sein soll. Von ganz grundlegender Bedeutung aber waren die von Caesar eingeleiteten Reformen auf dem Gebiet des Städtewesens, besonders in Italien. Sie haben die Entwicklung des römischen Stadtstaats zu einem italischen Städtereich entscheidend beeinflußt. Nicht mehr der alte Gemeindestaat, sondern der Reichsstaat erscheint als das letzte Ziel der cäsarischen Pläne. Es ist zum mindesten wahrscheinlich, daß Caesar den Munizipien im *ager populi Romani* einen Teil der Gerichtsbarkeit übertragen und sie dadurch als eigenständige Gebilde anerkannt hat. Sollte diese Neuerung nur die erste Stufe bilden zu einer neuen umfassenden Organisation des Städtewesens im gesamten römischen Reich? Die Begründung zahlreicher Kolonien römischer Bürger und latinischen Rechts in den westlichen Provinzen des Imperiums erweist klar den Vorrang des Römertums. An eine Verschmelzung der römischen und der griechischen Kultur hat Caesar nicht im entferntesten gedacht. Ihre Wurzeln waren zu verschieden, für seine politischen Pläne bedurfte er der Griechen nicht. Anders verhält es sich mit Caesars Vorliebe für die Kelten und für keltisches Wesen; nicht durch Zufall hat er im Jahre 49 den Bewohnern der Transpadana das römische Bürgerrecht verliehen. Eduard Meyer zufolge wäre freilich Caesars Monarchie «ihrer Idee nach die Wiederaufnahme und volle Durchführung der Weltmonarchie Alexanders: die Welteroberung im vollsten Sinne des Wortes sei ihre Voraussetzung und ihre Rechtfertigung». Nicht allein die Gerüchte über eine von Caesar beabsichtigte Verlegung der Hauptstadt von Rom nach Alexandrien oder Ilion, sondern auch die in ihrer Art ganz phantastischen Eroberungspläne, vor allem die Absicht, nach dem Abschluß des Partherkrieges durch die Pässe des Kaukasus längs des Kaspischen Meeres den Germanen in den Rücken zu fallen und durch Gallien nach Italien zurückzukehren, hat Eduard Meyer als authentische Zeugnisse gewertet, obwohl auch nicht der Schatten eines Beweises für ihre Echtheit zu erbringen ist.

Sein Werk hat Caesar bei seinem Tode unfertig zurücklassen müssen.

Der von ihm geschaffene Staat war nicht mehr die alte *res publica*, er war aber ebensowenig das Prinzipat, schließlich war er auch nicht die Monarchie, da der Gedanke an die Errichtung einer Dynastie und an die Vererbbarkeit seiner Ausnahmestellung nicht vorhanden war. Zwar hatte Caesar seinen Großneffen C. Octavius testamentarisch zum Haupterben seines Vermögens eingesetzt und ihn in einem Nachtrag desselben Testaments sogar adoptiert – irgendeine führende Stellung war dem jungen Mann jedoch nicht zugedacht gewesen.

Zweifellos hatte Caesar die positiven Kräfte der alten *res publica libera* unterschätzt, anderseits ist die von ihm in Angriff genommene Erneuerung des römischen Volkstums keineswegs bis in die Tiefe vorgedrungen. Wenn Caesar selbst Geld und Soldaten als die Grundlagen seiner Herrschaft bezeichnet hat, so tritt hierin der Mangel an einem tieferen Ethos klar zutage. Trotzdem ist die Fülle dessen, was er geschaffen und was er begonnen hat, überwältigend. Wenn man bedenkt, daß Caesar nur fünfeinhalb Jahre der Alleinherrschaft, d. h. nur halb soviel wie Alexander, beschieden gewesen sind, und daß er während dieser Zeit im ganzen nur 15 Monate in Rom geweilt hat, so wird man den richtigen Maßstab für eine Leistung gewinnen, die alles, was vorher von Römern geschaffen worden ist, weit in den Schatten stellt.

21. Das 2. Triumvirat und der Sieg Octavians (44–30 v. Chr.)

Caesars Ermordung war ein elementares Ereignis nicht allein für Rom, sondern für das ganze Imperium Romanum. Der große von Caesar geplante Krieg gegen die Parther und Daker wurde nicht durchgeführt, zahlreiche andere Probleme bekamen ein völlig verändertes Gesicht. Die Monarchie, die Caesar erstrebt hatte, war nicht errichtet worden, es blieb die Frage offen, ob der monarchische Gedanke wieder aus der Geschichte Roms verschwinden würde. Die Bürgerkriege, die sich am Scheiterhaufen Caesars entzündeten, werden nur verständlich, wenn man in Betracht zieht, daß das Imperium Romanum in den Jahren zwischen 44 und 30 v. Chr. von außen her nicht bedroht worden ist. Kleopatra, die in Rom Zeugin des Umschwungs geworden war, kehrte nach Ägypten zurück, bald nach ihrer Rückkehr starb ihr Mitregent Ptolemaios XIV., sie nahm nun Caesars Sohn, Kaisarion, der erst drei Jahre zählte, zum neuen Mitregenten an, indem sie die Sitte der Ägypter achtete, die eine Alleinregierung einer Frau nicht gestattete. Die Lage Ägyptens aber wurde durch Mißernten und Hungersnot in den nächsten Jahren sehr schwierig, dazu fehlte es Kleopatra zwar nicht an Begabung, aber am rechten Eifer für die Regierung des Landes. Die *Parther* und *Daker* aber hatten eine Schwächeperiode durchzumachen, das dakische Großreich fiel nach

dem Tode des Königs Byrebistas (s. S. 191) wieder auseinander, es bedeutete von nun an keine Gefahr für Rom mehr. Viel größere Sorge
aber bereiteten die Zustände in Italien selbst: etwa 100 000 Veteranen
Caesars warteten hier auf die versprochene Versorgung, dazu kam eine
allgemeine Unsicherheit in den Besitzverhältnissen, da man von den
Caesarmördern neue umstürzende Maßnahmen erwartete. Ein besonde-
res Problem war die Existenz des Sex. Pompejus, der nach Spanien entkommen war. Cicero und seine Freunde träumten freilich von der Wiederherstellung der *res publica libera* – aber das war ein Trugbild, denn
der Egoismus der *ordines* und das Machtstreben der großen Einzel-
persönlichkeiten wiesen in eine ganz andere Richtung.

In Rom hatte die Ermordung Caesars am 15. März 44 die größten
Erschütterungen zur Folge. Die Caesarmörder stoben nach der Tat zunächst in alle Winde auseinander. Nachdem sie sich wieder gefaßt hatten,
verschanzten sie sich auf dem Capitol. In der Stadt aber herrschten die
Soldaten des M. Aemilius Lepidus und des M. Antonius. Dieser aber
brachte, zwei Tage nach Caesars Tod, in einer Senatssitzung einen Ausgleich zwischen den Caesarianern und den Caesarmördern zustande
(17. März 44). Bei dem Leichenbegängnis Caesars kam es zum Ausbruch
wilder Tumultszenen, die Überlieferung legt sie dem M. Antonius zu Last.
Antonius hatte sich die hinterlassenen Papiere Caesars verschafft, seine
Enttäuschung war riesengroß, als er sich nur unter den *heredes secundi*
des Testaments verzeichnet fand, der eigentliche Erbe war nämlich
Caesars Großneffe, C. Octavius, der Sohn der Atia, der Nichte des Diktators (s. S. 203). Die Unruhen in Rom waren der Grund dafür, daß die
hervorragendsten unter den Caesarmördern die Hauptstadt verließen; sie
übernahmen die Statthalterschaften der ihnen anvertrauten Provinzen.
So erhielt D. Brutus die Gallia Cisalpina, C. Trebonius die Provinz Asia.
M. Iunius Brutus und C. Cassius blieben dagegen in der Nähe Roms.
Herr der Stadt war jetzt praktisch Antonius, er nahm Ciceros Schwiegersohn, P. Cornelius Dolabella, einen dunklen Ehrenmann, zum Mitkonsul
an. Im übrigen betrieb Antonius einen schwungvollen Handel mit Privilegien, wozu ihm die *lex Antonia de actis ‹Caesaris› confirmandis* die
rechtliche Handhabe bot. Die ersten Schwierigkeiten ergaben sich für
Antonius, als der junge Octavius in Rom erschien (im Mai 44). Von da an
bestand die Gefahr, daß sich die Anhängerschaft Caesars spalten konnte,
denn auch Octavius verfügte über treue Freunde und Anhänger, von
denen M. Vipsanius Agrippa und Q. Salvidienus Rufus die bedeutendsten waren. Antonius aber erwies sich als gelehriger Schüler seines toten
großen Meisters: er ließ sich (am 2. Juni 44) durch Volksbeschluß die
Provinzen Gallia Cisalpina und Transalpina (anstatt Makedonien) auf die
Dauer von fünf Jahren übertragen, sein Genosse Dolabella erhielt Syrien
und die Führung des Partherkrieges. Den Caesarmördern M. Brutus und

C. Cassius, die die Provinz *Creta et Cyrene*, und zwar geteilt, verwalten sollten, hatte der Senat zunächst die undankbare Aufgabe der Getreide-beschaffung für die Hauptstadt zugewiesen, doch begaben sich die beiden bald in den Orient, um sich hier eine eigene Machtstellung aufzubauen, die ihnen im Westen versagt wurde.

Am 2. September 44 eröffnete Cicero mit seiner 1. philippischen Rede den Angriff auf Antonius. Mitte November gingen zwei Legionen auf die Seite des jungen C. Octavius über, die *legio Martia* und die *legio IV.* Auf einer eiligen Senatssitzung am 28. November ließ Antonius die Provin-zen unter seine Anhänger und Freunde verteilen, er selbst aber eilte nach Gallia Cisalpina, um diese Provinz dem D. Brutus zu entwinden. Dieser verschanzte sich in dem festen Mutina, noch vor dem Jahresende begann Antonius mit der Belagerung der Stadt. Damit war der Bürgerkrieg, den Caesar vorausgesagt hatte, offen ausgebrochen. Cicero forderte immer dringender das Einschreiten gegen Antonius, er fühlte sich wieder als der Führer und Lenker des Freistaats, mit allen bedeutenden Persönlichkeiten stand er in Verbindung, und für den jungen Caesar fand er nur Worte des Lobes: er habe durch eigene Initiative ein Heer zusammengestellt und Rom von der Tyrannei *(dominatio)* des Antonius befreit.

Am 1. Januar 43 traten die neuen Consuln, A. Hirtius und C. Vibius Pansa, ihr Amt an; wichtiger aber war die Tatsache, daß dem jungen Caesar ein proprätorisches Imperium übertragen ward, dazu erhielt er Sitz und Stimme im Senat, und zwar mit consularischem Rang, ferner den Auftrag, zusammen mit den beiden Consuln den Krieg gegen Antonius zu führen. Die Nachricht erreichte den jungen Caesar an der Via Flaminia bei Spoletium am 7. Januar 43. Seit diesem Tage hat der erst neunzehn-jährige Caesar-Erbe (geb. am 23. September 63 v. Chr.) bis an sein Lebensende, d. h. nicht weniger als 56 Jahre lang, eine amtliche Stellung im Rahmen des römischen Staates bekleidet. Gegen Antonius erließ der Senat das *senatus consultum ultimum.* Am 15. April 43 wurde bei Forum Gallorum (Castel Franco) mit wechselndem Erfolg gekämpft, C. Vibius Pansa trug eine tödliche Verwundung davon und erlitt eine Niederlage durch Antonius, dieser aber unterlag dem Hirtius. Auch in einem Treffen bei Mutina zog Antonius wiederum den kürzeren, Hirtius aber starb den Soldatentod. Antonius, der sich in Oberitalien nicht mehr halten konnte, zog es vor, nach dem Jenseitigen Gallien auszuweichen; das Oberkom-mando in Italien erhielt jedoch nicht der junge Caesar, sondern D. Brutus. Den Caesarmördern M. Brutus und C. Cassius ward ein *imperium maius* über alle Provinzen des Ostens übertragen. Außerdem rief der Senat Sex. Pompejus von Massilia nach Italien, hier wurde er zum *praefectus classis et orae maritimae* bestellt. Der Senat sollte sich seines Sieges nicht lange freuen. Schon am 29. Mai 43 vereinigten M. Antonius und M. Aemilius Lepidus ihre Heere bei Fréjus, woraufder Senat über Lepidus die Acht aussprach. Mit der Herrschaft des Senats war es nun zu Ende, denn auch der junge Caesar hatte sich mit den beiden Generälen seines Adoptivvaters geeinigt. Durch einen Marsch auf Rom erzwang Caesar, noch nicht zwanzigjährig, das Consulat, sein Amtsgenosse war sein Oheim Q. Pedius. Eine der ersten Amtshandlungen der neuen Consuln bestand in der Einsetzung eines Gerichtshofes zur Verfolgung der Caesarmörder *(lex Pedia)*. Die Beschlüsse des Senats gegen Antonius und Lepidus wurden widerrufen. Die Senatsherrschaft und die *res republica libera* brachen im Westen zu gleicher Zeit zusammen. Caesar der Sohn aber verfügte über nicht weniger als elf Legionen, die stärkste Heeresmacht im ganzen Westen, anderseits vereinigten sich Asinius Pollio (mit zwei Legionen) und Munatius Plancus mit Antonius. D. Brutus konnte sich nicht behaupten, er wurde auf der Flucht von den Sequanern getötet. Während der Westen vollständig im Besitz der Caesarianer war, verfügten die Caesarmörder über den Osten des Reiches; C. Cassius hatte elf Legionen unter seinen Fahnen vereinigt, er war nach Syrien geeilt, belagerte Dolabella in Laodikeia und trieb ihn schließlich zum Selbstmord. Da Kleopatra den Caesarianer Dolabella unterstützt hatte, plante Cassius einen Feldzug gegen Ägypten, M. Brutus rief ihn aber nach Kleinasien. Brutus war zunächst in Athen an Land gegangen, die studierende Jugend, unter ihr auch Q. Horatius Flaccus, hatte ihn mit Begeisterung begrüßt. Illyrien und Makedonien hatten sich Brutus unterstellt, am Ende des Jahres 43 traf er mit Cassius in Smyrna zusammen. Etwa um die gleiche Zeit hatten sich die Caesarianer im Westen geeinigt, Antonius, Lepidus und der junge Caesar hatten sich zu Beginn des November 43 auf einer Flußinsel des Lavinius in der Nähe von Bononia (Bologna) getroffen und in Gegenwart ihrer Heere die Verhandlungen geführt. Es war eine gewaltige Heeresmacht, die in der Nähe Bononias zusammengezogen war: insgesamt 28 Legionen! Die Beschlüsse der Konferenz von Bononia aber waren von weitreichender Bedeutung: die drei Machthaber *(tresviri rei publicae constituendae)* sollten auf eine lange Zeit allen regulären Magistraten vorgesetzt sein, sie sollten bevollmächtigt sein, Gesetze zu geben, Magistrate und Statthalter zu ernennen. Jeder der drei Triumvirn erhielt eine Anzahl von Provinzen zugeteilt, und zwar Antonius die Provinzen Gallia Cisalpina und Comata, Lepidus Gallia Narbonensis und Spanien, der junge Caesar Afrika, Sizilien und Sardinien. Ohne Zweifel hatte es Antonius verstanden, sich die wichtigsten Positionen zu sichern, da er über Gallia Cisalpina verfügte, beherrschte er von dieser Bastion aus praktisch ganz Italien. Sex. Pompejus ging nicht nur leer aus, man nahm ihm sogar noch das Flottenkommando, was Pompejus natürlich nicht anerkannt hat. Antonius und der junge Caesar sollten gemeinsam den Krieg gegen die Caesarmörder im Osten führen. Für die Rüstungen und vor allem auch zur Versorgung der Veteranen brauchte man viel Geld. 18 der reichsten Gemeinden Italiens wurden den Veteranen, jeder Legion je eine Stadt, ausgeliefert. Viel schlimmer aber waren die Proskriptionen, womit die Zeiten Sullas noch einmal zurückkehrten. Die Abmachungen der Triumvirn wurden durch ein Gesetz *(lex Titia* vom 27. November 43) bestätigt, das Triumvirat sollte bis zum 31. Dezember 38 v. Chr. dauern. Schon einen Tag später erschien die erste Liste mit 130 Namen von Proskribierten, im ganzen haben nicht weniger als 300 Senatoren und 2 000 Ritter den Tod gefunden, unter ihnen auch Cicero, der am 7. Dezember 43 den Tod des stoischen Weisen gestorben ist. Zahlreiche Römer wurden übrigens durch die Schiffe des Sex. Pompejus vor dem Zugriff der Triumvirn gerettet, aber trotzdem haben die Proskriptionen die römische Führungsschicht empfindlich dezimiert. Die *lex Titia* bezeichnet das Ende der alten römischen Republik, diese ist niemals wiederhergestellt worden, auch nicht von Augustus.

Am 1. Januar 42 erklärte der Senat den toten Diktator Caesar zum Gott *(divus Iulius)*, sein Adoptivsohn nannte sich hinfort *C. Iulius divi filius Caesar*. Italien war ein einziges Heerlager geworden, hier wurden die Legionen und Hilfstruppen für den Krieg im Osten zusammengezogen. Brutus und Cassius hatten inzwischen auf Grund ihres *imperium maius* nicht allein Griechenland und die angrenzenden Provinzen, sondern auch nahezu den gesamten Orient ihrem Befehl unterstellt. Dabei war es zu zahlreichen Gewalttaten gekommen, das Wirken der Caesarmörder ist wie ein Brandmal den blühenden Landschaften des Ostens aufgeprägt (A. v. Domaszewski). Die reiche Inselstadt Rhodos wurde mit Gewalt eingenommen, ihre wirtschaftliche Blüte auf Jahre hinaus geknickt. Im Westen war der Seekönig Sex. Pompejus ein unbequemer Gegner für die Triumvirn geworden, er hatte sich in den Besitz der Inseln Sardinien und Sizilien gesetzt und unterband durch seine Flotte die Kornzufuhr aus Afrika nach Italien.

Nicht weniger als 43 Legionen standen sich in der großen Doppelschlacht bei Philippi an der *Via Egnatia* im Herbst 42 im Endkampf gegenüber. In der ersten Schlacht blieb Antonius Sieger über Cassius, dieser aber gab sich selbst den Tod. Caesar der Sohn hatte zwar gegen Brutus den kürzeren gezogen. Aber bereits drei Wochen später siegte Antonius auch über Brutus. Dieser flüchtete in die Berge und machte seinem Leben selbst ein Ende. Der Sieg über die Caesarmörder bei Philippi ist der unbestrittene Höhepunkt im Leben des Antonius, er war gerade 40 Jahre alt (geb. 82 v. Chr.) und hatte seine Feldherrnqualitäten vor aller Welt bewiesen. Fast 20 Jahre älter als der junge Caesar war er zum Abgott seiner Soldaten geworden, während Caesar der Sohn in seinem Leben niemals ein großer Heerführer gewesen ist. So stieg Antonius zur beherrschenden Figur in dem Dreimännerbund empor, er ließ sich die Provinzen Gallia Comata und Gallia Narbonensis übertragen. Auf Gallia

Cisalpina mußte er dagegen verzichten, es wurde zu Italien geschlagen und damit römisches Bürgerland – dies war das Ende einer Entwicklung, die vor allem von Caesar vorgezeichnet gewesen war. Die undankbare Aufgabe, die Veteranen zu versorgen, wurde dem jungen Caesar aufgebürdet, Italien als ganzes wurde neutralisiert, Lepidus, der gar nicht erst gefragt worden war, mußte auf die spanischen Provinzen, die in den Besitz Caesars übergingen, und auf Gallia Narbonensis verzichten. Dafür erhielt er die beiden römischen Provinzen in Afrika, eine exponierte Stellung, um die er kaum zu beneiden war. Antonius hatte damit seine beiden Rivalen an den Rand des Imperiums abgedrängt, er selbst aber behielt sich die Ordnung der Angelegenheiten des Ostens vor. Der junge Caesar hatte das Glück, für seine schwere Aufgabe in Italien treue Helfer zu finden, es waren dies vor allem M. Vipsanius Agrippa und C. Maecenas, dieser ein reicher und gebildeter Aristokrat aus Arretium in Etrurien. In Italien aber ging alles drunter und drüber, niemand war seines Besitzes mehr sicher, Zwangsenteignungen zugunsten der Veteranen (angeblich 100 000 Mann) waren an der Tagesordnung. Auch die Anhänger und die Verwandten des Antonius machten dem jungen Caesar sehr zu schaffen. Es kam im Jahre 41 zu einem regelrechten Kriege. L. Antonius und Fulvia, der Bruder und die Gattin des Triumvirn, mußten in Perusia belagert und ausgehungert werden. Im Februar 40 kapitulierte die Stadt, Caesar ließ Milde walten, Fulvia wurde die Ausreise zu ihrem Gatten erlaubt, dem L. Antonius sogar eine spanische Provinz von Caesar anvertraut! L. Antonius scheint aber bald darauf gestorben zu sein. Im Westen begann sich das Blatt allmählich zugunsten des jungen Caesar zu wenden: der Sohn des Caesarianers Fufius Calenus übergab dem Caesar Gallien mit elf Legionen, ein gewaltiger Machtzuwachs, der Caesar zum mächtigsten Mann im ganzen Westen gemacht hat. Anderseits nahm Caesar Verbindung zu Sex. Pompejus auf, er übersandte der Clodia, der Stieftochter des Antonius, den Scheidebrief und vermählte sich mit Scribonia, einer entfernten Verwandten des Sex. Pompejus.

Im Osten stand das Ansehen des Antonius, des Siegers von Philippi, im Jahre 41 auf dem Gipfelpunkt. Im Frühjahr 41 war er in Ephesos gelandet und hatte sich von den kleinasiatischen Griechen als der Neue Dionysos feiern lassen. In Ephesos hat sich der Rhetor Hybreas von Mylasa bei Antonius für seine Landsleute verwandt. In Tarsos empfing Antonius die Königin Kleopatra VII., sie sollte sich hier wegen der Hilfe rechtfertigen, die sie den Caesarmördern hatte zuteil werden lassen. Die Königin aber wußte den Römer völlig in ihren Bann zu schlagen, den Winter 41/40 verlebte Antonius an ihrer Seite in Alexandrien. Er gab sich ganz als Grieche und verleugnete in der Öffentlichkeit sein Römertum. Die Untätigkeit des Triumvirn machten sich die Parther zunutze, sie stießen mit ihren Reiterheeren über Syrien und Kilikien bis nach dem westlichen

Kleinasien vor: es ist dies das weiteste Vordringen der Parther nach dem Westen, das die Geschichte ihres Reiches überhaupt verzeichnet. Antonius begab sich auf dem Seeweg über Tyrus, Cypern und Athen nach Italien: sein Heer bedurfte dringend der Ergänzung, dies war aber nur möglich, wenn es der junge Caesar in Italien gestattete. Obwohl sich die Soldaten der beiden Triumvirn eine Zeitlang gefechtsbereit gegenübergelegen hatten, kam es dennoch durch die Vermittlung des Maecenas, des Asinius Pollio und anderer Freunde zu einem Vertrag, dem *foedus Brundisinum* (Herbst 40). Das Übereinkommen sah eine Teilung des Orbis Romanus vor, der junge Caesar erhielt den Westen, Antonius den Osten des Imperiums, die Demarkationslinie verlief durch Illyrien über Scodra (Skutari), es ist ungefähr die spätere Grenze zwischen Ostrom und Westrom. Italien wurde neutralisiert, Lepidus im Besitz der afrikanischen Provinzen bestätigt. Antonius, dessen Gattin Fulvia kurz zuvor verstorben war, verlobte sich mit Octavia, der Schwester des jungen Caesar. Octavia war eine hochgebildete Frau, die an dem geistigen Leben der Zeit regen Anteil genommen hat. Sie verfügte außerdem über ein hohes Maß von Takt und Herzensgüte, wie es in dieser Zeit selten geworden war. Im ganzen Imperium aber wurde die Einigung von Brundisium mit größter Erleichterung zur Kenntnis genommen. Die vierte Ekloge Vergils (vom Jahre 41 oder 40) hat der tiefen Friedenssehnsucht einen beredten Ausdruck verliehen. Wer ist nun der Knabe, dessen Geburt der Dichter unter dem Consulat des Asinius Pollio erwartet? Wahrscheinlich hat Vergil gar nicht an ein irdisches Kind gedacht, messianische Erwartungen orientalischen Ursprungs verbinden sich hier mit der tiefen, echten Friedenssehnsucht der Bewohner Italiens und des gesamten Orbis Romanus. Im Sommer des folgenden Jahres (39) einigte sich der junge Caesar mit dem Seekönig Sex. Pompejus; seine Herrschaft über die See wurde in dem Vertrag von Misenum mehr oder weniger offen anerkannt, die Inseln Sizilien, Sardinien nebst Korsika blieben ihm überlassen, außerdem wurde ihm noch der Besitz Achaias in Aussicht gestellt. In der Umgebung des Pompejus befanden sich zahlreiche politische Flüchtlinge aus ganz Italien, dazu viele entflohene Sklaven und Seeräuber. Er selbst, ein Mann von starken autokratischen Neigungen, versuchte sich die volle Unabhängigkeit zwischen Antonius und dem jungen Caesar zu wahren. Doch sind die Kämpfe zwischen Pompejus und dem jungen Caesar schon im Jahre 38 wieder aufgeflammt. Da Antonius sich nicht einmischte, hatte Caesar nur wenige Erfolge zu verzeichnen. Durch Vermittlung der Octavia schlossen Antonius und der junge Caesar im Jahre 37 einen neuen Vertrag, diesmal in der Nähe von Tarent. Das Abkommen sah eine Verlängerung des Triumvirats um fünf Jahre vor, die, wie es scheint, durch Plebiszit bestätigt wurde. Der Endpunkt ist umstritten. Im übrigen aber warf die Auseinandersetzung der Triumvirn mit Sex. Pompejus ihre Schatten voraus, Antonius und Lepidus waren bereit, den jungen Caesar zu unter-stützen. Die Entscheidung fiel in der großen Seeschlacht von Naulochos (an der Nordküste Siziliens), 36 v. Chr. Der Sieger war M. Vipsanius Agrippa, der überragende Feldherr des jungen Caesar. Die Flotte des Seekönigs versank im Meere, er selbst suchte zu Schiff, als Privatmann verkleidet, sein Heil in der Flucht, ohne sich noch um sein Landheer zu kümmern. In Kleinasien ist er schließlich in die Hände des Antonius gefallen, er starb unter dem Beil des Henkers in Milet (35). Noch wich-tiger aber war die Tatsache, daß M. Aemilius Lepidus aus dem Trium-virat ausschied, er hatte sich gegen den jungen Caesar gestellt und wurde seines Amtes enthoben, nachdem seine Truppen ihn verlassen und auf die Seite seines Gegners übergegangen waren (36). Doch behielt Lepidus bis zu seinem Tode (12 v. Chr.) die Würde des Pontifex maximus, poli-tischen Einfluß hat er jedoch nicht mehr ausgeübt. Lepidus ist als typi-scher Revolutionsgeneral emporgekommen, doch ist er immer nur eine Figur im Schachspiel gewesen, die geopfert wurde, als die beiden anderen Triumvirn des Lepidus nicht mehr bedurften.

Antonius hatte sich im Orient eine eigene Machtstellung aufgebaut, er war zum ungekrönten König des ganzen Ostens aufgestiegen, an seinem Hof antichambrierten zahlreiche Vasallenkönige. Auf der Rückreise von Tarent hatte er sich in Korkyra von seiner Gattin Octavia getrennt und sie nach Italien zurückkehren lassen. Er selbst begab sich nach Syrien, wohin er auch die Königin Kleopatra entbot. Zu Anfang des Jahres 36 hat er sich mit ihr in einer förmlichen Ehe verbunden. Dabei spielten politische Erwägungen eine wichtige Rolle: Antonius brauchte dringend die Machtmittel des Ptolemäerreiches, vor allem für den von ihm ge-planten Partherkrieg, und zwar um so mehr, als er von dem jungen Caesar keine nennenswerte Hilfe erwarten konnte. Die Ptolemäerin hatte dem Antonius schon vier Jahre zuvor Zwillinge, Alexander Helios und Kleo-patra Selene, geboren, dazu kam, im Jahre 36 oder 35, noch ein weiterer Sohn, der den Namen Ptolemaios Philadelphos erhalten hat. Als ‹terri-toriale Morgengabe› brachte Antonius der Königin wichtige Gebiete in Syrien dar: das Königreich Chalkis am Libanon, die phönikische Küste vom Eleutheros-Fluß bis Sidon, dazu Besitzungen in Kilikien, auf Kreta und in Judäa, und zwar die Palmen- und Balsampflanzungen in der Nähe von Jericho. Kleopatra hat diese Schenkungen für so wichtig erachtet, daß sie seit dieser Zeit sich einer neuen Ära (Epoche: 1. September 37) bediente. Antonius aber erscheint von nun an als der große Patronus des Ptolemäerreiches, eine Stellung, die ihn unfehlbar in Konflikt mit den römischen Interessen bringen mußte, die er schon bei den Schenkungen an Kleopatra ignoriert hatte. Auch in Palästina gab es wichtige Verände-rungen: seit dem Jahre 37 regierte hier der Idumäer Herodes, als Klien-telfürst der Römer und Freund des Antonius. Der letzte Hasmonäer, Antigonos, war durch Antonius beseitigt worden. In Jerusalem erbaute man eine starke Feste, die Burg Antonia, in die eine römische Besatzung ihren Einzug hielt. Sein Werk im Osten wollte Antonius durch den Partherkrieg krönen. Der Krieg war mehr oder weniger ein Erbteil des toten Caesar, auf diesen ist möglicherweise auch noch der Feldzugsplan zurückzuführen. Im Jahre 38/37 hatte ein Thronwechsel im Partherreich stattgefunden, der Großkönig Orodes war gestorben, an seiner Statt bestieg Phraates IV. den Thron. In den westlichen Provinzen des parthischen Großreiches machten sich Selbständigkeitsbestrebungen der Statthalter bemerkbar, insbesondere der Gouverneur Mesopotamiens, Monaeses (auch Manesos genannt), trat mit den Römern in Verhandlungen ein, kehrte aber schließlich wieder auf die Seite der Parther zurück. Im Jahre 37 hatte Antonius als seinen Beauftragten P. Canidius Crassus nach Armenien gesandt, um den König des Landes, Artavasdes, in engere Abhängigkeit zu bringen, ein durchschlagender Erfolg blieb dem Römer zwar versagt, doch konnten die Völker des Kaukasus, die Iberer und Albaner, unterworfen werden. Antonius eröffnete im Jahre 36 den Partherkrieg, er hatte 16 Legionen aufgeboten, die jedoch keine vollen Gefechtsstärken aufwiesen, insgesamt 60 000 Mann zu Fuß, 10 000 keltische und germanische Reiter und 30 000 Mann Hilfsvölker, endlich noch 16 000 Armenier. Das Ziel des Feldzugs war die parthische Hauptstadt Ekbatana, die Antonius auf dem Wege über Phraaspa in Medien erreichen wollte. Es war ein gewaltiger Umweg, der eingeschlagen werden mußte, weil Antonius Armenien als Nachschubbasis nicht entbehren konnte. Mitte August 36 kam das römische Heer vor den Mauern von Phraaspa (Tacht-i-Suleiman) an; eine Belagerung der festen Stadt war aussichtslos, da Antonius das Belagerungsgerät bei seinem schnellen Vormarsch zurückgelassen hatte. Mitte Oktober traten die Römer den Rückzug an, in 27 Tagen erreichten sie wieder die armenische Grenze. Obwohl Antonius sich als umsichtiger Heerführer erwies, waren doch die Verluste durch die verfolgenden Parther und noch mehr durch die Unbilden der Witterung äußerst schwer, angeblich ist mehr als ein Drittel des stolzen Heeres zugrunde gegangen, darunter 22 000 Veteranen, die überhaupt nicht wieder ersetzt werden konnten. Dazu kam, daß sich der junge Caesar weigerte, dem Antonius die geliehenen vier Legionen zurückzugeben: der kühle Rechner hatte den Rivalen abgeschrieben. Es waren nur wenige Schiffe und insgesamt nicht mehr als 2 000 Soldaten, die Octavia ihrem Gatten auf dem Seewege von Italien aus zuführen wollte – Antonius aber gab ihr den gemessenen Befehl, wieder umzukehren, auf die Hilfssendung verzichtete er. Damit hatte er sich endgültig für Kleopatra und für den Osten entschieden. Der Feldzug nach Armenien, den Antonius im Jahre 34 unternahm, und die Gefangennahme des Artavasdes war nichts anderes als ein Racheakt gegenüber dem Verbündeten, den

Antonius als den Hauptschuldigen an dem Mißerfolg des Partherkrieges betrachtete. In Alexandrien feierte Antonius einen glänzenden Triumph, den ersten, der jemals außerhalb Roms begangen worden ist. Dazu verteilte er mit freigebiger Hand kleinasiatische, syrische und libysche Gebiete an die Ptolemäerprinzen, er ließ Kleopatra zur «Königin der Könige», ihren Sohn von Caesar, Kaisarion, zum «König der Könige» proklamieren. Antonius hatte sich mehr und mehr vom römischen Wesen entfernt, er träumte von einem ptolemäisch-iranischen Großreich, das Kleopatra und ihre Kinder unter seiner Ägide regieren sollten.

Die Jahre von 42 v. Chr. an sind im Westen des Imperiums von großer Bedeutung für die Herausbildung der italischen Nation geworden. Nicht allein die Eingliederung der bisherigen Provinz Gallia Cisalpina in das römische Bürgerland (42 v. Chr.), vor allem auch die Schaffung einer wirklichen römischen Literatursprache durch Cicero, Caesar und durch die Dichter, insbesondere Lucretius und Catull, die sich damals in Italien erst richtig ausgewirkt hat, bedeutete einen großen Schritt vorwärts zur Entstehung eines römisch-italischen Gemeinschaftsgefühls. Es ist dies eine geistige Entwicklung, die im augusteischen Zeitalter ihren Höhepunkt erreicht hat. Von Rom und Italien aus hat sie mehr oder weniger das gesamte Imperium, insbesondere aber die westlichen Provinzen, in ihren Bann geschlagen. Mit dem Vordringen des Romanismus aber verbindet sich eine ständig zunehmende Friedenssehnsucht: die Welt war der ewigen Bürgerkriege müde geworden, sie sehnte sich nach Frieden, Sicherheit und Wohlstand. Im Jahre 36 hatte der junge Caesar zwar das Ende der Bürgerkriege verkündet und dies durch die Entlassung zahlreicher Veteranen unterstrichen, aber die Kämpfe waren noch keineswegs beendet, insbesondere die so lange vernachlässigte Sicherung der Nordostgrenze Italiens mußte endlich durch die Römer in Angriff genommen werden. Die Kriege des jungen Caesar in Illyricum, gegen die wehrhaften Völker der Japuden, Pannonier und Dalmater, in den Jahren von 35 bis 33 v. Chr., führten nicht nur zur Einnahme von Siscia (Sissek) am Zusammenfluß der Save und Kulpa, Caesar der Sohn stieß sogar selbst bis in die Gegend von Scodra (Skutari) vor. Mit der Befestigung Tergestes (Triest), dem Wiederaufbau Polas (Colonia Pietas Iulia) wurde eine wertvolle Sicherung dieser lange vernachlässigten Grenze erreicht und einer künftigen Reichspolitik im Hinblick auf die Dreistromgrenze vorgearbeitet.

Der Briefwechsel zwischen den beiden Triumvirn hatte seit dem Ende des Jahres 34 eine schärfere Note angenommen, es entwickelte sich eine regelrechte Streitschriftenliteratur, an deren Abfassung sich die Freunde des Antonius und des jungen Caesar beteiligten. Antonius brauchte die italischen Rekruten, die ihm von dem jungen Caesar hartnäckig verweigert wurden. Verschärft wurde die Lage noch dadurch, daß das

2. Triumvirat, wie es scheint, am 31. Dezember 33 v. Chr. ablief. Antonius erklärte sich zum Rücktritt bereit, falls sein Genosse im Triumvirat das gleiche tue. Darauf aber wollte sich der junge Caesar nicht einlassen. Die beiden Consuln des Jahres 32, C. Sosius und Cn. Domitius Ahenobarbus, waren Freunde des Antonius. Der junge Caesar wollte die Opposition im eigenen Haus nicht dulden, er vertrieb die beiden Consuln mitsamt 300 Senatoren aus Rom. Die meisten von ihnen wandten sich zu Antonius, sie begaben sich nach Ephesos und bildeten hier einen Gegensenat, wie seinerzeit die Pompejaner in Thessalonike (S. 192). Antonius war bereits dabei, die Flotte und die Vasallenfürsten des Ostens zu mobilisieren, im Mai oder Juni des Jahres 32 sandte er von Athen aus seiner Gattin Octavia den Scheidebrief. Der junge Caesar aber hatte durch Überläufer aus dem anderen Lager Kunde von dem Testament des Antonius erhalten, das dieser bei den Vestalinnen in Rom hinterlegt hatte. Gegen alles Recht erzwang Caesar die Herausgabe des Schriftstücks, es erwies sich propagandistisch von unschätzbarem Wert. Denn das Testament enthielt nicht nur die Erklärung, daß Kaisarion der rechtmäßige Sohn des Diktators Caesar sei, auch die Kinder des Antonius und der Kleopatra waren mit Legaten bedacht, und was das Wichtigste war: Antonius verfügte, daß er nach seinem Tode an der Seite der Kleopatra in Alexandrien beigesetzt werden sollte. Deutlicher konnte die Abkehr des Triumvirn von allem römischen Wesen der Mitwelt nicht dokumentiert werden! Der junge Caesar hielt nun alle Trümpfe in seiner Hand. Er verpflichtete die gesamte Bevölkerung Italiens und der westlichen Provinzen (Galliae, Hispaniae, Africa, Sicilia, Sardinia) durch einen besonderen Gefolgschaftseid. Dieser Treueid ist die Grundlage der Führerstellung des jungen Caesar im Kampf gegen seinen Rivalen Antonius. Der Eid war um so wichtiger, als die rechtliche Stellung des jungen Caesar im Jahre 32 umstritten war. Senat und Volk erklärten an Kleopatra (nicht an Antonius) den Krieg, der junge Caesar vollzog auf dem Marsfeld die alten feierlichen Riten der Kriegserklärung, wie sie das römische Fetialrecht vorschrieb. Dem Antonius aber wurden alle Ämter aberkannt, sein Name wurde aus den amtlichen Urkunden gestrichen. Zwischen ihm und seinem Gegner vollzog sich die Auseinandersetzung in der Form einer privaten Fehde (inimicitiae), Antonius antwortete darauf mit dem Treueid der Bevölkerung des Ostens. Außerdem verpflichtete er sich, zwei Monate nach errungenem Sieg die Gewalt in die Hände von Senat und Volk zurückzugeben. In der strategischen Vorbereitung und Durchführung des Krieges ließ er sich jedoch schwere Fehler zuschulden kommen. So verzichtete er von vornherein auf eine Offensive gegen Italien, er nahm vielmehr eine weit auseinandergezogene Defensivstellung ein, die sich von Korkyra über Ambrakia bis nach Kyrene erstreckte. Sie widersprach einem elementaren Grundsatz der Strategie. In der Bucht

von Ambrakia versammelte Antonius den Hauptteil seiner Flotte, insgesamt 500 zumeist schwere Kriegsschiffe, sie wurden von der Streitmacht Caesars unter dem Befehl des M. Vipsanius Agrippa blockiert. Als die Lebensmittel immer knapper wurden und die Zahl der Überläufer immer größer, sah sich Antonius gezwungen, den Durchbruch durch die Seeblockade zu versuchen, in der Absicht, später den Krieg von Ägypten aus weiterzuführen. In der Seeschlacht des ersten Tages (2. September 31 v. Chr.) behielt Agrippa die Oberhand. Kleopatra aber war es gelungen zu entkommen, und mit ihr entfloh Antonius, seine Flotte kehrte ohne den Führer in den Golf von Actium zurück. Flotte und Landheer des Antonius kapitulierten, nachdem der junge Caesar den Soldaten entsprechende Zugeständnisse, vor allem für ihre Versorgung, gemacht hatte. Der Krieg war damit entschieden. Antonius versuchte vergeblich, die Cyrenaica zu behaupten, seine Truppen gingen zu Cornelius Gallus, dem Feldherrn des jungen Caesar, über. Dieser selbst hatte zunächst nach Italien zurückkehren müssen, da dort Unruhen durch die Veteranen entstanden waren. Im Frühjahr 30 rückte er durch Syrien und Palästina gegen die Ostgrenze Ägyptens vor, am 1. August kam es zu einem letzten Reitertreffen vor den Toren Alexandriens. Auf die irrtümliche Nachricht von dem Selbstmord Kleopatras gab sich Antonius den Tod. Kleopatra fiel in die Hände des jungen Caesar, sie starb am 12. August 30 v. Chr. den Tod durch den Schlangenbiß, der ihr nach dem Glauben der Ägypter die Unsterblichkeit verlieh, neun Tage nach der Einnahme der Hauptstadt durch den jungen Caesar. Antyllus, der Sohn des Antonius von der Fulvia, mußte auf Befehl des Caesar ebenso sterben wie Kaisarion, weil der Erbe des toten Diktators in ihm einen unerwünschten Rivalen erblickte. Die Kinder des Antonius und der Kleopatra wurden in das Haus der Octavia in Rom aufgenommen. Kleopatra Selene heiratete später den König Juba II. von Mauretanien. Mit den Kindern aus dieser Ehe (Ptolemaios von Mauretanien und Drusilla) ist das Ptolemäergeschlecht auch in der weiblichen Linie ausgestorben.

Das Land Ägypten wurde einem römischen Ritter als Vizekönig unterstellt, der erste in der langen Reihe ist Cornelius Gallus, der sich auch als Dichter einen berühmten Namen gemacht hat. Der Statthalter führte den Titel *praefectus Aegypti et Alexandreae,* ihm unterstand eine Besatzung von drei römischen Legionen. Den Senatoren aber und den *equites illustres* war es untersagt, das Land ohne eine besondere Erlaubnis des Prinzeps zu betreten. Auch sonst wurden im Osten neue Verwaltungsmaßnahmen getroffen. So blieb Galatien, dessen wehrhafte Bevölkerung die Römer schätzen gelernt hatten, zunächst als Vasallenstaat bestehen, bis es im Jahre 25 in eine römische Provinz umgewandelt wurde.

Nach Rom zurückgekehrt, ordnete der junge Caesar an, den Janustempel zu schließen (Sommer 29 v. Chr.). Im August feierte er einen

glänzenden dreifachen Triumph: über die Illyrer, wegen des Sieges bei
Actium, über Kleopatra und Ägypten. Die Bürgerkriege waren zu Ende,
aus dem Kampf um die Führerschaft im Staate war der junge Caesar
(Octavian) als alleiniger Sieger hervorgegangen. Er war nun an einem
Wendepunkt seines Lebens angelangt. Was sollte weiter werden? Die
Antwort auf diese Frage haben die nächsten Jahre, insbesondere die
Neuordnungen der Jahre 27 und 23 v. Chr., gegeben. Der Weg führte
innenpolitisch zur Monarchie, außenpolitisch aber führte er zum Verzicht.
Damit war die große Linie vorgezeichnet, die auch für die Politik der
Nachfolger des ersten Prinzeps bestimmend geblieben ist.

Zweiter Abschnitt

Die Kaiserzeit

1. Entstehung und Wesen des Prinzipats

Das Prinzipat ist nicht an einem Tag erbaut worden. Es ist im wesentlichen die persönliche Schöpfung des Octavian-Augustus. Dieser geborene Staatsmann hat mit der Begründung des Prinzipats eine neue Staatsform in die Verfassungsgeschichte des Abendlandes eingefügt. Doch ist das Prinzipat unter Augustus nicht fertig geworden, durch die Vererbung ist aber praktisch das Kaisertum in Rom begründet worden, das bis zum Ausgang des Altertums die römische Geschichte bestimmt hat. Die übliche Gegenüberstellung des Prinzipats und des Dominats entbehrt der historischen Begründung. Dabei bleibt es einerlei, ob man das Dominat schon mit Diokletian oder erst mit Constantin I. beginnen läßt. Abgesehen davon, daß sich auch schon *vor* Diokletian Kaiser als *«domini»* bezeichnen ließen wie Domitian, ist der Übergang zum ‹autokraten Kaisertum› (W. Enßlin) gleitend, er ist nicht auf ein bestimmtes Jahr festzulegen. Ein besonders scharfer Bruch zeigt sich bereits unter Septimius Severus (193–211) und seiner Dynastie. Auch Aurelian ist kein echter Prinzeps mehr gewesen.

Die mit Augustus beginnende Periode der römischen Geschichte bezeichnet man allgemein als die Kaiserzeit. Der Name ‹Kaiser› ist von Caesar abgeleitet, dem Adoptivvater und Vorläufer des Augustus. Caesar hat allerdings ganz andere Ziele als Augustus verfolgt, in seinem Streben hat er jedoch schwere psychologische Fehler begangen, die sein Erbe Augustus mit Bedacht vermieden hat. Augustus hat vielmehr mit höchster staatsmännischer Weisheit monarchische und republikanische Elemente in dem Neubau des römischen Staates miteinander verschmolzen. Unzweifelhaft war mit Augustus die Monarchie im Kommen, aber sie kam auf leisen Sohlen, und der Streit in der modernen Forschung, ob die Schöpfung des Augustus als Monarchie oder als erneuerte Republik *(res publica restituta)* zu bezeichnen ist, hat seine guten Gründe. Die Entstehung des Prinzipats wird transparent auf dem Hintergrund der soziologischen Entwicklung der späteren römischen Republik. Schon in der *res publica libera* gab es die *principes*, eine Reihe von führenden Männern auf dem Gebiet der Politik, denen durch allgemeine Zustimmung die *auctoritas* zugebilligt wurde, eine Eigenschaft, die für die Herausbildung des Prinzipats von ganz grundlegender Bedeutung geworden ist. Die Principes der republikanischen Zeit, zumeist ehemalige Consules *(viri consulares)*, verfügen über Gefolgschaften *(clientelae)*, mit denen sie sich in einem gegenseitigen Treueverhältnis verbunden fühlen. In politisch bewegten Zeiten findet sich gelegentlich auch die feierliche Eidesleistung der Gefolgschaft für den *dux partium*, wie z. B. in dem Treueid der Italiker für Livius Drusus im Jahre 91 v. Chr. (s. S. 147). Auch der Treueid für den Diktator Caesar im Jahre 44 wäre in diesem Zusammenhang zu nennen. Hat doch Caesar damals den Versuch unternommen, das alte zersplitterte Gefolgschaftswesen zu einem Gesamtpatronat seiner Person über die ganze römische Bürgerschaft auszubauen, eine Absicht, die aber durch seinen jähen Tod vereitelt worden ist. Eine wichtige Vorstufe für die Entwicklung im Prinzipat ist der Gefolgschaftseid der Bevölkerung des Westens im Jahre 32 für den jungen Caesar (s. S. 213). Man hat diesen Eid als eine Art von *suffrage universel* für den Erben des großen Caesar bezeichnet. Sachlich war es, wie gesagt, ein Gefolgschaftseid, kein Fahneneid; wer ihn leistete, begab sich in das Patronat des Gefolgschaftsführers, er übernahm die Verpflichtung, mit der Waffe in der Hand für ihn einzutreten. Bei dem Regierungsantritt der späteren Principes hat die Reichsbevölkerung immer wieder diesen Treueid schwören müssen, was natürlich zu einer gewissen Abnutzung des Eides geführt hat.

Die Wurzeln des Gefolgschaftseides liegen in den Patrozinien der republikanischen Principes. Dabei wäre zu beachten, daß dieses Patrozinienwesen seit Marius, aber auch durch Sulla und Pompejus, eine Veränderung, eine gewisse Militarisierung erfahren hatte. An die Stelle des bürgerlichen Patronus trat der Feldherr, der Imperator, an die Stelle der Klienten traten die Soldaten und Veteranen. Es ist die spezifische Leistung und Idee des jungen Caesar, mehr oder weniger alle Gefolgschaften unter seinen persönlichen Schutz vereinigt und dadurch eine neue breite Grundlage für seine überragende Stellung im römischen Staate geschaffen zu haben.

Von den drei Triumvirn des Jahres 43 v. Chr. war am Ende des Bürgerkrieges (30 v. Chr.) der 33jährige junge Caesar allein übriggeblieben. Allerdings hatte der Titel ‹Triumvir› spätestens mit der Erklärung des Antonius zum *hostis*, wenn nicht schon im Jahre 36, mit der Absetzung des Lepidus, seinen Sinn verloren. Aber der junge Caesar hat auch *nach* dem Siege über Antonius und Kleopatra auf die Rechte und Befugnisse, die ihm aus der Triumviralgewalt zuflossen, keineswegs verzichtet. Sie bildeten vielmehr auch weiterhin die Grundlage seiner Stellung. Dazu kam das Consulat, das er – seit 31 v. Chr. Jahr um Jahr – bekleidete. Die Zeitspanne zwischen 30 und Anfang 27 v. Chr. ist zweifellos eine ganz entscheidende Epoche im Leben des späteren Prinzeps, aber auch in der Vorgeschichte der von ihm begründeten neuen Staatsform. Bereits seit dem Jahre 36 verfügte übrigens der junge Caesar über die tribunizischen Ehrenrechte, vor allem über die *sacrosanctitas*, dazu wurde im Jahre 30 das *ius auxilii ferendi* hinzugefügt. Von einem Teil der modernen Forschung werden diese Jahre (von Ende 30 v. Chr. bis·zum 13. Januar 27) als die Romulus-Epoche des jungen Caesar charakterisiert, aber diese Bezeichnung erscheint nicht sinnvoll, zumal sie auf Voraussetzungen beruht, die alles andere als stichhaltig sind. Was aber sagt der Kaiser Augustus selbst von dieser Zeit? In seinen *Res gestae* (c. 34) heißt es, er habe in seinem 6. und 7. Consulat (28 und 27 v. Chr.) den Staat in die Entscheidung des Senats und Volks übertragen – nach Auslöschung der Bürgerkriege, unter Zustimmung der Gesamtheit. Wenn wir auch nicht wissen, mit welchem besonderen Ereignis die Zustimmung der Gesamtheit *(consensus universorum)* zu verbinden ist, so sollte doch diese ganz formlose allgemeine Zustimmung die fehlende rechtliche Grundlage seiner Ausnahmestellung irgendwie ersetzen (Ernst Meyer).

Am 13. Januar 27 erklärte der junge Caesar vor dem versammelten Senat, er habe die Absicht, die ihm anvertraute außerordentliche Gewalt niederzulegen und sich, erst 35jährig, ins Privatleben zurückzuziehen. Der Senat aber bat ihn kniefällig, dies nicht zu tun; man befürchtete den Wiederausbruch der Bürgerkriege mit ihren Schrecken und ihrer allgemeinen Unsicherheit. So ließ sich der Machthaber dazu bewegen, einen Teil der Allgewalt aus der Hand des Senats zurückzunehmen. Es war dies vor allem ein zehnjähriges proconsularisches Imperium. Die Provinzen des Reiches aber wurden zwischen dem jungen Caesar und dem Senat in der Weise geteilt, daß Spanien, Gallien und Syrien dem Caesar, die anderen Provinzen dem Senat zugewiesen wurden. Vor allem aber erhielt Caesar den Oberbefehl über den größten und wichtigsten Teil der bewaffneten Macht. Damit war das Reich zwischen dem Prinzeps und dem Senat aufgeteilt, aber kraft seiner erhöhten *auctoritas* vermochte der Prinzeps seine Befehle auch in den Senatsprovinzen ohne Schwierigkeit zur Geltung zu bringen, wie dies eine aus der Provinz Asia (Kyme) stammende Inschrift des Museums zu Leiden gezeigt hat. Immerhin standen den sieben Provinzen Caesars zehn senatorische gegenüber, aber das Zahlenverhältnis ist geeignet, das echte Machtverhältnis zu verschleiern. Wer wie Caesar der Sohn Gallien, Spanien, Syrien, dazu noch Ägypten besaß, der war der bei weitem mächtigste Mann im ganzen Reich, auch der Senat war von ihm abhängig.

Die Krönung der neuen Machtstellung brachte die Senatssitzung vom 16. Januar 27 v. Chr. Auf Antrag des Munatius Plancus verlieh der Senat dem Caesar den Namen Augustus. Dieser Name gehört der religiösen Sphäre an, das Wort *Augustus*, «der Erhabene», kommt von *augere,* es hat den gleichen Stamm wie *augurium*. Der offizielle Name des Prinzeps lautete fortan: *Imperator Caesar divi filius Augustus*. Den Imperator-

Titel führte der Prinzeps in der Form des Pränomens schon seit dem Jahre 40 v. Chr. Das Cognomen seines Adoptivvaters verwandte er als Gentilnamen, auch die Form «*divi filius*» war ungewöhnlich. Der Augustus-Name aber war eine Neuschöpfung. Der Senat und das Volk priesen die Wiederherstellung der *res publica libera*. Bereits auf einer Münze, die Caesar der Sohn im Jahre 28 geprägt hatte, erscheint die Legende *libertatis populi Romani vindex*. Im Jahre 27 weihte der Senat dem Augustus einen Eichenkranz mit der Begründung: *quod priscam illam et antiquam formam restituit,* und Vellejus Paterculus (II 89, 4) spricht von *prisca illa et antiqua rei publicae forma revocata.* Auch Augustus hat dies behauptet, und so manche Forscher von Rang haben es ihm nachgesprochen. Andere aber sahen, mit besserem Recht, in der Neuordnung die entstehende Monarchie. Der Historiker muß, wenn irgendwo, hier zwischen Schein und Wirklichkeit zu unterscheiden versuchen. Äußerlich betrachtet, bedeutet das befristete *Imperium proconsulare* vom 13. Januar 27 über eine Anzahl wichtiger Provinzen nichts grundsätzlich Neues, wenn man sich der großen Kommanden des Pompejus erinnert (s. S. 171 ff.). Verändert aber war die Stellung des Augustus zu seinem jeweiligen Kollegen im Consulat. Kraft der erhöhten *auctoritas* des Augustus, mit der niemand im ganzen Reich, auch nicht die jeweiligen Mitconsuln, zu konkurrieren vermochte, gab es jetzt praktisch einen ersten Consul neben einem zweiten; die Stellung des Amtsgenossen des Augustus, formell gleichberechtigt, war in Wirklichkeit die eines *collega minor.* Was aber sagt Augustus hierzu? «Seit dieser Zeit (13. Januar 27) habe ich an *auctoritas* alle überragt, an Amtsgewalt *(potestas)* aber habe ich um kein Gran mehr besessen als die anderen, die auch ich im Amt zu Kollegen gehabt habe» *(Res gestae* c. 34, 3). Wenn sich Augustus auch mit diesem Satz zu dem Grundprinzip des republikanischen Staatsrechts, dem Prinzip der Kollegialität, bekannte, so hatten sich dennoch die Gewichte sehr zu seinen Gunsten verschoben. Wer vermochte nun noch etwas gegen den allmächtigen *dux partium,* Augustus? In der Häufung der verschiedenen Ämter und Würden kündet sich eine neue Zeit und eine neue Staatsform an, das Prinzipat. Von größter Bedeutung ist bei dem allmählichen Aufbau des Prinzipats die *auctoritas* des Augustus geworden, allerdings nicht in dem Sinne, daß man in ihr eine staatsrechtlich feststehende Befugnis zu sehen hätte. Der Begriff war auch der republikanischen Gesellschaft nicht unbekannt, er wurde von Augustus aufgegriffen und als Grundlage seiner Prinzipatsstellung verwandt.

Ende Juni 23 v. Chr. legte Augustus das von ihm Jahr um Jahr bekleidete Consulat nieder. Dafür wurde ihm die *tribunicia potestas,* und zwar in ihrem vollen Umfange, übertragen. Sie wurde auf das ganze Reich ausgedehnt und als Reichsdatierung eingeführt, eine Neuerung, die ganz besonders sinnfällig den Bruch mit dem Althergebrachten erkennen läßt. Mit der Datierung nach den Jahren der tribunizischen Gewalt wird ein neues, und zwar ein monarchisches Element in den Staatsneubau eingefügt. Das Vorbild hierfür war die Datierung hellenistischer Könige, der Ptolemäer und der Attaliden. Die tribunizische Gewalt aber ist eine der großen tragenden Säulen des römischen Kaisertums, erst Gratian († 383) hat auf sie verzichtet. Wichtig ist auch noch die Tatsache, daß im Jahre 23 das dem Augustus verliehene *Imperium proconsulare* durch zwei zusätzliche Bestimmungen ergänzt worden ist: das Imperium soll von nun an auch beim Überschreiten des stadtrömischen Pomeriums nicht mehr unterbrochen werden, außerdem soll es den Imperien der in den Provinzen amtierenden Statthalter übergeordnet sein. Mit anderen Worten: von nun an ist Augustus allen Statthaltern, auch jenen der senatorischen Provinzen, vorgesetzt, er ist Oberbefehlshaber der gesamten Wehrmacht des Reiches.

Eine weitere Etappe auf dem Wege zum Prinzipat war das Jahr 19 v. Chr. Damals hat Augustus ein lebenslängliches *Imperium consulare* übernommen. Zwar wurde er damit nicht Consul, er führte jedoch stets zwölf Fasces und nahm im Senat zwischen den amtierenden Consuln auf einer *sella curulis* seinen Platz ein. In das gleiche Jahr fällt auch die Übernahme der *cura legum et morum* durch Augustus, zweifellos nach dem Vorbild des Adoptivvaters, der gleichfalls *praefectus moribus,* wenn auch ohne viel Erfolg, gewesen war. Als im Jahre 12 v. Chr. M. Aemilius Lepidus, der ehemalige Genosse im Triumvirat, starb, war das Oberpontifikat frei geworden. Auf Grund eines Plebiszits von ganz Italien wurde Augustus zum neuen Pontifex Maximus gewählt, er war damit auch das geistliche Oberhaupt Roms geworden. Mit der Annahme des Titels *pater patriae,* verliehen durch Akklamation des Senats, der Ritterschaft und des Volkes, wurde Augustus zum «Landesvater» (2 v. Chr.). Der neue Titel betonte das patriarchalische Gepräge seiner Führerstellung. Doch ist *pater patriae* nur ein Ehrenname, mit dem keine neuen Befugnisse verbunden waren, aber der Titel unterstreicht sinnfällig das Pietäts- und Verpflichtungsverhältnis, das zwischen dem Prinzeps und den Untertanen bestanden hat.

Welche geistigen Kräfte und Strömungen haben dem Prinzipat des Augustus vorgearbeitet? Die Entstehung und Entwicklung der neuen Staatsform ist schwerlich denkbar ohne die Verbindung mit der Ideenwelt der ausgehenden römischen Republik und mit der Welt des Griechentums. Die Verbindung mit griechischem Ideengut wäre ohne Zweifel noch viel deutlicher, wäre nicht das wichtigste Zwischenglied, die Literatur über das hellenistische Herrscherideal, bis auf geringe Reste verloren. Dies gilt insbesondere für die Schriften «Über das Königtum» *(Perì basileías).* Schon Isokrates hatte im hohen 4. Jh. in seiner Schrift mit dem Titel ‹Nikokles› einen Fürstenspiegel verfaßt mit treffenden Verhaltungsmaßregeln für den Sohn des Königs Euagoras von Salamis auf Cypern. Dazu kam die stoische Idee des Königtums als eines ‹ruhmvollen Knechtsdienstes› *(éndoxos dūleía)*, ausgesprochen von Antigonos Gonatas, dem König der Makedonen (276–239), dem ehemaligen Schüler Zenons von Kition. Auch dieser Gedanke ist aus der Welt nicht wieder verschwunden, ebensowenig wie die Konzeption des hellenistischen Königs als Retter und Wohltäter *(basileús sōtḗr kaí euergétēs)*, die für die hellenistische Monarchie charakteristisch gewesen ist. Allerdings lebten die römischen Nobiles der späteren Republik, auch der Jüngere Scipio und seine Freunde, in einer ganz anderen Welt. Sie fühlten sich nicht nur den hellenistischen Königen ebenbürtig, sondern kraft ihrer *virtus* sogar überlegen. Dies gilt insbesondere von jenen unter ihnen, die mit allgemeiner Zustimmung als *principes* anerkannt wurden. Im Zeitalter der Punischen Kriege war man freilich in Rom von dem Gedanken an die Herrschaft eines einzelnen noch weit entfernt, doch führt von P. Cornelius Scipio († 183) ein gerader Weg zu Marius, Sulla, Pompejus und Caesar. Zudem sind die großen Römer, angefangen mit T. Quinctius Flamininus, in Hellas und im Osten mit Ehren überschüttet worden, wie sie dort den hellenistischen Königen zuteil geworden sind.

Von weittragender Bedeutung für die Vorgeschichte des Prinzipats ist endlich der Name *Cicero*. Er war selbst einer der letzten großen Principes der ausgehenden Republik, wenn er auch als *homo novus* emporgekommen war. In seiner bewundernswerten publizistischen Tätigkeit wird die Idee des Prinzeps als des idealen Lenkers des Staates immer wieder herausgestellt. Dabei mag Cicero an seine eigene Person gedacht haben, doch kommt es hierauf nicht an. Durch seine eingehende Beschäftigung mit der griechischen Philosophie, vor allem mit der Gedankenwelt der Stoa, hat Cicero zahlreiche hellenistische Züge in sein ideales Herrscherbild eingefügt. Wie er sich den idealen Staatsmann vorstellte, zeigt insbesondere seine Schrift «*De re publica*», veröffentlicht im Jahre 51, zu einer Zeit, in der sich die römische Republik bereits in höchster Gefahr befand. In den erhaltenen Teilen der Broschüre sucht man allerdings nach dem Begriff des *princeps civitatis* vergebens, doch mag dies auf den Zustand der Überlieferung zurückzuführen sein. Die moderne Forschung geht in ihrem Urteil, wieweit Augustus durch Gedanken Ciceros beeinflußt worden ist, sehr weit auseinander. Nach H. Strasburger habe Cicero mit seiner Schrift «*De re publica*» die Prinzipatsverfassung vorweggenommen, er habe als Idealbild die bewährte republikanische Staatsordnung, verbunden mit der Herrschaft des einzelnen, des Prinzeps, entworfen. Nach R. Syme habe dagegen das augusteische Prinzipat seinen Ausgang nicht von Theorien, sondern von Fakten genommen. Das Prinzipat sei durch Politiker, Diplomaten und Generäle, nicht durch lebensferne Theoretiker geschaffen worden. Die Wahrheit aber scheint hier, wie so oft, in der Mitte zu liegen. Dabei ist nicht zu übersehen, daß die ausgehende römische Republik in ihren Ideen und Symbolen eine Entwicklung zeigt, die im Prinzipat aufgegriffen und fortgeführt worden ist. In die Ideologie des Prinzipats haben ganz besonders zahlreiche stoische Gedanken Eingang gefunden, Vorbild der Herrscher ist die Gestalt des Herakles, er wird als einer der großen Kulturschöpfer der Menschheit gepriesen. Aber auch manche Götter wie der griechische Apollon und der römische Mercurius spielen im frühen Prinzipat eine Rolle. In ihrer Gestalt ist der junge Caesar verehrt worden, seine Schutzpatrone waren gewissermaßen die Gegenbilder des Dionysos, den sich Antonius als Helfer und Begleiter auserwählt hatte. Die Entstehungsgeschichte des Prinzipats hat es mit sich gebracht, daß gerade auch Begriffe einer ursprünglich militärischen Sphäre in seine Gedankenwelt eingegangen sind: hierzu gehört die Idee der *statio principis*, der ‹Wache›, welche der Prinzeps übernommen hat. Gegenüber seinem Enkel Gaius hat Augustus selbst seine Stellung in dieser Weise umschrieben. Friedrich der Große, dessen Herrscherauffassung gleichfalls durch den Stoizismus geprägt worden ist, hat die Idee übernommen: *toujours en vedette.*

Bei dem Prinzeps werden im übrigen fast alle für den Herrscher vorteilhaften Tugenden vorausgesetzt: auf dem Ehrenschild, der dem Augustus im Jahre 27 v. Chr. verliehen worden ist, sind die *virtus, clementia, iustitia* und *pietas* aufgeführt. Von ihnen gilt die *clementia* (griechisch *epieíkeia,* auch *praótēs* und *philanthropía)* als die wichtigste Tugend des Regenten, und nicht durch Zufall hat Seneca in seiner dem jungen Nero bei seiner Thronbesteigung gewidmeten Schrift gerade diese Kardinaltugend gepriesen. Die *clementia* hatte eine Vorgeschichte in der ausgehenden Republik: sowohl für Pompejus wie besonders für Caesar ist sie bezeugt, an dem letzteren ist sie von den Zeitgenossen immer wieder mit hoher Bewunderung anerkannt worden. Der junge Caesar, der spätere Augustus, ist dagegen in seinen Jugendjahren alles andere als gnädig gewesen, sein Name und sein Gewissen waren mit den furchtbaren Proskriptionen des Jahres 43 v. Chr. belastet, mit dem zunehmenden Alter aber hat er auch die Kunst des Verstehens und Verzeihens gelernt.

Eine der wesentlichen Ideen des Prinzipats ist die Freiheit *(libertas).* Während in der Zeit der Republik die Freiheit für den Bürger darin bestanden hatte, sich innerhalb gewisser von Sitte und Herkommen *(mos maiorum)* gezogener Grenzen frei zu bewegen und sich politisch zu betätigen, hat sich dies während des Prinzipats entscheidend geändert. Zwar hat Augustus selbst behauptet, er habe den von der Tyrannei einer Gruppe unterdrückten Staat in die Freiheit zurückgeführt, aber von der alten republikanischen Freiheit war diejenige, welche das Prinzipat gewährte, doch sehr weit entfernt. Was aber ist die *libertas* im Prinzipat? Sie ist ein Zustand, der durch die Rechtssicherheit des einzelnen charakterisiert wird, mit anderen Worten: die Begriffe *libertas* und *securitas* sind einander nahe benachbart. Die offizielle Auffassung ist allerdings eine andere: danach hatte der Prinzeps gerade die republikanische Freiheit wiederhergestellt. Das Problem ist in der frühen Kaiserzeit immer wieder erörtert worden, auch Tacitus hat sich mit ihm beschäftigt. Nach seiner Auffassung hat bekanntlich erst Nerva den Prinzipat und die Freiheit, zwei in früherer Zeit unvereinbare Dinge, miteinander verschmolzen. Wie aber dachten die Zeitgenossen des Augustus? Alexandrinische Seeleute riefen dem Augustus im Hafen von Puteoli zu: «Durch dich leben wir, durch dich fahren wir zur See, durch dich genießen wir Freiheit und Wohlstand» *(Suet. Aug. 98, 2).* Der Segen des Prinzipats, vor allem die Aufrichtung und die Erhaltung des Friedens, ist von den Zeitgenossen mit tiefer Dankbarkeit vermerkt und anerkannt worden. Das Ideal der politischen Freiheit und der aktiven politischen Betätigung aber verflüchtigte sich immer mehr, an seine Stelle trat der öffentliche und private Wohlstand. Der Prinzeps selbst war mit seiner Person der Garant des Friedens und der Sicherheit: *l'empire c'est la paix.*

Die rechtliche Grundlage der umfassenden Befugnisse des Prinzeps in der Rechtsprechung und auf dem Gebiet der allgemeinen Verwaltung ist letzten Endes das *imperium proconsulare maius,* im Jahre 23 dem Augustus verliehen (S. 221). Es erstreckt sich auf das gesamte Reich, auch den Imperien der Statthalter der senatorischen Provinzen war es übergeordnet. Das Imperium gründete sich auf der erhöhten *auctoritas* des Augustus, diese ist zwar staatsrechtlich nicht faßbar, aber doch allgemein, gewissermaßen *per consensum universorum,* anerkannt. Neben der *auctoritas* des Senats gibt es jetzt die des Prinzeps, die aber, jener anderen überlegen, sie immer mehr zurückdrängt. Gewiß hat der Senat unter Augustus und Tiberius noch wichtige Funktionen wahrgenommen, aber der Umfang seiner Beteiligung an der Reichsregierung hing mehr oder weniger von dem Willen des Prinzeps ab. Die Ehrenrechte blieben der hohen Körperschaft erhalten, aber schon unter Augustus war der Senat nur noch ein Schatten seiner einstigen Größe, vor allem hatte der erste Prinzeps aus der Körperschaft zahlreiche Mitglieder ausgestoßen, die ihm nicht genehm waren. Neben die Senatsbeschlüsse *(senatus consulta)* treten, diese in ihrer allgemeinen Bedeutung bald überflügelnd, die Verfügungen des Prinzeps, seine *constitutiones,* gegliedert in Edikte, Dekrete, Episteln (Reskripte) und Mandate. Der Befehl des Prinzeps wird zwar in der Regel als Ratschlag *(consilium)* formuliert (es finden sich Ausdrücke wie *placet, arbitror, censeo),* in ganz bewußter Anknüpfung an die Senatsbeschlüsse der Republik. Die Gültigkeit der Constitutionen des Prinzeps aber ist unbeschränkt, auch über das irdische Leben des Prinzeps hinaus. Außerdem kann der Prinzeps, im Gegensatz zu den Magistraten, seine Verfügungen jederzeit wieder aufheben. Die Juristen, soweit sie *ex auctori-*

tate principis respondieren, schaffen *ius civile.* Die Verfügungen des Prinzeps aber rücken damit auf die Stufe der *senatus consulta,* der *leges* und der *plebiscita,* sie sind eine neue Quelle des öffentlichen und zivilen Rechts *(fons iuris publici et civilis).* An der Seite des ordentlichen Rechts *(ius ordinarium),* niedergelegt in den Gesetzen und den magistratischen Verfügungen, bildet sich das außerordentliche Recht *(ius extraordinarium),* ausgehend vom Prinzeps, und zwar vor allem auf dem Gebiet des Strafrechts. Hier arbeiteten die Quaestionen in der Regel zu langsam, was immer wieder zu Klagen über Prozeßverschleppungen geführt hat. Berühmt ist die Rede des Kaisers Claudius über dieses Thema; sie hat sich auf einem Papyrusblatt wiedergefunden. Die Frage, wieweit die Gerichtsbarkeit des Prinzeps und die des Senats in der frühen Kaiserzeit miteinander konkurrierten, ist in der Forschung noch umstritten. Es ist aber das Wahrscheinlichste, daß es in der ersten Prinzipatszeit, unter Augustus und seinen nächsten Nachfolgern, ein Kaisergericht mit allgemeiner Zuständigkeit nicht gegeben hat. Doch spricht einiges dafür, daß Augustus gelegentlich richterliche Entscheidungen getroffen hat, und zwar vor allem im Bereich der ihm unterstellten Provinzen. Außerdem scheint er das Recht besessen zu haben, gewisse Prozesse an sich zu ziehen, falls eine Prozeßpartei zustimmte. Eine wichtige Rolle fällt bei den richterlichen Entscheidungen dem *Consilium* des Prinzeps zu, seine Zusammensetzung ist jedoch im einzelnen noch umstritten. Doch gehörten ihm mit Sicherheit die hervorragendsten unter den Consularen an. Mit einem regulären Senatsgericht wird man dagegen unter Augustus schwerlich rechnen können; nur ein paar vereinzelte Fälle, in denen man aus guten Gründen keinen Quaestionenprozeß durchführen konnte oder wollte, sind vor dem Senat verhandelt worden. So geringfügig diese Anfänge auch sein mögen – sie sind dennoch die Grundlage der Senatsgerichtsbarkeit, wie sie sich unter den Nachfolgern des Augustus, vor allem unter Tiberius, herausgebildet hat. Repetunden- und Majestätsprozesse, beide von Tacitus oft geschildert, bildeten unter Tiberius die Hauptgegenstände der senatorischen Gerichtsbarkeit, mit welchem traurigen Erfolg, ist allgemein bekannt. Der Prinzeps dagegen vermochte einen ganz entscheidenden Einfluß auf die Gerichtsverfahren und auch auf die Urteilsbildung auszuüben. Der Besitz der tribunizischen Gewalt, seine Stellung als Consul und als Mitglied des Senats ermöglichten es ihm, die Verhandlung entweder zu leiten oder doch wenigstens an ihr teilzunehmen; dazu gab ihm die tribunizische Interzession eine Waffe in die Hand, die in jedem Fall durchschlagend war. Bereits unter Augustus, der in seinen späteren Jahren nur noch selten zu den Sitzungen des Senats erschienen ist, kam es so weit, daß der Prinzeps seinen Willen dem Senat schriftlich zur Kenntnis gab, seine Entscheidung wurde natürlich in jeder Weise respektiert.

Die Befugnisse des Prinzeps in der allgemeinen Verwaltung: Auch in der Verwaltung des Reiches bezeichnet die Entstehung des Prinzipats einen tiefen Einschnitt. Dem alten Schlendrian der senatorischen Provinzialverwaltung wurde ein Ende gesetzt. Die Übernahme der Administration durch Beauftragte (Legaten) des Prinzeps in den kaiserlichen Provinzen hat sich im allgemeinen als sehr segensreich erwiesen, dies zeigt allein schon der zahlenmäßige Rückgang der Repetundenprozesse; Verurteilungen wegen Erpressungen der Provinzialen wurden mehr und mehr zu einer Seltenheit. Die republikanischen Magistrate in der Verwaltung wurden, im ganzen gesehen, zurückgedrängt, an ihrer Statt stiegen immer mehr kaiserliche Hilfsbeamte aus dem zweiten Stand, dem *ordo equester*, empor, sie sind ihren Aufgaben vorzüglich gerecht geworden. Nero hat einmal damit gedroht, er werde den Senat überhaupt abschaffen und die Verwaltung den Freigelassenen und den Rittern übertragen, diese Welle aber ging bald wieder vorüber. In Wirklichkeit beginnt die Zurückdrängung der Senatoren in der Reichsverwaltung erst unter dem Kaiser Hadrian (117–138), den Gipfel der Feindseligkeit gegenüber dem Senat bezeichnet die Regierung des Soldatenkaisers Septimius Severus (193–211), vollendet wurde die Entwicklung unter Gallienus (260–268). Wohl der erste Mann aus dem Ritterstand, der es zu hohen Ehren brachte, war der aus Afrika stammende Q. Marcius Turbo, der General Trajans; erst mit M. Opellius Macrinus (217–218) hat ein römischer Ritter den Kaiserthron bestiegen. Die Senatorenschicht hat also, trotz schmerzlicher Verluste durch die Proskriptionen des 2. Triumvirats sowie durch die Verfolgungen unter Tiberius, Nero und Domitian, ihre Stellung über ein Jahrhundert im römischen Staate voll zu behaupten gewußt.

Die Grundlage der Oberaufsicht des Prinzeps über die Gesamtverwaltung des Reiches bildete das *imperium proconsulare maius* vom Juni 23 v. Chr. (s. S. 221). Der Prinzeps war damit allen Magistraten, auch den Consuln in Rom und den Proconsuln in den Provinzen, vorgesetzt, selbstverständlich erst recht seinen eigenen Beauftragten, insbesondere den *legati Augusti pro praetore*, welche die kaiserlichen Provinzen verwalteten. Unterstellt waren ihm auch die in Rom eingesetzten Sonderbeauftragten, die *curatores* und vor allem auch der Stadtpräfekt *(praefectus urbi)*. In dem letzteren hat man geradezu den Vertreter des Prinzeps in der Hauptstadt zu sehen. Das Amt war offenbar nach dem Vorbild hellenistischer Institutionen geschaffen worden. Es erscheint in Rom zum ersten Male im Jahre 26 v. Chr., nach der Abreise des Augustus auf den spanischen Kriegsschauplatz. Messalla Corvinus dankte aber bereits nach fünf Tagen wieder ab, mit der Begründung, der Magistrat vertrage sich nicht mit den bürgerlichen Grundrechten. In der Tat ist das Amt des Stadtpräfekten 10 Jahre lang nicht wieder besetzt worden, erst im Jahre 16 v. Chr. übernahm es Statilius Taurus; unter Tiberius, der ja die meiste Zeit von Rom

abwesend war, bekleidete es L. Calpurnius Piso. Das Wesen der Stadt-
präfektur bestand ursprünglich in der Vertretung des vorübergehend ab-
- wesenden Prinzeps, aus dieser Funktion ist ein ständiges Amt erwachsen.
Die wichtigste Befugnis des Stadtpräfekten war die Kriminalgerichtsbar-
keit, hierfür besaß er das *Ius gladii.* Im 2. Jh. n. Chr. sind hierzu noch Befugnisse zivilrechtlicher Art hinzugetreten. Schon unter Augustus erstreckte sich sein Amtsbereich nicht allein auf Rom, sondern auf ganz
Italien. Seinem Befehl gehorchten die drei *cohortes urbanae,* die Sicher-
heitspolizei der Reichshauptstadt. Seit dem Jahre 6 n. Chr. wurden ihm
auch die *cohortes vigilum* unterstellt. Im übrigen erscheint der Magistrat
in zivilem Gewand, in der Toga, was nicht ohne Bedeutung ist. Die Einsetzung des Stadtpräfekten aber ist eine Neuerung des ersten Prinzeps.
Mommsens Versuch, das Amt mit republikanischen Magistraten in Verbindung zu bringen, im besonderen mit dem von den Consuln bei ihrer
Abwesenheit in Rom zurückgelassenen Präfekten, überzeugt nicht. Auf
jeden Fall aber ist die Institution von Augustus umgebildet und mit neuem
Leben erfüllt worden.

Im übrigen hat der Prinzeps eine Anzahl von Spezialaufgaben selbst
übernommen wie die *cura annonae* im Jahre 22 v. Chr. anläßlich einer
Hungersnot, die *cura viarum* in ganz Italien im Jahre 20 v. Chr., die *cura
operum locorumque publicorum* im Jahre 11 v. Chr. und andere. Von
diesen Sonderaufgaben war die Getreidebeschaffung besonders wichtig,
für sie fungierte ein vom Prinzeps bestellter *praefectus annonae* aus dem
Ritterstand.

Die wichtigste Neuerung in der Verwaltung Italiens war die Einteilung
des Landes in elf Regionen, ihre Beschreibung liegt im 3. Buch der ‹Naturgeschichte› des Älteren Plinius vor. Der Zweck dieser Einteilung ist
jedoch unbekannt. Die Munizipien Italiens waren Körperschaften mit
eigener Verwaltung. Erst in trajanischer Zeit erscheinen gelegentlich Kommissare *(curatores),* eine Maßnahme, die insbesondere wegen der finanziellen Mißwirtschaft in manchen Gemeinden notwendig geworden war.
Zu den kaiserlichen *curatores* traten seit Hadrian richterliche Beamte
(iuridici) zur Schlichtung von Vormundschafts- und Fideikommißange-
legenheiten, dazu aber auch zur Beilegung von Streitigkeiten, die wegen
der Besetzung des Duumvirats, des höchsten munizipalen Magistrats, entstanden waren. Im ganzen bezeichnet die erste Kaiserzeit eine hohe Blüte
des italischen Städtewesens. Die Gemeinden waren zumeist recht wohl-
habend, an den öffentlichen Bauten haben sie sich mit Eifer beteiligt, Stiftungen reicher Mitbürger waren die Regel. In den Munizipien erhoben
sich Rathäuser, Bibliotheken und Schulen, der Zivilisation dienten die
kostspieligen Wasserleitungen (Aquädukte), das Straßennetz Italiens wurde ständig verbessert, und der Handel nahm, begünstigt durch die lange
Friedenszeit, einen bedeutenden Aufschwung.

Einen großen Anteil an dem entstehenden Wohlstand hatten die *Provinzen*. Eine unendliche Fülle von Inschriften, Papyri und Münzen steht als Zeugnis für das kulturelle und wirtschaftliche Leben im Imperium Romanum der Kaiserzeit zur Verfügung. Dazu kommen, freilich aus späterer Zeit, die Briefe des Jüngeren Plinius, insbesondere das 10. Buch seiner Korrespondenz, die er als Statthalter der Provinz *Bithynia et Pontus* mit dem Kaiser Trajan geführt hat (110–112 oder 111–113 n. Chr.). Auch die Schriften des gebildeten Griechen Plutarch und die Reden des Dion Chrysostomos von Prusa sind sehr wertvolle Quellen für den Geist der römischen Administration der frühen Kaiserzeit. Das große Triebrad in der Verwaltung aber war der Prinzeps selbst. Schon im Jahre 27 v. Chr. waren die Länder Spanien, Gallien und Syrien in seine unmittelbare Verwaltung gekommen, das Imperium des Prinzeps über diese Provinzen wurde später alle fünf oder zehn Jahre verlängert. Das südliche Spanien (die Provinz Baetica) und das südliche Gallien (Gallia Narbonensis) übergab Augustus dem Senat, dafür erhielt er Illyricum, eine besonders gefährdete Provinz, die übrigens schon sein Adoptivvater Caesar besessen hatte. Beim Tode des ersten Prinzeps waren alle wichtigen Außenprovinzen in seiner persönlichen Verwaltung. Der Senat aber verfügte im Jahre 14 n. Chr. über folgende Provinzen: Baetica, Gallia Narbonensis, Sicilia, Macedonia, Achaia, Creta et Cyrene, Bithynia et Pontus, Asia, Cyprus, Africa (später Africa Proconsularis genannt). Gebiete, die während der Kaiserzeit neu erworben worden sind, kamen grundsätzlich unter die Administration des Prinzeps. An der Spitze der Verwaltung der senatorischen Provinzen standen Promagistrate, Consulare oder Praetorier, und zwar war ein Intervall von mindestens fünf Jahren zwischen Magistratur und Promagistratur vorgesehen, für die consularischen Provinzen betrug es sogar zehn Jahre. Alle Statthalter hießen offiziell *proconsules*, doch führten allein die Verwalter von Asia und Africa zwölf Fasces, die übrigen nur sechs. Den Statthaltern unterstellt waren die Legaten, sie waren für die Rechtsprechung in den Gerichtssprengeln *(conventus iuridici)* zuständig. Dem erpresserischen System der republikanischen Verwaltung schob Augustus dadurch einen Riegel vor, daß er für die Statthalter erstmals ein festes Gehalt, und zwar ein sehr hohes, festsetzte. Die consularischen Statthalter erhielten 1 Million Sesterzen. Im ganzen war die Verwaltung des Augustus und seiner ersten Nachfolger sicherlich viel gesünder und auch wirkungsvoller als jene der ausgehenden Republik. Die Provinzen, früher vielfach die Ausbeutungsobjekte der römischen Nobiles, erfreuten sich der kaiserlichen Fürsorge, Mißwirtschaft wurde nicht geduldet. Im übrigen dauerte die Amtszeit der Statthalter der Senatsprovinzen grundsätzlich nur ein einziges Jahr, doch sind zahlreiche Verlängerungen vorgekommen. Im übrigen hatte auch die Tätigkeit der *legati Augusti pro praetore* in den kaiserlichen Provinzen gewisse republikanische Vorbilder; hatte doch z. B.

Pompejus im Jahre 55 für Spanien Legaten bestellt, er selbst war in Rom geblieben. Unter dem ersten Prinzeps waren die Legaten Consulare oder Praetorier, sie führten ohne Rücksicht auf ihren persönlichen Rang 5 Fasces. Die Amtsdauer der Legaten war an und für sich unbegrenzt, sie dauerte in der Regel mehrere Jahre. Wer *legatus Augusti pro praetore* wurde, betrachtete dies als den Höhepunkt seiner senatorischen Laufbahn, doch galt auch das Proconsulat von Asia und von Africa als eine sehr hohe Ehrenstellung. Von der Verwaltung der Statthalter ausgenommen waren die freien Städte *(civitates liberae)*, aber die finanzielle Misere der Städte, vor allem auch im griechischen Osten, zwang die kaiserliche Verwaltung schon im Verlauf des 1. Jh. n. Chr. zu wiederholten Eingriffen, die sich im 2. Jh. n. Chr. noch vermehrten. Theoretisch beruhte das Verhältnis dieser Gemeinden zum Reich auf einem Vertrag *(foedus)*, dieser hatte jedoch in den meisten Fällen kaum noch irgendeine praktische Bedeutung. Im allgemeinen haben sich die Kaiser bemüht, die Sonderstellung der freien Städte zu respektieren, aber der allgemeine wirtschaftliche Niedergang, der gegen Ende des 2. Jh. n. Chr. einsetzte, war nicht aufzuhalten, eine Entwicklung, die weder dem bösen Willen der Bürokratie des Reiches noch dem Versagen des städtischen Bürgertums zur Last gelegt werden kann.

Das Rückgrat der Reichsverwaltung unter dem Prinzipat bildeten die *Finanzen*. Man kann sich unschwer vorstellen, wie groß die finanziellen Lasten waren, die durch den Prinzeps getragen werden mußten: die Kosten der Verwaltung, der Sold für das Heer und die Flotte, die Lasten für die Getreideversorgung der Hauptstadt, für die Spiele und für zahlreiche öffentliche Bauten in Rom, in Italien und in den Provinzen. Allerdings haben es die Kaiser verstanden, sich entsprechende Einkünfte durch Steuern zu sichern. An erster Stelle sind die Tribute der Provinzen zu nennen, sie bestanden aus der Grundsteuer, der Kopfsteuer und aus so manchen indirekten Steuern und Zöllen. Für die Erhebung der Zölle war das Reich in eine Anzahl von Zollbezirken eingeteilt, die in der Regel mehrere Provinzen umfaßten. Auch die römischen Bürger wurden zu indirekten Steuern herangezogen, die wichtigste und für die öffentliche Hand ertragreichste war die Erbschaftssteuer. Natürlich flossen dem Prinzeps aus seinen Besitzungen, den Bergwerken, Weiden, Domänen, große Einnahmen zu, und nicht zuletzt brachte das Finanzsystem, das in Ägypten nach dem Vorbild der Ptolemäer funktionierte, enorme Beträge.

Auf dem Gebiet der zentralen Verwaltung der Finanzen hat Augustus eine epochemachende Neuerung durchgeführt. Bis zum Jahre 6 n. Chr. war das *aerarium populi Romani* die einzige Hauptkasse gewesen. In diesem Jahr aber gründete Augustus das *aerarium militare*, seine Gelder waren zur Versorgung der Veteranen bestimmt. Gespeist wurde die neue Kasse durch die Erbschafts- und Auktionssteuer, daneben aber auch durch kaiserliche Zuwendungen, die *impensae* (vgl. *Res gest.* c. 17). Außerdem gab es eine ganze Reihe von Spezialkassen in Rom und in den Provinzen, die *fisci*. Der Kaiser Claudius ist es gewesen, der die *fisci* in Rom zu einer neuen zentralen Kasse zusammengefaßt hat *(fiscus Caesaris)*. Seit Claudius gewöhnten sich die Kaiser daran, den Fiscus als ihr Privatvermögen zu betrachten. Der Vorsteher dieser Kasse führte den Titel «*a rationibus*», unter Claudius war es Pallas. Am Ende des 1. Jh. n. Chr. ist aus diesem Amt so etwas wie ein ‹Reichsfinanzministerium› geworden, seit Hadrian steht an seiner Spitze ein römischer Ritter. Neben dem *fiscus Caesaris* gibt es noch das *patrimonium Caesaris*, es ist das Erbgut oder Privatvermögen der späteren Principes, ein Besitz, der sich in starker Vermehrung, vor allem durch Erbschaften und Konfiskationen, befunden hat. Seit den Flaviern, die das Patrimonium der Julier und Claudier übernommen haben, ist dies das Krongut (nicht mehr das Erbgut), aus dem nunmehr wieder das private Erbgut ausgeschieden wird. Will man die Macht und den Einfluß des Prinzeps richtig beurteilen, so ist nicht zu übersehen, daß der Kaiser nicht nur der mächtigste, sondern zugleich auch der bei weitem reichste Mann im ganzen Imperium gewesen ist. Ihm gehörte die gesamte ehemalige Staatsdomäne in den Provinzen, die er zur Verwaltung vom Senat übernommen hatte, im besonderen das ehemalige hellenistische Königsland (die *chốra basilikḗ*) in Ägypten, Kappadokien, Judäa, später auch in Mauretanien. Die Domänen waren zur besseren Verwaltung in riesigen Komplexen *(tractus)* zusammengefaßt. Dies gilt insbesondere für Afrika. Hier waren nach der Niederwerfung Karthagos große Besitzungen in Domänen des römischen Staates umgewandelt worden, Plinius (n. h. XVIII 94) zufolge hätten nur sechs Herren die Hälfte der ganzen Provinz Africa besessen, sie seien von Nero getötet worden. Mag diese Angabe vielleicht auch übertrieben sein, sie ist dennoch sehr aufschlußreich. Für die Steuererhebung fungierte zunächst noch das System der Publikanen, aus der Zeit der Republik unrühmlichst bekannt. Aber mit der fortschreitenden Entwicklung der Hohen Kaiserzeit verdrängte der Staat allmählich die Gesellschaften der Steuerpächter *(societates publicanorum)*, das private Kapital wurde immer mehr ausgeschaltet, die Entwicklung zu einer vom Staat reglementierten Wirtschaft zeichnete sich ab, sie hat damals wie heute der Menschheit wenig Segen gebracht.

Eine andere Säule des Prinzipats war das *Heer*, und zwar war es ein stehendes Heer, im Gegensatz zum Milizheer der römischen Republik. Eine der wichtigsten Aufgaben des Augustus war es gewesen, die riesigen Heeresmassen der Triumviratszeit zu ordnen und zu versorgen. Augustus ist dieser nicht einfachen Aufgabe, nimmt man alles in allem, in hervorragender Weise gerecht geworden. Er hat das Heer so organisiert, daß der Staat es zu tragen vermochte und daß die Reichsgrenzen gesichert waren. Das Heer bildete vorwiegend (nicht ausschließlich) den Grenzschutz nach dem Grundsatz der augusteischen Politik: *coercere intra terminos impe-rium.* Im übrigen hat Augustus das Heer zahlenmäßig beträchtlich ver-mindert: während er nach Actium 50 Legionen unter seinen Fahnen hatte, wurde die Zahl später auf 25 herabgesetzt. Die Verteilung (Dislokation) des Heeres ist sehr aufschlußreich. Der Schwerpunkt lag in Germanien, hier standen insgesamt acht Legionen, davon die Hälfte im Oberen, die andere Hälfte im Unteren Germanien. Das Zentrum der römischen Macht im Orient, die Provinz Syrien, hatte vier Legionen, Pannonien und Spa-nien je drei, Mösien, Dalmatien, Ägypten je zwei und Africa (als einzige senatorische Provinz) eine Legion. Die Aufreihung des Heeres an den überlangen Flußgrenzen tritt in dieser Aufstellung klar zutage. In den Legionen dienten grundsätzlich nur römische Bürger. Wer als Nichtbür-ger in eine Legion eintrat, erhielt das römische Bürgerrecht. Der Masse der Nichtbürger aber waren die sog. Hilfstruppen *(auxilia)* vorbehalten. Eine Sonderstellung besaßen die Prätorianer, zunächst neun Kohorten, später, seit Caligula oder Claudius, zwölf. Zu den Sondereinheiten gehö-ren außerdem die *speculatores* und die *equites singulares imperatoris.* Der *numerus frumentariorum* ist dagegen erst unter Hadrian geschaffen wor-den. Als Sicherheitstruppen für die Reichshauptstadt dienten die *cohortes urbanae* und die *cohortes vigilum,* die letzteren sieben an der Zahl.

Bei den Prätorianern war die Dienstzeit 12 Jahre, für die übrigen römi-schen Bürger 16 Jahre. Die entlassenen Legionäre aber blieben noch wei-tere vier Jahre dienstpflichtig als eine Art von Reserve; jede Legion ver-fügte über ein *vexillum veteranorum.* Am Ende der Regierungszeit des Augustus betrug die Dienstzeit allgemein 20 Jahre, eine Tatsache, die zu Unruhen und sogar zu Aufständen des Militärs geführt hat. Tiberius hat daher die alte Dienstzeit wiederhergestellt, sah sich jedoch bald dazu ge-zwungen, sie abermals zu verlängern. Im übrigen haben Augustus und Tiberius aus guten Gründen alles getan, die militärische Grundlage ihrer Machtstellung nach Möglichkeit zu verschleiern. Anders wurde dies unter Caligula, der durch die Bevorzugung des Militärs die Stände vor den Kopf stieß. Das Heer aber ist im frühen Prinzipat zu einer imponierenden Macht im Staat geworden. Durch die Stationierung in den Standlagern verwuchsen manche Truppenteile mit den Provinzen und der Provinzialbe-völkerung. Hier liegen die Wurzeln eines gewissen Regionalismus, der sich vor allem bei den Ereignissen des Vierkaiserjahres 68/69 n. Chr. bemerkbar gemacht hat. Im übrigen ist die Frage der Rekrutierung, ins-besondere der *alae* und *cohortes* der Hilfstruppen *(auxilia),* immer noch zu wenig geklärt, da das Material hierfür noch nicht ausreicht.

Die große einmalige Leistung des augusteischen Prinzipats aber besteht darin, daß der Kaiser dem Orbis Romanus nach einer langen Zeit der Bürgerkriege eine Periode der Ruhe und des inneren und äußeren Friedens geschenkt hat. Dieser Friede dauerte, sieht man von den Ereignissen nach dem Tode Neros ab, bis in die Zeit des Kaisers Mark Aurel, also nahezu zwei Jahrhunderte. Die Segnungen der Pax Augusta sind von den Zeitgenossen mit tiefer Dankbarkeit gepriesen worden. Allerdings folgt dem Aufschwung des geistigen Lebens in der Zeit des Augustus allmählich ein Stillstand und, schon im 1. Jh. n. Chr., ein Niedergang, insbesondere in den Ländern lateinischer Zunge, während das griechische Geistesleben auch noch weiterhin bedeutende Leistungen hervorgebracht hat. Während Augustus das Glück hatte, eine ganze Reihe bedeutender Dicher zu finden, die sein Werk hoch gefeiert haben, unter ihnen Horaz und Vergil, ist dieser Glanz unter seinen Nachfolgern verblichen, allein die Figur des Seneca macht hier eine bemerkenswerte Ausnahme.

Wenn aber das Prinzipat als Herrschaftsform in Rom feste Wurzeln schlagen konnte, so ist dies das Verdienst des Augustus gewesen: er hat mit sicherer Hand die wesentlichen Grundlagen gelegt, auf denen seine Nachfolger weiterbauen konnten.

2. Das Imperium Romanum unter Augustus (27 v.–14 n. Chr.)

Das Werk des Augustus ist im wesentlichen ein Werk des Friedens. Wenn er trotzdem Kriege geführt hat, so dienten diese der Abrundung des Reiches und der Befriedung von Grenzvölkern. Nicht mit Unrecht hat ihn Horaz als den Sohn der Maia, den Friedensbringer Merkur auf Erden, gefeiert, und eine Inschrift aus der Provinz Asia vom Jahre 9 v. Chr. nennt Augustus geradezu das ‹Glück des Menschengeschlechts›. In Rom errichtete man in den Jahren von 13 bis 9 v. Chr. die *Ara Pacis*, wohl das wichtigste Denkmal des Kunstschaffens der augusteischen Zeit.

Der Verzicht auf kriegerische Taten großen Stils war letzten Endes durch harte militärische Notwendigkeiten bedingt. Nicht einmal die unausgeführten Pläne Caesars, die Eroberung Britanniens und der Partherfeldzug, sind von Augustus vollendet worden. Schuld daran ist zweifellos das Fehlen ausreichender Reserven, das Heer war sozusagen in seiner Gesamtheit in vorderster Linie eingesetzt. Auch das Ziel, das Reich abzurunden, ist nicht erreicht worden. Gelegentlich sind es handelspolitische Gründe gewesen, die Augustus zu kriegerischen Unternehmungen veranlaßt haben. Dies gilt für die Expedition des Aelius Gallus, des Präfekten von Ägypten und Nachfolgers des gestürzten Cornelius Gallus. Sie richtete sich gegen *Arabia felix*, das Gebiet des heutigen Aden am Roten Meer, das für die Kontrolle des Indienhandels wichtig war (25–24 v. Chr.). Doch wurde hier nichts Dauerndes erreicht. Das gleiche gilt für den Vorstoß des C. Petronius nach Napata in Nubien (24–22 v. Chr.). Weit größere Bedeutung hatte jedoch der Ausgleich zwischen Rom und Parthien im Jahre 20 v. Chr. Damals hat Augustus auf dem Wege der Diplomatie die Rückgabe der in der Schlacht bei Carrhae (S. 188) verlorengegangenen römischen Feldzeichen und der Gefangenen erreicht, die immerhin 33 Jahre lang in parthischem Gewahrsam gewesen waren, eine Tat, die von den römischen Dichtern und Künstlern hoch gefeiert worden ist. Politisch viel wichtiger aber war die Errichtung eines römischen Protektorats über Armenien in dem gleichen Jahr (20 v. Chr.). Es ist Tiberius, der Stiefsohn des Prinzeps, gewesen, der einen armenischen Prinzen namens Tigranes (II.) zum König des Landes eingesetzt hat. Die armenische Frage hat übrigens auch weiterhin den Römern zu schaffen gemacht. So haben die Römer im Jahre 3/2 v. Chr. von dem neuen parthischen Großkönig Phraates V. – er war der Sohn des Phraates IV. und der Musa, einer Sklavin, die Augustus dem König geschenkt hatte – den förmlichen Verzicht auf Armenien verlangt. Dies ist jedoch erst im Jahre 1 v. Chr. durch den Enkel und Adoptivsohn des Augustus, C. Caesar, erreicht worden. Seit dieser Zeit bildete der Euphrat die Reichsgrenze im Osten, das Partherreich aber war von den Römern als gleichberechtigter Partner anerkannt. Armenien sollte von Augustus noch ein schweres persönliches Opfer fordern: C. Caesar, der im Jahre 2 n. Chr. dem armenischen König Ariobarzanes zur Hilfe geeilt war, wurde bei der Belagerung der Feste Artageira von einem Attentäter verwundet, er starb nach längerem Siechtum im Jahre 4 n. Chr. in dem lykischen Limyra. Ihm war sein jüngerer Bruder, L. Caesar, erst achtzehnjährig, im Tode vorangegangen (2 n. Chr.).

Die Kämpfe im Westen und Norden des Reiches: Bis zum Jahre 12 v. Chr. stehen die militärischen Aktionen an der Rheingrenze und in Gallien unter dem Zeichen des M. Vipsanius Agrippa. Sie dienen im wesentlichen der Befriedung der westlichen Provinzen, Galliens und auch Spaniens. In den Jahren von 27 bis 25 v. Chr. ist Augustus selbst in Spanien gewesen, in diese Zeit fällt eine schwere Erkrankung, die er in Tarraco durchzumachen hatte. Es gelang ihm jedoch nicht, die wilden Bergvölker im Nordwesten der iberischen Halbinsel, die Cantabrer und Asturer, vollständig niederzuwerfen, vielmehr hat Agrippa in den Jahren von 20 bis 19 v. Chr. nochmals Krieg gegen sie führen müssen. Ihren Abschluß fanden die Eroberungen durch die Gründung von Kolonien, von denen Bracara Augusta (Braga), Lucus Asturum (Lugo) und Asturica Augusta (Astorga) die wichtigsten waren. Zu den bisherigen Provinzen *Tarraconensis und Baetica* kam zwischen 16 und 13 v. Chr. als dritte *Lusitania*. In *Gallien* hat Augustus selbst im Jahre 27 v. Chr. die Organisation, verbunden mit einem Census, durchgeführt. Das Land galt, abgesehen von den Einbrüchen der Germanen an der Rheingrenze, als vollständig befriedet. Während die Narbonensis im Jahre 22 v. Chr. in die Verwaltung des Senats überging, wurde die Verwaltung des übrigen Galliens (*Gallia Comata*) in den Jahren von 16 bis 13 v. Chr. neu geregelt. Von nun an gab es drei Distrikte, *Aquitania, Lugdunensis* und *Belgica*, der Mittelpunkt des Herrscherkults von ganz Gallien aber war Lugdunum (Lyon). Hier errichtete im Jahre 12 v. Chr. Drusus, der Stiefsohn des Prinzeps, einen Altar der Roma und des Augustus.

Entscheidende Fortschritte sind unter der Regierung des Augustus an der *Nordgrenze Italiens* zu verzeichnen. Bisher waren die Römer im Hinblick auf die Verbindungen zwischen Oberitalien und Gallien mehr oder weniger von dem guten Willen der Alpenvölker abhängig gewesen, ein Zustand, den zwar Caesar noch geduldet hatte, der aber, je länger desto mehr, für ein großes Reich mit geordneter Verwaltung unhaltbar geworden war. Im Gebiet des Kl. St. Bernhard wohnte das streitbare Alpenvolk der Salasser. Auf Befehl des Augustus wurden die Salasser im Jahre 26 v. Chr. zum Teil verpflanzt, zum Teil ausgerottet, auf ihrem Gebiet wurde die Kolonie Augusta Praetoria (Aosta) angelegt (25 v. Chr.). Im östlichen Vorland Italiens wurde das Königreich Noricum (Oberösterreich, Kärnten, Krain) in der Form eines Klientelstaats in den Bereich des Imperium Romanum einbezogen. Im Gebiet der heutigen Schweiz und der Länder zwischen den Alpen und der oberen Donau wurde dagegen im Jahre 15 v. Chr. ein weitausgreifendes Angriffsunternehmen ins Werk gesetzt. Von Westen, von Gallien her vordringend, unterwarf Tiberius das Wallis *(Vallis Poenina)* und die Ostschweiz. Sein Bruder Drusus überquerte die Zentralalpen, wahrscheinlich über den Brennerpaß und den Seefelder Sattel, und stieß bis zur Donau vor. Tiberius besiegte die Vindeliker in einem Gefecht auf dem Bodensee; am 1. August 15 v. Chr. schlug er den gleichen Gegner entscheidend, angeblich in der Nähe der damals erst entdeckten Donauquelle. Härtere Kämpfe hatte Drusus in Raetien zu bestehen. Ob die Zerstörung des keltischen Oppidum Manching (bei Ingolstadt) mit der Expedition des Drusus in Verbindung zu bringen ist, ist bisher nicht mit Sicherheit zu sagen. Die Römer scheinen hier im Alpenvorland keineswegs die Donau-Grenze erstrebt zu haben. In Oberhausen bei Augsburg wurde ein römisches Legionslager errichtet. Als Vorort der neuen raetischen Provinz wurde Augsburg (*Augusta Vindelicum* oder *Vindelicorum*) gegründet, es wuchs bald zu einem blühenden Handelsplatz empor, der auch von den germanischen Nachbarvölkern, insbesondere den Hermunduren, gern besucht wurde. Mit der Errichtung eines antiken ‹Niederwalddenkmals› (E. Kornemann), der *Tropaea Augusti* (La Turbie bei Monaco) im Jahre 8/7 v. Chr., fand die Unterwerfung der Alpenvölker ihren symbolischen Abschluß. Die Inschrift von La Turbie enthält die Namen von nicht weniger als 46 Völkern. Die neu gewonnenen Gebiete wurden als prokuratorische Provinzen organisiert, es waren dies die Alpes Maritimae, die Alpes Cottiae (hier wurde ein Sohn des früheren Herrschers als Statthalter eingesetzt), die Alpes Poeninae und Raetia. Damit hatte Norditalien ein Vorfeld erhalten, das von den wichtigsten Verkehrsstraßen nach Gallien und an den Rhein durchzogen wurde. Auch im

Raum an der unteren Donau und selbst in dem Außenposten des bosporanischen Reiches am Schwarzen Meer wurde ein gewisser für Rom günstiger Abschluß erreicht. In den Jahren 29 und 28 v. Chr. hatte M. Licinius Crassus, der Enkel des Triumvirn, mit Glück gegen die Geten und Bastarner gekämpft. Seit dem Jahre 13 v. Chr. beginnen an der mittleren Donau die Kämpfe mit den wehrhaften Pannoniern, zunächst unter den Fahnen des M. Vinicius, dann aber unter M. Vipsanius Agrippa, zuletzt, seit 9 v. Chr., unter Tiberius. Die Römer drangen bis zur Drau (Dravus) vor. Die von ihnen unterworfenen Pannonier wurden der Provinz Illyricum zugeteilt, während Moesien südlich der Donau zunächst römischer Klientelstaat wurde. Im entlegenen bosporanischen Reich schuf Agrippa Ordnung. Er ernannte den König Polemon von Pontos zum Herrscher am kimmerischen Bosporos, das Reich war seitdem ein wichtiger römischer Klientelstaat, der für die Getreideversorgung des griechischen Raums von Bedeutung war.

Weniger von Glück begünstigt war die *germanische Politik* des ersten Prinzeps. Seit Caesars Tagen war der Rheinstrom die Grenze zwischen Gallien und dem freien Germanien. Doch wohnten auch westlich des Stroms germanische Stämme. So waren die Ubier auf ihren eigenen Wunsch von Agrippa im Jahre 38 v. Chr. auf das Westufer verpflanzt worden, und die Pfalz und das Elsaß hatten von Norden nach Süden die Stämme der Vangionen, Nemeter und Triboker inne. Größere Gefahren für das Imperium gab es an der Rheingrenze nicht, wohl aber suchten immer wieder germanische Stämme durch Raubzüge die angrenzenden Landschaften heim. Im Jahre 16 v. Chr. erlitten die Römer unter Lollius eine schwere Niederlage durch die germanischen Stämme der Usipeter, Tenkterer und Sugambrer *(clades Lolliana)*. Nach der Neuorganisation Galliens (16–13 v. Chr.) begannen im Jahre 12 v. Chr. die germanischen Feldzüge der Römer, die Leitung lag in den Händen des Drusus, des Stiefsohns des Prinzeps. Schon im ersten Jahre konnte er die Unterwerfung der Stämme der Frisen, Brukterer und Chauken entgegennehmen, damit befand sich das Mündungsgebiet der Ems und der Weser in römischen Händen. Vom Alten Rhein wurde ein Kanal in die Zuidersee *(lacus Flevo)* gezogen, man benötigte ihn für die Heranschaffung des Nachschubs. Bereits im Jahre 11 v. Chr. stießen die römischen Legionen bis zur Weser vor, und zwei Jahre später, 9 v. Chr., erreichten sie sogar die mittlere Elbe. Es war ein schwerer Verlust für das Imperium, daß Drusus infolge eines unglücklichen Sturzes vom Pferde im Sommerlager zwischen Saale und Rhein seinen Verletzungen erlag. Im germanischen Kommando erhielt er in seinem Bruder Tiberius einen Nachfolger. Dieser hat die von Drusus errungenen Erfolge vor allem mit den Mitteln der Diplomatie gesichert. Freilich war Germanien, das Land zwischen Rhein und Elbe, noch weit entfernt davon, eine römische Provinz zu sein, wenn dies auch die

Schmeichler des Tiberius behauptet haben. Die Römer hatten bisher nur einige Sommerfeldzüge in dem freien Germanien durchgeführt, im Winter aber war kein römischer Soldat auf germanischer Erde verblieben. Auch von Süden her haben die Römer den Hebel angesetzt. Hier hat sich L. Domitius Ahenobarbus (der Großvater des Kaisers Nero) nicht nur um die Neuansiedlung der Hermunduren im Bereich der mittleren Donau verdient gemacht, er hat auch einen Vorstoß nach Germanien unternommen und die Elbe (wohl im Bereich des ehemaligen Königreichs Sachsen) überschritten. In der Zeit um Christi Geburt war der römische Einfluß in Germanien immerhin so groß geworden, daß an dem neu errichteten Altar der Roma und des Augustus in der *Civitas Ubiorum* (Köln) die Söhne von germanischen Edlen als Priester schalteten. Frischer Wind kam in die Germanenpolitik, als Tiberius aus der selbstgewählten Verbannung in Rhodos zurückgekehrt war. Im Winter des Jahres 4–5 n. Chr. ist zum erstenmal ein römisches Heer auf germanischem Boden verblieben, es überwinterte im Gebiet der Lippe, und im Sommer des Jahres 5 n. Chr. wurde zu Lande die Elbe-Linie erreicht, während die Flotte sogar bis in die Gewässer von Jütland vorstieß. Die Römer hatten freilich in dem König der Markomannen und Sueben, Marbod *(Maroboduus)*, einen hartnäckigen Widersacher. Von Böhmen und Mähren, dem Zentrum seines Reiches, griff er nach Norden aus und machte sich insbesondere die germanischen Stämme östlich der Elbe untertan. Die Römer aber hatten die Absicht, Marbod durch eine doppelte Offensive, vom Rhein und von der mittleren Donau her, in die Zange zu nehmen. Doch wurde der Markomannenkönig durch den Ausbruch des *pannonischen Aufstands* (6–9 n. Chr.) gerettet. Das Zentrum dieser Bewegung, die, wie es scheint, auf die Aushebungen der Römer zurückzuführen ist, war Bosnien, der Führer der Pannonier war ein gewisser Bato. Die Römer beeilten sich, mit Marbod Frieden zu schließen; gegen die aufständischen Stämme aber mußten nicht weniger als 15 Legionen nebst zahlreichen Hilfstruppen eingesetzt werden. Es war vor allem das Verdienst des Tiberius, in methodischem Vorgehen den Aufstand niedergeworfen zu haben (Schlacht am Bathinus-Flusse = Bosna im Jahre 8 n. Chr.). Tiberius hat auch dem Gebiet an der mittleren Donau eine neue Organisation gegeben.

Nicht so erfolgreich waren die römischen Waffen zur gleichen Zeit auf germanischem Boden. Hier hatte im Jahre 7 n. Chr. P. Quinctilius Varus den Oberbefehl übernommen. Er entstammte einer der vornehmsten römischen Familien, die ihren Ursprung auf die Könige von Alba Longa zurückführte, außerdem war Varus der Gatte einer Enkelin der Octavia, der Schwester des Prinzeps. Die gegen Varus gerichteten Vorwürfe, insbesondere derjenige, er habe es an Verständnis für die Germanen fehlen lassen, und zwar vor allem durch die Einführung der römischen Rechtsprechung und Steuerordnung, fallen übrigens nicht ihm persönlich, sondern dem römischen System überhaupt zur Last, für das er nicht verantwortlich war. Im Sommer des Jahres 9 n. Chr. stand Varus mit drei Legionen (XVII, XVIII, XIX) in einem Sommerlager am linken Weserufer, vielleicht in der Nähe der *Porta Westfalica*. Gegen Ende des Herbstes machte er sich auf den Rückmarsch an den Rhein, um hier die festen Legionslager zu beziehen. Auf dem Rückweg wurden die Römer überfallen und in dreitägigen ununterbrochenen Kämpfen von den Germanen zum größten Teil niedergemacht. Angesichts der Niederlage hatte sich Varus selbst den Tod gegeben. Die Örtlichkeit der Varusschlacht – nach Tacitus (Annalen I 60) hat sie nicht weit vom ‹Teutoburger Wald› *(haud procul Teutoburgiensi saltu)* stattgefunden – ist bis zum heutigen Tage unbekannt. In Betracht kommen jedoch ernstlich nur drei Ansätze: die Lokalisation im Bereich des Wiehengebirges, vor allem wegen des Münzfundes von Barenau (der aber schwerlich mit der Schlacht in Verbindung gebracht werden kann, da sich in ihm auch Münzen des Tiberius befinden), der Ansatz im Osning oder in einem Teil des Osnings, dem Habichtswald, und schließlich die Lokalisation im offenen Westfalen, an der oberen oder mittleren Lippe. Der letzteren Lokalisierung hat sich E. Kornemann angeschlossen, doch vermutet er das Schlachtfeld noch näher am Rhein, im Lande der Brukterer. Der Sieger aber war Arminius, Sohn des Segimer, der Fürst der Cherusker. Er hatte eine große Koalition germanischer Stämme gegen die Römer zusammengebracht, ihr gehörten außer den Cheruskern die Brukterer, Chatten, Angrivarier, Marser und andere germanische Völker an. Die Niederlage des Varus ist mit dem Scheitern der Germanenpolitik des Augustus gleichbedeutend, der Plan des Prinzeps (wenn er je bestanden hat), die Elbe zur Grenze des Imperium zu machen, mußte aufgegeben werden. An der Stelle des Varus übernahm Tiberius den Oberbefehl am Rhein, von den germanischen Stämmen hielten nur die Bataver, Frisen und Chauken am römischen Bündnis fest. Im ganzen war das Ergebnis der Germanenpolitik für Augustus enttäuschend, fast 20 Jahre mühseliger Kämpfe und Feldzüge waren umsonst gewesen. Die Germanenpolitik des Augustus hatte im Verzicht geendet, über das von Caesar Erreichte war man, abgesehen von den Erwerbungen im Alpenvorland und in der Schweiz, nicht hinausgekommen.

Eine viel glücklichere Hand hatte der erste Prinzeps in der *Innenpolitik*. In sorgfältiger Auswahl hat er die Senatsliste neu zusammengestellt und die Zahl der Senatoren auf 600 festgesetzt. Für die Zugehörigkeit zum Senatorenstand war ein Zensus von 1 Million Sesterzen erforderlich, während für die Ritter der Zensus auf 400 000 Sesterzen festgesetzt wurde. Im großen und ganzen sind die beiden Stände den vielfachen Aufgaben durchaus gerecht geworden, allerdings waren die Zeiten, in denen der Senat die Reichsregierung führte, für immer vorüber. Wie sein Adoptivvater Caesar so hat auch Augustus versucht, das Leben der Bürger durch

Gesetze und Verordnungen zu regeln. Sie waren von unterschiedlicher Bedeutung. Dies gilt insbesondere von den Ehegesetzen des Augustus. Es sind dies die *lex Iulia de maritandis ordinibus,* die *lex Iulia de adulteriis,* beide wahrscheinlich im Jahre 18 v. Chr. erlassen, und die viel spätere *lex Papia Poppaea* (9 n. Chr.), diese eingebracht von zwei alten Hagestolzen. Die Gesetze ergriffen gegen Ehelose ganz rigorose Maßnahmen, sie erklärten diese für unfähig, Legate und Erbschaften Fernerstehender anzunehmen, während Kinderlose nur die Hälfte erben durften. Der Erfolg der Gesetze war übrigens mehr als fraglich. Das gleiche gilt auch für die *lex sumptuaria,* die der Prinzeps als Inhaber der *cura legum et morum* erlassen hat. Sie wurde zuerst umgangen, später geriet sie in Vergessenheit.

Sehr bedeutend sind die Leistungen des Augustus auf dem Gebiet des öffentlichen Bauwesens. Mit Recht konnte er von sich sagen, er habe eine Stadt aus Ziegeln *(urbs latericia)* übernommen und diese in eine Stadt aus Marmor verwandelt. Mit dem Prinzeps wetteiferten seine Freunde und Helfer, insbesondere M. Vipsanius Agrippa. Auf dem Palatin wurde die Residenz des Augustus errichtet *(domus Augustana),* zu Füßen des Capitols neben dem Forum Caesaris erhob sich ein neues Forum Augusti. Das monumentale *Mausoleum Augusti* war ein altitalischer Rundbau *(tumulus),* er wurde von einer Kolossalstatue des Augustus gekrönt. Vor dem Mausoleum wurde nach dem Tode des Prinzeps auf zwei ehernen Säulen sein ‹Leistungsbericht›, die *Res gestae divi Augusti,* angebracht. Abschriften davon haben sich im fernen Kleinasien, in Ancyra in Galatien, in Antiocheia und Apollonia in Pisidien, wiedergefunden. Der Friedensidee verleiht die *Ara Pacis,* errichtet in den Jahren von 13–9 v. Chr., einen erhabenen Ausdruck. Der Altar stand ursprünglich an der Via Flaminia, jetzt ist er neben dem Mausoleum wiederaufgestellt worden. Die Reliefs der *Ara Pacis* zeugen von dem hohen Stand der römischen Bildniskunst, mag man nun an die Darstellung der *Italia* als Mutter Erde oder an die Abbildung der Personen des augusteischen Hauses auf dem Prozessionsfries denken. Der Wissenschaft diente die Errichtung einer Bibliothek auf dem Palatin, eine andere wurde in der Säulenhalle der Octavia gebaut. Vorsteher der Palatinsbibliothek war der gelehrte C. Julius Hyginus. Mit zahlreichen Dichtern und Gelehrten stand Augustus in enger Verbindung. Sie haben den Prinzeps und sein Friedenswerk hoch gefeiert, Horaz in den Römeroden, Vergil in seiner Aeneis (das Werk ist nach dem Tode Vergils durch Augustus der Nachwelt erhalten worden). Im Auftrage des Augustus hat Horaz das *Carmen saeculare* für die Feier des Jahres 17 v. Chr. gedichtet, auch die römischen Elegien des Properz spiegeln ganz die Bestrebungen des Augustus wider. Der Prinzeps aber hat den Dichtern volle Freiheit gelassen, sie haben ihm dies auf ihre Weise zu danken gewußt.

Ein besonders schwieriges Problem des augusteischen Prinzipats war die Frage der *Nachfolge.* Augustus hat mit seinen Anordnungen keinen Zweifel darüber gelassen, daß ihn dieses Problem, je länger desto mehr, beschäftigt hat. Als Haupt der julischen Familie war er nicht gerade vom Glück begünstigt. Seine beiden ersten Ehen, diejenige mit Clodia, einer Stieftochter des Antonius, und die mit Scribonia, einer Verwandten des Sex. Pompejus, waren nur von kurzer Dauer, aus der zweiten Ehe stammte seine Tochter Julia. Seine dritte Gattin, Livia Drusilla, vorher die Frau des Ti. Claudius Nero, brachte ihre beiden Söhne aus der ersten Ehe, Tiberius und Drusus, mit ins Haus des Prinzeps. Mit seinen Schwiegersöhnen hatte Augustus wenig Glück. Die erste Ehe der Erbtochter Julia mit M. Marcellus, dem Neffen des Prinzeps, blieb kinderlos. Julia wurde nach Marcellus' Tode dem mehr als doppelt so alten M. Vipsanius Agrippa in die Ehe gegeben. Fünf Kinder gingen aus dieser Verbindung hervor, die beiden ältesten Söhne, C. Caesar und L. Caesar, wurden von Augustus sogleich adoptiert, sie starben aber früh, L. Caesar im Jahre 2 n. Chr., C. Caesar zwei Jahre später. Erst jetzt rückte Tiberius, der Stiefsohn des Augustus, in die erste Linie (sein Bruder Drusus war im Jahre 9 v. Chr. gestorben), er hatte sich nach Agrippas Tod (12 v. Chr.) von dessen Tochter Vipsania trennen und Julia heiraten müssen. Die Zwangsehe wurde durch die Schuld der Julia, aber auch des Augustus, der sie erzwungen hatte, unglücklich, Tiberius entwich nach Rhodos, wo er in selbstgewählter Verbannung lebte (6 v.–2 n. Chr.). Nach seiner Rückkehr wurde er von Augustus am 26. Juni 4 n. Chr. adoptiert, aber nicht er allein, sondern auch Agrippa Postumus, der jüngste Sohn des Agrippa und der Julia. Damit waren die beiden Prinzen als die künftigen Nachfolger designiert. Tiberius aber mußte seinerseits Germanicus, den Sohn seines verstorbenen Bruders Drusus, adoptieren. Die Fortdauer des Hauses des Augustus schien damit für zwei weitere Generationen gesichert. Gegenüber dem sittenlosen Treiben der Julia hatte der Prinzeps zunächst große Langmut walten lassen. Erst als sich die Tochter im Jahre 2 v. Chr. mit Jullus Antonius, dem Sohne des Triumvirn, einließ, war die Geduld des Augustus erschöpft. Julia wurde auf die Insel Pandateria an der campanischen Küste verbannt, sie überlebte ihren Vater nur kurze Zeit und hat Rom nie wieder gesehen. Die Härte des Augustus gegen sein eigenes Fleisch und Blut wird verständlich, wenn man weiß, daß seit dem Jahre 31 v. Chr. nicht weniger als vier Verschwörungen gegen sein Leben angezettelt worden waren, diejenige des Jullus Antonius war die letzte. In der Regel waren persönliche Motive die Triebfedern gewesen, aber es gab in Rom auch so manche Männer, die sich mit der neuen Ordnung, dem Prinzipat, nicht abfinden konnten. Es war ein Glück, nicht nur für Augustus, sondern auch für das Imperium, daß diese Anschläge nicht zum Ziel gelangten. Augustus aber starb, 75jährig, auf einer Reise im väterlichen Bett zu Nola in Campanien (19. August 14 n. Chr.). Er ist den Tod des stoischen Weisen gestorben. Wenn er seine

Freunde aufgefordert haben soll, ihm Beifall zu spenden, falls er das Schauspiel des Lebens *(mimus vitae)* gut zu Ende gespielt habe, so ist Augustus auch in dieser letzten Szene ein Stoiker, dem die Vorsehung die Rolle zugeteilt hatte, die er im Leben spielen mußte. Im übrigen weist der Charakter des Augustus vor allem eine Reihe von derb-italischen Zügen auf, er war eben ein ganzer Römer und Italiker, in keiner Weise angekränkelt von der verfeinerten Zivilisation des Hellenismus. In seiner Lebensführung äußerst einfach, dem Volk nahestehend durch seine Freude am Theater und an den Zirkusspielen, begabt mit einem handfesten italischen Aberglauben, aber entfernt von jeder Art von Mystik, war Augustus alles andere als ein blasser Theoretiker, vielmehr ganz dem praktischen Leben zugewandt. Das, was er geschaffen hat, in langsamem zähen Ringen mit mancherlei Widerständen, wird man einen autoritären Staat nennen dürfen. Aber dieser Staat war keineswegs fertig, als Augustus starb, die Richtung war jedoch vorgezeichnet und für die Kontinuität war gesorgt, soweit dies in der Macht des ersten Prinzeps gestanden hatte.

3. Die Nachfolger des Augustus aus dem julisch-claudischen Hause (14–68 n. Chr.)

Die Zeit der Kaiser aus dem julisch-claudischen Hause war für das Imperium Romanum im allgemeinen eine Friedenszeit. Die Nachfolger des Augustus haben sich im wesentlichen seinen Grundsatz zu eigen gemacht, der in der Bewahrung des Erworbenen bestanden hatte. Die einzige Ausnahme ist die Eroberung des südlichen Britannien durch Claudius. Für die innere Entwicklung ist die Kontinuierung des Prinzipats das Entscheidende. Dazu zeigen sich jedoch seit Caligula eine Reihe von hellenistischen Zügen, die dem frühen Prinzipat, den Regierungen des Augustus und Tiberius, durchaus fremd gewesen sind.

Augustus hatte die Nachfolge dadurch vorbereitet, daß er dem Tiberius im Jahre 13 n. Chr. ein *imperium proconsulare maius*, d. h. die Verfügung über das Heer und die Provinzen, übertragen ließ. Auch die *tribunicia potestas* des Tiberius wurde damals erneuert. Als der erste Prinzeps am 19. August 14 n. Chr. abberufen wurde, zeigte es sich, daß er sein Haus wohl bestellt hatte. Außer dem eigentlichen Testament, dessen letzte Niederschrift Augustus am 3. April 13 n. Chr. vorgenommen hatte, existierten noch drei weitere Schriftstücke: Angaben über sein Begräbnis *(mandata de funere)*, der Leistungsbericht *(res gestae)* und eine umfassende Übersicht über die Machtmittel des Reiches *(breviarium totius imperii)*. Als Erben waren Tiberius zu ²/₃, Livia, die Gattin des Augustus, zu ¹/₃ eingesetzt. Dennoch ergab sich ein eigenartiger Schwebezustand. Er ist auf die schwankende und zaudernde Natur des Tiberius zurückzuführen. Nahezu einen vollen Monat, vom 19. August bis zum 17. September 14 n. Chr., ließ Tiberius Senat und Volk im Ungewissen. Es kam sogar soweit, daß Tiberius im Senat darüber debattieren ließ, ob man nicht vielleicht das Prinzipat teilen solle – dies übrigens ein Zeichen dafür, daß das Prinzipat noch keineswegs seine endgültige Form gefunden hatte. Vorher aber war Agrippa Postumus, wohl auf einen hinterlassenen Geheimbefehl des Augustus, beseitigt worden. Die Tat fällt weder dem Tiberius noch der Livia zur Last. Tiberius, damals 54jährig, war eine sehr problematische Natur. So manches an seinem Wesen wird wohl für immer rätselhaft bleiben. Der Grundzug seines Charakters ist zweifellos eine altrömische *gravitas*, sie war jedoch ebensowenig zeitgemäß wie die Ablehnung alles griechischen Wesens, eine Eigenschaft, die Tiberius in eine Linie mit dem Älteren Cato stellt. Ganz besonders mißlich aber war es, daß Tiberius je länger desto mehr seine Gedanken vor der Außenwelt zu verbergen suchte, was der Anlaß für so manche schwerwiegenden Mißverständnisse geworden ist. Für die Annahme pathologischer Züge liegt aber kein Grund vor.

Tiberius, der neue Prinzeps, sah sich vor schwerwiegende Probleme gestellt. Um die Zeit seines Regierungsantritts brach eine Meuterei der Truppen in Pannonien und Germanien aus. Die germanischen Legionen versuchten, Germanicus, den Neffen und Adoptivsohn des Tiberius, zur Annahme des Prinzipats zu bewegen. Als Gründe für die Meuterei werden die Verlängerung der Dienstpflicht und zu geringer Sold angegeben. Dank der Besonnenheit des Germanicus und dank der geschickten Politik des nach Pannonien entsandten Drusus, des leiblichen Sohnes des Tiberius, konnten die Aufstände unterdrückt werden, nur die Rädelsführer wurden bestraft. Um das Heer am Rhein zu beschäftigen, befahl Tiberius die Wiederaufnahme des Angriffskriegs gegen die Germanen, jedoch mit begrenztem Ziel. Die Römer drangen im Jahre 14 entlang der Lippe in das freie Germanien ein, der Einfall wurde im folgenden Jahre wiederholt, während die Hauptmacht unter dem Befehl des Germanicus von Mainz aus gegen die Chatten operierte. Bei einem Streifzug in das Gebiet der Cherusker führten die Römer die Familie des Segestes, des Schwiegervaters des Arminius, und mit der Familie auch Thusnelda, die Gattin des Arminius, außer Landes. Der Hauptangriff aber wurde im Jahre 15 an der Ems vorgetragen. Von der Lippe aus besuchte Germanicus den Schauplatz der Varusschlacht; hier sorgte er für ein ehrenvolles Begräbnis der Gebeine der gefallenen Römer. Mit Arminius wurden die Waffen in einem unentschiedenen Treffen gekreuzt. Bei dem Feldzug des Jahres 16 wirkte eine römische Transportflotte mit, sie beförderte einen großen Teil des römischen Heeres (es bestand aus insgesamt acht Legionen und zahlreichen Auxilien) durch den Drususkanal und die damals nahezu geschlossene Zuidersee an der Nordseeküste entlang bis zur Emsmündung.

Von der Ems ging der Vormarsch zur mittleren Weser. Die Schlacht bei Idistaviso blieb unentschieden, auch in einem Treffen am Angrivarierwall errangen die Römer keinen Sieg, obwohl sich ihre Legionen (nicht aber die Reiterei) den Germanen überlegen gezeigt hatten (16 n. Chr.). Zwei weitere Feldzüge, gegen die Chatten unter der Leitung des Silius und gegen die Marser unter dem Befehl des Germanicus, waren nur Strafexpeditionen. Da schaltete sich der Prinzeps Tiberius ein: er berief Germanicus unter großen Ehren vom Kriegsschauplatz ab; man möge, so meinte er, die Germanen ihrer eigenen Zwietracht überlassen. Germanicus feierte am 26. Mai 17 n. Chr. einen glanzvollen Triumph über die «Cherusker, Chatten, Angrivarier und was sonst noch für Stämme bis zur Elbe hin wohnen». Arminius aber, im Felde unbesiegt, fiel, wahrscheinlich im Jahre 21, der Tücke seiner eigenen Verwandten zum Opfer, die ihn des Strebens nach der Königswürde bezichtigten.

Für die gallischen Provinzen war die Abberufung des Germanicus ein tiefer Einschnitt. Gallien war von nun an in drei Provinzen eingeteilt (Tres Galliae), mit je einem legatus Augusti pro praetore an der Spitze. Am Rhein aber wurden zwei große militärische Kommandos gebildet (exercitus superior et inferior). Die Grenze zwischen ihnen bildete der Vinxtbach (ad fines) bei Andernach.

Im Partherreich war der von den Römern begünstigte Vonones I. vertrieben worden, seinen Thron nahm Artabanos III. ein, der sich auch in Armenien durchzusetzen wußte. Diese Thronstreitigkeiten zwangen Tiberius, im Osten ein Machtwort zu sprechen. Er entsandte Germanicus mit einem imperium maius in den Orient (18 n. Chr.). Der Prinz bewies zunächst eine glückliche Hand; er setzte Zenon, den Sohn des pontischen Königs Polemon, unter dem Namen Artaxias auf den armenischen Thron. Die Wahl war vorzüglich, denn Artaxias hat sich immerhin 17 Jahre, bis zum Jahre 35, in Armenien behaupten können. Außerdem wurden die bisherigen Vasallenstaaten Kappadokien und Kommagene in römische Provinzen umgewandelt, womit eine Lücke im Osten geschlossen wurde. Weniger glücklich aber war Germanicus bei seinem Abstecher nach Ägypten. Er hatte hierfür nicht den notwendigen Dispens des Prinzeps eingeholt. Seine Edikte zeigen, daß ihm seine überragende Stellung zu Kopf gestiegen war. Trotzdem war es ein schwerer Verlust für die Dynastie und das Reich, daß Germanicus am 10. Oktober des Jahres 19 n. Chr. in Daphne, einer Vorstadt von Antiocheia, nach kurzer Krankheit verstarb. Der Senat beschloß für den toten Prinzen hohe Ehren, ein Teil von ihnen ist auf der Tafel von Magliano aufgezeichnet.

Als Germanicus im Orient weilte, war in Afrika ein Aufstand unter der Führung des Numiders Tacfarinas ausgebrochen (17–24 n. Chr.). Die Römer hatten größte Mühe, in dem Gebiet zwischen der Großen Syrte und Algier die Ordnung wiederherzustellen. Der Ruhm, den schwierigen

Kolonialkrieg beendet zu haben, gebührt dem Proconsul Q. Iunius Blaesus, dem Oheim des Sejan. Zur Belohnung wurde dem Blaesus die impera-
torische Akklamation zuteil, es ist die letzte, die ein Feldherr erhalten hat,
der nicht dem kaiserlichen Hause angehörte. Sein Nachfolger Cornelius
Dolabella, der den Endkampf gegen Tacfarinas geführt hatte, ging dagegen leer aus. Sehr viel weniger Schwierigkeiten bereiteten dem Tiberius
die Aufstandsbewegungen in Gallien, der Treverer unter Iulius Florus
und der Gallier unter Iulius Sacrovir in Augustodunum (Autun) im
Jahre 21.

Eine ganz entscheidende Rolle im Leben des zweiten Prinzeps hat
L. Aelius Sejanus gespielt, der Sproß einer etruskischen Ritterfamilie aus
Volsinii. Er war zunächst, gemeinsam mit seinem Vater L. Seius Strabo,
Befehlshaber der Prätorianer in Rom. Sejan ist es gewesen, der diese
Truppe aus den kleinen Städten der Albanerberge nach Rom in das neue
Prätorianerlager am Viminal verlegt hat. Die Herrschaft über die Hauptstadt lag damit praktisch in seinen Händen. Seine Stellung wurde noch
dadurch verstärkt, daß Tiberius, zunächst vorübergehend ein Jahr lang
(21–22), dann aber, von 26 an, dauernd auf Capri residierte (Nesiarchie
des Tiberius). In dem Kampf um die Macht zwischen Sejan und Drusus,
dem Sohn des Tiberius, erwies sich der Prätorianerpräfekt als der Stär-
kere. Drusus starb am 14. September 23, ob durch Gift, ist nicht zu entscheiden. Der rücksichtslose Streber Sejan gelangte schließlich sogar zum
Consulat (31). Durch seine Verlobung mit Julia, der Enkelin des Tiberius,
fand er Eingang in die Familie des Prinzeps. Bereits im Besitz des *imperium proconsulare* entbehrte Sejan nur noch die *tribunicia potestas*, und
er wäre offizieller Mitregent des Tiberius gewesen! Durch Antonia Minor
und durch Männer aus dem Kreise des Sejan gewarnt, hat Tiberius noch
einmal eine bemerkenswerte Energie an den Tag gelegt, Sejan wurde in
einer Senatssitzung vom 18. Oktober 31 zum Tode verurteilt und alsbald
hingerichtet. Durch die Regierung des Tiberius zieht sich wie ein roter
Faden eine ganze Kette von *Majestätsprozessen*. Sie belasten den Prinzeps
schwer, und es bleibt für immer der Vorwurf, daß Tiberius dem Eifer der
Delatoren in keiner Weise entgegengetreten ist. Tiberius hat hier die
Pflichten seines Herrschertums in folgenschwerer Weise versäumt, er hat
dadurch das Prinzipat mit einer Hypothek belastet, an der auch seine
Nachfolger schwer zu tragen hatten. Die Tragik des Tiberius besteht darin, daß er zwar vom besten Willen beseelt war, ein gerechter Herrscher
zu sein, daß aber gerade der Ausgang seiner Regierung eine Zeit schwerer
Verfolgungen für den Senatorenstand gewesen ist. Gerade Tiberius hatte
sich bemüht, dem Senat einen Anteil an der Regierung zu geben. Die
Mühe war umsonst gewesen, denn die hohe Körperschaft war nicht mehr
imstande, die ihr zugedachte Rolle zu übernehmen, sie überschlug sich, je
länger desto mehr, in vollendeter Servilität. Auch die lange Abwesenheit

des Prinzeps von der Hauptstadt war einer geordneten Regierung sehr hinderlich. Gegen Ende seines Lebens aber hatte Tiberius nahezu alles Interesse an der Regierung verloren, er pflegte keine Offiziere mehr zu ernennen, auch die Ergänzung des Ritterstandes war ihm gleichgültig geworden. Beim Tode des Prinzeps Tiberius (er starb am 16. März 37 in der ehemaligen Villa des Lucullus in Misenum) machte sich in Rom das Gefühl der Befreiung von einem wahren Alpdruck in spontaner Weise Luft, ähnlich wie in Preußen beim Tode Friedrichs d. Gr. im Jahre 1786. Das Imperium aber stand wohlgeordnet, nach außen gesichert gegen jeden Angriff. Im ganzen hatte das Prinzipat seine Belastungsprobe bestanden, das Volk hatte sich mit ihm abgefunden, Senat und Ritterschaft hatten sich ihm untergeordnet.

Als Nachfolger des Tiberius kam zunächst nur der einzige noch lebende Sohn des Germanicus in Betracht, Gaius Caesar, im Volksmund *Caligula* ('der kleine Kommißstiefel') genannt. Als er am 28. März 37 feierlich in Rom einzog, umfing ihn allgemeiner Jubel, doch schlug diese Stimmung bald in das Gegenteil um. Tiberius hatte sich von seinem Großneffen nichts Gutes versehen. Daß dieses Gefühl nicht getrogen hatte, sollte sich nur zu bald erweisen. Caligula zeigte sich zunächst sehr großzügig, das Geld des Staatsschatzes warf er mit vollen Händen hinaus, es gab zahlreiche Begnadigungen und Steuernachlässe verschiedenster Art. Der entscheidende Fehler des neuen Prinzeps aber war, daß er gar nicht daran dachte, sein Herrschertum als Verpflichtung aufzufassen, er war vielmehr ein Autokrat reinsten Wassers. Dabei muß offenbleiben, ob nicht gewisse schizophrene Züge seines Charakters für sein Verhalten maßgebend gewesen sind. Sein übersteigertes Selbstgefühl veranlaßte ihn dazu, nicht nur die göttliche Verehrung seiner eigenen Person, sondern auch die seiner Schwestern, vor allem der von ihm abgöttisch geliebten Drusilla, zu verlangen. Dazu enthüllte er in taktloser Weise die militärischen Grundlagen des Prinzipats. Er ließ sich *filius castrorum* und sogar *pater exercituum* nennen, er prägte Münzen mit den vier Adlern der Prätorianerkohorten und der Legende *adlocutio cohortium.* In den höheren Ständen wuchs die Unsicherheit, Senatoren und Ritter sahen sich von Verhaftungen, Konfiskationen und Hinrichtungen bedroht, so daß Verschwörungen gegen das Leben des Prinzeps nicht ausblieben. Das Komplott des Legaten von Obergermanien *(exercitus superior)* Cornelius Lentulus Gaetulicus wurde entdeckt, die Verschwörer mußten sterben, zwei Schwestern des Caligula, Julia Agrippina und Julia Livilla, wurden als Mitwisserinnen verbannt. Am 24. Januar 41 fiel Caligula als das Opfer einer anderen Verschwörung in Rom, deren Haupt L. Annius Vinicianus gewesen war.

Die Regierung des Caligula (37–41) hatte gezeigt, daß der Senat völlig hilflos einem Autokraten ausgeliefert war, solange dieser auf das Heer und insbesondere auf die Prätorianer zählen konnte. Außerdem hatte sich der Senat in sehr würdelosen Szenen vor dem Prinzeps gedemütigt. Das Ergebnis der knapp vierjährigen Regierung des Caligula war geradezu niederschmetternd. Der Staatsschatz des Tiberius war leer, die Bevölkerung Roms nagte am Hungertuch, und auch im Reich hatte der junge Prinzeps so manches Unheil angerichtet. Sehr zum Schaden des Imperiums hatte er verschiedene Provinzen in Klientelfürstentümer zurückverwandelt. Den Kindern des thrakischen Fürsten Kotys hatte er die Länder Thrakien, Pontos, das bosporanische Reich und Kleinarmenien gegeben, in Judäa hatte er Agrippa, einen Enkel des Herodes, zum König eingesetzt. Mit den Juden aber hatte er sich völlig überworfen; wir wundern uns nicht, wenn der jüdische Historiker Flavius Josephus die Ermordung des Caligula geradezu als Strafe Gottes an einem Verfolger der Juden bezeichnet hat. Den König Ptolemaios von Mauretanien hatte Caligula umbringen lassen, um sich in den Besitz seines Reiches zu setzen.

Die Ermordung Caligulas war eine Schicksalsstunde des römischen Prinzipats. Die amtierenden Consuln, Cn. Sentius Saturninus und Q. Pomponius Secundus, waren für die Wiederherstellung der *res publica libera*, andere Senatoren, und zwar die Mehrzahl, waren für die Einsetzung eines Prinzeps aus einem anderen Hause als dem julischen. Doch die Prätorianer hatten als Kaisermacher ihre Wahl bereits getroffen: sie war auf den nahezu fünfzigjährigen Oheim des Caligula mit Namen *Claudius* gefallen. Claudius galt als Sonderling, er hatte eine ganz untergeordnete Rolle am Hofe gespielt. Nachdem ihn die Prätorianer als Imperator begrüßt hatten, wurde er am 25. Januar 41 vom Senat als Prinzeps anerkannt. Den Prätorianern spendete er ein reiches Geldgeschenk *(donativum)*, es war das erste, das ein Kaiser bei seiner Thronbesteigung in Rom gegeben hat. Claudius war ein Sohn des Drusus, des Stiefsohns des Augustus, und ein Bruder des Germanicus. Er nannte sich Ti. Claudius Caesar Augustus Germanicus. Seine 13jährige Regierung (41–54) war im ganzen ein Segen für das Reich. Eine besondere Neigung hatte der neue Prinzeps für die Rechtsprechung, auch für die Verwaltung des Imperiums zeigte er ein hohes Interesse, doch ist es unbekannt, wieweit die Entscheidungen im einzelnen auf ihn selbst oder aber auf seine Ratgeber zurückzuführen sind. Nach hellenistischen Vorbildern errichtete Claudius eine Art von Kabinettsregierung, die Geschäfte überließ er Freigelassenen, von denen der Kabinettssekretär *(ab epistulis)* Narcissus und der Finanzbeauftragte *(a rationibus)* Pallas die bedeutendsten waren. Ganz verhängnisvoll aber war die Abhängigkeit des Claudius von seinen Frauen; er war viermal verheiratet, die schlimmste war Valeria Messalina. Sie wurde von Narcissus aus dem Wege geräumt, als sie durch ihre Verbindung mit C. Silius eine Gefahr für das Leben des Prinzeps und für den Staat zu werden drohte (48 n. Chr.). Ihre Nachfolgerin wurde Julia Agrippina, die Tochter des Germanicus, die Nichte des Prinzeps. Sie beherrschte ihren

Gatten vollständig und trat bald als Mitregentin auch nach außen hin in Erscheinung. Das Ziel der ehrgeizigen Agrippina war es, ihrem eigenen Sohn aus erster Ehe, Nero, die Nachfolge auf den Thron zu sichern. Während der Sohn des Claudius und der Messalina, Tiberius Claudius Germanicus (später Britannicus genannt), in den Hintergrund gedrängt wurde, häufte man alle möglichen Ehren auf Nero: er wurde, erst 13jährig, zum Consul designiert (51 n. Chr.), dazu erhielt er das *imperium proconsulare* und fand Eingang in die vier höchsten Priesterkollegien. Einen wertvollen Helfer ihrer Pläne hatte die Kaiserin in dem Prätorianer-präfekten Afranius Burrus; der Kampf des Narcissus für den Sohn des Claudius und der Messalina blieb ohne Erfolg. Um ganz sicher zu gehen, ließ Agrippina ihren Gatten, den Prinzeps, durch Gift aus dem Wege räumen. Sie bediente sich dabei der Hilfe eines griechischen Arztes, des Stertinius Xenophon aus Kos. Claudius starb am 13. Oktober 54 n. Chr. im Alter von 63 Jahren.

Auch in der *Außenpolitik* war für Claudius der erste Prinzeps, Augustus, das leuchtende Vorbild. Wie dieser so hat auch Claudius eine im wesentlichen defensive Politik verfolgt. Nur in *einem* Punkt ist er über das von Augustus Erreichte hinausgegangen: es ist die Eroberung des südlichen Britannien, die im Jahre 43 beginnt. Nicht weniger als vier Legionen nebst den entsprechenden Hilfstruppen wurden jenseits des Kanals eingesetzt. Schon im ersten Jahre fiel Camulodunum (Colchester), worauf der Prinzeps dem Lande einen sehr kurzen Besuch abstattete und in Rom einen feierlichen Triumph beging (44). Im übrigen sind die römischen Heere nicht weit über die Themse nach Norden vorgedrungen, erst unter Nero wurde die Grenze der römischen Provinz etwa auf die Linie Deva (Chester) – Lindum (Lincoln) in Mittelengland vorgeschoben. Auf seine Eroberung war Claudius sehr stolz, Inschriften sprechen davon, daß er nicht weniger als 11 britannische Könige bezwungen habe. Auch in Mauretanien, am anderen Ende der römischen Welt, mußte Claudius, hier ganz gegen seinen Willen, einen Krieg führen, der bereits unter Caligula begonnen hatte.

Zum erstenmal hat ein römisches Heer (unter der Führung des C. Suetonius Paulinus) das Atlasgebirge überschritten und ist bis zum Flusse Gir vorgedrungen (41). In den Jahren 44 und 45 kämpften die Römer hier unter dem Kommando des späteren Kaisers Galba. Größere Veränderungen gab es auch an der *Donaugrenze*. Hier hat Claudius den Klientelstaat Noricum in eine Provinz umgewandelt. Die Städte der neuen Provinz zeigen eine fortschreitende Romanisierung. Für den italischen Handel, insbesondere von Aquileja aus, bot die Provinz Noricum ein weites Hinterland. Italische Kaufleute fanden den Weg über die mittlere Donau bis tief hinein in das freie Germanien. Auch an der unteren Donau wurde reiner Tisch gemacht. Nach der Umwandlung des Vasallenstaates

Thrakien in eine römische Provinz (44) gehörte alles Land südlich der Donau unmittelbar zum Imperium. Die Provinzen Achaia und Macedonia kamen in die Verwaltung des Senats, während Mösien eine kaiserliche Provinz wurde. Die Ruhe an der unteren Donau war jedoch nur eine vorübergehende Erscheinung; in dem weiten Gebiet zwischen den Karpaten und dem Don waren lebhafte Völkerbewegungen im Gange, die bald auch das Imperium in Mitleidenschaft ziehen sollten. In Germanien erscheint seit Claudius als Zentrum der Reichsverteidigung die Stadt Mainz *(Mogontiacum)*. Hier hatte schon Caligula ein Vorfeld am Taunus geschaffen (Kastell Hofheim). In der Zeit des Claudius kam es zu Kämpfen mit den Chatten, sie überrannten die römischen Außenposten und mußten von Pomponius Secundus zurückgewiesen werden (50).

Auf dem Gebiet der inneren Politik hat die Regierung des Claudius beachtenswerte Erfolge aufzuweisen. Die Majestätsprozesse wurden nicht wieder aufgenommen, in der Verwaltung wurde eine schärfere Trennung zwischen dem Prinzeps und dem Senat angestrebt. Mit der Verleihung des römischen Bürgerrechts war der Prinzeps nicht kleinlich; so erhielten die Gallier, zuerst die Häduer, im Jahre 48 sogar das *ius honorum*. Die Rede des Prinzeps ist auf einer Bronzetafel von Lyon erhalten, sie ist ein hervorragendes Zeugnis für den Stil und die gelegentlich etwas verschrobenen Gedankengänge des Claudius. Auch im Sakralwesen fühlte sich Claudius als Nachfolger des Augustus. Er begründete das Kollegium der 60 Haruspices. Am 21. April 47 beging er in feierlicher Form den 800. Gründungstag der Stadt Rom. Gegenüber den fremden Kulten war er sehr mißtrauisch. So ließ er die Juden aus Rom ausweisen, in Gallien untersagte er den Druidenkult mit seinen grausigen Menschenopfern. Auch die Chaldäer mußten aus Rom verschwinden. Im ganzen war seine Regierung für die Hauptstadt und für das Imperium eine der besten, die es im frühen Prinzipat überhaupt gegeben hat. Daß er an der Regierung einen Anteil hatte, zeigt der Stil von nicht wenigen seiner Edikte und Reskripte. So trägt das Schreiben an die Alexandriner, die er wegen der Judenunruhen zur Ordnung ruft, einen ausgesprochen persönlichen Charakter. Claudius war ein wohlwollender Prinzeps, er kannte aber auch die Grenzen, die dem Wohlwollen eines jeden Herrschers gesetzt sind. Das in den antiken Quellen, vor allem von Sueton und erst recht das von Seneca in der ‹Apocolocyntosis› entworfene Bild des Kaisers bedarf starker Korrekturen. Viel richtiger hat der erste Prinzeps, der Kaiser Augustus, den jungen Claudius beurteilt: wenn er auch ungeschickt sei, so trete doch in den wesentlichen Dingen der Adel seiner Seele klar zutage.

Mit dem Regierungsantritt des *Nero* (13. Oktober 54) beginnt eine neue Zeit. Der noch nicht ganz 17jährige Sohn des Cn. Domitius Ahenobarbus und der Julia Agrippina, der Tochter des Germanicus, war dank der geschickten Regie seiner Mutter ohne Schwierigkeit von den Prätorianern als Imperator und vom Senat als Prinzeps anerkannt worden. In Seneca und Afranius Burrus verfügte er über zwei hervorragende Ratgeber. Sie haben aus den ersten fünf Jahren seiner Regierung ein ausgesprochen glückliches Zeitalter gemacht. Der Ehrgeiz seiner Mutter Agrippina erwies sich als höchst unheilvoll, der Kampf um die Macht zwischen Mutter und Sohn führte im Jahre 59 zu einer der schaurigsten Untaten der ganzen römischen Kaisergeschichte: nachdem ein vorgetäuschter Schiffsunfall nicht zum Ziel geführt hatte, ließ Nero seine Mutter ermorden. Drei Jahre später (62) folgte der Sturz der Kaiserin Octavia, der Tochter des Claudius und der Messalina. Ihr Leidensweg führte über die Scheidung von Nero zur Verbannung und Hinrichtung, weil sie der Geliebten des Prinzeps, Poppaea Sabina, im Wege gestanden hatte. Auch diese Frau ist ihres Sieges nicht froh geworden, denn sie starb schon im Jahre 65, ihre Ehe mit dem Prinzeps war kinderlos geblieben (eine Tochter war in frühester Jugend verstorben). Seinen Rivalen Britannicus, den Sohn des Claudius, hatte Nero bereits zu Beginn des Jahres 55 vergiften lassen.

Im Jahre 62 war Afranius Burrus an einer qualvollen Krankheit gestorben, der Einfluß des Seneca auf Nero wurde immer schwächer. Nero geriet in das Fahrwasser des Ofonius Tigellinus, des neuen Präfekten der Prätorianer, der den wenig vornehmen Passionen des Prinzeps in jeder Weise Vorschub leistete, um den jungen Herrscher um so besser lenken zu können. Nero warf das Geld mit vollen Händen zum Fenster hinaus, die städtische Plebs wurde mit Zirkusspielen bei guter Laune gehalten. In der Staatskasse herrschte Ebbe; bald mußte man zu dem zweischneidigen Mittel der Münzverschlechterung Zuflucht nehmen, der Gehalt an Edelmetall wurde herabgesetzt, anstatt 40 Goldstücken wurden jetzt 45, anstatt 84 Denaren jetzt 96 pro Pfund geprägt.

In der Nacht vom 18. zum 19. Juli 64 brach in Rom ein verheerender Brand aus, er wütete sechs Tage und, nach kurzer Pause, noch weitere drei Tage. Von den 14 Regionen der Urbs waren sieben vollständig zerstört, drei weitere teilweise in Asche gelegt. Daß Nero selbst den Brand angestiftet hätte, ist eine Legende. Sie wird nicht zuletzt auch dadurch widerlegt, daß die Nacht vom 18. auf den 19. Juli eine Vollmondnacht gewesen ist. Doch kam die Feuersbrunst dem Prinzeps nicht ungelegen, da er nun Raum hatte, um seine gigantischen Baupläne in der Stadt ausführen zu können. Dies gilt insbesondere für die *Domus aurea*, einen riesigen Gebäudekomplex in der Senke zwischen dem Caelius und dem Esquilin. Da man dem Prinzeps seit seinem Muttermord alles zutraute, bezichtigte Nero, um den Verdacht von sich abzulenken, die Christen, den Brand angelegt zu haben. Der Name der Christen erscheint hier zum erstenmal in der antiken Überlieferung. Die Menge warf ihnen vor allem ‹Haß gegen das Menschengeschlecht› *(odium generis humani)* vor – ein massiver Vorwurf, der durch die zurückgezogene Haltung der Christen erklärt wird. Zahlreiche Christen wurden in grausamer Weise hingerichtet, sie wurden verbrannt oder von wilden Tieren im Zirkus zerfleischt. Die Zahl der Opfer war groß, auch die Apostel Petrus und Paulus sind wahrscheinlich in dieser Verfolgung umgekommen.

Inzwischen hatte sich in Rom eine Opposition unter der Nobilität und unter den Offizieren der Prätorianer zusammengefunden. Das Haupt der Verschwörung war C. Calpurnius Piso, die Verschwörer hatten die Absicht, den Prinzeps bei den Spielen zu Ehren der Göttin Ceres im April 65 umzubringen. Nero wurde aber gewarnt, die ersten unter den Verhafteten verrieten unter der Folter eine Anzahl von Mitwissern, auch die Namen des Seneca und Piso. Während einige der Verschwörer unter dem Beil des Henkers sterben mußten, wurden andere, auch Seneca, zum Selbstmord gezwungen. Piso hatte sich selbst den Tod gegeben. Andere Beteiligte wurden nur mit Verbannung bestraft. Trotz der geringen Zahl der Opfer war die pisonische Verschwörung ein tiefer Einschnitt in dem Prinzipat Neros. Der Zorn des Kaisers richtete sich auch gegen die Stoikeropposition. Musonius Rufus wurde auf die öde Insel Gyaros verbannt, Thrasea Paetus in den Tod getrieben, ebenso der ehemalige Prokonsul von Asia, Barea Soranus, und seine Frau; diese hatte angeblich die Astrologen nach dem Schicksal des Prinzeps befragt, eine Tat, die als ein todeswürdiges Verbrechen galt. Im Jahre 66 wurde in Benevent eine andere Verschwörung, die des Annius Vinicianus *(coniuratio Viniciana)*, aufgedeckt. Vinicianus war der Schwiegersohn des gefeierten Feldherrn Cn. Domitius Corbulo. Von nun an lebte Nero in ständiger Angst, auch vor seiner Generalität. So ließ er die beiden Oberkommandierenden der Heere an der Rheingrenze, Scribonius Rufus und Scribonius Proculus, nach Griechenland zu sich kommen. Hier wurden sie zum Selbstmord gezwungen. Das gleiche Schicksal ereilte auch Domitius Corbulo (67). Im Volk erfreute sich Nero dagegen nach wie vor größter Beliebtheit. Inschriften aus dem Osten feiern ihn als den «Retter des Erdkreises» *(sōtēr tēs oikūmēnēs)*, er wurde mit Herakles und vor allem mit Apollo, dem Schutzpatron der Musen, gleichgesetzt. Die von Nero getragene Strahlenkrone erinnert an die Identifizierung des Prinzeps mit dem Gott Helios. Es war der Gipfel der Apotheose des lebenden Herrschers, als der Prinz Tiridates im Jahre 66 die Krone Armeniens aus der Hand Neros entgegennahm. Er erwies dem Kaiser die Proskynese und nannte ihn Mithras. Eine Huldigung für den Prinzeps ist auch die große Nerosäule von Mainz, die man geradezu als einen ‹Hymnus aus Stein auf den Kaiser› bezeichnet hat.

Im September 66 begab sich Nero auf eine Kunstreise nach Griechenland, begleitet von einer großen Schar von *Augustiani*, jungen Männern, die von seiner Kunst begeistert waren, und von den Prätorianern unter Tigellinus. An verschiedenen Orten trat Nero als Kitharöde auf wie z. B.

bei den aktischen Spielen zu Ehren des Augustus. Am 28. November des Jahres 67 erklärte Nero die Griechen für frei und ledig aller Abgaben. Seine Rede verewigt eine Inschrift von Akraiphia in Böotien. Der Senat, der auf die Provinz Achaia verzichten mußte, wurde mit Sardinien abgefunden. Im Herbst des Jahres 67 hatte Nero die Arbeiten an der Durchstechung der Landenge von Korinth mit dem ersten Spatenstich eröffnet. (Das Unternehmen ist dann durch die Ereignisse des Jahres 68 ins Stocken geraten und schließlich eingestellt worden.) Auf das Ersuchen seines Freigelassenen Heliokles mußte sich der Prinzeps zu Beginn des Jahres 68 zur Rückreise nach Rom bequemen, über Neapel kehrte er in die Hauptstadt zurück. Mehr als 1800 Siegeskränze hat Nero hier dem palatinischen Apollo, dem Beschützer der Musen, dargebracht. Als der Prinzeps im März 68 wieder in Neapel weilte, erreichte ihn die Nachricht, daß C. Iulius Vindex, der Statthalter der Gallia Lugdunensis, sich von ihm losgesagt habe. Servius Sulpicius Galba, der Legat des Diesseitigen Spanien, sowie die Statthalter von Lusitanien und Africa folgten seinem Beispiel. Zu einem rettenden Entschluß vermochte sich Nero nicht durchzuringen, überhaupt macht er in jenen Tagen den Eindruck eines völlig gebrochenen Mannes. Die Bevölkerung Roms wurde wegen des Ausbleibens der Getreideschiffe rebellisch, der Prinzeps sah sich von allen verlassen, auch von den Prätorianern. Der Präfekt Nymphidius Sabinus nahm sie durch ein Geldgeschenk *(donativum)* für Galba in Sold. Als der Senat den Prinzeps zum *hostis* erklärt hatte, blieb Nero nur noch der Selbstmord übrig (9. Juni 68). Im römischen Volk war Nero jedoch unvergessen, er galt als der große Freund der Plebs, die er mit der Devise «Panem et circenses» für sich gewonnen hatte. Noch auf den Contorniaten-Münzen des 4. Jh. n. Chr. erscheint der Kopf Neros.

So ruinös sich Neros Herrschaft in Rom ausgewirkt hat – in seiner Außenpolitik ist ein großzügiger Plan unverkennbar. Dabei muß es jedoch in der Schwebe bleiben, ob die außenpolitischen Pläne auf seine engsten Ratgeber, insbesondere auf Seneca und Burrus, zurückzuführen sind. Wieder war Armenien der neuralgische Punkt, hier kreuzte sich der Einfluß des Imperiums mit dem des Partherreiches. In der Person des Cn. Domitius Corbulo verfügte Rom über einen hervorragenden Feldherrn, dem die Neuordnung der Angelegenheiten des Orients zu verdanken ist. Nachdem die Römer zunächst den Prinzen Tigranes, einen Urenkel des Herodes von Judäa, zum armenischen König eingesetzt hatten (59), gewannen die Parther wieder die Oberhand (61), Tigranes mußte dem Tiridates, dem Bruder des Partherkönigs Vologaeses I., in Armenien weichen. Im Jahre 63 waren beide Großmächte zu einem Kompromiß bereit: Armenien wurde ein römischer Vasallenstaat unter einer parthischen Dynastie, Tiridates kam nach Rom und wurde hier von Nero in feierlicher Form mit dem Diadem gekrönt (66).

Bereits im Jahre 64 war auch das Königreich Pontos am Schwarzen Meer eine römische Provinz geworden. Mit den Hyrkanern am Kaspischen Meer schlossen die Römer ein Bündnis, ein Feldzug gegen die Albaner im Kaukasus war geplant. Es ist durchaus möglich, daß hierbei handelspolitische Erwägungen im Hintergrund gestanden haben, vielleicht haben die Römer versucht, Anschluß an die vom Südende des Kaspischen Meeres nach Baktrien an den Oxus verlaufende Seidenstraße zu gewinnen. Auch eine Expedition nach Äthiopien hat Nero beabsichtigt. Ein Kommando von Prätorianern begab sich nilaufwärts, es sollte den Weg von Syene an der Südgrenze Ägyptens nach Meroë feststellen. Ob dieses Unternehmen mit der Förderung des Indienhandels durch Nero in Verbindung zu bringen ist, bleibt jedoch zweifelhaft.

Weit mehr als nur lokale Bedeutung hatte der im Jahre 66 in Palästina ausgebrochene jüdische Aufstand. Er entstand in Cäsarea, wo die Juden mit den Syrern und Griechen in Konflikt lagen. Von Cäsarea aus verbreitete sich die Bewegung im ganzen jüdischen Lande, der römische Statthalter von Syrien, C. Cestius Gallus, mußte von den Aufständischen eine Niederlage hinnehmen. Nero wußte sich nicht anders zu helfen, als daß er T. Flavius Vespasianus ein außerordentliches Kommando übertrug und ihn nach Palästina sandte. Drei Legionen und zahlreiche Auxilien kamen hier zum Einsatz. An die Stelle des Cestius Gallus trat C. Licinius Mucianus, ein hervorragender Diplomat, mit Vespasian eng befreundet. Die Befriedung des Landes machte nun schnelle Fortschritte, im Sommer 68 war Jerusalem eingekreist, die Belagerung der Stadt stand bevor, da traf die Nachricht vom Tode Neros ein.

Mit dem Tode des Kaisers Nero endet die julisch-claudische Dynastie, von den Nachkommen des Augustus lebte niemand mehr. Auch noch in anderer Hinsicht ist Neros Tod ein tiefer Einschnitt: die alte aristokratische Führerschicht, die Trägerin des Staates und der Verwaltung seit den Tagen des Augustus, hatte abgewirtschaftet. Zu viele hatten sich durch ihre Servilität vor Nero kompromittiert, andere, und gerade die besten, hatten ihren Widerstand mit Hinrichtung und Verbannung büßen müssen. Es erhob sich die Frage, ob die römische Führungsschicht noch imstande war, jene Kräfte zur Verfügung zu stellen, die das Reich zu seiner Regierung bedurfte. Für das Volk und die Provinzen war das Zeitalter der Kaiser aus dem julisch-claudischen Hause eine Zeit des Wohlstands und der Ruhe. Ganz besonders gilt dies von den Regierungen des Tiberius, des Claudius und von den ersten Jahren Neros. Die Idee des Prinzipats hatte die notwendige Zeit gefunden, im Denken der Zeitgenossen Wurzeln zu schlagen, selbst ein Autokrat wie Caligula und eine nicht weniger pathologische Figur wie Nero hatten die Idee des Prinzipats nicht zugrunde richten können, zu sehr war noch immer die Erinnerung an die schaurige Zeit der Bürgerkriege mit ihrem Blutvergießen lebendig. Bedenklich war freilich das Fehlen einer eigenen Initiative bei der höchsten Körperschaft des Reiches, dem römischen Senat. Der Senat hatte die Verbindung mit dem Heer, insbesondere auch mit den Prätorianern, verloren. Gerade das Militär aber war zu einer eigenen Größe im Imperium herangewachsen, sein Gewicht fiel bei allen Entscheidungen, insbesondere bei solchen hochpolitischer Natur, schwer in die Waagschale. Ein neuer Aspekt war die fortschreitende Provinzialisierung der Legionen und Auxilien, ein Vorgang, der das Eigengewicht der Provinzen, vor allem der Länder an der Rhein- und Donaugrenze, aber auch der Gebiete im Orient, beträchtlich erhöht hat. Zwischen Rom und den Provinzen ergaben sich mancherlei Spannungen, sie treten in den Vorgängen nach Neros Tod klar zutage. Im übrigen aber hat das Imperium kaum jemals so viele weit über dem Durchschnitt stehende militärische Führer gesehen wie in den Jahren nach Neros Tod. Es ist dies eine Erscheinung, die zum Vorrang des Militärs entscheidend beigetragen hat. Schließlich sind die Kämpfe um die Nachfolge des letzten Claudiers nur verständlich, wenn man weiß, daß die Sicherheit des Reiches von außen niemals bedroht gewesen ist. Das Imperium Romanum war zu einem Weltreich geworden, dessen Grenzen mit den Enden der zivilisierten Welt nahezu zusammenfielen. Und weit über die Stromgrenzen hinaus erstreckte sich der Einfluß des Reiches auf die benachbarten Völker: jenseits dieser Völker liegen die «unsichtbaren Grenzen des römischen Kaiserreiches», von denen Ernst Kornemann gesprochen hat. Die Handelsverbindungen aber reichten noch weit darüber hinaus: bis hin nach Indien, wo Arikamedu (in der Nähe von Pondicherry) zahlreiche Funde aus der ersten Kaiserzeit aufzuweisen hat, bis tief hinein nach Äthiopien und bis zu den Nilsümpfen in der Nähe des Äquators. Im Norden fanden römische Händler den Weg zum fernen Samlande an der Ostseeküste. Ausgangspunkt war Carnuntum an der Donau (zwischen Wien und Preßburg), von hier führte die Fernhandelsstraße durch die Mährische Pforte nach Oberschlesien, durch Polen (Kalisch) zum Goplosee und von dort zur Weichsel bis zu ihrer Mündung. Das Reich hatte einen riesigen Bedarf an Gütern aus aller Welt, der Friede der ersten Kaiserzeit war ein Segen für den Handel mit fernen Ländern, die den Römern in früherer Zeit nur in der Phantasie erreichbar gewesen waren.

4. Grundzüge der Kultur der Hohen römischen Kaiserzeit

Wer die Kultur der Hohen römischen Kaiserzeit, von Tiberius bis zu den Antoninen, verstehen und würdigen will, muß versuchen, die Maßstäbe in dieser Periode selbst zu finden. Es wäre nicht angemessen, die geistigen Leistungen dieser Zeit nach der überragenden Erscheinung Ciceros zu beurteilen, die ein neues Zeitalter der römischen Literatur eröffnet hat. Ebensowenig würde man der Kaiserzeit gerecht, wenn man das auguste- ische Zeitalter als Maßstab setzte, das mit seinen Leistungen auf dem Gebiet der Literatur, der Wissenschaft, der Kunst und Technik einen ganz unbestrittenen Höhepunkt des römischen Kulturschaffens darstellt. Die- sem Zeitalter gegenüber muß natürlich alles Spätere mit Notwendigkeit als Abstieg oder geradezu als Verfall erscheinen. Dennoch hat das 1. Jh. n. Chr. zum mindesten *eine* überragende Gestalt des geistigen Lebens her- vorgebracht. Es ist der Philosoph *L. Annaeus Seneca* (geboren um Chr. Geb., gestorben 65 n. Chr.). Senecas Familie stammte aus Spanien (Cor- duba), sein Vater war der Rhetor Seneca. Seine wissenschaftliche Aus- bildung hatte der junge Seneca in Rom erhalten. Nach einem Aufenthalt in Ägypten entschied er sich für die Beamtenlaufbahn, beginnend mit der Quästur. Mit Caligula geriet er in Konflikt, unter Claudius mußte er in die Verbannung gehen, und zwar auf Veranlassung der Messalina (41). Acht trostlose Jahre verbrachte er auf der Insel Korsika. Nach seiner Rückkehr nach Rom stieg er zur Prätur auf (49), Agrippina vertraute ihm sogar die Erziehung ihres Sohnes Nero an. Als dieser den Thron bestieg, waren Seneca und Burrus die eigentlichen Regenten des Reiches, doch gelang es dem Philosophen nicht, den jungen Kaiser auf die Dauer nach seinem Willen zu lenken. Nach dem Tode des Afranius Burrus (62) schied auch Seneca vom Kaiserhof, drei Jahre später starb er als Opfer der piso- nischen Verschwörung.

Es ist ein imponierendes literarisches Werk, das dieser Mann der Nach- welt hinterlassen hat. Neben Dichtungen, auch Tragödien, steht eine große Zahl von Prosaschriften. Von ihnen sind die zwölf Dialoge wohl die bedeutendsten. Dazu kommen noch die 20 Bücher der *Epistulae morales ad Lucilium.* Charakteristisch für Seneca – wie überhaupt für seine Generation – ist die Hinwendung zur praktischen Philosophie: die Ethik ist alles, Logik und Dialektik interessieren nur noch wenig. Von der Philosophie erwarteten die Gebildeten jener Tage die entscheidenden Hinweise für das praktische Handeln. Seneca hat versucht, einem großen Publikum diese Direktiven durch seine Dialoge und Briefe einzuschärfen, und zwar mit einer nicht zu übertreffenden Stilkunst, in glänzender An- schaulichkeit und mit hinreißenden Pointen, für die man im römischen Schrifttum vergebens nach Parallelen suchen wird. Ein hervorragendes Beispiel ist die Schrift ‹De brevitate vitae›. In ihr sagt Seneca unter ande- rem: «Muße *(otium)* genießen allein die, welche ihre Zeit der Weisheit widmen, nur sie leben wirklich. Denn nicht nur ihr eigenes Leben haben sie wohl in acht. Jede Zeit fügen sie der eigenen hinzu, alle vor ihnen ver- flossenen Jahre sind für sie hinzugewonnen. Wir müßten allerdings sehr undankbar sein, wollten wir nicht zugeben, daß die hochberühmten Gründer der Philosophie für uns geboren sind, daß sie unserem Leben den Weg gebahnt haben. Fremde Arbeit ist es, die uns aus der Finsternis zum Licht führt. Kein Zeitalter bleibt uns verschlossen, zu allen haben wir Zutritt, und sofern wir nur aus den Engen menschlicher Schwachheit heraustreten können, ist es eine gewaltige Zeit, durch die wir wandeln. Wir dürfen mit Sokrates disputieren, mit Karneades zweifeln, mit Epikur stille sein, wir können des Menschen Natur mit den Stoikern besiegen, mit den Kynikern sogar ihre Grenzen überschreiten ... Die Familien der erhabensten Geister sind da: Wähl' aus, in welche du aufgenommen werden willst. Nicht allein ihr Name wird dir gegeben, sondern auch ihr Reichtum. Man braucht ihn nicht geizig zu behüten – er vermehrt sich, je mehr du von ihm verteilst. Die Philosophen werden dir den Weg zum Ewigen zeigen.»

Gleich Cicero war auch Seneca, obwohl den Stoikern nahestehend, ein Eklektiker. Neben stoischen Ideen finden sich bei ihm platonische, peripatetische, kynische Entlehnungen. Die Philosophie des Seneca dient der Antwort auf die Frage, wie der Mensch sein Leben glücklich gestalten könne. Die Antwort: nur derjenige vermag die Glückseligkeit zu erreichen, der sich von den äußeren Wechselfällen des Lebens unabhängig macht und den Schwerpunkt in sich selbst findet. Die innere Festigkeit wird freilich nicht ohne Kampf erworben, aber die Tugend ist mit Hilfe der Philosophie dem Verständigen erreichbar. In seinen Schriften hat Seneca zahlreiche Aussprüche hinterlassen, die als Zeugnisse reinster Humanität und als Ausdruck selbstloser Wohltätigkeit, sogar den Feinden und den Sklaven gegenüber, höchste Anerkennung verdienen. In mancher Hinsicht ist seine Gesinnung der christlichen Ethik verwandt, und nicht durch Zufall hat die spätere Zeit einen Briefwechsel zwischen Seneca und dem Apostel Paulus erfunden, den seinerzeit der Hl. Hieronymus für echt gehalten hat. Allerdings fehlen auch bei Seneca die Schattenseiten nicht. So hat sich der große Philosoph nicht nur zu ganz würdelosen Schmeicheleien gegenüber Claudius, Messalina und ihren Günstlingen herbeigelassen. Noch viel schlimmer ist seine Schmähschrift auf den Prinzeps Claudius, die ‹Apocolocyntosis›. Sie ist fast zu der gleichen Zeit erschienen, in der Senecas Schüler, der neue Prinzeps Nero, die von seinem Lehrer ihm aufgesetzte Lobrede auf den Verstorbenen hielt. Und wie vereinigt sich der mit Emphase immer wieder vorgetragene Lobpreis der Genügsamkeit mit der Tatsache, daß Seneca nicht nur ein schwerreicher Mann war, sondern daß er auch beim Erwerben seines Besitzes vor verwerflichen Mitteln nicht zurückgeschreckt ist? Diese allzu menschlichen Züge dürfen nicht fehlen, wenn man Senecas Persönlichkeit gerecht werden will. Er war ein Mensch, der sich redlich bemüht hat, das Rechte zu tun und das Schlechte zu bekämpfen, seiner eigenen Schwachheit war er sich dabei nur zu sehr bewußt. Sein überaus tapferes Verhalten vor seinem Tode, den er auf Neros Befehl gestorben ist, ist ein würdiger Abschluß eines reichen Lebens, dem Irrtum und Schwäche nicht fremd gewesen sind. «Das Leben ist ein Kriegsdienst» *(vivere militare est)*, dieses Wort, das Seneca geprägt hat, gilt für ihn selber.

Der breiten Wirkung Senecas auf die Kreise der Gebildeten unter den Römern steht der Einfluß der kynischen Bettelphilosophen auf die unteren Schichten der Bevölkerung im Osten und im Westen des Reiches gegenüber. Diese Philosophen waren überall zu finden, sie haben auf die Ethik weitester Kreise einen tiefgehenden Einfluß ausgeübt. Einzigartig ist jedoch die Gestalt und die Wirkung des *Epiktet*, eines aus Hierapolis in Phrygien stammenden ehemaligen Sklaven (etwa 50–gegen 138). Sein Lehrer war der Stoiker Musonius Rufus, derselbe, den Nero in die Verbannung getrieben hat. Das gleiche Los traf Epiktet unter Domitian. Er begab sich von Rom nach Nikopolis bei Actium. Hier hat er bis an sein Lebensende eine tiefgreifende Wirksamkeit entfaltet. Auch der Kaiser Hadrian hat zu seinen Füßen gesessen, zu seinen engeren Schülern hat auch Arrian von Nikomedien, der Alexanderhistoriker, gehört, der sich für seinen eigenen Gebrauch die Reden des Epiktet aufgezeichnet hat. Gegen seine Absicht sind diese später in die Öffentlichkeit gekommen. Anders als Seneca war Epiktet dadurch ein Vorbild, daß sich sein Leben und seine Lehre in vollkommener Übereinstimmung befunden haben. Seine Schriften, das «Handbuch» *(encheirídion)* und die Diatriben, durchweht eine tiefe Religiosität. Sein Leben ist getragen von einem unbedingten Vertrauen zur Gottheit, der sich der Mensch in allen Dingen zu unterwerfen hat. Was der Mensch auch erwirbt und besitzt, das muß er als Geschenk der Gottheit betrachten; er darf sich nicht beklagen, wenn er es der Gottheit zurückgeben muß.

Die Rückwendung zur Religion ist in der Hohen Kaiserzeit eine allgemeine Erscheinung. In dem gleichen Maß, wie sich die Gestalten der alten römisch-italischen und griechischen Götterwelt verflüchtigen, zeigt sich ein breiter Strom einer ganz persönlichen Frömmigkeit, der die Gebildeten und Ungebildeten in gleicher Weise in seinen Bann schlägt. Die Grabinschriften sind Zeugen dafür, daß man ein Wiedersehen nach dem Tode, dazu ein glückliches Leben im Elysium erhofft. Viele Tausende haben sich mit Inbrunst den vom Osten her vordringenden Geheimlehren der Isis, der Kybele *(Magna Mater)* und des Mithras verschrieben. Mysterien und Orakel erleben eine neue Blütezeit, wie etwa das Orakel von Klaros bei Kolophon, das Germanicus konsultiert hat. Seine Ausgrabung unter Louis Robert ist seit geraumer Zeit im Gange. Zahlreiche Kaiser haben sich in die eleusinischen Mysterien einweihen lassen. (Eine bemerkenswerte Ausnahme ist Nero.) Charakteristisch für den Volksglauben ist das Auftreten von zahlreichen Wundermännern. So hat der Scharlatan Alexander von Abonuteichos überall den größten Anklang gefunden (s. S. 257), und nicht anders steht es mit seinem Konkurrenten, Peregrinus

Proteus, der sich in Olympia öffentlich verbrennen ließ. Der Glaube an ein Jenseits war ganz allgemein, daneben aber auch die Vorstellung von der Hölle und von Höllenstrafen für Bösewichter. Weit verbreitet war auch die Furcht vor den Dämonen, sie wird bezeugt durch die Fluchtafeln, zumeist aus Blei, mit ihren oft recht derben Verwünschungen. Auch der Glaube an Zeichen und Wunder war Gemeingut. Es war üblich, sich von den Astrologen (mathematici, Chaldaei) das Horoskop stellen zu lassen. Auch der Glaube an Träume war weit verbreitet. Dies zeigt das Traumbuch des Artemidor aus dem 2. Jh., in ihm sind alle erdenklichen, dem Verfasser bekannt gewordenen Träume aufgezeichnet. Der gefeierte Sophist Aelius Aristides hat sich in seinen Schriften ausführlich über seine Träume ausgelassen, er erhielt im Traum Anweisungen über Diät und Lebensweise, die er pünktlich zu befolgen pflegte, da er um seine Gesundheit sehr besorgt war. Unter dem niederen Volk herrschte ein oft ganz abstruser Aberglaube; er wird bezeugt durch die Zauberpapyri aus Ägypten mit ihrem vielfach ganz unverständlichen Inhalt.

An der Seite des Volksglaubens existiert die offizielle Staatsreligion. Augustus hatte sich bemüht, sie mit neuem Leben zu erfüllen, seine Nachfolger haben diese Bestrebungen fortgesetzt. Zahlreiche Tempel sind neu errichtet, viele andere wiederhergestellt worden. Wie der Prinzeps das Amt des Pontifex Maximus bekleidet, so stellen sich nach seinem Vorbild die Mitglieder der Nobilität für die hohen Priesterämter zur Verfügung. Auch die etruskischen Riten sind eifrig gepflegt worden. Nicht durch Zufall hat der Kaiser Claudius ein voluminöses Werk über dieses Rätselvolk geschrieben. Zu den offiziellen Göttern des altrömischen Pantheons treten so manche neuen hinzu, zum Teil abstrakte Gottheiten wie die Annona und die Disciplina, die letztere unter Hadrian. Anders als die italischen und hellenischen Götter erfüllen die Göttergestalten des Orients das ganze Imperium mit ihrer Propaganda, sie haben eine große Macht über die Seelen der Römer und der anderen Einwohner des Westens gewonnen. Der Erfolg dieser Religionen liegt in der Stimmung der Zeit begründet: es ist die Sehnsucht nach Mystik und nach Offenbarung, diese Sehnsucht hat nun im Umgang mit den orientalischen Religionen ihr Genüge gefunden. Eine starke Ausstrahlung hatten die Religionen aus dem Orient auf die Frauen, dies gilt auch für die Lehren des Christentums. Unter Domitian sind vornehme Damen des kaiserlichen Hofes wegen ihrer Zugehörigkeit zu verbotenen Kulten (superstitiones) verbannt worden. Der Radius der Ausbreitung der orientalischen Religionen ist beträchtlich. Kultstätten der Isis finden sich nicht nur an vielen Orten Italiens, sondern auch im Norden, im römischen Germanien und sogar in England. Vor allem sind es die großen Hafenstädte, in denen sich die ägyptischen Gottheiten (Isis, Sarapis, Osiris, Anubis) niedergelassen haben. So haben auch die Isishymnen, Dokumente der Verehrung der *Isis regina,* eine geradezu weltweite Verbreitung gefunden. In ihnen wird Isis als die Göttin mit den unzähligen Namen *(myriónymos)* gepriesen, sie wird mit einer Vielzahl anderer Göttinnen gleichgesetzt. Insbesondere die Flavier hatten ein enges Verhältnis zu Isis. Als Domitian im Jahre 69 aus Rom fliehen mußte, da verkleidete er sich als Isispriester. Unter Hadrian zeigt sich eine gewisse Reaktion gegen die Überfremdung der römischen Religion durch die Götter des Orients, aber auch dieser Kaiser hat sich dem Einfluß des Ägyptischen nicht entziehen können. Dies zeigt zum Beispiel seine riesige Villenanlage in Tibur (Tivoli). Überhaupt ist Ägyptisch in der Kaiserzeit sehr in Mode. Im ganzen Reich finden sich die ägyptischen Uschebtis, kleine Figuren, die man in Ägypten den Toten mit ins Grab zu geben pflegte. Sie wurden in der Kaiserzeit durch Händler im ganzen Reich vertrieben. Auch Kleinasien hat zur Götterwelt des Imperiums Wesentliches beigesteuert. Während die Kybele *(Magna Mater)* schon seit 204 v. Chr. Heimatrecht in Rom besessen hat, wurde in der Kaiserzeit auch ihr Sohn Attis im Westen vielfach verehrt. Auf den Grabsteinen ist sein Bild das Symbol der Auferstehung. Zur Erinnerung an den Tod und an die Auferstehung des Attis pflegte man am 24. März ein großes Fest zu feiern.

Kleinasien entsandte außerdem den großen Wundertäter und Religionsstifter Apollonios von Tyana, dessen Taten, mit vielen legendären Zügen verquickt, Philostrat im 3. Jh. n. Chr. aufgezeichnet hat. Gelebt hat Apollonios im 1. Jh., er ist weit im römischen Reich herumgekommen, dabei hat er viele Wunder getan, vielleicht hat er auch die Gabe des zweiten Gesichts besessen. Was man in jener Zeit von den Wundermännern dachte, zeigt die Erzählung der Apostelgeschichte von der Heilung eines Kranken durch Paulus und Barnabas in Lystra in Lykaonien: die Einwohner der Stadt waren so begeistert, daß sie die beiden Apostel zu Göttern erheben wollten! Aus Kleinasien stammt auch der seltsame Religionsstifter Alexander von Abonuteichos. Der sehr geschäftstüchtige Mann hatte einen Schlangengott Glykon erfunden, der imstande war, Orakel zu geben. Zu den Gläubigen gehörten neben zahlreichen Griechen und Kleinasiaten auch so manche einflußreichen Römer. Weihungen an Glykon sind nicht nur in Makedonien (Skopje), sondern auch in dem fernen Dakien (Apulum) gefunden worden. Später als die ägyptischen und kleinasiatischen sind auch die syrischen Götter, Juppiter Dolichenus, die Dea Syria von Hierapolis und der Sonnengott von Emesa, nach dem Westen gewandert. Das gleiche gilt auch von dem persischen Mithras, der sich durch seine Lehre und seinen Kult vor allem den Soldaten empfohlen hat. Nicht durch Zufall finden sich in der späteren Kaiserzeit zahlreiche Kultstätten des Mithras an den Limites am Rhein und an der Donau. So existierten in Carnuntum nicht weniger als sieben Mithräen, in Aquincum deren fünf, auch in den Kastellen der Wetterau waren sie häufig. Doch ist über dem Siegeszug der orientalischen Gottheiten nicht zu übersehen, daß, wenn man von der Zahl ausgeht, die alten Religionen nach wie vor bei weitem das Feld beherrschen: in Italien sind es immer noch Hercules und Silvanus, die in den Weihungen dominieren, und in den Provinzen, wie z. B. im Rheinland, ist das Bild nicht anders.

Das Vordringen orientalischer Religiosität ist nicht nur ein Ereignis der antiken Religionsgeschichte, auch für die antike Bildung ist der Vorgang von großer Bedeutung. Allerdings läßt sich dieses Phänomen erst in den späteren Perioden der Kaisergeschichte mit Sicherheit nachweisen. Kennzeichen der frühen Kaiserzeit ist vielmehr der Siegeszug der lateinischen Sprache, die sich auf Kosten der einheimischen Idiome, vor allem des Keltischen, Punischen und Libyschen, immer weitere Räume erschlossen hat. Der Aufstieg des Lateinischen ist zweifellos das Ergebnis der Elementarschule. Sie ist zwar nicht obligatorisch, sie wird aber dennoch von ungezählten Tausenden besucht. Im übrigen sind auch für das Schulwesen der Kaiserzeit private Schulstiftungen und private Wanderlehrer charakteristisch. Die Kinder der vornehmen Familien erhalten ihren Unterricht in der Regel zu Hause durch Sklaven. Der höheren Bildung dienen die *Rhetorenschulen*, für die Masse kommen sie allerdings nicht in Betracht. In den Rhetorenschulen wird Unterricht in Grammatik, Literatur, Mathematik, Musik und Gymnastik erteilt, und zwar nur an Knaben. Das Problem der Mädchenbildung ist jedoch hin und wieder diskutiert worden. Dies zeigt eine durch Zufall erhaltene Diatribe des Musonius Rufus. Der Inhalt der Bildung ist rein klassizistisch; in den rhetorischen Übungen beschäftigte man sich ganz ausschließlich mit Beispielen aus einer fernen Vergangenheit, mit Gestalten wie Alexander und Hannibal. Auch die Tyrannen und der Tyrannenmord sind Themen, die unendlich oft behandelt worden sind. In seiner «Naturgeschichte» (n. h. XIV, praef. 2) hat sich der Ältere Plinius († 79 n. Chr.) mit großer Bitterkeit über den Rückgang der Wissenschaften in seiner eigenen Epoche ausgesprochen. Den Verfall der Bildung führt Plinius auf veränderte Lebensbedingungen und auf eine neue Lebensanschauung zurück: an die Stelle der freien Betätigung im Reich der Wissenschaft sei der Tanz um das Goldene Kalb getreten. Die Klagen des Plinius lassen immerhin soviel erkennen, daß die Sekurität der Kaiserzeit nicht nur ein Segen gewesen ist. Doch hat es immer wieder Kaiser gegeben, die sich tatkräftig um die Bildung ihrer Untertanen bemüht haben. Von grundlegender Bedeutung ist der Freibrief des Kaisers Vespasian vom Jahre 74, dessen griechische Fassung auf einem Stein in Pergamon zum Vorschein gekommen ist. In dieser Urkunde verleiht Vespasian den *paideutaí*, d. h. den Grammatikern und Rhetoren, sowie den Ärzten wichtige Privilegien, insbesondere die Befreiung von Einquartierung, von Steuern, dazu Schutz vor rechtswidriger Verletzung der Person und vor Verhaftung. Außerdem erhalten

sie das Recht, Kultgenossenschaften zu bilden. Die pergamenische Inschrift enthält außerdem einen Erlaß des Domitian, der sich in scharfer
Form gegen die Erteilung von Unterricht an Sklaven wendet. Als erster
Prinzeps hat Vespasian aus dem Fiskus ein Gehalt von 100 000 Sesterzen
für die lateinischen Rhetoren ausgesetzt; Quintilian ist als erster Rhetor
durch den Prinzeps mit festem Gehalt in Rom angestellt worden. Vorbilder für diese Privilegien finden sich in der Organisation des alexandrinischen Museions. Vespasian hatte diese weltberühmte Stätte der Forschung und Lehre bei seinem Aufenthalt in Ägypten kennengelernt, dabei
hatte er die Mediziner um ein Fachgutachten ersucht, weil man den neuen
Prinzeps gebeten hatte, Kranke zu heilen. Bezeichnenderweise kommen
die Philosophen in dem Freibrief Vespasians nicht vor: sie waren durch
ihre Opposition beim Kaiser in Ungnade gefallen, erst Hadrian hat sie in
die Gruppe der Privilegierten aufgenommen. Trotz der beachtlichen Ansätze zu einem Hochschulwesen unter Vespasian und Hadrian stehen aber
die Leistungen der Kaiserzeit tief unter der Blüte der hellenistischen Wissenschaft im 3. und 2. Jh. v. Chr. Was man in der Kaiserzeit für Wissenschaft hielt, zeigen etwa die *Naturales quaestiones* des Seneca und die
Naturalis historia des Älteren Plinius. Trotz des sehr wertvollen in ihr
aufgespeicherten Materials ist die letztere nicht mehr als eine große
Kuriositätensammlung. Für die reine Wissenschaft interessierte sich niemand, und der Spott Senecas über die Leute, die sich mit der Geschichte
vergangener Zeiten befassen, ist hierfür sehr bezeichnend. Weder in der
Mathematik noch in der Astronomie noch auch in der Geographie ist
man über das im Hellenismus Erreichte hinausgekommen. Immer noch
wurden geographische Irrtümer weiter verbreitet, wie etwa die irrige Vorstellung, daß das Kaspische Meer ein Busen des nördlichen Okeanos sei.
Doch es gibt auch einige Lichtblicke. Zu ihnen gehört der *Periplus Ma-
ris Erythraei*. Er ist das Segelhandbuch eines griechischen Kaufmanns mit
wichtigen Beobachtungen über den Indischen Ozean und über Vorderasien, ein Werk, das übrigens auch für die Kunde von Südarabien von
großer Bedeutung gewesen ist. Die Datierung der inhaltsreichen Schrift
ist bis zum heutigen Tage umstritten, doch wird man sie wahrscheinlich
gegen 50 n. Chr. ansetzen dürfen. Überhaupt hatte der Indienhandel in
der römischen Kaiserzeit einen kräftigen Aufschwung genommen, erst
die Römer haben die Entdeckung von dem regelmäßigen Wehen der
Monsunwinde, die wahrscheinlich im Jahre 117 v. Chr. unter dem 8. Ptolemäer (Ptolemaios VIII. Euergetes II.) gemacht worden war, richtig aus-
zunützen verstanden.

In den Friedensjahren der ersten Kaiserzeit hatte sich in Rom, in
Italien und in den Provinzen ein breites besitzendes Bürgertum, eine
Bourgeoisie, gebildet, die über ein recht ansehnliches Vermögen ver-
fügte. Man muß dem Besitzbürgertum des 1. und 2. Jh. n. Chr. nach-

rühmen, daß es sich seiner Verpflichtung gegenüber der Allgemeinheit bewußt gewesen ist. Kaum ein anderes Zeitalter hat nämlich eine derartig große Fülle von gemeinnützigen Stiftungen und Bauten gesehen wie die erste römische Kaiserzeit. Die Gemeinden, die Munizipien, Kolonien und Poleis, haben die Stifter durch Ehrendekrete und mit Statuen aus Erz und Stein reich belohnt. Es gab sogar Familien, die sich im Dienste der Allgemeinheit geradezu ruiniert haben. Rathäuser, Schulen, Brücken und Wasserleitungen sind wenigstens zum Teil mit privaten Geldern errichtet worden, Lehrer, Grammatiker und Rhetoren, wurden auf Grund privater Stiftungen angestellt, es gab auch Ärzte, welche die Patienten ganz unentgeltlich behandelten. Wohltätigkeit und Armenpflege hatten ihren Platz im sozialen Leben, wenn auch die Motive der Wohltäter andere waren als die des Christentums. Die gemeinnützige Einstellung der sozialen Oberschicht, der *honestiores,* ist zweifellos ein Ruhmesblatt der römischen Kaisergeschichte.

Die kleinen Leute findet man in zahlreichen Berufsgenossenschaften *(corporationes)* organisiert. Die Genossenschaften übernehmen die Lieferungsaufträge des Staates, insbesondere auch für das Heer. Organisiert war nahezu jeder einzelne, von den Schiffsreedern angefangen bis zum letzten ägyptischen Eselstreiber. Groß ist auch die Zahl der verschiedenen Vereine, unter ihnen viele landsmannschaftlichen Charakters. Gerade in der Fremde schließen sich die römischen Bürger eng zusammen, das gleiche gilt auch von den Griechen, sofern sie sich völkisch in der Minderheit befinden wie z. B. in Ägypten. Es gibt Vereine für die Frauen und besonders zahlreiche für die Jugend *(collegia iuvenum),* die letzteren dienen vielfach der vormilitärischen Ausbildung. Weit verbreitet sind auch Sterbekassen *(collegia funeratica).* Die Beiträge der Mitglieder werden nicht allein für die Begräbnisse, sondern auch gelegentlich für ein Festessen verwandt, damit die Lebenden nicht zu kurz kommen.

Das größte Interesse aber brachten die Massen, wie in unserer Zeit, den sportlichen Veranstaltungen entgegen. Fast jede Stadt im Westen des Reiches hatte ihre Arena, viele besaßen Gladiatorenschulen. Über die Kolonien römischer Bürger ist das Gladiatorenwesen auch in den griechischen Osten eingedrungen, mochten sich auch einsichtige Griechen wie Plutarch dagegen wenden. Bei den Rennen bildeten sich regelrechte Parteien im Zirkus, die Begeisterung und mehr noch die Enttäuschung der Massen aber führte immer wieder zu Krawallen, die mit Polizeigewalt unterdrückt werden mußten. In Rom war es der Prinzeps, der die Spiele auszurichten hatte, die Magistrate der Hauptstadt hatten sich nach Maßgabe ihres Vermögens daran zu beteiligen. In den Munizipien und Kolonien aber waren die Spiele eine schwere Belastung für die *duoviri.* Besonders abstoßend waren die Gladiatorenkämpfe; sie waren aus den etruskischen Leichenspielen hervorgegangen, auf das Publikum wirkten sie geradezu faszinierend. In der Kaiserzeit traten gelegentlich ganze Kompanien von Gladiatoren auf, um historische Schlachten darzustellen. Ebenso unmenschlich wie die Gladiatorenspiele waren die Tierhetzen *(venationes)*. In ihnen wurden wilde Bestien, Löwen, Leoparden, Bären, auf Verbrecher und Kriegsgefangene gehetzt, diese mußten ihnen gelegentlich sogar waffenlos gegenübertreten. Zur Einweihung des Kolosseums in Rom soll der Kaiser Titus nicht weniger als 9 000 wilde Tiere aufgeboten haben.

Sehr viel harmloser war die griechische Agonistik. Sie lebte an den alten Kultstätten Griechenlands, vor allem in Olympia und Delphi, weiter, aber auch in den griechischen Städten Unteritaliens und Siziliens. Die Sieger wurden hoch geehrt, mit Immunitäten und dem Bürgerrecht vieler Städte ausgezeichnet. Doch wurden die Spiele fast ausschließlich von Berufsathleten beherrscht. Es existiert eine große Zahl von Ehreninschriften, deren Inhalt mit den rohen Gesichtern der auf den Steinen abgebildeten Athleten, der Boxer und Ringer, seltsam kontrastiert. Im übrigen hat aber die griechische Agonistik im Westen keinen großen Anklang gefunden.

Groß war die Begeisterung der Menge für die Künste des Theaters. Besonders zahlreich sind die Theaterbauten in Gallien, aber auch in Italien verfügten die meisten Kleinstädte über ein Theater, Pompeji hatte sogar deren zwei. Die Zeiten, in denen man die klassischen Tragödien und Komödien in ihnen aufgeführt hatte, waren freilich vorüber. Die Bühne wurde vom Mimus, dem volkstümlichen Schauspiel, beherrscht und noch mehr vom Pantomimus, dem Spiel ohne Worte, das von einem Orchester begleitet wurde. Beliebt waren mythologische und historische Stücke. Die Schauspieler genossen höchstes Ansehen und wurden durch zahlreiche Privilegien geehrt. Sowohl der Mimus wie vor allem der Pantomimus verzichtete auf jede erzieherische Wirkung, sie gingen zum Teil auf Sensation aus, um das Interesse der Zuschauer zu fesseln. Großer Beliebtheit erfreuten sich die Sänger und die musikalischen Virtuosen, Zitherspieler und Flötenbläser, für die man regelrechte Wettkämpfe ausschrieb. Die Popularität des Kaisers Nero erklärt sich vor allem aus seiner eifrigen Beteiligung an diesen Wettbewerben.

Die Agonistik und das Theaterwesen waren ebenso wie die Spiele und die Tierhetzen Angelegenheiten der Städte, das flache Land ging vollständig leer aus, seine Bewohner hatten weder an der Bildung noch am Vergnügen einen Anteil. Dieser Zustand führte zu einem sehr beträchtlichen Gefälle zwischen Stadt und Land. Außerdem war es der Landbevölkerung nicht möglich, am sozialen Aufstieg teilzunehmen. Wer vom Lande in die Stadt abwanderte, gehörte im allgemeinen zur untersten Schicht, dem Proletariat. Nur durch den Eintritt in das Heer war es auch den Einwohnern des flachen Landes möglich, zu einem bescheidenen

Wohlstand, wenn auch erst nach einer langen beschwerlichen Dienstzeit, zu kommen. Gewiß haben einsichtsvolle Regierungen wie die des Kaisers Claudius versucht, für viele Tausende durch Koloniegründungen neuen Lebensraum zu schaffen, Bestrebungen, die später Trajan und Hadrian wieder aufgenommen haben; zu einer spürbaren Verbesserung der Lage der ländlichen Bevölkerung hat dies aber nicht geführt. Die Kultur des Reiches war und blieb eine städtische Kultur, auch die Wirtschaft arbeitete vorwiegend für den Bedarf der Städte, sie war auf Massenkonsum eingestellt, anderseits aber auch auf die Herstellung von Luxusgütern für die zahlenmäßig begrenzte Schicht der Oberen Zehntausend. Für die Entwicklung des Handels und des Warenaustausches ist der gesicherte Friede des Reichs die Voraussetzung. Die Luxuswaren ferner Länder, sogar Chinas und Indiens, und die Verbrauchsgüter aller Provinzen flossen in der Hauptstadt Rom zusammen. Getreide, Papyrus und Linnen aus Ägypten, Wolle und Holz von den Triften und Wäldern Kleinasiens, Mineralien aus Spanien, Öl aus Syrien, Africa und Italien, Fischkonserven aus Spanien und Gallien – diese Waren und viele andere haben einen riesigen Absatz gefunden. Parallel zum Handelsverkehr vollzieht sich eine bedeutende Binnenwanderung von Menschen aller Provinzen des Reiches: Römer finden sich in der ganzen zivilisierten Welt, zahlreiche Syrer in den Provinzen des Westens, vor allem in Gallien, Griechen haben sich sogar in Britannien niedergelassen. Begünstigt wird der Handel durch die Existenz einer Reichswährung. Unter Julius Caesar hatte der Aureus den Charakter einer Reichsmünze angenommen, er galt 25 Denare oder 100 Sesterze. Bis in die neronische Zeit ist der Standard des Aureus stabil geblieben, im Gegensatz zum Silber, das inflationistische Tendenzen zeigt. (Der Feingehalt der Silbermünze ist in der zweiten Hälfte des 2. Jh. n. Chr. auf etwa 60% abgesunken.) Für die Sicherheit der Reisewege hat das Imperium Vorbildliches geleistet. Räuber und Seeräuber sind selten geworden, die Reisezeiten hatten sich beträchtlich verkürzt: für die Seefahrt von Rom nach Alexandrien benötigte man 18 Tage, für eine Reise von Gades nach Ostia sieben Tage. Ganz besonders aktiv waren die römischen Kaiser in der Errichtung und Erneuerung der großen Reichsstraßen. Eine große Anzahl von Meilensteinen in Italien und in den Provinzen kündet von dem fortschreitenden Ausbau des Straßennetzes. Der Beförderung von Nachrichten und Personen in amtlichem Auftrag diente die Einrichtung des *cursus publicus*. Er war nach hellenistisch-persischem Vorbild geschaffen worden und ist vor allem aus der späteren Kaiserzeit durch zahlreiche Quellenangaben bekannt. Wegen der Zölle hatte der Staat selbst das größte Interesse am Handel und Verkehr, er förderte ihn durch den Bau von Hafenanlagen, von Molen und Leuchttürmen. Die Wasserwege des Binnenlandes wurden durch den Ausbau von Kanälen verkürzt, manche auch erst wirklich schiffbar gemacht. Der größte Konsument im Reich aber war das *Heer*. Sein Bedarf war enorm, anderseits war das Heer auch ein bedeutender Produzent. Hierfür zeugen die Legionsstempel auf den Ziegelsteinen. Die Größe und Tragfähigkeit der Schiffe bewegten sich in aufsteigender Linie. Das Fahrzeug, das den Apostel Paulus nach Rom brachte, hatte nicht weniger als 276 Mann an Bord. Flavius Josephus ist, wenn man ihm Glauben schenken darf, mit einem noch viel größeren Schiff gefahren, es trug 600 Mann. Schwierige Transporte ließen sich auf dem Wasserwege besser durchführen als zu Lande: so hat der Prinzeps Caligula einen ägyptischen Obelisken zu Schiff nach Rom verfrachten lassen. Den Inhalt des Schiffes hat man auf mehr als 1 000 Bruttoregistertonnen berechnet.

Will man sich von der wirtschaftlichen Verflechtung der verschiedenen Gebiete des Imperiums ein zutreffendes Bild machen, so muß man vor allem an den riesigen Güteraustausch denken, der im ganzen Reich geübt worden ist. Nur die wichtigsten Aspekte können hier in aller Kürze angedeutet werden. Ein unbestrittenes Monopol besaß das Bürgerland Italien nicht allein in der Ausfuhr von Wein, sondern zunächst auch im Export von Keramik. Ihre Fabrikationsstätten finden sich vor allem in Etrurien (Arretium) und in Campanien. Doch bildete sich schon in der ersten Kaiserzeit in Gallien eine ernsthafte Konkurrenz, vor allem in La Graufesenque im Süden und in Lezoux in Zentralgallien. Sie hat sich mit der Zeit weite Absatzgebiete in Germanien, insbesondere in den Ortschaften am Limes, aber auch in Österreich und schließlich sogar in Italien erschlossen. Anderseits sind Funde arretinischer Keramik in der frühen Kaiserzeit sogar bis nach Vorderindien (Arikamedu bei Pondicherry) nachgewiesen. Mit dem Fernhandel verbindet sich ein verstärkter Reiseverkehr. Es gab Gilden von Fuhrunternehmern *(cisiarii)*, es gab auch Gasthäuser, zumeist sehr bescheidene; über Unrat, schlechtes Essen und betrügerische Wirte wurde vielfach Klage geführt. Wie schon zur Zeit des Solon und des Herodot reiste man auch in der Kaiserzeit nicht nur aus merkantilen, sondern auch aus persönlichen Motiven. Zahlreiche Römer besuchten Griechenland mit seinen hochberühmten Kunststätten Athen, Delphi und Olympia. Manche kamen sogar bis nach Ägypten und fuhren den Nil aufwärts bis nach Theben in Oberägypten. Germanicus und Hadrian haben das Memnoneion aufgesucht, und eine vornehme Dame im Gefolge Hadrians, Julia Balbilla, hat sogar ihre Gedichte dort verewigen lassen. Von einem modernen Naturgefühl findet sich freilich in der Kaiserzeit nur wenig, es war eine Ausnahme, wenn der Kaiser Hadrian nicht nur den Berg Ätna, sondern auch den *Mons Casius* in Syrien bestiegen hat, um auf freier Bergeshöhe den Sonnenaufgang zu erleben.

Der steigende Wohlstand brachte es mit sich, daß auch sehr viele Ungebildete zu großem Vermögen gelangten. In der *Cena Trimalchionis* hat Petronius Arbiter (in neronischer Zeit) die Gestalt eines solchen Neureichen in unübertrefflicher Weise gezeichnet. Vieles mag um der komischen Wirkung willen übertrieben sein, manche Züge aber wirken so originell, daß sie schwerlich frei erfunden sein können. Auch die Gesellschaft der Kaiserzeit konnte auf die Sklaven nicht verzichten, sie waren um einen Preis von 200 bis 500 Denaren leicht zu erwerben. Sie wurden nicht nur in der Industrie und Manufaktur, sondern vor allem auch als Haussklaven beschäftigt. Mehrere Dutzend Sklaven waren in einem Haushalt der römischen Kaiserzeit keine Seltenheit, die Angehörigen des Mittelstandes pflegten sich dagegen mit einem oder zwei Sklaven zu begnügen. Schon im 2. Jh. n. Chr. nahm aber die Zahl der Sklaven bedeutend ab, sie wurden daher viel teurer und waren für die Bürger kaum noch erschwinglich. Im Gegensatz zur römischen Republik spielte die Sklaverei in der Kaiserzeit wirtschaftlich keine große Rolle mehr; diese Epoche als die Zeit der ‹Sklavenhaltergesellschaft› zu bezeichnen, ist eine arge Übertreibung. Auch die gesellschaftliche Stellung der römischen Frau hatte sich verändert. Die Mädchen aus vornehmer Familie wurden zumeist sehr früh verheiratet, vielfach schon im Alter von 14 oder 15 Jahren. Dabei war der Wille der Eltern ausschlaggebend. Ehescheidungen waren nicht selten, es gab Frauen, die nicht nur zweimal, sondern sogar vier- oder fünfmal verheiratet waren. Als Gattin nahm die Frau der höheren Stände an allen gesellschaftlichen Veranstaltungen teil, sogar den grausamen Gladiatorenspielen durfte sie zusehen, wenn auch in eigenen Zuschauerblocks. Die Kaiser Claudius und Nero hatten den Zeitgenossen alles andere als gute Beispiele gegeben, Claudius war viermal verheiratet gewesen, zuletzt mit seiner Nichte (Agrippina Minor), wofür er besonderen Dispens benötigt hatte. Nero hatte unter stillschweigender Duldung des Seneca und Burrus eine regelrechte Mätressenwirtschaft geführt. Ernsterer Natur war Neros Verbindung mit der jungen Schauspielerin Acte, einer Freigelassenen aus der Provinz Asia. Er überschüttete sie mit Geschenken, so daß sie schließlich an verschiedenen Orten Italiens (in Puteoli und Velitrae), aber auch in Sardinien über Besitzungen verfügte, auf der Insel sogar über Ziegeleien, die durch Stempel mit ihrem Namen nachgewiesen sind. Anders war die Haltung des Kaisers Hadrian. Dieser hat es grundsätzlich abgelehnt, sich scheiden zu lassen, obwohl seine Ehe mit Sabina unglücklich war. Er wollte aber an höchster Stelle im Reich kein schlechtes Beispiel geben. Zahlreiche Angehörige des Mittelstandes und des unteren Bürgertums lebten in eheähnlichen Verbindungen, juristisch als Concubinat bezeichnet. Das Zusammenleben mit Frauen aus dem Stande der Freigelassenen oder der Sklaven war weit verbreitet. Sogar der Kaiser Vespasian hat in vorgerücktem Alter mit einer Freigelassenen zusammengelebt, woran niemand Anstoß genommen hat. Außerdem gab es zahllose illegitime eheliche Verbindungen der Soldaten, denen es grundsätzlich verboten war, vor Ablauf der Dienstzeit eine gesetzliche Ehe *(matrimonium iustum)* einzugehen. Seit der Zeit des Kaisers Claudius erscheinen die Militärdiplome, durch die den entlassenen Soldaten das *ius conubii* mit einer peregrinen Frau zugestanden wird. Im ganzen aber war die Gesellschaft der Kaiserzeit, was Ehe und Familie anbetrifft, vielfach labil. Dabei mag das extrem juristische Denken der Römer und das Fehlen fester religiöser Bindungen eine Rolle gespielt haben. Sehr scharf war die Trennungslinie zwischen Bürgern und Nichtbürgern *(peregrini)*, ein Zustand, der letzten Endes erst durch das Edikt des Kaisers Caracalla (212 n. Chr.) beseitigt worden ist. Während die ersten Principes mit der Verleihung des Bürgerrechts an Peregrine sehr sparsam umgegangen sind, wurde dies seit Claudius anders. In den westlichen Provinzen des Reiches bildete gelegentlich die Verleihung des latinischen Rechts *(ius Latii)* eine Vorstufe für die Zuteilung des römischen Bürgerrechts. Auf Grund des latinischen Rechts erhielten die obersten Beamten der Munizipien *(duoviri)* automatisch das römische Bürgerrecht, später auch die Mitglieder des Gemeinderats *(decuriones)*. Im Osten wurde das römische Bürgerrecht zumeist nur an Angehörige der obersten Schicht vergeben. In Ägypten konnte das römische Bürgerrecht nur erlangen, wer zuvor in den Besitz des Bürgerrechts von Alexandrien gelangt war. Mit dem Besitz der *civitas Romana* waren beträchtliche Vorteile juristischer und persönlicher Natur verbunden. Vor allem hatten die römischen Bürger das Recht, an den Kaiser zu appellieren, während die Nichtbürger dem *ius gladii* des Statthalters unterstanden. Die Untertanen mußten außerdem gewisse Tribute entrichten, vor allem die Kopfsteuer. Natürlich gab es oft Schwierigkeiten, da der Besitz des Bürgerrechts nicht immer mit Sicherheit bewiesen werden konnte.

Die Bevölkerung des Reiches hatte eine ausgesprochen ständische Gliederung. Für die beiden obersten Stände, den Senatoren- und den Ritterstand, war ein hoher Zensus vorgeschrieben, 250 000 Denare für die Senatoren, 100 000 Denare für die Ritter. In den Munizipien und Kolonien existierte gleichfalls eine sozial gehobene Schicht, der *ordo decurionum,* dessen Angehörige ebenfalls ein Vermögen nachzuweisen hatten. Senatoren, Ritter und Notabeln der Munizipien und Kolonien bildeten die Schicht der *honestiores.* Viel tiefer als sie und die große Zahl der römischen Bürger standen die Kategorien der Peregrinen, der Freigelassenen und der Sklaven. Unter den Freigelassenen haben es manche zu beträchtlichem Vermögen gebracht, sie erscheinen vielfach als Gewerbetreibende, aber auch als Angestellte in privatem Dienst, selbst am Hofe des Prinzeps haben sie wichtige Stellungen inne. Mit ihrem ehemaligen Patronus fühlten sich die Freigelassenen durch Bande der Pietät verbunden, die auch in der Kaiserzeit sorgfältig beachtet wurden. Es war für einen

Freigelassenen verpönt, gegen seinen ehemaligen Herrn einen Prozeß anzustrengen; er war vielmehr verpflichtet, dem Herrn beizuspringen, wenn dieser in Not geriet.

Jeder Stand hatte seine besonderen Verpflichtungen und seine eigene Laufbahn. Allein die Angehörigen des Senatorenstandes stellten die Anwärter auf die höhere Beamtenlaufbahn, sie bekleideten die Magistrate und die hohen, allein den Consularen und Prätoriern vorbehaltenen Positionen in der Reichsverwaltung. Zusammen mit den Rittern erscheinen die Senatoren in den Geschworenengerichten *(quaestiones)*. Wurden sie selbst vor Gericht gestellt, so durften sie nur von ihren Standesgenossen gerichtet werden. Ihre militärische Laufbahn begannen sie in den *turmae equitum*, sie stiegen dann zum Militärtribunat auf und konnten es bis zum Legaten einer Legion bringen. Die Ritter sind dagegen erst unter Hadrian in größerer Zahl in die höhere Verwaltung eingedrungen. Sie waren hier eine wertvolle Ergänzung des Senatorenstandes, vor allem in den verschiedenen ritterlichen Prokuraturen. Auch die Angehörigen des Dekurionenstandes in den Munizipien und Kolonien hatten gute Aufstiegsmöglichkeiten. Wenn sie die *collegia iuvenum* durchlaufen hatten, stand ihnen die *militia equestris* offen, sie übernahmen die mittleren Offiziersstellen in den Legionen und Auxilien. Gegenüber ihren Gemeinden waren sie zu bestimmten persönlichen Leistungen verpflichtet, die in der späteren Kaiserzeit zu einer schweren Belastung geworden sind. Übrigens wurde auch die Plebs der Gemeinden zu Dienstleistungen *(munera)* herangezogen, vor allem zum Straßen- und Mauerbau, aber auch zu gewissen Leistungen bei der Beschaffung der Annona, bei der Versorgung des Militärs und bei anderen undankbaren Arbeiten.

In der Behandlung der beiden Klassen der Bevölkerung, der *honestiores* und der *humiliores*, gab es vor Gericht grundlegende Unterschiede. Die *honestiores* hatten keine Folter zu befürchten, sie konnten auch, anders als die *humiliores*, nicht zur Zwangsarbeit in Bergwerken oder zum Kampf in der Arena verurteilt werden. Auf die *humiliores* aber wartete im Fall der Verurteilung vielfach ein Gefängniselend, sie konnten sich nur retten, wenn sie mächtige Fürsprecher zu finden wußten. Im übrigen aber hatte die breite Masse an der Verwaltung der Gemeinden nicht das geringste Interesse. Was diese wünschte, waren Brot und Spiele *(panem et circenses)*. Die tiefgreifenden sozialen Unterschiede sind in den Diatriben der Kyniker oft erörtert worden – geändert hat sich dadurch nichts, da niemand daran dachte, eine soziale Reform durchzuführen. Wenn man dazu bedenkt, daß die Philosophie immer wieder die Lehre vertreten hat, daß der Wert des Menschenlebens nicht in der Aneignung von Besitz und Geld, sondern in der Sammlung von Gütern bestehe, die weder Motten noch Rost fressen, wenn man ferner weiß, daß auch das Christentum keine soziale Reform gepredigt hat, so wird man es nicht erstaunlich finden, daß die soziale Ordnung der Kaiserzeit im wesentlichen durch mehrere Jahrhunderte stabil geblieben ist.

Für die Regierungen der Julier und Claudier, aber auch der Flavier ist der Widerstand konservativer Kreise gegen das Prinzipat bezeichnend, auch unter den Philosophen hat es so manche Gegner des Prinzipats gegeben. Insbesondere die Anhänger der Stoa haben dem Kaisertum wenig freundlich gegenübergestanden. Unter Nero ist es zu Verbannungen und Hinrichtungen gekommen. Auch die Regierung der Flavier hat den geistigen Widerstand der Philosophen nicht aus der Welt schaffen können, unter Domitian hat sich die Opposition sogar noch einmal verstärkt. Im 2. Jh. hat sich dagegen das Verhältnis der Gebildeten zum Kaisertum grundlegend geändert. Aus dem Tyrannen auf dem Thron ist die Idealgestalt des Lenkers und Führers des Staates geworden, wie ihn vor allem die Reden des hochgebildeten Dion Chrysostomos von Prusa schildern. Die Schicht der Gebildeten hatte sich mit dem Prinzipat abgefunden, die Monarchie war in der Form des Adoptivkaisertums fest verankert, niemand wäre noch auf den Gedanken gekommen, an Stelle der festen Ordnung, welche das Kaisertum repräsentierte, wieder die vollendete Unsicherheit der untergegangenen *res publica libera* einzutauschen. Zur inneren Beruhigung hatte die Qualität der Administration nicht wenig beigetragen. In der Periode zwischen Tiberius und Mark Aurel hat die römische Verwaltung eine früher nie erreichte Höhe erklommen, Anklagen gegen Statthalter wegen Erpressungen waren Seltenheiten geworden. Während in der Republik die Statthalter vielfach tief verschuldet die Reise in ihre Provinz angetreten hatten, sorgte in der Kaiserzeit allein schon der hohe Senatorenzensus (250 000 Denare) dafür, daß bankrotte Figuren von der Tätigkeit in der Administration von vornherein ausgeschlossen wurden. Dazu kam noch ein hohes Gehalt von 100 000 oder 200 000 Sesterzen; die Statthalter hatten es daher im allgemeinen nicht nötig, die Untertanen zu schinden. Segensreich war auch die Institution der Provinziallandtage. Sie übten eine gewisse Kontrolle über die Tätigkeit der Statthalter aus. Die vielumstrittenen *societates publicanorum* sind in der Hohen Kaiserzeit verschwunden, an ihre Stelle sind kaiserliche Finanzprokuratoren getreten. Die Steuerschraube wurde dagegen fest angezogen, spätestens seit Trajan gibt es die Personenstandsaufnahme im ganzen Reich, sie ist an die Stelle der früheren sporadischen Volkszählungen getreten. Auch in sozialer Hinsicht sind in der Kaiserzeit Fortschritte zu verzeichnen: die Behandlung der Sklaven ist humaner geworden, es war untersagt, sie zwangsweise in die Arena oder unter die Gladiatoren zu schicken. Zahlreich sind auch die Alimentarstiftungen für arme Kinder. Die Zinsen wurden als Beihilfe für die Erziehung oder auch zur Begründung einer bescheidenen Existenz verwandt. Anderseits ist die Aussetzung von Neugeborenen weiterhin geübt worden. Grausame Strafen für Verbrechen und Vergehen waren gang und gäbe. Vestalinnen, welche das Keuschheitsgebot verletzt hatten, wurden lebendig eingemauert. Die öffentlichen Hinrichtungen hatten den Charakter von Volksfesten. Die Dekurionen mußten dafür Sorge tragen, möglichst viele verurteilte Verbrecher für die Arena ihrer Stadt herbeizuschaffen.

Charakteristisch für die Zivilisation des Imperiums ist die Existenz einer unendlich großen Zahl von Stadtgemeinden im Osten und im Westen des Reiches. Sie alle verfügen über eine eigene Verwaltung, die in den Händen der Oberschicht liegt. Die Zahl der städtischen Gemeinwesen nimmt außerdem ständig zu, vor allem Trajan und Hadrian sind es gewesen, die für die Urbanisierung des Reiches Großes geleistet haben, insbesondere in vorher städtearmen Gebieten wie Thrakien und Anatolien. Die Differenzierung der verschiedenen Städtetypen als *municipia, coloniae civium Romanorum* und *coloniae Latinae* im Westen beginnt sich allmählich zu verwischen, wenn auch die Kolonie immer noch als die vornehmste Form der Stadtgemeinden gegolten hat. Im Osten beherrscht dagegen die griechische Polis nahezu uneingeschränkt das Feld. Kolonien römischer Bürger sind hier selten. Dementsprechend ist die Amtssprache im Westen lateinisch, im Osten dagegen griechisch, wobei in Makedonien ein allmähliches Vordringen des Lateinischen auf Kosten des Griechischen zu beobachten ist. In Nordafrika lebt das Punische weiter, in Palmyra spricht man arabisch, in den syrischen Gemeinden ist dagegen ausnahmslos das Griechische im Gebrauch.

Neben den Städten gab es in Gallien, Britannien, Africa und anderen Provinzen lokale Verwaltungskörper *(civitates)*, sie wurden von einheimischen Adligen geleitet. Überhaupt keine Selbstverwaltung hatte das Land *Ägypten*. Die Spitze der Administration bildete ein *praefectus Aegypti et Alexandreae* aus dem Ritterstand. Unter ihm standen drei Epistrategen, gleichfalls römische Ritter, und zwar je einer für das Delta, für die Heptanomia und Oberägypten. Die einzelnen Gaue wurden dagegen von Strategen verwaltet, in der Regel Griechen oder Makedonen. Die Institution der Gaustrategen hatten die Römer von den Ptolemäern übernommen, ebenso die große Schar der lokalen Funktionäre. Im übrigen aber war die Verwaltung des Nillandes einzigartig im ganzen Reich: die Spitze war römisch, die Zwischeninstanzen griechisch, die Dorfverwaltung überwiegend ägyptisch. Eine große Bedeutung für die Wirtschaft hatten die ausgedehnten kaiserlichen Domänen, die vor allem in Afrika, aber auch in Kleinasien (Galatien und Kappadokien) zu finden sind. Zur Verwaltung werden sie zu größeren Komplexen *(tractus)* zusammengeschlossen. Charakteristisch für die Domänen ist die große Zahl von Bauern, die als Kolonen an die Scholle gebunden sind. Während die kaiserlichen Besitzungen beträchtlichen Gewinn abwerfen, sind in den Stadtgemeinden des Westens und Ostens die Finanzen das Sorgenkind. Man hatte es immer noch nicht gelernt, einen Haushalt aufzustellen, vielmehr pflegte man so lange aus den verschiedenen Kassen zu wirtschaften, bis diese leer waren. Die Briefe des Jüngeren Plinius aus der Doppelprovinz *Bithynia et Pontus* sind voll von Klagen über Unregelmäßigkeiten in der städtischen Finanzverwaltung. Dazu kamen des öfteren noch unvorhergesehene Ereignisse wie das Eintreten einer Hungersnot. Hatte man zufällig Gelder für die Errichtung einer Wasserleitung zurückgelegt, so mußten diese jetzt zum Ankauf von Getreide für die ärmere Bevölkerung benutzt werden. Die Poleis des Ostens hatten das Recht, lokales Kupfergeld zu prägen, sie wachten mit Eifersucht über dieses Privileg, das ihrem Selbstbewußtsein zugute kam. Vielfach gab es auch Rangstreitigkeiten zwischen den einzelnen Gemeinden, die von den römischen Statthaltern geschlichtet werden mußten. Der kluge Grieche Plutarch hat sich in seinen Schriften, insbesondere in den *Praecepta rei publicae gerendae,* dafür eingesetzt, daß sich seine Landsleute mehr um die Verwaltung ihrer Heimatgemeinden kümmern sollten: das Interesse am Gemeinwohl war, wie es scheint, zu seiner Zeit nicht mehr bei allen hierfür in Betracht kommenden Bürgern vorhanden. Wie ein roter Faden zieht sich durch Plutarchs Schrift das Eingeständnis der eigenen Schwäche und Machtlosigkeit: die Zeiten, in denen die Griechen über Krieg und Frieden zu beschließen hatten, waren vorüber. Man dürfe nicht, schreibt Plutarch, in den unbedeutendsten Angelegenheiten die Entscheidung der römischen Statthalter anrufen, für die Gesandtschaften an die römischen Kaiser möge man besonders charaktervolle Männer auswählen. Wer ein guter Bürger sein wolle, dürfe nicht davor zurückschrecken, einem unwürdigen Prinzeps die Meinung zu sagen. Was Plutarch von seinen Landsleuten fordert, die offene, freie Rede, sie findet sich wieder in den von Adolf Bauer als «heidnische Märtyrerakten» bezeichneten Papyri. Sie erstrecken sich über die Zeit von Gaius (Caligula) bis Commodus. Die Urkunden schildern Gerichtsverhandlungen vor dem römischen Prinzeps. Angeklagt sind die Führer des alexandrinischen Griechentums, und zwar wegen Erregung antisemitischer Unruhen in der Weltstadt am Nil. Wieweit die Schilderung der Papyri der Wirklichkeit entspricht, ist eine andere Frage. Auf jeden Fall gehören aber die Urkunden zu einer Literaturgattung, die das hohe griechische Selbstbewußtsein lebhaft widerspiegelt, wenn auch vielleicht auf Kosten der historischen Wahrheit. Plutarchs Ideale aber sind der Friede *(eirēnē),* die Freiheit *(eleuthería),* gute Ernten *(euetería)* und eine genügend große Zahl von Bewohnern in den Städten und deren Wohlverhalten *(euandría)* und insbesondere der innere Ausgleich *(homónoia).* All diese Begriffe sind aus den zeitgenössischen Inschriften und Münzlegenden wohlbekannt. Sie entsprechen den Idealen des gehobenen Mittelstandes und der Oberschicht des Bürgertums nicht nur im Osten des Reiches, sondern im ganzen Imperium.

Neben einigen Schriften Plutarchs (etwa 46–127 n. Chr.) sind es vor allem die Reden des um einige Generationen jüngeren Sophisten *Aelius Aristides* (117–189 n. Chr.), gebürtig aus Hadrianutherai in Mysien, welche die Gesinnung der griechischen Oberschicht in der Hohen Kaiserzeit wiedergeben. Aelius Aristides war ein reicher unabhängiger Mann. Er ist im Imperium Romanum weit herumgekommen, auch Rom hat er besucht, zu Hause aber fühlte er sich in Smyrna, hier war er eine der Leuchten des Museions. In seiner berühmten ‹Prunkrede auf Rom›, wahrscheinlich vom Jahre 143, hat er der Nachwelt ein ganz unschätzbares Dokument hinterlassen, einen Hymnus auf die Größe und Erhabenheit des römischen Weltreichs. Für Aelius Aristides ist das Imperium Romanum eine Föderation von unzähligen Gemeindestaaten *(póleis)*. Der gebildete Grieche hatte hiermit den wesentlichen Punkt getroffen, denn die Städte waren wirklich, im Osten wie im Westen, die tragenden Säulen der Kultur, sie waren voll von Gymnasien, von Brunnen, von Monumenten, Tempeln, Werkstätten und Schulen. Jede Zeile der Rede gibt das Gefühl der Sicherheit, der Sekurität, wieder, das in der Tat das vorwiegende Kennzeichen der Hohen Kaiserzeit gewesen ist. Wie Aelius Aristides dachte und schrieb, so empfanden auch seine Standesgenossen: sie waren beglückt von einer unvergleichlichen Friedenszeit, welche der britische Historiker Edward Gibbon als die schönste Zeit des Menschengeschlechts gepriesen hat. Wenn man das Glück der Menschheit mit Freiheit von Krieg gleichsetzt, so ist dies in der Tat den Menschen der Kaiserzeit in hohem Maße zuteil geworden. Die Kriege des Vierkaiserjahres (68–69) waren zwar höchst blutige Auseinandersetzungen, auch unter der Zivilbevölkerung haben sie schwere Verluste an Gut und Blut gekostet, aber sie dauerten nur kurze Zeit. Der jüdische Aufstand (66–70), die Kriege des Kaisers Trajan gegen Daker und Parther haben den Kern des Reiches nicht berührt, sie haben dem Reich eine bedeutende und im ganzen höchst segensreiche Erweiterung seiner Grenzen gebracht. Erst mit den Markomannenkriegen beginnt eine neue kriegerische Epoche, in ihr ist das Reich einer schweren Belastungsprobe unterzogen worden. Der Ausbruch der großen Pest im Jahre 166 ist, im Grunde genommen, zugleich ein Wendepunkt: die ganze Menschheit, vom Vorderen Orient bis zum Atlantischen Ozean, steht nun unter dem Schrecken der furchtbaren Seuche, sie hat die Seelen der Menschen verändert und das Gefühl der Sekurität beseitigt, das bisher das eigentliche Kennzeichen der Hohen Kaiserzeit gewesen war.

5. Das Vierkaiserjahr (68–69 n. Chr.)

Die Vorgänge des Vierkaiserjahres 68–69 n. Chr. werden nur verständlich auf dem Hintergrund der Spannungen, die zwischen den einzelnen Heeren im Imperium Romanum bestanden haben. Der Sieg der Legionen aus dem Orient hat eine neue Dynastie, die flavische, und mit ihr eine neue Epoche der römischen Kaisergeschichte heraufgeführt. Nach der Mißwirtschaft Neros und seiner Günstlinge bedurfte das Reich eines neuen Lenkers, der die Tugenden des Augustus in seiner Person verkörperte. Konnte man aber den Statthalter des Diesseitigen Spanien, *Galba*, als den idealen neuen Prinzeps bezeichnen? Galba war immerhin ein Siebziger, ein Mann vornehmer Herkunft, aber ausgesprochen geizig. Im übrigen hatte der neue Prinzeps von Anfang an eine wenig glückliche Hand. Die Beseitigung des Statthalters von Africa, L. Clodius Macer, der ihn nicht anerkennen wollte, war noch allenfalls mit Gründen der Staatsraison zu rechtfertigen. Galbas Parteinahme jedoch für die Anhänger des Julius Vindex in Gallien (dieser war dem Verginius Rufus unterlegen und hatte sich selbst den Tod gegeben) stieß die siegreichen germanischen Legionen vor den Kopf. Die Niedermetzelungen zahlreicher Flottensoldaten in Rom war eine ganz unnötige Grausamkeit. Den Prätorianern verweigerte Galba das ihnen durch Nymphidius Sabinus versprochene Donativ, Nymphidius selbst, der Präfekt der Truppe, wurde hingerichtet, als er eine Verschwörung gegen den Prinzeps anzustiften versuchte. Überhaupt war das Verhalten Galbas voll von Widersprüchen, so ging beispielsweise der größte Verbrecher unter Nero, Ofonius Tigellinus, unter ihm straflos aus. Die Kassen waren leer, zumal Galba ganz unangebrachte Steuerermäßigungen durchgeführt hatte. Noch prekärer wurde seine Lage, als sich am 1. Januar 69 die obergermanischen Legionen von ihm lossagten, am 2. Januar folgten die niedergermanischen Legionen nach, sie riefen A. Vitellius zum Kaiser aus. Damit befanden sich sieben Legionen im Aufstand. Galbas Lage war ohnehin militärisch sehr schwierig, denn die Prätorianer zürnten ihm, die germanische Leibwache war aufgelöst worden, die *legio VII Galbiana*, seine Haustruppe, hatte er aus verfassungsrechtlichen Bedenken von Italien nach Pannonien verlegt. Um seine wankende Herrschaft zu befestigen, schritt der kinderlose Galba zur Adoption: am 10. Januar 69 nahm er den 31jährigen L. Calpurnius Piso Frugi Licinianus an Sohnes Statt an und ernannte ihn unter dem Namen *Ser. Sulpicius Galba Caesar* zum Mitregenten. Gerade diese Adoption aber führte den Sturz des Galba herbei, denn auch M. Salvius Otho – er war einer der Spießgesellen Neros, im Gefolge Galbas war er von Spanien wieder nach Rom gekommen – hatte sich Hoffnungen auf die Nachfolge gemacht. Mit Hilfe der Prätorianer bahnte sich Otho den Weg zum Thron, die Legion der Flottensoldaten stellte sich ihm zur Verfügung. Am 15. Januar 69 hatte das Imperium vier Kaiser: Galba, Piso und Otho in Rom, Vitellius in Germanien. Von ihnen haben Galba und Piso den Tag nicht überlebt. Galba wurde auf dem Forum erschlagen, Piso ereilte das Geschick im Tempel der Vesta, wo er um Asyl gebeten hatte. Die nur sieben Monate dauernde Regierung des Galba war, im ganzen gesehen, eine einzige Kette von Mißgriffen gewesen. Bei Tacitus (Hist. I 49) erscheint Galba in einem gewissen Zwielicht: er hätte die Qualitäten eines Kaisers besessen, behauptet Tacitus, wenn er nicht zur Herrschaft gelangt wäre.

Otho versuchte zunächst, mit Vitellius zu verhandeln, ein sehr vernünftiger Entschluß, der, hätte er zum Ziel geführt, dem Reich einen blutigen Bürgerkrieg erspart hätte. Vitellius aber war ganz in der Hand seiner Soldaten, sie verachteten den verweichlichten Otho und wollten sich nicht um ihren Lohn prellen lassen. Im übrigen beherrschte Vitellius den Westen bald uneingeschränkt, es hatten sich nicht nur Gallien und Britannien für ihn erklärt, auch Spanien schwenkte in sein Lager über. Otho blieb nur die Hoffnung auf die Donauarmee, auch die Legionen des Orients hatten ihn anerkannt, sie waren aber zu weit entfernt, als daß sie den Anmarsch der Vitellianer gegen Italien noch hätten aufhalten können. Allein mit den Prätorianern und den Flottensoldaten war kein Krieg zu gewinnen, dazu fehlten Otho alle Eigenschaften eines Feldherrn, er verließ sich im wesentlichen auf den Prätorianerpräfekten Licinius Proculus, der aber niemals einen Feldzug geführt hatte.

Da die Alpenpässe nicht gesperrt worden waren, erschienen die Legionen des Rheinheeres im Frühjahr 69 in Oberitalien nördlich des Po. Ihre Führer waren A. Caecina Alienus und Fabius Valens, die Legaten des ober- und niedergermanischen Heeres. In Othos Kriegsrat herrschte Einmütigkeit darüber, den Kampf bis zum Eintreffen der Donauarmee aus der Defensive heraus zu führen; wenn man die Po-Ebene und dazu Friaul zu behaupten vermochte, so war man über den Berg. Der Anfang war für Otho recht verheißungsvoll: bei Bedriacum, an der Straße von Cremona nach Mantua, wurden die Vitellianer geschlagen. Doch Otho hatte nicht die Nerven zu warten, er befahl den Angriff auf die inzwischen vereinigten Kräfte der Rheinarmee. Die Schlacht unter den Mauern Cremonas ging für ihn verloren, obwohl Teile seines Heeres, insbesondere die ehemaligen Flottensoldaten, mit großer Auszeichnung gekämpft hatten. Otho gab sich zwei Tage später, am 16. April 69, selbst den Tod. Er handelte nicht nur übereilt, sondern auch treulos gegenüber seinen Soldaten, die er der Rache des Vitellius auslieferte. Mommsen hat sogar gemeint, es wäre für Otho ein leichtes gewesen, von Ravenna aus über die Adria in den Osten zu entkommen.

Bereits am 19. April 69 erkannte der Senat Vitellius als Prinzeps an, die Provinzen des Ostens folgten, am 16. Juni wird auf einem Ostrakon aus dem oberägyptischen Theben nach Vitellius datiert, der ägyptische

Vizekönig Ti. Julius Alexander scheint ihm demnach gleichfalls die Treue geschworen zu haben, bis er sich, wenige Wochen später, für Vespasian entschied. Die italischen Städte erlebten schlimme Zeiten. Die Rheinarmee überflutete ganz Mittelitalien, Gewalttätigkeiten und Plünderungen bezeichneten ihren Weg. Vitellius selbst zeigte sich maßvoll. Er stellte die Hochverratsprozesse ab, überhaupt versuchte er, die Rechtssicherheit wiederherzustellen, indem er die Privilegien seiner Vorgänger bestätigte. Den Einzug der siegreichen Armee des Vitellius in Rom hat Tacitus in sehr eindrucksvoller Weise geschildert: der Kaiser war begleitet von vier Legionen mit ihren Adlern, dazu folgten ihm Vexillationen von vier weiteren Legionen, ferner 34 Kohorten und zwölf Alen. Rom war in dem heißen Sommer des Jahres 69 ein einziges Heerlager, die Soldaten kampierten in Tempeln und Säulenhallen, vor allem auf dem Forum. Die Prätorianerkohorten des Otho wurden aufgelöst, an ihre Stelle trat eine neue Prätorianergarde von insgesamt 16 000 Mann aus den Angehörigen der Rheinarmee. Dazu kamen noch vier städtische Kohorten *(urbanae cohortes)*. Von einer wirklichen Regierung des Vitellius kann indes kaum die Rede sein, er gab sich den Tafelfreuden hin, veranstaltete Zirkusspiele, dazu eine kostspielige Totenfeier für Nero auf dem Marsfeld, die Generäle bereicherten sich über die Maßen. In Mauretanien hatte sich Lucceius Albinus, der Statthalter der Caesariensis, zum Herrscher aufgeworfen und den dynastischen Namen Juba angenommen, nach seiner Ermordung war jedoch ganz Mauretanien (Caesariensis und Tingitana) dem Vitellius zugefallen.

Im Orient hatte man die Entwicklung im Westen genau beobachtet. Die Legionen des Ostens hatten zuerst Galba, dann Otho und schließlich auch Vitellius die Treue geschworen. Der Sieg der Rheinarmee hatte jedoch viel böses Blut erregt, und zwischen der Armee an der Donau und im Orient bestand eine Gemeinsamkeit der Interessen, denn beide fühlten sich durch Vitellius übervorteilt. Die Blicke der Soldaten richteten sich im im Orient zunächst auf C. Licinius Mucianus, den Legaten von Syrien. Mucianus war ein hervorragender Feldherr und ein noch besserer Diplomat, dem T. Flavius Vespasianus, der das Kommando im Jüdischen Kriege führte, war er in mancher Hinsicht überlegen. Aber Mucianus hatte keine Kinder und lehnte es deswegen ab, sich zum Kaiser ausrufen zu lassen. Die Offiziere und Soldaten der Legionen im Orient entschieden sich nun für Vespasian. Der Präfekt von Ägypten, Ti. Julius Alexander, rief Vespasian am 1. Juli in Alexandrien zum Kaiser aus, zwei Tage später folgten die Legionen in Palästina, am 15. Juli auch die Truppen in Syrien. Die Donauarmee erklärte sich gleichfalls für Vespasian.

Wer aber war der neue Kaiser? Er entstammte einer Familie, die weder dem stadtrömischen noch dem munizipalen Adel angehörte. Der Großvater Vespasians war gebürtig aus Reate im Sabinerlande, er hatte als

Centurio im Heere des Pompejus gedient. Der Vater war Zollbeamter in Kleinasien gewesen, später hatte er als Geldverleiher in Aventicum in der Schweiz gelebt. Jedoch hatte der Oheim der Vespasia Polla, der Mutter Vespasians, es immerhin bis zum Senator prätorischen Ranges gebracht. Vespasian selbst war am 17. November 9 n. Chr. in Falacrinae bei Reate geboren; seine Erziehung hatte er in Etrurien erhalten. Über die Quästur und die Ädilität (38) war er im Jahre 39 zur Prätur gelangt. Unter Claudius war er Legat der *legio II Augusta* in Argentorate (Straßburg) gewesen. Mit dieser Truppe nahm er auch an der Eroberung Südbritanniens teil, dabei entfaltete er als militärischer Führer beachtliche Qualitäten, er eroberte 20 britannische Städte und die Insel Vectis (Wight), was ihm die Triumphalornamente einbrachte. Im Jahre 51 war er Consul suffectus, es folgte (vor dem Jahre 62) das Prokonsulat von Africa. Im Jahre 66 weilte er im Gefolge Neros in Griechenland. Obwohl er sich die Ungnade des Kaisers zugezogen hatte, entsandte ihn dieser nach Ausbruch des jüdischen Aufstandes nach Palästina, eine vortreffliche Wahl, die den Beratern Neros alle Ehre macht.

Im Hochsommer 69 fand ein Kriegsrat in Anwesenheit des Vespasian und des Mucianus in Berytus statt: man beschloß, Vespasian solle in Ägypten bleiben, um dieses Land, die große Kornkammer des Reiches, fest in der Hand zu behalten. Die Führung der aus dem Orient in den Westen zu entsendenden Truppen sollte dagegen Mucianus übernehmen, es waren insgesamt etwa 20–25 000 Mann. Mit dem Anschluß der Donauarmee konnte jedoch gerechnet werden. In Italien hatte Vitellius, sehr zur unrechten Zeit, eine Umgruppierung und Umformierung zahlreicher Truppenverbände vorgenommen. Zahlreiche Einheiten befanden sich auf dem Marsch, zum Teil in entlegene Provinzen, andere waren völlig disziplinlos geworden und terrorisierten die Einwohner der Stadt Rom und anderer Städte, die ihnen in Italien zugewiesen worden waren. Die Entscheidung fiel jedoch nicht durch Mucianus, sondern durch M. Antonius Primus, den Legaten der *legio VII Galbiana* in Pannonien. Antonius Primus fiel mit Vorausabteilungen der pannonischen Legionen, ohne Mucianus und dessen Truppen abzuwarten, über Aquileja in Norditalien ein, über Altinum gelangte er bis Vicenza. Die Wacht an der Donau hatten indessen die Jazygen, wahrscheinlich gegen Soldzahlung, übernommen. Auf der Seite des Vitellius spielte der Verrat. Die Flotte von Ravenna fiel von ihm ab, auch Caecina, einer seiner bedeutendsten Heerführer, versuchte die Truppen für Vespasian zu gewinnen, er wurde jedoch gefangengesetzt. Die Entscheidung fiel in einer zweiten Schlacht bei Bedriacum (Ende Oktober 69). Antonius blieb in einer ungemein blutigen Auseinandersetzung Sieger, Cremona wurde erstürmt und geplündert, wobei es zu entsetzlichen Schreckensszenen gekommen ist. Auf die Kunde von dieser Schlacht erklärte sich der Westen des Reiches für Vespasian, auch die Flotte von Misenum fiel von Vitellius ab. Antonius Primus aber zog, ohne große Eile an den Tag zu legen, über Fanum Fortunae nach Carsulae. Hier wurde eine Konvention mit den ihm gegenüberstehenden Truppen des Vitellius abgeschlossen (17. Dezember 69). Vitellius, der Prinzeps, war zum Rücktritt bereit, aber er war nicht Herr der Lage in der Hauptstadt; hier brachen Straßenkämpfe aus, in denen sich die Anhänger des Vitellius und des Vespasian gegenüberstanden. Der Stadtpräfekt Flavius Sabinus, der Bruder Vespasians, hatte sich mit den *Cohortes urbanae* auf dem Kapitol verschanzt, die Burg wurde aber erstürmt, Flavius Sabinus fand dabei den Tod, das Kapitol ging in Flammen auf (19. Dezember 69). Bereits am folgenden Tag erschien Antonius Primus vor den Toren Roms, die Stadt wurde im Sturm genommen, wobei angeblich 50 000 Menschen umgekommen sein sollen. Vitellius fand ein unrühmliches Ende, er hatte sich im Palatinspalast versteckt, wurde aber aufgestöbert. Auf dem Forum empfing er den tödlichen Streich, sein Leichnam wurde in den Tiber geworfen (20. Dezember 69).

Die Frage nach dem Nachfolger Neros war damit entschieden. Aus dem Streit der Prätendenten war Vespasian dank der Kampfkraft der pannonischen Legionen als Sieger hervorgegangen. Der neue Kaiser befand sich allerdings noch in Ägypten, erst im Herbst des Jahres 70 hat er italischen Boden betreten. Schon am 22. Dezember 69 hatte der Senat die üblichen Ehren *(honores)* für den neuen Prinzeps beschlossen, darunter das *imperium proconsulare,* die *tribunicia potestas,* den Namen Augustus und einige weitere Rechte, die auch die früheren Kaiser besessen hatten. Von dem Bestallungsgesetz Vespasians ist der letzte Teil erhalten, in ihm ist von einer Anzahl von Privilegien des Prinzeps die Rede, darunter von dem Recht, Bündnisse abzuschließen, dazu von seinem Verhältnis zum Senat, von der Empfehlung *(commendatio)* seiner Kandidaten, von dem Recht, das Pomerium zu erweitern, und von anderem. Endlich wurden alle Maßnahmen Vespasians seit dem *dies imperii,* dem Tage, an dem er in Alexandrien zum Kaiser ausgerufen worden war (1. Juli 69), für rechtsgültig erklärt. In Rom aber hatte Mucianus nach seinem Eintreffen (wohl noch am 22. Dezember 69) die Zügel in die Hand genommen, Antonius Primus mußte sich ihm unterordnen, begab sich aber bald zu Vespasian.

6. Die Zeit der flavischen Dynastie (70–96 n. Chr.)

Die Wirren und Kämpfe des Vierkaiserjahres waren an dem Imperium Romanum nicht spurlos vorübergegangen. Besonders in weit entlegenen Gebieten, aber auch an den Grenzen des Reiches machten sich Unruhen bemerkbar. In der Landschaft *Pontos* in Kleinasien erhob sich Anicetus, ein Freigelassener des letzten pontischen Königs, zugunsten des Vitellius, der Aufstand konnte aber unterdrückt werden. Schwere Zeiten hatte die Provinz *Moesia* an der unteren Donau durchzumachen, sie wurde von Sarmaten und Geten bedrängt (69–70). Sehr viel gefährlicher als diese lokalen Unruhen aber waren die Aufstände in *Germanien* und *Judäa*. In Palästina hatten die Römer eine große Streitmacht gegen die aufständischen Juden versammelt. Nicht weniger als sechs Legionen, 20 Kohorten und acht Alen standen hier unter dem Oberbefehl des Titus, dazu kamen noch die Kontingente orientalischer Vasallenfürsten. Die Stadt Jerusalem war längst vom Hinterland abgeschnitten, doch hatten die Kämpfe um das Kaisertum im römischen Reich den Juden noch einmal eine Gnadenfrist geschenkt, die von diesen vor allem durch Parteikämpfe ausgefüllt worden ist. Als die Unterstadt von den Römern erobert worden war, verteidigten sich die Juden mit Verbissenheit in der Oberstadt, sie wurde am 26. September 70, an einem Sabbat, von Titus mit stürmender Hand genommen. Titus, durch den hartnäckigen Widerstand aufgebracht, hatte die vollständige Zerstörung der Stadt befohlen, um den Herd des jüdischen Widerstandes für alle Zeiten auszutilgen. Wenn man dem Historiker Josephus Glauben schenken darf, so wären im Jüdischen Kriege 97 000 Juden in römische Gefangenschaft geraten (sie wurden zumeist als Sklaven verkauft, oder man schickte sie in die Bergwerke, andere wurden für die Spiele aufgespart), mehr als eine Million wäre durch Hunger, Seuchen oder das Schwert umgekommen. Im Juni 71 feierte Titus, zusammen mit seinem Vater Vespasian, in Rom seinen Triumph. Der Bogen des Titus, der heute noch auf dem Forum Romanum steht, ist übrigens erst im Jahre 81, nach dem Tode des Titus, durch seinen Bruder und Nachfolger Domitian errichtet worden. Judäa wurde von Syrien abgetrennt, es wurde eine eigene kaiserliche Provinz, die Hauptstadt war Cäsarea. Den Juden wurde eine Sondersteuer auferlegt, und zwar pro Kopf zwei Drachmen *(fiscus Iudaicus)*, sie waren nunmehr an den Tempel des Juppiter Capitolinus in Rom zu entrichten. Im übrigen sind die Flammen des Aufstandes erst im Jahre 73 erloschen, als letzter Stützpunkt der Juden ist die Burg Masada am Toten Meer erst im April 73 gefallen. Sie war von den Sikariern verteidigt worden, einer besonders fanatischen Sekte. Es war kein Wunder, wenn sich bei den Juden ein ungeheurer Haß gegen die römischen Unterdrücker ansammelte. Was die Juden von Rom dachten, zeigt in christlicher Überarbeitung die Offenbarung Johannis, in der Rom als die Mutter der Dirnen und aller Greuel der Welt erscheint.

Womöglich noch gefährlicher als der jüdische Aufstand, der von den Römern lokalisiert werden konnte, war die Erhebung der *Bataver und Canninefaten* am Niederrhein. Als Grund hierfür werden die von Vitellius im Kriege gegen Vespasian angeordneten Aushebungen angegeben. Antonius Primus hatte den Bataver Julius Civilis aufgefordert, sich den Befehlen des Vitellius zu widersetzen, es sollten dadurch Kontingente der Rheinarmee gebunden werden. Der Aufstand aber loderte nach dem Siege Vespasians nicht nur weiter, er zog sogar noch größere Kreise, weil sich ihm nicht allein Truppen der Rheinarmee, sondern auch die Frisen und Stämme des benachbarten Galliens anschlossen. Zu den letzteren gehörten die Treverer und die Lingonen, ja sogar Stämme der Belgier wie die kampfkräftigen Nervier. Anführer waren der Treverer Classicus und der Lingone Sabinus. Bei den römischen Truppenteilen am Rhein hatte sich jegliche Disziplin aufgelöst, sie meuterten und erschlugen den Legaten Hordeonius Flaccus nebst anderen Offizieren. Es war an die Errichtung eines gallischen Sonderreiches gedacht, eine Absicht, die vielleicht hätte verwirklicht werden können, wenn sich die Aufständischen einig gewesen wären. Auf jeden Fall aber war der Schaden für das Imperium groß genug, denn alle Legionslager am Rhein (mit der einzigen Ausnahme von Mainz) gingen in Flammen auf. Auf germanischer Seite spielte die Seherin Veleda eine Rolle. Von ihrer späteren Anwesenheit in Ardea in Latium zeugt eine merkwürdige griechische Inschrift. Von Vindonissa (Windisch) aus bereiteten die Römer ihre Gegenmaßnahmen vor, sie entsandten ein Heer unter dem Befehl des Q. Petillius Cerialis gegen die Aufrührer. Auf einem Kongreß zu Reims boten die Aufständischen dem Petillius die Königswürde über die Gallier an, was der römische Feldherr jedoch abgelehnt hat. Gegenüber Julius Civilis vermochte Petillius einige Erfolge zu erringen, so besiegte er ihn in der Nähe von Vetera (Xanten) und drang auf die Insel der Bataver vor. Die Kämpfe wurden, wie es scheint, durch ein Übereinkommen zwischen dem Römer und Julius Civilis beendet. Da die ‹Historien› des Tacitus an dieser Stelle (V 26) abbrechen, ist über das Ergebnis der Verhandlungen – sie wurden auf einer Brücke über die Nahalia (Waal) geführt – nichts bekannt. Doch scheint die Aufstandsbewegung beendet gewesen zu sein. Petillius wurde nach England versetzt, wo ihm in den folgenden Jahren (71–74) die Eroberung weiter Gebiete in Nordengland gelungen ist.

Seit dem Spätherbst des Jahres 70 herrschte auch am Rhein wieder Ruhe. Vespasian fand nunmehr die Zeit, die Erneuerung des Reiches in Angriff zu nehmen. Über seine persönlichen Qualitäten kann es keinen Zweifel geben: Vespasian war ein nüchterner, allen Extravaganzen abholder Herrscher, der vor allem auch seine Soldaten im Zaum zu halten wußte. Der Bestand der Dynastie schien gesichert durch die Existenz von zwei tüchtigen Söhnen, von denen Titus damals 30 Jahre, Domitian 18 Jahre zählte. Vespasians Energie machte sich auf allen Gebieten fühlbar, dazu war er persönlich sehr anspruchslos, eher geizig als sparsam, hierin das völlige Gegenbild seiner Vorgänger Otho und Vitellius. Ungebildet war er nicht, obwohl er den größten Teil seines Lebens im Feldlager zugebracht hatte. Er konnte Homer und Menander zitieren, und die Vita des Sueton erzählt von seinen Späßen, mit denen er sich oft aus prekären Situationen rettete. In Alexandrien hatte Vespasian einen Blinden und einen Lahmen geheilt. Der ganze Orient wußte seitdem, daß auf dem neuen Prinzeps der Segen des Allerhöchsten ruhte. Schon vor seinem Eintreffen in Rom (Herbst 70) hatte man mit der Erneuerung des Kapitols begonnen, am 21. Juni 70 war der Grundstein gelegt worden. Vespasian soll später in eigener Person bei der Enttrümmerung mitgewirkt haben. Eine seiner ersten Maßnahmen war die Verringerung der Zahl der Prätorianer von 16 auf neun Kohorten. Am Ende des Jahres 71 wurde der Janustempel wieder geschlossen, obwohl der jüdische Aufstand noch immer nicht ganz erloschen war. Um die Nachfolge seiner Söhne war Vespasian sehr besorgt. Nicht weniger als siebenmal bekleidete Titus zusammen mit dem Vater das Consulat. Titus, der den Titel Caesar führte, hatte außerdem nach seiner Rückkehr aus dem jüdischen Krieg das *imperium proconsulare* und die *tribunicia potestas* erhalten. Auch Domitian ist unter seinem Vater nicht weniger als sechsmal Consul gewesen, davon allerdings fünfmal *Consul suffectus*. Vespasian hat es ganz unumwunden ausgesprochen: «Entweder sollen meine Söhne meine Nachfolger sein – oder niemand» (Suet. Vesp. 25). Titus erhielt außerdem die Prätorianerpräfektur, ein völliges Novum in der Geschichte des römischen Prinzipats.

Die Aufgabe, vor die sich Vespasian gestellt sah, war unendlich schwierig. Die Finanzen waren erschöpft, in weiten Teilen des Reiches herrschte Unordnung, das Heer war verwildert und mußte erst wieder an Disziplin gewöhnt werden. Die wichtigste Aufgabe, von der geradezu der Bestand des Imperiums abhing, aber war die Neubildung einer Führungsschicht. Ein großer Teil der römischen Nobilität hatte sich durch sein Zusammenwirken mit Nero so stark kompromittiert, daß er für die hohen Stellungen in der Reichsverwaltung nicht mehr in Betracht kommen konnte. Durch den Aderlaß der Bürgerkriege des Vierkaiserjahres war der römische Senat dezimiert, dazu hatten viele Senatoren und Ritter durch Konfiskationen ihre Vermögen verloren. Unter Vespasian sind neue Männer an ihre Stelle getreten. Dies gilt nicht nur für den Senatorenstand, sondern auch für die Ritter. Bei den Senatoren erfolgte die Ergänzung entweder durch die Verleihung des *latus clavus* seitens des Prinzeps oder aber auf dem Wege über die *adlectio*, wobei den Neuaufgenommenen zugleich der Rang eines Tribuniziers, Ädiliziers oder Prätoriers, in späterer Zeit auch der Rang eines Consulars, zugeteilt wurde. Die Neuernannten waren zum Teil ehemalige Angehörige des zweiten Standes, des *ordo equester*. Dies gilt z. B. für Sex. Lucilius Bassus, der unter Vespasian Präfekt der beiden Flotten von Ravenna und Misenum gewesen ist und der später den Posten eines Legaten von Judaea übernommen hat. Im übrigen waren es vor allem Offiziere, die sich im Bürgerkriege auf seiten Vespasians ausgezeichnet hatten. Nicht durch Zufall ist die Zahl der *homines novi* unter den Consularen der Flavier sehr beträchtlich, wenn auch die meisten unter ihnen erst unter Domitian den Gipfel ihrer Laufbahn erreicht haben. Auch eine Anzahl von Patriziern hat Vespasian neu ernannt, indem er einen Brauch wieder aufnahm, für den Caesar und Augustus durch besondere Gesetze, der letztere durch die *Lex Saenia*, ermächtigt gewesen waren. Die Maßnahme war notwendig geworden, weil zahlreiche altberühmte Familien der Patrizier ausgestorben waren. Zu den neuen Patriziern gehören so bekannte Persönlichkeiten wie Cn. Julius Agricola, der Schwiegervater des Historikers Tacitus, M. Ulpius Trajanus, der Vater des späteren Prinzeps, und M. Annius Verus, der Großvater des Kaisers Mark Aurel. Im ganzen hat Vespasian eine sehr glückliche Hand bewiesen, nicht wenige der neuen Männer haben es in späteren Jahrzehnten zu hohen Ehrenstellungen im Reich gebracht. Bemerkenswert ist ferner, daß manche der neuen Männer aus den Provinzen stammten, wo sie zumeist in römischen Kolonien aufgewachsen waren, Trajan in Italica, Annius Verus in Ucubis, Agricola in Forum Iulii (Fréjus).

Wie unter Nero, so gab es auch unter den Flaviern eine Opposition, welche die Ideale der alten längst untergegangenen *res publica libera* auf ihre Fahnen geschrieben hatte. Getragen wurde sie vor allem von Senatoren stoischer Einstellung. Das Haupt der Gegenströmung unter Vespasian war der Stoiker Helvidius Priscus. Er war der Schwiegersohn des Thrasea Paetus, der unter Nero hingerichtet worden war. Helvidius Priscus leistete dem Prinzeps, wo er nur konnte, entschlossenen Widerstand. Dabei schreckte er auch vor ausgesprochenen Taktlosigkeiten nicht zurück. Es war kein Wunder, wenn die Geduld Vespasians schließlich ein Ende hatte. Helvidius wurde zunächst verbannt, dann hingerichtet, er ist eines der ganz wenigen Opfer der Regierung des Vespasian gewesen. Schon im Jahre 71 hatte Vespasian die kynischen Bettelphilosophen und die Astrologen aus Rom ausgewiesen, im Jahre 74 kam es zu einer allgemeinen Philosophenvertreibung aus Rom und wohl aus ganz Italien; ausgenommen war nur Musonius Rufus, der jedoch wenig später in die Verbannung gehen mußte und erst unter Titus zurückkehren durfte. Sehr viel schärfer wurde der Kurs unter Domitian (81–96). Unter der Zahl seiner Opfer waren Herennius Senecio – seine Bücher wurden auf dem Forum verbrannt –, Helvidius Priscus der Jüngere, der an dem Privatleben Domitians literarische Kritik geübt hatte, und Q. Junius Rusticus Arulenus. Diese Männer wurden hingerichtet, während der Bruder des letztgenannten, Junius Mauricus, nur verbannt wurde. Das gleiche Schicksal wartete auf den gefeierten griechischen Redner Dion Chrysostomos von Prusa. Er mußte in die Fremde gehen und hat allenthalben den Haß gegen Domitian, den Unterdrücker, geschürt. Für die Stoiker war vor allem die Erbmonarchie ein Stein des Anstoßes, sie wurde ohne weiteres mit der Tyrannis gleichgesetzt. Bei allem persönlichen Mut der Stoiker ist nicht zu übersehen, daß sie vielfach für die Wirklichkeit keinen rechten Blick hatten und sich in Ideologien flüchteten. Unter der Herrschaft des Trajan ist die Opposition verstummt, Dion Chrysostomos ist einer der ersten gewesen, der, wiederum ganz im Sinne der stoischen Lehre, den neuen Prinzeps als den Lenker und Führer des Staates gepriesen hat.

Besonders groß sind die Verdienste Vespasians um die Finanzen des Reiches. Allein schon die Versorgung der entlassenen Legionäre erforderte gewaltige Mittel. Vespasian soll gesagt haben, er müsse, um den Staat wieder zahlungsfähig zu machen, nicht weniger als 40 Milliarden Sesterzen aufbringen. Diese horrende Summe ist gelegentlich in Zweifel gezogen worden, aber selbst wenn man nur mit vier Milliarden rechnet (Budé), so wäre dies immer noch eine riesige Summe. Vor allem hat Vespasian eine Reihe von Privilegien, die Nero verliehen hatte, rücksichtslos abgeschafft. Dies gilt etwa von der Steuerfreiheit der Provinz Achaia (Griechenland). Wenn ferner Gemeinden wie Rhodos, Byzanz und Samos ihrer Freiheit beraubt worden sind, so bedeutet dies gleichzeitig die Aufhebung der bisherigen Steuerfreiheit. Dies trifft auch für die lykischen Städte zu, die nun zu Pamphylien geschlagen worden sind (neue Doppelprovinz Lycia-Pamphylia). Außerdem wurden drei Spezialkassen eingerichtet, der *fiscus Iudaicus*, der *fiscus Alexandrinus* und der *fiscus Asiaticus*. Auch in Italien hat Vespasian neue Steuerquellen zu erschließen versucht. Unter anderem hat er die *subsiciva* erfaßt, d. h. jenes Land, das bei Koloniegründungen nicht berücksichtigt zu werden und in der Regel in den Besitz privater Okkupanten überzugehen pflegte. Im übrigen hat Vespasian zahlreiche Dichter und Gelehrte unterstützt, unter seiner Regierung hat Quintilian den ersten bezahlten Lehrstuhl für Rhetorik in Rom erhalten. Von Privilegien für die *paideutaí* und die Mediziner zeugt die bekannte Inschrift von Pergamon. Groß ist die Zahl der Bauten, die Vespasian in Rom aufführen ließ. Außer dem neuen Tempel des Juppiter Capitolinus, vollendet im Jahre 71, erstanden das *templum Pacis* und insbesondere das riesige Kolosseum. Auch in den Provinzen wurden zahlreiche Straßen und Brücken gebaut.

Unter Vespasian hat das Imperium einen entscheidenden Schritt vorwärts zur Romanisierung getan, vor allem in den westlichen Provinzen. Ganz Spanien erhielt das *ius Latii*, die Vorstufe zum römischen Bürgerrecht, es rückte damit in eine Zwischenstellung zwischen dem Bürgerland Italien und den anderen Provinzen ein. Mit der Verleihung des latinischen Rechts war eine große Verwaltungsarbeit verbunden, die sich auch auf die Neuformulierung des Stadtrechts der spanischen Gemeinden erstreckte. Vespasians Großzügigkeit hatte ein rasches Aufblühen des munizipalen Lebens in Spanien zur Folge. Auch außerhalb Spaniens ist durch

Vespasian eine Reihe von Kolonien gegründet worden, die bekanntesten sind Aventicum in der Schweiz, Sirmium und Siscia in Pannonien, Scupi in Mösien und Cäsarea in Palästina. In den folgenden Jahrzehnten erscheinen in steigender Zahl Angehörige des munizipalen Adels aus Spanien, aber auch aus Südgallien, nicht nur im römischen Senat, sondern auch in den Magistraturen; im Jahre 80 hat zum erstenmal ein Römer aus Africa, Q. Pactumeius Fronto, das Consulat bekleidet. Im ganzen war die zehnjährige Regierung des Vespasian (er starb am 24. Juni 79) ein Segen für das Reich, der Kaiser selbst hat durch sein Vorbild nicht wenig zur Konsolidierung beigetragen.

Vespasians Nachfolger, sein ältester Sohn *Titus,* war eine glänzende Erscheinung in der Reihe der römischen Kaiser. Er war nicht nur ein bewährter Feldherr, sondern auch ein vorzüglicher Regent. Einzig und allein das Verhältnis zu seinem Bruder Domitian gab zu Sorgen Anlaß. Denn dieser war der künftige Nachfolger, da Titus nur eine Tochter, Julia, besaß. Die sehr kurze Regierung des Titus (79–81) wird gekennzeichnet durch zwei Katastrophen, durch einen großen Brand in Rom, der ein umfangreiches Neubauprogramm erforderlich machte, und durch den Ausbruch des Vesuvs am 24. August 79, bei dem die Städte Herculaneum und Pompeji zerstört worden sind. Auch der Ältere Plinius, Präfekt der Flotte von Misenum, hat bei dieser Katastrophe den Tod gefunden.

Titus starb am 13. September 81 in Reate. Noch am gleichen Tage ließ sich Domitian von den Prätorianern als Imperator salutieren, am folgenden Tage wurde er durch den Senat als Prinzeps anerkannt. Der 14. September galt fortan als der *dies imperii* des neuen Kaisers. Dem letzten Flavier ist die Überlieferung wenig günstig. Insbesondere Tacitus und der Jüngere Plinius haben in Schriften, die nach dem Tode des Domitian erschienen sind, aus ihrer Abneigung und Feindschaft kein Hehl gemacht. Anderseits sind die Aussprüche der Hofdichter voll von adulatorischen Übertreibungen, die inschriftliche Überlieferung ist dagegen sehr mager und praktisch ohne individuelle Züge.

Domitian war, wenn nicht alles trügt, kein glücklicher Mensch. Ihm fehlte vor allem die souveräne Sicherheit, die sein Vater und sein älterer Bruder in so hohem Maße besessen hatten. Er war ein ausgesprochener Einspänner, ohne wirkliche Freunde, dazu ein leidenschaftlicher Anhänger der Astrologie. Außerdem war ihm seine Herrscherwürde zu Kopf gestiegen, sein Ziel, dem er zustrebte, war der hoch über allen Untertanen thronende absolute Kaiser, der *dominus et deus,* wie er sich nennen ließ. Nicht weniger als 17mal bekleidete er das Consulat, im Jahre 85 übernahm er das Amt des Censors, ohne es jedoch wieder abzugeben. Als *censor perpetuus* übte er eine rigorose Kontrolle über den Senat und seine Mitglieder aus. Seit dem Jahre 83, in dem er einen Triumph über die Germanen gefeiert hatte, pflegte er im Triumphalgewand in der hohen Körperschaft zu erscheinen. Dazu ließ er sich von 24 Liktoren begleiten. Während Titus seine Geliebte, die Jüdin Berenice, der öffentlichen Meinung zum Opfer gebracht und aus Rom entfernt hatte, schreckte Domitian weder vor der Verbannung seiner Gattin (Domitia Longina, Tochter des Domitius Corbulo), die Gleiches mit Gleichem vergolten hatte, noch vor einem Liebesverhältnis mit seiner eigenen Nichte, Titus' Tochter Julia, zurück. Von Jugend auf hatte Domitian ein lebhaftes Interesse an den Schönen Künsten gezeigt, so hatte er beispielsweise den Jüdischen Krieg des Titus in Versen dargestellt. Im Jahre 86 stiftete er zu Ehren des Juppiter Capitolinus in Rom ein alle vier Jahre wiederkehrendes Fest, dem er selbst in griechischer Kleidung präsidierte. Das große Vorbild hierfür war das Olympische Hochfest; es fanden Wettbewerbe in Literatur, im Wagenrennen und in der Agonistik statt. Außerdem wurden alljährlich Spiele zu Ehren der Minerva, seiner besonderen Schutzpatronin, auf dem Mons Albanus abgehalten, doch konnte sich die römische Aristokratie für die griechischen Neigungen des Prinzeps nicht erwärmen, eher schon für sein Interesse an den Gladiatorenspielen: unter Domitian sind nicht weniger als vier neue Gladiatorenschulen *(ludi)* in Rom errichtet worden; in dem fernen Alexandrien wurde ein *procurator familiae gladiatoriae* bestellt.

Seit dem Jahre 87 stand Domitian unter der ständigen Furcht vor Verschwörungen. In jenem Jahr sind, wie die Arvalakten bezeugen, Opfer dargebracht worden *ob detecta scelera nefariorum*. Im Jahre 88 hatte man in Rom die Säkularspiele besonders festlich begangen, da kam die Kunde von der Erhebung des Legaten des *exercitus superior* in Germanien, L. Antonius Saturninus. Infolge des tatkräftigen Eingreifens des Legaten des niederrheinischen Heeres, A. Bucius Lappius Maximus, war jedoch die Gefahr bereits vorüber, als Domitian im Winter 88/89 in Germanien eintraf. Im Jahre 89 wurden die Philosophen und Astrologen aus Rom ausgewiesen; hohe Verwaltungsbeamte wie der Proconsul von Asia, C. Vettulenus Civica Cerialis, und der Legat von Britannien, Sallustius Lucullus, mußten ebenso sterben wie der Philosoph Hermogenes von Tarsus, der den Prinzeps in einer Flugschrift angegriffen hatte. Weitere Verfolgungen richteten sich (im Jahre 93 und 94) gegen eine Reihe von Stoikern, unter ihnen Helvidius Priscus der Jüngere, Junius Rusticus Arulenus und Herennius Senecio. Im Jahre 95 verwies ein Senatsbeschluß alle Philosophen aus Italien. In dem gleichen Jahre wurde der Consul Flavius Clemens, ein Neffe Domitians, wegen Gottlosigkeit vor Gericht gestellt. Er wurde hingerichtet, seine Gattin Domitilla in die Verbannung geschickt, danach zum Selbstmord gezwungen. Die letzten Monate der domitianischen Regierung waren geradezu eine Schreckenszeit. Es bildete sich schließlich eine Verschwörung, an der beide Präfekten der Prätorianer beteiligt waren, auch Domitia Longina, die Gattin des Kaisers, gehörte zu den Eingeweihten. Am 18. September 96 fiel Domitian unter den Streichen des Freigelassenen Stephanus. Dieser wurde seinerseits von der Palastwache überwältigt, die anderen Verschwörer konnten entkommen. Sie riefen Cocceius Nerva, einen älteren Senator und angesehenen Juristen, zum Kaiser aus. Für die römische Aristokratie war die Regierung Domitians zweifellos eine schwere Zeit. Ganz anders aber war das Verhältnis des Prinzeps zum römischen Volk. Durch wiederholte Geldspenden *(congiaria)*, aber auch durch die Veranstaltung glänzender Spiele wußte er die Sympathien der römischen Plebs zu gewinnen. Auch für die Bauten in Rom hat Domitian riesige Summen ausgeworfen. So schuf er nicht nur eine Naumachie am Tiber, er errichtete außerdem ein Stadium und ein Odeum auf dem Marsfeld. Der Tempel des Juppiter auf dem Capitol wurde besonders kostbar ausgestattet, dabei wurde pentelischer Marmor verwandt, die Tore erhielten goldene Beschläge. All diese Werke kosteten teueres Geld, aber Domitian hat es verstanden, sich immer wieder neue Finanzquellen zu erschließen. Von dem zweischneidigen Mittel der Münzverschlechterung hat er keinen Gebrauch gemacht, anderseits hat er schwerlich einen gefüllten Staatsschatz hinterlassen, obwohl dies Ronald Syme angenommen hat. Für die Verwaltung des Reiches und die Rechtsprechung hat Domitian vortrefflich gesorgt, auch in der Auswahl seiner Statthalter bewies der Kaiser im allgemeinen eine recht glückliche Hand. In der christlichen Überlieferung gilt Domitian als der zweite der großen Christenverfolger. In der Tat spricht der Clemensbrief von der Bedrückung der Christen in der domitianischen Zeit, auch die Johannesapokalypse, die mit Wahrscheinlichkeit in die Zeit des Domitian gehört, zeugt von der Verfolgung. Einer der ältesten Begräbnisplätze der Christen in Rom heißt *coemeterium Domitillae*, wahrscheinlich nach der Gattin des Flavius Clemens.

Die Außenpolitik der flavischen Kaiser: Über der Außenpolitik der Flavier steht nach der Niederwerfung der Aufstände in Judäa und am Rhein als Devise die Sicherung der Grenzen des Imperiums. Mit der Errichtung der ersten *Limites* am Rhein und an der Donau geht das Reich nunmehr zu einer starren Verteidigung über. Zu einem schweren, auch für die Römer verlustreichen Kriege ist es allein an der unteren Donau in der Zeit des Domitian, zu einer wesentlichen Erweiterung der Reichsgrenzen ist es nur in Britannien gekommen.

In Britannien hatten die Römer bis zum Jahre 69 die Grenzen ungefähr bis auf die Linie zwischen Humber und Mersey vorgeschoben, das südlich davon liegende Gebiet konnte als befriedet gelten, mit Ausnahme der Landschaft Wales, die aber durch eine Reihe von Kastellen abgeriegelt war. Römische Legionslager befanden sich in Glevum (Gloucester), Viroconium (Wroxeter) und Lindum (Lincoln). Unter der Regierung des Vespasian konnten die Römer unter der Führung des Petillius Cerialis

(s. S. 277) und des Sex. Julius Frontinus gegen die Völker der Briganten und Silurer Erfolge erringen.

Aber erst mit der Entsendung des Cn. Julius Agricola (im Jahre 77) begann ein neuer Abschnitt der Eroberung Britanniens. Die Römer besetzten die Insel Mona (Anglesey) und verlegten nach schweren Kämpfen gegen die Kaledonier die Reichsgrenze bis an die Tava (Tay). Auf seinem 7. Feldzug (83) schlug Agricola die Gegner am Mons Graupius, nördlich von Clota und Bodotria (Firth of Clyde und Firth of Forth). Durch eine Flottenfahrt um die Nordspitze Schottlands herum stellten die Römer die Inselnatur Britanniens fest. Agricola aber wurde, spätestens im Jahre 84, abberufen. Domitian konnte sich nicht einseitig auf Britannien konzentrieren, die militärischen Kräfte des Reiches wurden auch an anderen Fronten, insbesondere an der Donau, dringend benötigt. Im übrigen aber standen die Römer im Jahre 85 an den Toren der Highlands in Schottland, die Landschaft Wales war befriedet, in Caerleon (Isca), Chester (Deva), York (Eburacum) und Inchtuthill erhoben sich Legionslager.

Bemerkenswert waren auch die Veränderungen an der *Rheingrenze*. Der größte Teil der Rheinarmee (sieben Legionen) war nach Beendigung des Aufstands des Julius Civilis durch neue Einheiten ersetzt worden, vier Legionen hatte Vespasian kassiert, eine weitere war an die Donaugrenze verlegt worden. Die zum größten Teil aus Germanen bestehenden Auxilien wurden aufgelöst und durch neue ersetzt, die Hilfstruppen der germanischen Klientelvölker, der Frisen, Brukterer, Tenkterer und anderer, wurden von nun an von römischen Offizieren geführt und in ferne Länder geschickt. Die Legionslager Mainz, Bonn, Neuß und Vetera wurden erneuert, auch Argentorate (Straßburg) wurde neu besetzt. Im Jahre 77/78 führten die Römer mit einem Aufgebot von insgesamt acht Legionen einen Krieg gegen die Brukterer: das Volk wurde fast ganz ausgerottet, die Seherin Veleda wanderte in römische Gefangenschaft (s. S. 277). Zahlreiche Orte am Mittelrhein erhielten als Besatzung römische Auxilien, unter ihnen Bingen, Boppard, Koblenz, Andernach, Remagen, Asberg und Altkalkar. Bereits im Jahre 73 hatten die Römer einen Vorstoß am Oberrhein geführt, mit dem Ziel, am Rheinknie, auf dem rechten Ufer gegenüber von Basel, ein Vorfeld zu schaffen. Das neugewonnene Gebiet umfaßte zunächst nur einen schmalen Streifen vom Zusammenfluß des Rheins und des Neckars bis etwa nach Kehl, von dort die Kinzig aufwärts zum Oberlauf des Neckars, alsdann über die Rauhe Alb bis hin nach Tuttlingen und von hier zum Ausfluß des Rheins aus dem Bodensee. Dadurch wurde eine unmittelbare Verbindung zwischen Argentorate (Straßburg) und dem westlichen Raetien hergestellt. Das neueroberte Territorium wurde durch eine Reihe von Kastellen gesichert. Zu ihnen gehörten Ladenburg (Lopodunum), Neuenheim, Hockenheim, Baden-Baden (Aquae), Offenburg, Rottweil (Arae Flaviae) und Zurzach. Tacitus (Germania c. 29) nennt dieses Gebiet die *decumates agri*, der Name ist bis heute noch nicht mit Sicherheit etymologisch geklärt. Domitian hat die Rheinpolitik seines Vaters fortgesetzt. Größere Erfolge sind ihm jedoch versagt geblieben. Im Jahre 83 siegte er über die Chatten, der Krieg dauerte vielleicht bis zum Jahre 85. Ein weiterer Feldzug des Kaisers steht in Verbindung mit der Erhebung des Antonius Saturninus im Jahre 88. Im Anschluß daran (wahrscheinlich im Jahre 89) wurden die bisherigen Militärdistrikte des *exercitus superior* und des *exercitus inferior* in regelrechte Provinzen *(Germania Superior et Inferior)* umgewandelt. Außerdem wurde die Reichsgrenze im Vorfeld von Mainz und südlich davon beträchtlich vorgeschoben (bis zum Remstal), dazu eine Verbindung mit den *decumates agri* des Vespasian hergestellt. Im Chattenkrieg waren das Taunus-Gebiet und die Wetterau erobert worden, gegen 90 n. Chr. wurde auch das Odenwaldgebiet in das römische Imperium einbezogen und durch eine vom unteren Main bis zum Remstal verlaufende befestigte Linie gesichert. Auch die Rauhe Alb erhielt einige Kastelle, dazu wurde eine Verbindung mit der Donau (über Faimingen) geschaffen. Weil der Donaustrom keine gute Verteidigungslinie bildete, wurde die Grenze ein Stück nach Norden, auf die Linie Remstal–Weißenburg in Franken–Eining, vorverlegt *(limes Raeticus)*. Alle diese Maßnahmen der Flavier – sie sind später durch Hadrian und die Antonine ausgebaut worden – bezeichnen eine neue Phase in der Germanenpolitik der römischen Kaiser. Da man auf die *große* Lösung, die Unterwerfung der Gebiete zwischen Rhein und Elbe, verzichtet hatte, entschloß man sich zu einer *kleinen* Lösung. Dadurch ist das Territorium des heutigen Baden-Württemberg und das südliche Bayern in das Imperium Romanum einbezogen worden.

An der unteren Donau waren schon seit Neros Zeit Völkerbewegungen im Gange. Im Prinzipat Neros hatte der Legat von Mösien, Ti. Plautius Silvanus Aelianus (Statthalter von etwa 60–67), einen Aufstand der Sarmaten niedergeworfen und 100 000 jenseits der Donau lebende Menschen in seiner Provinz angesiedelt. Auch der Stadt Chersonesus auf der fernen Halbinsel Krim war er bei einer Belagerung durch die Skythen zur Hilfe gekommen. Viel bedeutender als diese Völcrbewegungen aber war die Tatsache, daß sich jenseits der unteren Donau das große Dakerreich des Decebalus gebildet hatte, das den Römern jahrzehntelang schwer zu schaffen machen sollte. Bei einem Einfall der Daker in Mösien (im Jahre 85 oder 86) erlitten die Römer eine Niederlage. Daraufhin erschien Domitian, begleitet von dem Prätorianerpräfekten Cornelius Fuscus, selbst auf dem Kriegsschauplatz (Frühjahr 86). Es gelang zwar, die Daker aus Mösien zu vertreiben, Cornelius Fuscus aber wurde bei einem Vorstoß ins Dakerland besiegt und fand selbst den Soldatentod. Die Römer suchten sich durch die Anlage einer befestigten Linie vor weiteren Einfällen von jenseits der Donau zu schützen; sie erstreckte sich von einem Punkt nördlich von Cernavoda (Axiopolis) bis hin nach Constantza (Tomi) am Schwarzen Meer. Die entscheidende Kampagne fand im Jahre 88 statt: Decebalus erlitt bei Tapae (in der Nähe von Várhely) eine Niederlage, Sieger war der Römer Tettius Julianus. Doch stellte der Kaiser Domitian den Kampf ein, und zwar, wie es heißt, wegen eines gegen die Quaden und Markomannen erlittenen Mißerfolgs. Mit Decebalus wurde Friede geschlossen, der Dakerkönig mußte zwar die römischen Gefangenen zurückgeben, erhielt aber dafür zahlreiche römische Techniker und Ingenieure zum Wiederaufbau seines Landes. Im Jahre 89 feierte Domitian einen glanzvollen Triumph über Daker und Chatten.

Auch an der mittleren Donau herrschte Unruhe. Die Jazygen vernichteten eine ganze Legion der Römer (XXI Rapax), Domitian selbst weilte in den Jahren 92 und 93 auf dem Kriegsschauplatz. Den Siegerbeinamen *Sarmaticus* hat er jedoch nicht angenommen; die Urkunden bezeugen jedoch seit 84 den Beinamen *Germanicus*.

Schon einige Jahre zuvor (86?) war die Provinz Mösien geteilt worden *(Moesia Superior et Inferior)*. In Viminacium begann man mit der Errichtung eines neuen Legionslagers. Am wichtigsten aber war der Bau des Donaulimes, einer gewaltigen Festungslinie, die sich von Turnu Severin (Drobeta) am Südfuß der Transsylvanischen Alpen über Craiova und Plojescht bis in die Gegend von Braila am Donaudelta erstreckte. Hinter dem Donaulimes erhob sich noch eine zweite befestigte Linie, von Kalafat bis in den Raum nördlich von Giurgiu. Das Problem der offenen Donaugrenze war aber damit keineswegs gelöst; auch die Grenzwälle der Römer waren nicht geeignet, den Ansturm der Völker von jenseits der Donau auf die Dauer aufzuhalten. Zu einer Offensive großen Stils aber war Domitian nicht imstande, da die Kräfte des Reiches auch an anderen Stellen benötigt wurden.

Für den *Orient* war die Zeit der flavischen Dynastie – sieht man von dem jüdischen Aufstand ab – eine Ruhepause. Sie wurde genützt durch den Ausbau der römischen Position im Osten. Seitdem Vespasian im Jahre 75 dem Partherkönig Vologaeses I. seine Hilfe gegen die Alanen verweigert hatte, waren die Beziehungen zwischen Rom und Parthien gespannt. Für Rom war es ein Glück, daß das Partherreich nach dem Tode des Vologaeses I. (um 79 n. Chr.) wieder einmal inneren Wirren anheimfiel. Eine regelrechte Achillesferse des römischen Imperiums war die Ostgrenze Kleinasiens. In ganz Anatolien stand nämlich keine einzige Legion; die gesamte Grenze von Zeugma am Euphrat bis hin zum Schwarzen Meer war der Überwachung durch römische Klientelfürsten anheimgegeben, von denen die Könige von Kommagene und Kleinarmenien die wichtigsten waren. Vespasian hat hier einen neuen Anfang gemacht: beide Klientelstaaten, Kommagene ebenso wie Kleinarmenien, wurden im Jahre

72 annektiert, nach Samosata wurde eine neuformierte Legion (XVI Flavia Firma) gelegt. Kleinarmenien und Galatien wurden zur Provinz Kappadokien geschlagen, in Melitene hielt eine Legion (XII Fulminata) ihren Einzug. Kilikien einerseits und Lykien nebst Pamphylien anderseits wurden eigene kaiserliche Provinzen, Kommagene wurde in Syrien inkorporiert. Der römische Einfluß erstreckte sich unter Vespasian und seinen Nachfolgern bis weit hinein ins Kaukasusgebiet; in Harmozika (Mtzcheth bei Tiflis) lag eine römische Besatzung, und ganz in der Nähe von Baku (in Beiuk-Dagh) ist eine Inschrift eines Centurio der *legio XII Fulminata* gefunden worden, die in die Zeit des Domitian, genauer zwischen 84 und 96 n. Chr., gehört. Schon vor vielen Jahren hat F. Cumont das Werk der flavischen Kaiser im Osten hoch gepriesen. Mit vollem Recht: was hier von den früheren Kaisern versäumt worden war, das haben die Flavier nachgeholt. Sie haben vor allem auch zahlreiche Straßen und Wege gebaut, die nicht nur für die Truppenbewegungen, sondern auch für den Fernhandel von großer Bedeutung gewesen sind.

7. Das Imperium Romanum unter Nerva und Trajan (96–117 n. Chr.)

M. *Cocceius Nerva*, der Nachfolger des Domitian, ein Angehöriger der Senatsaristokratie, war bereits 65 Jahre alt, als man ihn zum Kaiser ausrief. Jedermann in Rom wußte, daß sein Prinzipat nur ein Übergang sein konnte. Unter den Flaviern hatte Nerva zweimal das Consulat bekleidet, unter Vespasian im Jahre 71 und unter Domitian im Jahre 90. Sein Regierungsprogramm illustrieren seine Münzen: sie zeigen Nerva im Bürgerkleid, in der Toga, wie er gemeinsam mit dem *Genius senatus* den Globus hält, die Legende lautet *Providentia senatus*. Der Groll, der sich gegen das autokratische Regiment des letzten Flaviers angestaut hatte, entlud sich nun in Schmähungen gegen den toten Löwen. Der Senat beschloß die *damnatio memoriae* Domitians, sein Name wurde in allen öffentlichen Urkunden getilgt, seine Standbilder wurden umgestürzt. Das Volk verhielt sich teilnahmslos oder zum mindesten ruhig, die Prätorianer aber und die Truppen der Donauarmee wurden schwierig, doch stellte ein Donativum des neuen Prinzeps die Lage in Rom wieder her. Im Standlager von Viminacium soll der gefeierte Philosoph Dion Chrysostomos von Prusa für den neuen Prinzeps eingetreten sein. Überhaupt spielte das Militär die erste Rolle, die Prätorianer setzten es sogar durch, daß die an der Ermordung Domitians Beteiligten der Strafe zugeführt wurden, was Nerva nicht zu verhindern vermochte. Auf den Rat seiner Freunde ernannte der Prinzeps den aus Spanien stammenden M. Ulpius Traianus, den Legaten von Germania Superior, zu seinem Nachfolger. Ihm wurde der Titel Caesar, dazu die *tribunicia potestas* und das *imperium proconsulare* übertragen; er war von nun an Mitregent und der künftige Nachfolger (Oktober 97). Auch sonst hatte Nerva in seiner kurzen Regierung – sie dauerte nur 16 Monate – vielfach eine glückliche Hand. So ist es ihm gelungen, den Staatshaushalt wieder in Ordnung zu bringen, die Requisitionen für den *cursus publicus* in Italien wurden untersagt, den Juden die drückende Steuer des *fiscus Iudaicus* für den Tempel des Juppiter Capitolinus in Rom erlassen. Von Nerva stammt ferner die Begründung der Alimentationen. Es handelt sich hierbei um Stiftungen für den Unterhalt bedürftiger Kinder, eine Idee, die Nervas Nachfolger, Trajan, in größerem Umfang weitergeführt hat. In Rom wurde das von Domitian begonnene Forum vollendet (Forum Nervae), außerdem die Zufuhr von Wasser in die Hauptstadt verbessert, dabei stand dem Herrscher der Consular Sex. Julius Frontinus zur Seite. Nerva starb am 27. Januar 98.

In der Person des *M. Ulpius Traianus* bestieg der erste Römer aus Spanien den Thron der Cäsaren. Er stammte aus Italica in der Provinz Baetica. Als er das Prinzipat übernahm, war er 45 Jahre alt. Schon sein Vater gleichen Namens hatte unter Nero und Vespasian eine glänzende Laufbahn zurückgelegt, er war nicht nur Legat von Syrien, sondern auch Proconsul von Asia gewesen. Trajan aber war vor allem Offizier, seiner militärischen Tüchtigkeit verdankte er seinen Aufstieg, der ihn unter Domitian (im Jahre 91) bis zum Consulat geführt hatte. Schon Montesquieu hat Trajan außerordentlich günstig beurteilt, mit vollem Recht. Trajan ist zweifellos eine der glänzendsten Kaisergestalten des ganzen römischen Prinzipats: er war nicht nur ein furchtloser und umsichtiger Feldherr, sondern auch ein Administrator hoher Qualität, wie dies seine in lapidarem Imperatorenstil verfaßten Antwortschreiben an den Jüngeren Plinius beweisen. Der Senat verlieh ihm den Titel *Optimus*. In Erinnerung an sein Vorbild wurden die Kaiser in späteren Jahrhunderten mit «*felicior Augusto, melior Traiano*» akklamiert. In seiner Frau Plotina stand ihm eine würdige Kaiserin zur Seite. Zunächst wurde Trajan noch an der Rheingrenze festgehalten, die Botschaft vom Ableben des Nerva, seines Adoptivvaters, hatte er in Köln entgegengenommen. Sie war ihm von Hadrian, seinem späteren Nachfolger, überbracht worden. Von Trajans Wirken am Rhein sind so manche Spuren zurückgeblieben. Trajan hatte den von Domitian errichteten Limes verstärken lassen, zur Verbesserung der strategischen Verbindungen hatten Neubauten von Straßen beigetragen. Die von Mainz über Baden-Baden und Offenburg zur Donau führende Straße war unter ihm fertiggestellt worden, ebenso die Verbindung zwischen Mainz–Köln–Vetera–Nymwegen. Außerdem hatte er die Kolonien Ulpia Traiana (Xanten) und Ulpia Noviomagus (Nymwegen) gegründet. Überhaupt hat sich Trajan von Anfang an um die kulturelle Hebung, insbesondere aber um die Urbanisierung der neugewonnenen Gebiete, und hier vor allem der Landschaft am rechten Ufer des Oberrheins, bemüht. Die Lage an der

Rheingrenze war seitdem vollständig konsolidiert, das Rheinheer konnte auf vier Legionen reduziert, das Legionslager von Neuß (Novaesium) sehr bald aufgelassen werden (105 n. Chr.). Nach einem kürzeren Aufenthalt an der oberen Donau und in Raetien im Winter 98/99 traf der Prinzeps Anfang 99 in Rom ein, das ihm einen triumphalen Empfang bereitete. Während seiner ganzen Regierung hat sich Trajan zum Vorrang der Außenpolitik bekannt. Diese Einstellung entsprach ebenso seinem Temperament wie seinen großen Fähigkeiten. Trajan ist der erste große Eroberer seit den Tagen des Julius Caesar, als erster ist er über die von Augustus geschaffenen künstlichen Stromgrenzen des Imperiums hinweggeschritten. Seine Aufmerksamkeit war vor allem auf zwei Probleme gerichtet: auf das Problem der Donaugrenze und auf die Frage der Ostgrenze des Reiches in Syrien. Trajan hatte sich entschlossen, zur Offensive überzugehen. Dieser Idee sind die Kriege gegen die Daker (101–106) und gegen die Parther (113–117) entsprungen. Um die Kriegspläne durchzuführen, benötigte Trajan nicht nur eine schlagkräftige Armee, sondern auch einen fähigen Generalstab, der imstande war, die großen neuen Aufgaben zu meistern. Trajan hatte das Glück, eine Reihe von bedeutenden militärischen Helfern zu finden. Zu ihnen gehörte L. Licinius Sura, der ebenso wie der Prinzeps aus Spanien (Hispania Tarraconensis) stammte, Sura hat sich auf den dakischen Feldzügen wiederholt ausgezeichnet, der Senat hat ihm sogar die *ornamenta triumphalia* verliehen. Er war mit Hadrian befreundet und hat diesem den Weg auf den Kaiserthron geebnet. Auf den dakischen Feldzügen diente er als *comes* des Kaisers, an der Paraphierung des endgültigen Friedens mit Decebalus war er beteiligt. Neben Licinius Sura standen vier ausgezeichnete Truppenführer: Lusius Quietus, Cornelius Palma, Marcius Turbo und Hadrian. Lusius Quietus war ein brillanter Reiterführer, in gleicher Weise bewährt im Kampf gegen Daker und Parther. Später erhielt er den Auftrag, den Aufstand der Juden niederzuwerfen, schließlich bekleidete er das Amt eines Statthalters der Provinz Judäa. A. Cornelius Palma hat das arabische Nabatäerland in eine römische Provinz (Arabia) umgewandelt (106). Ebenso wie dem Licinius Sura ist auch ihm eine Statue auf dem Forum Traiani in Rom zuerkannt worden. Q. Marcius Turbo, ein römischer Ritter, war ein enger Freund des Prinzeps. Bekannt geworden ist er vor allem durch seine Tätigkeit in Ägypten, wo er den Judenaufstand niedergeworfen hat. P. Aelius Hadrianus hat als *comes* des Trajan im Dakerkriege gedient, unter ihm ist er bis zum Legaten von Syrien aufgestiegen, d. h. zu einer der wichtigsten Stellungen, die der Prinzeps überhaupt zu vergeben hatte.

Das Heer hat Trajan beträchtlich vergrößert, zwei Legionen *(II Traiana, XXX Ulpia)* sind bald nach dem Beginn des Dakerkrieges neu geschaffen worden, außerdem zahlreiche Kohorten und Alen, auch die Prätorianertruppe wurde um eine Kohorte vermehrt, endlich hat sich Trajan mit einer Leibwache, den *equites singulares*, umgeben; es waren dies hauptsächlich Germanen (Bataver u. a.).

Im Jahre 101 war alles zum Kriege gegen die Daker bereit. Das Ziel der Operation war die Besetzung der natürlichen Bastion von Transsylvanien. Wer diese in der Hand hatte, der besaß gegen die Angriffe der Barbaren von außen her einen festen Rückhalt, eine Position, die auf jeden Fall viel leichter zu verteidigen war als die Donaulinie, die sich mehrfach als eine Grenze von höchst zweifelhaftem Wert erwiesen hatte. Nicht weniger als 11 Legionen, dazu noch Vexillationen und eine Anzahl von selbständigen Kohorten und Alen, hatte der Kaiser für den Feldzug zusammengezogen, im ganzen etwa 100 000 Mann. Es war das größte militärische Unternehmen seit den Schlachten der Bürgerkriege.

Die Daker, ein thrakischer, mit den Geten verwandter Stamm, hatten früher ihre Wohnsitze in dem weiten Raum zwischen dem Donauknie und dem Schwarzen Meer innegehabt, sie waren aber durch die Jazygen über die Theiß nach dem Osten zurückgedrängt worden. Das Zentrum der Daker war Siebenbürgen, doch beherrschten sie auch die angrenzenden Landschaften, das Banat, die Walachei und die Moldau. Für die Ansiedlungen der Daker sind die Namen auf -*ava* charakteristisch. Durch die Vermittlung Makedoniens hatten die Daker schon in hellenistischer Zeit den Anschluß an die griechische Kultur gefunden, dies zeigt insbesondere ihre Münzprägung, die makedonische Vorbilder nachahmt. Wie bei den Kelten, so stand auch bei den Dakern die Priesterschaft in hohen Ehren. Die Stände waren scharf voneinander geschieden, auf der einen Seite der Adel *(pilleati)*, auf der anderen Seite die niedere Bevölkerung *(capillati)*. Es ist der Reichtum des Dakerlandes an Gold, Erz und Salz gewesen, der die Römer zur Eroberung veranlaßt hat. Die Daker betrieben vor allem im siebenbürgischen Erzgebirge einen ertragreichen Bergbau, schon Herodot (IV 104) erwähnt die goldbringenden Agathyrsen. Im ganzen hatte das Land eine feudale Struktur, die großen Grundherrn wohnten in festen Burgen inmitten eines ausgedehnten Landbesitzes. Im übrigen aber war die Herrenschicht alles andere als völkisch einheitlich, sie war vielmehr vermischt mit Skythen und Kelten. Von der königlichen Gewalt versuchten sich die Feudalherren, auch *reguli* genannt, möglichst unabhängig zu machen. Das Volk lebte in Hütten aus Lehm und Holz. Charakteristisch ist der um die Häuser errichtete Palisadenzaun. Die Dörfer waren offene Siedlungen. Das dakische Reich war eine Gründung des Decebalus. Dieser Herrscher und sein Vorgänger Diurpaneus hatten die auseinanderstrebenden Teile seit den Zeiten des Byrebistas wieder zusammengezwungen. Seit dem Frieden mit Domitian (89) war Decebalus ein römischer Klientelfürst, mit Hilfe römischer Techniker hatte er nicht nur die Hilfsquellen des Landes erschlossen, sondern sich auch auf eine neue kriegerische Auseinandersetzung vorbereitet.

Welchen besonderen Kriegsgrund Trajan geltend gemacht hat, ist unbekannt. Der Krieg begann jedenfalls im Frühsommer 101 (am 25. März des Jahres war der Kaiser in Rom feierlich verabschiedet worden). Der erste Stoß der Römer erfolgte auf der Einfallsstraße durch das Banat, vorbei an den westlichen Ausläufern der transsylvanischen Alpen, in das Tal der Temesch und der Bistra. Ausgangspunkt war offenbar Lederata an der Donau. Das Ziel aber war die Eroberung der dakischen Hauptstadt Sarmizegetusa (bei Várhely). Die Daker stellten sich zunächst nicht zum Kampf, der Bilderfries der Trajanssäule zeigt verlassene Burgen und vernichtete Saaten auf den Feldern. In einem Treffen bei Tapae (westlich des Eiserntorpasses im Tal der Bistra) erlitten die Römer schwere Verluste, für den Rest des Jahres 101 hat sich Trajan mit der Eroberung des Banats begnügen müssen. Bereits im Winter (101/02) konnte Decebalus zum Gegenschlag ausholen: im Bunde mit den Roxolanen fiel er von der Moldauebene aus in die Provinz Moesia Inferior ein. Die Römer antworteten im Jahre 102 mit einem Vorstoß, der die Aluta aufwärts durch den Roten Turmpaß gegen Rimnicu-Hermannstadt gerichtet war. Zwischen Hermannstadt und Apulum (Karlsberg) aber liegen die Mühlbach-Berge mit vielen dakischen Burgen, von denen die Römer eine Anzahl zu erobern vermochten. Von dem Angriff der Römer zeugt wahrscheinlich der große Münzfund von Muncel Cetata, dessen Hauptmasse aus domitianischer Zeit stammt. Möglicherweise hatten die Römer durch einen Angriff vom Banat aus Decebalus in die Zange genommen, genug, der König hatte zweimal versucht, mit den Römern Friedensverhandlungen aufzunehmen, schließlich blieb ihm nur noch die Kapitulation übrig. Sie fand nördlich von Sarmizegetusa, in Kis Kalan, statt, die Szene ist auf der Trajanssäule dargestellt. Die Bedingungen waren verhältnismäßig milde: Decebalus mußte sich verpflichten, die Befestigungen zu schleifen, die Gefangenen und Überläufer auszuliefern. Die römischen Eroberungen im Banat wurden zur Provinz Moesia Superior geschlagen. Gegen Ende des Jahres 102 nahm Trajan den Beinamen *Dacicus* an.

Am 4. Juni 105 begab sich der Kaiser Trajan zum zweitenmal an die Donaufront. Angeblich hatte sich Decebalus Vertragsverletzungen zuschulden kommen lassen, die Lager der römischen Besatzungen in Dakien waren zerstört worden, die Soldaten in die Gefangenschaft gewandert. Die Kämpfe des Jahres 105 fanden in Moesien statt, dies zeigt, daß die Daker die Angreifer waren, vielleicht war das Ziel ihrer Operationen die Eroberung der Griechenstädte am Schwarzen Meer. Erst im Jahre 106 begann der römische Angriffskrieg großen Stils. Die Römer überschritten die Donaubrücke, die der Baumeister Apollodor von Damaskus bei Drobeta (Turnu Severin) in den Jahren von 102 bis 105 errichtet hatte. Wiederum sah sich Decebalus vom Westen und vom Osten her bedroht, die Römer erzwangen den Durchgang durch den Eiserntorpaß und durch den

Surdukpaß, Sarmizegetusa fiel in römische Hand (Sommer 106), Decebalus gab sich selbst den Tod. Die Römer machten dieses Mal in Dakien ganze Arbeit. Große Teile der Bevölkerung wurden umgesiedelt, zahlreiche Daker als Gefangene nach Italien verschleppt, wo sie die Zahl der Sklaven und Gladiatoren vermehrten. In das Land strömten viele Fremde, vor allem Dalmater (Pirusten), die im Bergbau ihr Unterkommen fanden. Auch zahlreiche Kaufleute aus den griechischen Ländern und aus dem Orient ließen sich in Dakien nieder, sie brachten eine große Zahl fremder Göttergestalten mit in die neue Provinz. Der alte Hauptort wurde, wenn auch nicht an genau der gleichen Stelle, unter dem Namen Colonia Ulpia Traiana Augusta Dacica Sarmizegetusa metropolis neugegründet. Die Ostgrenze der dakischen Provinz bildete die Aluta (Olt), die östliche Walachei und die südliche Moldau wurden der Provinz Moesia Inferior attribuiert. Im Jahre 109 weihte man dem Mars Ultor in der Dobrudscha das große Monument von Adamklissi. Nicht weit von dieser Stätte erhob sich die neue Gründung Tropaeum Traiani. Dakien selbst erhielt Besatzungstruppen, im Jahre 120 sind hier sogar palmyrenische Bogenschützen *(Palmyreni sagittarii ex Syria)* bezeugt. An der Donau zwischen Vindobona (Wien) und der Mündung in das Schwarze Meer erhoben sich nun neun Legionslager, in Pannonia Superior: Vindobona, Carnuntum, Brigetio, in Pannonia Inferior: Aquincum, in Moesia Superior: Singidunum (Belgrad) und Viminacium (Kostolatz), in Moesia Inferior: Novae (Steklen bei Swistow), Durostorum (Silistria) und Troesmis (Iglitza). Damit war das Donauheer zum stärksten im ganzen Imperium geworden, Trajan aber hatte die von seiten der Barbaren drohende Gefahr erkannt, er suchte ihr durch Grenzbefestigungen und durch die Aufreihung von starken Truppenverbänden an der Donaugrenze zu begegnen.

Die Annexion des Nabatäerlandes und der Partherkrieg des Trajan: Im Jahre 106 hatte A. Cornelius Palma, der Legat von Syrien, das Nabatäerland in eine römische Provinz mit Namen *Arabia* umgewandelt. Die römischen Münzen feiern das Ereignis durch die Legende *Arabia adquisita*. Sowohl aus militärischen wie besonders auch aus handelspolitischen Gründen war die Erwerbung vom römischen Standpunkt aus zu rechtfertigen. Die Römer hatten damit nicht nur den Großteil der Halbinsel Sinai annektiert, sie hielten jetzt auch den Golf von Akaba unter Kontrolle, der für den Handel mit Indien eine gewisse Rolle spielte. Im übrigen hatten die Nabatäer längst Anschluß an die hellenistische Weltkultur gefunden, die Verwaltung des Nabatäerreiches zeigt typisch hellenistische Züge, vor allem auch in der Institution der Strategie. Hauptstadt blieb das alte Petra, berühmt durch seine Felsenbauten mit einer eigenartigen, aus arabischen und hellenistischen Elementen zusammengesetzten Architektur. Im äußersten Norden der neuen Provinz, in Bostra, wurde ein Legionslager errichtet. Von größter Bedeutung aber war die Kunststraße, erbaut bald nach der Annexion des Nabatäerlandes durch die Römer. Sie verband Damaskus mit der Stadt Ailana am Golf von Akaba. Durch die Anlage eines Limes wurde sie vor dem Eindringen der Araber aus Mesopotamien geschützt. In Ailana stationierten die Römer eine Flottenabteilung, nicht durch Zufall erscheint bereits im Jahre 107 eine indische Gesandtschaft in Rom.

Zwischen Rom und dem Partherreich hatten sich während der dakischen Kriege Spannungen ergeben, die Parther waren – wahrscheinlich über Südrußland – in Verbindung mit Decebalus getreten. Der Krieg zwischen Rom und Parthien (113–117) entzündete sich an der armenischen Frage. In Armenien war der römische Vasallenkönig Tiridates auf Anstiften des parthischen Großkönigs Chosroes (oder Osroes) vertrieben worden (um 110), an seiner Stelle hatte Exedares, der Sohn des eben verstorbenen parthischen Großkönigs Pacorus, den Thron bestiegen. Rom hatte damit die Kontrolle über den wichtigen armenischen Pufferstaat verloren, seit 113 herrschte zwischen Rom und Parthien Kriegszustand. Die Überlieferung über die große Auseinandersetzung zwischen Rom und Parthien ist jedoch außerordentlich dürftig, nicht einmal die Chronologie ist in den Grundzügen gesichert.

Trajan verließ im Herbst 113 die Hauptstadt. Der Partherkönig Chosroes versuchte, das Unheil abzuwenden, doch ließ sich Trajan auf die parthischen Vorschläge nicht ein. In seinem Hauptquartier Antiocheia in Syrien traf der Prinzeps die letzten Vorbereitungen für den Krieg, im Frühjahr 114 wurde er eröffnet, und zwar durch einen römischen Angriff im Gebiet des oberen Euphrats. Trajan hatte zahlreiche Bundesgenossen im Orient gefunden; so hatten sich ihm die Herrscher von Iberien und Kolchis, dazu die Könige der Bosporaner und Sauromaten zur Verfügung gestellt. Mit dem König von Armenien Parthamasiris traf der Prinzeps selbst zusammen, der Herrscher, Sohn des Pacorus, aber fand den Tod unter den Streichen des römischen Begleitkommandos. Armenien wurde, zuammen mit Kleinarmenien und Kappadokien, als römische Provinz organisiert, sie erhielt L. Catilius Severus als Statthalter (Sommer 114). Die Eroberung des nordwestlichen Zweistromlandes (entweder noch im Jahre 114 oder erst 115) war der nächste Erfolg der Römer. Im Winter 115/16 prägte man in Rom Münzen mit der Aufschrift *Armenia et Mesopotamia in potestatem p. R. redactae.* Die römischen Fortschritte werden verständlich, wenn man weiß, daß das Partherreich nicht nur durch Aufstände in den westlichen Grenzprovinzen, sondern auch durch Unruhen in der Persis und Elymaïs erschüttert wurde.

Der römische Feldzug des Jahres 116 richtete sich gegen die Kernlandschaften des Partherreiches: Trajan zog als Sieger in die parthische Hauptstadt Ktesiphon ein, der goldene Thronsessel der Arsakiden fiel in seine

Hand, unter den Gefangenen war auch eine der Töchter des Großkönigs. In Rom herrschte größter Jubel, man wähnte die Macht der Parther vernichtet. Trajan aber bildete aus den parthischen Landschaften des oberen Zweistromlandes die Provinz Assyria. Gegen Ende des Jahres 116 fuhr der Sieger den Tigrisstrom hinab bis zu seiner Mündung. In die Fußtapfen Alexanders zu treten fühlte sich Trajan nicht mehr jung genug (er war schon ein Sechziger): «Wäre ich jung, so wäre ich auch nach Indien gezogen», soll er gesagt haben. Der König Attambelus von Charakene wurde unter die Zahl der römischen Vasallenkönige aufgenommen. Charakene aber war eine wichtige Zwischenstation für den Überseehandel mit Indien. Damit war der Höhepunkt des Krieges erreicht. Als Trajan nach Babylon zurückkehrte, erhielt er Nachrichten über den Ausbruch einer Revolte in Osrhoene. Auch die Parther erschienen wieder im Felde, sie ergriffen die Offensive gegen Mesopotamien und Armenien. Bei den Kämpfen im nördlichen Zweistromland hat sich auf römischer Seite vor allem Lusius Quietus ausgezeichnet. Die Römer konnten offenbar einen Teil Mesopotamiens behaupten, in Ktesiphon erhob Trajan einen abtrünnigen Sohn des Partherkönigs mit Namen Parthamaspates zum König der Parther von Roms Gnaden. In Rom wurde das Ereignis durch die Prägung von Münzen mit der Legende *rex Parthis datus* gefeiert. Jedoch brach die Herrschaft des Schattenkönigs nach dem Abzug der Römer wieder zusammen. Auch die Belagerung der Wüstenfestung Hatra durch Trajan führte nicht zum Ziel. Doch hat Trajan die Eroberungen im Zweistromland wahrscheinlich behauptet, vielleicht mit Ausnahme der Gebiete um Ktesiphon und Seleukeia am Tigris. Die Gesundheit des Kaisers aber war erschüttert, im Juli 117 verließ Trajan das Hauptquartier Antiocheia mit der Absicht, nach Rom zurückzukehren, in dem kleinen kilikischen Ort Selinus ereilte ihn jedoch der Tod (9. August 117).

Schon vorher aber war im Vorderen Orient der große Judenaufstand ausgebrochen (115 oder 116), zuerst in Kyrene, wo ein Mann namens Andreas (oder Lukuas) der Anführer war. Die Bewegung aber fand nicht nur in Syrien und vor allem auf der Insel Cypern reiche Nahrung. Die Frage, ob der Aufstand der Juden mit dem Wiederaufleben des parthischen Widerstandes gegen die Römer in Verbindung zu bringen ist, läßt sich noch nicht beantworten. In Ägypten ergriffen die Römer unter Q. Marcius Turbo scharfe Gegenmaßnahmen, sogar die Einwohnerwehr wurde gegen die Juden mobilisiert, die Papyri berichten von Waffenkäufen des Gaustrategen von Koptos. Auch in Mesopotamien und in Judäa rührten sich die Juden, sie fanden aber in Lusius Quietus einen entschlossenen Gegner, er hat die Revolte mit eiserner Faust niedergeschlagen. Beim Tode Trajans war die Lage im Osten einigermaßen wiederhergestellt.

Trajan war nicht nur ein großer Feldherr, der größte, den Rom seit

Julius Caesar hervorgebracht hatte –, auch für den inneren Ausbau des Reiches hat er Vorbildliches geleistet. Sein Name findet sich auf zahlreichen Meilensteinen, sie bezeugen, daß sich Trajan nach Kräften um den Ausbau und die Erhaltung des römischen Straßennetzes bemüht hat. In Italien hat er nicht nur an der Via Appia (zwischen Forum Appii und Terracina), sondern auch an der Via Salaria und an der Via Latina gebaut. Erst der Ausbau der Straße zwischen Benevent und Brindisi schuf eine leistungsfähige Verkehrsader zwischen der Hauptstadt und der wichtigsten unteritalischen Hafenstadt *(Via Traiana)*. An das Werk des Kaisers Claudius knüpfte Trajan in Ostia an, in der Nähe der Stadt entstand der ‹Trajanshafen› *(Portus Traiani)*, vor allem zur Versorgung Roms. Auch in Centumcellae (Civitavecchia) und in Ancona hat Trajan Bauten errichtet. Ein Prachtstück der trajanischen Baukunst aber ist die Brücke über den Tajo in Alcantara (105), das Gegenstück zu der großen Donaubrücke des Apollodor von Turnu Severin (s. S. 291). In Ägypten hat Trajan den alten Kanal zwischen dem Nil und dem Roten Meer wiederherstellen lassen, er führte von nun an den Namen *fossa Traiana*.

Zahlreich sind die Beispiele privater Stiftungen, die aus der Zeit Trajans überliefert sind. So schenkte Plinius der Jüngere seiner Heimatstadt Como eine Bibliothek. In Caere wurde eine *schola (phetrium)* für die Augustales errichtet, der Spender war ein Freigelassener des Kaisers namens M. Ulpius Vesbinus.

Die ungeheure Kriegsbeute hat den Prinzeps in den Stand gesetzt, die stadtrömische Plebs mit reichen Spenden *(congiaria)* zu überschütten. Jeder empfangsberechtigte Bürger hat insgesamt 650 Denare erhalten. Dies aber war eine nicht ungefährliche Entwicklung, sie hat alles andere als wirklichen Nutzen gestiftet. Die Zahl der Gladiatoren wuchs unter dem Kaiser ins Gewaltige: bei den Spielen des Jahres 107 sollen ihrer nicht weniger als 10 000 aufgetreten sein. Die Beutezahlen der dakischen Kriege sind geradezu überwältigend. So soll Trajan aus Dakien nicht weniger als 5 Millionen Pfund Gold und 10 Millionen Pfund Silber, dazu mehr als eine halbe Million Kriegsgefangene eingebracht haben.

Vorbildlich waren die Leistungen des Kaisers auf dem Gebiet der Provinzialverwaltung. In dem 10. Buch der Briefsammlung des Jüngeren Plinius ist eine wertvolle authentische Quellensammlung erhalten; die Antwortschreiben Trajans, gehalten in vorbildlich präziser Diktion, zeigen einen zielbewußten, wohlwollenden Herrscher, der nicht müde wird, sich auch mit ganz nebensächlichen Angelegenheiten der Verwaltung zu beschäftigen. Plinius der Jüngere war (entweder im Jahre 110 oder 111) als *legatus pro praetore* in die Provinz Bithynia et Pontus gesandt worden, die damit zeitweise aus der Verwaltung des Senats in die des Prinzeps überging. Der Grund für die Entsendung des Jüngeren Plinius aber war die finanzielle Misere der Gemeinden. In der Korrespondenz des Plinius findet sich die Antwort Trajans über die Behandlung der Christen, sie ist geradezu von welthistorischer Bedeutung. Der Brief des Plinius (ep. X 96) zeigt, daß mehrfach Christen beim Statthalter angezeigt worden waren, daß Plinius aber keine Instruktionen besessen hatte, wie gegen die Christen zu verfahren sei. Insbesondere war es zweifelhaft, ob allein schon die Zugehörigkeit zum Christentum *(nomen Christianum)* strafwürdig sei oder die Verbrechen, die den Christen angedichtet wurden. Plinius hatte die Praxis befolgt, daß er diejenigen, welche das Opfer für den Kaiser verweigerten, (mit dem Tode) bestrafte, während er die übrigen straflos ausgehen ließ. In seinem Antwortschreiben (ep. X 97) hat Trajan dieses Verfahren im wesentlichen gebilligt, allerdings mit der Einschränkung, daß anonyme Anzeigen in keiner Weise berücksichtigt werden sollten: *nam pessimi exempli nec nostri saeculi est.* Die Christen sollten nicht aufgespürt werden *(conquirendi non sunt)*; wer aber des Christentums überführt sei, solle (mit dem Tode) bestraft werden. Wer dagegen opfere, sei zu begnadigen. Natürlich war Trajans Anordnung auch für die Statthalter der anderen Provinzen verbindlich. War sie glücklich? Für die Christen bedeutete sie – wegen des Verbots anonymer Anzeigen – zunächst eine gewisse Verbesserung ihrer Lage, zumal jedes präventive Verfahren des Staates in Fortfall kam. Aber Trajans Reskript hatte auch seine Schattenseiten: es belohnte die Schwachen und Feigen, während die Standhaften die volle Härte des römischen Strafrechts zu spüren bekamen. Die christlichen Apologeten, unter ihnen vor allem Tertullian, haben später, von ihrem Standpunkt aus mit vollem Recht, an dem Vorgehen Trajans Kritik geübt. Der Staat schlug jeglicher Toleranz, die er bisher gegenüber den fremden Religionen in so hohem Maße bewiesen hatte, ins Gesicht. Und was hatte es für einen Sinn, die römischen Staatsgötter durch erzwungene Opferhandlungen verehren zu lassen? Trajan war ein weitsichtiger Herrscher, einen wirklich gangbaren Ausweg aus dem Dilemma hatte er jedoch nicht gefunden. Das Christentum und der christliche Glaube lagen ihm so fern wie eine andere Welt. Die Christen und der römische Staat lebten auf verschiedener Ebene: die Worte Christi «Mein Reich ist nicht von dieser Welt» und die Visionen der Offenbarung des Johannes zeigen, wie man im jungen Christentum vom römischen Staate dachte. Von Ignatius von Antiochien sind Briefe erhalten, in denen er sich nach dem Märtyrertod sehnt. Unter Trajan ist er den Tod des Märtyrers gestorben. – Unter Trajan zeigen sich die ersten Anzeichen für einen Aufstieg des Ritterstandes in der Reichsverwaltung. Die Neuschaffung zahlreicher Prokuratorenstellen ist hierfür charakteristisch. In drei Rangstufen, als *ducenarii, centenarii* und *sexagenarii* eingeteilt, gemäß dem Gehalt von 200 000, 100 000 und 60 000 Sesterzen, erscheinen die Ritter vor allem in der Stellung des *a rationibus*, des *procurator patrimonii* und des *procurator monetae*, um nur einige der wichtigsten Ämter zu nennen. Auch der Historiker und Biograph C. Suetonius Tranquillus gehörte zu den Prokuratoren, er führte den Titel *a studiis* und *a bybliothecis*. Die Beförderung Suetons, ohne daß er die hierfür vorgeschriebene *militia equestris* durchlaufen hatte, ist wohl als Anerkennung seiner schriftstellerischen Leistung anzusehen.

Die humanitären Züge der trajanischen Regierung zeigen sich vor allem auf dem Gebiet der Innenpolitik, und hier insbesondere in den *alimentationes*. Sie wurden durch Beauftragte des Prinzeps aus dem Ritterstand überwacht *(praefecti alimentorum)*. Zu den Empfängern der *alimentationes* gehörten die Besitzer landwirtschaftlicher Anwesen, sie waren verpflichtet, Zinsen für das ihnen zur Verfügung gestellte Kapital zu entrichten, die Zinsen aber pflegten als Erziehungsbeihilfen für Kinder verwandt zu werden. Die reiche Kriegsbeute, insbesondere aus Dakien, aber auch die Reorganisation des Zollwesens hat dem Reich beträchtliche Einnahmen zugeführt, ein Zustand, der die Freigebigkeit des Prinzeps in der Verleihung von Privilegien und Immunitäten verständlich macht. Bei Trajans Tod war das Reich im Inneren gefestigt, die orientalische Frage aber war nicht gelöst.

8. *Kaiser Hadrian und die griechische Renaissance (117–138 n. Chr.)*

P. Aelius Hadrianus, geboren am 24. Januar 76, stammte ebenso wie sein Vorgänger auf dem Kaiserthron aus der Stadt Italica bei Sevilla. Seine Familie war seit Generationen hoch angesehen, bereits der fünfte Vorfahr war Senator gewesen. Die Familien Hadrians und Trajans waren miteinander verwandt und befreundet. Hadrians Vater war ein Vetter Trajans, dieser hatte bei Hadrian nach dem Tode seines Vaters die Stelle des Vormundes vertreten. Die Laufbahn führte Hadrian durch zahlreiche Provinzen des Reiches, durch Pannonien, Moesien und Germanien. An den Dakerkriegen hatte er mit Auszeichnung teilgenommen, im ersten Dakerkriege als *comes*, im zweiten als *legatus legionis I Minerviae*. Über die Prätur (106) stieg er im übernächsten Jahr zum kaiserlichen Statthalter der Provinz Pannonia Inferior auf, im gleichen Jahr (108) erlangte er das Consulat. Seine Vorliebe für das Griechentum und die griechische Kultur muß Hadrian schon früh an den Tag gelegt haben, denn bereits im Jahre 112 wählten ihn die Athener zum Archon: man konnte bei ihm, dem Verwandten des Prinzeps, nicht nur ein wohlwollendes Interesse, sondern auch eine tätige Förderung der Stadt Athen erwarten. Als Trajan den Krieg gegen die Parther einstellen mußte, übertrug er dem Hadrian den wichtigsten Posten, den er damals zu vergeben hatte: die Statthalterschaft der Provinz Syrien und das Kommando über die im Osten stehenden Legionen. Auf seinem letzten Lager in Selinus in Kilikien soll der Prin-

zeps seinen Schützling Hadrian adoptiert und damit zum Nachfolger bestimmt haben. Ob die Adoption historisch ist, ist seit dem Altertum umstritten. Da Hadrian in den Personen der Plotina, der Gattin des Trajan,
und in dem praefectus praetorio Acilius Attianus wichtige Fürsprecher in
der engsten Umgebung des Prinzeps besaß, ist die Adoption an sich nicht
unwahrscheinlich. Hadrian erhielt die wichtige Nachricht am 9. August
in Antiocheia, am 11. August folgte die Kunde vom Tode Trajans. Dieser
Tag ist der *dies imperii* Hadrians. Das erste Ereignis des neuen Prinzipats
war die Verschwörung der Consulare. Es waren dies vier hoch angesehene
Generäle, A. Cornelius Palma, Lusius Quietus, L. Publilius Celsus und
C. Avidius Nigrinus. Ohne, wie es heißt, die Instruktionen Hadrians abzuwarten, ließ der Senat diese vier hinrichten. Die Verschwörung als
solche ist übrigens sehr zweifelhaft; es sieht vielmehr so aus, als ob sich
Hadrian seiner Konkurrenten entledigt hätte. Als Prinzeps zeigte sich
Hadrian außerordentlich gemäßigt, zu allem Anfang entschuldigte er
sich, daß er die Herrschaft auf Drängen des Heeres übernommen habe,
ohne die Entscheidung des Senats hierüber abzuwarten. Der Senat war
entzückt über den konstitutionellen Kaiser und verlieh ihm den Ehrentitel *pater patriae;* Hadrian hat diesen Titel allerdings erst seit dem Jahre
128 offiziell geführt. Vor dem Senat leistete er den feierlichen Eid, er
werde niemals einen Senator bestrafen, es sei denn auf Verlangen der
hohen Körperschaft selbst.

Hadrian war eine problematische Persönlichkeit. Ausgestattet mit
reichen geistigen Gaben, verfügte er über ein weites enzyklopädisches
Wissen, vor allem in der Literatur und in den verschiedensten Künsten.
Dazu pflegte er seine philosophischen Interessen, wobei seine stoischen
Neigungen unverkennbar waren. Sein literarischer Geschmack war je-
doch nicht sicher, sondern seltsam verbildet, ebenso wie sein Zeitgenosse
Fronto war Hadrian ein ausgesprochener Archaist, so stellte er Cato über
Cicero, Ennius über Vergil. Der Prinzeps ist nicht nur als Verfasser von
lateinischen und griechischen Gedichten hervorgetreten, er hatte auch bemerkenswerte Kenntnisse auf dem Gebiet der Geometrie, Arithmetik,
Astronomie und Medizin, dazu dilettierte er als Maler, Architekt, Bild-
hauer und Musiker. Doch fehlte ihm der eigentliche Mittelpunkt seines
Schaffens, auf manchen Gebieten blieben seine Kenntnisse oberflächlich,
wirklich Großes hat er in Kunst und Wissenschaft nicht erreicht. Ein ganz
besonders reges Interesse zeigte er für die geschichtliche Vergangenheit:
auf seinen Reisen ließ er keine Gelegenheit vorübergehen, historische
Stätten und die Gräber großer Persönlichkeiten aufzusuchen. Besonders
ausgeprägt war auch sein Naturgefühl. So hat er beispielsweise den Aetna
und den Mons Casius (in Syrien) bestiegen, um den Sonnenaufgang zu
erleben. Er hörte den Koloß des Memnon (in Wirklichkeit das Sitzbild
des Amenophis III. aus der XVIII. Dynastie) bei Theben ertönen. Auch

die Mysterien von Eleusis haben ihn wiederholt beschäftigt. Mit einer spröden und wenig liebenswürdigen Frau (Vibia Sabina) verheiratet, wandte er seine Liebe dem bithynischen Knaben Antinoos zu. Als dieser mit 20 Jahren vor seinen Augen im Nil ertrank (130 n. Chr.), gründete der Prinzeps zu seinem Gedächtnis die Stadt Antinoopolis. Mit dem Andenken des Toten hat Hadrian einen unvorstellbaren Kult getrieben; Antinoos wurde, in Übereinstimmung mit den henotheistischen Bestrebungen der Zeit, mit zahlreichen Göttergestalten gleichgesetzt, es wurden ihm Tempel und Bildsäulen errichtet, seine Gestalt wurde immer wieder in Erz und Stein nachgebildet.

Hadrians Regierung erhält ihre Prägung durch die ausgedehnten Reisen des Prinzeps. Es sind vor allem zwei größere Reisen, die eine in den Jahren von 121 bis 125, die andere von 128 bis 132 (oder 133). Dazwischen liegt ein kürzerer Abstecher des Kaisers nach Afrika (128). Von den 21 Jahren seiner Regierung hat er nahezu die Hälfte, zehn Jahre, auf Reisen, fern von Rom, verbracht. Die Vorgänger auf dem Kaiserthron waren in der Regel nur gereist, wenn sie sich durch kriegerische Ereignisse dazu gezwungen sahen, Hadrian aber reiste aus Passion. Die erste große Reise begann der Kaiser in Gallien, von dort begab er sich an die Rheingrenze. Hier hat er den von Domitian begonnenen und von Trajan fortgeführten Limes vollendet. In Britannien wurde im Jahre 122 unter seinen Augen mit der Errichtung des Hadrianswalles (vallum Hadriani) begonnen. Er verlief vom Solway Firth bis in die Gegend der Tyne-Mündung nordöstlich von Newcastle. Der Wall sollte die Nordgrenze Britanniens gegen die Einfälle der Kaledonier sichern. Nach Gallien zurückgekehrt, nahm Hadrian Aufenthalt in Nemausus (Nîmes), hier stiftete er eine Basilika zu Ehren Plotinas, der Witwe Trajans. Über Spanien (Aufenthalt in Tarraco im Winter 122/23) begab sich Hadrian nach Marokko (Mauretanien). Auf die Kunde, daß ein Partherkrieg bevorstehe, reiste der Prinzeps von hier nach dem Orient (123). Der Krieg konnte abgewandt werden, Hadrian aber durchzog zwei Jahre lang Kleinasien, von seinem Aufenthalt zeugen unter anderem die hadrianischen Jagdreliefs. Auch die Donaulandschaften (Thrakien, Mösien, Dakien) und Makedonien empfingen den Besuch des Prinzeps. Den Winter 124/25 verlebte Hadrian in Athen. Er ließ sich in die eleusinischen Mysterien einweihen, dazu wurde unter seiner Leitung mit einer Anzahl von Bauten in Athen begonnen. Nachdem er die Peloponnesos kennengelernt hatte (vielleicht ist er auch mit Epiktet in Nikopolis zusammengetroffen), kehrte er über Sizilien nach Rom zurück (125). Im Frühjahr 128 brach er zu einer neuen Reise, diesmal nach Afrika, auf. Am 1. Juli 128 besichtigte er die *legio III Augusta* und die Auxilien, in Lambaesis und Zara hielt er Ansprachen an die Truppen; sie sind, inschriftlich aufgezeichnet, unter dem Namen der ‹Manöverkritik› Hadrians berühmt geworden.

Wenige Monate nach seiner Rückkehr aus Afrika ging Hadrian auf die zweite große Reise seines Lebens, sie hat ihn länger als fünf Jahre von der Hauptstadt ferngehalten. Der Weg führte ihn in den Osten des Reiches, zunächst wieder nach Athen. Hier verlebte er den Winter 128/29. Der Aufenthalt war, wie immer, von rastloser Tätigkeit ausgefüllt. So erneuerte er den Bund der Griechen, das Panhellenion. Ihm gehörten nach dem Willen des Prinzeps zahlreiche griechische Gemeinden, von Ionien bis Cyrene, an, der Mittelpunkt aber war Athen, das auf diese Weise von neuem Glanz umgeben wurde. Eine Reihe von prachtvollen Bauten gingen ihrer Vollendung in Athen entgegen: das Olympieion, der Tempel der Hera, die Bibliothek und das Gymnasium, zu der alten Stadt des Theseus gesellte sich die neue Hadriansstadt. Im Frühjahr 129 ging es nach Kleinasien weiter, in Kappadokien (vielleicht in Samosata) hielt der Kaiser eine große Fürstenversammlung ab. Nach einem Abstecher in die Karawanenstadt Palmyra verlebte er den folgenden Winter (129/30) in Antiocheia am Orontes, wo er einst die Kunde von seiner Adoption empfangen hatte. Durch Syrien und die Provinz Arabia begab er sich nach Ägypten, er fuhr den Nil aufwärts bis Theben, hier ist seine Anwesenheit für den 21. November 130 bezeugt. Nach Alexandria zurückgekehrt, besuchte er Cyrene. Die Stadt war immer noch durch den großen Judenaufstand hart mitgenommen. Über Syrien, Kleinasien und Griechenland (dritter Aufenthalt in Athen im Winter 131/32) kehrte er endlich (im Jahre 132 oder 133) nach Rom zurück. Er lebte von nun an vor allem in Tibur, wo er eine großartige Villenanlage errichten ließ.

Unter Hadrian ging das Reich zur Defensive über. Als das Ideal der hadrianischen Regierung erscheint der Friede. Auf drei verschiedenen Wegen hat Hadrian diesen Zustand zu erreichen und zu sichern versucht: mit diplomatischen Mitteln, durch eine Reorganisation der Armee und durch den Ausbau der Grenzbefestigungen *(limites)*. Mit den Parthern hatte Hadrian nach seinem Regierungsantritt einen förmlichen Frieden geschlossen. Parthamaspates, den von Trajan eingesetzten Schattenkönig der Parther, hatte Hadrian als solchen fallenlassen, er hatte ihn jedoch zunächst zum König in Osrhoene eingesetzt, aber dieser Versuch war gescheitert, das Königreich war der einheimischen Dynastie zurückgegeben worden.

Um die Euphratgrenze zu sichern, wurde in Satala ein neues Legionslager erbaut (für die *legio XV Apollinaris*). Auch an einen Verzicht auf die Provinz *Dacia* hat Hadrian allen Ernstes gedacht, aber mit Rücksicht auf die große wirtschaftliche Bedeutung des Landes entschloß er sich, sie zu behaupten. Dakien wurde in zwei Provinzen (Dacia Superior et Inferior) geteilt, die Zahl der Truppen vermindert. Während das Obere Dakien mit der Hauptstadt Apulum (Karlsburg) durch eine Legion *(XIII gemina)* gesichert wurde, standen im Unteren Dakien lediglich Auxilien.

Den Befehl über sie führte zuerst ein Präfekt, dann ein Prokurator, der aber der Dienstaufsicht des ranghöheren Statthalters der Nordprovinz, eines *legatus pro praetore,* unterstellt war. Diese Ordnung stammt schon aus dem Jahre 119. Seit dem Jahre 133 gibt es noch eine dritte dakische Provinz, mit Namen *Dacia Porolissensis,* sie umfaßt den nördlichsten Teil des Landes.

Charakteristisch für Hadrian ist der Ausbau des Systems der Vasallenstaaten am Rhein, an der Donau und am Euphrat. Die Vasallenstaaten standen in engen wirtschaftlichen, militärischen und diplomatischen Beziehungen zum Imperium Romanum. Doch erstreckt sich der politische und wirtschaftliche Einfluß des römischen Kaiserreiches noch beträchtlich über diese Vasallenstaaten hinaus. Einige der Vasallenfürsten bezogen von den Römern jährliche Subsidien. Wenn sie ihren Verpflichtungen nicht nachkamen, wurden sie abgesetzt. So ist es beispielsweise dem König der Roxolanen an der unteren Donau mit Namen Rasparaganus ergangen. Auf Hadrians Befehl wurde er in Pola interniert, Inschriften nennen ihn und seinen Sohn Peregrinus.

Um die Grenzen des Reiches zu schützen, bedurfte es vor allem einer schlagkräftigen Armee. Da eine Vermehrung des Heeres, allein schon aus finanziellen Gründen, nicht in Betracht kommen konnte, hat Hadrian wichtige innere Reformen durchgeführt und insbesondere die Qualität der Truppenkörper zu heben versucht. Von den insgesamt 30 Legionen Trajans sind zwei verschwunden (die *legio IX Hispana* in Britannien und die *XXII Deiotariana* in Ägypten). Einen neuen Akzent erhielt das Heerwesen durch die Errichtung zahlreicher *Numeri,* Abteilungen von Infanterie und Kavallerie, die gelegentlich auch miteinander verbunden wurden. Wenn nicht alles täuscht, so haben gerade die *Numeri* die Überfremdung des römischen Heeres noch beschleunigt. Bemerkenswert ist ferner der Übergang zur regionalen Rekrutierung, die übrigens schon seit der flavischen Zeit im Kommen war. Hadrian hat sich bemüht, die alte militärische Disziplin wieder zu Ehren zu bringen, in den Legionslagern wurden der *Disciplina* Altäre errichtet. Nach dem Vorbild der parthischen Panzerreiterei, der Kataphrakten, wurde eine schwere römische Reiterei gebildet. Die Heeresreformen Hadrians waren für die nächsten Jahrhunderte richtungweisend, mag ihre Bedeutung auch gelegentlich übertrieben worden sein.

Mit voller Absicht hat der Prinzeps das Reich mit Grenzwällen und Mauern umgeben. Auf den Spuren des Agricola, der im Jahre 79 in Nordengland eine strategische Straße, gesichert durch Kastelle, erbaut hatte, ließ Hadrian hier einen geschlossenen Limes errichten, der sich vom Solway Firth bis zur Tyne-Mündung erstreckte (s. S. 299). Der Limes war ein ganzes Befestigungssystem. Von Norden nach Süden folgten einander ein tiefer Graben, eine etwa 5–6 m hohe Steinmauer, wieder ein Graben, sodann ein *vallum*. An dem Hadrianswall erhoben sich befestigte Lager und Wachttürme (insgesamt 17 Kastelle und zahlreiche *burgi*). Nördlich des Hadrianswalles lagen weitere drei Kastelle, als Vorposten mitten in Feindesland. Das Bauwerk war in den Jahren 126–127 vollendet.

In der Streckenführung des *obergermanischen Limes* ist unter Hadrian nur eine geringfügige Änderung eingetreten. Am unteren Main wurde der Limes von der Linie Oberflorstadt-Kesselstadt um wenige Kilometer nach Osten vorverlegt (auf die Linie Oberflorstadt-Großkrotzenburg), wobei man auf die geographischen Gegebenheiten wenig Rücksicht genommen hat. Vor den Befestigungen wurde ein durchlaufender Graben mit einem Palisadenzaun gezogen. Auch der rätische Limes erhielt einen durchgehenden Palisadenzaun: die Welt der Barbaren wurde auf diese Weise buchstäblich mit Brettern vernagelt. In die Zeit Hadrians gehören auch die Kastellbauten von Theilenhofen (südöstlich von Gunzenhausen) und von Böhming (an der Altmühl).

An der unteren Donau ließ Hadrian die Aluta-Linie (Olt) befestigen, damit wurde dem Vordringen der Barbaren von Osten gegen die Provinz Dakien ein Riegel vorgeschoben. Auch im Orient, in Syrien, und vor allem in Afrika wurde an den Grenzbefestigungen gearbeitet. In Afrika wurde durch das *fossatum Africae,* einen 800 km langen Graben, der durch moderne Luftaufnahmen wiedergefunden worden ist, der Süden Numidiens gegen die Wüste abgeriegelt, auch hier hat man durch die Errichtung von Kastellen, Wachttürmen und Verbindungsstraßen ganze Arbeit geleistet. Im Schutze des neuen Grenzwalls hat man in Afrika ein großartiges Bewässerungssystem mit zahlreichen Kanälen angelegt, das vor allem den Olivenkulturen zugute gekommen ist. Die Befestigungsarbeiten sind hier durch Inschriften für die Jahre 125/26 und 131/32 bezeugt.

Trotz seiner defensiven Einstellung sind Hadrian Kriege nicht ganz erspart geblieben. In eigener Person hat der Friedenskaiser einen Einfall der Roxolanen an der unteren Donau zurückgewiesen (117). Auch in Britannien mußte, teilweise unter den Augen des Kaisers (122), gegen die Brittonen (Briganten) gekämpft werden. Der bedeutendste Krieg seiner Regierung aber war der Aufstand der Juden unter Bar Kochba (in den zeitgenössischen Dokumenten heißt er Bar Koseba), in den Jahren von 132 bis 135. Mit leichter Mühe hatten sich die Aufständischen in den Besitz der Stadt Jerusalem gesetzt, das von den Römern unter dem Namen Aelia Capitolina – nach der Zerstörung im Jahre 70 – wieder aufgebaut worden war. Die römische Rückeroberung endete im Jahre 134 mit einer völligen Vernichtung der jüdischen Hauptstadt. Doch erst im Jahre 135 fiel mit Bether, etwa 15 km von Jerusalem entfernt, die letzte Burg der Aufständischen. Das Land war vollständig ruiniert, Tausende von Juden waren tot oder in die Gefangenschaft gewandert, zwischen

Siegern und Besiegten aber gab es keine Gemeinschaft: unter Androhung der Todesstrafe wurde es den Juden verboten, Aelia Capitolina auch nur zu betreten. Unter dem Namen «Syria Palaestina» wurde Judaea als Provinz reorganisiert und mit zwei Legionen belegt.

Einen bedeutenden Einschnitt bezeichnet die Regierung Hadrians auf dem Gebiet der *Innenpolitik*. Durch seine eigene Initiative hat der Prinzeps zahlreiche Mißstände in der Verwaltung und im Rechtswesen abgestellt. Er bediente sich dabei der Hilfe des *consilium principis*, das unter seiner Regierung regelmäßige Sitzungen abhielt. Die Mitglieder des *consilium*, unter ihnen sehr bedeutende Juristen, erhielten ein festes Gehalt. Dem Senat gegenüber erwies der Prinzeps immer von neuem sein Entgegenkommen. Doch ist es dem Kaiser nicht verborgen geblieben, daß der Senatorenstand längst nicht mehr über die für die Verwaltung und Rechtsprechung notwendige Zahl von qualifizierten Kräften verfügte. Den Senatoren zur Seite traten, noch mehr als schon unter Trajan, zahlreiche Ritter als Prokuratoren und Praefekten. Auch das Kabinett des Prinzeps erhielt eine neue Organisation: an die Spitze der Ämter *«ab epistulis», «a libellis», «a cognitionibus»* und *«a studiis»* traten gleichfalls römische Ritter, während das Amt des *«a memoria»* (wahrscheinlich das Archiv des Prinzeps) nach wie vor Freigelassenen offenstand. Hadrian hat sich außerdem bemüht, zwischen dem Hofgesinde des Prinzeps und den Beamten des Staates die schon längst notwendige Trennung zu vollziehen. Die Beamten erhielten, nach Klassen abgestuft, beträchtliche Gehälter, auch Rangtitel (egregius, perfectissimus, eminentissimus) wurden für sie eingeführt, der Titel clarissimus blieb allein den Senatoren vorbehalten. Die Einteilung Italiens in vier Gerichtsbezirke unter der Leitung von Consularen blieb freilich eine vorübergehende Erscheinung, von säkularer Bedeutung aber war die Kodifikation des prätorischen Edikts, die unter dem Namen des *edictum perpetuum* Weltruhm erlangt hat. Das Werk stammte von P. Salvius Julianus, einem hervorragenden Rechtsgelehrten, dessen Schriften, insbesondere die *Digesten*, große Beachtung gefunden haben.

Bei seinem Regierungsantritt sah sich Hadrian einer schwierigen finanziellen Situation gegenüber. Der Partherkrieg hatte enorme Summen verschlungen, in Italien und in zahlreichen Provinzen gab es große Steuerrückstände. Hadrian aber soll diese Steuerschulden einfach gestrichen haben. Ferner verzichtete er auf das *aurum coronarium* und die *bona damnatorum,* auch weigerte er sich, Erbschaften von Personen anzutreten, die ihm persönlich unbekannt waren. Aus der Steuerverwaltung wurden die *societates publicanorum* ausgeschaltet, eine für die Provinzialen sehr heilsame Maßnahme, wenn sie auch der Entfaltung der privaten Initiative auf dem Gebiet der Wirtschaft abträglich war. Richtunggebend für die Agrarwirtschaft wurde die *lex Hadriani*. Sie gestattete unter gewissen Voraussetzungen nach Art der griechischen Emphyteuse die Okkupation unbebauten Landes. Zur besseren Bewirtschaftung verpachtete der Prinzeps, der größte und reichste Domanialherr, das Land an *conductores*, diese zerlegten es in Parzellen und übergaben es an *coloni*, deren Rechte und Pflichten im Pachtvertrag genau umschrieben waren.

Wie sein Vorgänger Trajan so hat auch Hadrian die Urbanisierung des Reiches nach Kräften gefördert. Zahlreiche Gemeinden in Kleinasien und Thrakien verehrten in der Folgezeit Hadrian als ihren Gründer *(ktístēs)*, und in manchen Griechenstädten wie in Athen erscheint als neue Phyle die Hadrianis. Die bedeutendste Gründung Hadrianopolis in Thrakien zeugt noch heute mit ihrem Namen von dem erfolgreichen Wirken des Prinzeps.

Die Zahl der Bauten, die in Rom und im Reiche auf Hadrian zurückzuführen sind, ist sehr groß. In Rom, an der Via Sacra, ließ der Kaiser den Tempel der Venus und der Roma errichten, und zwar auf dem Gelände der *domus aurea* des Nero, im Jahre 135 wurde das Heiligtum eingeweiht. Das Pantheon, von M. Vipsanius Agrippa erbaut, hatte schon unter Domitian restauriert werden müssen, unter Trajan wurde das wuchtige Bauwerk durch einen Blitzschlag beschädigt. In den Jahren von 122 bis 124 ließ Hadrian das Pantheon neu errichten, die Kuppel mit einem Durchmesser von 55 m und einer Höhe von 43 m. Es ist dies eine der glänzendsten Leistungen der römischen Baukunst in der Kaiserzeit. In den letzten Jahren seines Lebens, bereits von schwerer Krankheit gezeichnet, schritt Hadrian zur Errichtung eines eigenen Mausoleums *(moles Hadriani)*. Der festungsartige Bau jenseits des Tiber wurde durch eine eigene Brücke *(pons Aelius)* mit der Stadt verbunden. Der von Hadrian als Nachfolger in Aussicht genommene Aelius Caesar und die Gattin des Kaisers, Vibia Sabina, haben in diesem großartigen Grabmal, noch vor dem Prinzeps, ihre letzte Ruhestätte gefunden.

Gleichfalls echt hadrianischem Geist entsprungen ist die Villenanlage, die der Prinzeps in Tibur (Tivoli) in langjähriger Arbeit errichten ließ. Hier, an den Wasserfällen des lieblichen Anio, gedachte er von seinen Reisen und Mühen auszuruhen. In den Bauten der Villa wollte er die schönsten Stätten seines Reiches, die er selbst mit eigenen Augen gesehen hatte, wiederfinden. Es scheint so gut wie sicher, daß der Kaiser selbst wiederholt in den Bauplan eingegriffen und Änderungen veranlaßt hat, die zum Teil geradezu als Fehlkonstruktionen zu bezeichnen sind. Nicht weniger als 16 Jahre lang, von 118 bis 134, ist an dieser Anlage gebaut worden, das Ergebnis war ein architektonisches Phantasiegebilde, das Produkt eines Geistes, der eigenwillig, bizarr, ja geradezu verbildet zu nennen ist.

Mit dem Namen des Kaisers Hadrian verbindet sich die erste *Renaissance des Hellenentums*. Der Kaiser war nicht nur von Jugend auf ein begeisterter Anhänger der griechischen Kultur, er hatte fast alle griechischen Landschaften auch aus eigener Anschauung kennengelernt, nicht weniger als dreimal (124/25, 128/29, 131/32) hat er längeren Aufenthalt in Athen genommen. Die Griechen haben die Sympathie des Kaisers für ihre Kultur mit höchster Freude begrüßt – eine unendlich große Zahl von Inschriften aus allen Ländern griechischer Zunge rühmt den Kaiser als den großen Wohltäter der griechischen Nation. So hat beispielsweise die Stadt Thyateira beschlossen, die Wohltaten Hadrians auf einer in Athen, dem Vorort der Hellenen, zu errichtenden Weihinschrift zu verewigen. Hadrian hatte sich durch Getreidespenden, durch den Bau einer Wasserleitung und durch die Gewährung von Abgabenfreiheit große Verdienste um die kleinasiatische Griechenstadt erworben. In Beroia (Makedonien) hat er selbst einen namhaften Beitrag zur Errichtung eines Tempels beigesteuert. Das Koinon der Achäer ehrte den Prinzeps durch eine rühmende Inschrift, doch scheint sich Hadrian die Zuerkennung göttlicher Ehren verbeten zu haben, nicht anders als Tiberius und Claudius.

Hadrians Liebe zur griechischen Kultur und zum griechischen Wesen war echt und ehrlich. Er trug nicht nur griechische Tracht, er hat auch den griechischen Philosophenbart hoffähig gemacht. In Rom gründete er nach dem Vorbild des alexandrinischen Museions das Athenaeum (135), an dem Lehrstühle der griechischen Grammatik und Literatur errichtet wurden.

Irgendwelche politischen Folgen hat die hellenische Renaissance nicht gezeitigt. Griechenland und das griechische Volk spielten in der Weltpolitik seit Jahrhunderten keine Rolle mehr. Einsichtige Griechen wie Plutarch von Chäronea haben sich bemüht, ihre Landsleute aus ihrer politischen Lethargie aufzuwecken und sie insbesondere für die kommunalen Angelegenheiten der griechischen Poleis zu interessieren. Doch ist die griechische Wiedergeburt unter Hadrian im wesentlichen eine literarische und künstlerische Angelegenheit geblieben, auf dem Felde der Politik hat sie sich nicht ausgewirkt. Doch hat sie zu einem besseren Verständnis des Hellenentums und seiner geschichtlichen Leistung beigetragen. Außerdem haben es nicht wenige der Hellenen unter Hadrian und seinem Nachfolger zu hohen Würden im Reiche gebracht wie Flavius Arrianus aus Nikomedien in Bithynien. Er ist unter Hadrian bis zum *legatus pro praetore Cappadociae* aufgestiegen, dabei hat er sich um die Reichsverteidigung Verdienste erworben, indem er einen Einfall der Alanen, eines iranischen Reitervolks, abgewehrt hat.

Hadrian war ein tiefveranlagter religiöser Mensch. Er war ein Suchender, der in den gewohnten Formen der römischen Staatsreligion kein Genügen fand. Es sind insbesondere griechische, aber auch ägyptische Ideen, die seine Religiosität geprägt haben. Ebenso wie seinem Vorgänger Trajan, so lag auch ihm die Welt des Christentums ganz fern: Bei seinem zweiten Aufenthalt in Athen erschienen vor ihm der christliche Bischof der Stadt und ein Priester, sie übergaben dem Prinzeps eine Schrift zur Verteidigung des christlichen Glaubens. Sie hat, wie es scheint, auf Hadrian keinen Eindruck hinterlassen. Der beherrschende Zug der Religiosität jener Tage war vielmehr der *Henotheismus:* in den unendlich vielen verschiedenen Göttergestalten sahen die Gebildeten letzten Endes doch nur die Erscheinungsformen einer einzigen, allumfassenden Gottheit. Es ist dies eine echt synkretistische Auffassung, die allerdings stark philosophisch, im besonderen stoisch gefärbt ist. Einen hervorragenden Platz in dem Pantheon aber nahm die Sonne ein, ihr hat Hadrian auf Bergeshöhen seine Verehrung dargebracht.

Die Frage der Nachfolge: Da Hadrian über keine leiblichen Erben verfügte, wurde die Frage seiner Nachfolge mit fortschreitender Zeit, vor allem aber seit seiner Erkrankung im Jahre 135, immer brennender. Hadrians Wahl fiel schließlich auf L. Ceionius Commodus, der unter dem Namen L. Aelius adoptiert und durch den Titel *Caesar* als Nachfolger designiert wurde. Außerdem wurden dem Thronfolger hohe Auszeichnungen zuteil. L. Aelius war aber als Nachfolger denkbar ungeeignet, er verstarb bereits am 1. Januar 138. Wenige Wochen später, am 25. Februar 138, trat Arrius Antoninus (unter dem Namen T. Aelius Caesar Antoninus) an seine Stelle, der Sohn des Aurelius Fulvus und der Arria Fadilla. Der neue Caesar – es ist der spätere Kaiser Antoninus Pius – hatte, ebenso wie sein Adoptivvater, keine Söhne. Aus diesem Grunde mußte er den Sohn des L. Ceionius Commodus gleichen Namens (den späteren Kaiser Lucius Verus) und Marcus Annius Verus (den späteren Kaiser Mark Aurel) adoptieren. Mit dieser Adoption schien die Nachfolge auf eine längere Zeit hinaus gesichert, in der zweiten Generation sogar durch vier Augen. Hadrian aber starb am 10. Juli 138 zu Baiae. Die letzten Jahre waren eine Leidenszeit für ihn gewesen, sein Charakter hatte sich verdüstert, durch unnötige Grausamkeit hatte er sich manche Feinde geschaffen.

Dennoch gehört seine Regierung als Ganzes zu den hellen Lichtpunkten der römischen Kaiserzeit. Hadrian hatte es als eine hohe Verpflichtung angesehen, für die wirtschaftlich Schwächeren, die *humiliores*, gegenüber den Stärkeren und Höhergestellten, den *honestiores*, einzutreten, ein Grundsatz, der auch in der Gesetzgebung seinen Niederschlag gefunden hat. Unter Hadrians Regierung aber verlagerte sich der Schwerpunkt des Reiches allmählich von Rom in die romanisierten Provinzen des Westens und in die Lande hellenischer Kultur im Osten. Es ist eine Weltkultur im Entstehen, ihr Kennzeichen ist die geistige Verbindung aller Gebildeten über alle Schranken von Völkern und Nationen hinweg. Der Kaiser hatte sich zwar bemüht, auch die Lage des flachen Landes und seiner Bewohner zu verbessern, doch ließ sich das starke Gefälle zwischen Stadt und Land nicht aus der Welt schaffen. In diesem ungesunden Zustand lagen die Keime zu späteren Konflikten, die in der Zeit der Severer und ihrer Nachfolger zum Ausbruch gekommen sind.

9. Die Antoninenzeit (138–180 n. Chr.)

Edward Gibbon hat in seinem unvergänglichen Werk «The decline and fall of the Roman empire» die Antoninenzeit als das glücklichste Zeitalter des Menschengeschlechts gepriesen, weil den damals Lebenden das köstlichste Gut, der Friede, in so reichem Maße zuteil geworden sei, und so manche Historiker haben es Gibbon nachgesprochen. In Wirklichkeit aber war die Antoninenzeit, die Zeit des Kaisers Antoninus Pius (138–161) und die Regierung seines Nachfolgers, des Mark Aurel (161–180), keineswegs ein Zeitalter ohne Kriege, wenn diese auch den Kern des Reiches zunächst nicht berührt haben. Entscheidend ist es jedoch, daß unter Antoninus Pius die aufsteigende Linie der politischen Entwicklung des Imperiums zum Stillstand kommt. In der Antoninenzeit liegen die Keime des künftigen Niedergangs, und zwar vor allem infolge der schwächlichen Außenpolitik, die nichts anderes als eine ununterbrochene Kette schwerer Versäumnisse gewesen ist. Hadrians Nachfolger, Antoninus, war nicht die Persönlichkeit, die das Reich nötig gehabt hätte. Der neue Kaiser stammte aus einer begüterten Familie aus Nemausus (Nîmes) in der Gallia Narbonensis, sie war aber schon seit einigen Generationen in Italien ansässig und hatte es hier zu großem Vermögen und zu umfangreichem Grundbesitz gebracht. Antoninus hielt sich am liebsten auf seinen Gütern in Italien auf, als Kaiser hat er das Land überhaupt nicht mehr verlassen. Anders als Trajan und Hadrian hatte er niemals eine wichtige kaiserliche Provinz wie Syrien oder Germanien verwaltet, er war vielmehr (im Jahre 135/36?) Proconsul von Asia gewesen. In den Augen Hadrians sollte er nichts anderes als der Platzhalter für den jungen Annius Verus (Verissimus Caesar) sein, dessen Qualitäten Hadrian nicht verborgen geblieben waren. Mit 52 Jahren Prinzeps, setzte Antoninus gegen den Widerstand des Senats die Konsekration seines Vorgängers durch und verdiente sich den Ehrennamen Pius. In der Administration des Imperiums hat Antoninus Pius, eine durch und durch konservative Natur, die Linie seiner Vorgänger fortgeführt. So erließ er nach dem Vorbild Hadrians den Bewohnern Italiens das gesamte *aurum coronarium*, den Provinzialen die Hälfte. In vielen Städten Italiens und der Provinz hat er Bauten errichtet, in Rhodos und Kos heilte er die durch ein Erdbeben entstandenen Schäden. Auch die Institution der *alimentationes* hat er, im Sinne des Trajan und Hadrian, weitergeführt, ganz besonders großzügig aber zeigte er sich in seinen Spenden an die stadtrömische Bevölkerung.

Wie die Gebildeten unter den Griechen die Lage des Reiches gesehen haben, zeigt die Preisrede des Aelius Aristides auf Rom, wahrscheinlich vom Jahre 143. Von den Städten des Imperiums entwirft der griechische Rhetor ein glänzendes Bild, er preist den Frieden und die Ordnung des Reiches unter dem machtvollen Schutz der römischen Waffen. Ganz besonders aber wird die Errichtung der Mauern an den Grenzen des Imperiums und die Rolle des Heeres hervorgehoben: «Wie ein Graben, so umschließt das Heer im Kreis die ganze Oikumene, von dem einen Ende der Erde zum anderen, von Nubien bis an den Phasis, vom Euphrat bis nach Britannien.» Das Ansehen des Reiches stand hoch im Kurs: aus den fernsten Ländern, aus Hyrkanien und Baktrien, ja sogar aus Indien, erschienen Gesandtschaften in Rom, die Völker an den Rändern des Reiches, die Lazen in Kolchis, die Armenier und die Quaden an der mittleren Donau, erhielten ihre Könige durch den römischen Prinzeps, auch die Parther beugten sich der Autorität des römischen Kaisers.

Antoninus Pius wollte ein Friedenskaiser sein. Dennoch sind ihm Kriege nicht erspart geblieben. Wegen der Einfälle der Briganten in Nordengland mußten die Römer wiederholt zu den Waffen greifen (139–142). Die Annalen des Reichs verzeichnen einen Sieg des kaiserlichen Legaten von Britannien, Q. Lollius Urbicus, sowie die Annahme der zweiten imperatorischen Akklamation durch den Prinzeps. Das bei weitem wichtigste Ereignis in Britannien aber ist die Errichtung des *Vallum Antonini* an der engsten Stelle der Insel, zwischen dem Firth of Forth und dem Firth of Clyde (142). Der Wall war knapp 60 km lang, er erhob sich etwa 120 km nördlich des Hadrianswalles, der übrigens als Befestigungslinie erhalten geblieben ist. Das *Vallum Antonini* mußte jedoch bald wieder aufgegeben werden, wahrscheinlich schon unter Mark Aurel, um 166/67 n. Chr., großen Nutzen hat die Anlage nicht gestiftet.

Auch am obergermanischen Limes trat eine wichtige Veränderung ein. Die Strecke des Limes zwischen dem unteren Main und dem rätischen Limes bei Lorch im Remstal wurde auf eine neue Linie nach dem Osten vorverlegt. Dabei wurden durchschnittlich etwa 10–35 km an Boden gewonnen, die neue Linie wurde durch die Kastelle Miltenberg, Walldürn, Osterburken, Jagsthausen, Westernbach, Öhringen *(vicus Aurel . . .)*, Mainhardt, Murrhardt und Welzheim gesichert. Bezeichnend für den neuen Limes ist die nahezu schnurgrade Streckenführung zwischen Walldürn und dem Haghof bei Lorch (etwa 80 km). Die militärisch-strategische Bedeutung des neuen Limes war gering, der Wall diente vor allem zur Abgrenzung des Reichsgebiets. Die Linie des alten Limes zwischen Obernburg am Untermain und Wimpfen am Neckar blieb bestehen, so daß die Reichsgrenze in Germanien wie in Britannien nunmehr durch ein doppeltes Limessystem gesichert wurde. Vornehmlich am inneren germanischen Limes siedelte man Brittonen aus Nordengland an, sie taten, nach *numeri* gegliedert, hier ihren militärischen Dienst. Nimmt man noch die Fortführung der Arbeiten an der Aluta-Linie in der Walachei, die Errichtung von Befestigungswerken in Thrakien, Mauretanien und Africa hinzu, so ergibt sich überall das gleiche Bild: die Befestigungen bezeugen ein übersteigertes Sicherheitsbedürfnis: die Mauern, nicht mehr die Männer sind der Schutz des Imperiums.

Die Münzprägung zeigt seit dem Jahre 145 immer wieder kriegerische Motive. Es vergeht kaum ein einziges Jahr, ohne daß an irgendeiner Stelle des Reiches gekämpft wird: von 145 bis 152 in Mauretanien, darauf folgen Unruhen in Judaea und in Griechenland, schließlich eine Erhebung der ägyptischen Fellachen (152–153). Dieser Aufstand hat die Kornzufuhr aus Ägypten nach Rom in Mitleidenschaft gezogen. Seit dem Jahr 153/54 verkünden aber die Münzen die Eintracht *(homónoia)* von Tiber und Nil, die Unruhen in Ägypten sind beigelegt. Die literarische Überlieferung weiß außerdem von Kämpfen der Römer mit den Tauroskythen am Borysthenes (Dnjepr) zu berichten. Als man im Jahre 159 – mit Verspätung – die Vizennalien des Kaisers feierte, herrschte Friede, nicht aber im Jahre 160/61, denn in diesem Jahr zeigen die Münzen neben Roma und Juppiter auch das Abbild des Kriegsgottes Mars, dessen Hilfe man offenbar nötig hatte. Den Zusammenbruch des römischen Grenzverteidigungssystems brauchte der Kaiser Antoninus Pius nicht mehr zu erleben, er verschied im Alter von 74 Jahren am 7. März 161 in seiner Villa in Lorium bei Rom. Kurz vor seinem Ableben hatte er noch einmal seinen Adoptivsohn Mark Aurel ausdrücklich zum Nachfolger bestimmt, indem er ihm die Statue der Victoria überbringen ließ. Der Senat beschloß die Apotheose des Verstorbenen, ein neues Priesterkollegium, die *sodales Antoniniani*, wurde ihm zu Ehren gegründet. Auf dem Marsfeld errichtete man eine Säule zu seinem Gedächtnis.

Der neue Prinzeps, bei der Thronbesteigung nahezu 40 Jahre alt, nannte sich Imperator Caesar M. Aurelius Antoninus Augustus. Er hatte eine sehr sorgfältige Erziehung genossen, von der sein Briefwechsel mit M. Cornelius Fronto, seinem Lehrer in der Rhetorik, aber auch seine Selbstbetrachtungen Zeugnis ablegen. Mark Aurel war zwar in Rom geboren, aber seine Familie stammte aus Ucubis in der Baetica. Sein Großvater M. Annius Verus war dreimal Consul, außerdem praefectus urbi gewesen, sein Vater war während der Prätur plötzlich gestorben, auch mütterlicherseits hatte er Verwandte consularischen Ranges aufzuweisen. Mit zwölf Jahren vollzog der junge Annius Verus die entscheidende Hinwendung von der Rhetorik zur Philosophie, die ihm sein Lehrer Fronto nie verziehen hat. Cinna Catulus gewann ihn für die Lehre der Stoa, ihr ist der Kaiser ein Leben lang treu geblieben. Adoptivsohn und Schwiegersohn des Kaisers Antoninus Pius – er war mit dessen Tochter Annia Galeria Faustina (II.) verheiratet –, bekleidete er sein drittes Consulat, als

Antoninus Pius abberufen wurde. So sorgfältig und vielseitig die Erziehung des jungen Mannes auch gewesen war – als er den Thron bestieg, fehlte ihm jedwede Praxis in der Heerführung und Administration des Reiches. Seine Regierung begann Mark Aurel damit, daß er seinen jüngeren Adoptivbruder, L. Aelius Aurelius Commodus, zum Augustus, d. h. zum gleichberechtigten Prinzeps, bestellte. Dieser aber nannte sich fortan L. Aurelius Verus. Nur das Oberpontifikat bekleidete Mark Aurel allein, da es als unteilbar angesehen wurde. Lucius Verus aber wurde mit Annia Lucilla, der Tochter des Mark Aurel, verlobt. Wie konnte Mark Aurel zur Einsetzung des Mitkaisers kommen? Sie entsprach weder den Absichten Hadrians noch denen des Antoninus Pius. Auch konnten Mark Aurel die charakterlichen Schwächen seines Mitkaisers schwerlich verborgen geblieben sein. Lucius Verus war alles andere als ein Pflichtmensch, an den Staatsgeschäften war er nur wenig interessiert. Der Entschluß des Mark Aurel ist wohl nur aus dynastischen Gründen zu erklären: Mark Aurel wollte die Herrschaft seines Hauses fest verankern und insbesondere die höchste Stelle im Staat doppelt besetzen, womit auch das Problem der Nachfolge besser gelöst werden konnte. Irgendwelche Schwierigkeiten waren von Lucius Verus nicht zu erwarten, er hat sich bis zu seinem Tode im Jahre 169 mit der Stelle des Zweiten im Reich begnügt, ohne irgendwie besonderen Ehrgeiz zu entfalten.

Die Regierung des Philosophenkaisers Mark Aurel erhält ihr Gepräge durch die Kriege. Von den 19 Jahren seiner Regierung sind nicht weniger als 17 Kriegsjahre gewesen: von 161 bis 166 kämpfte man im Orient gegen die Parther, von 166 bis 180 (mit einer zweijährigen Unterbrechung) mußte der Ansturm der germanisch-sarmatischen Völker abgewehrt werden.

Der Krieg zwischen Rom und Parthien entzündete sich wieder an der armenischen Frage. Pacorus, ein arsakidischer Prinz, hatte sich des armenischen Throns bemächtigt, der römische Statthalter von Kappadokien, M. Sedatius Severianus, verlor bei Elegeia Schlacht und Leben. Zusammen mit Armenien gingen auch die römischen Vasallen von Adiabene, Edessa und Nisibis auf die parthische Seite über, parthische Reiterheere überfluteten Syrien, der römische Statthalter, Attidius Cornelianus, wurde in die Flucht geschlagen (161). Mark Aurel übergab das Oberkommando im Orient dem Lucius Verus, in seinem Stab befanden sich die hervorragendsten Generäle, die Rom damals aufzuweisen hatte: M. Statius Priscus (Consul 159), P. Martius Verus, Legat der *legio V Macedonica*, ebenso bewährt als Truppenführer wie als Diplomat, endlich der aus Kyrrhos stammende Syrer Avidius Cassius. Diesen Generälen, insbesondere aber dem Avidius Cassius, ist es zu verdanken, wenn die *expeditio orientalis* mit einem durchschlagenden römischen Erfolg geendet hat. Die Hauptmacht der Parther erlitt bei Europos in der Kyrrhestiké und bei

Sura Niederlagen, Edessa und Nisibis kehrten unter die römische Herrschaft zurück (165). Mit der Einnahme und Verwüstung der parthischen Residenzen Seleukeia und Ktesiphon (166) erhielt der Feldzug seine siegreiche Krönung, die Römer setzten ihren Vormarsch sogar nach Medien hinein fort. Hier aber trat ihnen ein Gegner gegenüber, mit dem niemand gerechnet hatte: es war die Pest, die seit dem Beginn des Jahres 166 schwere Opfer forderte. Das römische Heer kehrte nach Syrien zurück, von hier aus verbreitete sich die Seuche im ganzen Römerreich. Mark Aurel aber schloß im Jahre 166 mit den Parthern Frieden, Armenien, nunmehr unter dem König Sohaemus von Emesa, wurde wieder römischer Vasallenstaat, das gleiche gilt für die Gebiete im westlichen Mesopotamien, insbesondere für Osrhoene. Zweifellos war im Osten Bedeutendes erreicht worden, der Triumph, den die beiden Kaiser am 23. August 166 in Rom feierten, war wohlverdient.

Die Donaukriege Mark Aurels (166–175, 177–180): Um die Mitte des 2. Jh. bewegten sich die Goten von der unteren Weichsel durch Polen zum Schwarzen Meer. Über die Burgunder, Semnonen und Lygier (in Oberschlesien) pflanzte sich die Unruhe bis in die germanisch-sarmatische Völkerwelt an der mittleren und unteren Donau fort. Zahlreiche Völker brandeten gegen die unzulänglichen Grenzen des Imperiums an der Donau: die bedeutendsten Gegner der Römer waren die Markomannen; sie haben dem Krieg ihren Namen gegeben. Neben ihnen aber stürmten auch die Quaden, Naristen, Viktofalen, Hermunduren, Buren, Vandalen und Jazygen über die Donaugrenze. Es war eine riesige Völkerlawine, die sich von jenseits der Donau in Bewegung setzte. Die Völkerschaften verlangten Aufnahme in das römische Reichsgebiet. Das Imperium befand sich in höchster Bedrängnis: zahlreiche Truppenteile waren zum Partherkrieg in den Orient verlegt worden. Verhandlungen mit den germanischen Völkern führten nicht zum Ziel, im Gegenteil, im Jahre 166 überfluteten germanische und sarmatische Stämme die Donaugrenze von Raetien bis nach Moesien, die Schrecken der Kimbernkriege schienen zurückzukehren, die Dörfer gingen in Flammen auf, die Reichsbevölkerung wurde fortgeführt. Die Markomannen und Quaden überstiegen die Alpen, Aquileja wurde von ihnen belagert, Opitergium zerstört. Rom aber stand unter dem doppelten Schrecken der Pest und der Germanennot. Nachdem er feierliche religiöse Zeremonien in Rom vorgenommen hatte, reiste Mark Aurel zusammen mit Lucius Verus nach Oberitalien, um persönlich den Befehl gegen die Germanen zu übernehmen (wahrscheinlich im Herbst 167). Die Markomannen gaben die Belagerung Aquilejas auf, der Kaiser drängte die Germanen über die Donaugrenze zurück, gegen Ende des Jahres 168 konnte die Lage als wiederhergestellt gelten. Auf der Heimreise nach Rom starb der Mitkaiser Lucius Verus in Altinum (zu Beginn des Jahres 169).

Die zweite Phase des Krieges währte von 169 bis 174 (bzw. 175, denn erst in diesem Jahre gelangte man auch mit den Jazygen zum Frieden). Der zweite Abschnitt des Krieges wird gekennzeichnet durch eine großangelegte römische Offensive. Viele Schwierigkeiten waren vorher zu überwinden gewesen: es hatte nicht nur an Geld, sondern auch an Soldaten gefehlt, so daß man auf Sklaven und Gladiatoren, auch auf griechische Stadtpolizisten *(diogmitae)* zurückgreifen mußte. Auch die wehrhafte Bevölkerung Dalmatiens und Dardaniens wurde miteingereiht. Für die Kriegsereignisse steht als Quelle der Bilderfries der Mark-Aurel-Säule in Rom zur Verfügung; die Darstellung umfaßt mit großer Wahrscheinlichkeit die Ereignisse der Jahre von 172 bis 175. Dazu kommt eine Inschrift, die in Zana (Diana Veteranorum in der Provinz Africa) gefunden worden ist. Sie ist zu Ehren des M. Valerius Maximianus gesetzt, eines römischen Ritters, gebürtig aus Poetovio in Pannonien, der es unter Mark Aurel zu hohen Ehren gebracht hat. Nach dieser Inschrift haben sich nicht nur Vexillationen der Flotten von Misenum und Ravenna, sondern auch solche der britannischen Flotte am Donaufeldzug beteiligt, dazu ist maurische und afrikanische Kavallerie zur Aufklärung des Kriegsschauplatzes eingesetzt worden. M. Valerius Maximianus hat schließlich den Häuptling der Naristen Valao mit eigener Hand im Kampf erschlagen. Es war ein erbarmungsloser Krieg, die Reliefs der Mark-Aurel-Säule zeigen, wie die Dörfer und Weiler in Flammen aufgingen und wie man sogar die Gefangenen tötete. Berühmt ist das Regenwunder: als die Römer in Gefahr waren zu verdursten, wurden sie durch ein überraschend einsetzendes Gewitter mit starken Regengüssen gerettet. Bereits die Münzen des Jahres 173 tragen die Legende *Germania subacta*, doch gingen die Kämpfe noch weiter (bis 174), und die sarmatischen Jazygen konnten sogar erst im Jahre 175 unterworfen werden. Ebenso wie die Quaden und Markomannen mußten auch die Jazygen die Gefangenen zurückgeben und die römische Oberherrschaft anerkennen. Nördlich der Donau mußten die Markomannen eine Zone, 7 km breit, die Quaden und Jazygen einen Streifen von 14 km den Römern überlassen, außerdem wurden römische Garnisonen in ihre Länder gelegt. So entstand im Quadenland an der oberen Waag bei Trentschin ein römisches Lager, wie schon früher an der March bei Stillfried, beide mitten im Barbarenland.

Trotz der Friedensschlüsse war eine wirkliche Lösung des Grenzproblems an der Donau nicht erreicht. Der Kaiser Mark Aurel beabsichtigte daher, die Reichsgrenze weit nach dem Norden, bis an den Wall der Sudeten und Karpaten, vorzuverlegen. Aus dem noch zu erobernden Gebiet sollten zwei neue Provinzen, *Marcomannia* im Westen und *Sarmatia* im Osten, gebildet werden. Da trat im Orient ein Ereignis ein, das die Pläne des Kaisers zunichte machte: es war der *Aufstand des Avidius Cassius*.

Nach dem Abschluß des Partherkrieges hatte der Kaiser Mark Aurel dem Syrer Avidius Cassius ein *imperium maius* über den gesamten römischen Orient übertragen, als Belohnung für seine großen Verdienste im Partherkrieg. Auf das Gerücht vom Ableben des Mark Aurel griff der ehrgeizige General zur Krone, er ließ sich (in der zweiten Aprilwoche 175) zum Kaiser ausrufen. Ägypten und Vorderasien fielen ihm zu, den Mittelpunkt seines Reiches bildete die alte Diadochenresidenz Antiocheia am Orontes. Der Senat in Rom erklärte Avidius Cassius zum *hostis*, seine Güter wurden eingezogen. Zum Glück für Mark Aurel war der Legat von Kappadokien, P. Martius Verus, treu geblieben. Mark Aurel reiste nun von der Donaufront in den Orient. Dort angekommen, mußte er erfahren, daß die Herrschaft des Avidius Cassius nach drei Monaten und sechs Tagen durch den gewaltsamen Tod des Usurpators ihr Ende gefunden hatte. Gegenüber den Anhängern, auch gegenüber der Familie des Avidius Cassius, verfuhr Mark Aurel mit größter Milde. Nach einem Abstecher nach Ägypten reiste er über Syrien nach Kleinasien zurück. Am Fuße des Taurus, in der kleinen kappadokischen Ortschaft Halala, verlor er durch Krankheit seine Gattin, die Kaiserin Faustina (II.), die Tochter des Antoninus Pius. Ihr zu Ehren erhob er den Ort zu einer Kolonie und gab ihr den Namen Faustinopolis. Das Andenken der Verstorbenen wurde außerdem durch Alimentarstiftungen *(puellae novae Faustinianae)* wachgehalten.

Weder die Markomannen noch die Quaden waren mit den Friedensbedingungen zufrieden. Im Jahre 177 kam es erneut zum Kriege, es ist dies die *expeditio Germanica secunda* (177–180). Von den Germanen wanderten viele Tausend nach dem Norden aus, Mark Aurel aber ließ die Straßen sperren, um insbesondere die Abwanderung der Quaden zu den Semnonen (an der mittleren Elbe) zu unterbinden. Den Oberbefehl bei den Römern führten zunächst die beiden Brüder Sex. Quintilius Condianus und Sex. Quintilius Valerius Maximus, aber die Operationen verliefen für die Römer wenig glücklich, so daß im Jahre 178 der Kaiser selbst, zusammen mit seinem Sohn Commodus, auf dem Kriegsschauplatz erscheinen mußte. Nach dem Grundsatz des «Divide et impera» behandelte er die Gegner: während er gegenüber den Jazygen Milde walten ließ, führte er gegen die Markomannen und Quaden einen erbarmungslosen Vernichtungskrieg. Beide Völker mußten sich bedingungslos unterwerfen, doch war der Krieg noch nicht erloschen, als Mark Aurel am 17. März 180 zu Vindobona von der Pest hinweggerafft wurde.

Für das Imperium Romanum waren die Germanen- und Sarmatenkriege eine ausgesprochene Krisenzeit. Zum erstenmal war die Völkerwelt der zweiten Zone, zwischen der Ostsee und den Karpaten, in Bewegung geraten, die römische Grenzverteidigung, die in jahrzehntelanger Arbeit errichtet worden war, erwies sich als völlig unbrauchbar, die Zeit der unbedingten Überlegenheit der römischen Waffen über die Barbarenvölker gehörte der Vergangenheit an. Wieder hatte man die Donau zur Reichsgrenze gemacht, obwohl sich ihre Unzulänglichkeit nur zu deutlich erwiesen hatte. Das Römerreich aber brauchte die fremden Völker: Mark Aurel hatte 10 000 Jazygen in den Dienst genommen, unter Commodus erscheinen die Germanen und Sarmaten als *coloni* oder *foederati*. Die bisher prokuratorischen Provinzen Raetia und Noricum hat Mark Aurel zu praetorischen erhoben, sie erhielten die beiden neuaufgestellten Legionen zugewiesen, und zwar lag die *legio III Italica* in Regina Castra (Regensburg), die *legio II Italica* in Lauriacum (Enns an der Donau) in Garnison. Unzweifelhaft kommt dem Kaiser Mark Aurel das Verdienst zu, die drohende Überflutung des Reiches durch Germanen und Sarmaten verhindert und dadurch dem Imperium ein weiteres Jahrhundert seines Eigenlebens gesichert zu haben.

Die anderen Kriege, die Mark Aurel zu führen hatte, waren von geringerer Bedeutung: es sind dies die Kämpfe gegen die in das Reichsgebiet eingefallenen Chatten in den Jahren 162 und 174, die Auseinandersetzung mit den Mauren in Mauretanien (172) und auf der Pyrenäenhalbinsel, besonders in Lusitanien (175/76), die Niederwerfung des Aufstandes der wehrhaften Bukolen in Unterägypten, die dem Avidius Cassius im Jahre 172 gelungen war.

Das eigentliche Feld für die Begabung des Philosophen auf dem Thron der Caesaren aber war nicht der Krieg, sondern die innere Politik und die Administration des Imperiums. Als überzeugter Stoiker wußte er sich für seine Untertanen verantwortlich, auf die Zusammenarbeit mit dem Senat hat er stets großen Wert gelegt. Im Gegensatz zu seinem sparsamen Vorgänger war er in finanziellen Dingen großzügig, beträchtliche Summen hat er für die Congiarien und Zirkusspiele ausgeworfen. Doch sollte es ihm nicht vergessen sein, daß er in Athen vier philosophische Lehrstühle geschaffen hat, deren Inhaber ihre Besoldung aus der Staatskasse erhielten. Im Jahre 178 ließ er alle Summen, die dem Fiskus geschuldet wurden, einfach streichen. Endlich verlieh er einer Anzahl von Städten, unter ihnen Smyrna, Ephesos, Nikomedien und Karthago, die Abgabenfreiheit. Überhaupt hat sich Mark Aurel den Städten des Reichs gegenüber sehr wohlwollend gezeigt. Berühmt ist der Senatsbeschluß, der die Herabsetzung der hohen Kosten für die Gladiatorenspiele in den Städten zum Gegenstand hat. Von ihm haben sich Abschriften in Italica in Südspanien und in dem kleinasiatischen Sardes gefunden. Segensreich war auch seine Tätigkeit auf dem Gebiet der Rechtsprechung. So hat der Kaiser das Unwesen der Denunzianten *(delatores)* unterdrückt und nach dem Vorgang Hadrians Italien wieder in vier Gerichtsbezirke eingeteilt. An ihrer Spitze standen vier *iuridici,* Prätorier mit weitgehenden jurisdiktionellen und administrativen Befugnissen.

Mark Aurel kannte die Christen, aber er liebte sie nicht. Sie waren in seinen Augen illoyale Bürger, die ihr eigenes Interesse über das des Staates stellten. So war der Konflikt unausweichbar, obwohl die stoische Weltanschauung des Prinzeps so manche Berührungspunkte mit der Lehre des Christentums aufzuweisen hatte. Von größeren Verfolgungen ist in der Überlieferung nicht die Rede, allein in Lugdunum (Lyon) ist eine Anzahl von Christen, unter ihnen der 90jährige Bischof Potheinos, unter schrecklichen Martern getötet worden (177). Hier war es die Bevölkerung der Stadt, die sich gegen die Christen aufhetzen ließ, die Zahl der Opfer dürfte jedoch 30 nicht wesentlich überstiegen haben. Aber auch an anderen Orten des Reiches, wie z. B. in Rom und in Pergamon, vielleicht auch in Smyrna, wenn anders das Polykarpmartyrium in diese Zeit gehört, erlitten Christen den Märtyrertod. Und es besteht kaum ein Zweifel, daß sich in diesen Verfolgungen der Geist des Zeitalters offenbart, für den letzten Endes der Kaiser mitverantwortlich gewesen ist.

Auch in der Regelung der Nachfolge hatte Mark Aurel keine glückliche Hand. Aus der Ehe mit der Jüngeren Faustina hatte der Kaiser zwölf Kinder (vielleicht sogar noch mehr). Von den Söhnen aber war nur ein einziger am Leben geblieben, Commodus. Obwohl ihm die Schwächen des Sohnes nicht verborgen geblieben waren, hat Mark Aurel ihn im Jahre 177 zum Mitregenten proklamieren lassen, Commodus führte von nun an nicht nur den Augustustitel, sondern auch den Ehrennamen *pater patriae*. Auf dem Totenbett hat ihn Mark Aurel noch einmal ausdrücklich zu seinem Nachfolger designiert. Es sollte sich dies als ein Fehler erweisen – aber das Dilemma bestand darin, daß eine in jeder Weise geeignete Persönlichkeit in der Umgebung des Kaisers nicht vorhanden war, vielleicht mit Ausnahme des Schwiegersohnes Ti. Claudius Pompejanus, den Mark Aurel zum Ratgeber des Commodus bestimmt hatte. Die Zukunft des Reiches aber ruhte nach dem Ableben des Mark Aurel auf den Schultern eines Neunzehnjährigen, der weder über das Pflichtgefühl noch über die Fähigkeiten verfügte, die das Reich in seiner Krise nötig gehabt hätte.

10. Die Regierung des Commodus und die Kämpfe um die Nachfolge (180–193 n. Chr.)

Commodus (er regierte von 180 bis 192) verdankte den Thron vor allem seinem Vater, der sich der Zustimmung des Heeres sicher gewesen war. Der Senat war gar nicht erst gefragt worden, dies erklärt teilweise den scharfen Gegensatz, der in der Folgezeit zwischen dem Kaiser und der hohen Körperschaft bestanden hat. Die Überlieferung (vor allem Cassius Dio, ein Zeitgenosse, aber auch die Historia Augusta) zeichnet Commodus als einen ausgesprochenen Tyrannen, ein Urteil, das die moderne

Forschung im wesentlichen übernommen hat. Dabei wird jedoch die tiefgreifende Umwandlung übersehen, die sich im Imperium Romanum im Verlauf des 2. Jh. n. Chr. vollzogen hatte: Commodus ist zweifellos für die Krisenerscheinungen, vor allem auf dem Gebiet der Wirtschaft, aber auch im Heerwesen, nur zu einem geringen Teil verantwortlich. Allerdings hat Commodus die Regierung seinen Günstlingen überlassen, zuerst dem *praefectus praetorio* Tigidius Perennis, nach dessen gewaltsamem Tode im Jahre 185 dem M. Aurelius Cleander, einem Freigelassenen. Da der Kaiser sich von Verschwörungen umgeben wähnte, befand er sich ganz in den Händen seiner Ratgeber. Zahlreiche Senatoren wurden mit dem Tode bestraft, da man sie der Konspiration gegen das Leben des Prinzeps bezichtigt hatte. Die Verwaltung geriet in Unordnung, im Jahre 190 soll es nicht weniger als 25 Consules gegeben haben. Besonders drückend aber war die Geldnot; sie ist auf die schleichende wirtschaftliche Krise zurückzuführen, für die weder der Kaiser noch seine Ratgeber verantwortlich waren. In den Provinzen sah es besser als in Rom und in Italien aus: gerade in der Zeit des Commodus verfügte das Reich über eine beachtliche Zahl von hervorragenden Statthaltern, von denen es einige in der Folgezeit sogar zum Kaisertum gebracht haben, unter ihnen der bedeutendste, Septimius Severus, zuletzt Legat von Oberpannonien. Es war ferner ein Glück für das Reich, daß sich die Völker an seinen Grenzen an Rhein und Donau ruhig verhielten. So konnte Commodus auf die Besatzungen in den Barbarenländern verzichten, er gestattete den Klientelvölkern, Versammlungen abzuhalten, allerdings in Gegenwart eines römischen Offiziers. In Germania Superior und in Raetia wurde die Befestigungspolitik fortgeführt, in Nordbritannien hatten die Römer vor dem Druck der Briganten den Rückzug vom Antoninswall auf den Hadrianswall angetreten, und zwar wahrscheinlich schon unter Mark Aurel (s. S. 308). Im übrigen herrschte an den Grenzen und im Inneren des Reiches Ruhe. In Rom aber wuchs die Mißstimmung gegen den Prinzeps, der auf die Sympathie der Gebildeten keinen Wert legte und am liebsten in der Arena als Gladiator aufgetreten wäre. Sein Idol war Hercules, der Patron der Athleten, mit dem er sich selbst identifizierte. In der Überlieferung ist mehrfach von Verschwörungen gegen das Leben des Commodus die Rede. Im Jahre 182 wurde die Kaiserin Bruttia Crispina nach Capri verbannt, später wurde sie getötet, das gleiche Schicksal erlitt die leibliche Schwester des Commodus, Annia Lucilla – beide wegen angeblicher Beteiligung an Verschwörungen. Aber erst die Konspiration des Jahres 192 erreichte ihr Ziel: Commodus wurde im Bade erdrosselt (31. Dezember 192), die Verschworenen, der *praefectus praetorio* Q. Aemilius Laetus und Eclectus, der Kämmerer *(a cubiculis)* des Kaisers, trugen dem P. Helvius Pertinax die Nachfolge an, dieser aber ließ sich nicht lange bitten. So hatte Rom am 1. Januar 193 einen neuen

Kaiser. Er versprach den Prätorianern ein reiches Donativum, dem Senat blieb nichts anderes übrig, als Helvius Pertinax zu bestätigen.

In der Regierung des Commodus überwiegen die negativen Züge, und mit vollem Recht hat der Brite Edward Gibbon mit diesem Prinzeps die Geschichte des Niedergangs des römischen Reiches eingeleitet. Doch nicht alles war die Schuld des Commodus, es waren vielfach die Schäden seiner Zeit, die sich nicht mehr verbergen ließen. Am schlimmsten war es, daß die schöpferischen Kräfte der Bevölkerung, insbesondere der einstmals führenden Schichten, am Versiegen waren. Der Senatorenstand befand sich in einer tiefen Stagnation, aus der kein Weg zu einer Regenerierung herausführen sollte. Dazu bot die hohe Körperschaft des Senats in ihrer grenzenlosen Servilität gegenüber dem Kaiser ein geradezu widerwärtiges Bild. Irgendwelche in die Zukunft weisenden Ideale waren im Senat nicht vorhanden, das Bild der *res publica libera* war längst verblaßt, ja praktisch erloschen. Auch die Verschlechterung der finanziellen Lage des Staates fällt dem Commodus nicht zur Last: die Kriege seines Vaters hatten enorme Mittel verschlungen, eine Münzverschlechterung hatte natürlich nicht das gewünschte Ergebnis gezeitigt. Im Gegenteil, das Vertrauen zur Währung wurde ernstlich erschüttert, schon unter Marcus war es zu beträchtlichen Preissteigerungen gekommen, in denen sich die große wirtschaftliche Krisenzeit des 3. Jh. ankündigte. Auch das römische Heerwesen, eine der großen Säulen des Imperiums, war nicht mehr auf alter Höhe. Die Qualität der Offiziere und Soldaten ließ zu wünschen übrig, eine Erscheinung, die, zum mindesten teilweise, auf die lokale Konskription zurückzuführen ist. Die Provinzialisierung der Legionen und Auxilien war im Vormarsch, die Barbarisierung stand vor der Tür. In der Verwaltung des Reiches ist eine Tendenz zu einer stärkeren Dezentralisierung zu bemerken, eine Reihe von Funktionären wird mit Sonderaufgaben betraut, vor allem für die Verwaltung der Finanzen und der Annona. Außerdem gibt es zahlreiche *curatores civitatium*. Die Historia Augusta behauptet von Antoninus Pius, er habe den Grundsatz aufgestellt, daß jeder römische Bürger zu Leistungen für den Staat verpflichtet sei. Mag dies nun auf Wahrheit beruhen oder nicht – für die zweite Hälfte des 2. Jh. ist die Wiederbelebung der altrömischen *munera* nach dem Vorbild der ägyptischen Leiturgien charakteristisch. Dieser Vorgang aber hatte einschneidende Rückwirkungen auf die freie Wirtschaft zur Folge. Aus den Collegien der Handwerker und Gewerbetreibenden begannen allmählich regelrechte Zwangsgenossenschaften zu werden, welche die Entfaltung des einzelnen und des ganzen Berufsstandes in Fesseln schlugen. Auf religiösem Gebiet ist die Zeit der Antonine gekennzeichnet durch das Vordringen des orientalischen Glaubensgutes nach dem Westen. Die alten Götter, mochte man ihnen auch immer noch durch Weihungen und Opferhandlungen Verehrung zollen, verloren zusehends an Kraft und Einfluß, den Menschen genügte die altrömische Frömmigkeit nicht mehr, sie wandten sich den Erlösungsreligionen, den eleusinischen Mysterien, der Religion der ägyptischen Isis, des persischen Mithras und dem Christentum zu. Insbesondere durch die Begründung der christlichen Katechetenschule in Alexandrien unter Pantainos (um 180 n. Chr.) hat die christliche Lehre eine wissenschaftliche Fundierung erfahren, die für die Auseinandersetzung mit dem Griechentum von größter Bedeutung gewesen ist. Aus dieser Schule ist der große Kirchenlehrer Clemens von Alexandrien hervorgegangen, der den griechischen Geist in den Dienst der christlichen Kirche gestellt hat. Die Kirche selbst aber hat trotz mancherlei Verfolgungen in einer Periode zäher und geduldiger Arbeit die Grundlagen zu ihrer weltumspannenden Organisation geschaffen, die sich auch in den folgenden Jahrzehnten als tragfähig erweisen sollten.

Der Nachfolger des Commodus, den das Heer bestimmt hatte, war der praefectus urbi *P. Helvius Pertinax*, ein Mann bürgerlicher Herkunft, der durch seine militärischen Qualitäten den Weg in den Senat gefunden hatte. Bei seiner Thronbesteigung war er bereits 66 Jahre alt. Im übrigen glichen die Zustände nach dem Tode des Commodus fast auf ein Haar denen nach dem Tode Neros, und Pertinax führte eine Regierung, die in manchem derjenigen des Galba sehr ähnlich war. Pertinax erstrebte vor allem ein gutes Verhältnis zum Senat, was in dem von ihm angenommenen Titel *princeps senatus* zum Ausdruck kommt. Als Herrscher war er von bestem Willen beseelt, so ist die von ihm durchgeführte Trennung zwischen seinem Privatvermögen und dem Krongut richtungweisend gewesen, im übrigen war er sehr sparsam, die Tributzahlungen an die Barbarenvölker wurden eingestellt. Nach Herodian soll er auch die Okkupation des unbebauten Staatslandes gestattet und den neuen Besitzern eine zehnjährige Steuerfreiheit gewährt haben, eine Nachricht, die jedoch nicht über jeden Zweifel erhaben ist. Kopfzerbrechen machte ihm das hohe Donativ, das er den Prätorianern in Aussicht gestellt hatte: jeder von ihnen sollte 12 000 Sesterzen erhalten, doch konnte davon nur die Hälfte gezahlt werden, weil der Staatskasse das Geld ausging. Die Prätorianer waren mit dem neuen Kaiser alles andere als zufrieden, sie wurden überdies durch den praefectus praetorio Laetus, den Kaisermacher, aufgehetzt. So wurde Helvius Pertinax nach einer Regierung von knapp drei Monaten am 28. März 193 durch eine Meuterei der Prätorianer gestürzt, er fand den Tod; ein Barbar, der Tungrer Tausius, soll den ersten Stoß mit seiner Lanze gegen ihn geführt haben, eine Nachricht, die jedoch kaum der Wahrheit entspricht.

Der Favorit der Prätorianer war der Senator *M. Didius Julianus*, der noch am gleichen Tage zum Kaiser erhoben wurde. Er hatte den Prätorianern ein riesiges Donativ versprochen (angeblich 6250 Denare oder 25 000 Sesterzen). Didius Julianus stammte aus Mailand, er war hier im

Jahre 133 geboren. Seine Erziehung hatte er im Hause der Domitia Lucilla, der Mutter des Mark Aurel, erhalten. Im übrigen konnte er auf eine erfolgreiche Ämterlaufbahn zurückblicken, in der wichtige militärische Stellungen (Legat der *legio XXII Primigenia* in Germanien) mit Statthalterschaften abwechselten; zuletzt war er Proconsul von Africa gewesen. Im Grunde war er als Prinzeps weder dem Senat noch dem Volk willkommen, das Heer in den Provinzen aber fühlte sich durch die Prätorianer übervorteilt. Die syrischen Legionen riefen den Legaten der Provinz, C. Pescennius Niger, zum Kaiser aus (wahrscheinlich Mitte April 193), aber schon am 9. April war in Carnuntum der Legat von Oberpannonien, *L. Septimius Severus,* zum Kaiser proklamiert worden. Ganz davon abgesehen, daß die Lage in Rom nicht sicher war, stand Didius Julianus gegen zwei Rivalen, die über die stärksten Heere in den Provinzen verfügten: Pescennius Niger hatte neun Legionen unter seinen Fahnen; die Donauarmee, die stärkste des Reiches, zählte zwölf Legionen, mit ihr stand die Rheinarmee (vier Legionen) in enger Verbindung, auf ihre Mitwirkung konnte gerechnet werden. Septimius Severus, gebürtig aus Leptis Magna in Africa, fühlte sich als Rächer des Pertinax, der bei den Truppen der Donauarmee große Sympathien besessen hatte. Didius Julianus versuchte, Rom in den Verteidigungszustand zu setzen, außerdem sandte er Mörder gegen die beiden anderen Prätendenten aus, der Senat erklärte Septimius Severus zum *hostis,* doch war dies nur Theaterdonner. Didius Julianus, dem der Boden unter den Füßen zu wanken begann, bot dem Septimius Severus die Mitregentenschaft an; aber es war bereits zu spät, die gegen den heranrückenden Prätendenten ausgesandten Truppen gingen in Umbrien zu diesem über, das Spiel war für Didius Julianus verloren, der Senat erklärte ihn für abgesetzt und rief Septimius Severus zum Prinzeps aus, dazu beschloß er die Apotheose des Pertinax. Didius Julianus, von allen verlassen, wurde im Palatium von einem Soldaten getötet (2. Juni 193), er hatte im ganzen nur 66 Tage regiert. Eine Abordnung von 100 Senatoren machte sich auf den Weg, um Septimius Severus entgegenzuziehen, sie traf ihn in Interamna an der Via Flaminia, Septimius Severus aber zeigte sich wider Erwarten gnädig und beschenkte jeden einzelnen der Senatoren mit einem Donativ von 100 000 Sesterzen. Bevor er den Boden Roms betrat, forderte er die Prätorianer zur Übergabe auf: sie erschienen waffenlos und wurden *cum ignominia* entlassen, als Strafe für ihre Parteinahme für Didius Julianus. Die bisherige Prätorianertruppe wurde aufgelöst, an ihrer Stelle wurde eine neue Prätorianergarde aufgestellt. Sie bestand aus 15 000 ausgesuchten Soldaten der Donauarmee. Der Kaiser selbst hielt am 9. Juni 193 seinen feierlichen Einzug in die Hauptstadt, und zwar in der Toga, nicht im Kriegsgewand, während das Heer natürlich im Schmuck der Waffen paradierte. Am folgenden Tage verkündete Septimius Severus vor dem Senat sein Regierungsprogramm, ganz besonders war ihm das Andenken des Pertinax teuer. Diesem zu Ehren wurde das Kollegium der *sodales Marciani* in ein solches der *sodales Helviani* umbenannt; dem unter die Staatsgötter erhobenen Vorgänger hielt Septimius Severus selbst die Lobrede. Die Anhänger des Didius Julianus aber wurden streng verfolgt. Rom hatte einen neuen Kaiser, doch stand die entscheidende Auseinandersetzung mit dem Rivalen Pescennius Niger noch bevor. Da dieser über das Kornland Ägypten verfügte, konnte er der Stadt Rom den Brotkorb höher hängen. Schon zu Beginn des Juli 193 verließ Septimius Severus die Hauptstadt wieder, um in den Endkampf gegen Pescennius Niger einzutreten. Es spricht für die Klugheit des neuen Prinzeps, daß er bereits vor seinem Aufbruch aus Pannonien sich den Rücken durch ein Abkommen mit dem Legaten von Britannien, Clodius Albinus, zu decken gewußt hatte, und zwar dadurch, daß er jenem den Caesartitel und damit die Mitregentschaft zugestanden hatte. Außerdem war Clodius Albinus von Septimius Severus adoptiert worden.

11. Die Zeit des severischen Kaiserhauses (193–235 n. Chr.)

Zu Beginn des Monats Juli 193 begab sich Septimius Severus von Rom aus in den Orient, um den Rivalen Pescennius Niger niederzuwerfen. Der Proconsul von Asia, Aemilianus, hatte inzwischen die Meerengen für Pescennius Niger in Besitz genommen, er wurde aber von den Voraustruppen des Septimius Severus von Perinth auf Byzanz zurückgeworfen. Pescennius Niger sah sich bald aus Kleinasien herausgedrängt, die Entscheidung fiel im April 194 in der Nähe von Issos. Die Tapferkeit der illyrischen Legionen gab den Ausschlag zugunsten des Septimius Severus, Pescennius versuchte sich zu den Parthern zu retten, ward aber ereilt und getötet. Sein Haupt ließ der Sieger in das Feldlager vor Byzanz bringen und den Einwohnern der belagerten Stadt zeigen, zum Zeichen dafür, daß jeder weitere Widerstand sinnlos geworden sei. Byzanz aber hat sich noch längere Zeit gehalten, erst gegen Ende des Jahres 195 mußte die feste Stadt kapitulieren. Die Einwohner wurden hart bestraft, die Mauern niedergelegt. Byzanz büßte seine Thermen und Theater ein, es wurde als Dorf (*kṓmē*) zu Perinth geschlagen. Aber schon im Jahre 197 erhielt die Stadt ihre Rechte zurück, ihre frühere Bedeutung hat sie jedoch nicht wiedererlangt.

Mit dem Kriege gegen Pescennius Niger verquickte sich im Orient ein neuer Partherkrieg. Die Parther hatten nicht nur dem Pescennius ihre Hilfe in Aussicht gestellt, sie hatten auch mit einer Offensive im nördlichen Zweistromland beachtliche Erfolge zu verzeichnen. So war der bisherige römische Vasallenstaat Osrhoene auf parthische Seite übergetreten, Edessa wurde von einem Partherheer belagert. Septimius Severus konnte dieser Entwicklung nicht tatenlos zuschauen, er überschritt (wahrscheinlich im September 194) den Euphrat, die Parther wichen vor ihm zurück; bereits im Sommer 195 schmückte sich der Kaiser mit den Siegesbeinamen *Adiabenicus* und *Arabicus*. Osrhoene wurde zunächst als römische Provinz organisiert, später aber dem einheimischen Fürsten zurückgegeben. Der Grund hierfür waren ungünstige Nachrichten aus dem Westen des Reiches: hier hatte sich *Clodius Albinus*, gleichfalls afrikanischer Herkunft, immer selbständiger gemacht, dazu verfügte er unter den Senatoren in Rom über einen bedeutenden Anhang. Anfang Dezember 195 ließ Septimius Severus seinen Rivalen und Mitregenten durch das Heer zum *hostis* erklären, die Truppen setzten sich aus den Winterquartieren Mesopotamiens nach dem Westen in Marsch. Im April 196, in Viminacium, wurde Bassianus, der älteste Sohn des Septimius Severus, im Alter von acht Jahren, unter dem Namen Antoninus zum Caesar proklamiert. Es ist der spätere Caracalla. Die britannischen Legionen aber hatten inzwischen Clodius Albinus zum Kaiser *(imperator Augustus)* ausgerufen, Gallien trat auf seine Seite über, Clodius Albinus verlegte sein Hauptquartier nach Lyon (Lugdunum). Auch der Statthalter (Legat) der Hispania Tarraconensis, L. Novius Rufus, schloß sich dem Clodius Albinus an und mit ihm die *legio VII Gemina*. Verhängnisvoll für den Gegenkaiser war es jedoch, daß die Heere Germaniens dem Septimius Severus die Treue hielten. Die kampferprobten Donaulegionen erzwangen sich auf dem Wege von Pontarlier nach Besançon den Eintritt in Gallien, in der Schlacht bei Lyon (19. Februar 197) entschieden die Waffen zugunsten des Septimius Severus, nachdem das Schicksal lange auf des Messers Schneide gestanden hatte. Clodius Albinus kam auf der Flucht ums Leben, Lyon wurde von den siegreichen Truppen in Brand gesteckt und wie eine eroberte Stadt in Feindesland geplündert. Die Anhänger des Clodius Albinus wurden von Septimius Severus mit bitterem Haß verfolgt, die Tage Sullas schienen zurückzukehren. Allein in Rom sollen mehr als 50 Senatoren den Tod gefunden haben. Septimius Severus aber erzwang die Konsekration des Commodus, er selbst bezeichnete sich als «Sohn des Marcus», und zwar auf Grund einer fiktiven Adoption durch den Kaiser Mark Aurel (bereits seit dem Jahre 195). Es gab auch einen *flamen Commodianus*; der Athlet Narcissus, der Commodus umgebracht hatte, mußte sterben.

Wenige Monate nach seinem Sieg, im Mai 197, eilte Septimius Severus ein zweites Mal in den Orient, dieses Mal in Begleitung seiner Gattin Julia Domna. Es begann ein neuer Partherkrieg (197–199). Rasch errangen die Römer bedeutende Erfolge. Schon im ersten Kriegsjahr fielen die Städte Babylon, Seleukeia und Ktesiphon in römische Hand, auf eine Verfolgung des Partherheeres nach Medien hinein wurde jedoch verzichtet, wiederholte Versuche, die Wüstenfestung Hatra einzunehmen, schlugen fehl. Trotzdem hatte der Kaiser Großes erreicht: er hatte dem Reich eine neue Provinz, Mesopotamien, gewonnen, sie wurde mit zwei Legionen belegt. Mittelpunkt der römischen Herrschaft jenseits des Euphrats war die Stadt Nisibis. Der frühere Pufferstaat Osrhoene aber hatte seine Bedeutung verloren, das Land galt von nun an als unmittelbares römisches Reichsgebiet.

Im Anschluß an den Partherfeldzug begab sich Septimius Severus nach Ägypten (199–200). Aus dieser Zeit stammt eine Anzahl von Verfügungen, die der Kaiser in Ägypten erlassen hat, es sind die sogenannten *Apocrimata*. Die Sympathie der Alexandriner wußte Septimius Severus dadurch zu gewinnen, daß er der Stadt die Bulé, den Rat, zurückgab, den sie wahrscheinlich schon unter den Ptolemäern verloren hatte. Auf dem Landwege, über Antiocheia und durch Kleinasien, kehrte der Kaiser nach Rom zurück. Dabei besuchte er auch die Legionslager in Mösien und Pannonien. Die Jahre von 202 bis 205 waren zum erstenmal Friedensjahre, sie waren für den inneren Ausbau des Reichs sehr notwendig. Nach der Rückkehr des Kaisers von einem Aufenthalt in Afrika (203–204) wurden im Jahre 204 in Rom die Säkularspiele gefeiert. Am Ende seines Lebens, bereits von schwerer Krankheit gezeichnet, mußte Septimius Severus noch einmal zu den Waffen greifen. In Britannien störten die Völker der Pikten und Maeten den Frieden der römischen Provinz (seit 206), im Frühjahr 208 machte sich der Kaiser mit seiner Familie auf den Weg nach Britannien. Durch umfangreiche Wege- und Brückenbauten wurde der Feldzug vorbereitet, das Ergebnis stand jedoch zu dem Aufwand in keinem Verhältnis, die feindlichen Völkerschaften verlegten sich auf den Kleinkrieg, der den Römern schwer zu schaffen machte. Septimius Severus ließ den Hadrianswall wieder instandsetzen. Mehr als eine Sicherung der Reichsgrenze wurde jedoch nicht erreicht. Mitten unter neuen Rüstungen gegen die Caledonier verstarb der Kaiser am 4. Februar 211 in Eburacum (York) im Alter von 64 Jahren.

Septimius Severus war nach einer glänzenden, allerdings mehr administrativen als militärischen Laufbahn mit 47 Jahren, auf der Höhe des Lebens, zum Kaisertum gelangt. Die pannonischen Legionen hatten keine schlechte Wahl getroffen. Zwar ist Septimius Severus kein großer Feldherr gewesen, die meisten seiner Siege haben seine Legaten für ihn erfochten, aber er wußte, wem er seine Krone zu verdanken hatte, und hat dies den Soldaten niemals vergessen. Geboren in Leptis Magna in Africa am 11. April 146, aus einer Ritterfamilie stammend, schuldete er seinen Aufstieg, ähnlich wie Vespasian, vor allem seinem Oheim. Sehr große Bedeutung hatte seine zweite Heirat mit Julia Domna, der Tochter des Julius Bassianus, der das Erzpriesteramt des Baal von Emesa innehatte. Angeblich soll sich Septimius Severus zu dieser Ehe entschlossen haben, weil das Orakel verkündet hatte, der Tochter des Bassianus sei es bestimmt, die Frau eines Königs zu werden. Julia Domna hat eine bedeutende Rolle in der Politik gespielt, die mit dem Tode ihres Gatten keineswegs beendet gewesen ist. In den Inschriften heißt sie nicht nur *Pia, Felix, Augusta*, sondern auch *mater Augustorum* (wie einst Faustina II.) und *mater castrorum, senatus et patriae*. Mit vielen Göttinnen wurde sie gleichgesetzt, mit Demeter, Hera und Athene Polias in Griechenland, unter dem Namen Caelestis mit der punischen Tanit. Zahlreiche Syrer, Angehörige ihrer Familie, folgten ihr nach Rom, insbesondere ihre Schwester Julia Maesa und ihre Nichten, Julia Soemias, die Mutter des Elagabal, und Julia Mamaea, die Mutter des Severus Alexander. Zu den Freunden des Kaisers gehörte dagegen der Afrikaner C. Fulvius Plautianus. Er ist zum allmächtigen *Praefectus praetorio* emporgestiegen, seine Tochter Plautilla, Inhaberin einer riesigen Mitgift, wurde mit dem ältesten Sohn des Kaisers, M. Aurelius Antoninus (Caracalla), vermählt (202). Plautian aber stieg noch höher in der Gunst seines kaiserlichen Freundes: die Inschriften nennen ihn *necessarius et adfinis Augustorum*. Aber sein riesiges Vermögen erregte den Neid vieler Nebenbuhler, schließlich hat ihn sein Schwiegersohn kurzerhand durch einen Liktor umbringen lassen (205). Das ist das Ende eines der mächtigsten Männer, die das Reich seit Sejan und Perennis gesehen hatte.

Septimius Severus ist der erste in der langen Reihe der Soldatenkaiser, die das Imperium im 3. Jh. regiert haben. Während der Senat nur noch ein Schattendasein führte, rückten zahlreiche Repräsentanten des Ritterstandes in wichtige Stellungen der Reichsverwaltung ein. Sie finden sich insbesondere in den Prokuratorenstellen, die für die Finanzverwaltung und für gewisse Spezialkompetenzen stark vermehrt worden sind. Nach neueren Berechnungen hätte Septimius Severus nicht weniger als 46 Prokuratorenstellen neu geschaffen, während nur zehn fortgefallen sind. Um die Ergänzung des Ritterstandes war der Kaiser nicht verlegen. Den Centurionen stand der Aufstieg zum Ritterstand offen. Die Namen der Legionen vom Rhein und von der Donau verewigte der Kaiser auf Münzen, die Soldaten erhielten wichtige Privilegien. So wurden sie von allen persönlichen Lasten in den Gemeinden befreit, es wurde ihnen erlaubt, eine rechtmäßige Ehe zu schließen, womit ein stillschweigend geduldeter Zustand endlich seine rechtliche Sanktionierung erhielt. Die Zahl der Legionen wurde um drei vermehrt *(legio Parthica I–III)*, von diesen wurde die zweite nach Albano bei Rom ins Quartier gelegt. Sie diente als Verstärkung der Prätorianer und wurde wie diese dem Praefectus praetorio unterstellt. Bei den Prätorianern wurden immer mehr Soldaten aus den Provinzen eingestellt, vor allem Illyrer. Durch bittere Erfahrungen belehrt, hat Septimius Severus einige größere Provinzen zerschlagen, um die Machtfülle der kaiserlichen Legaten einzuschränken. So ist Britannia in zwei Provinzen (Superior und Inferior, mit den Hauptstädten Deva und Eburacum) zerlegt worden, ebenso auch Syria, das nunmehr in Syria Coele und Syria Phoenice geteilt erscheint. Außerdem wurde Numidien von Africa abgetrennt, das Amt des Statthalters übernahm der Befehlshaber der *legio III Augusta*. Für die Provinzstatthalter, soweit sie nicht Proconsuln waren, kam jetzt der Titel *praeses* in Anwendung. In der Verleihung von Privilegien an Stadtgemeinden mit berühmten Namen war der Kaiser nicht kleinlich. So erhielten die Städte Tyrus, Karthago, Leptis Magna und Utica das *ius Italicum,* das höchste Bodenrecht einer römischen Kolonie, sie erlangten dadurch die Befreiung von der Boden- und Kopfsteuer *(tributum soli et capitis)*. Nach dem Vorbild, das Helvius Pertinax gegeben hatte (s. S. 318), wurde aus der *res privata* des Prinzeps ein eigenes Ressort gebildet, man unterschied von nun an zwischen dem Krongut und dem Erbgut, das letztere wurde durch zahlreiche Vermögenseinziehungen wesentlich bereichert und schließlich einem eigenen *procurator rationis privatae* unterstellt. Auch in der Verwaltung des Fiscus gab es Veränderungen, der oberste Beamte hieß von nun an Rationalis, die Stellen der *advocati fisci* wurden vermehrt. Von weitreichender Bedeutung war schließlich die Tatsache, daß der Kaiser die Designation der hohen Magistrate, der Consuln und Prätoren, selbst in die Hand nahm. Die Provinzen wurden ihnen durch das Los zugewiesen. Über die Gemeindefinanzen übten kaiserliche Kommissare eine strenge Aufsicht aus. Sehr segensreich aber war die Tätigkeit und das Werk der großen Juristen, vor allem des Papinian, Paulus, Callistratus und Ulpian.

Trotz des sich immer mehr verschärfenden staatlichen Zwanges steht das kulturelle Leben der Städte noch auf voller Höhe. Die Inschriften verzeichnen im Westen und im Osten des Reiches eine Fülle von Stiftungen wohlhabender Privatleute, sie nennen eine große Zahl von öffentlichen Bauten. Insbesondere die Kaiserin Julia Domna hat sich der Literaten angenommen, der Sophist Flavius Philostrat war der Erzieher ihrer Söhne, wahrscheinlich derselbe, der die Lebensbeschreibung des großen Wundertäters Apollonios von Tyana (1.Jh. n. Chr.) verfaßt hat. Auch die Agonistik der Hellenen ist eifrig gepflegt worden. Dies zeigt die Schrift des Philostrat über die Gymnastik, während die griechischen Papyri aus Ägypten das Weiterleben der Institution der Ephebie bezeugen. Die afrikanische Herkunft des Septimius Severus hat vielfach zu der Annahme geführt, daß der Kaiser seine Heimatprovinz besonders bevorzugt habe. Doch gibt es hierfür keinen wirklich zwingenden Beweis, im Gegenteil, auch der Afrikaner Septimius Severus hat sich, wie seine Vorgänger auf dem Kaiserthron, nach Rom hin orientiert. Immer noch bilden die Italiker die Mehrzahl unter den Senatoren, nicht anders bleiben die hohen militärischen Führerstellen in erster Linie den Italikern, daneben auch Römern aus Spanien, vorbehalten. Aber die Zeiten der unbedingten Vorherrschaft Roms waren vorüber, insbesondere war die Allmacht des Heeres ein warnendes Menetekel für die kommenden Zeiten. Der Soldat, nicht mehr der Bürger, war der erste Mann im Staat, und während die Bürger Roms und der Munizipien durch Spenden und Spiele bei guter Laune gehalten wurden, führten die Heere die Kriege, die Soldaten wurden fürstlich belohnt, sie haben ihre Herrschaft nicht mehr aus der Hand gegeben.

Nach dem Tode des Septimius Severus (211) regierten zunächst seine beiden Söhne, *M. Aurelius Antoninus (Caracalla)* und sein jüngerer Bruder *P. Septimius Geta.* Die eigentliche Leitung des Staates aber lag in den Händen der Mutter Julia Domna. Sie hat die von den Brüdern geplante Teilung des Reiches verhindert. Am 19. Februar 212, also nach gerade einjähriger gemeinsamer Regierung, ließ der Ältere den Jüngeren in den Armen der Mutter umbringen, Heer und Senat sanktionierten die grausige Mordtat, der Senat soll in seiner Würdelosigkeit die alten Beispiele des Romulus und des Nero beschworen haben. Es wurde eine allgemeine Amnestie verkündet, verbunden mit einer im ganzen Reich zu feiernden öffentlichen Freudenkundgebung *(laetitia publica).* Doch hielt sich Caracalla nicht an das Gesetz, es folgte vielmehr eine große Zahl politischer Morde, angeblich sollen 20 000 Menschen umgebracht worden sein. Unter den Ermordeten befand sich auch der große Jurist Papinian. Er hatte den Zorn des Caracalla erregt, weil er sich geweigert hatte, eine Apologie des Brudermordes zu schreiben. Der Name des unglücklichen Geta wurde auf den Inschriftensteinen ausgemeißelt, man tat dies mit so geringer Umsicht, daß auch andere Träger des Geta-Namens in Mitleidenschaft gezogen worden sind. Aus dem Jahre 212 stammt das berühmte Edikt des Caracalla, das seinen Namen verewigt hat, die *Constitutio Antoniniana.* Sie verlieh allen Reichsangehörigen das römische Bürgerrecht, mit der alleinigen Ausnahme der *dediticii,* einer Gruppe, die eindeutig zu definieren bis heute nicht gelungen ist. E. Bickermann hat seinerzeit die Hypothese vertreten, der Papyrus Gießen I 40 sei gar kein Bruchstück dieser Constitutio, sondern ein ergänzendes Edikt (eine Novelle), das im übrigen nicht die Peregrinen, sondern die Barbaren betreffe, die erst kürzlich in den Reichsverband aufgenommen worden seien. Diese Annahme hat aber in der Forschung mit Recht wenig Anklang gefunden. Die berühmte Constitutio, die wahrscheinlich auf die Kaiserin Julia Domna und die großen Juristen zurückzuführen ist, war im übrigen nicht völlig revolutionär. Cassius Dio wird recht haben, wenn er sagt, sie habe den Zweck gehabt, dem Staat mehr Steuereinnahmen zu bringen. Dies gilt insbesondere für die Erbschaftssteuer. Von diesem finanziellen Gesichtspunkt verlautet aber im Papyrus nichts, die Urkunde führt vielmehr juristische und religiöse Gründe an: der Kaiser will den römischen Göttern neue Verehrer zuführen. Die Auswirkungen der Constitutio waren sicherlich bedeutend, die Zahl der neuen römischen Bürger ging in die Hunderttausende, in dem überaus häufigen Vorkommen des Gentiliziums Aurelius ist die weltweite Auswirkung des Gesetzes zu erkennen. Die *Constitutio Antoniniana* ist zweifellos ein Hebel der Romanisierung geworden, mögen auch immer noch ganze Bevölkerungsschichten vom Besitz des römischen Bürgerrechts ausgeschlossen gewesen sein.

Im übrigen aber war Caracalla ein Kaiser so recht nach dem Herzen seiner Soldaten, eine Tatsache, die wenigstens zum Teil die negative Beurteilung erklärt, die sich bei den zeitgenössischen Historikern findet. In den offiziellen Erlassen erscheint jedoch ein ganz anderer Kaiser – aber für die Gesetzgebung und die Administration des Reiches sind vor allem die großen Juristen verantwortlich gewesen. Caracalla fühlte sich als neuer Alexander, die Nachahmung ging so weit, daß er die makedonische Phalanx wiedererstehen ließ und am Grabe des Achilles Opfer darbrachte. Im Jahre 213 sind Kämpfe in Rätien bezeugt, und zwar gegen die Alamannen, deren Name hier zum erstenmal in der Überlieferung erscheint. Die Arvalakten verzeichnen unter dem 20. Mai 213 für Caracalla den Siegesbeinamen *Germanicus Maximus,* am 6. Oktober dagegen ein Opfer wegen eines Sieges, den der Kaiser errungen hatte (am unteren Main?). Im übrigen hatte Caracalla eine ausgesprochene Vorliebe für die Germanen; er umgab sich mit einer germanischen Leibwache, den «Löwen», und legte selbst gelegentlich germanische Tracht an.

Gegen Ende des Jahres 213 nach Rom zurückgekehrt, brach Caracalla im Frühjahr 214 zum Krieg in den Orient auf, in seiner Begleitung befanden sich Julia Domna und der Praefectus praetorio M. Opellius Macrinus. Als Caracalla in Antiocheia angelangt war, zeigte es sich, daß der neue Partherkönig Vologaeses V. keinen Krieg wollte. Unruhen riefen den römischen Kaiser nach Ägypten. Die Bevölkerung Alexandriens wurde streng bestraft, die Stadt durch eine hohe Mauer in zwei Teile geteilt, außerdem wurden Kastelle zur Überwachung errichtet. Auch im Partherreich war es zu Unruhen gekommen. Artabanos, ein jüngerer Bruder des Großkönigs, hatte sich eines Teils des Reiches bemächtigt, er galt als ein geschworener Feind der Römer. Caracalla, aus Ägypten nach Syrien zurückgekehrt, traf Vorbereitungen für den Partherkrieg. Die Könige von Osrhoene und Armenien nahm er durch treulosen Verrat in Gewahrsam. Wie es heißt, soll Caracalla um die Tochter des neuen parthischen Großkönigs Artabanos V. geworben haben, er wurde aber abgewiesen und nahm die Gelegenheit wahr, einen Einfall in das Partherreich zu unternehmen. Er gelangte bis Arbela, wo er die Königsgräber plündern und verwüsten ließ (Sommer 216). Doch schon am 8. April 217 wurde Caracalla auf der Straße nach Carrhae durch einen Offizier seiner Leibwache niedergestreckt. Hinter dem Attentat stand der Praefectus praetorio M. Opellius Macrinus, der sich von dem Kaiser bedroht gefühlt hatte. Caracalla ist 31 Jahre alt geworden, er hatte nur sechs Jahre und vier Monate regiert.

Im Grunde genommen verdankte M. Opellius Macrinus seine Erhebung zum Kaiser einem Zufall: Adventus, der andere Praefectus praetorio, hatte es wegen seines Alters abgelehnt, die Kaiserwürde zu übernehmen. Macrinus stammte aus Caesarea (Cherchel) in Mauretanien, er war der erste in der Reihe der römischen Kaiser, dem es gelungen war, sich als römischer Ritter von der Stellung eines Praefectus praetorio zum Thron emporzuschwingen. Als sein *dies imperii* galt der 11. April 217, der Geburtstag des Septimius Severus. Er nannte sich *Imperator Caesar M. Opellius Severus Macrinus Augustus*. Seinen neunjährigen Sohn Diadumenianus ernannte er zum Caesar (Mitregenten) und zum *princeps iuventutis*. Außenpolitisch erstrebte er den Frieden mit dem Partherreich; die Bedingungen waren zwar für die Römer wenig schmeichelhaft, doch gelang es, Mesopotamien dem Reich zu erhalten. Die Römer mußten eine riesige Kriegsentschädigung zahlen (50 Millionen Denare) und die parthischen Kriegsgefangenen zurückgeben (218). Die Kämpfe des Jahres 217 waren übrigens für die Römer wenig erfolgreich verlaufen. Die Familie der Severer vermochte Macrinus nicht zu gewinnen. Julia Domna hat sich noch im Jahre 217 das Leben genommen, aber ihre Schwester, Julia Maesa, und deren Töchter, Julia Soemias und Julia Mamaea, die sich nach Emesa begeben hatten, entfalteten von hier aus eine lebhafte Propaganda für den ältesten Neffen des Caracalla, den Sohn des Sex. Varius Marcellus und der Julia Soemias, der den Namen Varius Avitus Bassianus führte. Er war Hoherpriester des Gottes von Emesa, El-Gabal («Herr des Gebirges»), und wurde nach diesem Elagabal genannt. (Im Lateinischen ist der Name zu Heliogabalus verballhornt.) Unter dem Namen M. Aurelius Antoninus riefen die Soldaten den erst Vierzehnjährigen im Lager von Raphaneae bei Emesa zum Kaiser aus (16. Mai 218). Macrinus versuchte zwar Widerstand zu leisten, aber die dynastischen Bande zwischen der Familie der Severer, der Bevölkerung und dem Heer des Ostens waren ungleich stärker, Macrinus erlitt eine Niederlage, er wurde in Kleinasien auf der Flucht festgenommen und getötet (8. Juni 218). Auch sein Sohn Diadumenianus kam auf der Flucht zu den Parthern um. Das Zwischenspiel des ersten Ritters auf dem Thron der Caesaren hatte nach knapp 14 Monaten ein rasches Ende gefunden. Als Kaiser war Macrinus zweifellos vom besten Willen beseelt gewesen, doch war er weder beim Senat noch bei den Soldaten beliebt. Sein Name erscheint auf zahlreichen Meilensteinen. Das sind nahezu die einzigen Spuren, die von seiner kurzen Regierung zurückgeblieben sind.

Die Herrschaft seines Nachfolgers Elagabal, der sich als Kaiser *Imperator Caesar M. Aurelius Antoninus Pius Felix Augustus* nannte, begann mit einem Blutvergießen unter den Freunden des Macrinus. Dazu mußten

Erhebungen des Militärs in Syrien niedergeworfen werden. Mit großem Gefolge zog Elagabal von Syrien auf dem Landwege nach der Reichshauptstadt. In Nikomedien mußten wegen einer Erkrankung des Herrschers Winterquartiere bezogen werden. Weil sich der Kaiser nicht mehr bevormunden lassen wollte, mußte hier der Ratgeber und Erzieher des Herrschers Gannys sterben. Elagabal, ein typischer Orientale, war zweifellos geistig nicht normal. Seine kaiserliche Stellung hat er dazu benutzt, seine wenig herrscherlichen Passionen zu befriedigen. Der Einzug des Elagabal in Rom am 29. September 219 war ein öffentlicher Skandal: einen geschminkten und mit Juwelen überladenen Kaiser hatten die Römer seit den Tagen Neros nicht mehr gesehen. Die Regierung zu führen hatte Elagabal weder die Lust noch die Fähigkeit. Sie lag in den Händen der Julia Maesa, seiner Großmutter, und der Julia Soemias, seiner Mutter. Beide Frauen nahmen ihre Plätze im Senat neben den präsidierenden Consuln ein. Der mächtigste Mann im Reich aber war Elagabals Günstling, P. Valerius Comazon Eutychianus, der von unten her zu den höchsten Stellungen der römischen Hierarchie, zum *praefectus praetorio* und zum *praefectus urbi,* emporgestiegen war. Die Religion des Sonnengottes von Emesa, des El-Gabal, wurde als die höchste im ganzen Reich proklamiert. Es ist dies ein breiter Einbruch des Orients in den römischen Westen. Der Steinfetisch, ein Meteorit, wurde in einem eigenen Tempel auf dem Palatin untergebracht. Auch auf den Münzen ist er abgebildet. Im Tempel des El-Gabal aber wurden auch die heiligen Unterpfänder der römischen Herrschaft geborgen. Endlich wurde der syrische Gott El-Gabal in einer heiligen Hochzeit *(hierós gámos)* mit der Göttin Caelestis (Tanit) von Karthago vermählt. Die Vita der Historia Augusta kann sich nicht genugtun in der Wiedergabe der Ausschweifungen des jungen Kaisers: selbst wenn ein Großteil davon erfunden sein sollte, so bleibt doch des Skandalösen auch in den anderen Quellen, insbesondere bei Cassius Dio, noch genug und übergenug. Das Verhalten Elagabals zeigt unbedingt eindeutig pathologische Züge (J. B. Bury). Die Römer, insbesondere die Senatoren, waren über die Verachtung allen römischen Wesens durch den Kaiser entsetzt. Die wachsende Unbeliebtheit des Elagabal war den syrischen Herrscherinnen nicht verborgen geblieben. Um der Stimmung des Volkes entgegenzukommen, ließ Julia Maesa ihren Enkel Alexander Bassianus zum Caesar und Mitregenten des Elagabal erheben. In dem Kampf um die Macht zogen Elagabal und seine Mutter Julia Soemias den kürzeren, das Militär erklärte sich für den Mitregenten. Beide, Elagabal und Julia Soemias, wurden erschlagen, ihre Leichen in den Tiber geworfen (Anfang März 222).

Severus Alexander (222–235) erscheint in der Historia Augusta als eine helle Lichtgestalt zwischen Elagabal und dem Barbaren Maximinus Thrax. Aber gerade seine Vita ist durch und durch suspekt, mag sie sich auch durch Zitate aus anderen Historikern (Marius Maximus, Herodian, Dexippos) und durch die Anführung von Aktenstücken ein wissenschaftliches Aussehen geben. Zieht man die zeitgenössischen Historiker heran, auch die wenigen Kapitel des Cassius Dio, der den jungen Severus Alexander selbst genau gekannt hat, so verflüchtigt sich das Idealbild: was übrigbleibt, ist ein schwacher, mittelmäßiger Herrscher, der weder auf politischem noch auf militärischem Gebiet irgend etwas Bemerkenswertes geleistet hat.

Bei seiner Thronbesteigung, am 13. März 222, zählt der junge Kaiser noch nicht 17 Jahre. Er war am 1. Oktober 205 in Arca Caesarea in Phönikien geboren, als Sohn der Julia Mamaea und ihres zweiten Gatten, des Syrers Gessius Marcianus, der es immerhin bis zum kaiserlichen Prokurator gebracht hatte. Als Kaiser nannte er sich M. Aurelius (Aurellius) Severus Alexander. Der Alexandername stellt eine ganz bewußte Anknüpfung an den großen Makedonen dar, dessen Gestalt auch die Phantasie des ganz unwürdigen Caracalla beflügelt hatte. Für die Regierung des jungen Syrers ist das Frauenregiment charakteristisch. Es war seine Großmutter Julia Maesa und, nach ihrem Tode im Jahre 226, seine Mutter Julia Mamaea, die das Reich regierten. Die Mutter heißt in den Inschriften *Augusta, mater Augusti et castrorum et senatus et patriae*. Im übrigen ist die Zeit des Severus Alexander das Zeitalter der großen Juristen, vor allem der Schüler des überragenden Papinian: Ulpian, Paulus und Modestinus. Ulpian hat es bis zum *praefectus praetorio* (222) gebracht, er war der eigentliche Ratgeber der syrischen Kaiserinnen. Insbesondere im *consilium principis* spielten die Juristen eine führende Rolle.

Die Schwäche der Regierung des Severus Alexander wird offenbar in einer nicht abreißenden Kette von Militäraufständen. Das Reich befand sich in einem Zustand dauernder Unordnung. Trotzdem sind mit dem Namen des Severus Alexander eine Reihe bemerkenswerter Gesetze verbunden, die natürlich auf seine juristischen Ratgeber zurückzuführen sind. So wurden die Prozesse wegen Majestätsbeleidigung eingeschränkt, die Rechte des Fiscus gegenüber dem Besitz von Verurteilten beschnitten. Ein Reskript des Jahres 224 schärft den Provinzialstatthaltern ein, ihre Entscheidungen dem örtlichen Brauch anzupassen. Anderseits hat Ulpian den Grundsatz des unumschränkten Herrschertums vertreten: *princeps legibus solutus est*. Er beleuchtet die steigende Welle des Absolutismus. Wie die meisten schwachen Herrscher, so war auch Severus Alexander in finanziellen Dingen über Gebühr großzügig. Die Münzen verzeichnen fünf Spenden *(liberalitates)*, die Historia Augusta rühmt an vielen Stellen seine große Freigebigkeit. Auch auf das *aurum coronarium* in Ägypten hat der Kaiser verzichtet. Die Münzen feiern ihn als den Regulierer des Münzwesens, aber zu wirklich durchschlagenden Maßnahmen hat sich

Severus Alexander ebensowenig aufraffen können wie seine unmittelbaren Vorgänger und Nachfolger. Das Urteil über die Regierung des Kaisers wird im übrigen dadurch erschwert, daß in der Vita der Historia Augusta zweifellos Maßnahmen des 4. Jh. in die Zeit des Severus Alexander hinaufgerückt worden sind. Die Hypothese des Grafen Borghesi, wonach Severus Alexander die Trennung der zivilen von der militärischen Laufbahn vollzogen habe, beruht gleichfalls auf Angaben dieser Vita, die nicht voll überzeugend sind. Richtig ist, daß sich diese Trennung schon früher (unter Septimius Severus) abzeichnet und daß sich der Aufstieg der Ritter auch unter der Herrschaft des Severus Alexander fortgesetzt hat.

Die christliche Überlieferung zeichnet von Severus Alexander ein vorteilhaftes Bild. Unter seiner Regierung weilte Julius Africanus in Rom, er war Christ und stammte aus Jerusalem. Der Kaiser soll ihn mit dem Bau einer Bibliothek in der Hauptstadt beauftragt haben. Julius Africanus ist vor allem durch die Schrift mit dem Titel «Kestoi» («Stickereien») bekanntgeworden, es war dies eine große Enzyklopädie. Verfolgungen der Christen fehlten jedoch unter Severus Alexander nicht ganz. So ist der römische Bischof Callistus, angeblich am 14. Oktober 222, gesteinigt worden.

Auch auf außenpolitischem Gebiet hatte Severus Alexander keine glückliche Hand. Nur zwei Feldzüge hat er unternommen, einen im Orient und einen in Germanien. Der erstere endete mit einer Niederlage, der zweite mit der Ermordung des Kaisers.

Auf dem Boden des Partherreichs hatten sich bedeutende Veränderungen vollzogen. Sie haben auch das Imperium Romanum in Mitleidenschaft gezogen. Es ist der *Sturz des Herrscherhauses der Arsakiden durch die Sassaniden*. Das neue Herrschergeschlecht stammte aus der Kernlandschaft der Persis, aus Stakhr; hier waren die Sassaniden die Priester des Feuerheiligtums der Anahita gewesen. Der erste Sassanidenkönig ist Ardaschir, seine Erhebung fällt um 220 n. Chr. Der entscheidende Sieg über den Partherkönig Artabanos V. wurde am 28. April 224 bei Hormizdaghan errungen, an diesem Tage fiel der letzte Arsakide im Kampf. Die Sassaniden knüpften wieder an die Traditionen des alten Achämenidenreichs an. Mit Recht hat Ernst Kornemann von einer Wiederbesinnung auf die starken alten Kräfte des Persertums gesprochen. In der Tat beginnt mit der Erhebung des Ardaschir eine neue Weltepoche, sie erhält durch den Gegensatz zwischen Rom und Neupersien ihr Gepräge. Die Perser erkannten den Primat des Imperium Romanum nicht mehr an, sie haben mehr als 400 Jahre lang, von 224 bis 642 n. Chr., in langen wechselvollen Kriegen mit den Römern gerungen. Es ist dies eine Zeit des Übergangs, die sich weithin mit der Epoche der Spätantike deckt. Bereits im 1. Jh. seines Bestehens hat das Sassanidenreich zwei über-

ragende Herrschergestalten hervorgebracht: Ardaschir I. (224–241) und
Schapur I. (241–271), beide in einer Zeit, in der das Imperium Romanum
von einer schweren Krise heimgesucht worden ist. Bereits Ardaschir sagte
den Römern den Kampf an, er forderte alles Land bis zur Propontis,
also auch ganz Kleinasien, für die Neuperser. Eine derartige Sprache hatten die Arsakiden niemals gegen Rom zu führen gewagt. Der Krieg wurde
von den Neupersern durch einen Einfall in Mesopotamien eröffnet, die
Römer gerieten in Bedrängnis, die Stadt Nisibis wurde von den Persern
belagert (230). Nach umfangreichen Vorbereitungen verließ der römische
Kaiser Severus Alexander im Frühjahr 231 die Hauptstadt, von Antiocheia
richtete er ein Friedensangebot an Ardaschir, das dieser jedoch ignorierte.
Der römische Feldzug des Jahres 232 erwies sich als ein Fehlschlag. Der
Kriegsplan hatte eine Invasion des Zweistromlandes mit drei Heeres-
säulen vorgesehen, das eigentliche Operationsziel aber war die Stadt
Ktesiphon. Doch nur die nördliche, in Armenien operierende Heeres-
gruppe hatte einige Erfolge aufzuweisen, die südliche wurde geschlagen,
der Kaiser selbst kehrte mit der mittleren wieder nach Antiocheia zurück.
Friede wurde nicht geschlossen, Severus Alexander aber nahm nach seiner
Rückkehr nach Rom die üblichen Siegesbeinamen *(Parthicus Maximus*
oder *Persicus Maximus)* an (233). Der eigentliche Grund des Abbruchs
des Feldzugs im Orient waren ungünstige Nachrichten von der Rhein-
und Donaugrenze gewesen. Im Jahre 233 hatten nämlich die Alamannen
den Rhein überschritten und waren in Gallien eingefallen, eine Aktion,
die durch vergrabene Münzschätze bezeugt wird. Zahlreiche Truppenteile aus dem Orient wurden nach dem Westen überführt, unter ihnen
auch osrhoënische Bogenschützen. Auch im germanischen Feldzug hat
der junge Kaiser versagt. Nachdem die Römer den Rheinstrom auf einer
Pontonbrücke überschritten hatten, bot er den Germanen beträchtliche
Geldzahlungen an, falls sie sich verpflichteten, Frieden zu halten. Die
Gunst der Soldaten aber galt nicht mehr dem ganz unmilitärischen Kaiser, sondern dem *praefectus tironibus* C. Julius Verus Maximinus. Er
wurde vom Heer zum Kaiser ausgerufen. Severus Alexander und seine
Mutter Julia Mamaea aber wurden, wahrscheinlich in Mainz–Bretzen-
heim (in vico Britannico), von meuternden Soldaten erschlagen (22. März
235). Mit Recht hat man gesagt, daß das Imperium Romanum mit Severus
Alexander einen Kaiser verlor, dessen Unglück es war, weder ein Severus
noch ein Alexander zu sein (W. Enßlin).

Das ist das Ende der Dynastie der Severer, die über 40 Jahre lang das
Reich regiert hatte. Mit der severischen Dynastie verschwindet zugleich
die Kontinuität des römischen Kaisertums, die durch Septimius Severus
wenigstens ideell (durch die fiktive Adoption seitens des Mark Aurel)
aufrechterhalten worden war. Mit dem Aufstieg des Neuperserreiches
unter Schapur I. seit 241 wird eine ganz neue weltpolitische Lage ge-

schaffen: es ist der Dualismus zwischen Rom und Neupersien, der von nun an das Thema der Universalgeschichte bis an die Schwelle des Mittelalters bildet.

12. Die Krise des Reiches (235–284 n. Chr.)

Die Geschichte der fünfzig Jahre vom Tode des Severus Alexander bis zum Regierungsantritt des Diokletian (235–284) erhält außenpolitisch ihr Gepräge durch den Zweifrontenkrieg Roms gegen die Neuperser am Euphrat und gegen die Germanen an Rhein und Donau. Bemerkenswert ist die vorübergehende Absplitterung Galliens und Palmyras unter eigenen Herrschern. Im Innern verschärft sich der Kampf gegen das Christentum. Die Wirtschaft, durch unorganische Eingriffe getroffen, stagniert zusehends, Handel und Wandel beginnen zu stocken, die Geldentwertung nimmt immer größere Ausmaße an. Das Schlimmste ist jedoch die fehlende Kontinuität in der Spitze des Reiches: von den vielen Kaisern des halben Jahrhunderts hat kein einziger länger als acht Jahre regiert, gerade die besten und tüchtigsten unter ihnen sind nach kurzer Regierung durch einen gewaltsamen Tod abberufen worden. Die wirklichen Herren des Reiches sind die großen Generäle, die, gestützt auf ihre Soldaten, über das Wohl und Wehe des Reiches und seiner Bewohner verfügen. Der römische Senat versinkt immer mehr in Bedeutungslosigkeit, der Primat Italiens geht verloren, es sind vor allem die Illyrer, die unter den Offizieren und Soldaten eine hervorragende Rolle spielen. Während die Zeit der Severer immerhin noch einen beachtlichen bürgerlichen Wohlstand zeigt, neigt sich die Kurve bereits in der Regierung des Maximinus Thrax (235–238) nach unten. Die Wohlhabenden werden durch kostspielige Leiturgien zur Ader gelassen, die Vermögensverluste sind groß, die Inschriften und Papyri sprechen mit ihren Klagen und Beschwerden eine unmißverständliche Sprache. Die Reichsgrenzen mit ihren starren Verteidigungslinien, die hundert Jahre zuvor der griechische Rhetor Aelius Aristides hoch gepriesen hatte, erweisen sich als brüchig, sie werden immer wieder überrannt, und es dauert geraume Zeit, bis endlich (unter Gallienus) eine mobile Reservearmee in Oberitalien geschaffen wird. In Verbindung mit dem sich verstärkenden Regionalismus der Provinzen macht sich die Unordnung breit, die Verwaltung ist vielfach den schwierigen Aufgaben nicht mehr gewachsen. An bemerkenswerten geistigen Leistungen ist kaum noch etwas zu verzeichnen, mit der einzigen Ausnahme der Schriften des Plotinos (204–270).

Die Zahl der Kaiser in dem halben Jahrhundert ist sehr groß. Sieht man von denjenigen unter ihnen ab, die keine allgemeine Anerkennung gefunden haben, so bleiben immer noch zweiundzwanzig übrig, die meisten von ihnen sind als Offiziere emporgestiegen, die Gunst der Soldaten hat ihnen die Krone verschafft, manche haben sich durch blutigen Mord den Weg zum Thron gebahnt. Es ist eine bunte Reihe, die ihresgleichen in der Geschichte des Römerreiches nicht findet. Am Anfang steht der Barbar Maximinus Thrax (235–238), ihm folgen, in einem einzigen Jahr (238), noch fünf andere Kaiser: Gordian I. und Gordian II., zwei Großgrundbesitzer aus Nordafrika, danach die Senatskaiser Balbinus und Pupienus, die beide zugleich auch das Amt des Pontifex maximus bekleideten, schließlich noch Gordian III. (238–244), der auf einem Perserfeldzug umgekommen ist. Sein Nachfolger, Philippus Arabs, der aus der Trachonitis stammte, regierte gleichfalls nur wenige Jahre (244–249), er verlor bei Verona im Kampf gegen Decius, den ersten pannonischen Kaiser, Schlacht und Leben. Decius (249–251) wiederum starb im Kampf gegen die Goten den Soldatentod. Seine Nachfolger Trebonianus Gallus (251–253), Volusianus (251–253) und Aemilianus, der übrigens nur wenige Monate regierte (etwa Juli bis September 253), sind alle eines gewaltsamen Todes gestorben. Valerian (253–260) geriet auf einem Feldzug in persische Gefangenschaft. Sein Sohn Gallienus (Alleinherrscher von 260 bis 268) fiel einem Attentat zum Opfer. Sein Nachfolger war der Illyrer Claudius mit dem Beinamen Gothicus (268–270); er starb zu Sirmium an der Pest. Sein Bruder Quintillus regierte nur wenige Monate (etwa April bis Mai 270); ob er durch die Soldaten getötet worden ist oder ob er sich selbst den Tod gegeben hat, ist ungewiß. Auch der bedeutende Kaiser Aurelian (270–275) wurde durch einen feigen Mord hinweggerafft. Danach trat der Senat noch einmal in Funktion und wählte Tacitus zum Kaiser (275–276), er wurde nach kurzer Regierung von den Soldaten erschlagen. Sein Nachfolger, der ehemalige *praefectus praetorio* Florianus, fiel in Tarsus unter den Streichen seiner eigenen Soldaten (276), nach einer Regierung von ungefähr drei Monaten. Auch sein Rivale und Nachfolger Probus (276–282), ebenso wie Aurelian ein Illyrer, fiel einem Soldatenaufstand zum Opfer. Carus (282–283) kam auf einem Perserfeldzug, wahrscheinlich durch Blitzschlag, ums Leben. Von seinen Söhnen wurde Numerian (283–284) ermordet, auch Carinus (283–285) fiel nach siegreichem Kampf gegen Diokletian durch den Dolch eines Attentäters.

Abgesehen von diesen allgemein anerkannten Kaisern hat es noch eine Anzahl von Teilherrschern gegeben, im Westen (in Gallien), im Osten (in Palmyra), aber auch in den Donauländern und in anderen Gegenden des Imperiums. Der Wirrwarr war gelegentlich so groß, daß der römische Bürger nicht wußte, welcher Kaiser als der legitime zu gelten hatte. Die *Historia Augusta* erzählt von den ‹30 Tyrannen› in der Zeit des Kaisers Gallienus. Eine Anzahl von ihnen ist wenig bekannt, und bei manchen dieser von der *Historia Augusta* genannten Usurpatoren muß man sich fragen, ob sie auch wirklich existiert haben.

Außenpolitisch wird das Zeitalter von 235 bis 284 durch eine fast un-

unterbrochene Kette schwerster Belastungen für das Reich gekennzeichnet. An und für sich waren die Einfälle fremder Völker in das Reichsgebiet
seit den Markomannenkriegen Mark Aurels nichts Neues mehr. Überraschend war höchstens die zunehmende Hilflosigkeit der römischen
Grenzverteidigung. Seit dem Jahre 238 haben immer wieder gotische
Scharen die untere Donau überschritten und die Bewohner der angrenzenden Provinzen Mösien und Thrakien schwer gebrandschatzt. Andere
Völker wie die Karpen (wahrscheinlich mit den Thrakern verwandt)
stürzten sich auf Dakien. Obwohl tatkräftige Kaiser wie Philippus Arabs
und später auch Aurelian bemerkenswerte Erfolge über die Karpen
davontrugen, so kehrte die Gefahr doch immer wieder zurück. Von
ganz unabsehbaren Folgen aber war die Niederlage, welche die Römer
im Jahre 251 bei Abrittus (bei Razgrad in der Dobrudscha) erlitten haben.
Hier fielen der römische Kaiser Decius und sein Sohn und Mitregent
Herennius Etruscus. Sieger war der Gote Kniva, der die Römer in einen
Hinterhalt gelockt hatte. Mit dieser Niederlage war die Reichsverteidigung an der unteren Donau durchbrochen, Einfälle der Goten und anderer Stämme aus dem Karpatenraum und aus Südrußland wiederholten
sich von nun an Jahr um Jahr. So gelangten Burgunder und Karpen im
Jahre 253 zu Schiff bis nach Kleinasien (Ephesos und Pessinus), drei Jahre
später (256) mußten die reichen bithynischen Städte Nikomedien, Nikaia
und Prusa eine schwere Plünderung über sich ergehen lassen, im Jahre
262 erschienen die Goten in Ionien, in der Troas, in Lydien und Phrygien.
Im Jahre 267 kam Griechenland an die Reihe: die Heruler und andere
Stämme stießen bis in die Peloponnesos vor, Korinth, Sparta und Argos
wurden gebrandschatzt, auch Athen erlitt durch die Heruler große Schäden, die durch die moderne Archäologie wiederaufgedeckt worden sind.
Das Blatt wandte sich jedoch, als es dem Kaiser Gallienus im Jahre 268
gelang, die Fremden am Nestosfluß in Thrakien entscheidend zu schlagen. Der Herulerhäuptling Naulobatus ergab sich den Römern, aus der
Hand des Kaisers Gallienus empfing er die consularischen Insignien –
ein Vorgang, der in späterer Zeit manche Parallelen finden sollte. Eine
entsprechende Ausnutzung des Sieges wurde durch den Abfall des Aureo-
lus im Westen verhindert. Jedoch hat der Kaiser Claudius noch einmal
einen großen Sieg über die Fremden davongetragen (bei Naissus = Nisch,
269). Dabei hat sich insbesondere das neuformierte Kavalleriekorps unter
dem späteren Kaiser Aurelian hervorragend bewährt. Der Sieg spiegelt
sich wider in den Münzlegenden (*Victoria Gothica*) und in dem vom
Kaiser angenommenen Siegesbeinamen *Gothicus Maximus*. Inzwischen
aber war die Lage der Provinz Dakien schwierig geworden, sie war als
vorgeschobene Bastion Jahr um Jahr den Einfällen der nordischen Völker
ausgesetzt. Schweren Herzens mußte sich daher Kaiser Aurelian entschließen, die Provinz zu räumen (wahrscheinlich im Jahre 271). Zu

diesem Entschluß hatte die katastrophale Lage des Imperiums im Osten und im Westen entscheidend beigetragen: im Westen existierte ein gallisches Sonderreich, während im Osten die Herrscherin von Palmyra, Zenobia, das reiche Kornland Ägypten annektiert hatte. Das Militär und die römische Bevölkerung Dakiens wurden in die Gebiete südlich des Donaustroms überführt; hier wurde eine neue Provinz mit dem Namen *Dacia Ripensis* (Hauptort Ratiaria) gebildet. Auch noch in einer anderen gleichfalls neu konstituierten Provinz, *Dacia Mediterranea,* mit der Hauptstadt Serdica (Sofia) lebte der alte Name weiter. Trotz des Rückzugs der Römer aus Dakien haben sich in Sprache und Zivilisation so manche genuin römischen Elemente erhalten, doch ist der Umfang und die Intensität des römischen Einflusses in Dakien bis heute umstritten. In Dakien siedelten sich die Goten an, und zwar vor allem die Westgoten, sie haben in späteren Zeiten – nach ihrer Vertreibung durch die Hunnen – das Schicksal des weströmischen Reiches maßgebend mitbestimmt. Ihre Nachbarn im Osten waren die Gepiden. Sie mußten sich ihre Wohnsitze in Ostungarn im Kampfe mit den Goten und Vandalen erstreiten. Zu später Stunde haben auch sie, zusammen mit den Langobarden, den Boden des Römerreiches betreten.

Auch im *Westen*, an der Rheingrenze, sind die Germanenstämme zum Angriff übergegangen. Die Grenzen des Imperiums in Obergermanien und Rätien standen unter starkem Druck, vor allem durch die Alamannen, während die Franken in Niedergermanien die Rheingrenze überschritten und weite Teile Galliens unsicher machten. Starke Kriegsscharen der Alamannen durchstießen die Grenzverteidigung und gelangten zunächst in das Rhônetal. Andere überstiegen den Brennerpaß und setzten Oberitalien in Schrecken, sie erschienen vor Rom, worauf sich die Stadt zur Verteidigung einrichtete, doch zogen die Germanen wieder ab, Gallienus ereilte sie auf dem Rückmarsch bei Mailand und brachte ihnen eine vernichtende Niederlage bei (258 oder 259). Seit 254 wiederholten sich die Einfälle der Alamannen in das römische Reichsgebiet Jahr um Jahr, doch scheinen die Römer nicht nur das Dekumatland, sondern auch den rätischen Limes bis zum Jahr 259/60 behauptet zu haben. Auch am Donau-Limes in Pannonien gab es harte Kämpfe. Am weitesten in das römische Reichsgebiet aber sind die Franken eingedrungen, sie gelangten im Jahre 259 (vielleicht auch erst 262) auf dem Landwege quer durch Gallien bis nach Spanien. Hier haben sie die blühende Stadt Tarraco geplündert. Auch zur See haben die Franken Fahrten in ferne Länder unternommen. So erschienen ihre Schiffe unter dem Kaiser Probus an der Küste Mauretaniens. Die Verheerungen in Gallien waren gewaltig. Nicht weniger als 60 oder gar 70 Städte fielen den Franken zum Opfer. Die Bewohner des Landes versteckten ihre Münzen und Kostbarkeiten, wie dies eine große Anzahl von vergrabenen und wiederaufgefundenen Münzhorten beweist.

Gegen Ende der fünfziger Jahre hatte sich in Gallien eine schwerwiegende politische Veränderung vollzogen. Ein hoher Beamter gallischer Herkunft namens M. Cassianus Latinius Postumus, Präses der Belgica und zugleich Dux des *Limes Transrhenanus*, hatte sich mit Hilfe seiner Soldaten selbständig gemacht und seine Herrschaft nicht nur über ganz Gallien, sondern auch auf Britannien und Teile Spaniens ausgedehnt (259). Die Trennung des Westens vom Imperium fiel in eine ganz trostlose Zeit, die Zentralgewalt war nicht mehr imstande, die Invasionen der Germanen zu unterbinden. Postumus hat sich übrigens zeit seines Lebens als Römer gefühlt, sein Reich sollte ein römisches Reich der Gallier sein (M. Besnier). Es umfaßte mehr oder weniger jene Reichsteile, die später Diokletian dem Constantius Chlorus übergeben hat, und ebenso wie Constantius Chlorus so hat auch Postumus vorzugsweise in Trier residiert. Die Münzlegenden unterstreichen den römischen Charakter des gallischen Sonderreiches. Neben *Roma aeterna* erscheinen *Pax Augusta* und *Genius populi Romani*. Mit anerkennenswerter Tatkraft hat sich Postumus gegen die Springflut der Germanen zur Wehr gesetzt, der Ehrenname *restitutor Galliarum* (daneben heißt der Kaiser sogar *restitutor orbis*) war wohlverdient. Nach einer etwa zehnjährigen Regierung wurde Postumus gezwungen, in den Personen der Generäle Victorinus und Laelianus zwei Mitregenten anzunehmen, von denen der erste in Mainz, der zweite in Köln residierte. Doch hat ihre Herrschaft den Tod des Postumus im Jahre 268 offenbar nur um wenige Monate überdauert. Noch in dem gleichen Jahre trat C. Esuvius Tetricus (268–273) an ihre Stelle, ein Angehöriger der vornehmen gallischen Aristokratie. Unter seiner Regierung wurde die reiche Stadt Augustodunum (Autun) vollständig zerstört, wahrscheinlich zur Strafe dafür, daß sie sich auf die Seite des römischen Kaisers Claudius II. gestellt hatte (269). Unter dem Kaiser Aurelian ist das gallische Sonderreich wieder im Imperium Romanum aufgegangen, Tetricus soll sich aus freien Stücken dem Aurelian unterworfen haben, da er seine Hilfe in Gallien dringend benötigte (273). Mehr noch als Aurelian, dessen Tätigkeit vor allem dem Osten zugute gekommen ist, hat sich der Kaiser Probus (276–282) um die Wiederherstellung der Ordnung in Gallien und an der Rheingrenze bemüht. Er hat Tausende von Germanen aus Gallien verdrängt und sie jenseits des Rheins wieder angesiedelt. Dann ist er zur Offensive übergegangen und hat Teile des römischen Gebiets am rechten Rheinufer zurückgewonnen. Die Rheingrenze hat Probus erneut befestigt, auch jenseits des Stroms, im Lande der Germanen, erhoben sich neue römische Kastelle, mit alamannischen Fürsten wurden Verträge geschlossen. Auch von einem Sieg über Burgunder und Vandalen weiß die Überlieferung zu berichten; er wurde vielleicht am Ufer des Lechs, in der Nähe von Augsburg, errungen.

Die Lage im Osten des Reiches wird durch den Aufstieg der Sassaniden

(s. S. 330) gekennzeichnet. Bereits Ardaschir I. hatte sich in den Besitz der wichtigen Städte Nisibis und Carrhae gesetzt. Sein Sohn Schapur I. (lateinisch: Sapor), der wahrscheinlich von 241 bis 271 n. Chr. regierte, d. h. in einer ausgesprochenen Schwächeperiode des römischen Imperiums, hat eine förmliche Offensive gegen die römischen Provinzen im Osten, Mesopotamien und Syrien, eröffnet. Nach langen Jahren der Ruhe ist der Orient wieder aggressiv geworden. Der junge römische Kaiser Gordian III. begab sich in der Begleitung seines *praefectus praetorio* C. Furius Sabinus Aquila Timesitheus nach dem Osten, im Jahre 242 konnte er die Provinz Syrien von der persischen Invasion befreien. Bei Resaina in Mesopotamien trugen die Römer einen Sieg über die Perser davon, aber zu ihrem Unglück starb Timesitheus, und Gordian III. fiel in der Schlacht bei Peroz-Schapur am Euphrat (auf der Höhe von Bagdad) (244). Am Rande der Wüste, bei Zaitha, zwischen Dura-Europos und Kirkesion, erhob sich noch zur Zeit des Kaisers Julian das Grabmal Gordians, der in Mesopotamien sein Ende gefunden hatte. Sein Nachfolger, Philippus Arabs (244–249), hat Frieden mit Schapur I. geschlossen. Wenn sich jedoch Philippus Arabs mit den Siegesbeinamen *Parthicus Maximus* und *Persicus Maximus* geschmückt hat, so war dies nichts als eitel Wind, der Friede mußte nämlich mit großen finanziellen Zugeständnissen an Schapur I. erkauft werden. Nach den *Res gestae divi Saporis* habe der Römer dem Sassaniden nicht weniger als 500 000 Denare geben müssen, außerdem habe er sich zu weiteren Zahlungen verpflichtet. Die Inschrift spricht sogar davon, daß der römische Kaiser dem Sassanidenkönig tributpflichtig geworden sei. Irgendwelche territorialen Zugeständnisse seitens der Römer verzeichnet die Inschrift nicht, von einer Abtretung Mesopotamiens und Armeniens durch Philippus Arabs kann also nicht die Rede sein. Nur wenige Jahre konnten sich die Bewohner der römischen Ostprovinzen der Ruhe erfreuen. Bereits im Jahre 253 haben die Sassaniden den Angriff wieder aufgenommen. Von den Kämpfen und Kriegen zwischen den Römern und Persern berichtet die bereits erwähnte sassanidische Inschrift, eine Trilingue, sie ist in zwei mittelpersischen Dialekten (Pehlevi) und in Griechisch abgefaßt. Entdeckt hat sie eine amerikanische Expedition unter der Leitung von Erich Schmidt an der Kaaba des Zoroaster in Naqsch-i-Rustam, unweit von Persepolis. Die Inschrift erzählt vom persischen Standpunkt aus die Feldzüge Schapurs I. gegen die römischen Erzfeinde in der Zeit von Gordian III. bis Valerian. Die Urkunde ist unter dem Namen der *Res gestae divi Saporis* (M. Rostovtzeff) allgemein bekannt geworden. Die Inschrift behauptet, die Römer hätten sich über den zwischen Schapur und Philippus Arabs abgeschlossenen Vertrag hinweggesetzt und Armenien Unrecht zugefügt, und zwar dadurch, daß sie die von Schapur I. vertriebenen armenischen König Tiridates bei sich aufgenommen hätten. In Wirklichkeit aber ist es die Schwäche des Römerreiches gewesen, welche die Perser zum Kriege geradezu herausgefordert hat. Nach der Inschrift hat Schapur bei Barbalissos (oberhalb von Thapsakos) einen großen Sieg über die Römer davongetragen, es folgte die Verwüstung großer Teile Syriens und der angrenzenden Gebiete, insbesondere auch Kappadokiens: Schapur rühmt sich, nicht weniger als 37 Städte erobert zu haben. Dieser Feldzug gehört mit Wahrscheinlichkeit in das Jahr 253. In diesem Jahr sind neben vielen anderen Orten auch Dura-Europos am Euphrat und die Hauptstadt der Provinz Syrien, Antiocheia, in die Hände der Perser gefallen, ein Vorgang, der sich im Jahre 256 noch einmal wiederholt hat. Valerian aber hat aus dem Bereich des gesamten Imperiums Truppen zusammengezogen, um mit ihnen in Mesopotamien dem Perserkönig entgegenzutreten. Er wollte zunächst das von den Persern belagerte Edessa entsetzen, die römische Hauptarmee, die bereits durch Seuchen dezimiert worden war, wurde jedoch geschlagen; Valerian geriet in persische Gefangenschaft, als er auf dem Wege war, mit Schapur I. über einen Waffenstillstand zu verhandeln (Spätsommer 260). Die Gefangennahme des römischen Kaisers löste im Sassanidenreich einen ungeheuren Jubel aus. Nicht weniger als viermal ist auf den sassanidischen Felsreliefs die Szene festgehalten, die Valerian als Bittflehenden zu den Füßen des Großkönigs zeigt. Die Gefangennahme Valerians ist der höchste Triumph Schapurs I. und der tiefste Sturz des römischen Imperiums. Der Großkönig aber machte sich die Schwäche der Römer zunutze: er überschwemmte mit seinen Reiterheeren die Landschaften Syrien, Kilikien und Kappadokien, Länder und Städte wurden mit Feuer und Schwert verwüstet, darunter Samosata, Alexandrien (Alexandrette), Mopsuestia, Mallos, Adana, Tarsos und viele andere, bis hin nach Laranda und Ikonion. Eine riesige Beute führte Schapur I. mit sich zurück in sein Reich. Über die Verteilung der Gefangenen in den persischen Landschaften, in der Persis, in Parthien, in der Chuzene und in Assyrien, berichtet der Schluß der großen Prunkinschrift. Die Kämpfe, die Schapur am Euphrat mit dem Fürsten von Palmyra *Odainathos* zu bestehen hatte, verschweigt die Inschrift, aus verständlichen Gründen, waren sie doch für die Perser wenig günstig. Odainathos ist sogar zur Offensive geschritten, er ist tief in Mesopotamien eingedrungen. Dies ist der erste große Erfolg der Palmyrener, die sich in den Bogenschützen und in der nach dem Vorbild der parthischen Kataphrakten gepanzerten Reiterei eine scharfe Waffe geschaffen hatten. Odainathos hat sich zu seinen Lebzeiten als «König» bezeichnet; «König der Könige» und *Restitutor totius Orientis* ist er offenbar erst nach seinem Tode (267) genannt worden. Der Fürst von Palmyra ist einem feigen Mordanschlag zum Opfer gefallen. Als Regentin der großen Karawanenstadt erscheint nun seine Witwe Zenobia, sie hat für den unmündigen Sohn Vaballathos die Regierung geführt. Sie bemächtigte sich (im Jahre 269?) der römischen Provinz

Arabia und vor allem auch Ägyptens, der Kornkammer des Imperiums. Auch im Norden, in Kleinasien, machte Zenobia große Fortschritte, unter ihrer Herrschaft soll sich das palmyrenische Reich bis an den Bosporus erstreckt haben. Im Jahre 271 prägte Zenobia Münzen, auf denen sie sich als *Augusta*, ihren Sohn Vaballathos als *Augustus* bezeichnete. Dies aber bedeutete die Loslösung vom Imperium Romanum. Der Kaiser Aurelian antwortete mit Krieg. Zunächst wurde Ägypten (durch den späteren Kaiser Probus) zurückerobert. Das Hauptheer der Römer führte Aurelian durch die Tauruspässe nach Syrien. Die Palmyrener waren den römischen Streitkräften nicht gewachsen, sie unterlagen in zwei Treffen, bei Antiocheia und Emesa. Die Römer aber führten den Sieg auf die Hilfe des Sonnengottes von Emesa zurück; seit dieser Zeit datiert die Verehrung des Aurelian für *Sol invictus*. Im Frühjahr 272 kapitulierte Palmyra, Zenobia wurde auf der Flucht ereilt, man führte sie in römische Gefangenschaft. Noch in dem gleichen Jahre fiel Palmyra unter der Führung des Apsaeus wieder von den Römern ab, Ägypten unter dem *Corrector* (*epanorthōtés*) Firmus schloß sich dem Abfall an, aber die große Zeit Palmyras war vorüber: Aurelian bemächtigte sich kampflos der Stadt, sie wurde geplündert und hat sich von diesem Schlag niemals wieder erholt (Ende 272). Firmus, von allen im Stich gelassen, auch von den Blemmyern, auf deren Hilfe er gehofft hatte, nahm sich im Brucheion zu Alexandrien das Leben (273). So ephemer der Aufstieg Palmyras unter Odainathos und Zenobia auch sein mag – er ist doch von welthistorischer Bedeutung: zum erstenmal hat das Arabertum eine große Expansion in seiner Geschichte erlebt.

In das Jahr 283 fällt noch einmal ein Perserkrieg. Geführt hat ihn der römische Kaiser Carus, sein Gegner war der Sassanide Vahram II. (275 bis 293), ein unbedeutender Herrscher, seinem Vorgänger Schapur I. ganz unähnlich. Die Römer hatten dieses Mal ein leichtes Spiel, sie drangen tief in Mesopotamien ein, Ktesiphon fiel in ihre Hand, und Carus nahm die Siegesbeinamen *Persicus Maximus* und *Parthicus Maximus* an. Der Kaiser kam aber in der Nähe Ktesiphons in seinem Feldherrnzelt, wahrscheinlich durch Blitzschlag, ums Leben. Sein Tod fällt ungefähr in die Mitte des Monats Juli 283, er hatte nur zehn Monate regiert. Die Römer behaupteten zwar Mesopotamien, eine klare Entscheidung hatte jedoch auch dieser Perserfeldzug nicht gebracht.

Zu keiner Zeit hat das *Heer* eine größere Rolle in der Geschichte des Imperium Romanum gespielt als in der Periode zwischen 235 und 284 n. Chr. Die meisten Kaiser befanden sich in völliger Abhängigkeit von ihren Soldaten, denen sie die Krone zu verdanken hatten. Der Wille des Heeres war zum obersten Gesetz geworden. Ebenso schlimm war es, daß die Kontinuität des Kaisertums vollständig verlorenging. Um so bemerkenswerter ist es, daß dennoch zwei unter den zahlreichen Kaisern Dauerhaftes geschaffen haben: *Gallienus* (Alleinherrscher von 260 bis 268) und *Aurelian* (270–275). Die Regierung des Gallienus bezeichnet sowohl auf dem Gebiet der Administration wie auf dem des Heerwesens einen wichtigen Einschnitt. In mancher Hinsicht ist er ein Vorläufer des Diokletian und des Constantin gewesen. Gallienus hat sich vor allem der Dienste des Ritterstandes bedient, seine Mitglieder haben die Senatoren aus den wichtigsten Stellen verdrängt. Der Kaiser hat eine Entwicklung weitergeführt, die ihren Anfang schon unter Trajan und Hadrian genommen hatte. Es war kein Wunder, wenn der Senat seine Zurücksetzung dem Kaiser mit Haß bis über seinen Tod hinaus vergolten hat. Vor Gallienus' Zeit waren die *legati legionis,* ebenso aber auch die *proconsules, die propraetores* und die *praesides* immer Senatoren gewesen, unter Gallienus aber steigen die Ritter bis zu den Spitzen der Heerführung und der Provinzialverwaltung auf. In den Inschriften erscheinen die *praefecti legionis agentes vice legati* und die *agentes vice praesidis,* es sind dies Ritter, die, zunächst vertretungsweise, an die Stelle der senatorischen Würdenträger getreten sind.

Den Soldaten hat Gallienus hohe Ehrungen zuteil werden lassen: bei den Dezennalien des Kaisers erscheinen sie im Festzug in weißen Mänteln, die bisher das Privileg der Offiziere gewesen waren. Außerdem werden ihnen goldene Ringe verliehen, die in früheren Zeiten allein den Rittern vorbehalten waren. Seit Gallienus ist der Stand der *protectores* inschriftlich bezeugt, doch geht die Institution vielleicht schon auf einen der früheren Herrscher (Gordian III.?) zurück. Am wichtigsten aber sind die Heeresreformen des Gallienus. Er hat ein großes Kavalleriekorps geschaffen, in dem Kampf gegen die Fremden bildete es von nun an das eigentliche Rückgrat des ganzen Heeres. Der Befehlshaber des Kavalleriekorps aber war der mächtigste Mann im Reich nach dem Kaiser (E. Kornemann). Auch sonst hat Gallienus endlich mobile Reserven bereitgestellt, und zwar aus Vexillationen einzelner Legionen, sie erhielten *duces* oder *praepositi* als Kommandeure und wurden nach Verona und Aquileja in Garnison gelegt. Diese Formationen sind als Vorläufer der *comitatenses* des Diokletian und des Constantin zu betrachten.

Aurelian hat die Heeresreformen fortgeführt. Die Zahl der Einheiten der schwergepanzerten Reiterei *(catafracti, clibanarii)* wurde vermehrt, das Vorbild waren hierfür die persischen Panzerreiter, auch die iranischen Drachenbanner haben die Römer übernommen. Von noch größerer Fernwirkung aber war die Aufstellung geschlossener germanischer Truppenverbände, bestehend aus Vandalen, Juthungen, Alamannen u. a., im Rahmen des römischen Heeres. Immer mehr Germanen traten als *foederati* in den Dienst des römischen Kaisers, römisches Geld fand in großen Mengen den Weg in das innere Germanien. Mit der Einstellung der Fremden in das römische Heer ging ein innerer Umschichtungsprozeß Hand in

Hand: das Heer besteht zum überwiegenden Teil nicht mehr aus römischen Bürgern, es verliert den Kontakt mit dem römischen Volk und wird zu einem eigenen Staat im Imperium, nur noch durch die Person des Kaisers mit dem Reich verbunden. Außerdem wird durch die Bildung neuer militärischer Zentren in Norditalien der Primat Roms geschwächt und die kommende Entwicklung unter Diokletian und Constantin vorbereitet.

Es ist fast wie ein Wunder, daß gerade in der größten Notzeit des Imperiums unter Kaiser Gallienus eine Renaissance des Hellenentums zu verzeichnen ist. Wie einst der Kaiser Hadrian, so hat sich auch Gallienus, unterstützt von seiner Gemahlin, der Kaiserin Salonina, einer Griechin aus Bithynien, um die Erneuerung des hellenischen Geisteslebens bemüht. In seine Regierung fällt nicht nur eine letzte Blütezeit der eleusinischen Mysterien, sondern auch die Begründung des letzten großen philosophischen Systems des Altertums. Es ist mit dem Namen des Plotinos (204 bis 270) für immer verbunden. Gallienus ließ sich in die Mysterien von Eleusis einweihen, er bekleidete außerdem das Archontat von Athen. Auf seinen Münzen ließ er sich unter der Gestalt der Göttin Demeter abbilden mit der Legende *Galliena Augusta* – doch wurde die Gleichsetzung des Kaisers mit einer weiblichen Gottheit in jener Zeit nicht mehr verstanden. Die besondere Gunst des Kaisers und der Kaiserin galt dem Philosophen Plotinos aus Lykopolis in Ägypten, einem Schüler des Ammonios Sakkas und des Christen Origenes in Alexandrien. Nachdem Plotinos den Kaiser Gordian III. auf seinem Perserfeldzug begleitet hatte, ließ er sich in Rom nieder. Seine Schriften, 54 an der Zahl, hat Plotins Schüler, Porphyrios von Tyros, herausgegeben, sie wurden zu Enneaden gruppiert. Der äußeren Form nach sind dies Kommentare zu den Meinungen der Platoniker, Aristoteliker und Stoiker, im Anschluß daran entwickelt Plotinos seine eigenen Ansichten. Der Philosoph vertritt einen Eklektizismus, das Ziel des Philosophierens ist die Erhebung der Seele aus den Tiefen der sensiblen Welt zu der Höhe der intelligiblen Welt, um sich dort mit dem höchsten Wesen zu vereinigen. Es wird ewig rätselhaft bleiben, wie dieser Mann, umgeben von Mord und Brand, von Krieg und Seuchen, die innere Ruhe gefunden hat, sich mit den ewigen Problemen der menschlichen Seele zu beschäftigen. Gallienus wollte den Schülern Plotins in einer kleinen Stadt Campaniens einen Mittelpunkt schaffen – infolge des jähen Todes des Kaisers ist es hierzu nicht mehr gekommen. Manche unter den Schülern Plotins haben am Staatsleben aktiven Anteil genommen, mit wechselndem Erfolg. So ist Cassius Longinus, Ratgeber der Königin Zenobia von Palmyra, auf Befehl des Kaisers Aurelian hingerichtet worden, weil dieser in ihm den eigentlich Schuldigen für den Abfall der Karawanenstadt gesehen hat. Dem Biographen Plotins, Porphyrios von Tyros, verdankt die Wissenschaft ein hervorragendes chronologisches

Werk, das Eusebios von Caesarea benutzt hat, obwohl er für den Verfasser wenig Sympathien empfand.

Mit der Leistung Plotins können sich die übrigen literarischen und philosophischen Werke dieser Periode nicht im entferntesten messen. Am bedeutendsten ist noch der christliche Rhetor Cyprian aus Africa, der im Jahre 258 der valerianischen Verfolgung zum Opfer gefallen ist. Cyprian hat eine ganze Fülle von Werken und Briefen hinterlassen, von denen die Schrift «Ad Donatum» ein eindrucksvolles Bild vom Sittenverfall der Gesellschaft des römischen Kaiserreichs entwirft. Mit vollem Recht gilt der Afrikaner als der bedeutendste Kirchenlehrer vor Augustin.

Von den vielen Kaisern des halben Jahrhunderts zwischen Severus Alexander und Diokletian hat nur ein einziger dauernde Spuren in der Stadt Rom hinterlassen: *Aurelian* (270–275). Dieser Herrscher hat die Ewige Stadt mit einer riesigen Mauer umgeben, sie sollte Rom vor den drohenden Einfällen der fremden Völker schützen. Das Befestigungswerk schloß jedoch keineswegs die gesamte Stadt ein. So ist etwa das Vaticanische Feld außerhalb der ungefähr 19 km langen Befestigung geblieben, während der gleichfalls am rechten Tiberufer liegende Janiculus mit seiner Burg durch zwei Mauerzüge, die sich an der Porta Aurelia trafen, miteinbezogen worden ist. Um einen fortifikatorisch möglichst günstigen Verlauf der großen Mauer herbeizuführen, mußten zahlreiche Gebäude und Gartenanlagen beseitigt werden, gelegentlich wurden sie aber auch, wie der Komplex des Prätorianerlagers im Nordosten der Stadt, mithineingebaut. Im übrigen arbeitete man in großer Eile, die Mauer wurde zunächst auf eine durchschnittliche Höhe von 7,80 m gebracht, das Material bestand aus alten ausgetrockneten Ziegelsteinen, denen eine besonders große Härte eigen war. Mehr als 350 Türme überragten die große Mauer. Vollendet hat das Befestigungswerk erst der Kaiser Probus (276–282). Zu Anfang des 4. Jh. wurde die Mauer noch beträchtlich erhöht, wahrscheinlich unter dem Kaiser Maxentius. Doch hat die Aureliansmauer nicht das geleistet, was sich ihr Erbauer erhofft hatte: Alarich (410), Geiserich (455), Ricimer (472) und der Ostgote Witigis sind trotzdem in die Ewige Stadt eingedrungen, der erste durch die Porta Salaria im Norden, Ricimer durch die Porta Aurelia am Janiculus vom Westen her. Von Anfang an hat es in Rom an Streitkräften gefehlt, um den riesigen Mauerring zu besetzen und zu verteidigen. Die Frage, woher der Kaiser Aurelian die Mittel und die Arbeitskräfte genommen hat, um dieses gewaltige Befestigungswerk aufzuführen, ist schwer zu beantworten. Ist es Aurelian gewesen, der die Berufsverbände (collegia, corporationes) verstaatlicht hat? Wenn sich der Kaiser in einem (wahrscheinlich apokryphen) Dokument rühmt, für die Versorgung der Ewigen Stadt neue *collegia* in Rom und in Alexandrien gebildet zu haben, so ist dies kein Beweis. Daß aber die Baumaßnahmen des Aurelian ein wichtiger Schritt auf dem Wege zum antiken Zwangsstaat gewesen sind, kann nicht gut bezweifelt werden.

Während der Münzreform des Aurelian keine langdauernde Wirkung beschieden gewesen ist – erst Diokletian und vor allem Constantin, dieser durch die Schaffung des Solidus, haben das römische Münzwesen auf eine neue Grundlage gestellt –, übte die von ihm eingeführte Verehrung des *Sol* einen nachhaltigen Einfluß auf die religiösen Vorstellungen der Zeit aus und wurde zu einer wichtigen Vorstufe der christlichen Religion. Den henotheistischen Bestrebungen des Zeitalters entsprechend, wurde der Sonnengott mit zahlreichen anderen Gottheiten identifiziert, mit Apollo, Sarapis, Baal und Mithras. Zu Sol hatte Aurelian übrigens ein ganz persönliches Verhältnis: seine Mutter war eine Priesterin des Gottes gewesen. Auf dem Marsfeld erstand ein neuer Tempel des Sol, ihm wurde eine eigene Priesterschaft, die *pontifices Solis*, zugeordnet. Sie waren unabhängig von den übrigen Priesterkollegien, blieben jedoch dem Kaiser als *pontifex maximus* unterstellt. Nach dem Willen Aurelians sollte der Kult des Sonnengottes zum Reichskult werden, die Verbindungslinie zu Elagabal wird hier ganz deutlich. Infolge des frühen Todes des Herrschers ist jedoch auch diese Absicht Stückwerk geblieben. Auch sonst erscheint Aurelian als ein tief religiöser Mensch: so hat er bei einem Germaneneinfall die sibyllinischen Bücher befragen lassen, gegenüber den römischen Heiligtümern hat er stets eine offene Hand bewiesen. Der Kaiser fühlte sich geradezu als der Beauftragte des Sonnengottes auf Erden, seine Untertanen verehrten ihn als einen lebenden Gott, in den Inschriften wird er gelegentlich als *deus Aurelianus* bezeichnet. Interessant ist die Annäherung, die zwischen dem Gott Hercules und dem Kaiser auf einer Inschrift aus Pisaurum vollzogen worden ist: *Herculi Augusto consorti Domini nostri Aureliani invicti Augusti*. Auch auf den Münzen findet sich Hercules des öfteren abgebildet, zweifellos im Hinblick auf die Hilfe, die er dem Kaiser in den Kriegsnöten hatte zuteil werden lassen. Aurelian ist einer der Kaiser des 3. Jh., die sich im Glanz der Strahlenkrone abbilden ließen, von Aurelian schlägt sich ein weiter Bogen zu Constantin: auch dieser Kaiser ist ein Verehrer des Sonnengottes gewesen, bevor er sich dem Christengott zugewandt hat.

In der Mitte des 3. Jh. beginnt ein neuer Abschnitt in den *Beziehungen zwischen dem römischen Staat und dem Christentum*. Während die Christen vorher immer wieder unter der Verfolgung durch lokale Behörden zu leiden gehabt hatten, beginnt mit Decius (249–251) und Valerian (253–260) eine von oben her gelenkte Verfolgung, die mehr oder weniger das ganze Reichsgebiet erfaßt hat. An die Stelle der Verfolgung der Christen durch Reskripte tritt die Verfolgung durch Edikte, ein sehr viel wirksameres System, dem sich die Christen nur schwer zu entziehen vermochten. Unter den Christen hatte man die Verfolgungen vorausgeahnt.

Es war nur zu natürlich, daß Regierung und Volk in den großen Katastrophen nach Schuldigen suchten, denen man die Verantwortung für die
politischen und wirtschaftlichen Mißerfolge aufbürden konnte. Die
Christen galten nicht nur als illoyale Bürger, sie waren auch in weiten
Kreisen unbeliebt, weil sie sich von der Gesellschaft der übrigen und
ihren spektakulären Vergnügungen ausschlossen. Der pannonische Kaiser
fühlte sich dagegen als echter Römer, er war ganz erfüllt von der alten
stolzen Tradition des römischen Volkes. Die Staatsreligion war ein un-
trennbarer Teil der politischen und sozialen Organisation des *populus
Romanus*. An den Kult- und Opferhandlungen teilzunehmen war eine
unabdingbare Pflicht eines jeden Staatsbürgers. Anderseits war das
Christentum zu einer Macht geworden, die man nicht mehr ignorieren
konnte: überall, in den Legionslagern, in den Städten, auf dem Forum,
aber auch im Senat und selbst im kaiserlichen Palast gab es Christen, und
die christliche Mission begann immer weitere Bevölkerungskreise zu er-
fassen. Das offizielle Edikt des Kaisers Decius ist nicht erhalten. Es
richtete an alle römischen Bürger ohne Unterschied die Aufforderung,
Opfer darzubringen, wofür eine Bescheinigung ausgestellt werden sollte.
Mehr als 40 solcher Opferbescheinigungen *(libelli)* sind auf Papyrus-
urkunden aus Ägypten erhalten, sie sind zwischen dem 12. Juni und dem
15. Juli 250 ausgestellt worden. Der äußeren Form nach handelt es sich
um Eingaben an die Kommissionen, die zur Überwachung der Opferhandlungen eingesetzt worden waren. Sehr wahrscheinlich mußten alle
römischen Bürger vor diesen Kommissionen erscheinen, zwischen Christen und Nichtchristen wurde jedenfalls kein Unterschied gemacht. So
kurz die Verfolgung auch war, sie hat so manche Blutzeugen unter den
standhaften Christen gefordert. Eine sehr viel größere Zahl von Christen
aber ward wegen der zu erwartenden Strafen abtrünnig, viele flohen aus
ihrer Heimat, um sich bei Freunden und Bekannten zu verstecken. Zu den
ersten Opfern gehörte der römische Bischof Fabianus; an den Folgen der
Kerkerhaft starb der große christliche Kirchenlehrer Origenes von
Alexandrien. Von der Härte der Verfolgung in Africa entwerfen die
Schriften des Cyprianus, des Bischofs von Karthago, ein lebendiges Bild.
Wegen seiner Flucht aus der Bischofsstadt mußte sich Cyprianus später
rechtfertigen. Gegen Ende des Jahres 250 klang die Verfolgung ab, zu
Beginn des Jahres 251 ist sie, auch in Africa, erloschen. Aber nur wenige
Jahre später erwartete die Christen eine neue, noch härtere Prüfung: der
Urheber war der Kaiser Valerian. Bei ihm verbanden sich verschiedene
Motive, die Christenfeindschaft und die Absicht, sich des kirchlichen Vermögens zu bemächtigen. Das erste Edikt Valerians (vom August 257)
untersagte den Bischöfen und Klerikern bei schwerer Strafe, Gottesdienst
zu halten; den Gläubigen wurde verboten, die christlichen Friedhöfe zu
betreten und Versammlungen abzuhalten. Im übrigen richtete sich das

Vorgehen der staatlichen Behörden in erster Linie gegen die kirchliche Organisation. Ein zweites Edikt (vom Jahre 258) verschärfte die Strafen erheblich: Bischöfe, Priester und Diakone sollten auf der Stelle getötet werden, die Mitglieder des Senatoren- und Ritterstandes wurden mit dem Tode bedroht, wenn sie am christlichen Glauben festhielten. Wandten sie sich vom Christentum ab, so begnügte sich der Staat damit, ihr Vermögen einzuziehen. Bezeichnenderweise waren gegen die einfachen Christen keine Strafen vorgesehen, man vertraute darauf, daß sie zum Staatsglauben zurückfinden würden, wenn sie sich ihrer Führer beraubt sahen. Wieder gab es eine große Zahl von Märtyrern, als einer der ersten fiel der römische Bischof Sixtus II. (6. August 258), in Africa wurde Cyprianus am 14. September 258 enthauptet. Erst die Gefangennahme Valerians durch die Perser (s. S. 338) setzte der furchtbaren Verfolgung ein Ende: sie wurde auf Befehl des Kaisers Gallienus abgebrochen (260). Wenn auch das Christentum damit nicht zu einer *religio licita* geworden ist, so ist es doch verständlich, daß die Christen den Kaiser Gallienus sehr verehrt haben. Auch Aurelian (270–275) hat die Christen zunächst unbehelligt gelassen. Er hat sogar einen Streit wegen des Hauses des Bischofs von Antiocheia geschlichtet; er hat angeordnet, der Schiedsspruch des römischen Bischofs und der italischen Bischöfe solle eingeholt werden und maßgebend sein (272). Im Jahre 275, kurz vor seinem Ende, hat Aurelian ein strenges Edikt gegen die Christen erlassen, das aber nicht mehr zur Auswirkung gekommen ist. Nach dem Zeugnis des Eusebius hätte es der Kaiser nicht mehr unterschreiben können.

43 Jahre lang, von der Gefangennahme des Valerian bis zur großen Verfolgung des Diokletian, von 260 bis 303, hat die christliche Kirche die Zeit gefunden, sich, im wesentlichen ungestört, weiterzuentwickeln. Es ist dies eine Periode, welche dem inneren und äußeren Ausbau der Kirche sehr zustatten gekommen ist. Die Bedeutung des Christentums und der christlichen Ethik ist kaum zu überschätzen. Die christliche Lehre hat das Handeln und Denken ungezählter Menschen in ganz entscheidender Weise humanisiert. Inmitten einer aus den Fugen geratenen Welt haben sich innerhalb der christlichen Kirche Gemeinschaften gebildet, die für den Neuaufbau der staatlichen und gesellschaftlichen Ordnung große Bedeutung erlangen sollten. Wenn die Christen sogar die Sklaven als Brüder achteten und ihnen den Zugang zum Priesteramt erschlossen, so haben sie dadurch der Welt ein Beispiel wahrer Humanität gegeben. Und nicht weniger menschlich ist die Haltung der christlichen Kirche gegenüber den in der Verfolgung Abgefallenen *(lapsi)* gewesen. Man hat sie nicht aus der Gemeinschaft ausgeschlossen, sondern sich den milderen Standpunkt Cyprians zu eigen gemacht. Man gewährte ihnen zwar die kirchliche Seelsorge; solange die Verfolgung andauerte, wurden sie nicht wieder in den Schoß der Kirche aufgenommen. Doch stand einer späteren

Rückkehr in die kirchliche Gemeinschaft, zumeist nach Ableistung einer Kirchenbuße, nichts im Wege. Nicht alle Christen waren mit diesem Verfahren einverstanden. So bildete sich seit dem Herbst 251 in Africa unter dem Priester Novatian eine eigene Kirche. Die Novatianer nahmen eine unversöhnliche Haltung gegenüber den Abtrünnigen ein. Sie blieben jedoch ganz in der Minderheit, wenn sie auch im Orient Anhänger gefunden haben.

In den «Kephalaia» Manis steht der Satz: «Es gibt vier große Reiche in der Welt, das erste ist das Reich von Babylon und Persien, das zweite ist das römische Reich, das dritte das Reich der Axumiten, das vierte ist China.» Hier wird die Welt von Osten her gesehen, das Reich der Neuperser steht an der Spitze, und hinter dem Imperium Romanum rangiert das Reich von Axum (Abessinien), das in der Tat, wie seine Hinterlassenschaft bezeugt, in den ersten nachchristlichen Jahrhunderten eine große Blütezeit erlebt hat. Nicht genannt hat Mani das Kuschan-Reich, das sich im 3. Jh. auf dem absteigenden Ast befunden hat.

Zweifellos ist der Niedergang des Imperium Romanum um die Mitte des 3. Jh. auf vielen Gebieten klar ersichtlich. Nicht allein in der Politik, auch in der Wirtschaft zeigen sich hippokratische Züge, seit der Regierung des Severus Alexander (222–235) sind sie ganz unverkennbar geworden. Der Niedergang ist nicht nur bedingt durch den gleichzeitigen Aufstieg des Neuperserreiches unter Schapur I., er hat vielmehr eine Reihe von äußeren und inneren Ursachen, die, zusammengenommen, das Reich entscheidend geschwächt haben. Bereits unter Caracalla setzt der Ansturm der germanischen Völkerschaften auf die Grenzen des Imperium Romanum ein. Es sind dies Bewegungen, die außerhalb jeglicher Kontrolle durch die Römer gestanden haben. Verschärft wurde die Krise noch dadurch, daß verschiedene römische Kaiser, wie beispielsweise Philippus Arabs, die Germanen in ihren Dienst gestellt haben. Wenn die Römer sich dann weigerten, den Germanen den ausbedungenen Sold zu zahlen, so holten sich die Fremden mit Gewalt, was ihnen widerrechtlich vorenthalten wurde. Es wäre ganz verfehlt, sich die römischen Kaiser ohne Ausnahme als unfähig oder feige vorzustellen: so hat, um nur ein einziges Beispiel zu nennen, Gallienus durch die Bildung einer mobilen Reservearmee einen ganz entscheidenden Schritt zur wirksamen Bekämpfung der Germanen getan, und doch wird gerade Gallienus wegen seiner angeblichen *inertia* von älteren Geschichtsschreibern hart getadelt. Überhaupt zeigt das halbe Jahrhundert zwischen dem Tode des Severus Alexander und dem Regierungsantritt des Diokletian (235–284) ein ausgesprochenes Janusgesicht: neben dem Absterben alter Traditionen, wozu vor allem auch die Teilnahme des Senats an der Reichsregierung gehört, zeigen sich verheißungsvolle neue Ansätze, die jedoch im allgemeinen in der Forschung immer noch zu wenig gewürdigt werden. In der Abspaltung

Galliens (nebst Britannien und Spanien) im Westen sowie in der Bildung des palmyrenischen Reiches im Osten unter Zenobia werden neue Kräfte lebendig, die vorher wegen der zentralen Struktur des Imperiums nicht genutzt worden waren. Wenn der Kaiser Aurelian die Provinz Dakien geräumt hat, so war dies zwar ein Verzicht, doch im Grunde war diese Maßnahme schon längst notwendig gewesen. Das Imperium Romanum hat dadurch keine wesentliche Einbuße erlitten. Überhaupt ist die Frage wenigstens zu stellen, ob nicht auch an anderen Stellen Verzicht besser als Behauptung um jeden Preis gewesen wäre. Dies gilt insbesondere für die nicht sehr glückliche Auseinandersetzung zwischen Römern und Neupersern um Teile Mesopotamiens, die sich auf die Dauer von den Römern doch nicht behaupten ließen. Im übrigen aber ist die mangelnde Kontinuität der römischen Außenpolitik nicht die Schuld von einzelnen römischen Kaisern. Ihnen war in der Regel nur eine sehr kurze Regierungszeit beschieden, und gerade die besten unter ihnen wie Gallienus, Aurelian und Probus, aber auch die Nachfolger Carus und Carinus, sind durch einen jähen Tod abberufen worden, bevor sie ihre Pläne in die Wirklichkeit umsetzen konnten.

Wie aber konnte das Imperium Romanum in eine derartig tiefgehende Krise geraten, die geradezu seinen Bestand in Frage stellte? Man hat hierfür gelegentlich den zahlenmäßigen Rückgang der Bevölkerung im Römerreich verantwortlich gemacht. Das ist aber nur eine Vermutung, da es an einschlägigem statistischen Material mangelt. Doch hat die Bevölkerung durch verheerende Seuchen sicherlich bedeutende Verluste erlitten. Ebenso schlimm aber war der permanente Kriegszustand, der dauernde Kampf gegen äußere und innere Feinde. Durch Requisitionen und Liturgien wurden weite Schichten der Bevölkerung, und zwar gerade die Wohlhabenden, zugrunde gerichtet, und wenn auch das Bild im ganzen Reich keineswegs einheitlich ist – so ist Britannien offenbar von Erschütterungen verschont geblieben –, im ganzen hat das Bürgertum schwere Verluste an seinem Eigentum hinnehmen müssen, von denen es sich nicht wieder erholen konnte. Besonders schlimm aber war es, daß manche Kaiser dieser Entwicklung tatenlos zugesehen haben. Sehr einschneidend war auch der Verfall der Währung; er kündet sich schon im 2. Jh. an, nimmt im 3. Jh., unter Severus Alexander, einen großen Umfang an und erreicht in den Jahren zwischen 256 und 280, und zwar am Ende dieser Periode, einen Höhepunkt. Während eine Artabe Weizen im 1. Jh. n. Chr. nicht mehr als etwa 7 oder 8 Drachmen gekostet hatte, kletterte der Preis im 2. Jh. ständig in die Höhe, unter Diokletian, am Ende des 3. Jh., hatte man für die Artabe die horrende Summe von 120 000 Drachmen zu entrichten. Löhne und Gehälter aber hielten mit der Preisentwicklung keinen Schritt, so daß sich das Los der kleinen Funktionäre und der Lohnarbeiter ständig verschlechterte. Man begann das alte Geld zu horten, die neuen minderwertigen Münzen zurückzuweisen. So zog man in Ägypten das alte gute Silbergeld der Ptolemäer den neuen minderwertigen Billonmünzen vor. Die Verschlechterung des umlaufenden Münzgeldes rief das Spekulantentum auf den Plan, wie dies eine Inschrift aus Mylasa illustriert, die allerdings bereits der Zeit des Septimius Severus angehört. Ein ägyptischer Papyrus berichtet von einem regelrechten Streik der Geldwechsler: die Inhaber der Banken und Wechselstuben mußten mit Gewalt gezwungen werden, ihre Läden wieder zu öffnen. Die Ursachen der Geldentwertung sind im einzelnen nicht leicht zu bestimmen, doch haben die unaufhörlichen Kriege und die riesigen Ausgaben für die Soldaten den Währungsverfall zweifellos beschleunigt. Im Grunde genommen aber ist die Geldentwertung hier wie zu allen Zeiten, in denen sie sich bemerkbar macht, ein psychologisches Problem, das in der allgemeinen Vertrauenskrise seine Wurzeln hat. Die große Zahl der vergrabenen Münzschätze ist hierfür ein sprechender Beweis.

In Verbindung mit der Geldentwertung steht der allgemeine Rückgang der Wirtschaft, der sich an vielen Anzeichen ablesen läßt. Der zunehmende staatliche Zwang hat ein übriges getan, die Wirtschaftsmoral der Bevölkerung zu untergraben. Bemerkenswert ist auch der sich immer mehr verschärfende Gegensatz zwischen dem Heer und der übrigen Bevölkerung. Michael Rostovtzeff hat seinerzeit geradezu von dem Haß der ‹Bauernsoldaten› gegen die städtische Bourgeoisie gesprochen, wobei sich dem Historiker die russische Oktoberrevolution von 1917 als Parallele darbot. Mag die Hypothese Rostovtzeffs auch ein Körnchen Wahrheit enthalten, so bedarf sie dennoch heute keiner eingehenden Widerlegung mehr. Das gleiche gilt für die These Altheims, der von dem Kampf eines orientalisierten Senats gegen das Bauernheer und den Kaiser gesprochen hat. Zweifellos ist aber der Vorrang des Heeres und der militärischen Angelegenheiten dem Imperium Romanum nicht zum Segen geworden: die schier unaufhörlichen Kriege, darunter nicht wenige Bürgerkriege, haben die staatlichen Finanzen ungeheuer belastet, sie haben so manches private Vermögen gänzlich aufgezehrt und letzten Endes durch die andauernde Unsicherheit das Vertrauen weiter Kreise der Bevölkerung zerstört. Sehr bedenklich war auch die zunehmende Barbarisierung des römischen Heeres und in Verbindung damit der Abfluß wertvollen Edelmetalles in die Gebiete jenseits der römischen Reichsgrenzen.

Das römische Reich war vielfach nicht mehr imstande, den Schutz seiner Bewohner zu gewährleisten; trotz tönender Münzlegenden und wortreicher Erklärungen der Kaiser konnte von Wohlstand und Sicherheit keine Rede mehr sein, selbst Italien war vor den Einfällen fremder Völker und vor dem Auftreten von Räuberbanden nicht mehr sicher. Die Besitzlosen entwichen in die Berge oder in die Wüste, um sich gegen das Militär und die Polizei zur Wehr zu setzen, eine Erscheinung, die in

Ägypten aus verschiedenen Papyruszeugnissen gut bekannt ist. Hier wußten sich die Behörden nicht mehr anders zu helfen, als daß sie Miliz-
truppen formierten, um sie an der Seite des Militärs gegen die Räuber
einzusetzen, im ganzen mit geringem Erfolg.

Zu den Schwierigkeiten wirtschaftlicher Art traten vielerorts Bedrückungen und Erpressungen durch das Militär, vor allem bei den unaufhörlichen Heeresbewegungen. Urkunden aus Euhippe in Karien, aus
dem thrakischen Dorf Skaptopara und aus Nordphrygien zeigen die Bemühungen der örtlichen Behörden, die Übergriffe abzustellen. Die Soldaten waren die Herren im Reich, die übrige Bevölkerung hatte ihnen zu
dienen: eine Entwicklung, die Septimius Severus angebahnt und die seine
Nachfolger fortgesetzt haben. Dazu kam dann noch die Last der Liturgien, vor allem die Zwangsarbeit und die Übernahme von Spanndiensten
(angareía). Um öffentliche Arbeiten durchzuführen, griffen die staatlichen Behörden vielfach auf die Zwangsarbeit zurück. Es war nicht verwunderlich, wenn sich die Betroffenen mit allen Mitteln dem Zwang zu
entziehen versuchten. In diesem Zeitalter hat sich anderseits die Bildung
großer Latifundien vollzogen, mit zahlreichen Kolonen, die im Auftrag
der Grundherrn als an die Scholle gebundene Bauern die Felder bestellten.
Hand in Hand mit dieser Entwicklung geht eine Ausbildung des Patro-
natswesens; die wirtschaftlich Schwächeren stellten sich unter den Schutz
von Stärkeren, vor allem von Großgrundbesitzern, die sich auch gegenüber der staatlichen Gewalt durchsetzen konnten. Die Entwicklung wird
verständlich, wenn man die dauernde Angst und die Bedrückung der
ländlichen Bevölkerung berücksichtigt. Nichts war mehr sicher in dieser
Zeit. Wer heute vermögend war, konnte morgen durch eine Liturgie oder
durch die zwangsweise Übernahme einer Gesandtschaft ein armer Mann
werden. Das staatliche System untergrub das Vertrauen, ohne doch an
dem Durcheinander in der Wirtschaft etwas zu ändern. Wie aber sollte
der Bürger einem Staat Vertrauen entgegenbringen, der oft schlimmer
verfuhr als die Räuber und Diebe, die überall im Lande zu finden waren?
Vergebens sucht man in dem allgemeinen Zusammenbruch nach einem
durchgreifenden Versuch der Regierung, Ordnung zu schaffen. An
Edikten und Reskripten fehlt es zwar nicht, aber diese kurieren an den
Symptomen, die Ursachen werden nicht berührt. Das natürliche Gleichgewicht zwischen den verschiedenen Bevölkerungsschichten ist nicht
mehr vorhanden, die Bürger und Bauern sind zu Lastenträgern im
Dienste des omnipotenten Zwangsstaats, und insbesondere des Heeres,
geworden. Versäumnisse der Vergangenheit, vor allem der Kaiser des
2. Jh. von Hadrian bis Mark Aurel, haben sich an den Nachfahren bitter
gerächt. Dazu kommt, daß die Kaiser und ihre Ratgeber nicht mehr imstande waren, mit den drängenden wirtschaftlichen und währungstech-
nischen Problemen fertigzuwerden. Der Gesamtüberblick ging verloren,

und zu einer wirklichen Reorganisation des Reiches, seiner Wirtschaft und seiner Finanzen blieb wegen der außenpolitischen Aufgaben keine Zeit. Dieser doppelten Belastung konnte kein Staat auf die Dauer gewachsen sein.

Daß der Kaiser Valerian den verzweifelten Ausweg beschritt, den Zorn der Menge auf die Christen abzulenken, ist charakteristisch für seine Regierung, die in einer Katastrophe endete. Es war kein Wunder, wenn sich unter den Christen der Glaube an die Wiederkunft des Herrn immer mehr verfestigte: die Reiche dieser Welt, so glaubten sie, seien am Ende, das Himmelreich sei nahe. Bezeichnenderweise hat der Kaiser Aurelian versucht, mit der Verehrung des *Sol invictus* eine neue universale Reichsreligion zu begründen; der frühe Tod des Kaisers aber hat diese Entwicklung abgeschnitten, wenn auch die Nachwirkungen noch unter Constantin spürbar sind. Die römische Staatsreligion ist immer mehr zu einer Abstraktion geworden, es fehlte nicht allein an neuen Ideen, es fehlte vor allem der persönliche Glaube, wie er in den orientalischen Religionsgemeinschaften ganz selbstverständlich war. Die römische Staatsreligion war in Gefahr, zu einer rein legalistischen Religion zu erstarren. Sie vermochte den suchenden und geplagten Menschen nichts mehr zu bieten, vor allem keinen Trost und keine Hoffnung in den Katastrophen, die immer wieder über das Reich und über die einzelnen Bürger hereinbrachen. Hier offenbart sich ein wesentlicher Faktor des Niedergangs. Nicht viel anders ist die Entwicklung auf dem Gebiet des geistigen Lebens. Wohin man auch blickt, überall zeigt sich eine dürre Wüste, in der nur wenige Oasen zu erkennen sind: die christliche Schule von Alexandrien und die überragende Gestalt Plotins.

Sehr schwere Verluste hat das 3. Jh. von den einstmals führenden Ständen des Reiches gefordert. Bereits die Verfolgungen der Anhänger des Clodius Albinus durch Septimius Severus haben unter den Senatoren ein furchtbares Blutbad angerichtet. Anstelle der Senatoren sind die Mitglieder des Ritterstandes in allen führenden Stellungen des Heeres, aber auch in so manchen hohen Verwaltungsstellen zu finden, doch auch die Ritter haben in den Kriegen hohe Blutsopfer bringen müssen. In die Lücken traten Offiziere aus Pannonien und Illyrien, die bis zu den höchsten Stellen der Generalität, ja bis zum Kaisertum emporgestiegen sind, gelegentlich auch Angehörige der fremden Völker von jenseits der Reichsgrenzen.

Besonders schwer wog der Niedergang der alten römischen Staatsidee. Das Heer rekrutierte sich aus den kräftigsten Elementen der römischen Grenzprovinzen am Rhein und an der Donau, die Zahl der Italiker ging zurück. Der Wille, sich zu verteidigen, war bei den Bürgern Italiens im Schwinden begriffen, an die Stelle der römischen Bürger traten in steigender Zahl Angehörige der fremden Völker, die sich ihre Dienste teuer bezahlen ließen. Die alte Gefolgschaftsidee, die tragende Grundlage des

Prinzipats, hatte sich verflüchtigt; die einst so engen Bedingungen zwischen dem Prinzeps und dem *populus Romanus* existierten nicht mehr. Das Volk der Hauptstadt Rom wurde durch Spenden und Spiele bei guter Laune gehalten. Während die führenden Schichten des Bürgertums, insbesondere der Stand der Dekurionen, in ganz rücksichtsloser Weise finanziell zur Ader gelassen wurden, hatte sich der großstädtische Pöbel längst an die Versorgung durch den Staat gewöhnt. Mit der Zerstörung der städtischen Selbstverwaltung und mit der Entstehung eigener ländlicher Bezirke unter großen Latifundienbesitzern vollzieht sich eine tiefgreifende strukturelle Veränderung im Innern des Imperiums. An den Grenzen des Reiches aber erwachen die Randvölker, die Mauren in Afrika, die Araber in Syrien und Mesopotamien, die Blemmyer an der Südgrenze Ägyptens, vor allem aber die zahlreichen germanischen Stämme in dem weiten Raum zwischen dem Rhein, der Donau und dem Schwarzen Meer. Die römische Grenzverteidigung erweist sich als ganz unzulänglich, erst allmählich haben es die Römer gelernt, sich auf die Kampfesweise der fremden Völker einzustellen. In diesen Völkerbewegungen kündet sich von fern die große Völkerwanderung an.

Auch das römische Kaisertum hat im 3. Jh. wesentliche Veränderungen erfahren, sie sind vor allem durch die Forschungen Alföldis ans Licht getreten. Die Zeit der Severer und der illyrischen Kaiser erweist sich als eine ausgesprochene Übergangszeit: vieles, was erst unter Diokletian und Constantin zur vollen Reife gediehen ist, zeigt sich in oft ganz überraschenden Ansätzen in dem vorhergehenden Zeitalter. Dies gilt insbesondere für die Idee des Gottkaisertums und des Kaisertums von Gottes Gnaden, das vor allem in der Zeit des Aurelian in wesentlichen Zügen vorgebildet erscheint. In zahlreichen Symbolen kündet sich der Umbruch vom Prinzipat zum absoluten Kaisertum an: der Kaiser erscheint als der Weltbeherrscher mit Zepter und Globus. Überhaupt sind die Münzen des 3. Jh. eine unerschöpfliche Quelle, zumal wenn man sie mit den gleichzeitigen Inschriften konfrontiert. Die Münzen zeigen mit ihren Legenden *pacator orbis, restitutor generis humani, restitutor saeculi* (seit Valerian) die Erhöhung des Kaisers in die göttliche Sphäre. In die gleiche Richtung weist die Abbildung von Göttern wie Juppiter, Mars und Hercules neben dem Porträt des Kaisers seit der Zeit des Postumus. Immer häufiger wird auf den Münzen die Krönung des Kaisers durch eine Göttergestalt abgebildet, vor allem durch Juppiter, Sol oder Hercules. Auch hierin zeigt sich der Aufstieg der Idee des Gottkaisertums, sie wird von einzelnen Herrschern ganz bewußt propagiert. Mit dem Gottkaisertum aber kommen gewisse Formen des Zeremoniells wie die Proskynese, die vorher dem römischen Wesen fremd gewesen ist. Sie ist beispielsweise für Gallienus mit Sicherheit bezeugt. Die Proskynese aber weist in die Zeit Diokletians und Constantins voraus.

Wenn dem römischen Senat auch seine Ehrenrechte geblieben sind, so war doch die Zeit, in der die aus ihm hervorgegangenen Magistrate und Promagistrate das Reich und die Provinzen regierten, vorüber. Der steile Aufstieg des Ritterstandes, der vor allem durch die Severer gefördert worden ist, hat eine Umwälzung in der höheren Verwaltung hervorgerufen. Die Senatoren sahen sich aus zahlreichen wichtigen Stellungen verdrängt, doch ist nicht zu übersehen, daß die Consulate, Präturen und Quästuren immer noch genügend Bewerber, vor allem auch aus dem Senatorenstand, gefunden haben. Das entscheidende Wort aber sprach der Kaiser, ohne seine Empfehlung oder Zustimmung konnte niemand mehr zu einem Magistrat gelangen. Die Senatoren führten den Rangtitel *clarissimus*, die Titel *egregius*, *perfectissimus* und *eminentissimus* waren dagegen für die Ritter reserviert, mit dem Titel *nobilissimus* wurde der künftige Thronfolger (Caesar) ausgezeichnet. Es ist im übrigen gar keine Frage, daß die steigende Welle der Titel und Rangbezeichnungen als das typische Zeichen einer niedergehenden Epoche zu gelten hat. Gallienus ist es gewesen, der den Senatoren die höhere militärische Laufbahn verschlossen hat. Der Weg von unten her bis in die höchsten Stellen der Generalität ist damit frei, der Aufstieg ist nicht mehr an Standesprivilegien gebunden. Noch vor dem Regierungsantritt des Diokletian (284) erhielten die meisten Provinzen Statthalter aus dem Ritterstand, doch wurde, wie es scheint, zunächst noch keine volle Gleichförmigkeit erstrebt, da für einige wichtige Provinzen wie Britannien, Moesia Inferior und Syria Coele weiterhin senatorische Statthalter bezeugt sind. Auch an der Administration der beiden Provinzen Asia und Africa durch Consulare hat sich nichts geändert. Einen neuen Aspekt aber bietet der Aufstieg der *Praefecti praetorio* (das Amt wurde in der Regel doppelt besetzt). Sie führten das Kommando über die Truppen in Rom und in Italien und übten außerdem wichtige jurisdiktionelle Befugnisse aus. Die Präfektur war im übrigen der höchste und wichtigste Posten, den der Kaiser zu vergeben hatte, und mancher *Praefectus praetorio,* wie z. B. Timesitheus unter Gordian III., ist geradezu zum eigentlichen Regenten des Imperiums emporgestiegen. Auch von hier aus führt eine gerade Linie zu der späteren Entwicklung unter Diokletian und Constantin. Wenn die neuen Ansätze nicht zu voller Entfaltung gelangt sind, so ist dies vor allem auf die mangelnde Kontinuität und auf die im allgemeinen nur sehr kurzen Regierungszeiten der einzelnen Kaiser zurückzuführen. Die Aufgaben waren so groß und so vielfältig, daß sie mit den traditionellen Mitteln nicht mehr gelöst werden konnten. Das Imperium Romanum bedurfte nicht nur grundlegender Reformen auf dem Gebiet der Verwaltung und des Heerwesens, es bedurfte vor allem einer neuen Idee, die imstande war, in den Bürgern ein neues Staatsbewußtsein zu erwecken. Diese Aufgabe blieb der Zukunft vorbehalten, sie ist ein Menschenalter später von Constantin gelöst worden.

Zeittafel

Vorbemerkung

Für die Zeit bis gegen 500 v. Chr. können alle Jahresdaten nur als approximativ gelten. Seit etwa 500 v. Chr. sind diejenigen Daten historisch gesichert, die der griechischen Überlieferung entstammen wie das Datum der Seeschlacht bei Kyme (474) und das Datum des Keltenbrandes von Rom, 387/86 nach Polybios (IV 6).

Die livianische Chronologie liegt in der zweiten Hälfte des 5. Jh. um einige Jahre zu hoch: wenn Livius (IV 21 und 25) für das Jahr 436 den Ausbruch einer Pest in Rom erwähnt, so ist es wenigstens wahrscheinlich, daß es sich um die berühmte von Thukydides beschriebene Pest des Jahres 430 handelt.

Die Jahrzählung des 4. Jh. v. Chr. nach dem Keltenbrand ist dadurch verfälscht, daß die Jahre 333, 324, 309 und 301 eingeschobene Diktatorenjahre sind. Man hat daher auch für die Zeit von 387/86 v. Chr. bis zum Ausgang des 4. Jh. v. Chr. mit einer zu hohen Chronologie zu rechnen.

Gegen Ende des 4. Jh. v. Chr. renkt sich die römische Jahrzählung ein, seit dem Pyrrhoskriege ist sie als korrekt zu betrachten.

In der Zeittafel ist bis 300 v. Chr. die übliche, unrevidierte Jahrzählung gegeben, da jede Reduktion im einzelnen unsicher bleiben muß.

Willkürliche Einschaltungen im römischen Kalender (das vorjulianische Jahr hatte 355 Tage, in den «geraden» Jahren mußten 23 bzw. 22 Tage eingeschaltet werden, um den Kalender wieder in Übereinstimmung mit den Jahreszeiten zu bringen) ergeben jedoch Verschiebungen im Jahresablauf, die gelegentlich auch auf die Jahreszählung übergreifen können. Seit der Einführung des julianischen Kalenders durch Caesar am 1. Januar 45 v. Chr. sind die Jahresdaten im allgemeinen in Ordnung (es sei denn, daß die Überlieferung für ein bestimmtes Ereignis unstimmig ist).

Das seinerzeit grundlegende Werk von *O. Leuze,* Die römische Jahrzählung. Ein Versuch, ihre geschichtliche Entwicklung zu ermitteln (Tübingen 1909), ist durch neuere Forschungen erschüttert worden. So hat *R. Werner,* Der Beginn der römischen Republik (München 1963), die Ansicht vertreten, daß die römischen Chronologen zunächst nach Abstandsangaben *post aedem Capitolinam dedicatam* (507) gerechnet haben, und zwar nach Kalenderjahren (nicht nach Amtsjahren), und daß erst im 3. Jh. v. Chr. die Rechnungsweise nach den Eponymen (Consuln) aufgekommen ist. Auf einzelnes einzugehen ist hier nicht der Ort.

Über die verschiedenen römischen Jahrzählungssysteme von Fabius Pictor bis zu den Fasti Capitolini unterrichtet die Tabelle im Anhang von Werners Buch.

v. Chr. Geb.	Von den Anfängen bis zum Sturz des Königtums
bis etwa 1700	Stein-Kupferzeit (Äneolithikum) in Italien
etwa 1700–1200	Bronzezeit. Terremare-Siedlungen in Norditalien, Höhepunkt der Nuraghenkultur auf Sardinien
seit etwa 1200	Frühe Eisenzeit. Einwanderung transalpiner Volkselemente in Italien
seit etwa 1000	Beginn der Einwanderung der Etrusker
10. Jh.	Palatinssiedlung in Rom
seit etwa 925	Beginn der Villanova-Kultur
seit etwa 750	Beginn der griechischen Kolonisation: Gründung von Ischia, Kyme (Cumae), 754, und von Naxos auf Sizilien (742)
736	Gründung von Syrakus
etwa 600	Massilia von den Phokäern gegründet
etwa 550–508/07	Herrschaft etruskischer Könige in Rom
nach 540	Seeschlacht bei Alalia (auf Korsika)

Die frühe Republik bis zum Ende des Latinerkrieges

508/07	1. römisch-karthagischer Vertrag
507	Einweihung des Tempels des Juppiter Capitolinus in Rom
um 500	Hochblüte der sizilischen Tyrannis
493	*Foedus Cassianum* (zwischen Rom und den Latinern)
486	Bündnis zwischen Rom und den Hernikern
480	Schlacht am Himeras (Sizilien): Sieg der Griechen über die Karthager
477	Untergang der Fabier an der Cremera
474	Seeschlacht bei Kyme: Sieg Hierons I. über Karthager und Etrusker
473	Sieg der Messapier und Japyger über Tarent und Rhegium
451	Zwölftafelgesetz
445	*Lex Canuleia (conubium* zwischen Patriziern und Plebejern)
426	Eroberung Fidenaes durch die Römer
vor 400	Einrichtung der Tribus Clustumina (21. Tribus)
396	Eroberung Vejis durch die Römer
389 (oder 387)	Einrichtung von vier neuen Landtribus in Südetrurien: Arnensis, Tromentina, Stellatina, Sabatina
387	Niederlage der Römer an der Allia (18. Juli), die Kelten in Rom. Rhegium von Dionysios I. gewonnen
367	*Leges Liciniae Sextiae*
354	Hundertjähriger Friede zwischen Rom und Caere
348	2. römisch-karthagischer Vertrag
340–338	Latinerkrieg
338	Neuordnung des Verhältnisses zwischen Rom und den Latinern. Bündnis zwischen Rom und Capua
338	König Archidamos III. von Sparta fällt im Kampf gegen die Messapier

Zeittafel — page 369

Die Errichtung der römischen Hegemonie in Mittelitalien und Süditalien

Der 1. Punische Krieg und die römische Expansion im Tyrrhenischen Meer und in der Adria

246–241	Hamilkar Barkas auf Sizilien (Heirkte und Eryx)
241	Seesieg des C. Lutatius bei den Ägatischen Inseln (Frühjahr), Friedensschluß zwischen Rom und Karthago (Hochsommer)
241–238	Söldneraufstand in Karthago
237	Die Römer besetzen Sardinien (und Korsika)
seit 237	Hamilkar Barkas in Spanien († 229)
229	1. Illyrischer Krieg der Römer
228	Römische Gesandtschaft in Korinth und Athen
226	Ebrovertrag zwischen Rom und Hasdrubal
225	Census in Italien. Aufstellung der «Liste der Wehrmänner». Sieg der Römer über die Kelten bei Telamon
222	Sieg der Römer bei Clastidium; Eroberung von Mediolanum
219	2. Illyrischer Krieg. Sagunt von Hannibal erobert (Herbst)

Der 2. Punische Krieg und die römische Expansion im Osten

218–201	2. Punischer Krieg (Hannibalischer Krieg)
218	Gründung der latinischen Kolonien Placentia und Cremona. Hannibals Alpenübergang. Kämpfe am Ticinus und an der Trebia
217	Hannibals Sieg am Trasimenischen See (Frühjahr)
216	Schlacht bei Cannae (August)
215	Bündnis Hannibals mit Philipp V. von Makedonien und mit Hieronymus von Syrakus
215–205	1. römisch-makedonischer Krieg
seit 214	Sizilien Kriegsschauplatz
212	M. Claudius Marcellus erobert Syrakus. Bündnis der Römer mit den Ätolern
211	Vorstoß Hannibals gegen Rom
seit 210	P. Cornelius Scipio in Spanien
209	Eroberung Neukarthagos (Cartagena) durch Scipio
208	Schlacht bei Baecula
207	Hasdrubal unterliegt in der Schlacht am Metaurus
206	Schlacht bei Ilipa, Zusammenbruch der karthagischen Herrschaft in Spanien
205	Friede von Phoinike (Ende des 1. römisch-makedonischen Krieges)
204	Übergang der Römer unter P. Cornelius Scipio nach Afrika
202	Schlacht bei Zama Regia
201	Friede zwischen Rom und Karthago
200–197	2. römisch-makedonischer Krieg
197	Schlacht bei Kynoskephalai (Frühsommer)
196	Freiheitserklärung des T. Quinctius Flamininus. Übergang Antiochos' III. nach Europa
195	M. Porcius Cato als Consul im Diesseitigen Spanien

192–188	Krieg der Römer gegen Antiochos III. und die Ätoler
191	Niederlage des Antiochos III. an den Thermopylen
190 (oder 189)	Schlacht bei Magnesia am Berge Sipylos
189	Cn. Manlius Volso gegen die kleinasiatischen Galater
188	Friede von Apameia (in Phrygien)
186	*Senatus consultum de Bacchanalibus*
184	Censur des M. Porcius Cato
183	Tod Hannibals und Scipios
181	Gründung der Kolonie Aquileja
180	*Lex Villia annalis.* Gründung der Kolonie Luca
179	Ti. Sempronius Gracchus in Spanien. Tod Philipps V. von Makedonien. Sein Nachfolger Perseus

Der Untergang Makedoniens, Karthagos und Numantias

171–168	3. römisch-makedonischer Krieg
168	Schlacht bei Pydna (21. Juni)
154–133	Spanische Kriege der Römer
149–146	3. Punischer Krieg
148	Einrichtung der Provinz *Macedonia.* Tod des Massinissa, Königs von Numidien (149/48)
146	Achäischer Krieg, Zerstörung Korinths; Untergang Karthagos, *Africa* römische Provinz
139	Ermordung des Lusitaniers Viriatus
136	Demütigung des C. Hostilius Mancinus vor Numantia
135–132	1. Sklavenkrieg in Sizilien
134	Ti. Sempronius Gracchus Volkstribun (seit 10. Dezember)
133	Kapitulation Numantias (Hochsommer), Sieger Scipio Aemilianus. Attalos III. stirbt; die Römer zu seinen Erben eingesetzt

Von den gracchischen Unruhen bis zum Tode Sullas

133	Ti. Sempronius Gracchus erschlagen (Herbst)
133–129	Krieg im westlichen Kleinasien, Sklavenaufstand
129	Tod des Scipio Aemilianus
123–122	C. Sempronius Gracchus Volkstribun. Eroberung der Balearen
121	Untergang des C. Sempronius Gracchus (Sommer). Bildung der Provinz Gallia Ulterior durch Cn. Domitius Ahenobarbus
118 oder 117	Die römische Bürgerkolonie Narbo Martius (Narbonne) gegründet
113	Niederlage des Cn. Papirius Carbo gegen die Kimbern bei Noreia

111–105	Jugurthinischer Krieg in Afrika
107	Marius Consul, er übernimmt den Oberbefehl in Afrika
105	Die Römer bei Arausio (Orange) von den Kimbern besiegt (6. Oktober)
104–101	2. sizilischer Sklavenkrieg
103	1. Volkstribunat des L. Appulejus Saturninus (Beginn: 10. Dezember 104)
102	Marius besiegt die Ambronen und Teutonen bei Aquae Sextiae (Aix-en-Provence)
101	Die Kimbern unterliegen in der Schlacht auf den *Campi Raudii* (Juli)
100	2. Volkstribunat des L. Appulejus Saturninus. *Lex de piratis persequendis. Senatus consultum ultimum:* Untergang des Saturninus und Glaucia
96	Kyrene fällt durch das Testament Apions an Rom
95	*Lex Licinia Mucia de civibus regundis*
91	Volkstribunat des M. Livius Drusus
91–89	Bundesgenossenkrieg; 88 und 87 weitere Kämpfe
90	*Lex Iulia:* Verleihung des römischen Bürgerrechts an die treu gebliebenen Latiner und Bundesgenossen
89	*Lex Plautia Papiria:* Bürgerrecht an alle Bundesgenossen südlich des Padus
89–85	1. Mithradatischer Krieg
88	Blutbefehl des Mithradates von Ephesos. Sullas Marsch auf Rom, erste reaktionäre Gesetze
87	Sulla verläßt Italien, Herrschaft des Cinna 87–84
86	Tod des Marius (13. Januar); Sulla erobert Athen (1. März), seine Siege bei Chaironeia und Orchomenos
85	Friede von Dardanos (bei Abydos) zwischen Sulla und Mithradates
83–82	2. Mithradatischer Krieg (L. Licinius Murena)
83	Rückkehr Sullas nach Italien (Frühjahr), Wiederbeginn des Bürgerkrieges
82	Sieg des Sulla bei Sacriportus und Einzug in Rom (Frühjahr), Schlacht am Collinischen Tor (1. November). Die Proskriptionen. Sulla *dictator legibus scribundis et rei publicae constituendae* (Dezember)
81	Die *leges Corneliae*
79	Abdankung Sullas († 78)

Das Zeitalter des Gnaeus Pompejus

78/7	Umsturzversuch des M. Aemilius Lepidus
77	Höhepunkt der Macht des Sertorius in Spanien
77/76–72	Krieg gegen Sertorius in Spanien, Pompejus bleibt Sieger
74–67	3. Mithradatischer Krieg; Seeräuberkrieg

74	Kyrene römische Provinz
73–71	Sklavenkrieg des Spartacus in Italien, Sieger: M. Licinius Crassus
70	Pompejus und Crassus Consuln. Beseitigung der sullanischen Verfassung
69	Offensive des Lucullus gegen Armenien, Schlacht bei Tigranokerta (6. Oktober)
67	*Lex Gabinia:* Übertragung eines außerordentlichen Kommandos auf Pompejus zur Bekämpfung der Seeräuber. Beendigung des Seeräuberkrieges
66	*Lex Manilia:* Pompejus erhält zusätzlich ein außerordentliches Kommando zur Führung des Krieges gegen Mithradates und Tigranes
64	Pompejus konstituiert die Doppelprovinz *Bithynia et Pontus* und die Provinz *Syria*
63	Cicero Consul. Tod des Mithradates. Die Catilinarische Verschwörung
62	Catilina fällt bei Pistoria (Anfang des Jahres). Landung des Pompejus in Brindisi (Jahresende). Caesar Prätor
61	Triumph des Pompejus (28. und 29. September)
60	1. Triumvirat zwischen Pompejus, Caesar und Crassus

Das Zeitalter Caesars

59	Caesar Consul
58–51	Eroberung des freien Gallien durch Caesar
58	Siege Caesars über die Helvetier und Ariovist
56	Konferenz von Luca (April): Erneuerung des Triumvirats
55 und 53	Rheinübergänge Caesars
55 und 54	Expeditionen Caesars nach Britannien
53	Crassus' Tod bei Carrhae
52	Pompejus *consul sine collega.* Caesar besiegt Vercingetorix
51	Gallien als Provinz eingerichtet
51–50	Kampf um Caesars Nachfolge in Gallien
49	Beginn des Bürgerkrieges. Caesar überschreitet den Rubico (10./11. Januar), Pompejus verläßt Italien (17. März). 1. spanischer Feldzug Caesars (Ilerda). Kapitulation Massilias
48	Caesar landet südlich von Valona, Stellungskampf gegen Pompejus. Schlacht bei Pharsalos. Pompejus beim Betreten Ägyptens ermordet
48–47	Caesar in Ägypten. *Bellum Alexandrinum*
47	Caesars Sieg bei Zela über Pharnakes, König von Pontos
47–46	Afrikanischer Feldzug Caesars
46	Schlacht bei Thapsus. Selbstmord des Jüngeren Cato
46–45	2. spanischer Feldzug Caesars (Munda)
45	Einführung des julianischen Kalenders (1. Januar)
44	Caesar ermordet (15. März)

Von Caesars Tod bis zur Schlacht bei Actium

43	Mutinensischer Krieg. Octavians erstes Consulat. Zweites Triumvirat: Antonius, Octavian und Lepidus als *tresviri rei publicae constituendae*. *Lex Titia* (27. November). Proskriptionen: Tod Ciceros (7. Dezember)
42	Schlacht bei Philippi (Herbst), Sieger M. Antonius. *Gallia Cisalpina* zu Italien geschlagen
41–40	Antonius in Alexandrien. *Bellum Perusinum*
40	*Foedus Brundisinum* (Herbst) zwischen dem jungen Caesar (Octavianus) und Antonius: Teilung des Orbis Romanus
39	Vertrag von Misenum zwischen dem jungen Caesar und Sex. Pompejus
38	Die Ubier durch Agrippa auf das linke Rheinufer überführt
37	Vertrag von Tarent zwischen dem jungen Caesar und Antonius: Verlängerung des Triumvirats um 5 Jahre
36	Seeschlacht bei Naulochos: Sex. Pompejus besiegt († 35). Lepidus abgesetzt († 12 v. Chr.). Partherkrieg des Antonius
35–33	Feldzüge des jungen Caesar in Illyricum
32	Treueid des Westens für den jungen Caesar
31	Schlacht bei Actium (2. September)
30	Tod des Antonius und der Kleopatra (August). Ägypten römische Provinz

Die Kaiserzeit: Augustus Prinzeps

v. Chr. Geb.

27	Der junge Caesar erhält ein proconsularisches Imperium (13. Januar) und den Namen Augustus (16. Januar)
27–25	Augustus in Spanien
25–24	Expedition des Aelius Gallus nach *Arabia felix* (Aden)
23	Augustus legt das Consulat nieder, er erhält die *tribunicia potestas,* sein *imperium proconsulare* ist dem der Provinzialstatthalter übergeordnet (Juni)
20	Ausgleich zwischen Rom und dem Partherreich. Römisches Protektorat über Armenien
19	Augustus erhält ein *imperium consulare* auf Lebenszeit
16	Niederlage des Lollius gegen Usipeter, Tenkterer und Sugambrer *(clades Lolliana)*
16–13	Neuorganisation Galliens
15	Drusus und Tiberius, die Stiefsöhne des Augustus, unterwerfen das Wallis, die Ostschweiz und das Alpenvorland
12	Augustus *pontifex maximus*. M. Vipsanius Agrippa gestorben
12–9	Germanische Feldzüge der Römer, unter Drusus († 9)
8–7	Tiberius in Germanien
2	Augustus *pater patriae*

n. Chr. Geb.

2	Tod des L. Caesar
4	Tod des C. Caesar in Limyra (Lykien)
4–5	Tiberius zum 2. Mal in Germanien
6–9	Pannonischer Aufstand
8	Schlacht an der Bosna
9	Niederlage des Varus im Teutoburger Wald, Sieger Arminius
14	Augustus gestorben (19. August)

Das julisch-claudische Kaiserhaus

14–37	*Tiberius*
14–16	Kriegszüge des Germanicus in Norddeutschland
17–24	Aufstand des Tacfarinas in Afrika
18–19	Germanicus mit *imperium maius* im Orient († 10. Oktober 19 in Daphne bei Antiocheia)
21	Arminius ermordet. Aufstände in Gallien
31	Sturz des Sejan
37	Tod des Tiberius (16. März)
37–41	*Gaius Caesar* (Caligula)
41–54	*Claudius*
43	Beginn der Eroberung Südbritanniens
44	Thrakien römische Provinz
50	Kämpfe mit den Chatten
54–68	*Nero*
59	Ermordung der Agrippina
63	Armenien römischer Vasallenstaat
64	Brand Roms (Juli). Umwandlung des Königreichs Pontos in eine römische Provinz
65	Pisonische Verschwörung
66	Krönung des Tiridates in Rom. Verschwörung des Vinicianus. Kunstreise Neros nach Griechenland. Aufstand der Juden in Palästina
67	Griechenland *(Achaia)* von Nero für frei erklärt (28. November)
68	Aufstand des Vindex in Gallien. Nero endet durch Selbstmord (9. Juni)

Das Vierkaiserjahr und die Flavier

68–69	Prinzipat des *Galba*
68–70	Aufstand der Bataver unter Civilis
69	Vitellius zum Kaiser ausgerufen (2. Januar), Tod Galbas (15. Januar), Otho in Rom zum Kaiser ausgerufen. Erste

Schlacht bei Bedriacum, Selbstmord Othos (16. April). Vespasian durch Ti. Julius Alexander zum Kaiser ausgerufen (1. Juli). Zweite Schlacht bei Bedriacum (Oktober), Einnahme Roms durch Antonius Primus und Tod des Vitellius (20. Dezember)

70	Jerusalem von Titus eingenommen (26. September)
71–74	Eroberungen in Nordengland
77–78	Krieg gegen die Brukterer
77–83	Feldzüge des Agricola in Nordbritannien
79–81	*Titus*
79	Ausbruch des Vesuvs, Tod des Älteren Plinius
81–96	*Domitian*
83–85	Chattenkrieg
87	Niederlage und Tod des Cornelius Fuscus gegen die Daker. Teilung der Provinz *Moesia* (Jahr nicht genau bekannt)
88/89	Erhebung des Antonius Saturninus in Mainz. Der Dakerkönig Decebalus bei Tapae geschlagen
89(?)	Schaffung der Provinzen *Germania Superior et Inferior.* Triumph Domitians über Daker und Chatten
92–93	Domitian an der mittleren Donau
95	Philosophenvertreibung aus Italien
96	Domitian ermordet (18. September)

Nerva und die Adoptivkaiser

96–98	M. Cocceius *Nerva*
97	Trajan Mitregent und designierter Nachfolger (Oktober)
98–117	*Trajan*
101–102	Erster dakischer Krieg
105–106	Zweiter dakischer Krieg: Eroberung von Sarmizegetusa, Selbstmord des Dakerkönigs Decebalus
106	Errichtung der Provinz *Arabia* (früheres Nabatäerland)
113–117	Partherkrieg
114	*Armenia* römische Provinz
116	Ktesiphon erobert. Ausbruch des großen Judenaufstandes (vielleicht schon 115)
117	Trajan stirbt in Selinus (Kilikien) auf der Rückreise nach Rom (9. August)
117–138	*Hadrian*
121–125	Erste Reise Hadrians: Gallien, Rheingrenze, Britannien, Spanien, Marokko, Orient, Donaulandschaften
122	Errichtung des Hadrianswalles in Nordengland
124/25	Hadrians erster Aufenthalt in Athen
128	Hadrian in Africa (Lambaesis)
128–132 (133)	Zweite Reiseperiode Hadrians: Griechenland, Kleinasien, Syrien, Ägypten, Cyrene, Kleinasien, Griechenland

128/29	Hadrians zweiter Aufenthalt in Athen
131/32	Hadrian zum dritten Mal in Athen
132–135	Jüdischer Aufstand des Bar Kochba (Bar Koseba)
135	Gründung des Athenaeum in Rom
138	Hadrian stirbt in Baiae (10. Juli)
138–161	*Antoninus Pius*
139–142	Kämpfe in Nordengland gegen die Briganten
142	Errichtung des *Vallum Antonini*
143	Preisrede des Aelius Aristides auf Rom
145–152	Kämpfe in Mauretanien
152–153	Erhebung der ägyptischen Fellachen
161	Antoninus Pius stirbt in Lorium bei Rom (7. März)
161–180	*Marcus Aurelius*, von 161–169 Doppelprinzipat zusammen mit *Lucius Verus*
161–166	Partherkrieg
166	Einnahme von Seleukeia und Ktesiphon. Ausbruch der Pest. Einbruch germanischer und sarmatischer Völker an der Donau in das Reichsgebiet
169	Lucius Verus stirbt in Altinum
169–174 (175)	Gegenoffensive der Römer gegen Markomannen, Quaden und Jazygen
175	Avidius Cassius zum Kaiser ausgerufen (April), er stirbt nach ungefähr 3 Monaten durch eigene Hand
177	Christenverfolgung in Lyon
177–180	Zweiter Markomannenkrieg: *expeditio Germanica secunda*
180	Marcus Aurelius stirbt in Vindobona an der Pest (17. März)

Commodus und die Soldatenkaiser

180–192	*Commodus*
180–185	Regierung des *praefectus praetorio* Tigidius Perennis
192	Commodus ermordet (31. Dezember)
193	Fünfkaiserjahr: Helvius Pertinax, Didius Julianus, Pescennius Niger, Septimius Severus, Clodius Albinus
193–235	*Dynastie der Severer*
193–211	Septimius Severus
194	Schlacht bei Issos: Sieg des Septimius Severus über Pescennius Niger
195	Kapitulation von Byzanz (Ende des Jahres)
194–195	Erster Partherkrieg: Osrhoene gewonnen
196	Bassianus (Caracalla) mit 8 Jahren zum Caesar proklamiert
197	Schlacht bei Lyon (19. Februar), Clodius Albinus geschlagen
197–199	Zweiter Partherkrieg: Mesopotamien (Hauptstadt: Nisibis) römische Provinz
199–200	Septimius Severus in Ägypten
204	Säkularspiele in Rom
205	Sturz des *praefectus praetorio* Plautianus

208–211	Krieg in Britannien
211	Septimius Severus stirbt in Eburacum (York) am 4. Februar
211–212	Doppelprinzipat des M. Aurelius Antoninus (Caracalla) und des P. Septimius Geta (ermordet am 19. Februar 212)
212–217	*M. Aurelius Antoninus (Caracalla)*
212	*Constitutio Antoniniana*
213	Kämpfe gegen die Alamannen
216–217	Partherkrieg
217	Caracalla bei Carrhae ermordet (8. April)
217–218	*M. Opellius Macrinus,* der erste Kaiser aus dem Ritterstand
218–222	*M. Aurelius Antoninus (Elagabal)*
219	Einzug Elagabals in Rom (29. September)
222–235	*Severus Alexander*
224	Sieg des Sassaniden Ardaschir über den letzten Partherkönig Artabanos V. bei Hormizdaghan (28. April)
224–241	Ardaschir I.
231–233	Perserkrieg des Severus Alexander
233–235	Krieg gegen die Germanen am Rhein
235	Severus Alexander und Julia Mamaea, seine Mutter, in Mainz-Bretzenheim erschlagen (22. März)
235–238	Kaiser *Maximinus Thrax*
238	*Gordian I., Gordian II.;* die beiden Senatskaiser *Balbinus* und *Pupienus; Gordian III.*
238–244	*Gordian III.*
241–271	Schapur I., König der Perser
244	Gordian III. fällt bei Peroz–Schapur in Mesopotamien
244–249	*Philippus Arabs*
248	Jahrtausendfeier Roms
249–251	*Decius*
250	Decianische Christenverfolgung im ganzen Reich
251	Decius und sein Sohn Herennius Etruscus fallen bei Abrittus (Dobrudscha) im Kampf gegen die Goten
251–253	*Trebonianus Gallus* und *Volusianus*
253	*Aemilianus* (Juli bis September)
253–260	*Valerian*
253	Wiederaufnahme des Krieges durch die Perser, persische Eroberung von Antiocheia. Plünderungszüge der Burgunder und Karpen zu Schiff nach Kleinasien
seit 254	Einfälle der Alamannen in das Reichsgebiet
256	Plünderung bithynischer Städte. Zweite persische Eroberung von Antiocheia
257–260	Valerianische Christenverfolgung
258	Märtyrertod des Cyprianus (14. September). Gallienus besiegt die Alamannen bei Mailand (vielleicht erst 259)
259	Einfall der Franken in Spanien, Plünderung von Tarraco. Errichtung des gallischen Sonderreiches durch *Postumus* († 268)

Stammtafeln

A. Das julisch-claudische Haus

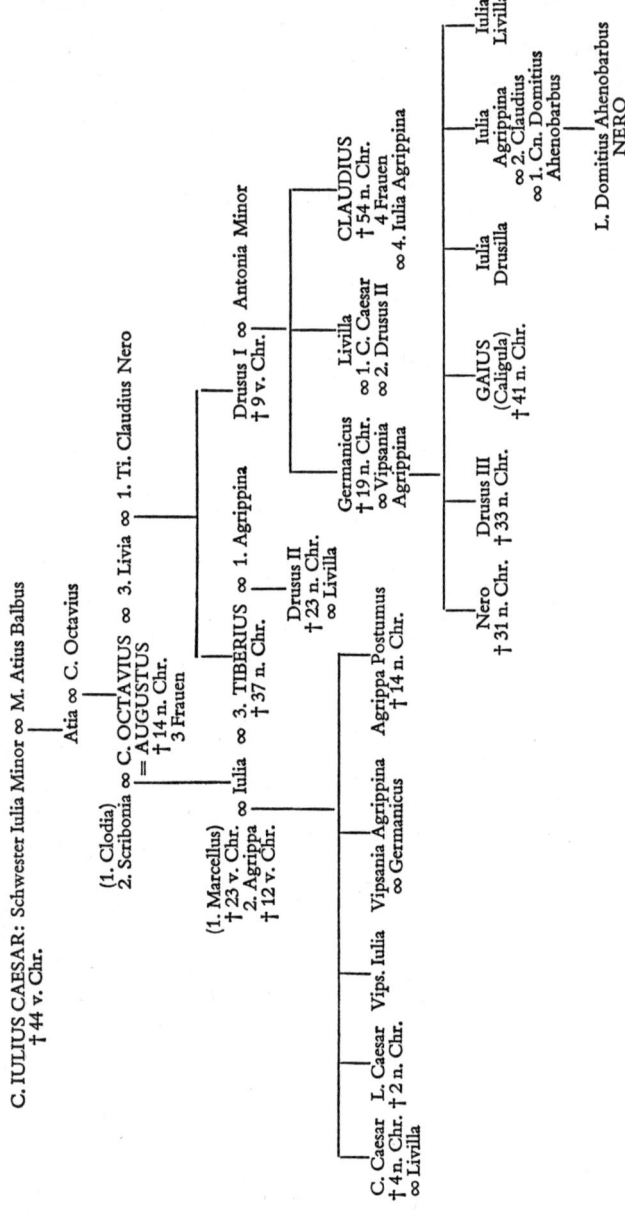

B. Das Haus des Septimius Severus

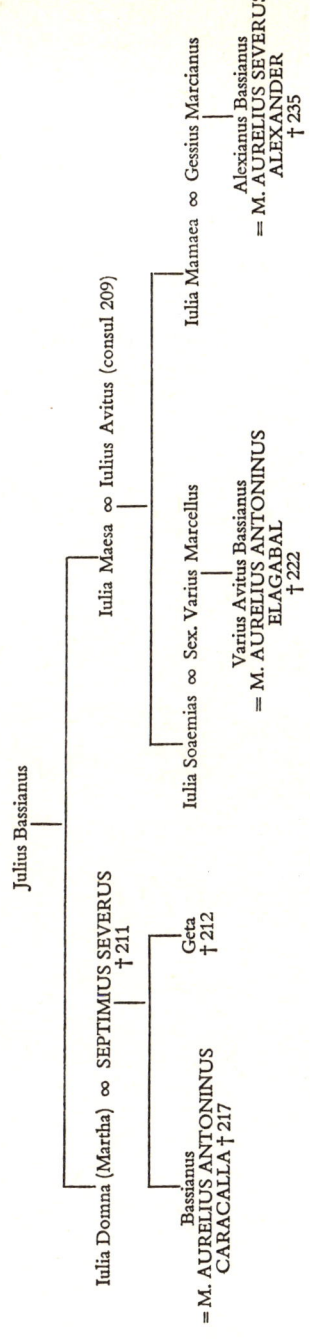

Register

Die römischen Könige und die Kaiser erscheinen nicht unter ihrem Gentilnamen, sondern unter der gebräuchlichen Bezeichnung. Die Vornamen sind in der üblichen Weise abgekürzt, also: A. = Aulus, Ap. = Appius, C. = Gaius, Cn. = Gnaeus, D. = Decimus, L. = Lucius, M. = Marcus, M'. = Manius, P. = Publius, Q. = Quintus, Ser. = Servius, Sex. = Sextus, Sp. = Spurius, T. = Titus, Ti. = Tiberius

Weitere Abkürzungen: cos. = consul, Fl. = Fluß, G. = Gemahlin, K. = König, pr. = praetor, S. = Sohn, Schl. = Schlacht, T. = Tochter, tr. pl. = tribunus plebis

-verbände, s. collegia, corporationes
Besançon s. Vesontio
Bestattung 3 f., 6 ff., 10, 21, 35
Bibracte 183, 186
Bibulus s. u. Calpurnius
Bildungswesen, in der Kaiserzeit 258
Bithynia et Pontus, Provinz 174 f., 228, 269, 295
Bithynien 136, 152, 154, 167 f., 170, 172, 195
Bodensee 4, 284; Schl. 234
Böhmen 2, 142, 182, 236
Böotien, Böoter 89, 93, 104
Bojer 38, 45, 66 f., 98, 142; in Böhmen 182
Bologna s. Bononia
Bonn 284
Bononia, Felsina (Bologna) 4, 6 ff., 19 f., 67, 75, 108, 112, 206
Bosporanisches Reich 151, 169, 175, 195 f., 234 f., 245, 293
Bosporus 339
Brennerpaß 234, 335
Brindisi s. Brundisium
Britannicus, S. des Claudius, s. Claudius Caesar
Britannien, England 38, 70, 185 (Caesar in B.), 232, 240, 246 (Claudius in B.), 256, 262, 268, 272, 274, 277, 282 ff., 299, 301 f. (unter Hadrian), 308, 312, 316, 321 ff., 336, 347, 352
Bronzezeit Italiens 3 f.
Brundisium (Brindisi) 64, 104, 106, 158, 175 f.,

192 f., 196, 209 (foedus Brundisinum), 295
Brutus s. u. Iunius
Bürgerrechtsverleihung 41, 78, 131, 133, 147–150, 153, 158, 175, 200, 202, 212, 231, 247, 265; vgl. constitutio Antoniniana
Bundesgenossen s. socii
Bundesgenossenkrieg, römischer, IX, 13, 51, 145 ff., 153, 170
Burrus s. u. Afranius
Byzanz 156, 280, 320

C

Caere 16, 20, 24, 26 f., 40, 44, 50, 295
Caesar s. u. Iulius
Caligula, Kaiser, s. u. Gaius
Calpurnius Bibulus, M., cos. 59 v. Chr. 180, 190, 193
– Piso, C., Verschwörer gegen Nero 249, 253
– Piso Frugi Licinianus, L., Mitregent des Galba 271 f.
Campanien 6 f., 10, 15, 19 ff., 25, 27, 30, 41 f., 45, 56, 82, 148 f., 159 f., 181, 189, 263, 341
Campi Arusini, Schl. (?) 49
– Raudii, Schl. 144
Campus Martius s. Marsfeld
Cannae, Schl. 77, 79, 105, 111
Capri 243, 316
Capua 19, 41 ff., 77 f., 133, 137

Caracalla, Kaiser 265, 321, 323, 325 ff., 329, 346
Carinus, Kaiser 333, 347
Carnuntum 252, 257, 292, 319
Carrhae 326, 337; Schl. 188, 190, 233
Carthago s. Karthago
Carus, Kaiser 333, 339, 347
Cassius Dio Cocceianus, Historiker 315, 325, 328 f.
Cassius Longinus, C., Mörder Caesars 190, 201, 204–207
Castra Regina s. Regina Castra
Catilina s. u. Sergius
Cato s. u. Porcius
Catull s. u. Valerius
Catulus s. Lutatius
Caudinische Pässe 43
censor, Zensur 33, 36, 67, 161, 168, 281
Centurien(ordnung) 24, 32
Ceres 31, 35, 249
Chatten 237, 241 f., 247, 285, 314
Cherusker 237, 241 f.
China, Handel mit, 262, 346
Chiusi s. Clusium
Christentum 254, 256, 260, 266, 276, 318, 332
Christen(-verfolgungen) 248 f., 283, 296, 305 f., 314 f., 330, 343 ff., 350
Cicero s. u. Tullius
Cinna s. u. Cornelius
Civilis s. u. Iulius
Claudius, Kaiser 10, 27, 200, 225, 230 f., 240,

Geschichte des Altertums

Michel Austin / Pierre Vidal-Naquet
Gesellschaft und Wirtschaft im alten Griechenland
Aus dem Französischen von Andreas Wittenburg
1984. XVI, 344 Seiten mit 4 Karten. Broschiert

Moses I. Finley
Die Griechen
Eine Einführung in ihre Geschichte und Zivilisation
Aus dem Englischen von Karl-Eberhardt und Grete Felten
2., durchgesehene Auflage. 1983. 146 Seiten. Broschiert

Manfred Clauss
Sparta
Eine Einführung in seine Geschichte und Zivilisation
1983. 248 Seiten mit 1 Karte und 2 Stammtafeln. Broschiert

Arnaldo Momigliano
Hochkulturen im Hellenismus
Die Begegnung der Griechen mit Kelten, Juden,
Römern und Persern
Aus dem Englischen übersetzt von Otfried Deubner
1979. 207 Seiten. Paperback
(Beck'sche Reihe, Band 190)

Günter Stemberger
Das klassische Judentum
Kultur und Geschichte der rabbinischen Zeit
(70 n. Chr. bis 1040 n. Chr.)
1979. 271 Seiten mit 2 Übersichtstabellen. Broschiert

Alfred Söllner
Einführung in die römische Rechtsgeschichte
3., überarbeitete Auflage. 1985. 186 Seiten. Broschiert

Verlag C. H. Beck München

Bücher zur Geschichte Roms

Massima Pallottino
Italien vor der Römerzeit
Aus dem Italienischen von Stephan Steingräber
1987. 236 Seiten mit 45 Abb. und 12 Karten. Gebunden

Karl Christ
Die Römer
Eine Einführung in ihre Geschichte und Zivilisation
2., überarbeitete Auflage. 1984
316 Seiten mit 10 Karten und 16 Abbildungen. Leinen

Paul Zanker
Augustus und die Macht der Bilder
1987. 369 Seiten mit 351 Abbildungen. Leinen

Alexander Demandt
Der Fall Roms
Die Auflösung des römischen Reiches im Urteil der Nachwelt
1984. 694 Seiten. Leinen

Helga Gesche
Rom – Welteroberer und Weltorganisator
1981. 293 Seiten mit 23 Abbildungen und 3 Karten
Leinen (Beck'sche Sonderausgaben)

Ranuccio Bianchi Bandinelli
Die römische Kunst
Von den Anfängen bis zum Ende der Antike
Aus dem Italienischen von Christoph Schwingenstein
1975. 318 Seiten mit 67 Abb. Leinen (Beck'sche Sonderausgaben)

Richard Krautheimer
Rom
Schicksal einer Stadt 312–1308
Aus dem Englischen von Toni Kienlechner und Ulrich Hoffmann.
1987. 424 Seiten mit 260 Abbildungen. Leinen

Dacre Balsdon
Die Frau in der römischen Antike
Aus dem Englischen übertragen von Modeste zur Nedden Pferdekamp
1979. 388 Seiten mit 23 Abbildungen, davon 6 in Farbe. Leinen
(Beck'sche Sonderausgaben)

Verlag C. H. Beck München